K. Birkigt / M. M. Stadler / H. J. Funck

Corporate Identity

K. Birkigt / M. M. Stadler / H. J. Funck

# Corporate Identity

Grundlagen
Funktionen
Fallbeispiele

7., aktualisierte Auflage

verlag
moderne industrie

**Die Deutsche Bibliothek – CIP-Einheitsaufnahme**

**Corporate Identity :** Grundlagen, Funktionen, Fallbeispiele / K. Birkigt . . . – 7., aktual. Aufl. – Landsberg/Lech : Verl. Moderne Industrie, 1994
ISBN 3-478-23407-7
NE: Birkigt, Klaus [Hrsg.]

7., aktualisierte Auflage 1994
6. Auflage 1993
5., völlig überarbeitete Auflage 1992
4., aktualisierte und erweiterte Auflage 1988
3. Auflage 1986
2. Auflage 1985


Umschlaggestaltung: Christel Aumann, 80796 München, unter Verwendung eines von Wilhelm Winkler, 61476 Kronberg, entworfenen Symbols.
Satz: Kessler Verlagsdruckerei, 86399 Bobingen
Druck und Bindearbeiten: Schoder-Druck, 86368 Gersthofen
Printed in Germany 230407/0794103
ISBN 3-478-23407-7

# Inhaltsverzeichnis

**Teil III**
**Corporate Identity – Spezialaspekte**



**Teil IV**
**Corporate Identity – Fallbeispiele**

**Teil V**
**Corporate Identity – Erfahrungen und Vorgehensweise**



**Teil VI**
**Verzeichnisse**

## Aus dem Vorwort zur 1. Auflage

Dieses Buch soll die Aufgabe erfüllen, einen Überblick über die bestehende Landschaft von CI-Konzepten zu geben. Es ist von Wirtschaftspraktikern herausgegeben und geschrieben, und es ist für den Wirtschaftspraktiker bestimmt.
An erster Stelle steht die Absicht der Herausgeber, den Entscheidungsträgern in den Unternehmen Kriterien für die Urteilsfindung zu CI-Projekten an die Hand zu geben. Zu stark liegt bisher der Schwerpunkt solcher Projekte im Bereich des Corporate Design, also des visuellen Erscheinungsbildes, das auf tönernen Füßen steht, solange ihm nicht die Basis einer Unternehmensphilosophie gegeben ist, die das Unternehmensverhalten in seiner Interaktion nach innen und außen konsequent bestimmt.
Im Sinne unserer Absicht liegt es, möglichst das ganze Spektrum von Meinungen und Erfahrungen über und mit Corporate Identity zu Wort (und ins Bild) kommen zu lassen. Wir haben deshalb die Eigenständigkeit der Beiträge gewahrt und darauf verzichtet, unnötige redaktionelle Eingriffe vorzunehmen.

Grünwald/Bad Soden (Ts.), November 1980
Klaus Birkigt
Marinus M. Stadler

## Vorwort zur 2. Auflage

Das Interesse, das diesem Buch seit seinem Erscheinen entgegengebracht wird, macht eine 2. Auflage notwendig. Nach dem tragischen Tod meines Freundes Dr. Klaus Birkigt fiel mir die Aufgabe zu, die Neuauflage vorzubereiten.

Bad Soden (Ts.), April 1985
Marinus M. Stadler

## Vorwort zur 7. Auflage

Das Interesse der Fachöffentlichkeit an diesem Buch ist weiter gewachsen: Es ist zu einem Standardwerk geworden und erscheint jetzt in der 7. Auflage.
Gegenüber der 6. Auflage wurden die Daten in einigen Beiträgen auf den neuesten Stand gebracht. Die Inhalte selbst erweisen sich als gültig und überzeugend. So kann das Buch nach wie vor – entsprechend der Absicht der Herausgeber – den Entscheidungsträgern in den Unternehmen qualifizierte Unterlagen für die Planung und Umsetzung von CI-Projekten an die Hand geben.
Das von Auflage zu Auflage immer wieder aktualisierte Buch hat zur Freude der Herausgeber einen zusätzlichen Interessentenkreis gewonnen – junge Frauen und Männer im Management der Kommunikations-Wirtschaft, Designer, Marktforscher, Konzeptionisten und nicht zuletzt Studierende an den Universitäten und Fachhochschulen. Sie nutzen die Fallstudien und theoretischen Beiträge in zunehmendem Maße als Grundlagenmaterial.
Diese Entwicklung hat uns dazu geführt, die Junior-Leser auch an dieser Stelle zu bitten, zusätzliche Themen vorzuschlagen und auf Beiträge hinzuweisen, die erweitert oder neu aufgenommen werden sollen.

Bad Soden (Ts.)/Bad Nauheim, Juli 1994
Marinus M. Stadler
Hans Joachim Funck

# Teil I

## Corporate Identity – Grundlagen

Klaus Birkigt/Marinus M. Stadler

# Corporate Identity als unternehmerische Aufgabe

## Corporate Identity und Unternehmensentwicklung

Identitätskrise, Identitätsverlust, Identitätssuche, Identitätsfindung sind gängige Begriffe geworden, die in die Sprache des Alltags und der Publikumsmedien Eingang gefunden haben. Eine ganze Kategorie der neueren Literatur kann unter dem Begriff »Identitäts-Literatur« subsumiert werden, deutliches Zeichen dafür, daß hier für ein wachsendes Spannungsfeld im persönlichen und sozialen Bereich Ausdruck, Diagnose und Lösungen gesucht werden.

Die wissenschaftliche Diskussion läuft – wenn auch in manchen Fragen zeitversetzt – parallel: Die Frage der *Ich-Identität* in Psychoanalyse und Individualpsychologie, das – auch sozialpolitisch brisante – Problem der *Gruppen-Identität* von Organisationen in Organisationssoziologie und Politologie. Als spezieller Gegenstand der wirtschaftswissenschaftlichen Forschung entwickelte sich die *Unternehmens-Identität*, die in der wirtschaftlichen Praxis als Problem der Unternehmensführung und Unternehmenskommunikation immer stärkere Bedeutung gewann. Praktische Lösungsansätze entstanden hier bereits lange vor der wissenschaftlichen Akzeptanz als Forschungsgegenstand.

Warum wurde Identität zum Problem und zum Thema? Eine einzelne Ursache reicht zur Erklärung sicher nicht aus, wenn man der Vielgestaltigkeit des Phänomens gerecht werden will. Bestimmend waren drei Einflußgrößen: das zunehmende Auseinandertreten von Selbstverständnis und Fremdverständnis durch die Auflösung des verbindlichen Sozialkodex, der wachsende Rollenkonflikt des Subjekts (des Individuums, der Gruppe) im Widerstreit seiner sozialen Funktion mit seinen egoistischen Interessen, und schließlich – speziell auf Organisationen und Unternehmen zutreffend – die sich oft bis zum Chaotischen steigernde Vielfalt von Zielen, Zwecken, Tätigkeitsgebieten, Mitarbeiterinteressen und Marktaktivitäten.

Den Hintergrund für das Entstehen dieser Situation sehen wir in der generellen Entwicklung des gesellschaftlichen Systems und damit der sozialen Beziehungen von der »Traditionalität zur Rationalität« – um die Schlüsselbegriffe zu verwenden, mit denen Max Weber (36, 12 f.) diesen Prozeß kennzeichnet.

Traditionalität schließt ein weitgehend ungebrochenes Selbstverständnis des sozialen Subjekts in seinem je eigenen sozialen Zusammenhang ein, das sein Verhalten »traditionsgeleitet«, wie David Riesman (27) formuliert, steuert und dadurch Identität der (natürlichen oder institutionellen) Person manifestiert, ohne sie überhaupt zum Thema zu machen. Institutionen – also auch Unternehmen – der traditionalen Stufe dokumentieren ihre Identität etwa in einer Inhaber- oder Manager-Persönlichkeit (dafür als Beispiel die Namen Krupp, Siemens, Dornier, Messerschmitt, Borgward, Grundig, Burda, Schickedanz, Neckermann) oder in einer unternehmensbezogenen Idee, einer sozialen Sendung oder in technologischem Knowhow bestimmter Art.

Die Organisationsstruktur ist in diesen Fällen vielfach nicht formalisiert, sie wird als »gewachsen« hingenommen und ist daher stark personenbezogen mit patriarchalischer Ausrichtung auf den Unternehmer. Jeder Angehörige hat mit seiner Aufgabe eine klare Rollenidentität übernommen, die durchaus nicht auf rationale Arbeitsfunktionen beschränkt sein muß, sondern häufig personenbezogene Dienstleistungen einschließt. Selbst wenn eine »Unternehmensphilosophie« nicht formuliert ist, gibt es keinen Zweifel über Verhalten und Absichten der institutionellen Person, die das Unternehmen nach innen und außen darstellt. Seine Identität ist allen, ob Mitarbeitern, öffentlicher Meinung, Kunden, Lieferanten und Finanziers, evident.

Im Zuge seiner Entwicklung und seines Wachstums bieten sich dem Unternehmen von Fall zu Fall Chancen, in neue Betätigungsfelder einzutreten, seien es neue Märkte, neue Technologien, neue Branchen, neue Investitionsvorhaben oder neue Verzinsungsmöglichkeiten für die Finanzmittel. Bisherige Selbstbeschränkungen werden aufgehoben, Grenzen der Erfahrung, des Know How und des bisherigen Selbstverständnisses werden überschritten, die traditionale Verhaltenssteuerung tritt in den Hintergrund und wird ersetzt durch das rationale Operieren in der sich wandelnden Umwelt mit neuen Chancen und neuen Risiken. Mehr und mehr bestimmt jetzt die Zweckrationalität das Handeln.

Die Marktingorientierung eines bisher traditional produktionsorientiert geführten Unternehmens ist ein solch deutlicher Schritt von der traditionalen in die zweckrationale Stufe. Produkttradition gehört zur traditionalen Stufe (oft ausdrücklich als »handwerkliche Qualität auch bei Massenfertigung« ausgelobt), Definition von und Ausrichtung auf Zielmärkte ist ein deutliches Symptom fortschreitender Rationalität. Daß bei einer solchen Entwicklung genug traditionale Reste bleiben, die sich in personen- oder ideologie-orientierten Strukturen niederschlagen, braucht nicht erwähnt zu werden: Jeder in einem Unternehmen mit solcher Biographie Tätige weiß, wovon die Rede ist.

Je mehr ein Unternehmen im Laufe seiner Entwicklung neue, kontrollierte Chancen von außen wahrnimmt, desto stärker wird eine erfolgreiche Unternehmenspolitik von rationalen Einzelentscheidungen abhängig, die an erster Stelle den Risikofaktor der von außen gebotenen Chance prüfen, und erst an zweiter Stelle traditional-unternehmens-philosophische Überlegungen zur Geltung kommen lassen. Mancher springt dabei dazu leicht über seinen Schatten, diversifiziert mehr in Risiken als in Chancen, und sieht sich plötzlich in ein vielgestaltiges Konglomerat verwandelt (Beispiele: Stinnes, Thyssen, AEG, Oetker). Trotzdem ist dem wirklichen Unternehmer klar, daß er Wachstum nicht nur auf angestammten Märkten und mit gewohnten Technologien, sondern nur durch den Aufbruch ins Neue gewinnen kann. Im Zuge der Expansion zwingt die zunehmendeRationalität der Entscheidungen jedes Unternehmen zu einer Neuorientierung über seine Mission.

Die ursprüngliche geschlossene Zielsetzung, auf die das Unternehmen eingestellt war, fällt in den Phasen des Wachstums häufig in disparate Teilziele auseinander, so daß es zu Zielkonflikten zwischen den verschiedenen Unternehmensbereichen oder den verschiedenen Unternehmensebenen kommt.

Der Rückzug auf das allgemeine Ziel eines Wirtschaftsunternehmens, nämlich das Erwirtschaften eines Gewinns bzw. die Verzinsung von investiertem Kapital, ist der Endpunkt einer solchen Entwicklung (wie vor allem an den großen US-Conglomerates ersichtlich). Diesem Ziel fehlt der unternehmensspezifische Inhalt. Es ist deshalb keine ausreichende Basis mehr für konfliktfreies und zusammenwirkendes Zielverhalten der einzelnen Unternehmensbereiche. Das Unternehmen, sofern es überhaupt noch Unternehmen und nicht reine Finanzholding ist, »verliert den Boden unter den Füßen«, ein Gefühl und eine Erkenntnis, die bei den Mitarbeitern, aber schließlich auch bei der Unternehmensführung zur Auseinandersetzung mit der entstandenen Situation führt. Ergebnis ist meist die dringliche Forderung nach neuen Orientierungshilfen in Form von *Unternehmens-»Credo«, Unternehmens-»Philosophie«, »Corporate Mission«* oder einfach klaren Unternehmensgesamtzielen.

Diese Entwicklung ist typisch und folgerichtig für ein expandierendes Unternehmen. *»Thus four phases or chapters can be discerned in the history of the large American industrial enterprise: the initial expansion and accumulation of resources; the rationalization of the use of sources; the expansion into new markets and lines to help assure the continuing full use of resources; and finally the development of a new structure to make possible continuing effective mobilization of resources to meet both changing short-term market demands and long-term market trends. Although each company had a distinct and unique history, nearly all followed along this general pattern« (5, 216).* In Perioden dynamischen Wachstums besteht geradezu die Notwendigkeit, bisherige Grenzen zu überschreiten, sich neuen Feldern wirtschaftlicher Betätigung zuzuwenden und sich aus der bestehenden Identität zu lösen.

Neue Märkte werden ins Auge gefaßt, denen das bisherige Unternehmensimage nichts oder Falsches sagt, mit neuen Partnern ist zu kontrahieren, denen gegenüber das bisherige Unternehmensverhalten erfolglos bleibt, neue logistische Abläufe werden notwendig, denen die bisherige Organisation nicht gewachsen ist.

In Unternehmen mit eigenständigen Produktmarken wird im Zuge der Innovation mit jeder neuen Marke eine neue Identität für den Markt geschaffen, die sich in ein bestimmtes Verhältnis zur Unternehmensidentität (»Dachmarke«, »Firmenmarke«, »Absender«) setzt und jeweils neu das Problem der Programm-Integration stellt:

**Product Identity, Brand Identity und Corporate Identity** streben um so stärker auseinander, je branchenferner die neuen Produkte sind und je stärker ihre eigene Marken-Identität ausgeprägt werden muß.

Beiersdorf, Henkel, aber auch in der Programmerweiterung aktive Dienstleistungsbetriebe (Lufthansa, Hapag-Lloyd, Kühne & Nagel) und Hersteller von Materialmarken (Trevira, Diolen etc.) stehen als Bespiele dafür.

Nicht weniger aktuell ist das Identitätsproblem für Unternehmen, die zwar über ein (oft als Marke) etabliertes Firmen-Image verfügen, aber durch die eigene Marktpolitik oder den Einfluß exogener Faktoren in eine Vertrauenskrise gegenüber der Öffentlichkeit geraten. Sie sehen sich in eine Situation »schlechter Identität« gestellt, deren Auswirkungen kaum einschätzbar sind und eine latente Gefahr für den Erfolg oder sogar den Bestand des Unternehmens bilden: die Öl-Multis, Pharma-Konzerne, AEG, die Neue Heimat sind Beispiele dafür.

Wo immer die Notwendigkeit der Öffentlichkeitspolitik gegeben ist – und bei welchem Großunternehmen wäre das heute nicht der Fall –, ist die Rückgriffsmöglichkeit auf eine »Identität« des Unternehmens unabdingbar: die Verständlichkeit und Glaubhaftigkeit der

Kommunikation hängt davon ab, welche »Persönlichkeit«, d.h. welche begreifbare, geschlossene »Gestalt«, dahintersteht. Die Gestaltspsychologie macht klar, daß Gestalt als Ganzheit »is an irreducible phenomenon. It is an essence that is there und that disappears if the whole is broken up into its components« (22, 63). Der Psychoanalytiker bezeichnet Ganzheit als das »Zusammentreten von – gegebenenfalls ganz verschiedenartigen – Teilen, die zu fruchtbarer Verbindung und Organisation gelangen... Es ist eine ›Gestalt‹, die besonders die fortschreitende Wechselbeziehung zwischen verschiedenartigen Funktionen und Teilen ausdrückt« (9, 168).

Damit ist die Dynamik der Corporate Identity angesprochen: Sie ist fortschreitend, sie verändert sich (bzw. sie muß gezielt verändert werden), ohne daß sie als Ganzheit auseinanderbricht. Dies aufzubauen und zu steuern, ist die Arbeit an der Corporate Identity, dies sichtbar zu machen, ist die Aufgabe des Corporate Design, dies zu kommunizieren, ist Aufgabe der Corporate Communication.

## Die Struktur der Corporate Identity

An der Definition des Begriffs Corporate Identity haben sich viele Autoren (u.a. Lierl 17, III; Kneip u.a. 16, 1126) versucht, und je nach deren Herkommen fällt die Gewichtung unterschiedlicher Aspekte innerhalb des Begriffsfeldes verschieden aus.

Wir sehen die Corporate Identity in Parallele zur Ich-Identität als schlüssigen Zusammenhang von Erscheinung, Worten und Taten eines Unternehmens mit seinem »Wesen«, oder, spezifischer ausgedrückt, von Unternehmens-Verhalten, Unternehmens-Erscheinungsbild und Unternehmens-Kommunikation mit der hypostasierten Unternehmenspersönlichkeit als dem manifestierten Selbstverständnis des Unternehmens.

In der wirtschaftlichen Praxis ist demnach Corporate Identity die strategisch geplante und operativ eingesetzte Selbstdarstellung und Verhaltensweise eines Unternehmens nach innen und außen auf Basis einer festgelegten Unternehmensphilosophie, einer langfristigen Unternehmenszielsetzung und eines definierten (Soll-)Images – mit dem Willen, alle Handlungsinstrumente des Unternehmens in einheitlichem Rahmen nach innen und außen zur Darstellung zu bringen.

Die folgende Grafik gibt eine schematische Darstellung dieser Struktur:

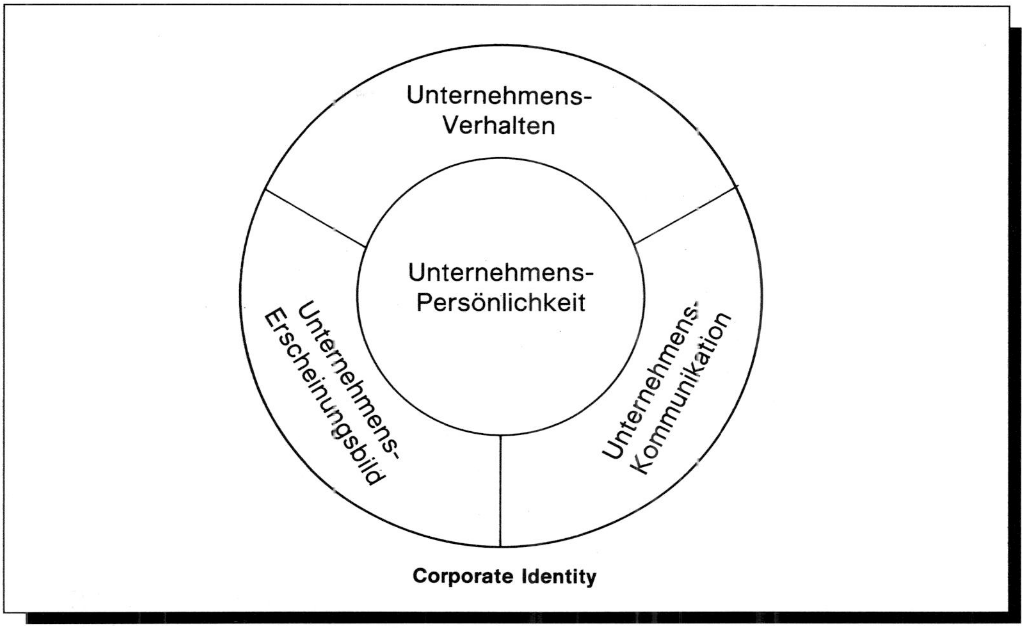


**Abb. 1:** *Schematische Darstellung der Corporate Identity*

Dies ist – in Parallele zum Marketing-Mix (vgl. dazu 35) – das **»Identitäts-Mix«** des Unternehmens, dessen Horizont durch seine Umwelt (nach innen und außen) gebildet wird. So wie beim Marketing-Mix im Mittelpunkt ein definierter Markt als *Ziel* steht, so ist im Identitäts-Mix die Unternehmenspersönlichkeit der dynamische Kern und *Ausgangspunkt,* dem als Instrumente der »Selbstverwirklichung« Verhalten, Erscheinungsbild und Kommunikation zur Verfügung stehen.

## Unternehmens-Persönlichkeit

Wir haben die Unternehmenspersönlichkeit als das manifestierte Selbstverständnis des Unternehmens definiert. Voraussetzung ist also, daß ein Unternehmen sich selbst versteht, und zwar in seinem (mikroökonomischen) Bestand, seinen Zielen, seinen Zwecken, in seiner makroökonomischen Funktion und in seiner sozialen Rolle.

Als Bestandsverständnis ist anzusehen, wie ein Unternehmen seinen *Ist-Status* definiert: und zwar als die Summe des bisher Erreichten und den Grad, mit dem die Zielsetzungen der Vergangenheit zum Zeitpunkt der Situationsbestimmung erfüllt sind. Das Unternehmen versteht sich als historische Person bzw. Organisation, deren bisheriges Handeln eine beschreibbare Identität (oder Non-Indentität) geschaffen hat. Dieser manifeste Ist-Status ist die Basis, auf die das Unternehmen für alle in die Zukunft weisenden Überlegungen angewiesen (oder beschränkt) ist. Sie ist Meßlatte für die Realitätsnähe der anderen Faktoren, die das Selbstverständnis des Unternehmens im ganzen konstituieren.

So geht in die Situationsbestimmung bereits das Bekenntnis zu den *Zwecken* des Unternehmens ein, die von seinen Zielsetzungen soweit zu unterscheiden sind, als sie eine kontinuierlich zu erbringende, meist allgemein definierte Leistung des Unternehmens bezeichnen, wie z.B. Gewinnerzielung und Kapitalverzinsung, Arbeitsplatzstabilität, Halten von infrastrukturellem Gleichgewicht, Vermarktung bestimmter Produkte und Leistungen (bei Vertriebsgesellschaften), Beteiligung an der Steuerung des Kapitalmarktes usw. Aus den Zwecken entwickeln sich die *Ziele* als Willenserklärungen des Unternehmens, wie, wann, womit und mit welchem Ergebnis die Zwecksetzung in einem gegebenen Rahmen von Umständen verwirklicht werden soll. Darin manifestiert sich die mikroökonomische Konzeption des Unternehmens.

Die makroökonomische Funktion und die soziale Rolle, die das Unternehmen zur Aufgabe hat, stehen in engem Zusammenhang mit seiner Zwecksetzung. Die Sicherstellung der Marktversorgung in Mangelsituationen, die Aufrechterhaltung des Wettbewerbs durch Vermeidung monopolistischer Marktentwicklungen, der Beitrag des Unternehmens im internationalen Geschäft zur Steuerung der Zahlungsbilanz, die zunehmende Verantwortung gegenüber Gesellschaft und Umwelt, dies sind Beispiele für Verpflichtungen, die in das Selbstverständnis des Unternehmens eingehen müssen. Gleiches gilt für das soziale Rollenverständnis, dessen Rahmen durch Arbeitsrecht und Mitbestimmung im weitesten Sinne zwar gezogen, aber im Falle des einzelnen Unternehmens damit längst nicht erfüllt ist.

**Unternehmens-Verhalten**

Das weitaus wichtigste und wirksamste Instrument der Corporate Identity ist das schlüssige Verhalten des Unternehmens mit seinen Auswirkungen und Folgen.

Jede wirtschaftliche Organisation stellt sich gegenüber Dritten weitaus stärker durch ihr Verhalten als etwa durch ihre Verlautbarungen dar, mehr durch Taten als durch Worte: so durch ihr Angebotsverhalten (Produkt- bzw. Dienstleistungsprogramm), ihr Preisverhalten, durch ihr Vertriebsverhalten, ihr Finanzierungsverhalten, ihr Kommunikationsverhalten, ihr Sozialverhalten. In diesem Verhalten spiegeln sich die Zwecke, denen das Unternehmen dient, und die Ziele, die es verfolgt. Es ist klar, »daß auch die Verfolgung eines Zweckes unvermeidlich etwas über den aussagt, der den Zweck verfolgt, seine Identität also mitbestimmt. Spontanes, intensives Zweckstreben ohne Rücksicht auf den Eindruck, den dies macht, ist nur unter besonderen, angebbaren Voraussetzungen sozial möglich . . . Wer seine Zwecke – *und durch sie sich selbst* – in idealer Reinheit präsentieren will, und ferner, wer auch den nicht über den Zweck laufenden Ausdruckswert seines Handelns beachten und pflegen will . . . muß die Mittelwahl mit seiner Selbstdarstellung und ihrer Geschichte ausbalancieren, um seine Persönlichkeit bzw. das Sozialsystem, das er in seinem Handeln präsentiert, als Identität zu erhalten« (18, 150).

Schlüssiges Handeln konstituiert also Identität. Bei genauem Hinsehen ist klar, daß auch die visuelle Erscheinung und die kommunikativen Äußerungen eines Unternehmens zu seinem Verhalten im weitesten Sinne gehören. Als eigenständige Manifestationen der Unternehmenspersönlichkeit erscheinen uns aber diese beiden Bereiche so bedeutsam – und in vielen praktischen Fällen so nur am Rand dargestellt –, daß wir sie als gesonderte Instrumente der Manifestation von Corporate Identity sehen. Diese Trennung erscheint für die Praxis um so wichtiger, als eben Corporate Identity nicht mit Corporate Design oder Corporate Communication abzutun ist.

Gut behavioristisch: Nicht so sehr das, was sie sagt oder wie sie aussieht, sondern das, was sie tut, macht die Person. Ihr Interesse muß also »die Erhaltung einer stets durch neue Information gefährdeten symbolischen Präsentation« (18, 150) sein.

**Unternehmens-Erscheinungsbild**

Die Unternehmenspersönlichkeit stellt sich dar in ihrem Erscheinungsbild, das zu optimaler Geschlossenheit gebracht wird durch das einheitliche Zusammenwirken von Marken-Design, Graphik-Design, Architektur-Design – als **»Corporate Design«:** »Farben und Schriftarten umfassend und grafische Systeme, die von der Verpackung bis zur Autobeschriftung das gleiche Gesamtbild (nicht nur den Schriftzug), die gleiche Persönlichkeit von der Firma wiedergeben . . . Das schließt auch die Anzeigen, die Werbung ein« (34, 26). »Das sind dann die typischen Zeichen und Symbole, Schriften und Farben, Gestaltungsraster, Leitlinien für die Werbung, für die Verkaufsförderung und die typischen Sprachmittel und der unverwechselbare Sprachstil« (29, 17).

In der Praxis stellt sich leider oft das Problem, daß diese Darstellungsmittel das einzige sind, was von einer vermeintlichen oder intendierten Unternehmensidentität je sich manifestiert oder übrigbleibt. Man bekennt sich zur »Gestaltungsbibel« und zum »Typo-Raster« und übersieht zu leicht, daß längst neuer Wein vorhanden ist, der nun in die alten Schläuche gefüllt wird.

Das Erscheinungsbild braucht Kontinuität, es bedarf aber auch eines kontinuierlichen Wandelns, synchron mit einer sich wandelnden Identity.

Anders gesagt: Wenn die Formulierung des Erscheinungsbildes als eigenständige Unternehmensdarstellung gilt, die Unternehmensentwicklung aber längst neue Wege geht und zu neuer Identität gefunden hat, – dann wird ein traditional aufrechterhaltenes Erscheinungsbild zum Klotz am Bein, das die Unternehmensidentität in die Schizophrenie führen kann.

**Unternehmens-Kommunikation**

So wie alle Faktoren des Identitäts-Mix als Einzelaspekte des Unternehmensverhaltens gesehen werden können, so sind sie fraglos alle Formen von Kommunikation im allgemeinsten Sinn, nämlich mediengebundene Botschaften eines Senders an einen Empfänger. Aber auch hier ist es analytisch und operational sinnvoll, in den kommunikativen Äußerungen des Unternehmens eine Unterscheidung zu treffen zwischen schlüssigem Handeln (= Verhalten), optischem Auftritt (= Erscheinungsbild) und verbalvisueller Botschaftsübermittlung (= Kommunikation im engeren Sinn), im folgenden einfach als **(Unternehmens-)Kommunikation** bezeichnet.

Die Kommunikation ist das Instrument mit der höchsten Flexibilität innerhalb des Identitäts-Mix, denn sie erlaubt sowohl planungsgesteuerten, langfristig-strategischen als auch anlaßbedingten, schnellen taktischen Einsatz.

Darin allerdings liegt auch die Gefährdung ihrer mittragenden Rolle für Corporate Identity: denn die Unternehmens-Kommunikation im taktischen Einsatz ist oft – und oft notwendigerweise – mehr auf Anlaß und Ansprache aktueller Zielgruppen orientiert als auf die konzeptionstreue Darstellung der Identität. Zur Erzielung maximaler Wirkung passiert es in solchen Fällen leicht, daß sie mehr »dem Volk (= Zielgruppe) aufs Maul schaut« als in die Bibel der Identity. Wenn sie damit auch noch Erfolg hat, d.h. das gesetzte Wirkungsziel erreicht, wird sie in ihrem »Abweichlertum« bestätigt und faktisch gerechtfertigt.

Der Synergieeffekt einer konsequent identitätsorientierten Kommunikation fällt dabei aus, und bei Fortsetzung dieses abweichenden Verhaltens können die Bemühungen zum Aufbau oder zur Erhaltung der Corporate Identity empfindlich gestört werden. Die Folge ist häufig das Entstehen einer Schizophrenie im Kommunikationsverhalten des Unternehmens: Identity-Maßnahmen werden langwierigen Entscheidungsprozeduren auf höchster Ebene unterworfen und feierlich abgesegnet, während über die (viel häufigeren und bei den Angesprochenen meist wirksameren) Ad-hoc-Maßnahmen nach rein taktischen Gesichtspunkten (z.B. schnelles Blockieren der Konkurrenz, Nutzung saisonaler Angebotschancen) entschieden wird.

Das Problem, vor dem die Kommunikation jedes Markenartikelherstellers steht, nämlich die Brand- (bzw. Product-)Identity so mit der Corporate Identity zu verbinden, daß für beide die bestmögliche Wirkung erzielt wird und nicht etwa eine die andere »kannibalisiert«, dieses Problem sei hier nur erwähnt, weil es in mehreren Beiträgen dieses Buches ausführlich zur Sprache kommt. Im Einzelfall muß hier die Identitäts-Strategie festlegen, inwieweit die Marketingkommunikation (Werbung, Verkaufsförderung, Product Publicity) für einzelne Marken völlig aus der Unternehmensidentität herausgehalten und konsequent eigenständig gestaltet werden muß. (Vgl. dazu die Strategiealternativen bei Poth, 24). Beispiele dafür finden sich in vielen Produktbereichen, u.a. bei Zigaretten, bei Kosmetikmarken, bei Getränkemarken, bei vielen Convenience-Produkten im Food-Bereich und natürlich überall dort, wo bekannte Markenartikelhersteller den Markt mit Zweitmarken bedienen.

Geschlossenheit hingegen im Sinne der Identity ist eine klare Forderung an die Unternehmens-Kommunikation, soweit sie *interne Aufgaben* zu erfüllen hat. Jeder Mitarbeiter steht innerhalb eines vielfältigen Netzes von Kommunikation, aus dem sich für ihn die Vorstellung und die Empfindung der Unternehmensganzheit entwickelt: Je klarer ihm diese Vorstellung sagt, »sein« Unternehmen eine klar umrissene, bleibende Gestalt hat, daß es sich für begreifbare und akzeptable Zwecke einsetzt und damit in Einklang stehende Ziele verfolgt, daß die Funktionäre des Unternehmens sich mit dessen »Mission« identifizieren, desto geringer wird für ihn der Ungewißheits-Druck, unter dem grundsätzlich jeder Arbeitnehmer steht. Er weiß, wofür er sich mit seiner Arbeit für dieses Unternehmen – täglich –

entscheidet und mit welcher Art von Reaktion auf seine Leistung er rechnen kann. Allerdings kann diese Wirkung nicht von der Unternehmens-Kommunikation allein, sondern nur im Zusammenhang mit den anderen Faktoren des Identitäts-Mix erreicht werden.

## Corporate Identity und Corporate Image

Bevor in der publizistischen und wissenschaftlichen Diskussion eine deutlichere Strukturierung des Problems der Corporate Identity gegenüber dem des Corporate Image zustande kam, wurden diese beiden Begriffe nicht immer klar voneinander getrennt. Einer der Gründe war sicher, daß die Sachverhalte, für die sie stehen, noch nicht präzise unterschieden werden konnten. Inzwischen jedoch herrscht weitgehendes Einverständnis darüber:

**Corporate Identity** bezeichnet das Selbstbild des Unternehmens, **Corporate Image** dagegen sein Fremdbild. Image ist also die Projektion der Identity im sozialen Feld.

Unsere schematische Darstellung der Struktur von Corporate Identity kann demnach folgendermaßen ergänzt werden:

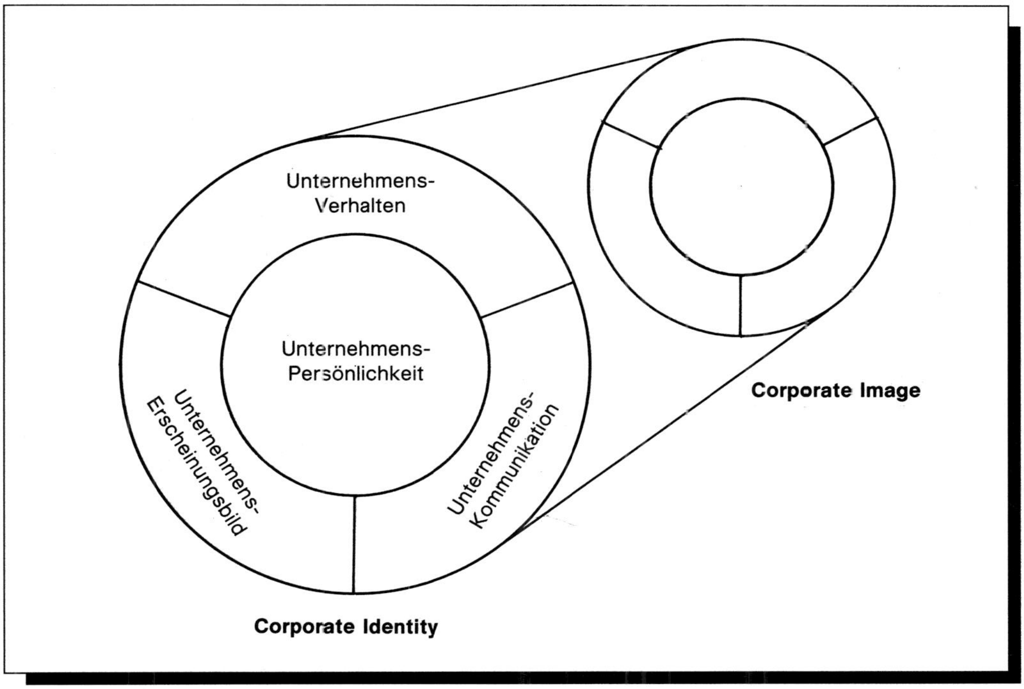


**Abb. 2:** *Corporate Identity und Corporate Image*

Diese (perspektivische) Darstellung macht bildlich klar, daß das Identitäts-Mix (Unternehmens-Verhalten, Unternehmens-Erscheinungsbild, Unternehmens-Kommunikation) als Medium und Kanal für die Vermittlung der Unternehmens-Persönlichkeit gegenüber dem sozialen Feld (= Zielgruppen intern und extern) dient: Ergebnis ist das Corporate Image als Spiegelbild der Corporate Identity in den Köpfen und Herzen der Menschen, und zwar sowohl als ganzheitliche Gestalt als auch in den Wirkungszonen der Identitäts-Faktoren, deren Einzelleistungen und Zusammenspiel beim Erzielen einer als Output kontrollierten Wirkung allerdings der gegenwärtige Stand der Forschung weitgehend in der Black Box beläßt.

# Corporate Identity in Wissenschaft und Praxis

## Wissenschaft

Als selbständiger Gegenstand wissenschaftlicher Forschung und Theorie entwickelt sich Corporate Identity aus verschiedenen **Wissenschaftsbereichen** heraus:

- Imageforschung,
- Unternehmensforschung und Managementwissenschaft (Scientific Management),
- Organisations- und Industrie-Soziologie.

### Imageforschung

Erste Anstöße kamen von der absatzwirtschaftlichen **Imageforschung**, für deren systematische Grundlegung und Darstellung (nach Gardner und Levy 1955) in Deutschland die Namen von Reinhold Bergler (1962) und Bernt Spiegel (1961) stehen. U. Johannsen faßte 1968 den Stand der vorangegangenen Forschung zusammen und kam zur Feststellung: »Auf Grund aller Forschungsbefunde bleibt

- das Image ein sehr wichtiges Ziel und Resultat werblicher, marktpsychologischer und absatzwirtschaftlicher Bemühungen;
- der Imagebegriff eine *neue* Konzeption der Orientierung und Kommunikation;
- das Image für Produzent und Konsument ein wesentlicher Komplex, stellt es doch eine große Hilfe zur Orientierung, Umweltbewältigung, Anonymitätsbeseitigung, Individualisierung, Bedürfnisbefriedigung und Absatzförderung dar« (12, 135).

Aus der Fragestellung, wodurch sich das Image eines Unternehmens konstituiert, ergab sich zwingend der Rückgriff auf die Realität, oder besser: das Substrat, das »hinter« dem Image steht, das ihm zugrunde liegt und das über die Mechaniken der Kommunikation im Bewußtsein der Öffentlichkeit, der »Konsumenten«, seine Abbildung findet.

Für die Wirtschaftspraxis verband sich damit das Interesse für die Frage, inwieweit und womit das Image im Sinne der Unternehmensziele zu steuern ist. Kann es durch bestimmte Verhaltensweisen des Unternehmens und deren Darstellung in Erscheinung und Kommunikation (Beispiel »Tu Gutes und rede darüber«) so verändert werden, daß es einen geplanten Soll-Wert erreicht? Welches Gewicht und welchen Einfluß darauf haben eigenständige Neben-Images, die bisher ohne oder jedenfalls ohne *kontrollierte* Verbindung mit dem Unternehmens-Image im Markt positioniert sind und die durch ihre Bindung an konkrete Produkte oder Leistungen einen weitaus »härteren« Wert haben als die mehr oder weniger diffuse Vorstellung von einem Unternehmen als Ganzes, das man aber als Ganzes gar nicht kennt. Weiterhin fragt die Imageforschung danach, in welches Verhältnis Marken-Images und Unternehmens-Images (»Marken-Dach«) zueinander gebracht werden müssen, um sich optimal zu ergänzen und ihre individuellen Wirkungen nicht nur nach dem Modell eines Parallelogramms der Kräfte zu addieren, sondern einen Gesamtwert zu erreichen, der stärker ist als bloße Addition.

Zu diesen Fragen liegen heute nicht nur ausgebreitete Ergebnisse wissenschaftlicher Forschung, sondern auch eine nicht mehr überschaubare Zahl von marktbezogenen Untersuchungen aus der Wirtschaftspraxis vor. Wie stark davon die Überlegungen zur Corporate Identity berührt werden, zeigt die Feststellung, »*although it is possible to separate brand*

*and company images for purposes of analysis, the two are closely inter-related. As a matter of fact, depending on whether one is ›selling‹ the parent company or a particular brand put out by that company, either may be viewed as a component of the other.«* (Market Planning Corporation 1959, zit. bei 12, 158.)

### Unternehmensforschung und Management-Wissenschaft

Der zweite Bereich, von dem die spezielle Beschäftigung mit Corporate Identity entscheidend stimmuliert wurde, ist die **Unternehmensforschung und Management-Wissenschaft** (Scientific Management) sowohl in ihrem mikroökonomischen als auch im makroökonomischen Bezug. Die Bedeutung der Corporate Identity nach innen – gegenüber Mitarbeitern und Eigentümern/Aktionären – steht dabei bisher vielfach im Vordergrund. »Der Handlungsbereich eines Systems konstituiert sich durch Sinngebung, die als Beschränkung (›constraint‹) auf mögliches Verhalten der Systemelemente wirkt« (37, 57).

Das Unternehmen tritt handelnd nach innen und außen auf, beide Aspekte sind daher bei einer ausdrücklichen »Sinngebung« zu berücksichtigen, wenn hinreichende Wirkung auf das Verhalten der Systemelemente erzielt werden soll. Vorangehen muß dabei das Verhalten des Systems selbst, also des Unternehmens im ganzen, wenn es von seinen Gliedern übernommen werden soll. Dabei ist Rationalität gefordert, und zwar als Bedingung für die Einsehbarkeit der dem einzelnen auferlegten Verhaltensbeschränkung im Rahmen der »Sinngebung«.

*»Möglichkeiten, die Rationalität des Unternehmensverhaltens zu verbessern, bieten sich in zweifacher Hinsicht. Einerseits kann eine Modifikation der Attitüde, der Ideologie oder der Werte bei den unternehmerischen Entscheidungsträgern zu einem veränderten Entscheidungsverhalten führen. Ob die ›internalization of value changes‹ im Zusammenhang mit Vorstellungen von der gesellschaftlichen Verantwortung der Unternehmensführung zu einer umfassenden Interessenberücksichtigung führt..., wäre zu prüfen« (37, 171).*

Geschäftliche Verantwortung der Unternehmensführung bei steigender Unsicherheit über die »Mission« des Unternehmens im Netz nationaler und internationaler Wirtschaftsbeziehungen mit permanentem Krisenrisiko steigert das Bedürfnis nach Klärung der eigenen Position und der Möglichkeiten von Zielsetzungen für die Zukunft.

Die Schaffung eines Feldes der Übereinstimmung von Unternehmenszwecken, Unternehmenszielen und Verhaltensgrundsätzen erscheint erstrebenswert, um den Handlungen des Unternehmens Akzeptanz nach innen und außen zu sichern. Dieser Gesichtspunkt gewinnt auch in der betriebswirtschaftlichen Theorie an Bedeutung.

*»Forderungen, die Belange der . . . in den Unternehmungen Tätigen stärker an Entscheidungen zu berücksichtigen, und Forderungen nach einer Teilnahme der Mitarbeiter an den Entscheidungsprozessen signalisieren im Zusammenhang mit einer abnehmenden Autonomie der Unternehmungen einen Wandel der betriebswirtschaftlichen Problematik. Durch die von der Dynamik der Umwelt veranlaßte Unbestimmtheit der Ziel- und Zweckstruktur der Unternehmungen wird es notwendiger, innerhalb und außerhalb der Organisation möglichst breiten Konsens als Handlungsgrundlage zu gewinnen . . . Strategien der Konsensmehrung sind eine wesentliche Komponente im Entscheidungsprozeß.«* (37, 208; dabei zitiert N. Luhmann, Politische Planung, Opladen 1971, S. 99.)

So tritt die Identität sofort als Planungsparameter für das Management im Spannungsbogen des Ist-Soll auf: Was sind wir? – Was wollen (müssen, können) wir? Bei Projektion von Ist und Soll auf einzelne Meßgrößen des Marktes (Marktattraktivität, Konkurrenzüberlegenheit, Marktvolumen und -wachstum, Marktanteil) oder der Rentabilität (Deckungsbeitrag) und aufgegliedert nach vorhandenem oder realisierbarem Produktprogramm bildet die Identity damit auch den Hintergrund für das Portfolio-Management. Auch Unternehmensidentitäten lassen sich durch ihre Positionierung in einer Portfolio-Matrix bestimmen und im Konkurrenzvergleich chancenmäßig bewerten. Die Parameter für die Basis-**Portfolios** lauten (vgl. dazu 11):

- Attraktivität der Märkte, in denen das Unternehmen tätig ist, nach Volumen und Wachstum;
- Überlegenheit der Produkte gegenüber der Konkurrenz;
- Markenidentität und Unternehmensidentität;
- Marktstärke des Unternehmens (durch Marktführerschaft, hohe Marktanteile, Imageüberlegenheit) als Identitätskomponente.

## Organisations- und Industrie-Soziologie

Der dritte Anstoß, sich mit Corporate Identity wissenschaftlich zu beschäftigen, kommt von den Sozialwissenschaften, genauer gesagt von der Organisations- und Industrie-Soziologie (Parsons, Mayntz, Dahrendorf, Fürstenberg, Etzioni) und in der weiteren Entwicklung von der soziologischen Interaktions- und Systemtheorie (USA: Bales, Homans, Rose, Merton; Deutschland: Bertalanffy, Luhmann).

Nachdem im berühmten Hawthorne-Experiment (Mayo, Roethlisberger, Dixon) festgestellt wurde, daß die informelle Struktur betrieblicher Arbeitsgruppen sich weit von deren formaler Organisation unterschied, war die traditionelle Hierarchie in ihrer Wirksamkeit auf das Arbeitsverhalten des einzelnen deutlich in Frage gestellt.

Neben der offiziellen »Hackordnung«, wie sie in der Vorgesetzten-Untergebenen-Struktur festgeschrieben ist, zeigte sich eine Gruppendynamik, die wie beim Rudelverhalten zur Bildung einer Rangordnung vom Alpha- bis Omega-Mitglied führte. Die Haltung des Unternehmens, irgendeine Art von Unternehmens»philosophie« war darauf völlig ohne Einfluß, weil es sie entweder nicht gab oder weil sie nicht durchgesetzt war. Die Eigendynamik solch informeller Strukturen innerhalb eines Unternehmens zeigte dagegen eine latente Tendenz zur Abweichung vom intendierten und erwarteten Verhalten der Mitglieder des Systems.

In Verfolgung dieser Problematik wurden zahlreiche Einflußfaktoren auf das Verhalten von Mitarbeitern und Funktionsträgern der Unternehmen untersucht. »Neben der allgemeinen Darstellung der betrieblichen Herrschaftsordnung wurden die Probleme des Führungsverhaltens . . . stark beachtet« (10, 110). Nach Dahrendorfs »Hinweis auf die pluralistische Struktur des Betriebs und seine Analyse ihrer verschiedenen Aspekte, die neben formeller und informeller Organisation auch die sozioökonomische Statusorganisation und die Klassenorganisation auf der Basis der unterschiedlichen Interessen umfaßt« (10, 111), wandte sich der Blick den möglichen Instrumenten und Mechaniken zur Integration der pluralistischen Interessen innerhalb des Unternehmens zu, wobei die amerikanische Forschung, »die sich als ›Human Relations in Industry‹ institutionalisierte, . . . die Auffassung des Betriebs als soziales System von Verhaltensweisen« (10, 108) und individuellen oder kollektivem Rollenverhalten vertrat. Die Untersuchungen bezogen sich zunächst auf die sozialen Beziehungen in der Arbeitswelt des Unternehmens und wurden später erweitert auf die Beziehungen zwischen Unternehmen und Umwelt. Konsequent rückte dabei auch die Frage nach der »Persönlichkeit« des Unternehmens in den Bereich des soziologischen Interesses.

**Wirtschaftswissenschaften**

In der akademischen betriebswirtschaftlichen Lehre finden sich verschiedene Ansätze zur Behandlung von Corporate Identity als *eigenständigem* Forschungsgegenstand. Für die Typologie der Unternehmungen stehen objektiv faßbare und beschreibbare Kriterien, wie die Rechtsformen, Größen, Branchen, Standorte, organisatorische Strukturen, im Vordergrund. Soweit Corporate Identity zum Thema gemacht wird, geschieht dies im Rahmen der Darstellung von Zielsystemen auf Basis einer Unternehmensphilosophie, die als »ein System von Leitmaximen verstanden wird, deren Ausprägungen von ethischen und moralischen Werthaltungen bestimmt wird. Damit dient sie als eine Art ›moralischer und ethischer Unterbau‹ für den Wirtschaftsprozeß der Unternehmung. In ihr manifestieren sich insbesondere solche Grundeinstellungen, die das Verhältnis der Kerngruppen (Machtträger) zu Mitarbeitern, Aktionären, Kunden, Lieferanten sowie allgemein das Verhältnis Unternehmung – Gesellschaft zum Ausdruck bringen. Definiert werden können in einer Unternehmungsphilosophie demnach beispielsweise

- das Bekenntnis zur Wirtschaftsordnung und zur gesellschaftlichen Funktion der Unternehmung,
- die Einstellung zu Wachstum, Wettbewerb und technischem Fortschritt,
- die Rolle des Gewinns für die Unternehmung und Gesellschaft,
- die Verantwortung gegenüber den Mitarbeitern und Aktionären,
- die akzeptierten Spielregeln und Verhaltensnormen im Rahmen der wirtschaftlichen Tätigkeit der Unternehmung« (31, 55).

Nach dieser Definition erscheint in der Unternehmensphilosophie nur ein Teilaspekt der Unternehmensidentität, nämlich *»ethische und moralische Werthaltungen«,* die in der Praxis sehr oft den Charakter von plakativen Postulaten annehmen. Eine Unternehmensidentität, die sich auf eine solche Art von Unternehmensphilosophie beschränkt, geht an der betrieblichen Realität vorbei und ist bei der Ableitung von Unternehmenszielen eher hinderlich als dienlich. Man pflanzt sie allenfalls als Fahne auf, um den Feind zu täuschen und läßt die Truppen woanders aufmarschieren, oder man ignoriert sie einfach, wenn es ums »Geschäft« geht.

Eine Unternehmensphilosophie dieser Art reicht natürlich nicht aus für den Aufbau von Corporate Identity, denn zum Selbstverständnis des Unternehmens gehören vor allem anderen seine egoistisch-ökonomischen Interessen: Man mißt ihr deshalb auch wissenschaftlich eine Rolle zu, die das zentrale wirtschaftliche Geschehen im Unternehmen und die dafür relevanten Zielsetzungen kaum entscheidend beeinflußt.

*»Eine von ethischen und moralischen Werthaltungen bestimmte Unternehmungs-Philosophie berührt in erster Linie die soziale Dimension der Unternehmungsziele, wenngleich natürlich nicht vergessen werden darf, daß die Unternehmung in erster Linie ein* ***Wirtschaftsbetrieb*** *ist und in dieser ihrer Eigenschaft vorrangig ökonomische Ziele verfolgt« (31, 55 f.).*

Auch in Selbstdarstellung und Kommunikation überschreitet Corporate Identity das Terrain der »dominierenden Werthaltungen bei den Machtträgern der Unternehmung«, die »als Bestimmungsgrößen für die jeweils vorherrschende Unternehmungs-Philosophie . . . in engem Zusammenhang zu den Unternehmenszielen stehen« (31, 55). Hier ist über das Konzept der betriebswirtschaftlichen Theorie hinauszugehen. Die Unternehmensphilosophie – soweit vorhanden – wird als »Idee« und Selbstverständnis des Unternehmens für die Umwelt nur als Corporate Identity im Verhalten, Erscheinungsbild und in der Kommunikation des Unternehmens manifestiert.

Einen Versuch in dieser Richtung unternahm Klaus Kneip in einer Reihe von Veröffentlichungen seit 1978 (15 und 16). Er erklärt Corporate Identity zur Basis und zur Methode eines »Management by«-Konzepts, in dem die Corporate Identity die zentrale Steuerungsaufgabe für die gesamte Unternehmensführung als Kommunikations- und Interaktionsprozeß übernimmt: *»Management by Corporate Identity«* und *»Identitätsorientierte Unternehmensführung«* sind die Begriffe, die er dafür prägt. *»Unternehmensidentität ist die zentrale Kommunikations-Strategie des Unternehmens und damit auch dessen zentrale Führungsstrategie, die, mittels Kommunikationsarbeit als integrierter Sozialtechnik des Unternehmens, nach innen und außen maximale Interaktionssynergie anstrebt und damit eine Ökonomie der Kräfte bewirkt«* (16, 1126).

Aus dem Bereich der Marketingwissenschaft äußerte sich L. G. Poth (24) zum Thema. Er spricht mit dem Problem des Verhältnisses und der Gewichtung von Corporate Image und Produktimage die Gefahr der »gekauften Identitätskrise« an. *»Die Verbindung der Forderung nach differenziertem Instrumentaleinsatz mit einer gezielten Imagepolitik ergibt sich daraus, daß verschiedene Zielgruppen (in den einzelnen Marktsegmenten) unterschiedliche Images entwickeln, die wiederum abstrahlen auf andere Produktbereiche, wobei das bestehende globale Firmenimage die Markenimages konditioniert.«* Daraus ergeben sich für ihn vier grundsätzliche strategische Konzepte:

- Identität (von Marken- und Firmenimage),
- positive Integration,
- negative Integration,
- Isolation.

Von wissenschaftlicher Bedeutung ist neben den genannten Fachbereichen und Autoren eine Reihe von weiteren Veröffentlichungen, die jedoch in der Hauptsache fachpublizistischen Charakter haben und deshalb im folgenden Abschnitt Erwähnung finden.

## Fach-Publizistik

In der Fachpublizistik ist Corporate Identity ein Thema, das 1975 schlagartig in den Vordergrund trat und seitdem von Jahr zu Jahr an Aktualität gewann. Fachjournalisten, Kommunikationsspezialisten und Wirtschaftspraktiker sind als Autoren vertreten, und meist werden in den Aufsätzen Einzelaspekte aus dem Feld der Corporate Identity und Fallbeispiele behandelt.

So beschäftigen sich Keysselitz (14) mit den Realisierungsmöglichkeiten der Selbstdarstellung von Unternehmen, Lierl (17) mit der Visualisierung, Prey (25) und Rudolph (29) mit der Unternehmenskommunikation, Lufthansa (41) und Schmittel (33) mit dem Unternehmenserscheinungsbild (von Schmittel »Corporate Visibility« genannt) und das BDW-Papier (38) vorwiegend mit Kommunikationstechniken der Unternehmenswerbung, wobei eine vereinfachte Gleichsetzung von Unternehmensidentität mit integrierter Unternehmenskommunikation deutlich wird bis hin zu der wenig realitätsnahen Forderung: »Das Kommunikationsressort gibt die Leitlinien für die Corporate Identity des Unternehmens aus und überwacht deren Einhaltung« (6, 542). Praxisbezogen und mit vielen Beispielen stellt F.M.K. Henrion Corporate Communications als das Instrumentarium dar, mit dem Corporate Identity (Corporate Image?) erreicht wird (42).

Am Fallbeispiel Erco-Leuchten legt Klaus-Jürgen Maack (19) dar, wie durch ein marktgerechtes Mix von technischer Produktkonzeption, langfristiger Produktdesign-Politik, umfassender Kommunikation und strategisch eingesetzter Corporate Identity »sogar in einem anonymen Marktsegment überdurchschnittliche Ergebnisse erzielt werden können«. Der Corporate Identity kann dabei eine entscheidende Rolle bei der Profilierung des vorher weitgehend anonymen Unternehmens und als Steuerungsinstrument für seinen Auftritt im Markt zu. »Ein Unternehmen, das sich den Ordnungskriterien eines durchgängigen Erscheinungsbildes nicht unterwirft, bleibt in der visuellen und verbalen Aussage unterentwickelt und verspielt damit einen Großteil einer möglichen Marktresonanz . . . Dagegen schaffen durchgängige gleichbleibende Merkmale, Koordinierung und Rationalisierung aller Äußerungen zum Markt, eine Addierung in der Wirkung und werden vom Partner als Elemente der Zuverlässigkeit, der Sicherheit und der Kompetenz erkannt und anerkannt.« Der damit erzielte Erfolg macht deutlich, »daß Aktionen und Maßnahmen nur dann den erwarteten Nutzen bringen, wenn es gelingt, sie in einen größeren Zusammenhang einzuordnen, jede Aktion also mit der Signatur einer ›Firmenpersönlichkeit‹ zu versehen« (19, 31 f.).

Eine Reihe weiterer Aspekte der Corporate Identity wurden bei einem Podiumsgespräch im Februar 1977 dargestellt und diskutiert (39): Der Einfluß der Unternehmensidentität auf die öffentliche Meinung (W. Trux), CI-Strategie bei Markt- und Meinungskrisen (T. Kohlmorgen) und CI als operatives Instrument des Marketing-Mix mit klar verkaufsfördernder Wirkung (G. Sandler).

Kritische Stellungnahmen zum »CI-Trip« gibt es bisher kaum. Dies ist sicher ein Zeichen dafür, daß vor allem im Zug wachsender Durchsetzung des Strategischen Management die Corporate Identity als bedeutungsvoller strategischer Faktor im Sinne eines »Erfolgspotentials« des Unternehmens erkannt wird und damit einen neuen Stellenwert innerhalb der Unternehmenspolitik gewinnt. Dies bezieht sich auf das ganzheitliche Konzept der Corporate Identity (Unternehmens-Persönlichkeit + Verhalten + Erscheinungsbild + Kommunikation), denn seine »Einzelteile« sind durchaus nicht neu, sondern gehören bei zahlreichen Firmen längst zum Bestand der Firmengeschichte.

Gewarnt wird allerdings vor einem Überziehen des Konzepts, vor seiner falschen Anwendung oder vor Unzulänglichkeit und Inkonsequenz bei seiner Verwirklichung. *»Die Wirkung von CI-Programmen sollte nicht überschätzt werden. CI-Programme nutzen nichts, wenn die Leistung des Unternehmens nicht vorhanden ist bzw. sie sind kein Allheilmittel für Fehler des Unternehmens, die an anderer Stelle begangen werden«* (4, 637).

Zurückhaltung ist auch den Äußerungen gegenüber angebracht, die Corporate Identity als neues »Management by«-Konzept stilisieren, denn sie kann ihrem Wesen nach keine Management-*Technik,* sondern nur ein – wenn auch zentrales – Management-*Instrument* sein, das im Rahmen der Unternehmensstrategie operativ eingesetzt wird. Darüber hinaus bildet es in seiner Projektion in die Umwelt (als Corporate Image) ein Erfolgspotential, das die Erreichung der Unternehmensziele (in vielen Bereichen: von der Finanzierung über den Markterfolg bis zur Gewinnung von Arbeitskräften) oft entscheidend fördert. »Alles für Corporate Identity, wenn damit die konsequente, durchgängige Ausrichtung des Unternehmens an einer klaren Unternehmensphilosophie gemeint ist – aber alles dagegen, wenn es darum geht, aus diesem Grundgedanken eine neue Heilslehre zu machen« (26, 229).

## Wirtschaftspraxis

Die Corporate Identity in ihrer Realisierung durch einzelne Unternehmen hat ihre Geschichte, – es wurde vieles getan, was heute noch seine Gültigkeit hat, jedenfalls in Teilbereichen: Unternehmensphilosophie, Unternehmensprofil, Imagepolitik, Markentechnik, Erscheinungsbild, Designstrategie, Unternehmenskommunikation und PR.

Wenn wir die Entwicklung der Corporate Identity als Aufgabe der wirtschaftlichen Praxis im Rückblick sehen, zeichnen sich vier Perioden ab, die durch eine bestimmte Haltung zum Problem gekennzeichnet sind:

- die traditionale Periode,
- die markentechnische Periode,
- die Design-Periode,
- die strategische Periode.

### Traditionale Periode

Die *traditionale Periode* ist gekennzeichnet durch die Unternehmerpersönlichkeit, die als Person Unternehmensphilosophie und Unternehmensverhalten prägt und sie oft spektakulär zur Darstellung bringt. Auch das Erscheinungsbild wird meist vom Unternehmer selbst bestimmt: Er wählt den Architekten, der ihm seine Fabriken baut (Behrens für AEG, Gropius für Rosenthal), den Grafiker, der Markensignets und Werbemittel gestaltet, und – in Einzelfällen – den Designer (oder damals: den Formgestalter), der ihm seine Produkte formt und verziert.

Die persönliche Identität des Unternehmers prägt das Verhalten der Firma nach innen und nach außen, ohne zusätzliche spezielle Maßnahmen, da die hierarchisch-patriarchalische Unternehmensführung den Mitarbeitern auf allen Stufen meist sehr klare und harte Verhaltensmaximen setzt. Auch der höchste Manager fühlt sich in vielen Fällen nur als der »Majordomus«, der stets »im Sinne« des Unternehmens selbst zu handeln versucht und in dessen Identität hineinschlüpft.

Auch wenn der Unternehmer selbst sich aus dem Tagesgeschehen zurückzieht, die Führung abgibt oder ohne persönlichen Nachfolger stirbt, selbst dann wirkt seine Identität im Unternehmen deutlich nach, und das in der Umwelt vom Unternehmen bestehende Image bleibt mit seiner Person verbunden.

In der traditionalen Periode – die zeitlich bis zum Ende des Ersten Weltkriegs angesetzt werden kann – ist also Corporate Identity kein Problem und kein Thema. Das Problem ist allenfalls der Unternehmer selbst. Welch starke Unternehmensidentitäten in dieser Periode entstanden, beweisen die Namen Siemens, Ford, Krupp, Bosch, Schott. Dabei ist klar, daß die zeitliche Abgrenzung dieser Periode nichts darüber aussagt, daß sie als strukturelles Problem ihre Gültigkeit stets behält, wo Unternehmen durch die persönliche Identität des Unternehmers geprägt sind.

### Markentechnische Periode

Die *markentechnische Periode* ist zwischen den beiden Weltkriegen anzusetzen und ist wesentlich mit dem Namen eines Mannes verbunden: Hans Domizlaff. Er setzt im Sinne der Markentechnik die Identität des Unternehmens als Identität einer gestalteten und eindeutig identifizierbaren Marke an. Der Titel seines Buches »Die Gewinnung des öffentlichen Vertrauens« bezeichnet die wesentliche Aufgabe, die er einer Marke zumißt. Damit sie diese Aufgabe erfüllen kann, muß sie einer ganzen Reihe von Forderungen gerecht werden. Qualität, »der Stil einer unaufdringlichen Vornehmheit und einer selbstsicheren Würde nach dem Maßstab des zugehörigen Marktes« (8, 41), Gleichmäßigkeit der Beschaffenheit, Gleichförmigkeit von Verpackung und Aufmachung, eigenständige Bezeichnung, psychologische Alleinstellung (Monopolstellung). Wie entscheidend für Domizlaff die Marke als Identifikationsmittel war, zeigt seine Formulierung: »Eine Firma hat eine Marke. Zwei Marken sind zwei Firmen« (8, 82). So schuf Domizlaff in den 30er Jahren für Reemtsma nicht nur Markensignets und Packungen für die eigenständigen Zigarettenmarken, sondern auch als Dachmarke das bekannten Firmenzeichen, verbunden bereits mit einer Art von »Gestaltungsbibel«, in der er Empfehlungen für das Erscheinungsbild der Firma in Typographie und grafischer Gestaltung gab.

Auch für das Haus Siemens entwickelte er ein Firmenzeichen im Rahmen eines Erscheinungsbildes, wie wir heute sagen würden. Ebenfalls markentechnisch angelegt war in der Zwischenkriegszeit die Gestaltung des Erscheinungsbildes der großen Automobilhersteller wie Mercedes-Benz, BMW, Opel, Ford, einzelner Herstellerfirmen im Nahrungsmittelbereich wie Maggi, Knorr, Bahlsen sowie aus dem Körperpflege- und Pharmabereich (Odol, Spalttabletten, Bayer).

**Design-Periode**

Nach dem Zweiten Weltkrieg standen zunächst andere Interessen im Vordergrund der Unternehmensaktivitäten als Erscheinungsbild oder gar Identity. Die Firmen mit einschlägiger Tradition (Bosch, Siemens, WMF) nahmen zwar den abgerissenen Faden vor allem im Bereich des Produktdesigns bald wieder auf, eine eigentlich neue Ära begann aber erst mit den 50er Jahren im Anschluß an die Gründung der Ulmer Hochschule für Gestaltung im Jahre 1950, die in Produkt- und Grafikdesign die Tradition des Bauhauses aufnahm und aus dem Geist der damaligen Gegenwart zu erneuern suchte. Deshalb nennen wir diesen Abschnitt die *Design-Periode* der Corporate Identity.

In diese Zeit fallen die Projekte zur Neugestaltung des Produktdesigns der Braun AG (1954, vgl. 40) und des Erscheinungsbildes der Deutschen Lufthansa (1963, vgl. 32 und 41). Bei Braun griff das neue Produktdesign-Konzept sehr rasch über in das Erscheinungsbild des Unternehmens als Ganzem. Dabei löste sich die Unternehmensidentität von der Persönlichkeit der Firmeninhaber Arthur und Erwin Braun und profilierte sich so eigenständig, daß auch die Übernahme des Unternehmens durch die amerikanische Gillette Company nichts an der Identitätsstrategie änderte. Natürlich ist ein konsequent durchgeführtes Produktdesign-Konzept eine besonders tragfähige Basis für die Corporate Identity in Erscheinungsbild und Kommunikation. Auch in seinem Verhalten (Fachhandelstreue, Verteidigung der Preisbindung zwecks Erhaltung des Markenartikelkonzepts, Öffentlichkeitsarbeit, Stiftung eines Design-Preises) bemühte sich das Unternehmen um eine Identity-gerechte Linie.

Eine Reihe anderer Unternehmen machte in dieser Periode entscheidende Schritte zur Corporate Identity, wobei vielfach das Erscheinungsbild bzw. das Corporate Design im Vordergrund stand, so beispielsweise Avis, Audi, SEL Standard Electric Lorenz, die Sparkassen, Westdeutsche Landesbank, Deutscher Ring Versicherung, C. Josef Lamy Schreibgeräte, Viessmann Heizkesselwerke.

**Strategische Periode**

In der strategischen Periode – etwa seit Ende der 70er Jahre – entwickelt sich ein klarer strategischer Begriff der Corporate Identity als Instrument der Unternehmenspolitik. Die Abhebung vom Corporate Image als dem Fremdbild des Unternehmens einerseits, von den partikulären Einzelaspekten der Identity andererseits, führt zur Bildung einer operationalen Konzeption der Corporate Identity, die nicht mehr nur Produktdesign und Grafikdesign, nicht mehr nur Unternehmens-PR, nicht mehr nur allgemeine Aussage zur Unternehmensphilosophie ist, sondern ein Mix verschiedener Komponenten, das der Unternehmensführung als markt- und sozialstrategisches Instrument zur Verfügung steht. Es gibt Unternehmen, die bereits zu diesem Verständnis von Corporate Identity gelangt sind und danach deren Platz und deren Aufgabe im Strategie-Mix des Unternehmens bestimmen. Auch dies wird aus Fallstudien in diesem Buch klar: Aral, BMW AG, Dresdner Bank, DKV, Daimler-Benz, Schott, Bosch, Olivetti, IBM sind weitere Beispiele. Besonders verwiesen sei auf die Leistungen mittelständischer Unternehmen bei der Ausformung ihrer Corporate Identity als strategisches Instrument: Erco-Leuchten, Lamy-Schreibgeräte, Elefantenschuhe, Adidas-Sportartikel, Ikea-Möbel, Deinhard, König-Brauerei.

Eine spezielle Ausprägung der Identity-Strategie gewinnt immer größere Bedeutung für Selbstverständnis und Image und ist von vielen Unternehmen bereits in ihre Identitäts-Charta aufgenommen worden: Die Sozialverträglichkeit des Unternehmenszwecks und Unternehmenshandelns, die Verpflichtung gegenüber Mensch und Umwelt im Sinne einer Unternehmensethik, die sich im Handeln des Unternehmens nach innen und außen glaubhaft dokumentiert.

Unsere Einteilung der Entwicklung von Corporate Identity in vier Perioden soll mehr Denkschema als konkrete Abbildung historischer Abläufe sein. Auch im einzelnen Fall ist es durchaus nicht zwingend, daß die vier Perioden nacheinander durchlaufen werden, sondern gerade im mittelständischen Bereich sind die Fälle sehr aktuell, in denen der direkte Sprung aus der traditionalen in die strategische Periode getan wird. Andere Unternehmen haben das Herausfallen aus der traditionalen Situation noch nicht verwunden und tasten unsicher ein Versuchsfeld ab, in dem sie vorgefertigte Lösungen vermuten.

Eine solche Suche wird vergeblich bleiben:

Corporate Identity ist immer individuell und sie kann als strategisches Instrument nur funktionieren, wenn das Identitäts-Mix zur individuellen Konzeption geformt wird. Vereinheitlichung des Erscheinungsbildes allein genügt nicht mehr. Nur das Identitäts-Mix kann auf Dauer Corporate Identity konstruieren, nicht Gestaltungsrichtlinien, Firmenschriftzüge oder Firmenslogans allein.

# Corporate Identity als Führungsinstrument

## Das Unternehmen und seine Handlungsparameter

Jedes Unternehmen ist ein zielgerichtetes soziales System mit wirtschaftlicher Zwecksetzung. Es kommen ihm deshalb die Kennzeichen zu, die für solche Systeme allgemein gelten:

- *Zwecksetzung:*
  Die Leistung, die das Unternehmen langfristig für die Gesellschaft, die Eigentümer und die Mitarbeiter erbringt.

- *Zielsystem:*
  Das beabsichtigte, periodisch abgegrenzte Ergebnis seiner Tätigkeit zur Erfüllung der Zwecksetzung auf Basis des ökonomischen Prinzips.

- *Integration:*
  Die Beeinflussung und Steuerung der Tätigkeiten aller Systemteile (Unternehmensbereiche, Divisions, Stäbe usw.) nach einheitlichem Prinzip zum Zusammenwirken im Hinblick auf die Zielerreichung.

- *Interaktion:*
  Systematischer Informations- und Leistungsaustausch der Systemteile untereinander sowie des Unternehmens mit seiner Umwelt (Markt, Lieferanten, Gesellschaft).

Zwecke und Ziele sind die **Handlungsparameter** für das Unternehmen, Integration und Interaktion die **Methoden,** mit denen das Erreichen der Ziele und damit die Erfüllung der Zwecke operativ ermöglicht wird. Alle vier Faktoren konstituieren das Führungsinstrumentarium, wobei Zwecke und Ziele die Basis des unternehmerischen Handelns bilden, während Integration und Interaktion die operativen und organisatorischen Möglichkeiten bereitstellen, die in Führungsverhalten, Marktverhalten und Kommunikationsverhalten umzusetzen sind.

Wo Corporate Identity als Führungsinstrument eingesetzt wird und funktioniert, sichert sie systematisch die Umsetzung dieser Faktoren in konkretes Unternehmensverhalten ab. In den einzelnen Bereichen fallen ihr dabei spezielle Aufgaben zu.

## Corporate Identity interpretiert die Zwecksetzung des Unternehmens

Jedes Unternehmen steht ständig in der Gefahr nicht nur von Zielkonflikten für sein wirtschaftliches Handeln, sondern auch von Zweckkonflikten für sein Selbstverständnis und die Bestimmung seiner strategischen Mission. Ein Industrieunternehmen z.B. in strukturschwachem Gebiet mit speziellem technischen Know-how und Standort hat nicht nur den Zweck, eingesetztes Kapital angemessen zu verzinsen, sondern auch die Infrastruktur seiner Standortregion stabil zu halten, und als Drittes, den Markt ausreichend mit den Produkten zu versorgen, die der Wettbewerb nicht zu gleichen Bedingungen (Qualität, Preis, Termin) bereitstellen könnte.

Aus dieser sehr unterschiedlich zusammengesetzten Zweckstellung für das Unternehmen ergeben sich leicht Konflikte, wenn das Unternehmen nicht zu einer klaren Festlegung der Rangordnung dieser Zwecke kommt. In unserem Beispiel könnte die Marktversorgung an erster Stelle stehen. An zweiter Stelle die makroökonomische Aufgabe für die Infrastruktur, während die angemessene Kapitalverzinsung an die dritte Stelle rückt, weil der Großaktionär zugunsten einer starken Marktposition und der Substanzerhaltung am Standort seine Dividendenansprüche bescheiden zu halten bereit ist.

In diesem Fall würde in die Corporate Identity des Unternehmens seine Aufgabe am Markt prominent eingehen, wobei der spezielle Qualitäts- und Marketing-Know-how (also die Konkurrenzüberlegenheit) das Profil deutlich bestimmen. Die beiden anderen Aufgaben würden als sekundäre Zwecke aus der primären Zwecksetzung abgeleitet erscheinen. Indem sie die Komplexität des Sachverhalts auf eine verstehbare und kommunizierbare Formel bringt, vermeidet Corporate Identity die Konflikte, die sonst bei der Erarbeitung von Zielsetzungen oder Unternehmensplänen, aber auch bei der Meinungsbildung über das Unternehmen in der Öffentlichkeit oft zu Bewertungsunsicherheit oder Negativhaltungen führt. Auch die Verabsolutierung eines einzelnen Zweckes wird vermieden, so daß bei der Bildung des Zielsystems alle beabsichtigten Wirkungen ausgewogen berücksichtigt werden können. »Sollen mehrere erwünschte Wirkungen zusammen eintreten, so können sie zu einer zwar an sich komplexen, aber homogenen Zweckformel verschmolzen werden« (18, 285).

## Corporate Identity ist Leitlinie für das Zielsystem des Unternehmens

Erfahrungsgemäß ist die Festlegung der Zielsetzung für ein Unternehmen ein sehr kontroverser Arbeitsprozeß, bei dem ideologische Einstellungen, Kompetenzinteressen der Unternehmensfunktionäre, hierarchisches Selbstdarstellungszeremoniell und nicht zuletzt Unsicherheiten über das, was man will, und über das, was man kann, im Widerstreit liegen. Früher oder später wird die Frage nach der Unternehmensphilosophie, nach Aufgabe und Zweck des Unternehmens gestellt.

Eine formulierte und autoritativ gültige Corporate Identity hilft, viele Konflikte zu vermeiden, wenn sie als Leitlinie die Bildung der temporären (vor allem mittel- und langfristigen) Unternehmensziele als Ableitung aus den Unternehmenszwecken bestimmt.

In der Corporate Identity ist damit festgelegt, was die Organisationssoziologie das »Wertklima« nennt. »*Damit sind unter den Mitgliedern vorherrschende Werthaltungen gemeint, die selber kein Bestandteil des Organisationszieles sind, jedoch dieses Ziel und das Verhalten in der Organisation unter Umständen beeinflussen können . . . In Betrieben bestimmen Werthaltungen der Betriebsführung manchen Aspekt der betrieblichen Fürsorge oder auch, wie das Verhältnis zu den Mitbestimmungseinrichtungen der Arbeitnehmer ist . . . Gerät das Organisationsziel in Gegensatz zu dem Wertklima der Organisation, dann können ernsthafte Konflikte entstehen, weil ein solcher Gegensatz der positiven Einstellung der Mitglieder zu der Organisation und ihrem Ziel abträglich sein muß«* (20, 65 f.). Das aus der Corporate Identity gespeiste Wertklima schlägt sich in der »corporate culture« nieder.

Neben den *globalen* Unternehmenszielen bestimmt die Corporate Identity als Leitlinie auch eine Reihe *abgeleiteter* Zielsetzungen der einzelnen Unternehmensbereiche, und zwar in den drei Feldern des Identitäts-Mix: Unternehmens-Verhalten nach innen und außen, Unternehmens-Erscheinungsbild, Unternehmens-Kommunikation. Freiwillige Sozialleistungen, Sponsorprojekte, Stiftungen für Forschung, Kultur oder soziale Einrichtungen entsprechen bestimmten Zielsetzungen im Verhaltensbereich, die konsequente Durchsetzung des optischen Erscheinungsbildes oder die Einstellungsänderung der Verbraucher zur Gesamtleistung des Unternehmens sind Ziele für Corporate Design bzw. Corporate Communication. Übrigens wird aus diesem Beispiel ersichtlich, daß hier die Corporate Identity nicht nur auf der Ebene der Zielsetzungen, sondern weit in den Bereich der Unternehmensstrategie und ihrer Realisierung in Maßnahmen und Mitteln als Leitlinie eingreift.

Voraussetzung für die Zielgerichtetheit eines Unternehmens als soziales System ist die Vermeidung von Zielkonflikten seiner Teile bzw. die Lösung solcher Konflikte in angemessener Frist.

## Corporate Identity ist Basis für die Integration der Systemglieder

Integration der Unternehmensteile, der Unternehmensfunktion und ihrer Träger, d.h. aller Mitarbeiter, ist Aufgabe der Unternehmensorganisation, die allerdings nur das formale Gerüst in Struktur und Ablauf festlegen kann. Durch laufende Kontrolle und Sanktionen wird die Einhaltung der Abläufe mehr oder weniger umfassend gesichert. Die Mitglieder handeln vielfach aus formalem Zwang. Die Corporate Identity kann hier eine Basis bilden, die durch Bewußtseinsbildung und Aufbau von Einstellungen die Integrationsbereitschaft der Mitglieder erhöht und die Integrationsleistung bei gleichzeitiger Erweiterung des Entscheidungsspielraums steigert.

Wenn der einzelne Mitarbeiter sich mit seinem Unternehmen identifiziert und wenn er weiß, womit er sich dabei identifiziert, also die Corporate Identity zur Maxime seines Handelns wird, wird Integration auch in Handlungsbereichen erzielt, die der formalen Organisation nicht zugänglich sind.

Von welch hoher Bedeutung dieser Effekt der Corporate Identity ist, zeigt ein Blick auf die tägliche Praxis in den Unternehmen: Der Bereich, an dem an der formalen Organisation vorbei oder ihr sogar entgegengehandelt wird, ist meist größer, als es sich der Organisationsexperte träumen läßt. Im Rahmen einer Corporate Identity, die sich die Unternehmensteile und die einzelnen Mitarbeiter als Richtschnur zu eigen machen, wird gewährleistet, daß ihr Handeln konform mit der Zielsetzung des Unternehmens bleibt und das Zusammenspiel der Kräfte nicht durch abweichendes Verhalten einzelner gestört wird. Als Basis der Integration gewährleistet so die Corporate Identity, *»daß alle letztlich zielorien-*

*tierten Tätigkeiten . . . gedanklich so geordnet werden können, daß jede als Mittel zu einem Zweck erscheint und sofort in einer Kette bis hin zu den direkt der Zielverwirklichung dienenden Tätigkeiten*« (20, 78). So bleibt die »Ausrichtung der mittelbaren auf die direkten Zieltätigkeiten erhalten«, so daß bei den einzelnen Unternehmensteilen eine Zielverschiebung (Goal Displacement) auf Teilaufgaben und Sonderinteressen vermieden wird. Das Rollenverhalten der einzelnen Systemglieder bleibt ins Ganze des Unternehmens integriert.

## Corporate Identity steuert die Interaktion innen und außen

Interaktion, d.h. handelnde Wechselwirkung mit der Umwelt, ist der Parameter, dem Talcott Parsons besonderes Gewicht als soziologische Dimension sozialer Systeme beimißt. Unternehmen stehen in ständiger Interaktion mit sehr unterschiedlichen Faktoren ihrer Umwelt, die sich nur grob unter die Begriffe **Ressourcen, Markt** und **Öffentlichkeit** subsumieren lassen. Jedes Unternehmen strebt grundsätzlich nach einer gewissen Geschlossenheit seiner Interaktion in einem Muster, das den einzelnen Agierenden als Handlungsmaxime und als Richtschnur für ihr Rollenverhalten dienen kann und damit – wie oben gesagt – auch den Integrationseffekt fördert.

Dieses Muster liefert die Corporate Identity. Sie liefert Inhalte, Bedeutungen und Symbole, die als Auslösereize für die Reaktionen der Partner bzw. der Umwelt wirken. Die Corporate Identity legt Rollenverhalten nach innen und das Rollenangebot gegenüber Dritten fest. Ein Rollensystem, wie es durch die Corporate Identity konstituiert und in Bewegung gehalten wird, bedeutet Sinn und Struktur, denn Unternehmen als »*soziale Systeme sind Systeme, die Handlungen durch ihren Sinn (und nicht etwa durch ihre Stoßkraft) miteinander verbinden und gegen eine Umwelt anderer Möglichkeiten abgrenzen*« (18, 176). So ergibt sich eine Struktur als »*ein Bündel aufeinander bezogener Bedeutungen und Werte, die einen gegebenen sozialen Rahmen beherrschen, einschließlich der Beziehungen zwischen einzelnen Rollen, die erwarteter Bestandteil dieses Rahmens sind*« (28, 272). Corporate Identity übernimmt somit die Aufgabe, den Interaktionen des Unternehmens ein verbindliches Grundmuster zu liefern, das nicht nur die Konformität mit der Unternehmenszielsetzung absichert, sondern auch wirtschaftlich Vorteile bringt.

Trotz der Verfolgung von oft sehr partikulären Detailzielen seitens der einzelnen Unternehmensteile, besteht die – im allgemeinen berechtigte – Vorstellung, daß die aus einer zentralen Zielsetzung abgeleitete und auf ein Unternehmens-»Subjekt« bezogene Interaktion ökonomischer sei, d.h. bei gleichem Aufwand höhere Wirkung erzielt bzw. zur Erzielung gleicher Wirkung eines geringeren Aufwandes bedarf als bei Aktionen, die nur auf die partikularen Interessen ausgerichtet sind.

Hier werden zwei Faktoren als wirksam angeführt: Die »**Synergie**« von Einzelaktionen, wenn sie von einem gemeinsamen Ziel und einem gemeinsamen Verhaltensmuster geleitet werden; das Ganze bringt dann mehr als die Summe der Teile, denn »*die mehrfachen Ziele einer Organisation können so miteinander verbunden sein, daß die Energie, die man dem einen Ziel widmet, zugleich dem anderen zugute kommt*« (20, 74).

Das zweite ist der **»Lerneffekt«,** der es ermöglicht, Einzelerfahrungen partikulärer Bereiche durch zentrale Verarbeitung für alle Teile des Unternehmens nutzbar zu machen. Der Teil profitiert hier über die Summation durch das Ganze.

Corporate Identity als Struktur definierter Bedeutungen und Werte bündelt die Maßnahmen zur Durchführung der Ziele und richtet sie für die Interaktion aus, so daß Synergieeffekt und Lerneffekt möglich werden.

Als Struktur erfüllt Corporate Identity auch die Aufgabe, das Feedback, der sich aus den Interaktionen des Unternehmens ergibt, systematisch zu verarbeiten, die Einzelfakten in ihrer Bedeutung für das Unternehmen zu gewichten und zu evaluieren, so daß sie als geordnetes Material für eventuell notwendige Korrekturen in Zielsetzung und Planung zur Verfügung stehen.

Aber Interaktion bedeutet vor allem auch Darstellung des Unternehmens nach außen, und zwar bezogen auf die Zielgruppen, an denen es interessiert ist und die ihm nützlich sein können. *»Wenn es einer Organisation gelingt, das Vorstellungsbild von sich attraktiv zu machen und damit ein hohes Prestige zu bekommen, dann wird es für sie leichter, von der Umwelt das zu erhalten, was sie für ein erfolgreiches Funktionieren braucht – nicht nur Mitglieder, sondern auch Kunden, Kapital, Förderung oder Hilfe . . . So läßt sich der moderne Wirtschaftsbetrieb durch seine Public Relations als eine Organisation darstellen, die dem wirtschaftlichen Wohle der Nation dienen will, deren Ziel die Produktion, die Versorgung der Bevölkerung oder eine gute Außenhandelsbilanz des Landes ist; nur den Aktionären gegenüber betont man gern das Profitziel . . . Das Bemühen um ein gutes Prestige ist für Organisationen vor allem dann wichtig, wenn sie mit anderen Organisationen um Kunden, Kapital, Mitglieder usw. konkurrieren müssen«* (20, 121 f.).

Die Zwecksetzung und das Zielsystem des Unternehmens gehen also als Parameter in die Corporate Identity ein, während Integration und Interaktion Leistungen sind, zu deren unternehmenskonformer Erfüllung die Corporate Identity einen wesentlichen Beitrag, wenn nicht gar die entscheidende Voraussetzung liefert. Das kennzeichnet sie als Führungsinstrument, weit über das hinaus, was im Unternehmens-Erscheinungsbild oder in der Unternehmens-Kommunikation zur Darstellung kommt. Es ist deshalb jetzt genauer zu untersuchen, welchen Stellenwert Corporate Identity als Mittel der Unternehmenspolitik nach innen und nach außen hat und welche Aufgaben ihr dabei gestellt sind.

# Corporate Identity als Instrument der Unternehmenspolitik

## Die Leitstrategie des Unternehmens

Bei einem Bekenntnis des Unternehmens zu Corporate Identity muß Corporate Identity als Leitstrategie für alle unternehmerischen und kommunikativen Einzelmaßnahmen begriffen, akzeptiert und angewandt werden.

In der Corporate Identity drückt sich das langfristige Wollen eines Unternehmens unter bewußtem Verzicht des Managements auf kurzfristige Erfolgsnachweise aus. Genau wie Treppen nur von oben nach unten gekehrt werden können, kann ein CI-Konzept nur von oben (Top-Management) nach unten (Mittel-Management) durchgesetzt und realisiert werden, weil sonst Verständnis, Mittel und Identifikationskraft fehlen oder gar kurzfristige bzw. budgetierbare Zahlenkonstruktionen als Erfolgsmaßstäbe verlangt werden. Neben der z. T. nicht meßbaren Langfristwirkung der Corporate Identity gibt es mehrere wesentliche Definitionskriterien:

- Die Mehrdimensionalität, bedingt durch heterogene Zielgruppen.
- Die Synergie von klassischen Marketingaktivitäten mit »nicht klassischen« Publizitätsmaßnahmen (z.B. Firmenzeitschrift, Aktionärsrundbrief etc.).
- Die multispektrale Positionierung eines breit gefächerten, heterogen diversifizierten Unternehmens (z.B. BASF-Gruppe) mit Imagedimensionen für die verschiedenen Tochter-Unternehmen, die unter einem Dach nur sehr schwer harmonisieren, wie
  - dynamisch
  - zuverlässig
  - modern
  - altbekannt
  - vertrauenswürdig
  - mächtig etc.

Corporate Identity muß ideologisch in der Unternehmenspolitik verankert und mit den jeweiligen relevanten Tatbeständen den operationalen Dimensionen Marketingpolitik, Produktpolitik, Öffentlichkeitsarbeit, Personalpolitik etc. zugeordnet werden. Allerdings scheint ein Kernproblem der Verankerung von Corporate Identity als zentraler unternehmerischer Aufgabe in einer Zeit zunehmender Anonymisierung im Wirtschafts- und Gesellschaftsleben darin zu liegen, daß die Wirkung von CI-Maßnahmen häufig erst zu einem Zeitpunkt eintritt, zu dem die Verträge derjenigen Manager, die eine solche konstitutive Entscheidung getroffen haben, bereits abgelaufen sind. Im Grunde genommen ist Corporate Identity als Unternehmenspolitik »existentiell« und damit an den Unternehmer und an die »Endlosigkeit« von Kompetenz und Verantwortung gebunden.

## Aufgabenbereiche und Schwerpunkte der Corporate Identity

Die Schaffung einer Corporate Identity muß einhergehen mit einem Einstellungs- und Gesinnungswandel, als dessen Ergebnis eine in sich geschlossene, neue Persönlichkeit tritt, die die einzelnen bisherigen Firmenmerkmale auf Teilmärkten und gegenüber verschiedenen Zielgruppen verstärkt, an Wirkung übertrifft und zu einer neuen breiteren Identifikationsplattform führt.

Corporate Identity als Instrument der Unternehmenspolitik hat vier Aufgabenfelder:

- Verdichtung von Informationen in der Massen-Kommunikationsgesellschaft mit einem Informationsüberfluß;
- Intensivierung der komplexen Marktbeziehungen eines Unternehmens mit den verschiedensten Zielgruppen;
- Vermeiden von Widersprüchlichkeiten durch Marktzwänge, der sog. Janusköpfigkeit (z.B. hohe Profite – Umweltverschmutzung bei der chemischen Industrie), d. h. eindeutige Positionierung eines Unternehmens;
- Harmonisierungsfunktion in einer Zeit, in der durch Arbeitsteilung, Divisionalisierung, Diversifizierung zunehmende Uneinheitlichkeit, Unübersichtlichkeit und Disharmonien (Verständnislosigkeit) entstehen.

Durch eine konsequente CI-Politik muß eine Vermarktungsplattform des Unternehmens als Ganzes geschaffen werden mit drei Schwerpunkten:

- Management, Beschäftigte, »Familienangehörige«: Schaffung eines **»Wir-Bewußtseins«.** Man ist stolz, dazuzugehören).
- Lieferanten für Geld = Kapitalmarkt<br>Personal = Arbeitsmarkt<br>Material = Rohstoffmarkt<br>Dienstleistungen = Banken, Versicherungen, Agenturen<br>Schaffung eines **Kooperationsbewußtseins** (»Mit Firma X möchten wir gerne arbeiten.«)
- Abnehmer= Handel = Verbraucher/Verwender<br>Hier geht es um die Etablierung einer **Vertrauensplattform** wie »Auf deren Produkte ist Verlaß«, »Bei denen kann man unbesorgt kaufen«.

So heißt der Nutzen von Corporate Identity als Effekt der Unternehmenspolitik abstrakt: *»Es entsteht ein Gefühl der Zusammengehörigkeit und des Vertrauens«* und äußert sich konkret in folgendem:

- die Börsenkurse sind gut
- die Mitarbeiterfluktuation ist gering
- Personalanzeigen bewirken viele Bewerbungen
- Auskunfteien haben wenig Arbeit
- Warendistribution ist überdurchschnittlich
- Empfehlerfunktion des Handels ist ausgeprägt
- Verkäufe funktionieren quasi automatisch.

## Kernelemente der Corporate Identity: Sicherheit und Vertrauen

Die Corporate Identity entsteht aus der Absicht heraus, eine in sich geschlossene, harmonische, überzeugende Firmenpersönlichkeit zu sein und auch so auftreten zu wollen. Der nur mittel- bis langfristig mögliche Aufbau heißt dann: Aufbau von Vertrauenskapital für morgen, wobei die Zinsen häufig erst übermorgen anfallen. Es entsteht aber nur dann Vertrauen – und daraus Kapital – wenn eine Einheit von Absicht, Erklärung und Handlung stattfindet, und wenn es gelingt, all dies auf Worte, Formen, Farben, Zeichen, Symbole zu verdichten, um damit die Identitätsbotschaft zu transportieren (Corporate Communication). Als zentrale Dimension großer Unternehmen lassen sich die Begriffe »Sicherheit« und »Vertrauen« herausfiltern. Sicherheit und Vertrauen sind damit auch die Kernbestandteile konsequenter CI-Politik, die speziell im Zuge steigender »Anonymisierung durch Computerisierung« als emotionale, spürbare Ausprägung einer Beziehung zu einem Unternehmen, zunehmend wichtiger werden. Es muß Vertrauen erzeugt werden in Menschen und deren Leistungen, was bedeutet, daß nachweisbare Erfolge wichtig sind.

Das Vertrauen und damit Sicherheit muß aber auch ganz entscheidend gegenüber Mitarbeitern geschaffen werden. Das bedeutet, daß die interne Kommunikation ein ganz wesentlicher Teil von Corporate Identity ist. Diese wahrgenommene Identität hilft, in anonymen Gebilden, wie es Großunternehmen nun einmal sind, eine Art »Familienbewußtsein« zu schaffen, die Beziehung zwischen Mitarbeiter und Unternehmen zu »vermenschlichen«.

Bessere Information und klarere interne Kommunikationsprogramme helfen, ein Zusammengehörigkeitsgefühl zu entwickeln und die »Moral der Truppe« zu verbessern, eine Organisation mit hoher Identität und damit großer Durchschlagskraft zu schaffen, zu der man sich bekennen kann und in die man vertraut.

Als Kernbestandteil der integrierenden Kommunikationspolitik eines Unternehmens verlangt das Bekenntnis zur Corporate Identity ein neues Kommunikationsmodell, das nicht nur Marketing-, Produkt- und öffentliche Kommunikation umschließt, sondern auch alle verschiedenen Zielgruppen umfaßt, und auch die Verzahnung von bezahlter Kommunikation und CI-Wirkung zum Ausdruck bringt. Die Abbildung auf der folgenden Seite zeigt in schematischer Form die Struktur eines CCM (Corporate Communication Modell). Alle Einzelaktivitäten werden in diesem Modell zusammengefaßt, verdichtet, bewirken so im Sinne einer komplexen »Verzahnungs-Strategie« eine in der Wirkung identische Vorgehensweise in allen Teilbereichen und lassen den Eindruck von Geschlossenheit entstehen.

## Abhängigkeit der Corporate Identity vom Anwendungsbereich

Corporate Identity ist primär sicherlich nicht Verkaufshilfe, sondern deren Plattform. Sie ist deshalb auch unterschiedlich zu gewichten, je nach Problemstellung bzw. nach Konzernstruktur, und unterschiedlich zu sehen bei Markenartikeln bzw. bei Investitionsgütern oder gar Dienstleistungen.

Im Markenartikelbereich geht die Stoßrichtung mehr in Richtung Arbeitsmarkt, Kapitalmarkt, Meinungsbildner, als in Richtung Abnehmer/Verwender. Denn diesbezüglich stellen starke Produktmarken die beste Ausgangsbasis dar, so daß häufig die Hersteller berühmter Marken für den Konsumenten gar nicht in Erscheinung treten oder unwichtig sind, weil die Markenpersönlichkeit so stark dominieren (z.B. Marlboro, UHU, Tempo, Nivea). In solchen Fällen geht es mehr um die indirekte Wirkung der Corporate Identity im Sinne der Verstärkung einer Grundbotschaft bzw. um die Initiierung einer sehr wirkungsvollen »Mund-zu-Mund-Werbung«.

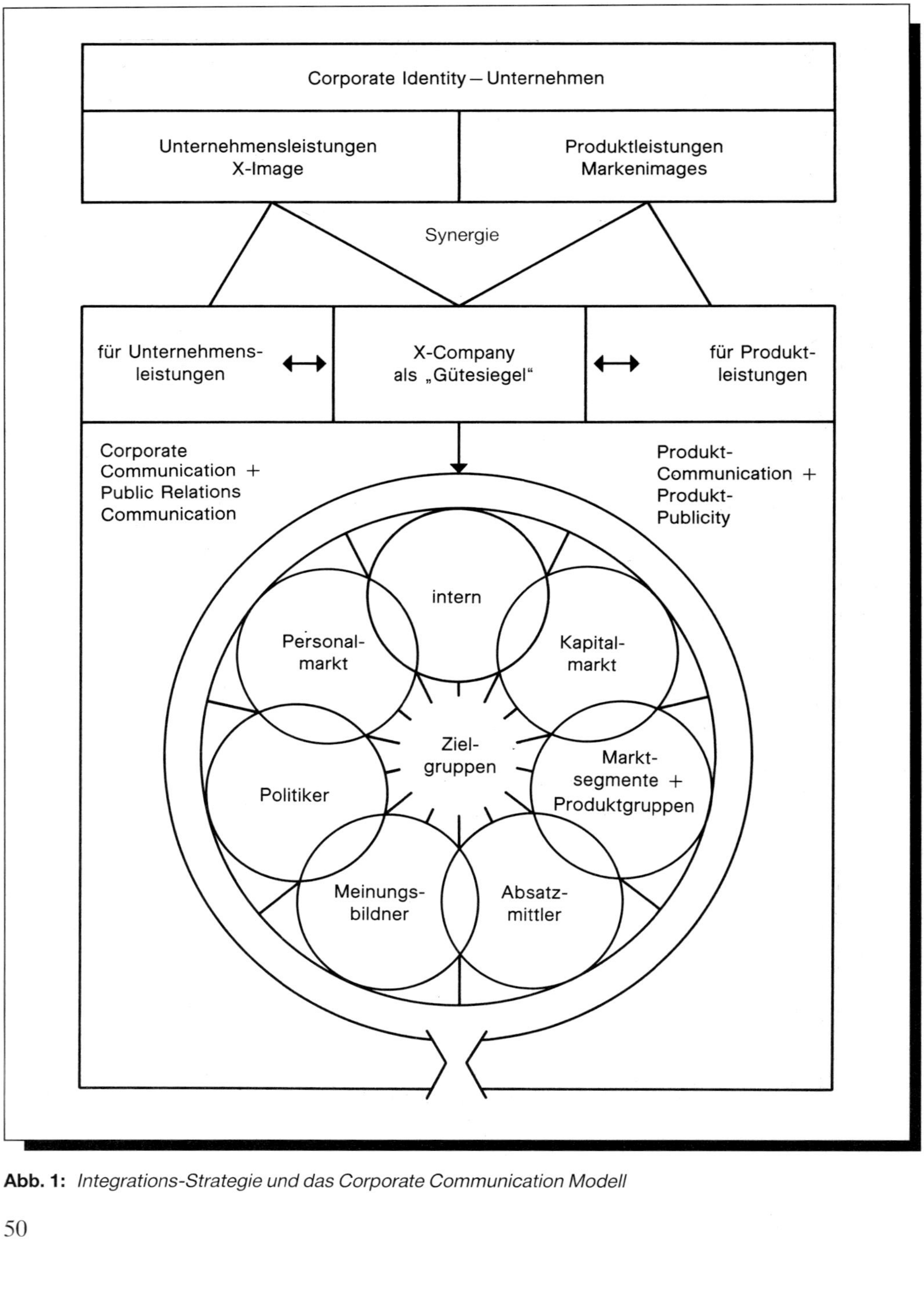


**Abb. 1:** *Integrations-Strategie und das Corporate Communication Modell*

Anders ist es bei Unternehmen, die anonyme Produkte anbieten und somit kaum eine Chance haben, sich beim Publikum bekanntzumachen. Die Konsequenz ist, daß dort, wo Produkte nicht markiert werden können, die Unternehmen sich markieren müssen, um als Einheit wahrgenommen zu werden und sich damit gegenüber anderen Konglomeraten eine Vorzugsstellung durch sympathische Andersartigkeit zu verschaffen. Hier wird das Unternehmen zum Markenartikel mit Hilfe von CI-Programmen entwickelt.

Die Wirkung von CI-Programmen muß realistisch gesehen werden. CI-Programme dürfen kein Feigenblatt sein. Sie nutzen nichts, wenn die Unternehmensleistung nicht ausreichend ist, um einen solchen Anspruch zu tragen.

Die Grenzziehung kann folgendermaßen vorgenommen werden:

- CI-Programme sind nur wirkungsvoll, wenn sie auf einer ideologischen Plattform entstehen und sich nicht im Formalen erschöpfen;
- die Ergebnisse der CI-Arbeit, wie Namensabkürzungen, Firmen- oder Konglomeratssymbole, müssen für die Zielgruppe verständlich sein und nicht nur »Insider-Latein« darstellen;
- CI-Programme stellen langfristig Investitionen dar. Sie sind in ihrer isolierten Wirkung kaum meßbar und häufig nur im Zusammenhang mit dem »Goodwill« eines Unternehmens zu bewerten;
- CI-Programme lassen eine gewisse Uniformität entstehen, die speziell bei einer Irradiation auf Produktimages im Markenartikelbereich nicht immer wünschenswert ist;
- demonstrative Corporate Identity kann zuviel wirtschaftliche Macht zum Ausdruck bringen, möglicherweise die Glaubwürdigkeit eines Unternehmens reduzieren und Antipathien entstehen lassen.

Entscheidend für die Wirksamkeit von CI-Programmen ist deren kongeniale Übertragung auf Marketing-, Produkt-, Werbe- und PR-Progamme mit der Absicht, die gleiche Wirkung und damit das gleiche Bild bei den verschiedenen Zielgruppen – Mitarbeitern, Lieferanten, Abnehmern, interessierter Öffentlichkeit – zu erzeugen.

Dies kann nur geschehen auf Basis eines dokumentierten Willens des unternehmerisch tätigen Managements, eine ideologisch fundierte, langfristig orientierte Konzeption zu schaffen, die durch Auftritt in Art, Zeichen, Form und Farbe zur Identifizierung des und zur Identifikation mit dem Unternehmen führt.

Das Handeln nach Grundsätzen einer formulierten und festgelegten Corporate Identity ist mehr als die bloße Gestaltung von Signets oder Symbolen. Als Instrument der Unternehmenspolitik ist die Corporate Identity Ausfluß von Führungsentscheidungen, die nicht nur den »Körper«, sondern entscheidend die »Seele«, das Innenleben eines Unternehmens oder einer Gruppe, betreffen. Alle anderen Instrumente und Maßnahmen müssen sich als Folgeentscheidungen daran orientieren und unter diesem gemeinsamen ideologischen Dach ihre produkt-, segment- oder zielgruppenspezifische Ausprägung finden.

# Voraussetzungen für Corporate Identity

## Die Unternehmenseinstellung

Voraussetzung für das Etablieren einer Corporate Identity ist die Erkenntnis des Managements, daß Corporate Identity strategische Bedeutung und damit eine unternehmenspolitische Funktion hat, und zwar als langfristige Leitstrategie für alle kommunikativen Äußerungen des Unternehmens, die seiner ganzheitlichen Positionierung dienen.

Corporate Identity ist die Substanz eines Unternehmens im Markt der Meinungen – bei Kapitalgebern, Lieferanten, auf dem Arbeitsmarkt genauso wie auf den verschiedenen Abnehmer- und Verwendungsmärkten. Dieses imaginäre Kapital – Vertrauenskapital – entsteht in der Vorstellung der relevanten Zielgruppen (als Corporate Image) durch Einsatz und Umwandlung von Geldkapital in Meinungskapital, und schlägt sich letztendlich bei der Bewertung eines Unternehmens durch einen Wirtschaftsprüfer im Firmenwert (corporate reputation) nieder. Voraussetzung dafür, daß sich ein solches Vertrauenskapital auf der Basis einer geschlossenen Unternehmenspersönlichkeit bilden kann, ist eine Identität von Wort und Tat mit der daraus resultierenden hohen Glaubwürdigkeit.

Das alles bedeutet:

Corporate Identity kann nur wirksam werden, wenn sie langfristig angelegt ist, denn die integrative Kraft aller Identitäts-Mix-Komponenten wird sich erst im Langzeitprozeß ergeben.

Dieses Bewußtsein ist entscheidend. Denn mit Corporate Identity – wie konsequent sie auch immer gehandhabt wird – kann man keine kurzfristigen, mit Hilfe einer Deckungsbeitragsrechnung erfaßbaren Markterfolge erzielen oder direkt Jahresergebnisse beeinflussen.

Häufig sind zur Realisierung und Demonstration einer neuen Unternehmenspersönlichkeit tiefgreifende organisatorische Veränderungen – national und ggf. international – notwendig, die normalerweise erst im Rahmen eines 3 – 5-Jahres-Planes Wirkung zeigen können. Sie muß nach sorgfältiger Analyse einer herausgefundenen Mangelsituation, z.B. auf Basis einer Image-Studie, als unabdingbare unternehmenspolitische Konsequenz erscheinen.

## Ist-Analyse

Bei der Realisierung einer CI-Konzeption geht es auch um die Frage, was mit Hilfe eines Unternehmensbildes auf Basis einer geschlossenen Unternehmenspersönlichkeit möglich und erreichbar ist – und wo die Grenzen, auch ökonomisch, zu ziehen sind. Deshalb ist im Einzelfall immer eine Liste von sog. action standards – Meßgrößen – zu definieren, die den Grad und Umfang der Zielerreichung objektivieren. Dabei hat man **Komponenten-Prioritäten** zu berücksichtigen, wie

- Marken- oder Firmendominanz
- optisches Gewicht von Einzelelmenten
- neue Zeichen oder veränderte alte Symbole
- CI-Werbung, Markenwerbung, oder ein Verbund.

Entscheidend ist die Frage der Addition einer Summe von Einzelelementen, die alle, für sich betrachtet, Persönlichkeiten sind – Marken oder Firmen –, und deren Verbindung (glaubwürdig, logisch) zu einer »Familie« oder »Großfamilie«.

In diesem Bereich ist auch der wesentliche Ansatz zu finden für Bedarfsanalysen bzw. für die Ermittlung von Ist- und Sollzuständen. Carmen Lakaschus (39, 6) hat eine solche Situation treffend als das Spannungsfeld der Corporate Identity bezeichnet, das analysiert werden muß, um den Wirkungsbereich von CI-Maßnahmen definieren zu können. In diesem Spannungsbereich geht es darum, den Überschneidungsbereich von Unternehmensrealität und -image zu definieren sowie Grad und Ausmaß der Übereinstimmung festzustellen. Die Bedarfsanalyse muß, im Sinne eines »Baukastens«, letztlich aufzeigen

- worauf *aufgebaut* werden kann
- welche Elemente *ausgebaut* werden können
- an welchen Teilen des Unternehmens *angebaut* werden kann
- welche Teile *umgebaut* werden müssen.

Basis-Meß- und Erhebungsmethoden sind im Bereich der Sozialforschung vorhanden, speziell im Bereich der Kommunikations- und Image-Forschung. Allerdings sind im Umfeld der Corporate Identity Zeitgeist und Zeitströmungen besonders bedeutungsvoll. Das bedeutet, daß die Ist-Analyse zwar wesentliche Aussagen über das »Heute« vornehmen kann, daß aber die »Morgen-Projektion« entscheidend für die Programmgestaltung wird und eine dynamische Komponente absolut notwendig macht.

Grenzen sind hier in der Variierbarkeit eines langfristig festgelegten Konzepts zu sehen, im Vermeiden eines Kontinuitätsbruches bei Veränderung der Corporate Identity. Schwierigkeiten treten vor allem dann auf, wenn man sich auf ein formal zu starres Konzept festgelegt hat.

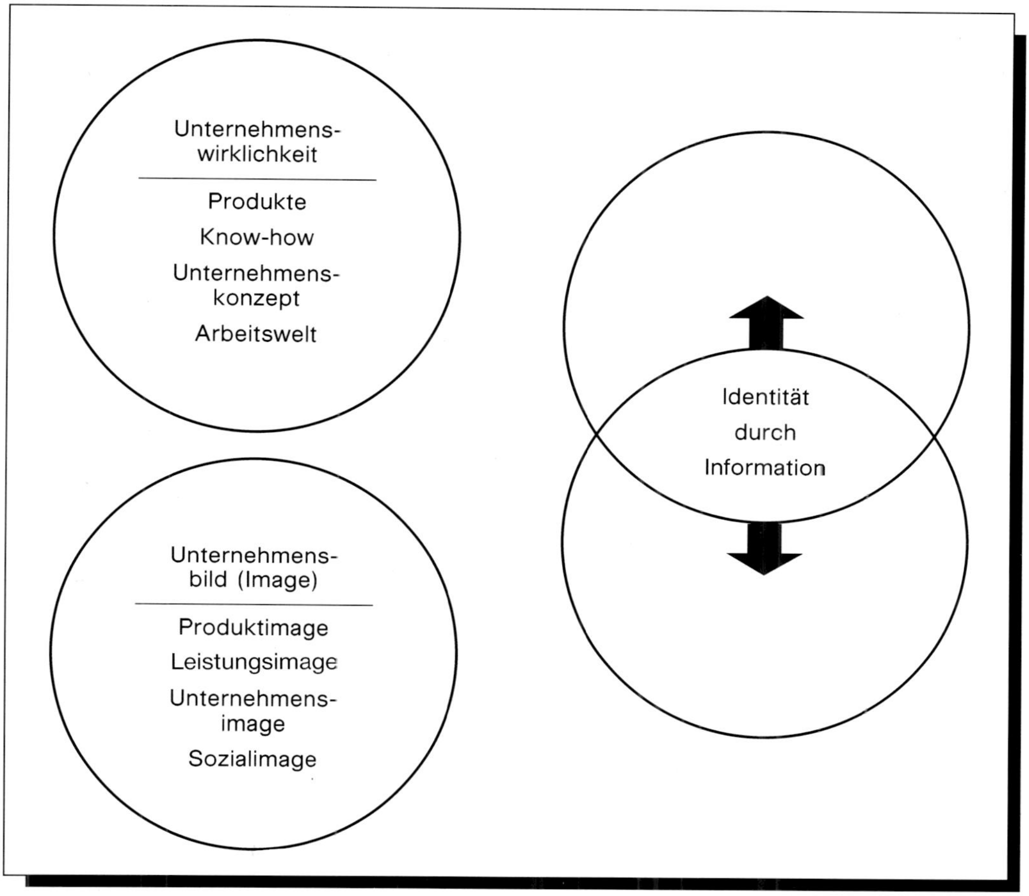


**Abb. 1:** *Das Spannungsfeld der Corporate Identity*

Entscheidend wird sein, daß sich die Zielgruppen und »Betroffenen« mit einer geschaffenen Identität »identifizieren«. Durch einfache Kontrollmaßnahmen, die vom Auftritt und der Sprache der Telefonistin in der Telefonzentrale bis hin zum Erscheinungsbild des Verkäufers im Außendienst reichen, kann man sich ein schnelles Urteil über die Übereinstimmung von Absicht und Realität verschaffen.

Corporate Identity ist eine langfristige Verpflichtung für ein Unternehmen und trägt als Stabilisierungsfaktor dazu bei, die Linie beizubehalten, auch wenn die Menschen im Unternehmen sich ändern oder Krisensituationen eintreten.

## Wirkungen

Corporate Identity ist als neues **Partnerschaftsmodell** in der Beziehung eines Unternehmens zu seinen vielfältigen nationalen und internationalen Partnern

- im Arbeitsmarkt zu Mitarbeitern
- im Kapitalmarkt zu Kapitalgebern
- im Beschaffungsmarkt zu Lieferanten
- im Markt der Verwender und Verbraucher zu Konsumenten

zu sehen und zu etablieren. Dabei geht es im Sinne von Sandig (30, 118) darum, *einmalige* Beziehungen in permanente umzuwandeln, aus einer einmaligen Handlung eine *ständige Beziehung* zu entwickeln.

Die Corporate Identity muß damit als Ziel vorgegeben werden – als generelles Ziel –, eine Nutzensteigerung für den jeweiligen Marktpartner zu bewirken, durch die Addition von Sicherheit und Vertrauen als unmittelbarem CI-Effekt zum reinen Sachnutzen. Auf eine solche Weise wird der Präferenznutzen erhöht, was am einfachsten am Beispiel von Markenartikeln zu demonstrieren ist: Hier soll durch die Erkenntnis, daß hinter bestimmten Markenpersönlichkeiten ein namhaftes Unternehmen als Herstellerpersönlichkeit steht (... von Henkel) eine Qualitäts- und Angebotsverstärkung bewirkt werden. Insofern erweist sich die Corporate Identity als Stabilisator, auch im Absatzmarkt – auch dann, wenn es um starke, ausgeprägte Markenpersönlichkeiten geht. Wesentlich ist dabei, daß die für Corporate Identity notwendige Kommunikation bei den jeweiligen Zielgruppen nicht zu mehr, sondern zu qualifizierter Information führt (so auch Disch, 7, 26).

Bei einer Unterstellung, daß die nächsten Jahre die Jahre der Informationsqualität werden müssen, da sonst die Informationsflut nicht mehr bewältigt werden kann, trägt Corporate Identity dann als Selektionsprinzip im Sinne der Zielsetzung zu einer Verstärkung der Informationsqualität bei:

- Corporate Identity bewirkt eine neue oder klare Positionierung eines Unternehmensgebildes;
- Corporate Identity stellt sich als geistiges Band dar, als ideologische Kette, das dauerhaft ist und ein Bekenntnis-Bewußtsein auslöst.

Da Corporate Identity weder auf die Bilanz noch auf die G + V-Rechnung kurzfristige Wirkung hat, und da überhaupt die Frage der Meßbarkeit der CI-Wirkung als Problem im Raum steht, erhebt sich die Frage nach den »Verantwortlichen«, nach »Machern« und Mitteln.

»Macher« sind unternehmerisch und weitsichtig denkende und handelnde Top-Manager, die ein Gefühl für die Stärke und Überlegenheit von ganzheitlichen, selbstbewußten Persönlichkeiten haben, die wissen, daß Unternehmen heute vielseitig und vielfältig in ihren verschiedenen Märkten verankert sind und daß es für ein langfristiges Existieren mit positivem Wachstumstrend nicht ausreicht, sich nur im Absatzmarkt zu profilieren. Das Unternehmen selbst ist Nachfrager und Anbieter. Deshalb ist das Neue an Corporate Identity offensichtlich, daß man sich als geschlossenes Unternehmensgebilde auch für Anbieter – von Arbeitskraft, Kapital, Rohstoffen – attraktiv macht. Insofern ist es problematisch, wenn man dabei aus der gleichen Finanzierungsquelle schöpft (Werbeetat, PR-Etat) wie bei den entsprechenden Aktivitäten für den Absatzmarkt.

Wer sich zu Corporate Identity bekennt, sollte auch ein entsprechendes, nur den CI-Zwekken vorbehaltenes Budget haben.

## Zusammenfassende Statements

- Corporate Identity ist die strategisch geplante und operativ eingesetzte Selbstdarstellung und Verhaltensweise eines Unternehmens nach innen und außen auf Basis einer festgelegten Unternehmensphilosophie, einer langfristigen Unternehmenszielsetzung und eines definierten Soll-Images.
- Der dynamische Kern der Corporate Identity ist die Unternehmenspersönlichkeit – dargestellt durch den Unternehmer persönlich, durch ein Unternehmens-»Credo« oder eine Unternehmens-»Mission« – als Steuerungsgröße für Unternehmensverhalten, Erscheinungsbild, Kommunikation.
- Das wichtigste und wirksamste Instrument der Corporate Identity ist das konkrete Verhalten des Unternehmens in Produktpolitik, Vertriebspolitik, Sozialpolitik und Finanzpolitik mit seinen Auswirkungen und Folgen.
- Das Erscheinungsbild des Unternehmens wird zu optimaler Geschlossenheit im Sinne der Corporate Identity gebracht durch das einheitliche Zusammenwirken von Markendesign, Produktdesign, Graphic Design, Architekturdesign. Das Erscheinungsbild braucht Kontinuität, es bedarf aber auch eines gesteuerten Wandels synchron mit einer sich wandelnden Identity.
- Die Kommunikation ist das Instrument mit der höchsten Flexibilität innerhalb des Identitäts-Mix, denn sie erlaubt sowohl planungsgesteuerten, langfristig-strategischen als auch anlaßbedingten, schnellen taktischen Einsatz. Ihr Stil wird inhaltlich durch die Grundsätze des Unternehmensverhaltens, formal und visuell durch das Erscheinungsbild geprägt.
- Corporate Identity bezeichnet das Selbstbild des Unternehmens, Corporate Image dagegen sein Fremdbild. Image ist also die Projektion der Identity im sozialen Feld.
- Das aus der Corporate Identity gespeiste Wertklima schlägt sich in der Unternehmenskultur (»corporate culture«) nieder.
- Interne Kommunikation ist ein wesentlicher Teil des Identity-Mix, um im Unternehmen ein »Wir-Bewußtsein« zu schaffen und die Beziehung zwischen Mitarbeiter und Unternehmen zu personalisieren. Damit wird Integration auch in Handlungsbereichen erzielt, die der formalen Organisation nicht zugänglich sind.
- Corporate Identity als Leitstrategie für alle unternehmerischen und kommunikativen Maßnahmen bündelt die Einzelmaßnahmen und richtet sie auf Interaktion aus, so daß Synergieeffekt und Lerneffekt möglich werden.
- Corporate Identity muß langfristig angelegt, aufgebaut und gepflegt werden, um die integrative Kraft aller Identitäts-Mix-Komponenten zur vollen Wirkung zu bringen.

## LITERATUR


(1) *Antonoff, R.*, Corporate Identity, Frankfurt/Main 1982
(2) – –, Die Identität des Unternehmens, Frankfurt/Main 1987
(3) *Bernsdorf, W.*, (Hrsg.) Wörterbuch der Soziologie, 3 Bände, Frankfurt/Main 1972
(4) *Birkigt, K.*, Corporate Identity, in: ZV + ZV, 18/1978, S. 636 – 638
(5) *Chandler, A. D. Jr.*, Strategy und Structure, Cambridge, Mass. 1962, in: E. Grochla, Unternehmensorganisation, Reader + Abstracts, Reinbek 1972, S. 213 – 226
(6) *Disch, W.K.A.*, Corporate Identity, in: MJ, 6/1978, S. 542 – 550
(7) – –, Corporate Identity – Ungenutztes Kapital, in: Werbung Inside, 1979, S. 26/27
(8) *Domizlaff, H.*, Die Gewinnung des öffentlichen Vertrauens, 2. Auflage, Hamburg 1951
(9) *Erikson, E.*, Identität und Lebenszyklus, Frankfurt/M. 1973
(10) *Fürstenberg, F.*, Betriebssoziologie, in: WDS, S. 107 – 111
(11) *Hinterhuber, H.*, Strategische Unternehmensführung, Berlin – New York 1977
(12) *Johannsen, U.*, Das Marken- und Firmenimage, Diss. Braunschweig 1968
(13) *Keller J.*, Das CI-Dilemma, Wiesbaden 1990
(14) *Keysselitz, B.*, Es hapert mit der Selbstdarstellung, in: Industriemagazin, 8/1978, S. 50/51
(15) *Kneip, K.*, Identitätsorientierte Unternehmensführung,
Teil I bis V, in w & v 1978:
Teil I: 47/1978, S. XII ff.
Teil II: 48/1978, S. XV ff.
Teil III: 49/1978, S. XVIII ff.
Teil IV: 50/1978, S. XV ff.
Teil V: 51/52/1978, S. V ff.
(16) – –, Identitätsorientierte Unternehmensführung, in: Handwörterbuch der Unternehmensführung, Hrsg. W. und M. W. Wilkes, Gernsbach 1979, S. 1095 – 1139
(17) *Lierl, K.*, Corporate Identity kann ein ganzes Unternehmen bewegen, in: w&v, 28/1978, S. I ff.
(18) *Luhmann, N.*, Zweckbegriff und Systemrationalität, Frankfurt/Main 1973
(19) *Maak, K.-J.*, Marke im Licht, in: asw, Nr. 4/80, S. 24 – 32
(20) *Mayntz, R.*, Soziologie der Organisation, Reinbek 1963
(21) *Olins, W.*, Corporate Identity, Frankfurt/Main 1990
(22) *Pearls, F. S.*, In and out the Garbage Pail, New York 1972
(23) *Peters. T. J./Waterman jun., R. H.*, Auf der Suche nach Spitzenleistungen, Landsberg/Lech 1983
(24) *Poth, L. G.*, Corporate Identity: Abrutschen in die Identitätskrise? in: asw, 9/1979, S. 66 – 75
(25) *Prey, R.*, Abkehr von klassischen Denkansätzen, in: Communication, Heft 1/1980, S. 40 – 43
(26) *Richter, B.*, Corporate Identity – eine neue Heilslehre? – Eine Stellungsnahme, in: MJ, 2/1979, S. 229 – 230
(27) *Riesman, D.*, Die einsame Masse, Hamburg 1958
(28) *Rose, M.*, Systematische Zusammenfassung der Theorie der symbolischen Interaktion, in: MAS, S. 266 – 282
(29) *Rudolph, Ch.*, Ins rechte Licht gerückt, in: Communication, 1/1980, S. 44 – 48
(30) *Sandig, G.*, Betriebswirtschaftspolitik, Stuttgart 1966
(31) *Schierenbeck, H.*, Grundzüge der Betriebswirtschaftlehre, 5. Aufl., München, Wien 1980
(32) *Schlehofer, R.*, Lufthansa: Keiner fliegt feiner, Teil I/II, in w&v, 39/40/1976
(33) *Schmittel, W.*, Vom Ornament zum Design-Management, in: Communication, 1/1980, S. 26 – 33
(34) – –, Process visual, Zürich 1978
(35) *Stadler, M. M.*, Marketing – ein universelles Konzept der Absatzstrategie, in: Die Anzeige, 7/1967
(36) *Weber, M.*, Wirtschaft und Gesellschaft, 5. Auflage, Tübingen 1972
(37) *Weihe, H. J.*, Unternehmensplanung und Gesellschaft, Berlin/New York 1977

**Arbeitspapiere, Protokolle**

(38) Arbeitsunterlagen für die BDW-Tagung am 30. und 31.10.1978 in Hannover
(39) Corporate Identity – ein Modewort oder firmenpolitische Notwendigkeit, Sonderdruck der Wirtschaftswoche vom 17.02.1977

**Firmenveröffentlichungen**

(40) *Braun AG, Kronberg,* Braun Design – die Verwirklichung eines Unternehmenskonzepts
(41) *Deutsche Lufthansa AG, Köln,* Dienstleistung als Markenartikel – Probleme, Lösungen und Ergebnisse am Beispiel Lufthansa, Vortrag von M. Bischoff und E. Th. Tschoepke beim 6. Forum für die Industriewerbung in Deutschland, O.J.
(42) *HDA International,* Corporate Communication in der Praxis, Vortrag anläßlich Veranstaltung des BDW, Club Hannover, zur Hannover-Messe 1980

**Abkürzungen**

| | |
|---|---|
| asw | Absatzwirtschaft |
| MJ | Marketing-Journal. Dort weitere Literaturhinweise in Heft 4/1980, S. 372 f. |
| WDS | Wörterbuch der Soziologie, 3 Bände, Hrsg. Wilhelm Bernsdorf, Frankfurt/M. 1972 |
| MAS | Moderne amerikanische Soziologie, Hrsg. Heinz Hartmann, 2. Auflage, Stuttgart 1973 |
| ZV + ZV | Zeitungs- und Zeitschriften-Verlag |
| w&v | werben & verkaufen |

# Teil II

# Corporate Identity – Funktionen

# Unternehmensidentität, Unternehmenspolitik und öffentliche Meinung

Walter Trux

Der Titel des vorliegenden Beitrages enthält Begriffe, die jeweils für sich Ausgangspunkte für theoretische Abhandlungen oder akademische Definitionsstreite darstellen könnten. Wie berechtigt derartige wissenschaftliche Diskussionen auch sein mögen: Der Schwerpunkt der hier vorgestellten Überlegungen richtet sich konkret auf die Frage, wie die Politik eines Unternehmens durch die eigene »Identität« und die darüber bestehende öffentliche Meinung einerseits begrenzt wird, andererseits aber die Unternehmenspolitik auch gestaltend auf diese Faktoren einwirken kann. In diesem Sinne richtet sich dieser Beitrag mehr an die Praktiker.

Trotzdem läßt es sich nicht vermeiden, am Anfang zunächst eine begriffliche Trennung zwischen **»Identität«** und **»Image«** eines Unternehmens herzustellen. Dies erscheint insbesondere deshalb notwendig, weil diese Begriffe häufig synonym verwendet werden, mit dem Ergebnis, daß dann der unternehmenspolitisch notwendige wie mögliche Einfluß auf die öffentliche Meinung nicht hinreichend erkannt wird.

## Identität und Image des Unternehmens

Der Bedeutung der Identität von Unternehmen wird zumindest in der deutschsprachigen Literatur der Betriebswirtschaftlehre wie in der Praxis der Unternehmensführung erst in jüngster Zeit breitere Beachtung geschenkt. Was bezeichnet die Unternehmens-Identität und welche Wirkungen gehen davon auf das Unternehmen selbst und seine Umwelt aus?

Spricht man von der Identität einer Persönlichkeit, so sind damit in der Regel die Merkmale gemeint, die in ihrer Summe diesen Menschen als einmaliges Subjekt von allen anderen unterscheiden. Es mag sich dabei um positive oder negative Eigenschaften, bewußte oder unbewußte Verhaltensweisen, persönliche Beziehungen, frühere Leistungen und vieles mehr handeln: Die Person wird aufgrund dieser Merkmale identifiziert, verliert ihre Anonymität und wird zum unverwechselbaren Individuum.

Läßt sich diese Betrachtungsweise von der Person auf ein soziales System, nämlich z.B. die Unternehmung, übertragen? Gelingt es einer Unternehmung, sich gegenüber anderen Unternehmen, die einem gleichen Zweck dienen und möglicherweise sogar vergleichbare Produkte anbieten, aus der Anonymität zu lösen und damit eine spezifische Identität zu erlangen? Kann z.B. eine juristische Person also auch »Persönlichkeit« haben?

Die Antwort auf diese Frage ergibt sich eigentlich aus der täglichen Erfahrung. Wir alle wissen als Kunde und Geschäftspartner, wie stark die »Identität« ein Unternehmen von anderen der gleichen Branche unterscheiden kann. Die Erklärung hierfür ist auch einfach: Das System »Unternehmung« besteht wie jedes andere System aus einer Menge von Elementen, die miteinander durch Strukturen verbunden sind. Es kann sich dabei um Personen, Ausrüstungsgegenstände, Führungsgrundsätze oder spezielle Kenntnisse handeln. Diese Elemente sind isoliert betrachtet für die Unternehmung oftmals unspezifisch, im Systemzusammenhang werden sie jedoch spezifisch. Versucht man dieses System zu »identifizieren«, so ergibt sich daraus die Frage nach *»unterscheidbaren«* Elementen oder Strukturen. Je deutlicher die Unterschiede zu anderen Systemen sind, um so mehr erlangt ein System erkennbare *»Identität«*.

Daraus läßt sich folgern, daß die Identität eines Unternehmens durch die Summe seiner charakteristischen Eigenschaften gebildet wird, die es von allen anderen Unternehmen gleicher Branche und Größe unterscheidet.

Präziser formuliert läßt sich die Identität eines Unternehmens bestimmen durch:

- die heutigen Realitäten als die Eigenschaften seiner gegenwärtigen Elemente und Strukturen
- seine historische Entwicklung und deren Rückwirkung auf eigene Bewußtseinslage und Umwelt
- seine Unternehmenskultur als Verknüpfung von Geschichte, Werten und Verhaltensnormen
- seine Potentiale und Grenzen.

Dabei ist jedoch zu berücksichtigen, daß diese Aspekte gewissermaßen die Oberflächenstruktur der Identität darstellen. Unter ihr liegt eine Tiefenstruktur, von der die Ausprägung dieser Merkmale beeinflußt wird.

So sagt zum Beispiel die Bilanzstruktur eines Unternehmens einiges über seine Identität aus. Sie läßt jedoch nicht erkennen, welche Verhaltenstendenzen und Ereignisse der Firmengeschichte gerade zu dieser Struktur geführt haben. Man muß tief graben, um an die Wurzeln und Elemente der Identität heranzukommen. Trotzdem strahlen diese Elemente kontinuierlich nach innen (auf die Mitarbeiter) und nach außen (auf die Umwelt) aus. Diese »Ausstrahlung« (dabei wird wiederum eine Parallelität von Persönlichkeit und Unternehmen deutlich) produziert in der Öffentlichkeit ein spezifisches »Image«, ein Abbild der Identität. Jeder von uns kennt das »Image«, das er selbst von bestimmten Unternehmen als Kunde, Kreditgeber, Aktionär, Mitarbeiter oder Lieferant hat.

Sind Image und Identität eigentlich deckungsgleich oder hat man davon auszugehen, daß ein Image die wahre Identität nie richtig widerspiegelt? Nun, das Image einer Person oder einer Unternehmung kann der Identität sehr nahe kommen, ein vollkommenes Abbild wird sich jedoch nicht erreichen lassen. Es ist ähnlich wie bei einer Fotografie, die der Realität sehr nahe kommt, diese aber nie vollkommen wiedergeben kann. Immer wird eine Differenz zwischen der wahren Identität und dem nach außen erscheinenden Abbild verbleiben.

Dafür gibt es – bezogen auf unsere Fragestellung – viele Gründe. Ein wichtiger Grund ist, daß die Öffentlichkeit sich ein Image über das Unternehmen allein aufgrund der Informationen bildet, die öffentlich verfügbar sind und dazu noch vom Empfänger subjektiv interpretiert werden. Daher kann das Image des Unternehmens sowohl »positiv« als auch »negativ« verfälscht sein. Wie man diese Verfälschung bewertet, unterliegt entweder subjektiven Kriterien oder objektiven Informationsdefiziten (fehlende Informationen).

Einige wichtige **Gründe für ein »falsches« Image** sollen hier genannt werden:

- Historisch gewachsene Meinungen »überstrahlen« die tatsächliche Identität des Unternehmens und führen – aus der aktuellen Situation heraus betrachtet – zu »Vor«-Urteilen. Diese können sowohl negativ wie positiv sein. (Es gibt Unternehmen, die nur noch vom positiven Vorurteil über sie leben. Ob diese Vor-Urteile auf geschichtlichen Ereignissen beruhen oder ihren Ursprung im rein emotionellen Bereich haben, ist in der praktischen Wirkung gleichgültig.

Es ist, um in dem Bereich von Individuen zu bleiben, eine leidvolle Erfahrung bei Resozialisierungsbemühungen, ehemals Straffällige nach absolvierter Strafe in die Gesellschaft zu integrieren. Leidvoll insofern, als diese Personen oftmals von ihrer Umwelt mit einem Image belegt werden, das ausschließlich vergangenen Handlungen, aber nicht dem gegenwärtigen Verhalten Rechnung trägt.

Analog dazu wird ein Unternehmen, das beispielsweise gröblich gegen Umweltschutzgesetze verstoßen hat und dieser Verstoß über die Medien in der Öffentlichkeit Beachtung gefunden hat, nur mit Schwierigkeiten sein Image wiedererreichen können, das eine Assoziation mit »Vertrauen« zuläßt. Auch wenn ein derartiger Vorfall bereits länger zurückliegt und dieses Unternehmen heute im Umweltschutz vorbildlich ist.

Natürlich lassen sich für diese langfristige Wirkung historischer Ereignisse in gleicher Weise positive Beispiele finden. So hat z.B. das Haus Dr. Oetker bereits historisch für die Hausfrau über das Backpulver als Problemlöser fungiert. Diese Rolle strahlt in die Gegenwart hinein und ist durch die Politik dieses Hauses im Zeitablauf sicherlich gepflegt und gestärkt worden.

- Eine weitere Ursache für ein Informationsdefizit (»Defizit« als wertneutrales Phänomen) ist die unzureichende Kommunikation über die Identität nach innen und außen. Demzufolge herrscht Unsicherheit darüber, was das Unternehmen ist oder erreichen will. So gilt für viele Unternehmen, daß der Name zwar in der Öffentlichkeit bekannt ist, hingegen aber oft nur verschwommene Vorstellungen über Standort, Produktprogramm und Leistungen bestehen.

  So wurde z.B. vor Jahren bei einer Umfrage der Fa. Fichtel & Sachs festgestellt, daß 90 % der Befragten diese als ein Industrieunternehmen identifizierten – immerhin ein sehr hoher Bekanntheitsgrad – aber nur 30 % konnten überhaupt ein Produkt des Unternehmens nennen. Und von diesen 30 % nannte wiederum ein Drittel ein falsches Hauptprodukt, nämlich Kugellager (die von Fichtel & Sachs nur für Sonderzwecke hergestellt werden). Aus diesem Befragungsergebnis wird übrigens nicht nur eine unzureichende Kommunikation des Unternehmens in der Vergangenheit ersichtlich, sondern auch eine Ausstrahlung historischer Gegebenheiten auf das Image. Denn der Bereich Kugellager wurde bereits vor Jahrzehnten von Fichtel & Sachs veräußert.

- Eine Divergenz zwischen Identität und Image kann schließlich durch ideologische Strömungen verursacht werden. Sie können sich gegen alle Unternehmen oder gegen bestimmte Gruppen oder Branchen richten. Solchen ideologisch begründeten Vorurteilen sind derzeit Multis, Großbanken, Chemiekonzerne, Bauern, Kraftwerkunternehmen und etliche andere Gruppen von Unternehmen ausgesetzt. Dem einzelnen Unternehmen, das einer solchen Klasse angehört, ist es kaum möglich, diese Imageverfälschung zu korrigieren.

- Schließlich gibt es Unternehmen, deren Unternehmenspolitik bewußt darauf abzielt, einen Unterschied zwischen der eigenen Identität und dem öffentlichen Image herzustellen oder zu bewahren. In diese Kategorie kann man z.B. alle jene zählen, die nach der Devise »Mehr sein als scheinen« ihr Profil in der Öffentlichkeit bewußt sehr herunterspielen. (Dazu gehören in Deutschland einige große Unternehmensgruppen, die offensichtlich Wert darauf legen, nicht zu sehr im Scheinwerferlicht zu stehen.)

Kennzeichen dieses in unterschiedlichen Facetten bestehenden Informationsdefizites ist auch die Tatsache, daß Verzerrungen wechselseitig bestehen. Genau wie in der Öffentlichkeit die wahre Identität nur ungenau bekannt ist, bestehen auch unternehmensintern keine gesicherten Vorstellungen darüber, was das »Image« in bezug auf die verschiedenen Gruppen der Öffentlichkeit tatsächlich ist. So wußte man z.B. bei Fichtel & Sachs vor der erwähnten Befragungsaktion intern nicht, welche Produkte des Unternehmens in der Öffentlichkeit bekannt sind und welche Einstellung gegenüber diesen Produkten besteht. Erst die Kenntnis über die bei der Öffentlichkeit bestehenden Informationslücken boten den Ansatzpunkt für gezielte Aktivitäten zur Korrektur. Welchen Inhalt solche Korrekturen haben müssen, ergibt sich jedoch nicht nur aus den Divergenzen zwischen Identität und Image des Unternehmens, sondern auch aus den unternehmenspolitischen Zielen.

## Inhalte und Bereiche von Unternehmenspolitik

Trotz der Vielzahl der vorhandenen Definitionen zum Begriff **»Unternehmenspolitik«** lassen sich einige gemeinsame Elemente finden, die den Kern von Unternehmenspolitik inhaltlich beschreiben und abgrenzen. Danach handelt es sich bei der Unternehmenspolitik um die Summe von Maßnahmen, die

- die Grundwerte und Ziele des Unternehmens definieren und deren Akzeptanz als »gewünschte Welt« sichern,
- die Strategien auswählen, die einen optimalen Weg vom Ist- zum Soll-Zustand (im Sinne der Unternehmensziele) gewährleisten,
- die Ressourcen den Aktivitäten zuordnen, die diese Strategien erfordern.

Selbstverständlich muß jede realistische Unternehmenspolitik die Potentiale wie die Begrenzungen berücksichtigen, die sich aus der Identität und dem gegenwärtigen Image des Unternehmens ergeben. Daraus ergibt sich ein Handlungsspielraum, innerhalb dessen Werthaltungen definiert und Grundsätze für Ziel/Mittel-Entscheidungen bestimmt werden. Diese können formatiert (z.B. als »Policies« schriftlich festgelegt) werden oder formieren sich als »ungeschriebene Gesetze«. Unabhängig von diesen Ausprägungsformen kann man folgende Bereiche der Unternehmenspolitik unterscheiden:

- *Geschäftspolitik:* Geschäftsprinzipien, Unternehmensgrundsätze, Leitbilder, Satzung etc.

- *Produkt/Markt-Politik:* Geschäftsfelder, Vertriebswege, Produktgruppen, Qualitätsniveau usw.

- *Ressourcenpolitik:* Finanzierung, Anlagen, Personal, Material etc.
- *Führungspolitik:* Organisation, Information, Führungsstil, Anreize und Sanktionen usw.

Diese Bezugskreise der Unternehmenspolitik sind jedoch nicht selbständig, sondern stehen alle in enger Wechselwirkung miteinander.

Aus diesen Zusammenhängen folgt, daß die Adressaten miteinander vernetzt sind und sich demzufolge unternehmenspolitische Entscheidungen in ihrer Wirkung auf eine bestimmte Zielgruppe nicht isolieren lassen. Für die Wirkung von Unternehmenspolitik auf die Öffentlichkeit gilt, daß diese Politik sowohl unmittelbar als auch mittelbar über das Unternehmen selbst, den Absatzmarkt und den Ressourcenmarkt den öffentlichen Gruppen zugänglich wird. »Öffentliche Meinung« als Artikulation der Öffentlichkeit formt sich als Summe von Nachrichten über unterschiedliche Kanäle, eine Tatsache, der für den Ziel-/Mittel-Prozeß der Unternehmung besondere Bedeutung zukommt. Vice versa wirkt die Meinung der Öffentlichkeit über die gleichen Informationskanäle zurück auf die Formulierung der Unternehmenspolitik.

Dieser Sachverhalt ist bedeutsam, wenn die Frage zur Diskussion steht, wie das in der Öffentlichkeit bestehende Image eines Unternehmens verändert werden kann. Welche Maßnahmen auch immer eingeleitet werden, die öffentliche Meinung, die das Image eines Unternehmens zum Ausdruck bringt, ist nicht nur das Ergebnis einer direkten »Öffentlichkeitsarbeit« des Unternehmens. Sie steht ebenso unter dem Einfluß von Absatz- und Ressourcenmärkten sowie den internen Verhältnissen im Unternehmen. Erhält die Öffentlichkeit ihre Informationen über ein Unternehmen über diese unterschiedlichen Kanäle und berücksichtigt man dabei, daß diese Informationen teilweise durch die genannten Zwischenstationen gefiltert bzw. verzerrt werden, so ergibt sich daraus eine zusätzliche Schwierigkeit für die Image-Steuerung durch die Unternehmenspolitik.

## Bezugsrahmen von Identität, Image und Feld

Wir haben mit den vorangegangenen Überlegungen versucht, Identität und Image eines Unternehmens begrifflich zu trennen. Wir haben weiterhin die Unternehmenspolitik als Ziel-/Mittel-Entscheidungen definiert und die Bezugskreise dieser Politik herausgestellt. Daraus ist zu folgern, daß es eine Aufgabe der Unternehmenspolitik ist, Identität und Image des Unternehmens möglichst so in Übereinstimmung zu bringen, daß das Image für das Unternehmen nützlich ist.

Dies erfordert zunächst, daß zwischen Identität und Image des Unternehmens keine störenden »Misfits« bestehen. Allerdings ist das eine notwendige, aber keineswegs hinreichende Bedingung. Denn erfolgreiche Unternehmenspolitik muß auch dafür sorgen, daß Identität und Image zu den Rahmenbedingungen des sozio-ökonomischen Feldes passen, in dem das Unternehmen tätig ist. Welche unternehmenspolitischen Fehler dabei unterlaufen können, zeigt folgendes Beispiel:

*Ein bekannter Hersteller von Kohleherden mußte Anfang der 60er Jahre in Liquidation gehen. Die Unternehmensleitung begründete diesen Schritt gegenüber der Presse wie folgt: »Unser Unternehmen hat dem Kohleherd stets die Treue gehalten. Leider haben dies unsere Kunden nicht im gleichen Maße getan.«*

Der Fall ist sicher kraß, aber nicht vereinzelt. Ganze Branchen leiden unter den Misfits von Identität und Image einerseits und den Strömungen des sozio-ökonomischen Feldes andererseits. Ihrer Kraft kann sich auf die Dauer keine Unternehmenspolitik entziehen. Dabei ist jedoch zu berücksichtigen, daß weder die Identität noch das Image eines Unternehmens auf die Dauer starr sind. Sie reagieren auf veränderte Politik lediglich mit Verzögerungen, deren Ausmaß wiederum durch die Unternehmenskultur und -struktur vorgegeben ist. Wesentlich ist, daß die Maßnahmenplanung des Unternehmens diese Interdependenzen einbezieht.

Wegen dieser Zeitverzögerung muß eine geschickte Unternehmenspolitik bei gravierenden Änderungen unter Umständen gewissermaßen einen »Vorlauf« einbauen. Das heißt: in allen Gebieten, die die Identität wie das Image des Unternehmens betreffen, müssen vorgreifende Maßnahmen eingeleitet werden, die z.B. einer Änderung der Absatzpolitik vorausgehen.

Aus diesen Überlegungen folgt, daß das Erkennen der Zusammenhänge zwischen Unternehmenspolitik, Identität und Image ebenso ein Schlüssel zu Erfolg ist, wie das Verständnis für unvermeidbare Informationsdefizite und Zeitkonstanten. Trotzdem heißt gute Unternehmenspolitik nicht nur die Gegebenheit zu betrachten und »verbessernde« Schritte zu tun. Dies wäre ebenso falsch wie ein Utopie, die glaubt, an der derzeitigen Identität und dem Image des Unternehmens vorbei Ziele setzen zu können.

Auch Unternehmenspolitik ist eben die Kunst des Möglichen – aber man muß die Steine nach der Schnur setzen und nicht umgekehrt. Wenn man aber schon die Richtung der Schnur absteckt, dann gilt es zu beachten, daß Unternehmenspolitik nicht nur durch Identität und Image des eigenen Unternehmens bestimmt wird. Sie ist vielmehr in den größeren Zusammenhängen des sozioökonomischen Feldes zu sehen, dessen Auswirkungen sich kein Unternehmen entziehen kann. Abbildung 1 versucht diese Aspekte des unternehmenspolitischen Rahmens darzustellen.

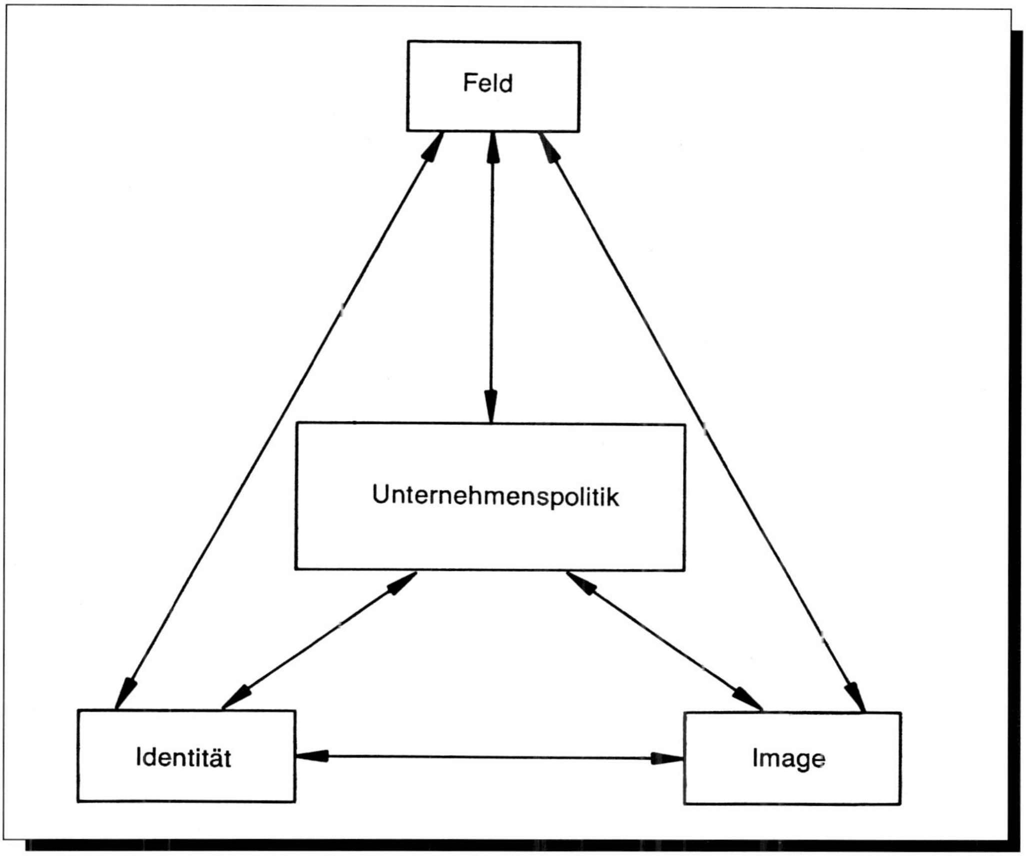


**Abb. 1:** *Unternehmenspolitik und das sozioökonomische Umfeld*

**Unternehmensidentität, -politik und -image**

Daraus lassen sich folgende allgemeine Schlußfolgerungen ableiten:

- Die Unternehmensidentität und die Unternehmenspolitik werden von der öffentlichen Meinung (Images) beeinflußt.
- Die Unternehmenspolitik muß sich sich sowohl an der öffentlichen Meinung und den dort möglicherweise vorhandenen Vorurteilen (z.B. Kernkraftwerke, Banken, Umweltschutz, Gewerkschaften) als auch an der Unternehmensidentität orientieren.
- Umgekehrt muß es Bestandteil der Unternehmenspolitik sein, sowohl die eigene Identität als auch die öffentliche Meinung entsprechend den strategischen Zielen zu beeinflussen.
- Unternehmenspolitik muß sich in ihren Zielen für die künftige Identität und das Image an den wichtigen Strömungen des sozioökonomischen Feldes orientieren.

Wenn diese Wechselwirkungen in der beschriebenen Weise bestehen, dann muß sich die Führung eines Unternehmens darüber im klaren sein, welche Faktoren (Vehikel) diese Wirkungen bestimmen. Es dürfte nur sehr schwer möglich sein, diese umfassend zu definieren. Die folgende Übersicht ist bewußt auf die wesentlichen Elemente beschränkt. Die Verbindung zwischen *Identität* und *Image* eines Unternehmens basiert auf Informationen, die zwischen Unternehmen und Öffentlichkeit fließen. Bezugspunkte werden sein:

- Produkte
- Dienstleistungen
- Betriebsklima
- Medien
- Kaufentscheide
- »Kooperation«.

Dabei ist mit »Kooperation« die Summe der Aktionen und Reaktionen gemeint, die das Unternehmen in seinem Verhalten gegenüber Kunden, Lieferanten, Aktionären, Mitarbeitern und anderen Gruppen zeigt, die mit ihm in irgendeiner Weise in Verbindung treten (kooperieren).

Die Beziehung zwischen *Unternehmenspolitik* und *Identität* wird geschaffen über

- Strategien
- Programme
- Projekte

die sich auf die Identität richten.

Darunter soll die Gliederung der Maßnahmeplanung verstanden werden. Gleiches gilt für die Beziehung zwischen *Unternehmenspolitik* und *Image*. Spezifische Vehikel dieser Beziehung sind

- Publizität
- Umfragen
- Werbung
- »Erscheinung«.

Unter »Erscheinung« des Unternehmens ist die Darstellung des Unternehmers nach außen gemeint, die sich nicht publizistisch, sondern physisch etwa in Form von Lage und Ausstattung von Produktionsstätten und Verkaufsräumen äußert. So ist der architektonisch beeindruckende Verwaltungsbau von BMW in München ein Beispiel für die »Erscheinung«, die dieses Unternehmen in der Öffentlichkeit erreicht. Die Ausstattung und Lage der Verkaufsbüros der Fluggesellschaften dient genauso einem gezielten Erscheinungsbild wie die für ein Unternehmen typische Produktgestaltung (Styling).

## Konsequenzen für die Unternehmens- und Informationspolitik

Sind diese Interdependenzen bekannt, erhebt sich für die Unternehmensführung die Frage der *praktischen Umsetzung*. Wie muß die Politik eines Unternehmens gestaltet sein, um den diskutierten Abhängigkeiten und Einflußgrößen Rechnung zu tragen, ohne dabei die strategischen Notwendigkeiten des Unternehmens aus den Augen zu verlieren?

Die Basis für unternehmenspolitische Entscheidungen stellt die Identität dar. Es erscheint dringend erforderlich, daß man sich im Unternehmen über die eigene Identität klar wird und erkennt, welche Potentiale und Begrenzungen vorhanden sind. Die Unternehmenspolitik muß sich an dieser Identität orientieren, auch wenn diese Relation dynamisch ist und politische Entscheidungen bzw. Maßnahmen die Identität beeinflussen können.

Kurzfristig besteht diese Einflußmöglichkeit jedoch nicht. Es ist aber wichtig, die vorhandenen Gegebenheiten und Strömungen in der Umwelt den politischen Maßnahmen ebenfalls voranzustellen. Identität und Umwelt stecken gemeinsam den groben Handlungsrahmen für das Unternehmen ab, und es ist unerläßlich, sich dieses Rahmens so frühzeitig wie irgend möglich bewußt zu sein. Dies kann z.B. im Rahmen einer *»Strategischen Analyse«* erfolgen.

Sobald diese Orientierung vorhanden ist, muß es wesentlicher Bestandteil der Unternehmenspolitik sein, Identität und Image in der Öffentlichkeit möglichst weitgehend zur Deckung zu bringen. Dieser Prozeß ist die Voraussetzung dafür, daß sich in der Öffentlichkeit das Vertrauen bildet, das erforderlich ist, um den Erfolg sicherzustellen. Für den Kunden muß sich zeigen, daß das Unternehmen z.B. ein verläßlicher Partner ist und daß es sich lohnt, neuen Produkten dieses Unternehmens Beachtung zu schenken. Diese Forderung bedeutet, daß die auf vielfältigen Ursachen beruhenden Informationsdefizite soweit wie möglich abgebaut werden. In der Praxis kommt es dabei zunächst darauf an zu erkennen, wo diese Defizite liegen bzw. worin bestehende Verzerrungen begründet sind. Bei dieser Analyse wird sich häufig zeigen (und dies gilt vor allem für größere Unternehmen), daß bestehende Vor-Urteile auf die ganze Branche oder eine bestimmte Klasse von Unternehmen bezogen werden, der das eigene Unternehmen angehört.

So werden etwa Unilever oder IBM zunächst nicht viel dagegen tun können, als »Multi« abgestempelt zu werden. Es ist aber wichtig zu erfahren, welche Assoziationen ganz präzise mit dem Attribut »Multi« verbunden sind, um dann mit Hilfe gezielter Öffentlichkeitsarbeit bestehende, aber weniger bekannte positive Identitätsmerkmale in der Vordergrund zu stellen. Wenn es z.B. gelingt, die deutsche Produktionsstätte eines multinationalen Konzerns auch als deutsches Unternehmen darzustellen mit eigenen Produkten und eigenen Personalgrundsätzen, so bleibt der objektive Sachverhalt des Konzernverbundes zwar bestehen, das negative Pauschalurteil kann jedoch zugunsten (positiver) Detailinformationen in den Hintergrund gedrängt werden.

Wie kann ein Unternehmen konkret seine Identität beschreiben und auf den für die Imagebildung verantwortlichen Informationsfluß steuernd einwirken?

Zunächst erscheint es wichtig, explizite Unternehmensziele und grundsätzliche Strategien für das Unternehmen zu erarbeiten. Damit wird offen zum Ausdruck gebracht, was das

Unternehmen erreichen will und welche Richtung dafür eingeschlagen werden soll. In diesem Zusammenhang erscheint es ebenfalls nützlich, für das eigene Unternehmen Leitbilder und Führungsgrundsätze aufzustellen, wie das bereits in einer Reihe deutscher Unternehmen erfolgt ist. Diese Grundsätze regeln die innerbetriebliche Zusammenarbeit und werden in vielen Fällen durch kooperative Willensbildung formuliert.

Diese Elemente der Identität gilt es gemeinsam mit den Produkten des Unternehmens an die Öffentlichkeit zu »publizieren«. Publizität tritt dabei neben herkömmliche Werbung. Während Werbung ein Instrument ist, um gezielt die Kaufentscheidungen der Öffentlichkeit zu beeinflussen, ist die Publizität eine breiter angelegte Darstellung des Unternehmens nach außen, ohne die Information auf spezifische Produktangebote zu beziehen. Zusätzlich besteht für das Unternehmen die Möglichkeit, über eine physische »Erscheinung« in der Öffentlichkeit image-gestaltend Einfluß zu nehmen. Welche Ergebnisse mit Hilfe dieser Maßnahmen in der Öffentlichkeit erzielt werden, läßt sich schließlich über Befragungen kontrollieren, so daß auf diese Weise der nötige Feedback für die Maßnahmensteuerung gegeben ist.

## Zusammenfassung

Ziel dieser Ausführungen war, die Elemente von Identität, Politik und Image eines Unternehmens in ihren Zusammenhängen und Wechselwirkungen darzustellen. Alle drei Elemente und ihre Verknüpfung sind bei der Entwicklung von Unternehmensstrategien zu berücksichtigen. Daraus wiederum lassen sich bestimmte Vehikel bestimmen, die die Interdependenzen zwischen diesen Begriffsinhalten regeln. Für die Unternehmensleitungen ist es wichtig, diese Zusammenhänge zu erkennen, um über vorhandene Einflußmöglichkeiten den Erfolg unternehmenspolitischer Maßnahmen absichern zu helfen.

Betrachtet man vor diesem Hintergrund die bestehenden Schwierigkeiten, denen vor allem Unternehmensgruppen wie etwa aus dem Erdöl- oder Kernenergiesektor sowie multinationale Unternehmen gegenüberstehen, so drängt sich der Eindruck auf, daß zumindest diese Gruppen, vermutlich aber die private Wirtschaft im allgemeinen, die hier behandelten Grundsätze (zumindest zeitweise) vernachlässigt haben.

Sucht man nach den Gründen für dieses (kurzfristig nicht sichtbar werdende) Fehlverhalten, so dürften falsche »Sparprogramme«, Unwissen und Leichtsinn daran nicht unbeteiligt geblieben sein. Versäumnisse dieser Art wiegen um so schwerer, weil man Image nicht erst schaffen kann, wenn die Gefahr für die Unternehmenspolitik akut wird. Aufwendungen für die Bildung eines positiven Images sind wie Versicherungsprämien zu betrachten: man muß sie bezahlen, bevor es brennt. Die Bereitschaft, hinreichende Vorsorge für die Bildung eines positiven Images in der Öffentlichkeit zu treffen, ist bisher nur bei wenigen Vorständen und Aufsichtsräten anzutreffen. Wachsende Schwierigkeiten durch die öffentliche Meinung lassen jedoch erwarten, daß sich bei den Unternehmen allmählich ein Bewußtseinswandel vollziehen wird und die »Brandgefahren« frühzeitiger als bisher analysiert werden. Damit dürfte dann auch die Bereitschaft wachsen, in die Entwicklung der Unternehmensidentität und deren Image in der Öffentlichkeit zu investieren.

# Corporate Identity – Meinung und Wirkung

Gert Gutjahr und Ingrid Keller

Die Marktforschung beschäftigt sich erst seit kurzem mit den Problemen der Corporate Identity. Dieser Hinweis soll das Verständnis dafür erleichtern, daß sich die Problemdefinition noch in der Diskussion befindet und durchaus noch nicht alle Fragen der Operationalisierung dieses Forschungsgegenstandes geklärt sind.

Die Marktforschung sieht sich im Hinblick auf Corporate Identity heute in einer ähnlichen Situation wie in den Anfängen der Image-Forschung während der 50er Jahre. Es hat einige Jahre der Diskussion bedurft, bis aus den zunächst recht vagen Begriffsbestimmungen eine operationalisierbare Problemdefinition entstand, die dann zum Beispiel Image als Positionierung eines Meinungsgegenstandes im sozialen Feld beschrieb.

Für Image im Sinne von Firmen-Image oder Marken-Image wurden seinerzeit – zu Beginn der Diskussion – gerne die Begriffe Firmenpersönlichkeit oder Markenpersönlichkeit als Synonyma verwendet. Dabei zeigte es sich, daß dieser aus der Psycholcgie entlehnte Begriff »Persönlichkeit« mehr zur Verschleierung als zur Klärung des Forschungsproblems beitrug. Im Falle der Corporate Identity ist die Gefahr der Verschleierung ebenfalls durch den psychologischen Begriff Identity selbst gegeben. Dies zeigt sich in gängigen Definitionsversuchen, wie zum Beispiel »Unternehmens-Identität (Corporate Identity) ist ein widerspruchsfreies System unternehmerischer Rollen« oder »Corporate Identity umfaßt das Bemühen, alle Verhaltensweisen des Unternehmens einem einheitlichen (identischen) Konzept unterzuordnen«. In anderen Definitionsversuchen schließlich wird das Problem aus einer Divergenz zwischen Marken-Image und Firmen-Image desselben Unternehmens abgeleitet und Corporate Identity als Ausgleich dieser bestehenden Divergenz beschrieben.

Diese und ähnliche Definitionen tragen mehr deskriptiven Charakter und eignen sich besonders zur allgemeinen oder interdisziplinären Verständigung über den gemeinten Sachverhalt. Als Ansatz für eine empirische Forschung und Ausgangspunkt für die Hypothesenbildung sind sie dagegen noch ungeeignet.

Der folgende Beitrag aus der Sicht der Marktforschung kann sicher nicht schon jetzt eine abschließende Definition und Beschreibung des Problemfeldes liefern. Zumindest aber soll der Versuch gemacht werden, aus den einverständlich unter Corporate Identity subsumierbaren Phänomenen mögliche Operationalisierungen des Untersuchungsproblems abzuleiten und Forschungsmöglichkeiten aufzuzeigen, um die mit oder durch Corporate Identity angestrebten Wirkungen zu überprüfen.

Es gehört mit zu den Hauptaufgaben der Marktforschung, dem Unternehmen zum Beispiel Informationen über Erwartungshaltungen, Interessen und Bedürfnisse der Abnehmer, Verbraucher oder sonstiger Kreise der Öffentlichkeit zu liefern. So liegt es nahe, auch im Hinblick auf Corporate Identity und der damit angestrebten Wirkung die Frage zu stellen, ob an Corporate Identity ein Interesse bei Abnehmern und Verbrauchern oder gar so etwas wie ein Bedürfnis nach dieser besonderen Darstellungs- und Erscheinungsform von Unternehmungen besteht.

## Corporate Identity aus der Sicht des Publikums

Beispiele aus der jüngsten Vergangenheit belegen in der Tat, daß im Einzelfall spezifische Erwartungshaltungen bei Abnehmern und Verbrauchern bestehen, denen die angestrebte Wirkung einer Corporate Identity entgegenkommen kann. Im Falle eines renommierten Pkw-Herstellers zeigt sich diese Erwartungshaltung konkret und anschaulich in einer für beide beteiligten Gruppen – Verbraucher wie Unternehmer – bedeutungsvollen Kontaktsituation.

Der Pkw-Hersteller, um den es hier geht, besitzt sowohl in der breiten Öffentlichkeit wie auch bei den eigenen Abnehmern ein sehr profiliertes und positiv bewertetes Marken-Image; mit diesem stimmt auch das Produkt-Image des produzierten Pkws nahtlos überein. Die Vertragswerkstätten dagegen präsentieren sich in der Öffentlichkeit nicht annähernd so profiliert und positiv, sofern es sich um die vielfachen kleinen Pkw-Händler oder Kfz-Meister handelt. Der Pkw-Fahrer erlebt dann zwischen dem Markenauftritt seines Pkw und dessen Hersteller und der Kfz-Werkstätte, an die er durch Kauf und Wartung seines Pkw gebunden ist, einen krassen Unterschied. Dies führt so weit, daß es dem Verbraucher unter Umständen schwerfällt, seinen Pkw dieser Werkstätte zur Reparatur zu überlassen und mit dem dort tätigen Reparaturannehmer die notwendigen sachlichen Unterredungen und Auseinandersetzungen zu führen.

Durch das Marken-Image des Pkw und seines Herstellers hat der Abnehmer ein Anspruchsniveau entwickelt, an dem er den Service für seinen Pkw wie auch die Servicestelle mißt. Aus der Image-Differenz oder auch der Dissonanz zwischen dem Erscheinungsbild des Herstellers und der Kfz-Werkstätte entsteht ein Interesse des Abnehmers nach Ausgleich der Image-Differenzen, nach verändertem Auftreten und verbessertem Erscheinungsbild der Kfz-Werkstätte, nach Übereinstimmung der Repräsentation von Marken-Image und Servicestelle: Man könnte auch sagen, hier entsteht quasi ein Verbraucherbedürfnis nach Corporate Identity.

Auch wenn es sich dabei nicht um primäre oder angeborene Bedürfnisse, sondern um erlernte und erworbene Interessen und Bedürfnisse des Verbrauchers handelt, so erfüllen diese doch dieselbe Funktion hinsichtlich der Orientierung und der Ausrichtung des Verbraucherverhaltens: Durch die Bildung und Veränderung von Erwartungshaltungen unterstützen sie einerseits die Orientierung des Verbrauchers in der Wahrnehmung und Ordnung der vielfältigen Verbraucherwelt und erleichtern andererseits konfliktfreie Entscheidungen und Verhaltensweisen.

## Corporate Identity aus der Sicht der Unternehmer

Das besondere Interesse an Corporate Identity ist jedoch hauptsächlich beim Unternehmer festzustellen; die Notwendigkeit, durch Corporate Identity in der Öffentlichkeit Wirkung zu erzielen, ist im Hinblick auf unternehmenspolitische Zielsetzungen plausibel und offensichtlich. Der Pkw-Hersteller etwa, der im Zuge der Entwicklung einer Corporate Identity die Gestaltung der Immobilien seiner Vertragshändler und Werkstätten beeinflußt, um ihnen ein seinem eigenen Hersteller- und Marken-Image vergleichbaren exklusiven Charakter zu verleihen, plant und gestaltet Corporate Identity mit einer eindeutigen Zielsetzung. Er will mit diesem Mittel auf Haltungen und Verhaltensformen der Öffentlichkeit, insbesondere seiner eigenen Abnehmer, Einfluß nehmen, um Marktziele, wie zum Beispiel Verstärkung der Markenbindung, Akzeptanz von Serviceleistungen, Häufigkeit und Intensität der Nutzung der Servicestellen, Ausgabebereitschaft für Serviceleistungen etc. im eigenen Interesse zu beeinflussen. Corporate Identity erweist sich in diesem Falle nicht nur als kosmetisches Facelifting am Erscheinungsbild des Unternehmens und der Markenpersönlichkeit, sondern als gezielte Marketingmaßnahme, um das Verhalten der Marktpartner zu dirigieren.

## Corporate Identity – Funktion und Wirkung

So unterschiedlich die Maßnahmen im einzelnen sein mögen, durch die Corporate Identity erreicht wird, ihre gemeinsame Funktion ist stets dieselbe: Die Repräsentanz von Tatbeständen, Zuständen, Eigenschaften des betreffenden Unternehmens im Bewußtsein der Öffentlichkeit soll verstärkt oder verändert werden. Auf diese Weise wird gezielt das Verhalten der Öffentlichkeit oder bestimmter Teile der Bevölkerung, zum Beispiel Verbraucher, politische Institutionen, Meinungsbilder etc. unterstützt oder es wird eine Veränderung des Verhaltens erreicht. Corporate Identity hat damit grundsätzlich eine Kommunikationsfunktion und eine Kommunikationswirkung.

Die bekannte *Lasswell-Formel* liefert einen ersten Ansatz zur Analyse des Corporate Identity-Problems:

- Corporate Identity sagt, wer der Absender der Information ist, was das Unternehmen darstellt, welche Interessen es vertritt, welche Ziele es verfolgt.
- Corporate Identity informiert über verstehbare oder erlebbare Sachverhalte, hat eine zentrale Aussage.
- Corporate Identity stellt ein Medium dar, mit dem die Botschaft übermittelt wird und bedarf als solches der Multiplikation und der physischen Verteilung.
- Corporate Identity wendet sich an definierte Zielgruppen, berücksichtigt dabei die Interessen und Verhaltensgewohnheiten dieser Zielgruppen, sowie deren sozio-kulturelle Lebensbedingungen.
- Corporate Identity hat ein definiertes Kommunikationsziel, z.B. Erhöhung des Bekanntheitsgrades, Schaffung eines Image-Daches, unmittelbare Beeinflussung von Verbraucherverhalten, etc.

### Interne Kommunikationswirkung von Corporate Identity

Die Erfahrung zeigt, daß Corporate Identity – beabsichtigt oder nicht – die Mitarbeiter des Unternehmens fast unmittelbarer betrifft als die Umwelt. Dies hat primär Auswirkungen auf die Identifikation der Mitarbeiter mit dem Unternehmen. Intern wird dadurch die Leistungsmotivation der Mitarbeiter positiv oder negativ beeinflußt, extern die Public Relations-Wirkung von Mitarbeiterverhalten in deren sozialer Umgebung. Corporate Identity wird damit zu einer Planungsgröße im Personalmarketing. Sowohl die Personalführung wie auch die Personensuche und -auslese muß sich an der Zielsetzung der Corporate Identity orientieren, um Dissonanzen und damit eine Verunsicherung beim angesprochenen Mitarbeiter oder Bewerber zu vermeiden.

Gemessen wurde die interne Kommunikationswirkung von Corporate Identity bislang an leicht operationalisierbaren Verhaltensweisen wie Fluktuation der Mitarbeiter, Pünktlichkeit, Zahl der Krankheitstage, Überstundenbereitschaft oder ähnlichen äußeren Merkmalen der Leistungsmotivationen. Aber auch die Anzahl und Qualität der Bewerbungen auf Stellenanzeigen, die Vermittlung von Bewerbern durch eigene Mitarbeiter, die Beteiligung der Mitarbeiter an Freizeitaktionen des Unternehmens sind Ausdruck einer allgemeinen Identifikationsbereitschaft und damit für die Wirkungsweise von Corporate Identity.

Die PR-Wirkung von Mitarbeiterverhalten nach draußen ist ein Aspekt, der im Hinblick auf gesellschaftspolitische Veränderungen in Zukunft möglicherweise verstärkte Bedeutung gewinnen wird. Unternehmungen etwa, deren Zielsetzung oder Verhalten unter ökologischen Gesichtspunkten diskutiert und kritisiert wird, haben oft kaum eine ausreichende Möglichkeit, mit den klassischen Kommunikationsmitteln eine überzeugende oder glaubwürdige Selbstdarstellung zu betreiben. Werden dagegen Mitarbeiter aufgrund der besonderen Identifikation in ihrer sozialen Umgebung informell tätig, so läßt sich unter Umständen eine wirksamere Beeinflussung in der Öffentlichkeit, z.B. einer Gemeinde, erreichen.

**Externe Kommunikationswirkung von Corporate Identity**

Die externe Kommunikationswirkung von Corporate Identity steht meist im Vordergrund und ist – im Gegensatz zur internen Wirkung – oft auch die einzig beabsichtigte. So sehr man zunächst geneigt sein mag, hinter diesen Corporate Identity-Maßnahmen erst einmal unspezifische wirtschaftliche Funktionen oder allgemeine gesellschaftliche Funktionen zu vermuten, so zeigt die Analyse der Wirkungen im Gegensatz dazu doch, daß nicht so sehr PR-Wirkungen von Corporate Identity, sondern unmittelbare absatzwirtschaftliche Auswirkungen erzielt werden. Corporate Identity kann die Attraktivität von Dienstleistungen und Produkten für den Verbraucher dadurch erhöhen und deren Absatzchancen dadurch verbessern, daß zu anderen Produkten oder Leistungen desselben Unternehmens psychologisch wirksame Verbindungen hergestellt werden. So kann durch Corporate Identity die Übertragung von Goodwill von einem Produkt aufs andere, von einer Dienstleistung auf die andere gefördert werden wie auch die Verbesserung von Image-Werten, indem eine Verknüpfung zu bestehenden attraktiven Image-Positionen hergestellt wird.

Unmittelbarer absatzwirtschaftlicher Nutzen entsteht aber auch dadurch, daß sich die Bindung des Kunden an Marke und Hersteller positiv beeinflussen läßt oder daß dessen Toleranz gegenüber unvermeidbaren Gebrauchsproblemen (etwa Reparaturen bei Pkws) vergrößert wird. Die *kommunikative Wirkung* von Corporate Identity in diesem Sinne kann einerseits über die psychologische Messung von Einstellungsänderungen wie auch über Verhaltensbeobachtung erfolgen. Gemessen werden Image- und Markenprofile bzw. deren Veränderung oder es wird die Reaktionsbereitschaft von Verbrauchern getestet.

Die PR-Wirkung der Kommunikation durch Corporate Identity wird nicht selten zuerst oder als hauptsächliche Funktion von Corporate Identity aufgeführt. Ganz konkret hat Corporate Identity dabei die Funktion, die Position des Unternehmens in der Öffentlichkeit zu stützen, neben Bekanntheitsgrad auch Verständnisbereitschaft für unternehmensspezifische Vorgehensweisen zu erzielen und die Glaubwürdigkeit sowie den Goodwill des Unternehmens zu fördern. Die Wirkung dieser Corporate Identity-Funktion ist weniger leicht zu operationalisieren und damit mit Marktforschungsmitteln zu messen als die übrigen Funktionen. Zur Kontrolle dieser Funktion bietet sich die Image-Messung bei Meinungsbildnern an, wie auch die quantitative und qualitative Inhaltsanalyse von Presseveröffentlichungen.

## Thematische und unthematische Wirkung von Corporate Identity

Ein Teil der Informationen, die durch die Kommunikation mittels Corporate Identity übertragen werden, sind solche, die vom Empfänger verstanden werden müssen, wenn sie den beabsichtigten Erfolg haben sollen.

### Thematische Wirkung von Corporate Identity

Werden solche Informationen nicht ganz verstanden, falsch verstanden oder bleiben sie unverständlich, so hätten sie zumindest einen anderen Erfolg, denn sie würden das Wissen des Empfängers nicht vermehren, wohl aber dann auf andere Art und Weise zum psychischen Profil des Unternehmens beitragen. Rational erfaßbare Informationen sind zum Beispiel die Firmierung, Informationen über den Standort des Unternehmens, die Anzahl der Beschäftigten, Angabe über Branche, Produkte, etc.

Derartige Informationen sind offensichtlich durch eine Reihe von Merkmalen definierbar. Zunächst sind alles Informationen, die vom Empfänger thematisiert werden müssen, die er also, um informiert zu werden, sich bewußt vergegenwärtigen, verständig übernehmen soll. Sie ermitteln reproduzierbares Faktenwissen, das logisch zu verstehen ist, um adäquat zu informieren. Alle diese Informationen werden deshalb als sogenannte thematische Information bezeichnet.

Die Wirkungsbedingungen dieser Informationen sind also Thematisierung durch den Empfänger und Reproduzierbarkeit, was beides ein sachliches Verständnis der informierenden Daten voraussetzt. Hinsichtlich ihrer Funktionen lassen sich diese *thematischen Informationen* jedoch noch weiter unterscheiden.

- Als thematische Informationen *ersten Grades* werden solche Nachrichten bezeichnet, die als sachbezogene Informationen eindeutig und determiniert und die zum Teil auch gesetzlich schützbar sind: Firmennamen, Markennamen, Standortangaben.

- Thematische Informationen *zweiten Grades* sind solche Daten, die den Empfänger über bestimmte sachliche Eigenschaften des Unternehmens informieren, ihn gelegentlich auch durch grafische Darstellungen unterrichten. Meist wird mit diesen Informationen die technische Besonderheit oder die wirtschaftliche Bedeutung des Unternehmens beschrieben, und zwar mit dem Ziel, Sinn und Zweck des Unternehmens zu definieren oder zusätzliche rationale Merkmale anzubieten, die von Einfluß auf das Verhalten des Empfängers sein können. Angaben dieser Art sind zum Beispiel »pharmazeutisches Unternehmen«, »Nutzfahrzeug-Hersteller«, die Abbildung einer Werksanlage ohne Schornstein, etc.

- Thematische Informationen *dritten Grades* sind Informationen, die einen appellativen Charakter tragen, eine wesentliche Image-prägende Komponente haben, aber im eigentlichen Sinne nicht sachlich-objektiv informieren sollen. Ziel dieser Informationen ist es vielmehr, eine Signal- oder Gefühlswirkung zu erzielen. Auch ist der semantische Gehalt einer solchen Information nicht notwendig eindeutig oder determiniert. Bedingung für die Wirkung dieser Information ist lediglich die emotionale Ladung, welche die Voraussetzung für den Impact beim Empfänger darstellt. Beispiel hierfür ist etwa die sloganartige werbliche Information in Verbindung mit dem Firmennamen »AEG – aus Erfahrung gut« oder »Bauknecht weiß, was Frauen wünschen«. Zur Wirkung muß diese Art der Information vom Empfänger zwar nicht im logischen Sinne verstanden, wohl aber noch thematisiert werden.

Die Wirksamkeit solcher thematischer Informationen, wie sie durch CI-Maßnahmen übermittelt werden können, sind in der Regel der Befragung zugänglich, da eine ihrer Bedingungen ja die Thematisierung und damit die grundsätzliche Reproduktionsfähigkeit durch den Empfänger ist.

**Unthematische Wirkung von Corporate Identity**

Wenn an anderer Stelle gesagt wurde, daß die Wirkung von Corporate Identity beim Empfänger über eine Bestätigung oder Veränderung der Repräsentanz des Unternehmens im Bewußtsein des Empfängers vor sich geht, so war der Begriff des Bewußtseins in diesem Zusammenhang nicht sehr eng gefaßt. Ein Teil der Informationen, die durch die Kommunikation mittels Corporate Identity übermittelt werden, sind nämlich sogenannte unthematische Informationen. *Unthematisch* werden solche Informationen genannt, weil sie beim Empfänger Stimmungslagen oder Gefühle oder gefühlsartige Zustände auslösen und sie verfestigen, sie den Verbraucher anmuten. Solche Informationen werden deshalb auch als *Anmutungen* bezeichnet. In der Regel wird weder Herkunft der Information, noch die Art, wie ein solcher Eindruck entsteht, vom Verbraucher thematisiert, und die Informationen sind deshalb meist auch später nicht reproduzierbar.

- Jede CI-Gestaltung besitzt Anmutungsgehalte, Eindrucksqualitäten, Ausdrucks-Charaktere und selbst die thematischen Informationen – die sachlich-objektiven Daten der Corporate Identity – informieren über ihren thematischen Gehalt hinaus meist zusätzlich noch unthematisch. Insbesondere gilt dies für die grafischen Elemente der CI-Gestaltungen, die entweder Anmutungen des Ehrwürdigen, Traditionellen, Gediegenen hervorrufen, etc. Die der bloßen Sachinformation über die Anmutung beigefügten Erlebniswerte haben für den Empfänger vielfach eine solche Bedeutung, daß er auf diesen unthematischen Informationen sein Vertrauen in das Unternehmen und seine positiven Einstellungen begründet. Oft entwickelt sich hieraus auch ein Gefühl der Sympathie, obwohl solche Sympathieunterschiede etwa zwischen verschiedenen Unternehmungen allein aufgrund von thematischen Informationen nicht möglich wären.

- Eine Teilwirkung unthematischer Informationen besteht also in der Vervollständigung der sachlich-unterrichtenden Information durch Bedeutungs- und Werterlebnisse, durch Gefühlseindrücke und Anmutungen, die insgesamt das Eigenschaftsprofil des jeweiligen Unternehmens ausmachen. Ob ein Unternehmen zum Beispiel als modern, sachlich, langweilig, interessant, seriös und vertrauenserweckend empfunden wird, ist letztlich oft eine Folge der spezifischen unthematischen Informationsqualität.
- Die unthematische Information schafft auch jene Sphäre der Vertrautheit mit dem Unternehmen, die man in ihrer zeitlichen Erstreckung und Dauerhaftigkeit als die Kontinuität bezeichnen kann. Sie stellt erfahrungsgemäß einen ganz wesentlichen Faktor für die Einstellung der Öffentlichkeit dar. Durch die unthematische Information werden frühere, oft selbst unthematische Erfahrungen reaktualisiert und damit zwischen Öffentlichkeit und Unternehmen eine Sphäre von Sympathie und Vertrautheit geschaffen, die ein bestimmtes Verhalten eher fördert als ein anderes.
- Unthematische Informationen im Rahmen der Kommunikation mittels Corporate Identity stiften vielfach auch Verweisungs- und Erlebniszusammenhänge, in die das Unternehmen und seine Produkte eingeführt werden. Der Einsatz von Symbolwirkungen durch bildhafte Symbole in Markenzeichen oder durch den gezielten Einsatz von bedeutungshaltigen Farben sind die wesentlichsten Mittel, solche unthematischen Wirkungen zu erzielen.

Die Kontrolle dieser Wirkungen geschieht durch die Überprüfung sogenannter Parallelerlebnisse, durch den Einsatz semantischer Differenziale oder aber apparativ-experimentell durch sogenannte aktualgenetische Verfahren.

## Corporate Identity als marktpsychologischer Wirkungsmechanismus

Corporate Identity bedeutet – *psychologisch* betrachtet – die Herstellung von Erlebniszusammenhängen zwischen Tatbeständen, die zunächst nicht als zusammengehörig erlebt wurden. Solche Tatbestände sind interne oder externe unternehmerische Verhaltensweisen und Entscheidungen, die Veränderungen nach sich ziehen, aber auch Gegenstände wie Produkte, Marken, Medien.

- Eine Corporate Identity kann etwa die Verbindung herstellen zwischen der wünschenswerten Produktion von Tonziegeln in einer Ziegelei und der zunächst als weniger wünschenswert erscheinenden Erweiterung einer Tongrube zum Abbau des notwendigen Rohmaterials, wodurch allerdings Umweltschutzinteressen berührt werden. Corporate Identity könnte in diesem Falle durch eine sinnvolle Verknüpfung beider unternehmerischer Aktivitäten die Einstellung der Öffentlichkeit gegenüber dem Tonabbau und der dadurch erfolgten Veränderung der Landschaft beeinflussen und die Durchsetzung der notwendigen behördlichen Genehmigungsverfahren (zum Beispiel Gemeindebeschlüsse) erleichtern.

- Bei einem Chemie-Konzern, der zum Beispiel neben der hauptsächlichen Kunststoffproduktion nebenbei in Tochtergesellschaften pharmazeutische Präparate herstellt, könnte Corporate Identity die Verknüpfung dieser recht verschiedenartigen unternehmerischen Aktivitäten und unterschiedlicher Produkte erreichen. Denkbar wäre, daß sich die Einstellung gegenüber dem Chemie-Konzern durch die Herstellung des Erlebniszusammenhanges zwischen Kunststoffproduktion und der Herstellung sogenannter ethischer pharmazeutischer Produkte verändert und hier gar eine wechselseitige positive Beeinflussung stattfindet: Das pharmazeutische Tochterunternehmen gewinnt an wirtschaftlicher Bedeutung und Glaubwürdigkeit hinsichtlicher moderner wissenschaftlicher Forschung; der Chemie-Konzern als ganzer wird im Hinblick auf seine Funktion innerhalb der Gesellschaft als nützlicher und akzeptabler empfunden.

- Corporate Identity kann die Verbindung zwischen unterschiedlichen Produkten, Produktgattungen oder Marken herstellen und so etwa einem neuen Produkt eine wichtige Starthilfe bieten: Die Geräte zur Wärmerückgewinnung eines marktführenden Radiatorenherstellers werden dann als technisch hochwertiger, vertrauenswürdiger empfunden, wenn dem Abnehmer bekannt ist, daß sie von jenem Unternehmen stammen, das in einem anderen Marktbereich durch die Qualität seiner Produkte bereits Marktführerschaft erworben hat.

Corporate Identity bedeutet grundsätzlich den Transport oder Transfer von Informationen von einem Tatbestand auf den anderen oder auch die Schaffung neuer Informationen schon durch die Verknüpfung unterschiedlicher Tatbestände, marktpsychologisch ausgedrückt: Corporate Identity begünstigt den **Transfer von Image, Goodwill** und steigert dadurch die Bekanntheit und die Akzeptanz.

Psychologisch gesehen werden durch Maßnahmen der Corporate Identity, zum Beispiel durch das visuelle Erscheinungsbild, Lernvorgänge eingeleitet oder gefördert, sowie durch Signalreize Bewußtseinsvorgänge (Assoziationen) oder Verhalten ausgelöst. Beide Gruppen von Phänomenen sind durch die verschiedenen Lern- und Gedächtnistheorien ausreichend wissenschaftlich erklärbar.

Daneben zeigt sich eine Gruppe von sozialpsychologischen Phänomenen in der internen und externen Kommunikationswirkung auf Mitarbeiter des Unternehmens und die soziale Umgebung. Hierbei handelt es sich um die Beeinflussung von Gruppen-Kohäsion, Gruppennormen und sozialen Attitüden, deren Wirkungsweise in den unterschiedlichen sozialpsychologischen Theorien begründet wird.

## Schlußfolgerungen und Empfehlungen

Corporate Identity entsteht durch ein Bündel von Kommunikationsmaßnahmen und ist – im Gegensatz zum Unternehmens-Image – mehr als ein nur statisches Vorstellungsbild. Corporate Identity ist das Ergebnis eines ständigen Kommunikationsprozesses und besteht offensichtlich nur so lange, wie sich Corporate Identity in Aktivitäten des Unternehmens ausdrückt. Ansonsten bliebe das Unternehmen stumm und hinter den von ihm produzierten Produkten oder Dienstleistungen anonym verborgen. Lediglich im Falle auftretender Dissonanzen – etwa zwischen der Erscheinungsweise der Werkstätten und dem Marken-Image des Pkw-Herstellers in konkretem Beispiel – stellt sich von selbst die Frage nach der Corporate Identity. Und aus dem konkreten Problem, in diesem Falle ein Dissonanzproblem, ergeben sich die notwendigen Maßnahmen zur Gestaltung der Corporate Identity.

Was im Einzelfalle unter Corporate Identity zu verstehen ist und durch welche Maßnahmen Corporate Identity verwirklicht werden soll, ergibt sich aus der jeweiligen Unternehmenssituation in Markt und Öffentlichkeit. Die Definition der Problemstellung und die Operationalisierung von Corporate Identity kann dabei – getrennt nach *externer* und *interner* Wirkung von Corporate Identity – gemäß den beiden folgenden schematischen Übersichten erfolgen.

- Corporate Identity (Abb. 1) wirkt auf den Absatz der Produkte und Dienstleistungen durch die Profilierung von Produkt- und Marken-Images sowie durch Image- und Goodwill-Transfer. Die gezielte und kalkulierte Wirkung von Corporate Identity in diesem Bereich kann durch die Messung von Images, die Messung von Akzeptanz von Produkten und Dienstleistungen sowie die Beobachtung von Verbraucherverhalten (zum Beispiel Reklamationen, etc.) überprüft werden.

- Die Durchsetzung von Unternehmensinteressen im sozialen Umfeld, die zweite Wirkungsrichtung von Corporate Identity, setzt eine positive Bewertung des Unternehmens im sozialen Feld unter gesellschaftlichen, politischen und wirtschaftlichen Gesichtspunkten voraus, zum Beispiel als Arbeitgeber, als Sozialpartner, als Steuerzahler, etc. Die Überprüfung dieser Wirkung geschieht ebenfalls durch Messung von Images und Attitüden, durch die Beobachtung von sozialen Interaktionen, z.B. Bewerbungen, Bürgerinitativen, etc.

- Die dritte Wirkungsrichtung von Corporate Identity betrifft die Repräsentation des Unternehmens in der allgemeinen Öffentlichkeit, die durch die Profilierung des Unternehmens-Images und die Bewertung des Unternehmens in der Öffentlichkeit unter gesellschaftlichen und politischen Gesichtspunkten erfolgt.

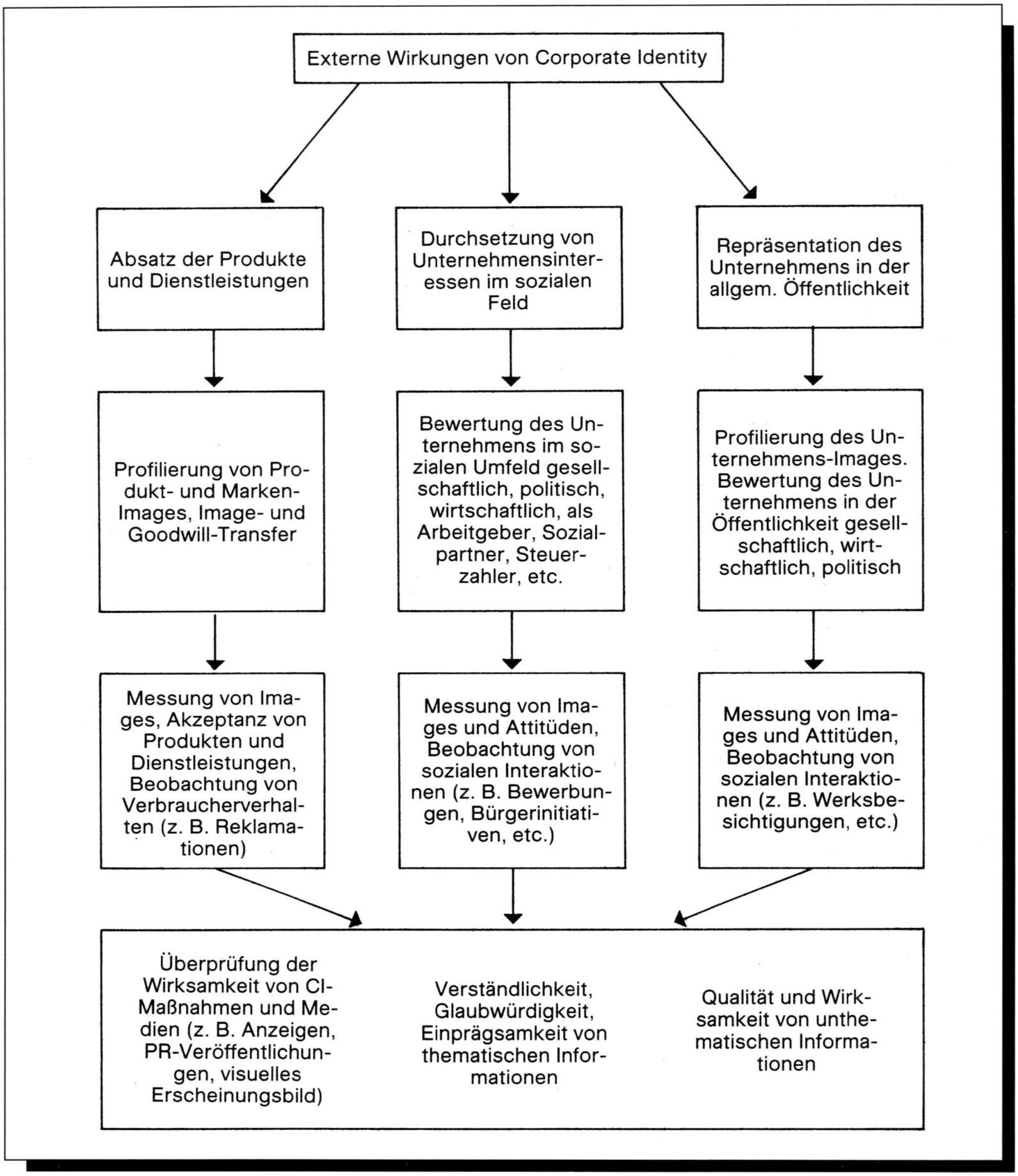


**Abb. 1:** *Externe Wirkungen von Corporate Identity*

Die Prüfung dieser Wirkung erfolgt wiederum über die Messung von Images und Attitüden, die Beobachtung von sozialen Interaktionen (zum Beispiel Werksbesichtigungen, etc.).

Diese Marktforschungsarbeiten verstehen sich als Erfolgskontrolle abgeschlossener oder laufender CI-Maßnahmen und ihre Ergebnisse bieten weitere Ansatzpunkte für die Korrektur von CI-Maßnahmen.

Schon vor Einsatz der CI-Maßnahmen kann die Marktforschung aber auch gewisse Vorarbeiten leisten:

- Vor Einsatz kann die Wirksamkeit von CI-Maßnahmen und die Werbewirksamkeit der Medien (zum Beispiel Anzeigen, PR-Veröffentlichungen, visuelles Erscheinungsbild) untersucht werden
- und zwar deren thematische Informationen im Hinblick auf Verständlichkeit, Glaubwürdigkeit, Einprägsamkeit
- und die unthematischen Informationen hinsichtlich Qualität und Wirksamkeit.

Nahezu zwangsläufig tritt zur externen Wirkung von Corporate Identity auch eine interne Wirkung, die deshalb genauso ins Kalkül gezogen und geplant werden muß (Abb. 2).

- Sie betrifft einmal die Arbeitsleistung der Mitarbeiter
- und zeigt sich andererseits in der öffentlichen Identifikation der Mitarbeiter mit dem eigenen Unternehmen.
- Beide, sowohl die Arbeitsleistung wie auch die öffentliche Identifikation beruhen auf der inneren Identifikation des Mitarbeiters mit dem Unternehmen, seiner Zielsetzung, seinem Stil, seinen Produkten, etc.
- Kontrollierbar wird diese CI-Wirkung durch die Beobachtung des Mitarbeiterverhaltens innerhalb des Betriebes (zum Beispiel Fluktuation, Krankheitstage, etc.) und durch die Messung von Images und Attitüden. Hinzu kommt die Beobachtung des Mitarbeiterverhaltens außerhalb des Betriebes in der sozialen Umgebung, zum Beispiel die Beobachtung von sozialen Interaktionen im Sinne des Unternehmens.

Diese Forschungsarbeiten sind wiederum als Erfolgskontrolle durchgeführter CI-Maßnahmen zu verstehen und können vor Einsatz der Maßnahmen durch entsprechende Pretests ergänzt werden:

- Hier geht es um die Überprüfung der Wirksamkeit von CI-Maßnahmen und Medien (zum Beispiel Werkszeitungen, Stellenanzeigen) differenziert nach den unterschiedlichen Wirkungen der thematischen und unthematischen Informationen.

Wie immer wird die Brauchbarkeit von Forschungsergebnissen auch in diesem Falle davon abhängen, wie exakt und konkret die Ziele der CI-Maßnahmen definiert werden und wie exakt und konkret sich daraus die Operationalisierungen für die Forschungsarbeit ableiten lassen.

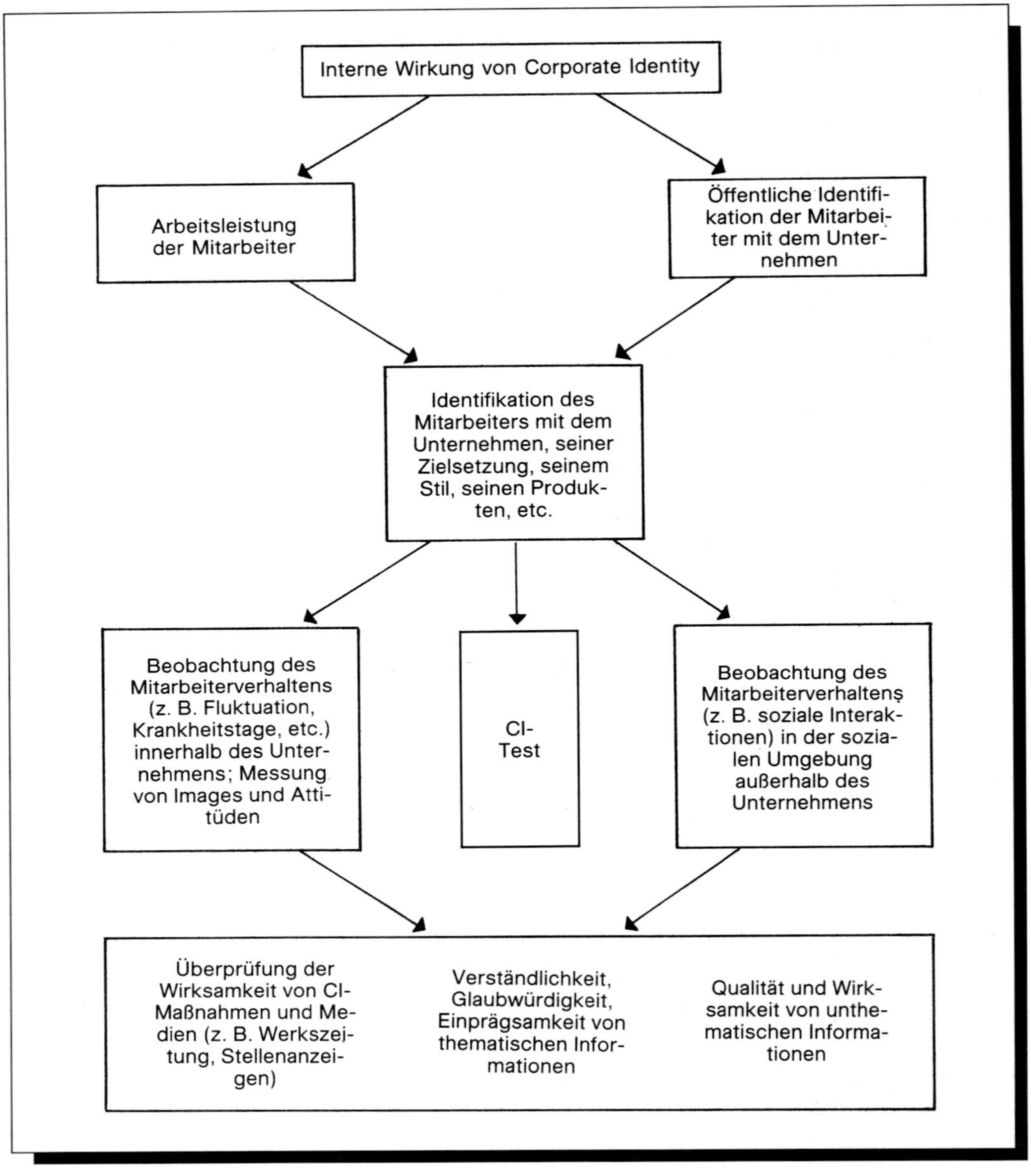


**Abb. 2:** *Interne Wirkungen von Corporate Identity*

# Der Mannheimer CI-Test

Seit einigen Jahren haben sich die CI-Aktivitäten auch im Bereich der Forschung weiterhin verstärkt. Durch das besondere Interesse der Auftraggeber an Fragen der Identifikation von Mitarbeitern mit ihrem Unternehmen als Folge interner CI-Wirkung wurde die Entwicklung eines neuen psychologischen Verfahrens angeregt. Es entstand der Mannheimer CI-Test, der im folgenden kurz dargestellt werden soll.

Parameter für die Mitarbeiter-Identifikation waren bisher meist leicht operationalisierbare Mitarbeiter-Verhaltensweisen, wie Fluktuation, Fehlzeiten, Überstundenbereitschaft, Beteiligung an Freizeitaktivitäten usw. Bei der augenblicklichen Arbeitsmarktsituation und der Angst vieler Mitarbeiter um den Verlust des Arbeitsplatzes können diese Meßgrößen jedoch nicht mehr wie bisher als zuverlässige Indikatoren der Mitarbeiter-Identifikation angesehen werden. Insofern erwächst der psychologischen Marketing-Forschung die Aufgabe, Meßverfahren zu entwickeln, die einerseits aufzeigen, wie es derzeit um die Identifikation der Mitarbeiter mit dem Unternehmen bestellt ist und andererseits Hinweise dafür liefern, welche Schwachstellen eine solche Identifikation behindern. Im IFM MANNHEIM wurde dafür der Mannheimer CI-Test entwickelt.

## A. Überlegungen zur Test-Konstruktion

Neben der Festlegung der Rahmenbedingungen des Tests:

- zuverlässige Erfassung des status quo;
- Aufzeigen von Schwachstellen, die eine Identifikation behindern, d.h. also Ansatzpunkte für Verbesserungsmaßnahmen;
- Möglichkeit einer Standardisierung und Normierung, die eine bessere Einschätzung der eigenen Unternehmensleistung gestatten,

standen Fragen der wissenschaftlichen Grundlagen der Mitarbeiter-Identifikation im Mittelpunkt der Test-Überlegungen:

- Wodurch entsteht Mitarbeiter-Identifikation?
- Welche identifikations-relevanten Merkmale lassen sich ermitteln?

Im Kontext der psychologischen und sozialpsychologischen Theorien ist die Mitarbeiter-Identifikation letztendlich davon abhängig, inwieweit das Unternehmen dazu in der Lage ist, seinen Mitarbeitern verständliche, den Mitarbeiter-Bedürfnissen entsprechende Identifikations-Anreize zu bieten und damit Leitbild-Funktion zu erlangen.

Identifikations-Anreize ergeben sich jedoch nicht alleine aus den verbalen Kommunikations-Strategien, sondern resultieren weit mehr aus dem konkreten Verhalten des Unternehmens bzw. der subjektiven Bewertung der Unternehmens-Verhaltensweisen aus der Sicht der Mitarbeiter.

Die Mitarbeiter-Identifikation ist somit prinzipiell das Ergebnis einer Wechselwirkung von Mitarbeiter-Bedürfnissen und Unternehmens-Verhalten. Ein Verfahren, das zur Ermittlung der internen Kommunikationswirkung von CI und zur Analyse von Problemfeldern in der Kommunikation geeignet sein soll, muß daher sowohl die Bedürfnisse als auch den Verhaltens-Aspekt gleichermaßen berücksichtigen. Insofern werden im Mannheimer CI-Test insgesamt fünf Grunddimensionen erfaßt, die im Hinblick auf die Mitarbeiter-Identifikation von wesentlicher Bedeutung sind:

- die Identifikationsfähigkeit der Mitarbeiter,
- die Bereitschaft der Mitarbeiter zu leistungsorientiertem Verhalten,
- die Zufriedenheit der Mitarbeiter,
- die Leitbildfunktion des Unternehmens,
- das Verhalten des Unternehmens – der Unternehmensstil.

Aufgrund des Wechselwirkungsprozesses bei der Entstehung der Mitarbeiter-Identifikation, der relativ überdauernde, d.h. konstante Merkmale (Bedürfnisse) einerseits und situative, d.h. relativ variable Merkmale (Verhalten) andererseits einschließt, setzen sich die Grunddimensionen auch aus verschiedenen Einzel-Aspekten zusammen. Diese Aspekte geben schließlich Hinweise darauf, was veränderungsfähig und veränderungsbedürftig ist, d.h. wo die Veränderungen vorrangig stattzufinden haben.

### B. Test-Ökonomie

CI erlangt ein Unternehmen nicht alleine durch gut geplante und ausgearbeitete Konzepte, mit denen sich das Top-Management identifiziert. Die CI und damit auch die Leistungsfähigkeit eines Unternehmens ist dann gegeben, wenn sich möglichst alle Mitarbeiter mit dem Unternehmen und seinen Verhaltensweisen identifizieren. Dies bedeutet, daß ein Meßinstrument zur Erfassung interner CI

- prinzipiell zur Vollerhebung geeignet sein und
- problemlos und objektiv durchführbar und auswertbar sein muß.

Dem formalen Aufbau des Mannheimer CI-Tests waren somit Bedingungen gesetzt. Der Test muß alleine, ohne fremde Hilfe von den Mitarbeitern durchgeführt werden können. Offene Fragen, die das Verbalisationsvermögen von Mitarbeitern (z.B. Arbeitern) übersteigen, sowie differenzierte Antwortmöglichkeiten, die das Abstraktionsvermögen überfordern, waren zu vermeiden. Analog zu einigen in der Test-Psychologie verwandten Verfahren wurde ein Instrument entwickelt, das ausschließlich geschlossene Fragestellungen mit dichotomen Antwortmöglichkeiten enthält. Eine verständliche und darüber hinaus auch motivierende Gebrauchsanleitung ist dem Text vorangestellt.

### C. Durchführung des Tests

Ein großes Problem bei allen Mitarbeiter-Befragungen ist der Zweifel der Mitarbeiter an der Anonymität der Antworten. Die Angst, »ausspioniert« zu werden, beeinträchtigt sowohl die Antwortbereitschaft als auch die wahrheitsgemäße Beantwortung. Aus diesem Grunde werden nur sehr wenige statistische und keine personenbezogenen Daten erfaßt. Da diese Erhebungsweise erfahrungsgemäß noch nicht völlig ausreicht, die Zweifel an der absoluten Anonymität zu beseitigen, muß die Ausgabe der Testhefte und insbesondere der

Rücklauf entweder durch eine firmenneutrale Person oder jemanden erfolgen, der das Vertrauen der Mitarbeiter besitzt.

Darüber hinaus ist der Test in jedem Falle durch eine ausführliche, verständliche und auch glaubwürdige Information der Mitarbeiter über Ziel und Zweck des Tests vorzubereiten. Uninformierte oder schlecht informierte Mitarbeiter sind erfahrungsgemäß nur schwer zu einer Test-Bearbeitung zu motivieren.

**D. Auswertung des Tests**

Die Struktur und der formale Aufbau des Tests erlauben eine problemlose und objektive Durchführung und Auswertung der Daten. Die einzelnen Fragen werden über einen Signierungsschlüssel den Grunddimensionen und ihren Einzel-Aspekten zugeordnet.

Die Auswertung des Tests nach den Grunddimensionen ergibt ein Unternehmensprofil (Abb. 3), das Aussagen über die mitarbeiterbezogene Leistungsfähigkeit des Unternehmens ermöglicht.

Die Auswertung der Einzel-Aspekte ergibt schließlich ein Schwachstellen-Profil (Abb. 4), das Hinweise darauf liefert, welche Probleme die interne Kommunikationswirkung von CI beeinträchtigen.

Die Test-Ergebnisse – Unternehmens-Profil und Schwachstellen-Profil – werden im Augenblick noch in Prozent vom Maximalwert dargestellt. Für einige Branchen liegen bereits Ergebnisse vor, die (anonymisiert) zu einem Vergleich der Unternehmensleistungen herangezogen werden können.

Nach Beendigung der Nominierung werden zusätzlich zu den jetzt vorliegenden Ergebnis-Darstellungen Profile in Form von Standardwerten erstellt werden. Die daraus erkenntlichen Abweichungen der eigenen Unternehmenswerte vom Branchen- und Gesamtdurchschnitt (also von der Norm) ergeben weitere Ansatzpunkte für die Erarbeitung einer wirksamen CI-Kommunikationsstrategie.

Der Mannheimer CI-Test ist ein psychologisches, standardisiertes Meßverfahren zur Erfassung der Mitarbeiter-Identifikation. Es erfaßt einerseits die Ausprägung der derzeit gegebenen Identifikation und gibt andererseits Hinweise auf Schwachstellen, die eine Identifikation behindern. Durch den Vergleich der eigenen Unternehmenswerte mit den Identifikations-Werten anderer Unternehmen ist eine objektive Einschätzung der eigenen Leistungsfähigkeit möglich. Für Unternehmen mit hinreichend großen Abteilungen oder Filialen mit Tochtergesellschaften läßt sich darüber hinaus auch eine unternehmens-spezifische Identifikations-Landschaft erstellen, die aufzeigt, wo die Identifikation hoch, wo sie niedrig ist.

Die Struktur des Mannheimer CI-Tests erlaubt natürlich auch Test-Wiederholungen. Durch den Einsatz vor und nach Einführung bzw. Veränderung der CI-Kommunikation ist ein Vergleich möglich und meßbar, welche Auswirkungen die CI-Maßnahmen auf die Identifikation der Mitarbeiter mit dem Unternehmen gehabt haben.

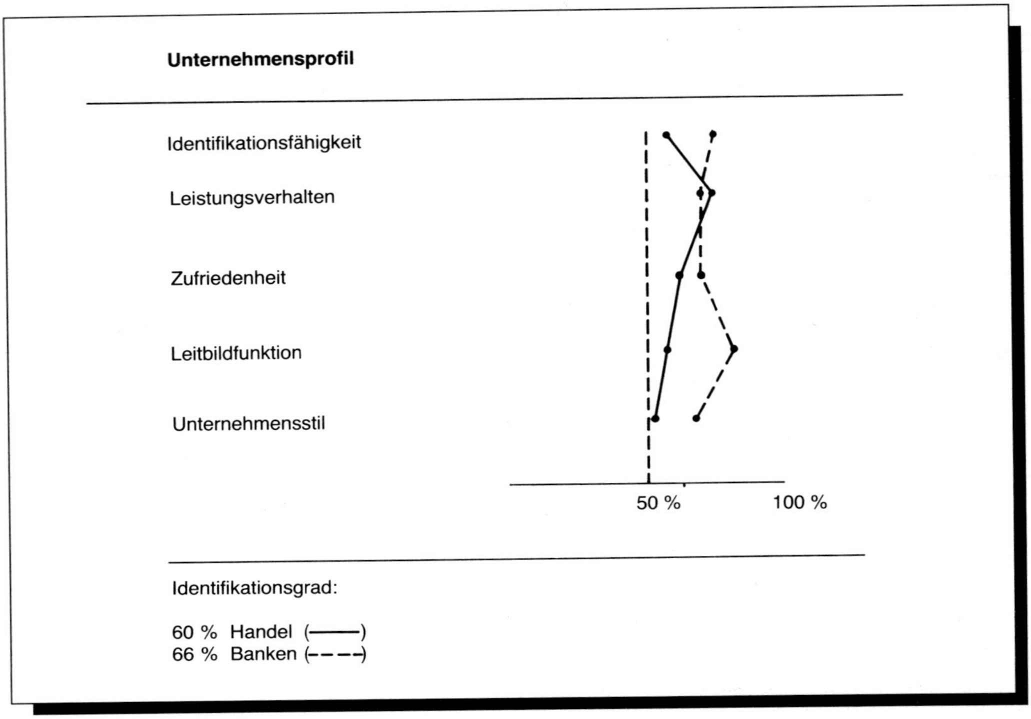


**Abb. 3:** *Unternehmensprofil*

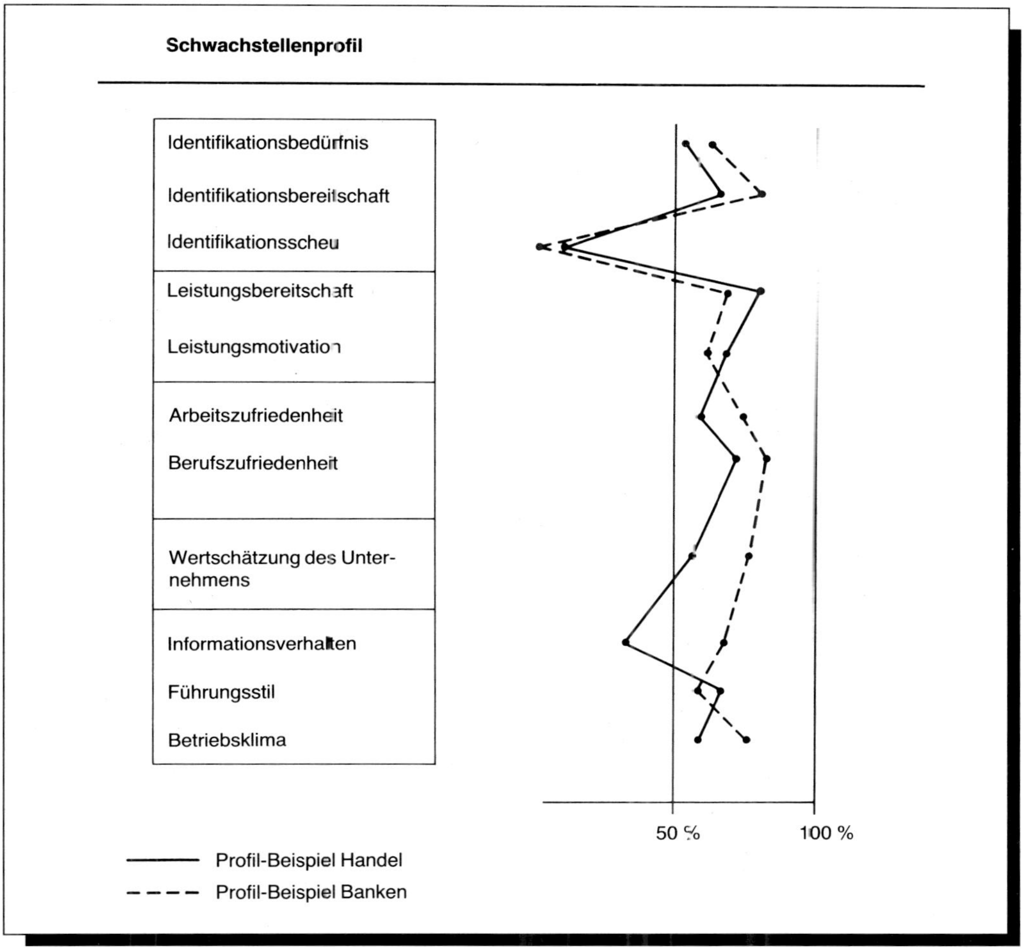


**Abb. 4:** *Schwachstellenprofil*

## Zusammenfassung

Vielfach tritt das Unternehmen hinter den von ihm produzierten Dienstleistungen und Produkten anonym zurück. Wirtschaftliche und politische Ereignisse und Entwicklungen können die Unternehmungen dazu zwingen, von sich aus diese Anonymität zu verlassen und sich als Unternehmungen der Öffentlichkeit zu präsentieren. Oder aber es treten durch die vereinzelte Aktualisierung von Teilbereichen des Unternehmens Dissonanzen auf, die zumindest zu einer Verunsicherung der Öffentlichkeit oder Verbraucherschaft führen.

Im zweiten Falle könnte man die Situation so interpretieren, daß der Markt oder die Öffentlichkeit Corporate Identity fordert und daß der Verbraucher oder die Öffentlichkeit

Corporate Identity als Hilfe der Orientierung und der konfliktfreien Entscheidung benötigt.

Corporate Identity entsteht durch die thematische oder unthematische Informationswirkung unterschiedlichster CI-Maßnahmen und ist als Ergebnis eines Kommunikationsprozesses zu verstehen.

Die Marktforschung kann in diesem Zusammenhang bei der Lösung folgender Probleme helfen:

- Vor Einsatz der CI-Maßnahmen können diese differenziert nach thematischer und unthematischer Information auf ihre Wirkungsmöglichkeiten hin überprüft werden.
- Während oder nach Durchführung der CI-Maßnahmen kann die Marktforschung die Erfolgskontrolle übernehmen und feststellen, in welchem Umfange die gesteckten Kommunikationsziele erreicht wurden.

  Die Marktforschung wird in beiden Fällen ihre Aufgabe um so besser lösen, je konkreter und exakter die Kommunikationsziele definiert und die Forschungshypothesen operationalisiert werden konnten.
- Durch den Mannheimer CI-Test ist insbesondere die interne Wirkung von CI-Maßnahmen überprüfbar.

## LITERATUR

(1) *Gutjahr, G.:* Taschenbuch der Marktpsychologie, 2. Auflage, Heidelberg 1983
(2) *Keller, J. G.:* Corporate Identity – Elemente und Wirkung, Dissertation, Stuttgart 1987
(3) *Keller, J. G.:* Das CI-Dilemma, Wiesbaden 1990

# Finanzmanagement und Corporate Identity

Jürgen Köster

Corporate Identity umschreibt das Gesamt der relativ stabilen Verhaltensweisen gegenüber seinem sozio-ökonomischen Umfeld. Im Rahmen unseres Themas geht es mithin um die Frage, wie und unter welchen organisatorischen Voraussetzungen das Finanzmanagement die Persönlichkeit »seines« Unternehmens prägt und in wie weit umgekehrt die Corporate Identity das Finanzverhalten des Unternehmens mitbestimmt oder bestimmen sollte.

Die Frage nach dem »ob« stellt sich nicht: denn niemand wird bezweifeln, daß das Finanzmanagement – ebenso im übrigen wie alle anderen Subeinheiten des Verbands – die Unternehmensidentität beeinflußt, und zwar sowohl durch sein Verhalten als Kollektiv wie durch das Verhalten jedes einzelnen seiner Funktionsträger. Mehr noch: Dem Finanzmanagement kommt im Zusammenhang mit Corporate Identity eine erhebliche Bedeutung zu, ob nolens oder volens.

Auch der Frage nach dem Ziel, d.h. nach dem idealen »Charakter« eines Unternehmens wird hier nicht weiter nachgegangen: jede Betrachtung zum Thema Corporate Identity hat stets auch normativen Charakter insoweit, als sie die Beziehung des Unternehmens zu seinem sozio-ökonomischen Umfeld einschließt; die Unternehmenspersönlichkeit ist ja überhaupt nur vor dem Hintergrund dieses Umfeldes wahrnehmbar. Mithin schließt das Thema Corporate Identity auch die Frage nach den Merkmalen vollkommener »charakterlicher« Harmonie zwischen Unternehmen und Umwelt ein; es legt sie zumindest nahe.

Indessen: diese Harmonie ist ein abstraktes »unpraktisches« Ideal. In der Praxis lebt das Management mit Konflikten zwischen Unternehmen und Umwelt (Gesellschaft); es wird sich damit begnügen müssen, diese Konflikte abzubauen oder zu begrenzen. Vollkommene Harmonie bleibt stets unerreichbar. So erscheint es in dieser Praxis schon als Fortschritt, wenn das CI-Konzept die sozialen Bezüge und Verpflichtungen des Unternehmens überhaupt bewußt macht und insbesondere auch das Finanzmanagement zu neuen Denk- und Verhaltensstrukturen animiert, bestenfalls bis hin zur Entwicklung neuer Systeme der Rechnungslegung (social accounting).

Der Finanzbereich ist dabei allerdings nur eine von mehreren Teilfunktionen des Unternehmens. Deshalb kann hier auch nur ein entsprechender Teil jener Verhaltensweisen untersucht werden, die eine Unternehmenspersönlichkeit beeinflussen, sie in den Augen der Umwelt »charakterisieren«. Und dieser Einfluß kann zudem noch recht erheblich schwanken, je nach der Stellung, die der Finanzbereich im Unternehmen einnimmt. Da hier jedoch primär die grundlegenden Zusammenhänge zwischen Finanzmanagement und CI interessieren, werden sich die Überlegungen zunächst auf einen »typischen« Finanzbereich in einem industriellen Unternehmen beschränken; und der wird hier getrennt gesehen von den Funktionen Vertrieb und Marketing, Einkauf, Personal und Fertigung; jedoch einschließlich der Funktionen Controlling und Rechnungswesen.

## Finanzmanagement – Teil der ganzheitlichen CI-Politik

Ein Gesamt auf diese Weise zu teilen, heißt schließlich die Frage nach der Koordination aufwerfen als dem Pendant jeder Teilung. Denn die Synergie, die das CI-Konzept anstrebt, kann sich ja nur einstellen, wenn in dem Verhalten der Teile das Ganze erkennbar wird. Mithin ist auch die Frage nach der Organisation zu behandeln, die dieses Ganze herstellt bzw. sichert; die Antwort muß auch das Controlling erfassen; denn Planung und Überwachung sind zentrale Elemente der Koordination.

Das CI-Konzept wurde vom Marketing entwickelt. Es stellt eine erhebliche Ausweitung des Marketing-Horizonts dar; denn nicht mehr nur Produkt und Sortiment unterliegen jetzt der Analyse und Gestaltung, sondern das *Unternehmen als Ganzes*. Diese Ganzheit aber läßt sich mit den Kategorien eines Markenartikels (wie gelegentlich versucht) nicht mehr adäquat erfassen. Das klassische Marketinginstrumentarium, eher auf die Teile als auf das Ganze abgestellt, erweist sich als nur begrenzt brauchbar bei der hohen Abstraktion und dem anspruchsvollen Synergieziel des Untersuchungsgegenstandes.* Hier mag eine interdisziplinäre Betrachtungsweise weiterhelfen, die Marketing-Erkenntnisse mit Denkmodellen der Finanzwirtschaft und Sozialpsychologie verbindet. Denn – wie erinnerlich – hat ja die Theorie des industriellen Rechnungswesens schon immer versucht, die Ganzheit des Unternehmens mit allen Aspekten in den Zahlenwerken der Buchhaltung zu erfassen, eine Momentaufnahme des Unternehmens im Jahresabschluß zu präsentieren, einen Lebensabschnitt in Form eines Zeitvergleichs. Könnten diese Zahlenwerke – entsprechende Weiterentwicklung vorausgesetzt – nicht auch Aufschluß geben über bestimmte Merkmale der Unternehmenspersönlichkeit? Ist die »Sozialbilanz« ein Schritt in diese Richtung, oder die »Weltbilanz«? Könnten sie es sein?

Überlegungen dieser Art unterliegen von Anbeginn dem Risiko, sich von der einen (Marketing-) oder anderen (Finanz-)Seite den Vorwurf des »alten Weins in neuen Schläuchen« einzuhandeln. Denn natürlich wird sich an vielen Stellen nachweisen lassen, daß dieser oder jener Aspekt unseres Gedankenganges bei dem einen oder anderen Klassiker des BWL schon abgehandelt sei – nur unter anderem Begriff: Soit-il. Denn ein solcher Vorwurf geht am Kern des CI-Konzepts vorbei: Er verleugnet die Chance, mit Corporate Identity zu neuen Denkhorizonten vorzustoßen und das bisher allenthalben noch vorherrschende Diasporadenken zu überwinden, ein Denken, welches sich ja bei strikt funktionaler Betrachtungsweise nicht vermeiden läßt. Durch die Betrachtung des Unternehmens in seinem sozio-ökonomischen Umfeld könnte Corporate Identity beim Management aller Ebenen zu neuen Vorstellungen, verändertem Verhalten und neuen Lösungen führen und dadurch jene Synergie freisetzen, um die es hier geht.

Die damit geforderte Erweiterung des Management-Horizonts scheint im übrigen überfällig: das Verständnis vom Unternehmen in der Gesellschaft hat sich seit Beginn der 70er Jahre erkennbar geändert. Die Wirtschaft wird heutzutage – darin sind sich namhafte Vertreter der Wirtschaft einig – als Kulturprozeß interpretiert, an dem das einzelne Unternehmen als ein Akteur unter vielen mitwirkt. In dieser – postindustriellen – Perspektive erhält das Unternehmen eine andere, erweiterte Funktion. Es ist mehr als eine private Maschine möglichst hohen Wirkungsgrades zur Produktion von Gütern. Der Homo Oeconomicus oder Robinson Crusoe als Unternehmer sind danach ebenso Vergangenheit wie der Ruf

*) So ist inzwischen auch nicht mehr strittig, daß sich CI nicht in der einheitlichen Gestaltung von Briefpapier, Fakturen, Frachtpapieren und Autos bzw. in der Creation eines neuen, »modernen« Signets erschöpft, so als ginge es nur um den Entwurf einer neuen Packung.

nach Gewinnmaximierung um jeden Preis. Diesem Zeitgeist kann sich inzwischen auch der Finanzbereich mit seinen Rechenwerken nicht mehr entziehen; die Finanzexperten sind auch dabei, ihren Elfenbeinturm zu verlassen. Die Arbeiten am System der Sozialbilanz sind ein ermutigendes Zeichen.

## Wirtschaftsethos und Finanzmanagement

Das CI-Konzept läßt sich »wertfrei« nicht adäquat darstellen, so wurde einleitend gesagt: Es ist begriffsinhärent wirtschaftsethisch festgelegt. Das ergibt sich aus dem Kausalzusammenhang, nach dem die Unternehm*ens*persönlichkeit letztlich durch die Unternehm*er*persönlichkeit geprägt ist und diese ihrerseits in den ethischen Normen von Familie, Kirche und Staat des jeweiligen Kulturkreises wurzelt.

Der Unternehmer unterwirft sich in seinem konkreten Handeln darüber hinaus spezifischen wirtschaftsethischen Normen, d.h. jeweils vorherrschenden Ansichten zu dem, was in bestimmten Situationen zu tun oder zu lassen ist. So wird der gegenwärtige Status der entwickelten Länder z.B. mit *»postindustriell«* bezeichnet und mit dem Ethos eines *»humanitären Kapitalismus«* verbunden.

Unternehmerisches Handeln ist dementsprechend ethisch akzeptabel, wenn es gleichzeitig zwei Bedingungen erfüllt:

- es muß dem bisher gültigen ökonomischen Imperativ genügen (»wirtschafte rational«) sowie
- die ethischen Normen erfüllen (»wirtschafte gewissenhaft«).

Das schließt den Gewinn ein; denn: Ethik und Gewinn sind keine konträren Begriffe; Gewinn ist Mittel zum Zweck, ist Maßstab der Leistung.

Die Operationalität dieser Forderung ist evident: die Beurteilung z.B. von Kostenpositionen wie Geschenke, Spesen, Spenden, Sozialaufwand, oder: von Lieferantenkonditionen (Einkauf), oder: von Informationswünschen der Gesellschafter bzw. der Öffentlichkeit; die Beurteilung von Investitionsbudgets fällt allein unter dem ökonomischen Imperativ anders aus, als unter gleichzeitiger Berücksichtigung der ethischen Normen.

Das führt in der Praxis natürlich zu Konfikten auf allen Ebenen der Hierarchie: ein Verkäufer z.B., der unter Mißachtung der Lieferbedingungen (und vom Kunden unbemerkt) einen Vorteil für das Unternehmen »herausschlägt«, würde unter dem Prinzip des ökonomischen Imperativs allein evtl. zu loben sein; unter gleichzeitig auch dem ethischen Imperativ wäre allerdings der Grundsatz der Gleichbehandlung verletzt, das Verhalten mithin eher zu kritisieren.

Wie ja überhaupt die Ausnutzung wirtschaftlicher Macht im Kleinen wie im Großen den Konflikt permanent provoziert: Macht verzehrt Moral (Röpcke), gerade auch im Entscheidungsbereich des Finanzmanagement; denn Geld verleiht solche Macht und verleitet dazu, sie auszuüben – durchaus im Interesse des Unternehmens *(ökonomischer Impera-*

*tiv),* wenn auch im Extrem ohne Rücksicht auf die Gesellschaft *ethischer Imperativ).* Geld verdürbe den Charakter, so weiß man: es verleitet zur Ausbeutung der Umwelt, zur Einengung persönlicher Freiheitsräume, zur Versagung von Mitwirkung und Gleichbehandlung, zu Rücksichtslosigkeit, zur Nutzung regionalen Leistungsgefälles und zur Vorenthaltung von Ertragsteilen, zur Verkümmerung von Rechnungslegung (Gewinnkaschierung) und Berichterstattung.

Das Corporate Identity-Konzept betont demgegenüber die Bezüge des Unternehmens zur Gesellschaft und zwingt damit das Finanzmanagement, seine Entscheidungsparameter dem ethischen Imperativ unterzuordnen: es wird mit Corporate Identity Produktions- und Produktinvestitionen, Standorte, Rechnungslegung und Berichterstattung anders beurteilen als bisher;

- sein Kalkül wird Nutzen und Kosten für die Gesellschaft berücksichtigen müssen *(social accounting);*
- jede Investition, jede Entscheidung wird unter diesem Aspekt zu prüfen sein *(social audit);*
- jede Planung wird die voraussichtliche Entwicklung des relevanten gesellschaftlichen Umfeldes zugrunde legen *(social forecast & intelligence),* und zwar jenseits der bisher üblichen, »wertfreien« Analysen der volkswirtschaftlichen Abteilungen.

Diese Aufzählung macht deutlich, welch bedeutende Änderung das CI-Konzept im Tagesgeschäft mit sich bringen kann; es gilt, eindimensionale Denkschemata zu überwinden, alte Probleme mit neuen Kriterien anders anzugehen und anders zu entscheiden. Und das im Gleichschritt aller Instanzen!

## Das Instrumentarium: Geld und Information

Das Verhältnis zum Geld, so sagt man, kennzeichne den Charakter eines Menschen; daß es auch den Charakter eines Unternehmens kennzeichne, kann hier hinzugefügt werden: die Art und Weise, wie ein Unternehmen mit »seinem« Geld umgeht, prägt ganz entscheidend das Bild, welches sich die Umgebung von diesem Unternehmen macht.

Geld fließt aus der Umgebung in das Unternehmen und aus diesem zurück an den Empfänger, der mit dem Unternehmen in geschäftlicher Verbindung steht. Die entsprechenden Zahlungsströme werden vom Finanzmanagement gestaltet (organisiert) und gesteuert. Ihm kommt mithin eine hervorragende Bedeutung zu, wenn es um das Erscheinungsbild des Unternehmens in der Öffentlichkeit geht. Dabei wirkt sich das Verhalten des Finanzmanagement in doppelter Weise auf die Firmenpersönlichkeit aus, nämlich

- durch die Entscheidungen, durch die die Zahlungsströme kanalisiert werden, und
- durch die Art und Weise, wie das Finanzmanagement die Öffentlichkeit (d.h. betriebsexterne Instanzen) über die finanzwirtschaftliche Vergangenheit, Gegenwart und Zukunft informiert.

Beide Aspekte sind näher zu beleuchten.

## Der Umgang mit dem Geld

Das Finanzmanagement gestaltet die Zahlungsströme dadurch, daß es die Bedingungen festlegt, unter denen das Geld (Kapital) einerseits dem Unternehmen zu- und auf der anderen Seite aus dem Unternehmen abfließt.

Natürlich entscheidet das Finanzmanagement diese Bedingungen nicht autonom, sondern stets in enger Abstimmung mit den sachlich zuständigen Funktionsbereichen im Unternehmen (bzw. umgekehrt, diese entscheiden nach Abstimmung mit dem Finanzmanagement); stets aber wird das Finanzmanagement in allen Geldangelegenheiten mitbestimmen, wird es häufig sogar das letzte Wort haben.

So bestimmt es im einzelnen mit:

- die Konditionen gegenüber den Abnehmern von Leistungen, d.h. die Liefer- und Zahlungsbedingungen mit ihren Aspekten: Kulanzrahmen, Gewährleistung, Terms of Trade (cif, fob; Fremdwährungsfakturation); die Bedingungen für Skonti, Rabatte, Kundenkredite; die Gestaltung des Mahnwesens;
- die Konditionen gegenüber Darlehensgebern, und zwar ausgehend von der Finanzierungspolitik, d.h. von Art und Umfang der Fremdfinanzierung: das Angebot von Sicherheit und Zinsen sowie überhaupt das Verhältnis zum Bankenapparat (Bankpolitik);
- das Verhalten gegenüber den Gesellschaftern mit den Aspekten Börsenpolitik, Dividendenpolitik, Bilanzpolitik;
- die »Zahlungsmoral« im eigentlichen Sinn, d.h. die Zahlungsbedingungen gegenüber Lieferanten einschließlich der Inanspruchnahme von Lieferantenkulanz und -gewährleistung; dann aber auch die Preis- und Einkaufspolitik mit Zulieferern generell;
- die Konzernstrategie, d.h. Art und Umfang der Einbindung von Beteiligungsgesellschaften und ihrer Beherrschung, organisatorisch wie finanzwirtschaftlich;
- die Steuerpolitik mit ihren Aspekten Bilanzpolitik, Standortpolitik;
- die Beteiligung an Berufs- und sonstigen Verbänden, deren finanzielle Unterstützung; die Subvention gesellschaftlicher Randgruppen (Spenden) sowie der politischen Organisationen; das Engagement bei nicht direkt berufsbezogener Aus- und Fortbildung usw.;
- die Entgelts- und Sozialpolitik gegenüber Mitarbeitern.

Diese Aufzählung zeigt, wie facettenreich sich die finanzwirtschaftliche Seite der Unternehmenspersönlichkeit darstellt, wie vielschichtig mithin das Finanzmanagement auf die Identität des Unternehmens einwirkt.

Die Wahl des Begriffs »Politik« soll dabei unterstreichen, daß es hier vordergründig um das »stabile« Verhalten geht, dem sich die Einzelaktionen, selbst improvisiert, unterzuordnen haben – abgesehen davon, daß Einzelentscheidungen, wenn sie diesen Rahmen verlassen, die Identität kaum beeinflussen können (es sei denn, das Chaos sei selbst ein stabiler Zustand des Managementverhaltens).

In jedem der genannten Bereiche beeinflußt der Finanzbereich die Firmenpersönlichkeit: ob ein Unternehmen z.B. als »solide« gilt, wird wesentlich von der »Zahlungsmoral« bestimmt; ob als »sozial« von der Subventionspolitik (abgesehen vom Personalbereich); ob als »aktionärsfreundlich« von der Dividenden- und Bilanzpolitik; ob als »kreditwürdig« von der Bankenpolitik (abgesehen einmal von den wichtigen Aspekten »Glaubwürdigkeit des Management« und »Sortimentszukunft«).

Es würde den Rahmen dieser Betrachtung sprengen, alle denkbaren Bezüge dieser Art zu analysieren. Wichtig ist hier nur die Feststellung, daß sich die unternehmenspolitischen Dispositionen des Management in dieser Weise auf die Firmenpersönlichkeit auswirken. Und zwar durch das tatsächliche Verhalten aller Instanzen im Tagesgeschäft im Rahmen dieser »Leit«-Linien. Damit ist das unten noch eingehender zu behandelnde Organisationsproblem angesprochen: das Verhalten der Entscheidungsträger muß koordiniert werden, muß auf seine »Identität« mit den Leitlinien hin überwacht werden – ein Controlling-Problem.

Dabei hängt natürlich die Einwirkungsmöglichkeit des Finanzmanagements von der Kompetenz ab, die ihm innerhalb der Organisation allgemein zuerkannt ist. In der Praxis kann diese Komptenz erheblich von Unternehmen zu Unternehmen schwanken: vom Status einer »Super-Buchhaltung« bis zur Personalunion von Vorstandssprecher und Finanzvorstand. Die genannten Leitlinien verlieren dadurch nicht an Bedeutung für die Corporate Identity , auch nicht ihren finanzwirtschaftlichen Charakter; sie sind nur das Ergebnis unterschiedlicher Entscheidungsprozesse mit unterschiedlichen Akteuren.

Die Facetten der Corporate Identity sind das Ergebnis langfristig »identischer« Einzelentscheidungen.

Als »solide« gilt so z.B. nur eine Firma, welche zuverlässig prompt zahlt. Dieser Kausalzusammenhang läßt sich nicht negieren. Er gilt auch dann, wenn er dem Management nicht bewußt ist. Aber er gilt auch umgedreht: das Management kann einen Aspekt der Corporate Identity »vorgeben«, z.B. »aktionärsfreundlich«, und seine Leitlinien entsprechend formulieren. Wenn sich das Entscheidungsverhalten entsprechend ändert, und zwar dauerhaft stabil, wird die Corporate Identity um diese Facette bereichert.

Einmal führt das »ungezielte« faktische Verhalten zu einem bestimmten Aspekt der Corporate Identity (»Wir sind nun einmal so und nicht so«), zum anderen kann aber auch ein rational vorgegebener Aspekt der Corporate Identity zu entsprechenden Auflagen an das individuelle Verhalten führen.

Das wirft die eingangs behandelte Frage nach der Grundeinstellung der Entscheidungsträger auf: denn die jeweilige Grundeinstellung eines Entscheidungsträgers (z.B. »sparsam/geizig« oder »großzügig/verschwenderisch«) wird i.d.R. Verhaltensvariationen nur in bestimmten Grenzen glaubwürdig zulassen. Jenseits dieser Grenzen kommt es – auf Dauer gesehen – zum Bruch mit der Organisation (»paßt nicht zu uns«).

Die bisher erwähnten Zahlungsströme betreffen den Außenbereich eines Unternehmens, d.h. gestalten die direkten Beziehungen zwischen dem Unternehmen und seinen sozioökonomischen Umfeld. Daneben muß jedoch auch die Investitionspolitik, d.h. die innerbetriebliche Verwendung der Mittel als CI-prägend angesprochen werden: auch sie eine Domäne des Finanzmangements. Gemeint sind die Einstellungen und Prozesse, die beispielsweise zu einem ja oder nein (individuell oder kollektiv) bei der Investition in kostspielige Umweltschutzinvestitionen führen und damit zum Etikett »umweltfreundlich« oder »sozial engagiert«.

Hier geraten die Leitlinien ins Blickfeld, die die Struktur der Investitionen beeinflussen und damit – in der Ertragsrechnung – die Position »Abschreibungen«. Unterschiedliche Strukturen des Investitionsbudgets führen zu unterschiedlichen Be- oder Entlastungen der Umwelt (hier: im weitesten Sinne) so, wie etwa in einer Sozialbilanz (s.u.) darstellbar sind; die Investitionspolitik prägt so einen Teil der Corporate Identity.

Ein Finanzmanagement, welches dem Kausalzusammenhang »finanzwirtschaftliche Leitlinien – CI« nachgehen möchte, wird mithin jede einzelne »Politik«, ob geschriebenes Gesetz oder nur tatsächliches Verhalten, auf ihre »CI-Relevanz« hin überprüfen müssen; Ergebnis dieser Übung wird sein, daß Unschärfen und Widersprüche zu Tage treten, die es zu überwinden gilt. Jede Lücke, die geschlossen, jeder Widerspruch, der aufgelöst wird, bedeutet Verbesserung der Synergie, auf die es bei dem CI-Konzept ankommt.

Eine recht komplexe Aufgabe, bei deren Lösung das Konzept der *»Sozialbilanz«* wertvolle Hinweise liefern kann. Im Grunde kommt es darauf an, jede einzelne Position der traditionellen Ertragsrechnung einerseits auf ihre Entscheidungsgrundlagen hin zu untersuchen (wer, wann, warum) und zum anderen auf ihre Wirkungen vor dem Hintergrund der firmenpolitischen Grundsätze.

Dabei kann man die sozio-ökonomischen Zusammenhänge nicht ignorieren. Sie sind vorhanden. Die Frage ist nur, ob man sie sich selbst überläßt oder ob man sie im Rahmen eines Gesamtkonzepts (à la Corporate Identity) in die Gestaltung der Firmenbeziehungen einbezieht. Insofern ist die Sozialbilanz mehr als eine sozialschwärmerische Spielerei: sie ist ein fast unabdingbares Arbeitsinstrument, um den hier besprochenen Komplex in den Griff zu bekommen. *»Social accounting«* und *»Goal Accounting«* sind die Anglismen, die das entsprechende Instrumentarium auch hierzulande (bisher noch) umschreiben.

## Der Umgang mit der Information

Die Öffentlichkeit ist am Unternehmen interessiert. Sie nimmt deshalb Informationen auf, die ihr direkt oder indirekt über das Unternehmen zufließen, und formt sich ein entsprechendes Bild vom Unternehmen. Sie richtet ihre Einstellung und ihr Verhalten an diesem Bild aus. Ob dieses Bild der Persönlichkeit des Unternehmen tatsächlich entspricht oder nicht (Zusammenhang »Image« und »Identität«) kann hier zunächst außer Betracht bleiben, zumal dieser Frage an anderer Stelle nachgegangen wird. Wichtig ist hier zunächst nur der grundsätzliche Kausalzusammenhang Information ⟷ Reaktion der Öffentlichkeit. Denn ein wesentlicher Teil dieser Informationen stammt aus dem Finanzbereich, der in bestimmten Fällen sogar ex lege zur Information verpflichtet ist, gegenüber

- dem Staat (Besteuerungsgrundlagen)
- der Öffentlichkeit (Jahresabschluß und Erläuterungen)
- den Gesellschaftern (Berichterstattung Gesellschafterversammlung).

Traditionell beschränken sich diese Informationen allerdings auf ein Minimum an finanzwirtschaftlichen Daten (und diese zumeist sogar nur im Aggregatzustand), an Erläuterungen und an Publizität (Begrenzung des Empfängerkreises). Erwägungen der Corporate Identity bleiben als Parameter der Informationsstrategie unberücksichtigt. Und dies, obwohl gerade dem Finanzbereich seit je ein umfangreiches Arsenal (einschließlich spezieller Medien) für seine Veröffentlichungen zur Verfügung steht. Dazu gehören:

- Geschäftsberichte
- Aktionärsbriefe
- Presse-Informationen
- Hauszeitschriften
- HV-Protokolle
- Beiträge zu Fachzeitschriften

sowie zur verbalen Kommunikation

- Hauptversammlung
- Pressekonferenzen
- Präsentationen vor Anlageberatern

um nur die international gebräuchlichsten Instrumente zu nennen.

Die Zurückhaltung, wenn nicht gar: Abstinenz des Finanzbereichs ist in der Praxis weit verbreitet. Sie scheint wesentlich in einem Dreifachen begründet, nämlich

- *in den Erfahrungen mit dem Wettbewerb,* die zu einem »Kult« des Betriebsgeheimnisses verleiten und zu dem Grundsatz: im Zweifel keine Information;

- *in dem Berufsethos des Finanzexperten,* das solche Faustregeln postuliert wie »Understatement«, »Facts and Figures«, »Diskretion«, kurz: ein Wirken mehr im Verborgenen, Zurückhaltung gegenüber der Öffentlichkeit, Konzentration auf Quantifizierbares;

- *in der klassischen Antinomie* zwischen »Marketing« und »Finanzen«, die diese Haltung eher noch verstärkt: dort Schein – hier Sein, dort Phantasie – hier Realität, so das Räsonnement in mehr oder weniger direkter Form und der Beweis von Unverständnis; die CI-orientierte Aufbereitung finanzwirtschaftlicher Informationen gerät da schnell in die Nähe der Scharlatanerie, wenn nicht gar der Informationsfälschung.

Steht einem solcherart eingestellten Finanzmanagement zugleich eine Marketingmannschaft »gegenüber«, die progressiv eingestellt ist, kann von einem einheitlichen Informationskonzept nicht mehr die Rede sein: eher von einem »schizophrenen« Bild (um im übertragenen Sinne zu argumentieren) des Unternehmens in der Öffentlichkeit, zumindest von einem Bruch in der Perzeption der Firmenpersönlichkeit.

Synergie geht verloren, CI-Bewußtsein tut not. Dabei müssen möglicherweise beide Bereiche aufeinander zugehen. Das verlangte Anpassungsbereitschaft und -fähigkeit, hier allerdings in erster Linie vom Finanzmanagement. Während nämlich ein »konservatives« (sic!) Finanzmanagement ohne Corporate Identity ein Eigenleben führt, einer (selbstgewählten) Eigengesetzlichkeit frönt und sein Informationsverhalten an den klassischen Dimensionen des Rechnungswesens messen konnte, geht es jetzt um eine ganzheitliche Sicht der Dinge, um Unterordnung unter eine konsistente Informationsstrategie, um die Einführung neuer Dimensionen in die Berichterstattung und Publizität.

Es geht – genauer – um

- eine Weiterentwicklung der Systeme des Rechnungswesens, wie sie etwa seit Beginn der 70er Jahre unter den Begriffen »Sozialbilanz« und »Weltbilanz« schon eingesetzt wurde, dabei speziell um
- die Einbeziehung nur-qualitativ faßbarer Sachverhalte sowie der sozio-ökonomischen, evtl. sogar politischen Bezüge in die Berichterstattung des Unternehmens; um die Gegenüberstellung von gesellschaftlichen Erträgen und Kosten als Folge der unternehmerischen Aktivität sowie um
- eine Anpassung der Organisationsstruktur und der Controlling-Systeme im Hinblick auf die mit dem CI-Konzept angestrebte Synergie.

Damit geht es um mehr, als nur um eine Wiederbelebung der PR-Bewegung der 60er Jahre unter neuem Vorzeichen. Es geht um die Frage, welcher Inhalt und welche Aufmachung des Berichts dem Bild des Unternehmens in der Öffentlichkeit gerecht werden, welche Organisation und Tagesordnung (welche »Riten«) von Hauptversammlung oder Pressekonferenz der Coporate Identity entsprechen.

Solche Einzelfragen sind an sich zwar durchaus nicht neu; sie wurden schon immer von einem verantwortlichen Management erwogen. Neu formuliert im Rahmen des CI-Konzepts ist allerdings die Forderung nach strikter Kohärenz der Einzelentscheidungen und nach deren Unterordnung unter eine einheitliche, besser: *ganzheitliche Strategie.*

Das CI-orientierte Finanzmanagement, welches sich auf der Suche nach Synergie dem Exercitium der Kohärenzprüfung unterziehen will, wird aus den für das Gesamtunternehmen gültigen Leitlinien die für den Finanzbereich und sein Informationswesen relevanten Grundsätze ableiten und in den Parametern ausformulieren, die das Berichtswesen bestimmen. Das sind: Form, Inhalt, Periodizität, Zeitpunkt, Medium und Empfänger der Information.

Es wird dann bald auf einige Grundfragen stoßen, von denen drei als typisch kurz skizziert seien:

- **Informationswahrheit**

  Informationen kommen an, wenn sie glaubwürdig sind; glaubwürdig ist, was wahr ist; wahr ist, was jederzeit und von jedermann nachvollziehbar ist. Das ist zwar der gewissermaßen »harte Kern« der GOB. Die Berichterstattung des Unternehmens geht jedoch über diesen Rahmen hinaus. Sie muß sich auf »Lieschen Müller« einstellen und eine Sprache wählen, die sie zu einem wahrheitsgemäßen Bild des Unternehmens führt.

- **Regionale Anpassung**

Die Perzeption des Unternehmens ist natürlich uneinheitlich von Land zu Land. Im Ausland wird die Identität eingefärbt durch solche Stereotypen wie »Qualität«, »Tüchtigkeit«, »Zuverlässigkeit« etc. Das in Deutschland ansässige Unternehmen ist im Ausland immer auch »deutsch«.

Unstrittig ist inzwischen zunächst, daß die Muttergesellschaft auch über ihre Tochtergesellschaften im Ausland berichtet und deren Klientel (Banken u. a.!) sich im Bericht der Mutter wiederfindet. Offen ist, wie weit dabei auf lokales Colorit zurückgegriffen werden sollte. Wo ist die Grenze, jenseits der die nationale Identität verleugnet würde und das Positive ins Negative umschlägt?

- **Geschäftsgeheimnis**

Diese Frage ist ein ständiger Begleiter der Publizität. Auch sie läßt sich »konservativ« oder »progressiv« beantworten und führt im einen Fall zu weniger, im anderen zu mehr Information. Allgemein scheint jedoch die Erkenntnis an Boden zu gewinnen, daß die Grenzen des Geschäftsgeheimnisses weiter gezogen werden können als bisher üblich, daß viele Informationen, die »draußen« auf Interesse stoßen, nicht unbedingt den zukünftigen Geschäftsgang beeinträchtigen müssen.

Es geht dabei auch weniger um die Menge der Information, als um deren Qualität, die z. B. durch Aggregatbildung beträchtlich leiden kann. Qualität – das bedeutet auch: Information über die voraussichtliche Zukunft des Unternehmens, ein neuralgischer Punkt. Denn hier pflegt der Informationsfluß meist abrupt zu enden. Immerhin werden heute schon Branchenprognosen geliefert oder globale Investitionssummen für die nächsten Jahre, wohl auch schon einmal deren Struktur. Wie aber steht es mit einzelnen Projekten, zumal solchen mit unübersehbaren sozio-ökonomischen, gar politischen Konsequenzen? Wie steht es überhaupt mit etwa dem gesellschaftlichen Engagement der nächsten Jahre, wie mit den unternehmenspolitischen Leitlinien?

Nun kann zwar auch »Diskretion« eine attraktive Facette der Unternehmenspersönlichkeit sein. Das CI-Konzept jedoch lebt von Information; es wird mithin in manchem Fall zwingen, das eine oder andere Tabu zu durchbrechen; wahrscheinlich nicht zum Nachteil des betroffenen Unternehmens und seiner Akzeptanz in der Öffentlichkeit.

## Zusammenfassung

Die vorstehenden Gedanken mögen deutlich gemacht haben, daß es nicht von ungefähr kommt, wenn einem Unternehmen in der Öffentlichkeit solche Charaktereigenschaften zugesprochen werden wie »publizitätsfreudig«, »umweltbewußt«, »solide«, »innovativ«, um hier nur einige der Attribute zu nennen, die eine hohe öffentliche Akzeptanz signalisieren. Dahinter steckt harte, zielstrebige kontinuierliche Informations- und Organisationsarbeit und eine entsprechende Grundhaltung des Management.

Wie sehr Haltung und Verhalten das Erscheinungsbild des Unternehmens bestimmen und wie die einzelnen Bereiche ineinander greifen, mögen folgende Extreme verdeutlichen:

- Ein Management etwa, welches politische Aspekte und Konsequenzen unternehmerischer Tätigkeit akzeptiert, wird nicht überrascht sein, wenn auf einer Hauptversammlung die (tatsächlich vorhandenen) politischen Aspekte eines Projekts angesprochen werden – etwa die rassenpolitischen Aspekte eines Staudammprojekts in einem Entwicklungsland – und dann natürlich mit den im politischen Raum üblichen Verhaltensweisen und Argumenten.

- Es wird »politisch« reagieren. Das gleiche Management würde wahrscheinlich an einer Sozialbilanz arbeiten, seine Firmenleitsätze veröffentlicht haben, die ein wirtschaftsethisches Engagement erkennen lassen; es würde zu seiner Bilanzpressekonferenz auch die Unterhaltungsmedien bitten; leitende Persönlichkeiten des Unternehmens würden bei Verbänden aktiv mitwirken, evtl. wissenschaftlich tätig sein (z.B. in der Managementlehre); sie würden sich im Marketingbereich der Auseinandersetzung mit Verbraucherverbänden stellen, etwa zum Thema der »Sozialindikation« einer Werbekampagne, eines Produkts usw.

- Demgegenüber wird ein Management, welches wirtschaften im traditionellen Sinn als »wertfrei« betrachtet, insbesondere als ex definitione apolitisch betrachtet, den soeben geschilderten Vorfall eher als deplaciert, ungerechtfertigt, wenn nicht gar als provokativ werten und entsprechend zurückweisen bis hin zur Entfernung des Fragestellers aus dem Saal. Sein Rechenwerk wird sich im klassischen Rahmen von Gesetz und Betriebswirtschaft orientieren, es wird Verbraucher- und Umweltfragen eher ausweichen, gegebenenfalls prozessual lösen, wird seine Gesprächspartner eher im engen Kreis der Fachpresse und (Haus-)Banken suchen, wird das Informationswesen zentralisieren, gegebenenfalls einer Stabstelle übertragen, Corporate Identity als neuen Pflock in einem alten Loch bewerten.

Es ging in diesem Beitrag nicht darum, solche Extreme zu bewerten, etwa unter Hinweis auf den eingangs erwähnten Zeitgeist oder eines »angepaßten« Unternehmens, sondern darum, die Grundzusammenhänge aufzeigen, die das CI-Konzept firmenumspannend kennzeichnen. Im kleinen Unternehmen ebenso wie im großen. Und um die tragende Rolle, die dem Finanzbereich dabei zukommt.

# Corporate Identity – Analyse und Therapie

Gert Gutjahr

Aspekte

Organisationsstruktur

Systemdifferenzierung

→ Autonomiekrise (M15)

Kultur

- Subkulturen
- Arbeitsstil
- Führungsstil
- Leitbilder
- Leistungsmotivation

Informationsverhalten

Kooperation + Kommunikation

Entscheidungsverhalten

Leistungsanreize

Delegation + Qualifikation

Einer repräsentativen Befragung zufolge beschäftigen sich heute ca. 65 Prozent großer Unternehmen in Deutschland mit der Entwicklung einer Corporate Identity im weitesten Sinne. Von den befragten Unternehmen und CI-Beratern wurde eine zu geringe Identifikation der Mitarbeiter mit dem Unternehmen als das wichtigste Motiv für die Beschäftigung mit Corporate Identity genannt.

Corporate Identity – zunächst als Modeerscheinung betrachtet – hat heute einen festen Platz in der strategischen Unternehmensplanung und wird als Führungsinstrument betrachtet. Gleichzeitig hat sich das Interesse über den Bereich des Corporate Design hinaus ausgeweitet und bezieht heute mindestens gleichberechtigt, oft aber auch vorrangig, die Aspekte der internen Corporate Identity mit ein. Dadurch ist der Begriff der Unternehmenskultur in den Mittelpunkt der Diskussion gerückt, der bisweilen synonym zu Corporate Identity gebraucht wird und mit der Verwendung des Begriffs Kulturmanagement einhergeht. Es ist jedoch falsch, Corporate Design oder Corporate Culture als Alternativen zu betrachten, beide sind wesentliche Aspekte der Corporate Identity.

Auch die Feststellung, daß es sich bei Corporate Identity um bestenfalls Randfaktoren des Unternehmenserfolges handelt, deren ursächlicher Zusammenhang mit dem betriebswirtschaftlichen Erfolg eines Unternehmens sich nicht nachweisen läßt, ist überholt.

Im Rahmen einer internationalen Studie wurden in vier Ländern einschließlich den USA insgesamt 80 Dienstleistungsunternehmen hinsichtlich verschiedener Aspekte der Corporate Identity und des Unternehmenserfolges analysiert. Dabei hat sich eine statistisch signifikante positive Korrelation zwischen Corporate Identity und Unternehmenserfolg herausgestellt:

- Erfolgreiche Unternehmen waren solche, die ein systematisch geplantes, konsequent gestaltetes äußeres Erscheinungsbild und eine klare interne und externe Kommunikation besaßen,
- gleichfalls waren es Unternehmen, die durch Maßnahmen interner psychologischer Organisationsentwicklung, z.B. intensives Training der Mitarbeiter, Motivation und Identifikation der Mitarbeiter mit dem Unternehmen und seinen Dienstleistungen gefördert haben (Untersuchung des IFM Mannheim).

Der empirische Nachweis des Zusammenhanges zwischen einer starken, ausgeprägten Corporate Identity und dem Unternehmenserfolg ist damit grundsätzlich geführt worden.

## Unternehmen auf der Couch

Durch die vielfältigen praktischen Erfahrungen bei der Planung und Entwicklung von Corporate Identity hat sich in der Zwischenzeit auch die Erkenntnis durchgesetzt, daß *jedes Unternehmen eine Corporate Identity besitzt,* die – besonders im Fall einer stark ausgeprägten Unternehmenskultur – den Spielraum für eine weitere gezielte CI-Arbeit und die Entwicklung neuer und weiterführender CI-Konzepte vorgibt.

Die Erfahrung hat gezeigt – und dies soll an einem praktischen Beispiel dargestellt werden –, daß der Planung eines neuen CI-Konzeptes oder einer systematischen Weiterentwicklung der bestehenden CI eine gründliche psychologische Analyse des Unternehmens, seiner bestehenden Corporate Identity und Unternehmenskultur vorausgehen muß. Dies soll auch der Titel dieses Abschnitts »Unternehmen auf der Couch« zum Ausdruck bringen. Da solche Analysen weit über die von früher bekannten, üblichen Mitarbeiter-Befragungen hinausgehen, sich dabei psychoanalytischer und psychotherapeutischer Methoden bedienen, ist die Analogie zur Psychoanalyse durchaus statthaft und anschaulich erklärend.

Der folgende Fall, so spezifisch und individuell er sein mag, ist dennoch typisch für viele CI-Probleme, vor allem wenn es darum geht, dramatische Veränderungen gegen die bestehende Corporate Identity einer gewachsenen Unternehmensorganisation durchzusetzen. Der vorliegende Fall: Eine Sparkasse soll in eine moderne Geschäftsbank umgewandelt werden.

Ausgangspunkt war die Entscheidung des Vorstandes, die Zukunft der Sparkasse und ihre Wettbewerbsfähigkeit dadurch zu sichern, die typische Sparkassen-Identität zu der einer modernen Geschäftsbank weiterzuentwickeln. Erste Befragungen von Mitarbeitern, Kunden und potentiellen Kunden bestätigen diese Voraussetzung:

- Mehr als die Hälfte aller Mitarbeiter und potentiellen Kunden waren der Meinung, daß es die Sparkasse in Zukunft schwer haben würde, im Wettbewerb mit anderen Banken erfolgreich zu bestehen.
- Im Vergleich zu modernen Geschäftsbanken sei die Sparkasse weniger modern und nicht professionell genug.

Eine repräsentative Mitarbeiter-Befragung kombiniert mit dem Mannheimer CI-Test ergab für das Unternehmen einen nur knapp durchschnittlichen CI-Wert von 63,9 % (Normwert 65,3 %). Diesem Durchschnittswert der Sparkasse liegen stark divergierende und charakteristische Einzelwerte zugrunde. Sie offenbaren die Schwachstellen der Sparkasse:

- eine unterdurchschnittliche Leistungsbereitschaft 81,2 % (Normenwert 87,5 %);
- eine unterdurchschnittliche Leistungsmotivation 64,2 % (Normwert 69,2 %);
- ein insgesamt unterdurchschnittliches Leistungsverhalten 71,5 % (Normwert 78,4 %);
- die negative Bewertung des Informationsverhaltens 45 % (Normwert 58,7 %).

Zur eingehenden Analyse und restlosen Aufklärung dieser Schwachstellen wurden weitere 25 vertrauliche Einzelgespräche mit Führungskräften der Sparkasse durchgeführt. In dieser für die Gesamtheit der Führungskräfte repräsentativen Stichprobe waren Ressortleiter, Abteilungleiter, Bezirksleiter und Geschäftsstellenleiter vertreten.

## Organisationsstruktur

Die auf den vorangegangenen Seiten genannten Schwächen der Sparkasse, die im folgenden detailliert und anschaulich dargestellt werden, lassen sich ursächlich auf zwei Grundtatsachen zurückführen, nämlich:

- auf die durch das starke Wachstum in den vergangenen Jahren erzwungene und noch nicht bewältigte Systemdifferenzierung,
- sowie auf die aus den Gründerjahren stammende, tradierte Unternehmenskultur mit ihren typischen Werthaltungen und Verhaltensformen.

**Systemdifferenzierung und Autonomiekrise**

Die Systemdifferenzierung umfaßt in der Hauptstelle die Organisation von relativ selbständigen

- Dezernaten,
- Ressorts,
- Abteilungen

und im Außenbereich die Untergliederung in

- Bezirke,
- Geschäftsstellen.

Jede Systemeinheit ist bemüht, sich und ihre Mitarbeiter zur Bewältigung der gestellten Unternehmensaufgaben bestmöglich zu qualifizieren und zu spezialisieren.

Wenn aufgrund dieser **Systemdifferenzierung** und des damit verbundenen Spezialistentums Führungs- und Koordinationsprobleme entstehen, spricht man von einer **Autonomiekrise:**

- Im Falle der Sparkasse neigen die einzelnen Abteilungen, wie z.B. Kreditabteilung, Wertpapierabteilung u.a., sowie im Außenbereich die einzelnen Geschäftsstellen und Bezirke dazu, ihre eigenen Interessen und Ziele den übergreifenden Interessen und Zielen des gesamten Unternehmens überzuordnen. Sie orientieren sich überwiegend an eigenen Bedürfnissen und Anforderungen und diskriminieren andere Abteilungen, so daß ein gemeinsames zielorientiertes unternehmerisches Verhalten schwierig wird.
- Nach Ansicht der Führungskräfte besteht diese Autonomiekrise selbst im Vorstand: Jedes Vorstandsmitglied vertritt dort, so die Meinung der Befragten, hauptsächlich die Interessen seines eigenen Dezernats. Im Vorstand herrsche Uneinigkeit, es gäbe in Wirklichkeit keine gemeinsamen Beschlüsse, diese seien nur vordergründig einstimmig.
- Es gibt nach Meinung der Führungskräfte kein vom Vorstand gemeinsam getragenes Konzept für das Unternehmen und demzufolge auch keine geplante Organisation der bereichs- oder abteilungsübergreifenden Koordination und Zusammenarbeit.

Überspielt werden die Autonomie-Probleme durch *informelle Kommunikation und Kooperation;* um Gemeinsamkeit und Interessenausgleich zu erzielen und bereichsübergreifende Aufgaben zu lösen, werden die gewachsenen Beziehungen zwischen einzelnen Personen in den verschiedenen Abteilungen benutzt. Wachsende Mitarbeiterzahl und natürliche Fluktuation reduzieren diese informellen Möglichkeiten jedoch immer mehr, zumal das Unternehmen kaum Chancen bietet, informelle persönliche Beziehungen neu zu bilden. Mitarbeiter verschiedener Abteilungen haben z.T. jahrelangen telefonischen Kontakt, ohne sich jemals persönlich kennengelernt zu haben. Die bestehende Autonomiekrise findet ihren augenscheinlichsten psychologischen Ausdruck in der Diskreditierung der anderen Abteilungen und deren Mitarbeiter. Es entstanden sog. Hetero-Stereotype, Vorurteile in Form von »Feindbildern«.

**Beispiele:**

- *»Die Mitarbeiter in den Geschäftsstellen sind nicht ausreichend qualifiziert; sie können nicht einmal die Aufgaben selbständig erledigen, die wir hier in der Hauptstelle für sie mundgerecht vorbereitet haben.«*
- *»In der Hauptstelle sitzen nur Fachidioten, keiner von denen wäre in der Lage, Kunden zu beraten, neue Kunden zu gewinnen, einen Kredit oder ein Wertpapier zu verkaufen.«*
- *»In unserer Personalabteilung sind nur Buchhalter, die Mitarbeiter nach Kopfzahl rechnen; bei uns wird Personal nur verwaltet wie Büromaterial.«*
- *»Unsere EDV-Organisation ist hoffnungslos überfordert, dort arbeiten Flickschuster, die nicht in der Lage sind, eine funktionierende Gesamtorganisation aufzubauen.«*
- *»In der Kreditabteilung sitzen nur Verwalter, die unsere Geschäfte boykottieren.«*

Die noch unbewältigte Systemdifferenzierung und die Autonomiekrise, als Folge davon, behindern die weitere, nicht abgeschlossene Dezentralisierung der Bankgeschäfte:

- Die Fachabteilungen der Hauptstelle, die von der Dezentralisierung der Bankgeschäfte betroffen sind, haben kein ausreichendes Vertrauen in die Qualifikation der Geschäftsstellen-Mitarbeiter.
- Die Geschäftstellen-Mitarbeiter haben kein Vertrauen in die Markt- und Kundenorientierung der Mitarbeiter in der Hauptstelle.
- Beiden Gruppen fehlt eine gemeinsame unternehmenspolitische und motivierende Zielsetzung; »es soll halt mehr verkauft werden« reicht zur motivierenden gemeinsamen Zielorientierung nicht aus.

## Unternehmenskultur

Die Unternehmenskultur der Sparkasse ist durch typische Werthaltungen und Verhaltensweisen gekennzeichnet, die offensichtlich Tradition im Unternehmen haben. Sie haben zu Subkulturen und einem besonderen Arbeits- und Führungsstil geführt.

### Subkulturen

Die Unternehmenskultur der Sparkasse besteht in erster Linie aus einer größeren Zahl von *Subkulturen in Ressorts, Abteilungen und Geschäftsstellen.*

- Kennzeichnend für die meisten dieser Subkulturen ist das dort herrschende gute Verhältnis der Mitarbeiter untereinander, das gute Betriebsklima, der Teamgeist, das gute Verhältnis zwischen Vorgesetzten und Untergebenen, ihre Solidarität und Einigkeit im eigenen Spezialistentum. Jede dieser Subkulturen lebt von der gemeinsamen Überzeugung, »daß bei ihnen alles klappt, gute Arbeit geleistet wird, ohne die die Sparkasse nicht erfolgreich wäre, ihre Abteilung die wichtigste sei«. Es besteht eine ausgeprägte Solidarität zwischen Vorgesetzten und Untergebenen, die sich gegenseitig gegen Angriffe und Vorwürfe von draußen schützen.

- Der Umgangston ist in den meisten Subkulturen freundlich und kollegial, der Umgang menschlich und rücksichtsvoll, es wird traditionsbewußt ein familienartiges Klima gepflegt, das als tradiert und in früheren Jahren typisch für die Gesamtheit der Sparkasse galt.
- Der Führungsstil ist – im positiven Falle – patriarchalisch-fürsorglich. Er ist vom Vertrauen auf gegenseitige Unterstützung, Hilfe und Verständnis, auch für persönliche Probleme, geprägt. Im negativen Falle ist der Führungsstil dogmatisch-autoritär.
- Die Integration neuer Mitarbeiter in diese Subkulturen ist meist problemlos und einfach, da lediglich eine Anpassungsleistung verlangt wird. »Das Mäntelchen der Sparkasse ist zwar eng, aber warm. Wer bereit ist, es anzuziehen, gehört zur Sparkasse.«

**Arbeitsstil**

Für alle Subkulturen typisch, und damit für das Gesamtunternehmen gültig, ist nach Meinung der Führungskräfte ein *ausgeprägtes Sachbearbeiterdenken.*

- Alle Mitarbeiter sind Sachbearbeiter, deren Hauptaufgabe darin besteht, alltäglich sich wiederholende, vorgegebene Aufgaben nach vorgegebenen Richtlinien zu erledigen.
- Als Sachbearbeiter sind grundsätzlich alle Mitarbeiter gleich; ihre Funktionen unterscheiden sich also hauptsächlich durch die sachlichen Unterschiede der Aufgaben, die erledigt werden.
- Das dadurch geschwächte Selbstwertgefühl wird informell durch die unterschiedliche Prestige-Besetzung der Arbeiten und Funktionen ausgeglichen. Als besonders »minderwertig« gilt z.B. die Arbeit in der Kasse, als »hochwertig« die Arbeit in der Hauptstelle und dort besonders in der Wertpapier-Abteilung.
- Beziehungslos neben der informellen Hierarchie steht die formale hierarchische Unterteilung der Mitarbeiter, ihr liegt ein leistungsunabhängiges, bürokratisch-automatisches Beförderungssystem zugrunde; die nächsthöhere Position und Gehaltsstufe werden »ersessen«. Man »dient sich hoch«, wobei das Erreichen der wenigen Spitzenpositionen den Charakter der Zufälligkeit besitzt oder der Protektion zugeschrieben wird.
- Diese Überzeugung wurzelt in dem Glauben an die Bedeutung persönlicher, informeller Beziehungen. Man glaubt auch, daß die persönliche »Auswahl« durch einen einflußreichen Höhergestellten die berufliche Karriere bestimmt. »Sich-lieb-Kind-machen« und»Jasagertum« sind die Folgen.
- Die Sachbearbeiter-Mentalität bestimmt das Arbeits- und Leistungsverhalten der Mitarbeiter. Leistungsziel ist es, keine »Fehler« zu machen, d.h. bei der Erledigung der Aufgaben sorgfältig alle Dienstanweisungen und Verfügungen zu beachten, ständig beschäftigt zu sein und durch die peinliche Einhaltung der Arbeitszeit Engagement zu beweisen. »Wer vorwärtskommen will, sollte seinen Arbeitsplatz erst nach Dienstschluß verlassen. Das zeigt, daß er ein tüchtiger und engagierter Mitarbeiter ist.«

- Es gehört auch zum guten Stil, darüber zu klagen, daß man permanent überlastet sei und in der normalen Arbeitszeit die Fülle der Aufgaben nicht erledigen könne.

**Leitbilder**

Diese genannten Merkmale der Unternehmenskultur haben im Hause deshalb verbindlichen Charakter und *Leitbildfunktion,* weil sie dem Vorstand – nach Meinung der Führungskräfte – selbst anhaften.

- Die Vorstände gelten als oberste Sachbearbeiter der Sparkasse, die mit derselben Sorgfalt und Akribie ihre Aufgaben erledigen, wie dies von allen übrigen Mitarbeitern verlangt wird.
- Mitarbeiter, die sich mit dieser Unternehmenskultur identifizieren, nehmen deshalb mit Genugtuung zur Kenntnis, daß Vorstände sich um sachliche Details alltäglicher Sachbearbeiteraufgaben kümmern oder sich dafür interessieren, und z.T. dieselben Sachaufgaben erledigen wie der hierarchisch niedrigere Sachbearbeiter.
- Daß ein Vorstand einen Reisebeleg über 9,50 DM – so die Anekdote – abzeichnet, wird als positiver Beleg für die im Unternehmen gültige Sachbearbeiter-Mentalität bewertet, hat leitbildhaften Charakter und empfiehlt sich zur Nachahmung.
- Mitarbeiter allerdings, die sich mit dieser Unternehmenskultur nicht identifizieren, reagieren darauf geringschätzig-amüsiert; die Anekdote gilt ihnen als Beweis dafür, daß es in der Sparkasse nur Sachbearbeiter und keine wirklichen Führungskräfte gibt.

**Führungsstil**

In Übereinstimmung mit dieser Sachbearbeiter-Mentalität und als typisches Kulturmerkmal wird das Führungsinstrumentarium erlebt.

- Es besteht nach Ansicht der Führungskräfte aus hauptsächlich bürokratischen Reglementierungen; gemeint sind Dienstanweisungen und Verfügungen, die »alles bis ins Detail vorgeben und regeln«, und das dazu passende, »typische« Verhalten: »Es wird niemals gelobt, weil die ordnungsgemäße Erledigung von Aufgaben selbstverständlich ist«. Eine Mitarbeiterleistung wird nur dann gewürdigt, wenn sie nicht den Erwartungen entspricht – und dann in Form von oft persönlich verletzender Kritik«.
- Der direkte persönliche Bezug in der Kritik einer Mitarbeiterleistung ist ein bestimmendes Kulturmerkmal der Sparkasse. Der einzelne Mitarbeiter ist stets selbst und persönlich für das Ergebnis der von ihm entwickelten Unternehmensaktivität verantwortlich. Er »haftet« in einem Umfang, in dem er die situativen Gegebenheiten, die zu Erfolg oder Mißerfolg führen, gar nicht bestimmen kann. »Wenn ein Kredit platzt, so ist letztlich derjenige verantwortlich, auf den der Kundenkontakt zurückgeht. Er allein ist schuld und wird auch kritisiert, obwohl doch eigentlich der Kunde oder andere Umstände die Ursache waren.«

## Leistungsmotivation

Führungskräfte und jüngere Sachbearbeiter zeigen in besonderem Maße Unzufriedenheit und eine kritische Einstellung gegenüber der Unternehmenskultur. Dies hat bestimmte Ursachen, über die im folgenden berichtet wird.

### Informationsverhalten

*Information* und offizielle Kommunikation beschränken sich im wesentlichen auf *Rundschreiben, Dienstanweisungen und Verfügungen.* Nach Meinung der Mitarbeiter konzentrieren sich diese Informationen auf Fragen und Probleme der Sachbearbeitung sowie auf Anordnungen und Beschlüsse, die die Durchführung von Aufgaben und die Organisation von Arbeitsabläufen betreffen. Sie stellen in aller Regel endgültige Vorschriften dar.

- Insbesondere von Führungskräften wird beklagt, daß sich Information und Kommunikation auf diese Mittel beschränken und daß sie den Charakter von Anordnungen in der Richtung »von oben nach unten« haben. Dabei wird als Mangel empfunden, daß derselbe Informationsfluß von »unten nach oben« nicht gegeben und lediglich informell über einzelne Personen möglich ist. So entstand auch die Meinung, »daß der Vorstand nicht Bescheid weiß, was im Unternehmen los ist«, und daß deswegen die Dienstanweisungen und Verfügungen nicht allen Gegebenheiten Rechnung tragen könnten.

- Zum Teil wird daraus die Berechtigung abgeleitet, Dienstanweisungen und Verfügungen auf informellem Wege zu umgehen, sofern die Wahrscheinlichkeit besteht, daß ein solches Verhalten nicht aktenkundig wird.

- Die Informationsflüsse »von oben nach unten« und »von unten nach oben« sind offiziell an den hierarchischen Instanzenweg gebunden, wobei bedauert wird, daß die Übergänge zwischen den Hierarchieebenen wie Filter wirken.

- Die Führungskräfte sind sich sicher, daß »nach oben« nur positive Informationen gegeben werden, wohingegen die Informationen, die »von oben kommen«, eher negativen Charakter haben.

- Information und Kommunikation haben schon durch die benutzten Kommunikationsmittel den Charakter offizieller Mitteilungen. Indem etwas schriftlich mitgeteilt wird, ist es aktenkundig, hat Bestand, hat Beleg- und Beweischarakter und kann im Zweifelsfalle gegen den Absender verwendet werden. Dies führt nach Meinung der Führungskräfte zu einer allgemeinen Einschränkung der Mitteilungsbereitschaft.

- Es werden Informationen vermißt, die sich auf das Unternehmen als Ganzes, seine Zielsetzung, die Unternehmensphilosophie, die Meinungen und Standpunkte des Vorstandes beziehen. Die Führungskräfte sind oft unsicher, was »der Vorstand denkt«, was »Sinn und Zweck« einer Verfügung sein kann. Dies wird, da Unsicherheit herrscht, subjektiv als Einschränkung des Entscheidungsspielraumes empfunden; »man hat Angst, etwas falsch zu machen«; »es wird nur das getan, was genau und eindeutig vorgegeben ist«.

**Kooperation und Koordination**

Unmittelbar wirken sich die mangelnde Information und der eingeschränkte Entscheidungsspielraum sowie die damit verbundene Unsicherheit auf die *Kooperation* und *Koordination* bei bereichsübergreifenden Aufgaben aus.

- Die Kommunikation zwischen Abteilungen, die zur Lösung bereichsübergreifender Aufgaben notwendig ist, ist primär an Weisungen von oben, d.h. Vorstandsbeschlüsse gebunden. Fehlen solche Anweisungen und Beschlüsse, so kann die Kooperation und Kommunikation zwischen Abteilungen nur noch auf informellem Wege dort stattfinden, wo gewachsene persönliche Beziehungen zwischen den handelnden Personen bestehen.
- Mangelnde Koordination zeigt sich beispielsweise in zeitlich und inhaltlich nicht genügend abgestimmten Aktionen, die von den Fachabteilungen in die Geschäftsstellen getragen werden.
- Mangelnde Koordination und Kooperation kennzeichnen nach Meinung der Führungskräfte z.B. auch das Verhalten der Personalabteilung.

**Entscheidungsverhalten**

Die Aufgabe von Führungskräften außerhalb ihrer Sachbearbeiterfunktion besteht darin, untergebene *Mitarbeiter zu motivieren* und dazu zu bewegen, sich mit dem Unternehmen und seinen Zielen zu identifizieren. Dies geschieht u.a. auch dadurch, daß Dienstanweisungen, Verfügungen, Anordnungen, die »von oben« kommen, in der richtigen Art und Weise an Mitarbeiter weitergegeben und durchgesetzt werden. Dies setzt allerdings voraus, daß Führungskräfte sich selbst mit den Entscheidungen der Unternehmensleitung identifizieren.

- Führungskräfte-Besprechungen und Geschäftsleiter-Besprechungen werden nicht als das geeignete Mittel zum Meinungsaustausch und zur Integration in Entscheidungsbildung und Entscheidungsfindung gesehen. Nach Auffassung der Führungskräfte haben diese Veranstaltungen nicht den Charakter eines freimütigen Meinungsaustausches und Dialoges mit der Unternehmensführung; für die Befragten sind sie vielmehr ein Forum, in dem die Meinung des Vorstandes verbreitet und durchgesetzt wird.
- Nach Ansicht der Führungskräfte ist es »riskant, in diesen Besprechungen seine Meinung zu sagen«, da man Gefahr läuft, öffentlich kritisiert oder »abgekanzelt« zu werden.
- Auch die große Teilnehmerzahl erschwert es den anwesenden Mitarbeitern, »öffentlich eine Meinung zu äußern«.

**Leistungsanreize**

Eine neuere Untersuchung zum Wertewandel in der Bundesrepublik gibt einen interessanten Einblick in den persönlichen Wertebereich und auch in die *persönliche Leistungsmotivation.* In diesem Zusammenhang ist wichtig:

- Bei 22 % der Arbeitnehmer resultiert die berufliche Leistung aus einer überwiegend persönlichen Motivation. Das heißt, berufliche Leistung wird erbracht, um daraus eine persönliche Befriedigung zu gewinnen, etwa das eigene Selbstwertgefühl zu steigern, persönlichen Ehrgeiz zu befriedigen, persönliches Ansehen zu erreichen, mehr zu verdienen.
- Ebenfalls 22 % sehen die berufliche Leistung ausschließlich als Mittel zum beruflichen Vorwärtskommen; durch berufliche Leistung macht man Karriere, steigt in höhere Positionen und Gehaltsklassen auf, besitzt mehr Prestige und Macht.
- 28 % der Arbeitnehmer betrachten die berufliche Leistung als ethische und moralische Pflicht, die man dem Arbeitgeber gegenüber schuldig ist.
- Der Rest zeigt keine berufliche Leistungsbereitschaft, tut nur das Notwendigste, um den Arbeitsplatz zu erhalten.

Die Verteilung der Leistungsmotivation bei den Mitarbeitern der Sparkasse unterscheidet sich nicht wesentlich von diesen Verhältnissen:

- Nur etwas mehr als ein Viertel aller Mitarbeiter, und dies sind darüberhinaus eher die Älteren und damit auch die Führungskräfte, erachten es als ihre Pflicht, berufliche Leistung zu erbringen.
- Die restlichen Mitarbeiter, fast die Hälfte, und hier insbesondere die jüngeren Sachbearbeiter, sind nur bereit, eine berufliche Leistung zu erbringen, wenn sie entweder persönlich dazu motivert sind oder ihnen die beruflichen Perspektiven und eine sinnvolle Karriereplanung die Anreize dazu bieten. Nach Ansicht der Führungskräfte ist dies nicht gegeben.
- Die persönliche Motivation setzt Anerkennung und Lob voraus, was bei der Sparkasse schon deswegen nicht üblich ist, weil berufliche Leistung als selbstverständliche Pflicht angesehen wird.
- Die jüngeren Mitarbeiter vermissen darüber hinaus eine berufliche Perspektive; sie haben den Eindruck, daß berufliche Leistung nicht durch Aufstieg und bessere Entlohnung angemessen und rasch genug honoriert wird.
- Nach Ansicht der Führungskräfte ist die »Durststrecke«, die junge Mitarbeiter durchstehen müssen, bis sie mehr verdienen und eine erstrebenswerte Position bekleiden, zu lang; zwischen Ausbildungszeit und der Übernahme von Führungsaufgaben mit entsprechender Bezahlung liegen viele Jahre ohne ausreichenden beruflichen Anreiz.
- Der Übergang von der Ausbildungszeit zur Berufsausübung beginnt nach Meinung der Mitarbeiter mit einer Demotivation der Auszubildenden. Die qualifizierte Ausbildung entwickelt Erwartungen an die Berufstätigkeit in der Sparkasse, deren Nichterfüllung in den ersten Wochen und Monaten für viele eine Enttäuschung darstellt. Die Auszubildenden sind lange Zeit »überqualifiziert« mit der Erledigung einfacher Sacharbeiten befaßt, die sich routinemäßig wiederholen und gelegentlich für sie auch den Charakter sinnloser Arbeitsrituale haben.

- Zusätzlich werden diese Berufsanfänger durch die Sachbearbeiter demotiviert, die ihnen das in den nächsten Jahren erreichbare Berufsbild desillusionierend schildern und auch vorleben.

**Delegation und Qualifikation**

Sämtliche Führungskräfte klagen über hohe Arbeitsbelastung durch ihren Sachbearbeitungs-Auftrag. Sie sind der Meinung, »daß ihnen keine Zeit für die qualifizierte Erledigung von Führungsaufgaben, nämlich Planen, Koordinieren, Entscheiden und Mitarbeiterführen, bleibe«.

- Die Ursache dieses Übels wird in der *mangelnden Delegationsmöglichkeit* gesehen. Einerseits gehört es nach Ansicht der Führungskräfte zum Stil des Hauses, daß z.B. jeder Abteilungsleiter der »erste Sachbearbeiter seiner Abteilung« ist, d.h. also grundsätzlich nur im Notfall Sachaufgaben delegieren sollte.

- Zum anderen wird beklagt, daß die Qualifikation der untergeordneten Mitarbeiter nicht ausreiche, um verantwortungsbewußt zu delegieren. »Uns fehlt der Mittelbau, im Grunde genommen muß man alles selbst entscheiden und erledigen.«

- Dies führt insbesondere in den Geschäftsstellen zu erheblichen Arbeitsproblemen. Dort stimmt nach Meinung der Geschäftsstellenleiter und Bezirksleiter im Durchschnitt zwar quantitativ die Besetzung der Geschäftsstellen, nicht aber qualitativ. Es sind zu wenig qualifizierte, und d.h. hauptsächlich wenig berufserfahrene Mitarbeiter auf der Geschäftsstelle, so daß der Geschäftsstellenleiter Probleme bei der Bewältigung der tagtäglich zu erledigenden Aufgaben hat.

- Lösungsversuche, etwa durch die rasche berufliche Aus- und Weiterbildung junger Mitarbeiter, führen deswegen nicht dauerhaft zum Erfolg, weil eine große Fluktuation qualifizierter Mitarbeiter von den Geschäftsstellen zur Hauptstelle oder zur Konkurrenz beobachtet wird. Die Geschäftsstellen fühlen sich deshalb auch als »Ausbildungsstätten mißbraucht«, wobei sie gleichzeitig kritisieren, daß Auszubildende zwar theoretisch hervorragend ausgebildet seien, aber zu wenig praktisches Berufswissen für eine rasche Einarbeitung mit sich brächten.

- Dies ist eine der Ursachen für das gespannte Verhältnis zwischen Haupt- und Geschäftsstellen. Die Geschäftsstellen sehen sich aufgrund der Unterqualifizierung ihrer Mitarbeiter nicht immer in der Lage, ihre Aufgaben zu erfüllen, und werden gleichzeitig von den Mitarbeitern der Hauptstelle als unqualifiziert diskrediert.

## Schlußfolgerungen

Die Sparkasse befindet sich in einer psychologischen Unternehmenskrise, in der die notwendige weitere **Systemdifferenzierung** und **Dezentralisierung der unternehmerischen Aufgaben** erschwert wird. Ein weiteres qualitatives Wachstum wird behindert und auf Dauer die Leistungsfähigkeit und Wettbewerbsfähigkeit des Unternehmens beeinträchtigt.

### Systemdifferenzierung und Dezentralisierung

Eine *weitere Systemdifferenzierung* ist erforderlich, um bislang noch unterentwickelte Geschäftsbereiche, wie z.B. Auslandsgeschäft, Wertpapiergeschäft und den gesamten Aktivbereich, weiter zu entwickeln und die Leistungspalette in Richtung auf eine Universalbank auszubauen. Dies ist nur in Verbindung mit einer weiteren Dezentralisierung der Bankfunktionen von der Hauptstelle in die Geschäftsstellen denkbar.

### Qualitatives Wachstum und Wettbewerbsfähigkeit

Systemdifferenzierung und Dezentralisierung sind nach Ansicht vieler Führungskräfte Voraussetzung für das weitere *qualitative Wachstum* und ihre dauerhafte Wettbewerbsfähigkeit. Die Ansprache und die Gewinnung neuer Zielgruppen, wie z.B. Geschäftskunden und vermögende Privatkundschaft, konfrontiert die Mitarbeiter in den Geschäftsstellen mit neuen Anforderungen und Kundenerwartungen. Dies verlange eine qualitative Verbesserung der Dienstleistungen, die von den Mitarbeitern tagtäglich im Rahmen der Kundenbetreuung und Kundenberatung erbracht werden müssen.

## Empfehlungen

Die Bewältigung der psychologischen Unternehmenskrise und die Verbesserung der Leistungsbereitschaft der Mitarbeiter sind durch verschiedene, sich ergänzende Maßnahmen erreichbar.

### Corporate Identity

Zunächst einmal ist es in der Tat erforderlich, den bereits begonnenen Weg zur Entwicklung einer neuen und verbesserten Corporate Identity weiterzugehen. Dabei geht es freilich nicht nur, und vielleicht nicht einmal in erster Linie, um die Entwicklung des attraktiven äußeren Erscheinungsbildes, sondern darum, interne psychologische Wirkungen bei den Mitarbeitern zu erzielen. Diese psychologischen Wirkungen und das Ziel dieser Bemühungen kann man im weitesten Sinne als Integration bezeichnen.

- An erster Stelle steht das Bekenntnis zum gemeinsamen Unternehmensziel, eine *kommunizierte Unternehmensphilosophie,* die Richtlinien für ein gemeinsames Verhalten aller Abteilungen und Mitarbeiter bietet. Nur so kann die Entwicklung von Eigeninteressen und Abteilungsegoismen, die zur Autonomiekrise geführt haben, in akzeptablen Grenzen gehalten werden.

- *Integration* verlangt verbesserte Information und Kommunikation »von oben nach unten« und »von unten nach oben«, um die informelle Kommunikation einzuschränken, die den Nährboden für Gerüchte und Intrigen bietet und so die Mitarbeiter verunsichert. Zusätzlich zu Dienstanweisungen und Verfügungen müssen deshalb adäquate offizielle Kommunikationsmittel entwickelt werden.

**Psychologische Organisationsentwicklung**

Eine verbesserte Corporate Identity wird angesichts der bestehenden Unternehmenskrise zur Bewältigung der Probleme allein nicht ausreichen. Zur Erhöhung der Leistungsbereitschaft der Mitarbeiter und zur Sicherung des weiteren qualitativen Wachstums und der Wettbewerbsfähigkeit sind ergänzende Maßnahmen zur *psychologischen Organisationsentwicklung* erforderlich. Ziel dieser Maßnahmen muß es sein, allen Mitarbeitern dauerhafte Leistungsanreize zu bieten.

**Delegation von Aufgaben und Verantwortung**

Als Hauptursache der geringen Leistungsbereitschaft und der Unzufriedenheit erwies sich die Enttäuschung über nicht erfüllte Berufserwartungen, die schließlich zur Sachbearbeiter-Mentalität und Demotivation führt. Eine wirkungsvolle Maßnahme, das Verhalten der Mitarbeiter und ihr Engagement dauerhaft zu verändern, besteht im *Prinzip der Delegation* von Aufgaben und Verantwortung »von oben nach unten«. Es beginnt damit, daß Vorstandsmitglieder selbst einen Teil der bisher ausschließlich von ihnen erledigten Aufgaben an ihre Mitarbeiter der nächsten Hierarchiestufe delegieren, diese wiederum an ihre Untergebenen usw. bis herab zur Ebene der Sachbearbeiter. Dies führt erfahrungsgemäß immer zu einer Verbesserung der Leistungsbereitschaft und des Engagements. In der Fachliteratur wird diese Maßnahme als »job enrichement« beschrieben.

**Qualifikation**

Delegation setzt selbstverständlich Qualifikation der Mitarbeiter voraus. »Bei uns wird derjenige zu Fortbildungsveranstaltungen geschickt, der gerade Lust hat oder abkömmlich ist«. Mit solchen Äußerungen wird das bestehende Qualifikations-System abgewertet, wodurch den Fortbildungsmöglichkeiten der motivierende Anreiz genommen wird. Ein vor Jahren geplantes Fortbildungsprojekt wurde bis heute nicht umgesetzt, »so daß selbst einzelne Geschäftsstellenleiter die erforderliche qualifizierte Fortbildung nicht genossen haben«.

Erforderlich ist deshalb ein *planvolles und systematisches Qualifikations-System,* das allen Mitarbeitern dieselben Chancen bietet, sich für anspruchsvollere Aufgaben zu qualifizieren und so an der Delegation zu partizipieren.

**Karriere-Planung**

In Verbindung mit Delegation und Qualifikation steht ein weiterer Anreiz zur Leistungsförderung, der sich aus der *beruflichen Perspektive* der Mitarbeiter ergibt.

Hauptsächlich jüngere Mitarbeiter sind nicht in der Lage, einen motivierenden, zukünftigen beruflichen Aufstieg zu erkennen. Sie resignieren deshalb oder wandern zur Konkurrenz ab. Hinsichtlich Delegation und Qualifikation ist deshalb an ein System der Karriere-Planung zu denken, das überschaubare zukünftige Möglichkeiten und Verbesserungen der derzeitigen beruflichen Position erkennen läßt; hier wäre sicherlich auch das bestehende Entlohnungssystem und dessen Tabuisierung zu diskutieren.

**Quality Circles**

Zur Verbesserung der bereichsübergreifenden Kooperation und Kommunikation, zum Ausbau der notwendigen persönlichen Kontakte und zur Integration und Beteiligung der Mitarbeiter an Entscheidungsvorbereitungen und Entscheidungsbildung bieten sich Maßnahmen im Sinne von *Quality Circles* oder *Projektgruppen* an. Das sind Arbeitsgruppen ausgewählter Mitarbeiter verschiedener Hierarchieebenen, die z.B. bei der Entwicklung neuer Bank-Dienstleistungen, der Planung von Marketingmaßnahmen oder bei Organisationsproblemen gemeinsam Lösungswege erarbeiten und der Geschäftsleitung Anregungen und Vorschläge unterbreiten.

Schon die Planung und Durchführung der genannten Maßnahmen zur psychologischen Organisationsentwicklung sollten Gegenstand und Aufgabe einer oder mehrerer Projektgruppen sein. Im Sinne der »Hilfe zur Selbsthilfe« empfiehlt es sich, hierzu Dienste eines außenstehenden Beraters, der nur als Moderator tätig ist, in Anspruch zu nehmen.

Als erstes wurde eine Projektgruppe, bestehend aus 14 Mitarbeiterinnen und Mitarbeitern des Unternehmens gebildet, die so zusammengesetzt war, daß alle Hierarchieebenen, alle verschiedenen Subkulturen und Interessenbereiche durch je mindestens einen Mitarbeiter vertreten waren. In insgesamt 18 ganztägigen, über ein Jahr verteilten Projektgruppen-Sitzungen wurden von der Gruppe die externen und internen Corporate-Identity-Probleme erarbeitet und als Problembereiche definiert. Dabei wurden den Mitarbeitern der Gruppe die Analyse-Ergebnisse zunächst nicht vorgegeben; vielmehr sollten die Mitarbeiter die Probleme aus eigener Erfahrung und Sicht neu erarbeiten und definieren. Die Untersuchungsergebnisse wurden anschließend jeweils lediglich zur Bestätigung der Gruppenarbeit herangezogen.

Nach Erstellung des Problemkataloges wurden die von der Gruppe als vordringlich erachteten Probleme in Angriff genommen und gelöst: Die Formulierung eines Unternehmensleitbildes, das so dargestellt wurde, daß sich aus ihm unmittelbar operationale Teilziele und Maßnahmen ableiten ließen. Danach wurden, als erstes operationales Teilziel, die Führungsgrundsätze des Unternehmens formuliert, mit deren Durchsetzung eine Reihe wichtiger interner Probleme gelöst werden können. Als nächster Arbeitsschritt stand die Ausarbeitung eines sogenannten Anforderungsprofils an, in Verbindung mit Stellenbeschreibung, Personal- und Karriere-Planung jetziger und zukünftiger Mitarbeiter. Daran schloß sich die Entwicklung eines Informationssystems an, mit dem die internen Probleme der Information und Kooperation gelöst werden.

Der Gruppe stand während der ganzen Zeit ein erfahrener Psychologe als Moderator zur Verfügung, der für die Gruppenführung die Technik der sogenannten *nicht-direktiven Methode* einführte. Konkret bedeutete dies, daß etwa beim ersten Treffen der Gruppe lediglich der Anlaß für die Konstitution und Arbeit der Gruppe genannt wurde, dann aber keine weiteren Vorgaben für Inhalt und Stil der Arbeit gemacht wurden. Nach anfänglich vollständiger Desorientierung der Teilnehmer – sie dauerte etwa einen Tag – führte diese Methode zu einer erfolgreichen Aktivierung. Nachdem die Mitarbeiter erkannt hatten, daß ohne ihre eigene Initiative und ohne ihren eigenen aktiven Beitrag zur Gruppenarbeit nichts passieren würde, sie »erfolglos« wieder auseinandergehen würden, sie damit auch dem Vorstand gegenüber ihre Unfähigkeit zur aktiven Gestaltung des Unternehmens beweisen würden, begann eine sehr fruchtbare und planmäßige Arbeit.

## Zusammenfassende Statements

- Jedes Unternehmen besitzt eine gewachsene CI, die in einer mehr oder weniger ausgeprägten und einer mehr oder weniger starken Unternehmenskultur wurzelt.
- Diese Unternehmenskultur und ihre Veränderungsmöglichkeiten geben den Handlungsspielraum vor für die gezielte Veränderung der CI.
- CI-Entwicklung und CI-Gestaltungen, die dies nicht berücksichtigen, bleiben »aufgepfropft« und wirkungslos.
- Vor jeder CI-Arbeit steht deshalb eine psychologische Analyse des Unternehmens, seiner Identität und Unternehmenskultur.
- Der Mannheimer CI-Test liefert dabei einen CI-Wert des Unternehmens, der – mit Normwerten verglichen – darüber Auskunft gibt, ob das Unternehmen eine CI-Verbesserung benötigt. Ein Stärken- und Schwächenprofil zeigt Ansatzpunkte für die Veränderung der Unternehmenskultur.
- Parallel zur CI-Entwicklung eines Unternehmens mit dem Ziel eines neuen, attraktiven äußeren Erscheinungsbildes verläuft ein Kulturmanagement, das mit Methoden der psychologischen Organisationsentwicklung die Grundlage für die Wirksamkeit des neuen CI-Konzeptes liefert.

### LITERATUR


(1) *Walter Bungard, Gerd Wiendrick;* Qualitätszirkel, 1986

(2) *Peter Dill;* Unternehmenskultur, 1986

(3) *Wolfgang Goerke;* Organisationsentwicklung, 1981

(4) *Gert Gutjahr,* Leitbilder in einer leitbildlosen Zeit, Marketing Journal, 1984

(5) *Ingrid G. Keller,* Braucht Ihr Unternehmen CI? Planung und Analyse, 1984

(6) – – Der Mannheimer CI-Test, Planung und Analyse, 1984

(7) *Ralf Kreutzer, Stefan Jügel, Klaus Peter Wiedmann;* Unternehmensphilosophie und Corporate Identity, Arbeitspapier Nr. 40 des Instituts für Marketing der Universität Mannheim, 1986

(8) *Michael Lingenfelder, Lothar Spitzer;* Determinanten der Realisierung und Wirkung einer Corporate Identity, Arbeitspapier Nr. 12 des Instituts für Marketing der Universität Mannheim, 1987

(9) *Heribert Meffert, Kay Hafner;* Unternehmenskultur und marktorientierte Unternehmensführung, Arbeitspapier Nr. 35 der Wissenschaftlichen Gesellschaft für Marketing und Unternehmensführung e.V., 1987

(10) *Zander, Reinecke;* Führungsentwicklung, 1981

# Corporate Identity und betriebliche Personalpolitik

Gerhard Bartels

Die Corporate Identity wird sowohl direkt – durch gezielte, CI-relevante Maßnahmen der Unternehmenspolitik, als auch mehr oder weniger indirekt – durch die abgeleitete Wirkung der Gesamtheit aller unternehmenspolitischen Maßnahmen charakterisiert.

Die betriebliche Personalpolitik, in der Vergangenheit eher als reine Personal-Verwaltungsaufgabe angesehen, die das Arbeitgeber-Arbeitnehmerverhältnis unter dem Gesichtspunkt eines begrenzten Arbeitsplatzangebotes und eines praktisch austauschbaren Arbeitskräfteangebotes regelte, erfuhr in den letzten Jahren eine zunehmende Aufwertung innerhalb der Unternehmenspolitik insgesamt (1, 3 ff.). Speziell in Deutschland wurde diese Entwicklung von folgenden, zum Teil einander bedingenden Veränderungen getragen:

- Die Situation auf dem Arbeitsmarkt hat sich grundsätzlich gewandelt, gekennzeichnet durch eine deutliche Verknappung des Faktors menschliche Arbeit bis zum zumindest in Teilbereichen (Facharbeiter!) nicht mehr kompensierbaren Arbeitskräftemangel.
- Die Situation im Betrieb hat sich grundsätzlich geändert, nicht zuletzt bedingt durch den erheblichen Anstieg der durchschnittlichen Kosten einer Arbeitsstunde. Die menschliche Arbeitsleistung wird »zu einem immer wertvolleren Produktionsfaktor, mit dem sparsam umgegangen werden muß« (1, 5).
- Die Einstellung der pluralistischen Gesellschaft zur Arbeit an sich hat sich gewandelt. Arbeitgeber und Arbeitnehmer von heute haben ein wesentlich aufgeklärtes Verhältnis zur Arbeit entwickelt. Auch die Gesetzgebung trägt diesem evolutionären Prozeß Rechnung. Sie fördert ihn und institutionalisiert ihn in zunehmendem Maße, so durch die Einführung und Novellierung des Betriebsverfassungsgesetzes, durch das Montan-Mitbestimmungsgesetz und das Mitbestimmungsgesetz von 1976 und weitere gesetzliche sowie tarifvertragliche Regelungen zugunsten des Schutzes der Arbeit im umfassenden Sinn. Gleiches gilt für die individuelle und kollektive Rechtsprechung.

## Personalpolitik – Teil der Unternehmenspolitik

Heute, da die Beschaffung und der Erhalt qualifizierter Mitarbeiter in vielen Unternehmen zu einer den wirtschaftlichen Erfolg maßgeblich entscheidenden Funktion geworden ist, steht die Bedeutung der Personalpolitik als einer der wichtigsten Teilpolitiken der Unternehmenspolitik damit nicht mehr außer Frage.

Da die Corporate Identity wiederum durch die Unternehmenspolitik bestimmt wird, wird sie auch in bestimmten Teilbereichen von der Personalpolitik als Teil der Unternehmenspolitik bestimmt und umgekehrt (Vgl. Abb. 1).

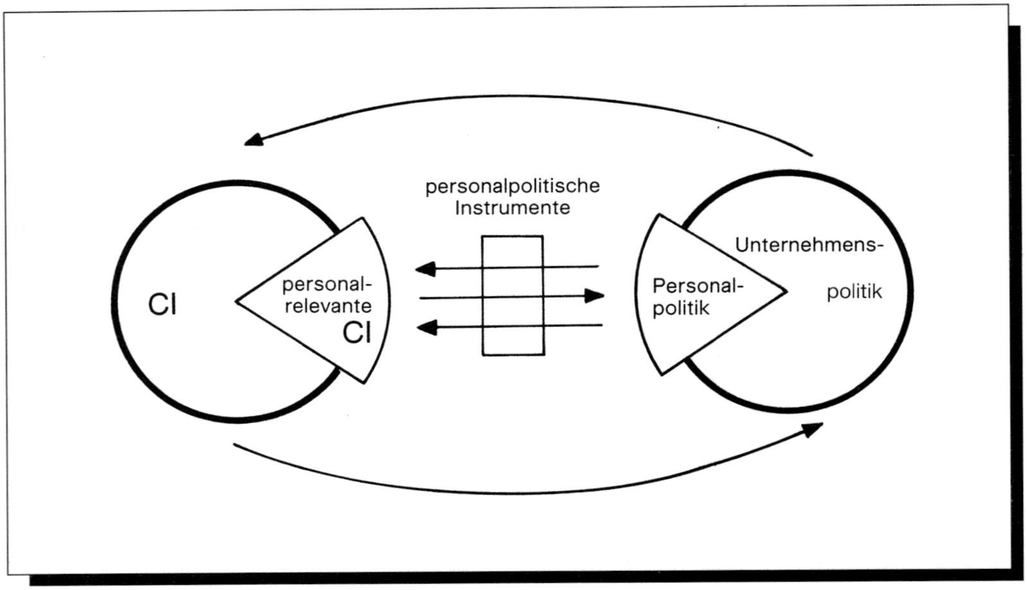


**Abb. 1:** *Wechselwirkung zwischen CI und Unternehmenspolitik*

Eine Personalpolitik, die sich z.B. durch ein besonders qualifiziertes Ausbildungs-Angebot, durch eine sogenannte »Stammhauslehre« oder ein fundiertes »Job-Rotation-Programm«, auszeichnet, verdichtet damit einmal die Beziehungen des neuen Mitarbeiters zum Unternehmen an sich und zwar gerade in der schwierigen Zeit der ersten Orientierung in einem bisher ungewohnten Berufsumfeld. Im Rahmen dieser Maßnahmen wird auch die Corporate Identity gegenüber dem neuen Mitarbeiter profiliert. Umgekehrt strahlt die Corporate Identity, die ihrerseits z.B. durch das Merkmal einer »soliden Ausbildungspolitik« gekennzeichnet ist, gleichermaßen positiv auf den Arbeitsmarkt aus und bietet unter Umständen eine entscheidende Hilfestellung bei der Gewinnung neuer Mitarbeiter an. Gerade in einer Zeit, in der die Entindividualisierung des Arbeitsplatzes, die Anonymisierung der Arbeitswelt und die »Unpersönlichkeit« der Unternehmen beklagt werden, hat die bewußte Gestaltung der Corporate Identity besondere Bedeutung. Die Corporate Identity füllt gewissermaßen das Vakuum aus, das durch die Emanzipation des Unternehmens vom Gründer bzw. vom Eigentümerunternehmer entsteht; an die Stelle der Persönlichkeit der natürlichen Person als wichtigem Bezugspunkt der Mitarbeiter eines Unternehmens tritt die Persönlichkeit der juristischen Person, die Corporate Identity, mit allen positiven und negativen Begleiterscheinungen, die ein solcher Identitätswechsel mit sich bringt.

Die folgenden Überlegungen gelten der mitarbeiterbezogenen Corporate-Identity bzw. einer CI-relevanten Personalpolitik. Da die Personalpolitik den Zweck hat, »das langfristige Handeln des Unternehmens auf dem personellen Sektor methodisch und zielmäßig festzulegen« (2, III, 159), ist sie selbst langfristig angelegt. Auch die Corporate Identity wird langfristig und nachhaltig geprägt als das Ergebnis des Zusammenwirkens der unterschiedlichsten Bestimmungsfaktoren während der Lebensdauer des Unternehmens.

## Corporate Identity und Personal-Image

Das Personal-Image eines Unternehmens spiegelt das personal-relevante Image-Segment der Corporate Identity wieder, die Einstellung, die Meinung, die sich gegenwärtige, zukünftige oder ausgeschiedene Mitarbeiter über ein Unternehmen bilden. Wesentlicher Bestandteil dieses **Personal-Image** ist das sogenannte **Betriebsklima.** In der wirtschaftswissenschaftlichen Literatur nur sehr vage definiert (3, 631 ff.), versteht die personalwirtschaftliche Praxis unter dem Betriebsklima »die Art und Weise der Zusammenarbeit der Kollegen untereinander und zwischen ihnen und ihren Vorgesetzten«, und das heißt den Grad Arbeitszufriedenheit, den die Mitarbeiter eines Unternehmens im Rahmen ihrer beruflichen Tätigkeit erreichen. Die Qualität des Betriebsklimas beeinflussen folgende Faktoren (2, I, 453 ff.):

- die Tätigkeit an sich: Inhalt und Umfeldbedingungen
- die Kommunikationsmöglichkeiten
- die Kontaktmöglichkeiten im sozialen Bereich
- die Personalentwicklungsmöglichkeiten
- die Weiterbildungsmöglichkeiten
- die Arbeitsbedingungen im weiteren Sinn

Die Arbeitszufriedenheit als Produkt des Betriebsklimas wiederum führt zu einem angepaßten Mitarbeiterverhalten, das sich in bestimmten Verhaltensweisen äußert:

- Fluktuationsverhalten
- Fehlzeitenverhalten
- Aggression oder Kooperation im fachlichen und sozialen Bereich

Ein schlechtes Betriebsklima führt naturgemäß zu einer im überbetrieblichen Vergleich überdurchschnittlich negativen Entwicklung dieser Verhaltensweisen. Umgekehrt sind bei einem guten Betriebsklima und einer entsprechend positiven Ausstrahlung auf die Leistungsbereitschaft der Mitarbeiter die leistungsmindernden Verhaltensweisen unterdurchschnittlich ausgeprägt. Mit der erhöhten allgemeinen Leistungsbereitschaft verbindet sich auch ein höherer Identifikationsgrad mit den Zielen des Unternehmens. – und umgekehrt (vgl. Abb. 2). Diese Darstellung verdeutlicht, »daß das Verhalten der Mitarbeiter im Rückkopplungsprozeß wieder auf die Faktoren des Betriebsklimas in positiver oder negativer Weise einwirkt« (2, I, 454).

Wie das Firmen-Image oder das Produkt-Image, so ist auch das Personal-Image nicht die wirklichkeitsgetreue Projektion einer konkreten (personal-relevanten) Konstellation, sondern der subjektiv akzentuierte Eindruck, der unter Umständen deutlich von der tatsächlichen Beschaffenheit abweichen kann. Vielmehr besteht die Gefahr, daß entweder wesentliche Details »zugunsten einer unkritischen Pauschalbewertung, d.h.: Tendenz zur Annäherung des Bildes an den uncharakteristischen Mittelwert« vernachlässigt werden, oder Einzelmerkmale »kritiklos zu einer Gesamtbewertung potenziert werden; d.h.: Tendenz zur übermäßigen Vereinfachung des Bildes« (3, 633 f.).

Oft genug wird dabei das Personal-Image lediglich als ein Facette des Firmen- und Produkt-Image gesehen. Ein allgemein positives Unternehmens-Image kann jedoch nicht

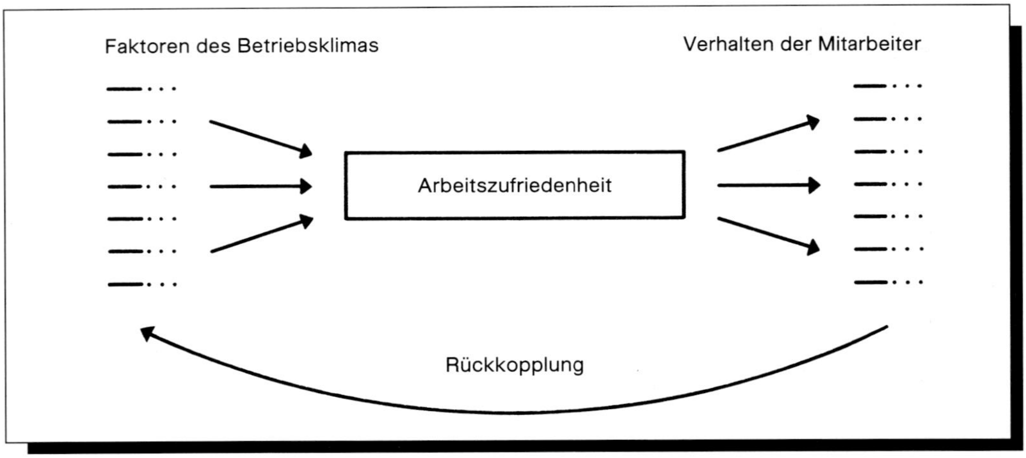


**Abb. 2:** *Betriebsklima und das Verhalten der Mitarbeiter*

ohne weiteres dem Personal-Image im besonderen unterstellt werden. Ein wesentliches Kennzeichen des Personal-Images ist es ja gerade, stark emotional und weniger rational, vernunftsorientiert, interpretiert zu werden. Insofern verschließt es sich auch einer verhältnismäßig einfachen Korrektur durch rein rationale Argumente.

Ein einfaches Indiz, die Qualität des Personal-Image zu beurteilen, ist die *Menge und die Güte eingehender Bewerbungen,* sei es aufgrund von Ausschreibungen zur Besetzung offener Stellen, sei es aufgrund unaufgeforderter, spontaner Bewerbungen, hinter denen ein generelles Interesse an einem Arbeitsplatz gerade in diesem Unternehmen steht. Besonderen Aussagewert haben dabei solche Bewerbungen, die durch die *Image-Multiplikatoren-Wirkung* über bereits beschäftigte Mitarbeiter eingehen.

Für die Personalpolitik ist die exakte Analyse des Personal-Image, seine Entwicklung, sein gegenwärtiges Profil und die Möglichkeiten zukünftiger Korrekturen von großer, gleichwohl oft genug unterschätzter Bedeutung. Gerade die Erfüllung der Kernfunktionen der betrieblichen Personalpolitik: die Beschaffung und die Erhaltung qualifizierter Mitarbeiter ist jedoch ohne Einbeziehung des Personal-Image und damit auch der Corporate Identity in den Maßnahmenkatalog personalpolitischer Instrumente nicht sinnvoll vorstellbar, denn so wie das Betriebsklima das Personal-Image mitbestimmt, so ist das Personal-Image ein wesentliches Merkmal der Corporate Identity (vgl. Abb. 3).

Erfolg und Mißerfolg der betrieblichen Personalpolitik hängt maßgeblich ab von der Einstellung der Mitarbeiter gegenüber dem Unternehmen, seinen Leistungsorganen, aber auch gegenüber den Mitarbeiter-Vertretern sowie den personalpolitischen Grundsätzen und von Fall zu Fall auch gegenüber den jeweiligen Einzelmaßnahmen. Mit Sicherheit scheitert jede Personalpolitik, die isoliert von der Meinungsbildung der Mitarbeiter durchgeführt wird. Erfahrungsgemäß ist es zeit- und kostenaufwendiger, einmal gefaßte Meinungen der Mitarbeiter zu ändern – sofern dies überhaupt möglich ist –, als die personalpolitischen Maßnahmen im einzelnen auf die Einstellung der Mitarbeiter auszurichten (1, 282). Die gleichen Methoden, die zur Erforschung des Betriebsklimas und des Personal-

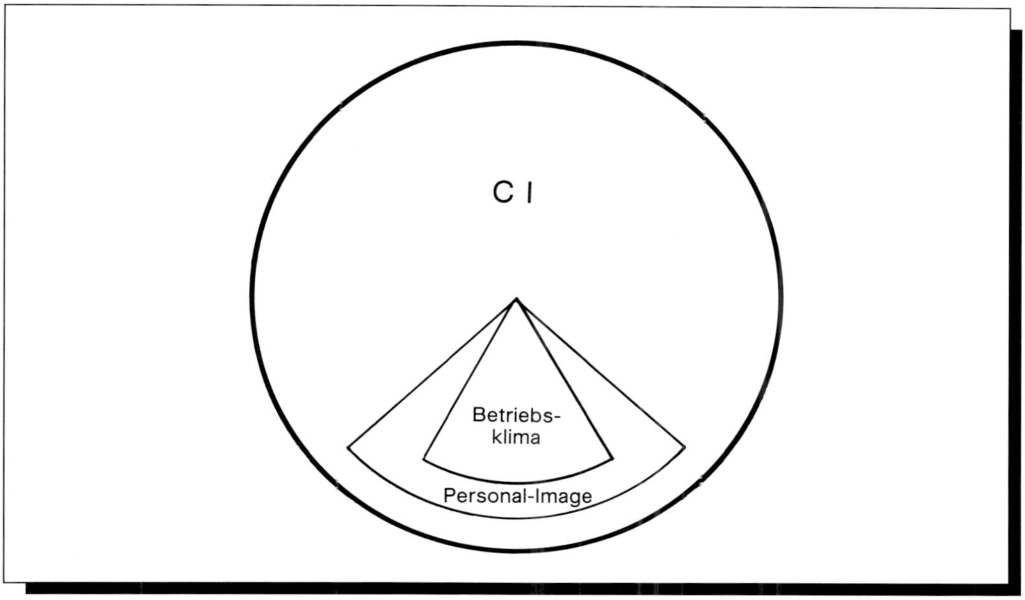


**Abb. 3:** *Corporate Identity und das Personal-Image*

Image beschritten werden, dienen letztlich auch der Analyse der personal-relevanten Corporate Identity.

Zunächst vermittelt die Beobachtung spezifischer Verhaltens-Indikatoren eines Unternehmens, so die Analyse der Fehlzeiten und der Fluktuationsrate, der Bewerbungseingänge und ähnlicher Merkmale, wie Beteiligung am innerbetrieblichen Vorschlagswesen oder Inanspruchnahme von Beschwerdewegen, eine Aussage über die Identifikation der Mitarbeiter mit der Corporate Identity im weitesten Sinn. »Aufgrund von Vergleichen zwischen Individuen oder Gruppen innerhalb derselben Periode oder bei derselben Person oder Gruppe über mehrere Perioden hinweg lassen sich Verhaltensänderungen feststellen und als Gründe dafür Einstellungsänderungen annehmen (1, 318).

Dann erlaubt die Befragung bestimmter Zielgruppen Rückschlüsse auf die personalpolitisch interessanten Gestaltungsmöglichkeiten der Corporate Identity. Besondere Bedeutung kommt hierbei dem Gespräch mit potentiellen Mitarbeitern, z.B. anläßlich betrieblicher Informationsveranstaltungen, zu. Dieses Beispiel zeigt im übrigen deutlich die gegenseitige Wechselwirkung zwischen Personalpolitik und Corporate Identity. Während einerseits eine derartige Informationsveranstaltung als Instrument der Personalpolitik zu sehen ist, um gegebenenfalls zukünftige Mitarbeiter zu gewinnen, profiliert sie gleichzeitig – bewußt oder unbewußt – durch ihre Aussagen über das Unternehmen die Corporate Identity. Umgekehrt beeinflußt die unter Umständen wünschenswerte Korrektur der Corporate Identity natürlich auch die Tendenz der Informationsinhalte an sich (vgl. Abbildung 4). (Quelle: Overbeck, J. F.: Möglichkeiten der Marktforschung am Arbeitsmarkt und ihrer Auswertung zu einer Konzeption marktbezogener Personalpolitik, Diss., München 1968, S. 131, zitiert in 1, 319).

Nicht weniger wichtig sind Gespräche mit Bewerbern bei der Vorstellung und beim Vertragsabschluß sowie mit Mitarbeitern nach der Einarbeitung, anläßlich des Jahresgespräches oder der routinemäßigen Beurteilung, aber auch gegebenenfalls nach der Kündigung, speziell seitens des Mitarbeiters. Gerade von der letzten Möglichkeit, sich ein ungeschöntes Bild über die eigene Corporate Identity zu verschaffen, wird viel zu selten Gebrauch gemacht, wohl wegen der in der Regel für das Unternehmen nicht erfreulichen Folgerungen bzw. Begleitumstände der Kündigung oder weil vermeintlich »die Zeit dafür fehlt«.

Die Befragungsmöglichkeiten externer Meinungsträger, z.B. der Arbeitsämter, der Personalberater, aber auch der Wirtschaftsprüfungsgesellschaften, Vertreter von Bildungseinrichtungen, Verbänden usw. seien nur der Vollständigkeit halber erwähnt. In diesem Zusammenhang ist schließlich auch an die systematische Personalforschung im Rahmen sozialwissenschaftlicher Meinungsumfragen zu denken, die besonders von Großunternehmen auch zur Erforschung der personalrelevanten Corporate Identity herangezogen wird.

## Die personalpolitischen Instrumente und ihre CI-Relevanz

Die Erzielung einer angemessenen Leistung bei gleichzeitiger Zufriedenheit der Mitarbeiter steht im Mittelpunkt der betrieblichen Personalpolitik. Diese Zielsetzungen werden durch den Einsatz der personalpolitischen Instrumente, die analog zum absatzpolitischen Instrumentarium entwickelt wurden, erreicht.

Da jedoch die kooperativen wirtschaftlichen Ziele des Unternehmens und die individuellen Ziele der Mitarbeiter nicht ohne weiteres miteinander gleichzusetzen sind, können Konfliktsituationen entstehen. Ziel der Mitarbeiter *»ist letzten Endes die Befriedigung der eigenen Bedürfnisse. Ihre Bereitschaft, zur Erreichung der Organisationsziele beizutragen, hängt davon ab, ob und inwieweit durch deren Beiträge Eigenbedürfnisse befriedigt werden können«* (4, 130). So kollidiert die Erzielung eines möglichst hohen und gesicherten Einkommens, die Befriedigung des Bedürfnisses nach sozialem Status, der Wunsch nach Entfaltung der eigenen Persönlichkeit und Qualität der beruflichen Tätigkeit beim Mitarbeiter offensichtlich mit den wirtschaftlich postulierten technisch-ökonomischen Prinzipien des Unternehmens. Unter dem Gesichtpunkt, daß die Mitarbeiter gleichwohl grundsätzlich zunächst einmal davon ausgehen, im Unternehmen zu bleiben und die Unternehmensleitung gleichmaßen bestrebt ist, die Mitarbeiter zu halten, sind beide Parteien zum Kompromiß verurteilt. *»Das Unternehmen nimmt den Charakter einer ›Konfliktgemeinschaft‹ an. Wo der Kompromiß liegt und wie lange er akzeptiert wird, hängt von dem Verhandlungsprozeß und von den Faktoren ab, die ihn beeinflussen« (1, 22).*

Werden die Toleranzgrenzen nicht eingehalten, so sind negative Auswirkungen zu erwarten, die auf der einen Seite zu einer Verschlechterung der Arbeitsmoral bis hin zu gefährlichen Arbeitskraft-Engpässen führen können, auf der anderen Seite zu einer Gefährdung der Wirtschaftlichkeit des Unternehmens und damit Sicherheit des Arbeitsplatzes für den einzelnen. Die grundsätzliche Entscheidung, welchen Zielsetzungen bei partieller oder totaler Interessenkollision Vorrang einzuräumen ist, steht im Vordergrund der betrieblichen Personalpolitik im Besonderen und damit der Unternehmenspolitik generell. Ihr Ziel ist

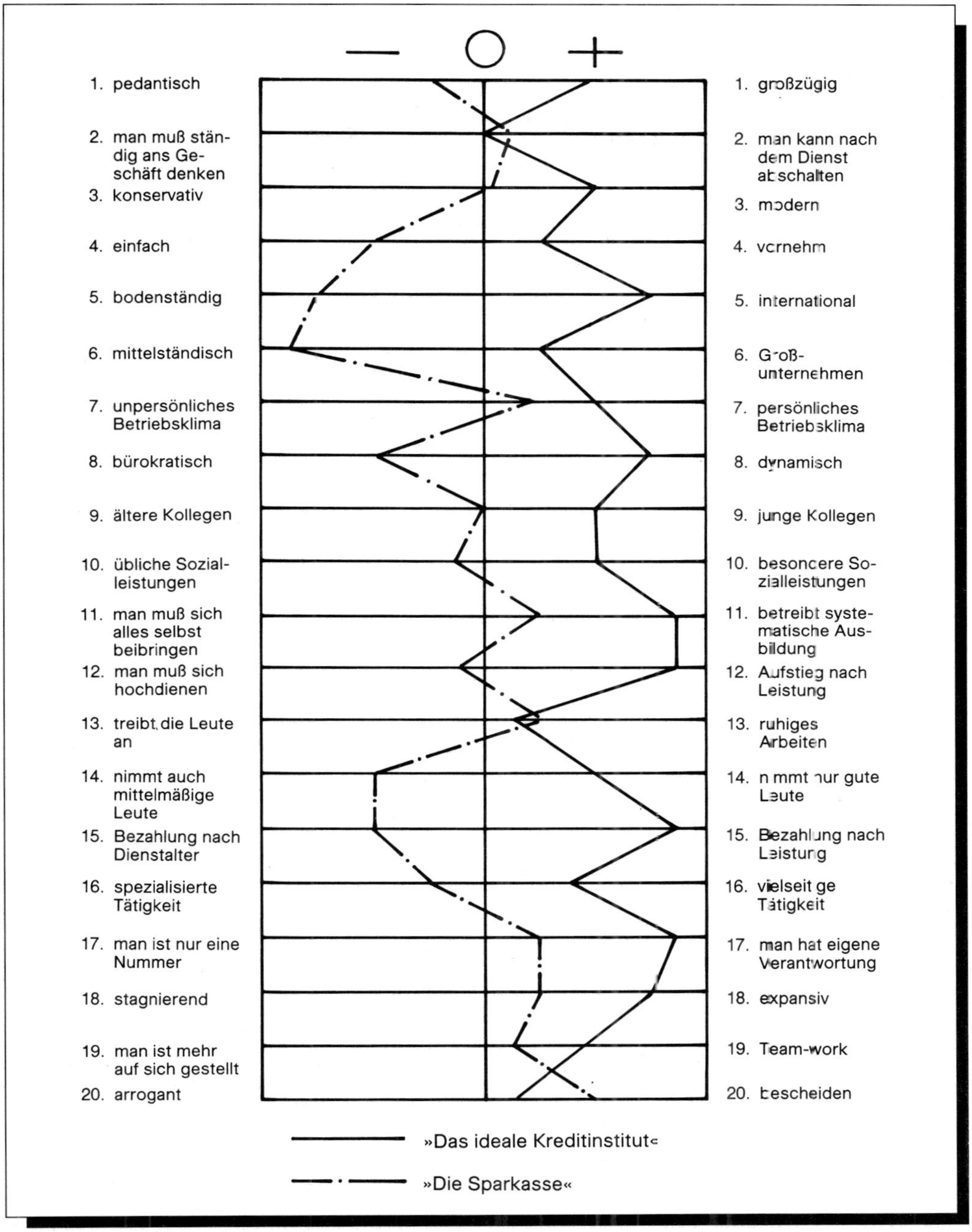


**Abb. 4:** *Die Polaritätenprofile des Image der Sparkasse und des idealen Kreditinstituts*

die Optimierung der wechselseitigen Beziehungen zwischen Unternehmensleitung und Belegschaft, zwischen den Mitarbeitern untereinander und den einzelnen zu ihrer Arbeit (3, 1645).

Allerdings müssen sich wirtschaftliche und soziale Zielsetzungen der Personalpolitik nicht immer und durchweg so deutlich wie bei der Festlegung der Lohn- und Gehaltspolitik widersprechen. Neben den im betriebswirtschaftlich-sozialen Spannungsfeld konkurrierenden Zielen sind durchaus auch zielkomplementäre und zielindifferente Konstellationen denkbar (1, 21). So handelt es sich bei der Einführung der gleitenden Arbeitszeit sicher um eine zielkomplementäre Interessenlage, bei der Einführung kooperativer Elemente in den Führungsstil eines Unternehmens eher um eine zielindifferente Situation.

Der unterschiedliche Charakter der Instrumente im einzelnen sowie die unterschiedlichen Einsatzebenen erschweren eine systematische Ordnung (3, 1642). Auch bei einer Aufzählung der Instrumente, die sich an den Funktionsbereichen der Personalpolitik, nämlich Beschaffung, Erhaltung und ggf. auch Freisetzung von Mitarbeitern anlehnt, ist zu berücksichtigen, daß in der betrieblichen Praxis das einzelne Instrument kaum isoliert, sondern gebündelt in zweckmäßiger Kombination mit anderen Instrumenten verwandt wird. Auch die im sogenannten Mix der personalpolitischen Instrumente zusammengefaßten Maßnahmen sind in vielfältiger Abhängigkeit voneinander zu sehen. Das heißt, die Interdependenz zwischen den personalpolitischen Instrumenten im Hinblick auf die Erreichung bestimmter definierter personalpolitischer Teilziele ist die Regel. Der Spielraum in der Anwendung der personalpolitischen Instrumente ist allerdings abhängig vom Freiraum, den Gesetzgebung und tarifvertragliche Regelung dem Unternehmen lassen. Mit zunehmender Institutionalisierung bestimmter personal- bzw. sozialpolitischer Maßnahmen, mit deren firmenabhängiger Selbstverständlichkeit nimmt die CI-relevante Sensibilität der Mitarbeiter für eben diese Maßnahmen ab: Nivellierung bedeutet nun einmal Verlust an Identität, gleich welcher Art.

Grundsätzlich stehen folgende Instrumente zur Verfügung (3, 1646):

- die Gestaltung der Beziehungen zum Arbeitsmarkt
- die Gestaltung des Personaleinsatzes
- die Gestaltung der Arbeitsbedingungen
- die Gestaltung der Zusammenarbeit
- die Lohn- und Gehaltspolitik
- die Sozialleistungspolitik
- die Anerkennungspolitik
- die Aus- und Weiterbildungspolitik
- die Informationspolitik.

In der Auswahl und im Einsatz der personalpolitischen Instrumente sind unterschiedlich starke Reaktionen im Hinblick auf die Profilierung der Corporate Identity zu berücksichtigen. Der Gesichtspunkt einer aktiven, originären Gestaltungsmöglichkeit der Corporate Identity durch die einzelnen personalpolitischen Instrumente steht dabei im Vordergrund. Der Einfluß, den die Corporate Identity ihrerseits auf die Kombination und Gestaltung der personalpolitischen Instrumente erkennen läßt, ist dagegen eher als Rückkopplungsprozeß zu sehen, als Reaktion auf die Bestimmungsfaktoren, die – außerhalb der personalpolitischen Parameter – die Corporate Identity wesentlich mitprägen.

Die Sicherstellung der Beschaffungsfunktion der betrieblichen Personalpolitik erfordert die entsprechende **Gestaltung der Beziehungen zum Arbeitsmarkt.** Hierzu zählt im Rahmen der Personalwerbung die direkte Ansprache des gegebenen Arbeitskräfte-Potentials über Stellenausschreibungen, Plakate und sonstige Verlautbarungen, aber auch die indirekte Kontaktpflege über Arbeitnehmerorganisationen, staatliche Vermittlungsstellen, Personalberater, Schulen und Universitäten und andere Personalmittler. In der Regel wird die Personalwerbung mit dem Angebot der zu besetzenden Position zusätzliche Informationen verbinden, die das Unternehmen, die Corporate Identity charakterisieren. Zweckmäßig werden dabei die Konstanten verwandt, die auch als Slogan, Firmenzeichen u.ä. in der Firmen- oder Produktwerbung wiederkehren. Das heißt: die Personalwerbung wirbt mit der Corporate Identity und unterstützt sie zugleich.

Gleiches gilt für Firmenschriften, Personalprospekte u.ä., die potentiellen Mitarbeitern bei der Bewerbung überreicht werden und die u.a. in möglichst übersichtlicher Form die Corporate Identity umreißen sollen, bis hin zum »Paten«, der dem neuen Mitarbeiter als personifizierte Corporate Identity bei Arbeitsbeginn in manchen Unternehmen zur Seite gestellt wird. Diese Aufklärung ist um so wichtiger, als im Vorstellungsgespräch oft genug der Informationsfluß relativ einseitig vom Bewerber gefordert wird, während die Darstellung der Firma und des ganzen Umfeldes zu kurz kommt. Ferner ist in diesem Zusammenhang an alle Maßnahmen zu denken, die weniger als Personalsuchwerbung, sondern als PR-Mittel anzusehen sind, das Unternehmen als Ganzes bekannt zu machen. Ihr Ziel besteht einfach darin, in der Öffentlichkeit auch für den Betrieb als Arbeitgeber zu werben, ohne auf eine konkrete Stellenbesetzung Bezug zu nehmen (vgl. Abb. 5).

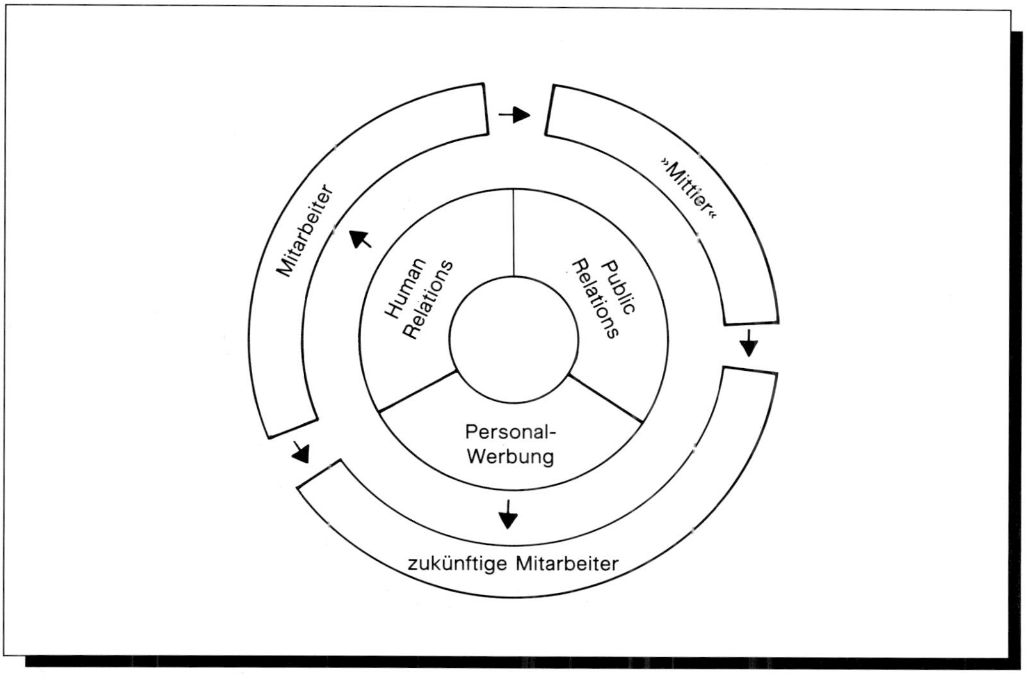


**Abb. 5:** *CI eines Unternehmens und der Arbeitsmarkt*

Die **Gestaltung des Personaleinsatzes** hingegen spielt unter CI-Gesichtspunkten von bestimmten, branchenspezifischen Ausnahmen abgesehen, in der Regel nur eine untergeordnete Rolle.

Unternehmen allerdings, die durch eine im Vergleich zu konkurrierenden Arbeitsplatzanbietern verhältnismäßig unattraktive Arbeitszeit zu bieten haben, wie Unternehmen mit Mehr-Schicht-Betrieb oder Unternehmen bestimmter Dienstleistungszweige, müssen sich diesem Thema mit besonderer Sorgfalt stellen. Sind die Einsatzbedingungen als betrieblich-spezifisches Datum grundsätzlich nicht zu ändern, ist an eine entsprechende Kompensierung durch den Einsatz anderer personalpolitischer Instrumente zu denken, um die in dieser speziellen Richtung negativen Züge der Corporate Identity zu überlagern.

Die Übergänge zur **Gestaltung der Arbeitsbedingungen** sind fließend. Im engeren Sinne werden hierunter alle Maßnahmen angesprochen, die eine Veränderung der besonderen Arbeitsbedingungen, z.B. des Arbeitsraumes, bezwecken. Auch die Berücksichtigung der Notwendigkeit einer gewissen Arbeitsästhetik gehört hierzu, die »ganzheitliche Erschließung alter und die Entwicklung neuer Kommunikationsformen und -qualitäten für die Arbeitswelt« (2, 90).

Arbeitswissenschaftler, Industrie-Designer, Architekten und Betriebspsychologen bemühen sich um die gute Gestalt des Arbeitsplatzes und der Arbeitsumgebung genauso wie um das äußere Erscheinungsbild des gesamten Unternehmens. Der Grad erreichter Arbeitsästhetik wird somit durchaus zum Bestandteil der Corporate Identity wie Beispiele von Unternehmen der verschiedensten Wirtschaftszweige zeigen, nicht nur von Herstellern anspruchsvoller Gebrauchsgüter, die gleichwohl als Wegbereiter der Ästhetik am Arbeitsplatz gelten.

Unter der **Gestaltung der Zusammenarbeit** ist vorrangig der praktizierte Führungsstil zu subsumieren, der maßgeblich auch die Corporate Identity mitbestimmt. Eine zeitgemäße Corporate Identity verträgt sich nun einmal nicht mit einem unzeitgemäßen Führungsstil und umgekehrt, wie manches »Management by . . . «-Beispiel zeigt. Ebenso ist in diesem Zusammenhang die Organisationsstruktur zu erwähnen, die Förderung der internen Gruppenbildung, die Gliederung in überschaubare Betriebseinheiten, um die Identifikation mit dem Unternehmen insgesamt, auf dem Weg über die Identifikation mit der Gruppe, der Abteilung, der Sparte, dem Unternehmensbereich, zu erleichtern.

Über die **Lohn- und Gehaltspolitik** als wichtigstem materiellen personalpolitischen Instrument kann die Corporate Identity zumindest in Teilbereichen wesentlich gefördert werden. Die positive Profilierung erfolgt vor allem über solche Vergütungsformen, die einen bestimmten Bezug zum Unternehmen und seinen Zielsetzungen erkennen lassen. Letztlich fällt jede variable Vergütungsform vom Leistungslohn über die Ergebnis- bzw. Erfolgsbeteiligung bis zur Gewinnbeteiligung, vom Akkordlohn über die Prämie und Provision bis zur gewinnabhängigen Tantieme unter diese Überlegungen, und kann somit gezielt auf den verschiedenen Leistungsebenen eines Unternehmens eingesetzt werden. Unerläßlich ist jedoch, daß dieser Bezug ganz konsequent auch zur Bildung einer identifizierbaren Corporate Identity genutzt wird, indem nicht nur die Leistungsgröße an sich erläutert wird, an die eine variable Entlohnung gekoppelt wird, sondern gewissermaßen auch das übergeordnete Firmenziel, das nur dann zu erreichen ist, wenn die Summe aller Teilziele erreicht wird.

Erfolgreiche Unternehmen der Markenartikelindustrie z.B. verdanken ihre Position im Wettbewerb nicht zuletzt der Tatsache, daß es ihnen offensichtlich gelingt, daß sich ihre Verkaufsmannschaft mit den Unternehmenszielen entsprechend identifiziert, so daß sich Leistung und Zufriedenheit komplementär entwickeln. Der Aufbau einer nach objektiven Maßstäben als gerecht empfundenen innerbetrieblichen Leistungshierarchie ist eine der wichtigsten Voraussetzungen überhaupt für eine die Mitarbeiter motivierende Corporate Identity.

Auch die **Sozialleistungspolitik** bietet eine Vielzahl von Ansatzpunkten, die Corporate Identity in der Einstellung, im Bewußtsein des Mitarbeiters dadurch positiv zu prägen, daß der Betrieb auch außerhalb der werktäglichen Arbeitgeber-Arbeitnehmerbeziehung »für einen da ist«. Diese Feststellung gilt besonders für solche Sozialleistungen, die schwierige Situationen des Mitarbeiters bzw. seiner Familie zu meistern helfen. Außertarifliche Leistungen im Krankheits- und Invaliditätsfall zählen hierzu, im weiteren Sinne natürlich auch jede Form der betrieblichen Altersversorgung.

Gerade dem Rahmen der betrieblichen Altersversorgung kommt eine immer stärkere Bedeutung zu, der heutzutage auch jüngere (potentielle) Mitarbeiter einen betonten Stellenwert bei ihrer Entscheidung für einen bestimmten Arbeitsplatz beimessen. Da die Zusage einer Altersversorgung in ihrem Leistungsumfang weit über die eigentliche Berufstätigkeit hinausgreift, wird allein schon durch die Gestaltung der Bedingungen im einzelnen, durch die Wartezeit, Anwartschaft, Bemessung der Leistung nach Dienstzeit usw., eine langjährige Beziehung zum Unternehmen aufgebaut, die zweifellos die Corporate Identity in der Sicht der Mitarbeiter fördert.

Andererseits wird dieser Effekt durch Übertragung der Leistungspflicht auf vom Unternehmen rechtlich getrennte, wenn auch wirtschaftlich verbundene Versorgungseinrichtungen, vor allem aber durch überbetriebliche Regelungen, gemindert, die gerade in den letzten Jahren die betriebliche Altersversorgung in bestimmte institutionalisierte Bahnen gelenkt haben. Die gesetzlich geforderte Insolvenzsicherung betrieblicher Altersversorgungszusagen löst die Leistungsfähigkeit gewissermaßen von der Existenz des Unternehmens. Das gleiche gilt auch für die gesetzlich definierte Mitnahmefähigkeit des Versorgungsanspruches nach 10 Jahren, wodurch die Leistung als solche tatsächlich von der Identität des Unternehmens als Arbeitgeber bis zum Ende der Erwerbsfähigkeit des Mitarbeiters abgespalten wird.

Eine besondere Form der Sozialleistungspolitik ist schließlich in der Ausgabe von Belegschaftsaktien zu sehen, die über die Eigentumsstreuung der Wertpapiere des eigenen Unternehmers bei Mitarbeitern eine besonders augenfällige Beziehung zwischen Personalpolitik und Corporate Identity aufbauen hilft. Belegschaftsaktien sind Anteile am Grundkapital des arbeitgebenden Unternehmens, deren Erwerb durch Mitarbeiter in verschieden möglichen Abstufungen gefördert wird, z.B. durch Stundung des (marktüblichen) Ausgabepreises über die Einräumung von Abschlägen, Gewährung von Prämien u.ä. bis zur (unentgeltlichen) Überlassung (3, 529 ff.). Allerdings werden die Erfolgsaussichten, in Verbindung mit Belegschaftsaktien die Interessen der Mitarbeiter stärker auf das Unternehmensziel ausrichten zu können, in der Praxis sehr zurückhaltend beurteilt. Kursentwicklung, Dividendenpolitik und Hauptversammlungsstrategie entziehen sich in der Regel dem transparenten Durchblick des (Kleinst-)Aktionärs. Entsprechend gering ist somit auch die tatsächliche Verbreitung von Belegschaftsaktien in Deutschland.

Tendenziell gilt diese Feststellung auch für die Kapitalbeteiligung der Mitarbeiter an anderen Rechtsformen als an der Aktiengesellschaft (3, 1090), sei es direkt am Eigenkapital, sei es indirekt über die Zwischenschaltung einer Institution mit eigener Rechtsverbindlichkeit, wobei die Beteiligten entweder offen als Gesellschafter oder als stille Gesellschafter dieser Kapitalbeteiligungsgesellschaft fungieren können.

Die gerade in der Praxis aus steuerlichen bzw. gesellschaftsrechtlichen Überlegungen gewählte indirekte Kapitalbeteiligung indessen schränkt die gewünschte und mögliche Identifizierung zwischen Unternehmen und Mitarbeiter wiederum sichtbar ein. Die grundsätzlich positive Ausstrahlung dieser Maßnahmen auf die Entwicklung des betrieblichen Partnerschaftsgedankens an sich sei deswegen jedoch nicht verkannt. Die allerdings verbreitete Neigung, aus gesellschaftspolitischen Überlegungen das Verlustrisiko so weit wie möglich bei jeder Form Arbeitnehmer-(Kapital-)Beteiligung auszuklammern, widerspricht der über dieses Instrument erreichbaren Konkretisierung der Corporate Identity.

Auf die Bedeutung betrieblicher Veranstaltungen, Betriebsfeste u.ä. sowie betrieblicher Einrichtungen, Kindergärten, Erholungsheim usw. sei in diesem Zusammenhang nur der Vollständigkeit halber hingewiesen.

Die **Anerkennungspolitik** fördert Leistung und Zufriedenheit des Mitarbeiters durch immaterielle Zuwendungen, durch Motivation. Sie ist in starker Abhängigkeit zu sehen vom Führungsstil, von der Organisationsstruktur, und nicht zuletzt von der Persönlichkeit der Vorgesetzten, die sich in der Art und Weise der Anerkennung der Mitarbeiter profilieren. Ihre Ausstrahlung auf die Corporate Identity sei nicht unterschätzt, wie der Geltungsnutzen z.B. von bestimmten Status-Symbolen, Firmennadeln, Zertifikaten o.ä. für bestimmte Leistungen für den einzelnen Mitarbeiter beweist. Auch diese Maßnahmen dienen letztlich dazu, die Identitätslücke zwischen dem einzelnen Mitarbeiter als Individuum und dem Unternehmen als unübersehbarer, anonymer Einheit zu überbrücken und gewissermaßen Ersatzmotivationen dafür zu schaffen, daß der ständige menschliche Kontakt zwischen Vorgesetzten und Mitarbeiter im Zuge der Technisierung und Automatisierung der Arbeitswelt im Unternehmen heute in zunehmendem Maße versachlicht wird bzw. ganz wegfällt.

Die **Aus- und Weiterbildungspolitik** wird in vielen Unternehmen ganz gezielt zur Unterstützung der Corporate Identity verwandt. Hierzu zählt die Institution der Lehre, die nach wie vor zumindest in Deutschland einen hohen Stellenwert hat, aber auch das etablierte, firmenspezifische 1- bis 2jährige »Job-Rotation-Programm«, das den neuen Mitarbeiter mit den vielfältigen Funktionen des zunächst für ihn unübersehbaren Unternehmens bekannt macht. Ebenso fallen hierunter solche Veranstaltungen, die sich an bestimmte Zielgruppen der Weiterzubildenden wenden, auch wenn sie bereits längere Zeit im Unternehmen beschäftigt sind. Neben dem beabsichtigten Zweck der Verbreiterung und Vertiefung des Wissensstandes wird in der Regel durch derartige Seminarveranstaltungen auch die Identität der Gruppe verstärkt und damit auch die Beziehung zur Corporate Identity entwickelt. Die Beobachtung, daß oft schon im Vorstellungsgespräch vom potentiellen Mitarbeiter die Frage nach Weiterbildungsmöglichkeiten und deren Einrichtungen gestellt wird, bestätigt die Wichtigkeit dieses Instrumentes und damit den Wettbewerbsvorteil solcher Unternehmen auf dem Arbeitsmarkt, die in dieser Beziehung als besonders leistungsfähig gelten.

Die **Informationspolitik** schließlich umfaßt alle Maßnahmen, die der Information bestimmter Zielgruppen dienen, die in irgendeiner Beziehung zum Unternehmen stehen, ganz besonders jedoch unter dem Kriterium der personalpolitischen Wirksamkeit. Betriebsbesichtigungen, Werkszeitschrift, Werksfilm und Geschäftsbericht sind die klassischen Informationsmittel. Neuerdings spielen die gedruckten und audiovisuellen Massenmedien eine immer stärkere Rolle, in denen Vertreter des Unternehmens aus den unterschiedlichsten Anlässen zu Wort kommen und damit die Corporate Identity in einer früher unvorstellbaren Art und Weise unterstützen können.

Zumindest diese Entwicklung zeigt eine Perspektive der neuerlichen Identitätsverknüpfung und -verdichtung zwischen stellvertretenden Personen des Unternehmens auf der einen Seite und der Corporate Identity gerade von Großunternehmen auf der anderen Seite, die aufgrund ihrer Marktbedeutung im besonderen Interesse der Öffentlichkeit stehen: Die Corporate Identity wird durch ihre Sprecher personifiziert und damit wieder leichter identifizierbar, wenn auch über die Hilfsmittel, die Presse, Funk und Fernsehen bieten.

## Die Corporate Identity des multinationalen Unternehmens

Multinationale Unternehmen (»Multis«) sind in zwei oder mehreren Ländern in einem Ausmaß unternehmerisch tätig, »das den Erfolg und das weitere Wachstum des Unternehmens von der Leistungserstellung in mehr als einem Land abhängig macht. Ein weiteres Merkmal multinationaler Unternehmen ist die Art der Unternehmensführung und -politik, bei der Entscheidungen unter Berücksichtigung globaler Alternativen und nicht nur von den Gegebenheiten in einem Land abhängig gemacht werden« (3, 1652). Gerade in multinationalen Unternehmen treten personalwirtschaftliche Probleme auf, die sich in Art und Umfang von den Personalproblemen rein nationaler Unternehmen unterscheiden. Um diese unternehmensstrukturell bedingten Probleme bereits im Ansatz einzugrenzen, sollten sich multinationale Unternehmen zu bestimmten Grundsätzen bekennen (3, 1662):

- der Grundsatz der Uniformität: personalwirtschaftliche Maßnahmen werden einheitlich für das gesamte Unternehmen konzipiert und nicht nur für bestimmte Teilbereiche;
- der Grundsatz der Gleichbehandlung: alle Mitarbeiter des Unternehmens, sowohl im Stammland als auch in den ausländischen Gesellschaften, sollten nach gleichverbindlichen Maßstäben behandelt werden;
- der Grundsatz der Transnationalität: erklärtes Ziel der Personalpolitik sollte sein, die nationale Prägung oder Bindung eines Unternehmens zu reduzieren, um damit das wesentliche Merkmal des multinationalen Unternehmens entsprechend zu profilieren.

Multinationale Unternehmen indessen haben sehr viel mehr Schwierigkeiten, eine einheitliche Corporate Identity als Voraussetzung für eine erfolgreiche Personalpolitik zu entwikkeln, als rein nationale Unternehmen. Vor allem die oft sowohl räumlich als auch wirtschaftlich weit auseinander liegenden unternehmerischen Aktivitäten in Verbindung mit unterschiedlichen Umweltfaktoren und Nationalitäten der Mitarbeiter auf allen hierarchischen Ebenen verhindern eine organisch gewachsene Corporate Identity. Entsprechend kritisch ist die Meinungsbildung über Unternehmen dieser Art.

Eine 1979 durchgeführte Studie untersuchte die Einstellung der jungen Generation in Deutschland zu multinationalen Unternehmen. Befragt wurden Berufstätige ohne Abitur, Oberschüler, Studenten und Berufstätige mit Abitur im Alter zwischen 17 und 29 Jahren. Der methodische Ansatz war dreigeteilt, er arbeitete mit Repräsentativ-Interviews, Quoten-Interviews und Gruppen-Diskussionen (5, 7 ff.). Eine Kernfrage dieser Untersuchung war, inwieweit bei der Wahl des Arbeitsplatzes ein rein deutsches Unternehmen oder ein multinationales Unternehmen bevorzugt wird.

Auch diese Fragestellung zeigt wieder einmal die enge Verknüpfung zwischen der Beurteilung des Firmen-Typus, der Firmenpersönlichkeit und das heißt der Corporate Identity auf der einen Seite und der persönlichen Meinungsbildung bei der Entscheidung für oder gegen eine bestimmte Firma auf der anderen Seite. Sicher spielen Firmenstandort, Firmengröße und Geschäftszweck eine wichtige Rolle, gleiches gilt für die Rechtsform, die Eigentümerverhältnisse, die wirtschaftliche Potenz.

Aber auch Aspekte der historischen Entwicklung und Perspektiven der zukünftigen Möglichkeiten sind – wie in anderem Zusammenhang ausführlich beschrieben – zu berücksichtigen. Im sozialen Bezug zum Umfeld, und dieser schließt die Beziehung zwischen Unternehmen und Mitarbeitern mit ein, ist die Corporate Identity jedoch nicht völlig isoliert und nicht nur in Verbindung mit einer bestimmten Firma zu sehen. Sie ist vielmehr eingebettet in ein Assoziations- bzw. Identifikationsgefüge, das auch übergeordnete Gruppenmerkmale enthält (vgl. Abb. 6).

So wird die Corporate Identity unter anderem auch von den charakteristischen Merkmalen des Wirtschaftszweiges bestimmt, dem das Unternehmen angehört. Ein Unternehmen, das z.B. »die Chemie« vertritt, hat seine eigenen, branchenspezifischen Merkmale. Genauso prägen eigentümer-spezifische Merkmale, die einer auch im weiteren Sinn definierten Gruppe zugeordnet werden, die Corporate Identity als solche und überlagern ein ursprünglich durchaus eigenständiges Firmenprofil. Ein Unternehmen, hinter dem z.B. »die Amerikaner« stehen, wird stellvertretend für die Wirtschaftsideologie und Unternehmensphilosophie eines ganzen Kontinents gesehen. Ein Unternehmen, das dagegen im Sog sogenannter »Petrodollars« steht, hat eine ganz andere Ausstrahlung. So ist auch die Tatsache, ob es sich um ein z.B. rein deutsches oder multinationales Unternehmen handelt, als gruppen-spezifisches Merkmal zu sehen, das die Corporate Identity in wesentlichen Zügen charakterisiert.

Das Ergebnis der zitierten Untersuchung zeigt, daß immerhin zwei Drittel der Befragten das deutsche Unternehmen gegenüber dem »Multi« vorziehen würden (vgl. Abb. 7).

Besonders häufig werden multinationalen Unternehmen eine (unangemessen) starke politische Einflußnahme, die konzentrationsfördernde Neigung zur Übernahme kleinerer Firmen und – damit verbunden – der Drang oder gar Zwang zu möglichst überdurchschnittli-

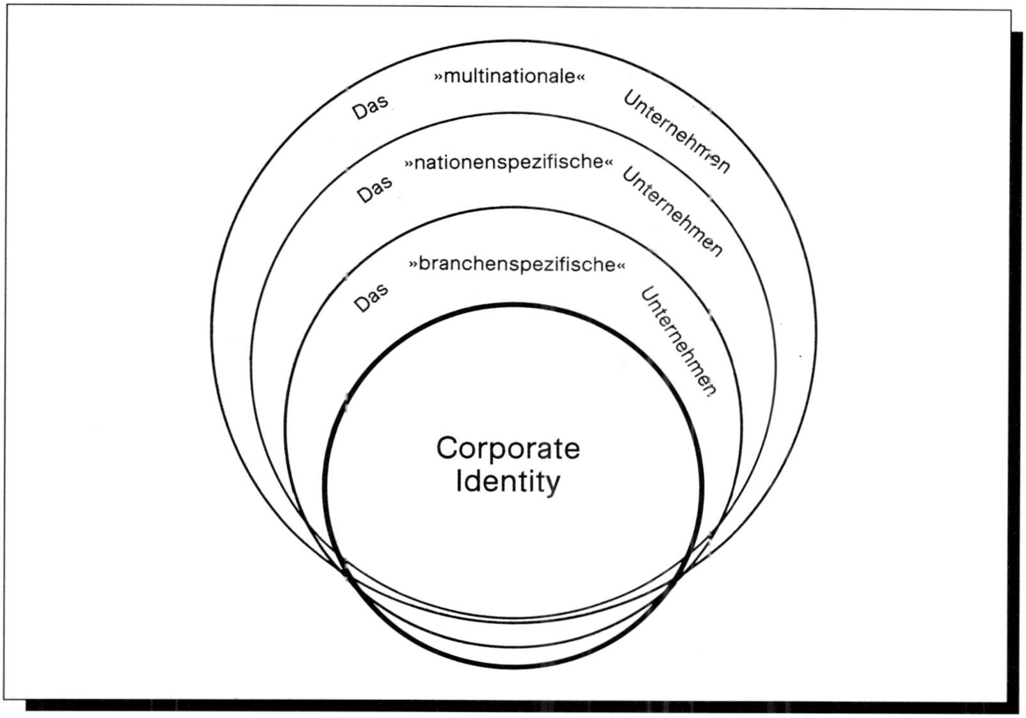


**Abb. 6:** *Das Assoziations- und Identifikationsgefüge der Corporate Identity*

chem Wachstum bescheinigt. Dagegen wird den deutschen Unternehmen überwiegend bestätigt, daß sie sichere Arbeitsplätze und gute Sozialleistungen bieten sowie den Umweltschutz ernst nehmen (vgl. Abb. 8). Diese Aussagen werden um so bemerkenswerter vor dem Hintergrund einer ähnlichen Untersuchung in den 70er Jahren die eindeutig die Tendenz zuungunsten des multinationalen Unternehmens innerhalb der letzten Jahre erkennen läßt. Damals bevorzugte die Mehrheit der befragten Vertreter der jungen Generation einen Arbeitsplatz in einem multinational tätigen Unternehmen.

**Frage:** *»Welches Unternehmen wäre Ihnen als Arbeitsplatz sympathischer: Würden Sie lieber in einem rein deutschen Unternehmen oder lieber in einem multinationalen Unternehmen arbeiten?«*

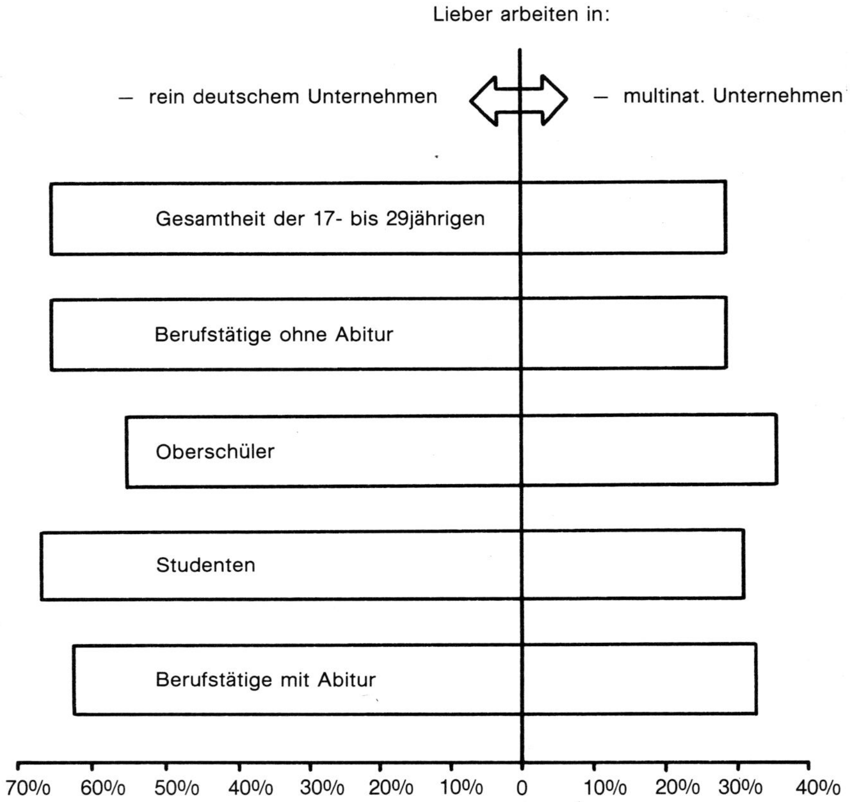


**Abb. 7:** *Meinungsumfrage über Arbeitsplatz bei deutschen bzw. multinationalen Unternehmen*

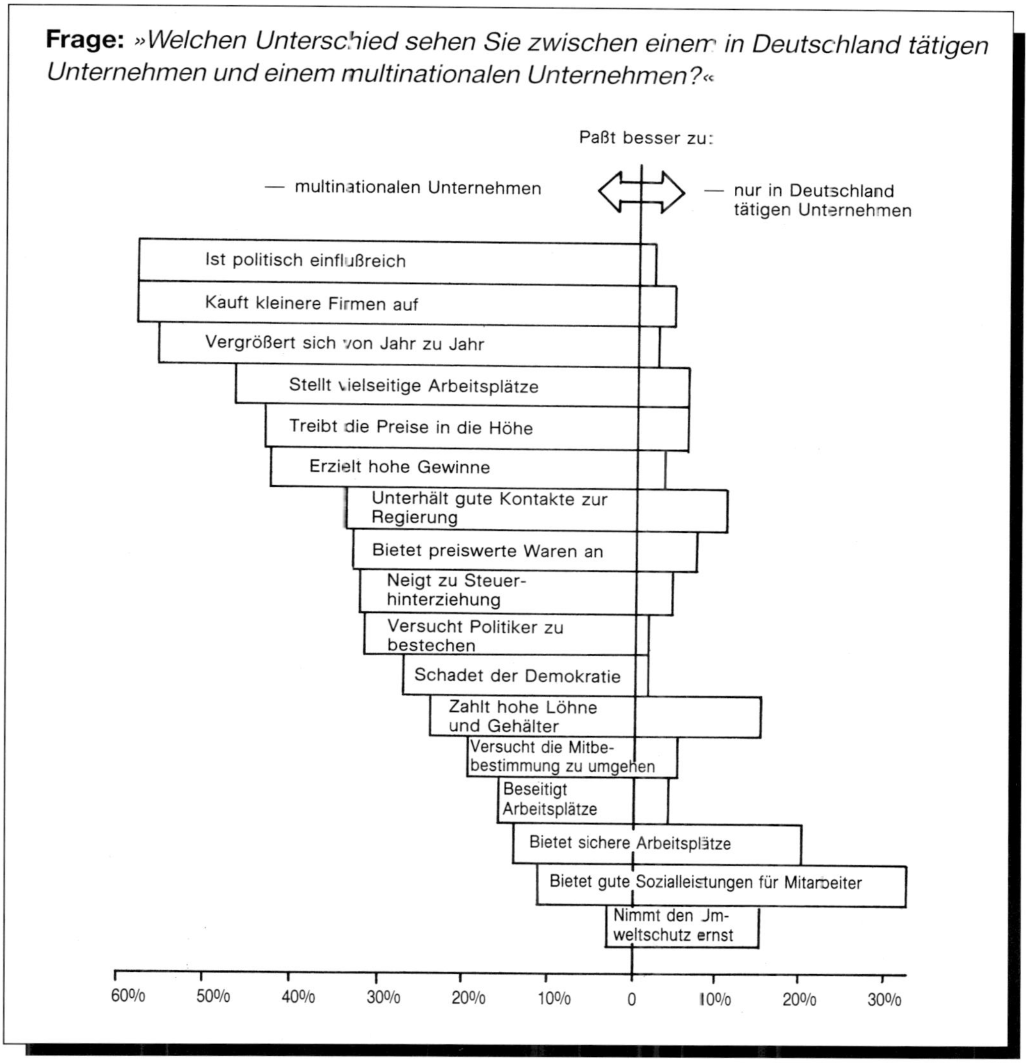


**Abb. 8:** *Meinungsumfrage über das Image eines nur in Deutschland tätigen bzw. eines multinationalen Unternehmens*

Dieses Beispiel beweist, wie stark ein gruppen-spezifisches Merkmal der Corporate Identity die Entscheidungsfindung potentieller Mitarbeiter beeinflußt, die sich unter Umständen allein aufgrund dieses Merkmals gar nicht mehr mit den eigentlich relevanten Vor- und Nachteilen eines Unternehmens auseinandersetzen. Die emotionale Meinungsbildung überlagert somit die rationale Beurteilung der Corporate Identity insgesamt. Gleichzeitig zeigt dieses Beispiel aber auch die Ansatzpunkte, über die ein multinationales Unternehmen die negativen Kennzeichen dieser Corporate Identity verändern kann, um im Wettbewerb um qualifizierte Mitarbeiter eine ursprünglich nachteilige Corporate Identity ins Positive umzukehren.

## Zusammenfassung

Corporate Identity und betriebliche Personalpolitik werden von der Unternehmenspolitik bestimmt. Die Personalpolitik beeinflußt generell und speziell die personal-relevanten Aspekte der Corporate Identity, zugleich verwendet sie eben diese im kombinierten Einsatz der personenpolitischen Instrumente zur Erfüllung ihrer wichtigsten Funktionen: der Beschaffung und Erhaltung qualifizierter Mitarbeiter. Das heißt,

Corporate Identity und betriebliche Personalpolitik wirken interdependent zusammen.

Die Gewinnung persönlicher Identität spielt in der Bedürfnis-Skala des Mitarbeiters nach Befriedigung der elementaren Bedürfnisse eine wichtige Rolle (4, 186 f.), verbunden damit ist der Wunsch nach einem »kontrollierbaren Selbst und (dadurch!) Einordnung in die Gesellschaft, Anerkennung, Selbstachtung und Selbsterfüllung«. Die Befriedigung dieses Bedürfnisses setzt eine ausreichende Identifizierung mit dem Arbeitsplatz, seinem Umfeld und somit dem Unternehmen voraus. Diese individuelle Identifizierung ist ohne Bezug zu einer entsprechenden Corporate Identity nicht möglich.

Eine »entmenschlichte«, »unpersönliche« Arbeitswelt als Folgeerscheinung der Massengesellschaft von heute steht der Bildung sowohl individueller als auch korporativer Identität (Corporate Identity) im Berufsleben entgegen. Um so wichtiger sind gezielte Maßnahmen der Personalpolitik, die entsprechende Identifizierungslücke bzw. den damit verbundenen Identitätsverlust zu decken. Die Nutzung zeitgemäßer Kommunikationstechniken einschließlich der zur Verfügung stehenden Massenmedien von Presse, Funk und Fernsehen bietet neue Möglichkeiten, die Corporate Identity des emanzipierten Unternehmens wieder zu personifizieren, Chance und Risiko zugleich!

### LITERATUR

(1) *v. Eckhardstein, Schnellinger,* Betriebliche Personalpolitik, 3. Auflage, München 1978

(2) *Personal Enzyklopädie,* Band I – III, München 1978

(3) *Handwörterbuch des Personalwesens,* Hrsg. Gaugler, u. a., (Bd. V. der Enzyklopädie der Betriebswirtschaftlehre), Stuttgart 1975

(4) *Grundfragen der betrieblichen Personalpolitik* (Festschrift zum 65. Geburtstag von August Marx), Hrsg. Braun, u. a., Wiesbaden 1972, vgl. ferner die in den o. a. Quellen ausführlichen weiteren Literaturangaben

(5) *Hrsg. Jugendwerk der Deutschen Shell,* Die Einstellung der jungen Generation zu multinationalen Unternehmen 1979, (Studie des IJF Instituts für Jugendforschung, Markt- und Meinungsforschung München), Hamburg 1979

# Corporate Identity in der Partnerschaftsbeziehung zu den Absatzmittlern

Guido Sandler

»Alle Funktionen einer Firma – Produktion, Verwaltung und Marketing – sind Serviceleistungen für den Verkauf!« Diese fordernde Feststellung des Praktikers im Absatz ergibt sich immer häufiger aus dem Erlebnis der Engpaßsituation des eigenen Unternehmens an der Nahtstelle zwischen Industrie und Handel.

Wer in diesem Spannungsfeld Schwächen zeigt, ist der Konkurrenz unterlegen, verliert Kunden, Umsatz, Marktanteil und schließlich seine Existenz. Um sich durchzusetzen, genügen nicht ordentliche Produkte und Vertriebskraft allein; wer sich in den Märkten der 90er Jahre behaupten will, braucht neben den bewährten Instrumentarien der Marktbearbeitung, wie innovative Produktentwicklung, Marktforschung, kluge Werbung und kraftvolle physische Distribution, auch eine klare und starke Firmenpersönlichkeit, die Sicherheit und Vertrauen ausstrahlt.

In ihr dokumentieren sich Historie und zukunftssicherndes Verhalten einer Firma, ebenso wie das zuverlässige und glaubwürdige Auftreten gegenüber dem Handel und dem Verbraucher. Kurzum, es geht um den Aktionsradius eines Unternehmens gegenüber der Öffentlichkeit und damit um die Corporate Identity entsprechend einer gängigen Definition als Darstellung der Unternehmensidee, des Unternehmensstils und der Wertvorstellungen, die das Unternehmen leiten.

Um Corporate Identity in einem Unternehmen umsetzen zu können, muß die Geschäftsleitung Unternehmensidee, Unternehmensstil und Wertvorstellungen der Firma exakt und verständlich festschreiben. Außerdem sollte sie dafür Sorge tragen, daß alle Angehörigen des Unternehmens Maßnahmen zur Umsetzung der fixierten Corporate Identity mittragen. Durch eine einheitliche Ausrichtung aller Unternehmensangehörigen auf die Firmenziele erscheint das Unternehmen in der Öffentlichkeit glaubwürdig und überzeugend. Mit anderen Worten: eine schriftlich fixierte starke Firmenpersönlichkeit ist notwendige Voraussetzung für deren Wirkung nach innen auf die Mitarbeiter und nach außen auf die Umwelt.

## Vom Verkäufer- zum Käufermarkt

Wie kam es dazu? Warum reicht heute der Goodwill beim Verbraucher allein nicht mehr aus, um im Wettbewerb zu bestehen? Noch klingt uns die These der Physiokraten und auch Materialisten im Ohr, der Handel stelle keine Güter her, vermehre nur deren Kosten, ohne dagegen eine Spur seiner Wirksamkeit als »Äquivalent« zu hinterlassen. Oder, um es anders zu formulieren: Der Handel sei ein Parasit der Wirtschaft (Burri, 19[illegible]3).

Lange Zeit schien dies auch so und nicht anders zu sein. Die Industrie produzierte, gewann den Konsumenten durch Werbung, und der Handel hatte eine mausgraue Verteilerfunktion, teilweise sogar in finanzieller Abhängigkeit von den Produzenten durch lange Zahlungsziele. Der Kartellierungsgrad der deutschen Industrie erreichte gegen Ende der zwanziger Jahre einen Höchststand, aber auch in anderen europäischen Ländern beherrschten Syndikate die Märkte für zahlreiche Güter. Mit der nach der nationalsozialistischen Machtübernahme eingeleiteten Transformation in ein wirtschaftliches System mit zentraler Verwaltung wurde der Handel vollends in die Rolle eines unselbständigen Verteilungsorgans im dünner werdenden Fluß der Ware gebracht.

Als dann 1948 die durch Ludwig Erhard durchgesetzte Währungsreform den Weg zum vielgepriesenen Wirtschaftswunder einläutete, entwickelte sich ein märchenhafter Verkäufermarkt. Die nach langen Jahren der Bewirtschaftung endlich wiedererlangte Marktfreiheit sowie der Nachholbedarf für Nahrungsmittel, Hausrat, Heimtextilien, Bekleidung und alle nur möglichen Güter kurbelten die Produktion an. Die Ware floß ohne Stocken ab; die Bäume schienen in den Himmel zu wachsen, bis plötzlich in den 60er Jahren von Branche zu Branche ziemlich unvermittelt die Wende kam. Da alle Anbieter investierten und im Glauben an eine Fortdauer goldener Zeiten ihre Kapazitäten vergrößerten, gab es plötzlich Warenüberfluß. Aus dem Verkäufermarkt wurde bei immer mehr Produkten ein Käufermarkt. Ratlos standen die Hersteller nach 30 Jahren mehr oder weniger problemloser Warenverteilung vor diesem Phänomen.

Aus den USA schien das Heilmittel zu kommen: **Marketing.** Die Werbeagenturen, vielfach Töchter amerikanischer Mutterfirmen, transferierten ihre Erfahrungen zur Bewältigung von Absatzproblemen. Werbeabteilungen vieler deutscher Firmen wurden in Marketing umstrukturiert, das segensreiche Product-Management hielt Einzug, und plötzlich dominierte im Unternehmen nicht mehr die Produktion, sondern der Absatz, was sich bald auch in den Gehaltsstrukturen und den Stellenanzeigen der Tageszeitungen ausdrückte.

## Strukturveränderungen im Handel

Wie hatte der Handel diese rasante Entwicklung mitgemacht? Wie reagierte er auf den **Umschlag vom Verkäufer- zum Käufermarkt,** auf das Jahrzehnte nicht mehr gekannte Überangebot und die Rivalität der Hersteller um den Regalplatz im Laden?

Zunächst einmal war man beglückt, dem Verbraucher Qualität und Auswahl bieten, die eigenen Läden modernisieren und den Service verbessern zu können. Die Filialisten bauten ihre Ketten aus und glänzten durch vorbildliche Sortimente; die Kauf- und Warenhäuser boten auf den wiedererstellten Verkaufsflächen eine bis dahin ungekannte Warenfülle mit den Schwerpunkten Bekleidung, Textilien, Hausrat und Möbel; die Fachgeschäfte pointierten ihr Sortiment, und auf dem Nahrungsmittelsektor erstarkten die Genossenschaften, allen voran Edeka und Rewe; freie Großhändler schlossen sich zu Ketten zusammen, wie die Spar, Vege, A & O und die Ifa. Sehr bald aber stand der Handel der ständig steigenden Warenfülle ratlos gegenüber: In einem 400-qm-Laden konnten mit bestem Willen nicht mehr als 3000 Produkte sinnvoll plaziert werden, 30000 aber suchten Distribution. Der Handel wurde zum Nadelöhr für die Ware auf dem Weg vom Hersteller zum Verbraucher. Was Wunder, daß in diese Zeit die Geburtsstunde des Verbrauchermarktes und das Ende der Preisbindung der zweiten Hand fielen.

Die Entwicklung war reif für bedeutsame Ereignisse. Um die Warenfülle der Industrie anbieten zu können, etablierten sich Anfang der 60er Jahre plötzlich primitive, aber riesige Verkaufshallen auf der grünen Wiese am Rande kaufkraftstarker Städte: 5000 bis 20000 qm groß.

Hier gab es plötzlich kein Feilschen der Hersteller um Distribution; in schier endlosen Regalen konnte Ware nach Herzenslust in Hülle und Fülle gestapelt werden. Für den immer häufiger mit Zweitwagen ausgerüsteten Verbraucher eröffnete sich ein Paradies der Auswahl wie nie zuvor.

Aber wie so vieles im Leben hatte auch diese Entwicklung eine Kehrseite. Um attraktiv zu sein und den Verbraucher vom Innenstadtladen auf die grüne Wiese zu locken, mußten und wollten die Verbrauchermärkte preisattraktiv sein. Sie konnten es auch: denn die Mieten waren vergleichsweise niedrig, Selbstbedienung konsequent und für die Beschickung der Regale nützte man die kostenlosen Offerten der Industrie extensiv. In diese Angebots- und Kostenstruktur paßte die Preisbindung der zweiten Hand ebensowenig wie die stillschweigende Einhaltung von Kalkulationsnormen. Im Gegenteil, es dominierte das Sonderangebot, der Preisschlager und das Motto *»großer Umsatz, kleine Spanne«*. Trotz lebhafter Gegenwehr stand die preisbindende Industrie auf verlorenem Posten. Nach unzähligen Durchlöcherungen des Systems wurde sie 1973 offiziell aufgehoben. Viele Markenartikler glaubten zuerst, eine Welt stürzte ein; die Jahre danach aber zeigten, daß der einheitliche Preis kein unverzichtbares Kriterium des Markenartikels ist.

Zahlreiche Hersteller sahen sich nun mit der Tatsache konfrontiert, daß eine Reihe von Handelsunternehmen versuchte, mit extremen Niedrigpreisen für bekannte Markenartikel zusätzliche Kunden zu gewinnen. Hieraus ergab sich die Gefahr einer Imageschädigung dieser Marken, die häufig mit sehr hohem Werbeaufwand über Jahre hinweg gepflegt worden war. Sowohl in Einzelinterventionen als auch auf Verbandsebene versuchte die Industrie, derartige Verhaltensweisen abzustellen: Die Wettbewerbsregeln des Markenverbandes, die 1984 fortgeschriebene Gemeinsame Erklärung der Spitzenverbände der Wirtschaft zur Sicherung des Leistungswettbewerbes, die Initiativen des Präsidenten des Bundeskartellamtes zu Selbstverpflichtungen großer Unternehmen (»Berliner Gelöbnis« 1983 und 1984) sowie die Errichtung einer Schiedsstelle zur Klärung und Ahndung von Verstößen gegen die Gemeinsame Erklärung (1985) sollten Abhilfe schaffen. Schließlich wurden Versuche unternommen, den Gesetzgeber zur verstärkten Intervention gegen sogenannte Untereinstandspreisverkäufe zu veranlassen, allerdings ohne Erfolg. Der tiefgreifende Strukturwandel im Verhältnis zwischen Industrie und Handel konnte nicht aufgehalten werden.

Der Drang zur Umsatzgröße löste eine Welle von Konzentrationen aus. Die Zahl der Einzelhandelsgeschäfte im Lebensmittelhandel ging von 228000 (1960) über 110000 (1975) auf 68000 (1991) zurück, bei einem Anwachsen der Gesamtverkaufsfläche von 7,6 Mio. qm (1960) über 13,5 Mio. qm (1975) auf 21,6 Mio. qm (1991). Also immer weniger, aber größere Geschäfte bestimmten die Szene.

Discounter, SB-Warenhäuser und Verbrauchermärkte gewannen Marktanteile, und die Zusammenschlüsse in Einkaufsverbände nahmen beständig zu. Der Strukturwandel im Lebensmittelhandel führte dazu, daß heute weniger die Großhändler miteinander konkurrieren, als vielmehr die Systeme, die den Einzelhändlern umfassende Hilfe bis hin zur Vollfinanzierung neuer Läden bieten, und daß sich die Ernährungsindustrie sechs führenden Unternehmen des Lebensmittelhandels gegenübersieht, die 90,1 % der Nachfrage bestimmen. Es scheint fast so, als würde in manchen Branchen auch in Deutschland die Zahl der Einkaufspunkte auf ein halbes Dutzend oder weniger zurückgehen, wie z.B. in Großbritannien, wo im Lebensmittelbereich fünf Firmen 80 % aller Waren einkaufen.

Auch dem Bundeskartellamt ist es trotz der ihm seit der Vierten Kartellgesetznovelle zur Verfügung stehenden Handhaben zur Fusionskontrolle im Handel nicht gelungen, die Konzentrationsentwicklung aufzuhalten.

Damit ist nun auch die Begründung für diese ausführliche Darstellung der Entwicklung in Industrie und Handel gegeben. Denn die Frage, warum und wozu Corporate Identity im Vertrieb, kann nur vor dem Hintergrund dieser Historie verstanden und beantwortet werden.

## Corporate Identity im Spannungsfeld von Industrie, Handel und Verbraucher

Jeder Hersteller hat das Dreiecksverhältnis Industrie – Handel – Verbraucher zu beachten. Der Handel ist kein bloßer Verteiler mehr. Er ist emanzipierter Partner im Absatzkanal. Er entscheidet über Sortimentszusammenstellung, Preise, Aktionen, Zweitplazierungen und nimmt in steigendem Maße auch am Werbegeschehen teil. So haben z.B. die Kauf- und Warenhäuser, wie Karstadt, Hertie, Kaufhof und Horten, Einschaltetats im dreistelligen Millionenbereich, mit denen sie selbstverständlich ihr eigenes Image und ihre spezielle Attraktivität herausstellen, aber mit Hilfe von Waren und Marken der Industrie. Doch die Hersteller sehen sich nicht nur mit einem ehrgeizigen Handelsmarketing konfrontiert, auch Handelsmarken werden als Konkurrenz zu Markenartikeln gezielt forciert. Wer als Hersteller seine Rechnung ohne den Handel macht und glaubt, nur und ausschließlich auf den Verbraucher bauen zu können, kommt unter die Räder.

Hier setzt nun die Erkenntnis an, daß die klassischen Instrumente des Marketings allein die Probleme nicht mehr lösen können. Neben Marktforschung, Produktentwicklung, Produktmanagement, Werbung und Verkaufsförderung müssen Öffentlichkeitsarbeit, Imagepflege und die bewußte Ausrichtung des Gesamtunternehmens auf eine definierte Corporate Identity treten. Natürlich besteht eine enge Wechselwirkung zwischen diesen Teilbereichen, aber jede Unternehmensleitung tut gut daran, klare Definitionen zu schaffen, damit Verwechslungen ausgeschaltet und die mit der firmenbezogenen Begriffsbestimmung verbundenen Aufgaben auch sicher erkannt werden.

Wie ist nun in diesem Kontext Corporate Identity zu verstehen? Am besten läßt sich dies an praktischen Beispielen zeigen. Eine sehr ambitionierte Firma der in der Sättigungsphase befindlichen Brauindustrie hat ihre mit Corporate Identity gleichzusetzenden Unternehmensgrundsätze wie folgt formuliert:

»Die Brauerei ist Mitglied der Unternehmensgruppe im Ländermarkt Deutschland. Sie ist verantwortlich für die Marktbearbeitung des geographischen Raumes mit folgenden Gebietsgrenzen . . . Im mittel- und langfristigen Zeitraum soll sie sich die Marktführerschaft in den bezeichneten Gebieten sichern. Bei expansiver Absatzstrategie zur Steigerung der Marktanteile hat das Unternehmen eine Ertragspolitik zu verfolgen, die

- eine Dividendenausschüttung im oberen Bereich der Branchenüblichkeit und
- eine stetige Steigerung des inneren Wertes der Gesellschaft ermöglicht.

Absatzexpansion, Vergrößerung und Rationalisierung der Produktion sind aus eigener Finanzkraft durchzuführen. Wenn sinnvoll erscheinende Zukäufe möglich sind und die eigene Finanzkraft zu ihrer Realisierung nicht ausreicht, sollen Mittel entweder durch Bankkredite oder durch eine Erhöhung des Grundkapitals beschafft werden. Auch andere geeignete Finanzierungsformen können eingesetzt werden (Fonds).

Bier behält vorerst Präferenz vor alkoholfreien Getränken, jedoch soll sich das Unternehmen im Rahmen möglicher Diversifikationen auch auf eine tragfähige Konzeption für alkoholfreie Getränke vorbereiten mit der Absicht, an den Erträgen dieses Geschäftes teilzuhaben. Um ihre Positionierung im Markt und gegenüber den Wettbewerbern mit dem Unternehmensauftrag in Einklang zu halten, beobachtet die Firma laufend den deutschen und den EG-Markt und berücksichtigt die Entwicklung in ihrer Kurzfristplanung.

In ihrem Verhältnis zu Konsumenten und Handel beachtet die Firma, daß sie sowohl Produktions- als auch Dienstleistungsbetrieb ist. Sie anerkennt die der Firma zufallenden kommunikativen und kommunalen Aufgaben.

In ihrem Verhältnis zur Mitarbeiterschaft erkennt die Geschäftsleitung, daß die im Unternehmen arbeitenden Menschen in ihren fachlichen und geistigen Fähigkeiten zwar verschieden veranlagt, aber in ihrem Anspruch auf Würde gleich sind.

Das Unternehmen bekennt sich zur sozialen Verantwortung gegenüber den Mitarbeitern.«

Ergänzend dazu die Darstellung der Corporate Identity einer wachstumsorientierten börsennotierten Fachhandelsgruppe:

- »Die Gruppe ist ein reines Handelsunternehmen, das sich mit Erfolg am Markt behaupten will. Das bedingt leistungsfähige, auf die Kundenwünsche zugeschnittene Geschäfte und Sortimente, engagierte Mitarbeiter, eine solide Finanzierung und die ständige Bereitschaft, auf Marktveränderungen und neue Marktbedürfnisse schnell zu reagieren . . .
- Der Kunde und die Befriedigung seiner Wünsche und Bedürfnisse stehen im Mittelpunkt unserer Bemühungen. Das erfordert Flexibilität bei Sortiments-, Werbungs- und Einrichtungsentscheidungen sowie Freundlichkeit, Servicebereitschaft und fachliche Kompetenz im Verkauf . . .
- Jede zur Gruppe gehörende Gesellschaft verfolgt ihre eigene, auf ihr spezielles Marktsegment zugeschnittene Marketing- und Vertriebsstrategie. Übergeordnete Interessen des Konzerns werden durch Orientierung am Gesamtziel berücksichtigt.
- Die Gruppe wirkt Tendenzen zu Bürokratisierung, Abteilungsegoismus und Großbetriebsanonymität entgegen. Dies geschieht durch kurze Entscheidungswege über wenige hierarchische Instanzen, durch Förderung von Entscheidungsfreudigkeit sowie durch sachlich-freundliche und unkomplizierte Zusammenarbeit . . .
- Die Gruppe ist von der Wichtigkeit gut ausgebildeter und aufgeschlossener Mitarbeiter überzeugt. Leistungswillige werden gefördert. Eine breite Schicht verantwortungsbewußter und engagierter Damen und Herren in allen Tätigkeitsbereichen gilt als Grundvoraussetzung für dauerhaften Erfolg im Markt.

- Die Gruppe legt großen Wert auf gründliche Planung, gewissenhafte Ausführung, Zuverlässigkeit, Pünktlichkeit, Kostenbewußtsein, Ordnung und Sauberkeit in allen Unternehmensbereichen. Sie überprüft ständig, ob und wie die betriebswirtschaftliche Leistungsfähigkeit erhöht, Kosten gesenkt und die Effektivität der Organisation gesteigert werden können.
- Die Gruppe arbeitet in allen Bereichen rentabilitätsorientiert. Nur mit einer guten Ertragskraft ist gewährleistet, daß Neueröffnungen und Modernisierung der Läden finanziert werden können, die Arbeitsplätze langfristig gesichert sind und die Aktionäre eine angemessene Verzinsung ihres investierten Kapitals erhalten.
- Die Gruppe ist fair gegenüber Kunden, Lieferanten und Mitarbeitern.«

## Corporate Identity, Firmenimage, Produktimage

Corporate Identity, wie immer sie formuliert wird, muß, um den Kern des Begriffsinhaltes zu treffen, die Summe aller Aktivitäten eines Unternehmens erfassen, die zur Identifizierung gegenüber der gesamten Öffentlichkeit ergriffen werden sollen. Corporate Identity ist also ein Aktivbegriff, eine Zielsetzung, die durch Maßnahmen erreicht werden soll. Als Ausfluß einer bestimmten Firmenphilosophie ist sie die erkennbare und wirksame Ausstrahlung einer Firmenpersönlichkeit in ihre Umwelt.

Aus dieser Definition ergibt sich auch deutlich der Unterschied zu dem oft mit Corporate Identity verwechselten Image eines Unternehmens. Image ist passiv, ist eine Vorstellung, ein Eindruck, der in der Öffentlichkeit über eine Firma vorhanden ist. Image bildet die Basis der Werte, auf denen der Aktivbegriff der Corporate Identity aufbaut, mit ihrer Ausstrahlung auf Kunden, Lieferanten und die übrige Öffentlichkeit.

Es ist sicher nicht einfach für eine Firma, überschneidungsfreie Definitionen von Image und Corporate Identity zu formulieren. Aber es lohnt sich deshalb, weil unterschiedliche Befunde über die Firmensituation sichtbar werden und daraus differenzierte, zukunftsweisende Aufgabenstellungen erwachsen.

Auch dafür ein konkretes Beispiel: Die qualitative Befragung ergab, daß die Produkte eines Haushaltsgeräteherstellers als funktionsgerecht und ordentlich, die Firma selbst aber als unbedeutend und als Nachahmer großer Hersteller bezeichnet wurde. Hier sieht man deutlich, daß das Produktimage intakt, die Corporate Identity aber unausgeprägt, diffus ist. Rasches Handeln mit dem Ziel, eine klar erkennbare Firmenpersönlichkeit zu bilden, ergab sich als Gebot der Stunde.

Wenn in der breiten Öffentlichkeit über die Corporate Identity vieler Unternehmen nur eine schwache Vorstellung besteht, sollte das nicht verwundern. Die Fülle der Eindrücke, die der Verbraucher zu verarbeiten hat, ist riesengroß und wächst bei steigender Kommunikationsintensität täglich. In der Partnerschaftsbeziehung zu den eigenen Absatzmittlern aber sind Vorstellungen vorhanden, die gesteuert geschaffen oder zufallsbedingt herausgebildet wurden. Um nicht im dunkeln zu tappen, ist eine systematische Bestandsaufnahme nützlich. Fast immer zeigt sich dabei, daß aus der Sicht des Unternehmens die eigene Position überschätzt wird und daraus falsche oder zu schwache Maßnahmen erwachsen. Gerade hier gibt es wieder deutliche Differenzen zwischen Image und Corporate Identity: »Eine traditionsreiche Firma mit guten Erzeugnissen«, meinte beispielsweise ein Zentraleinkäufer, »aber der Außendienst hat keine Kompetenzen, muß ständig rückfragen, ist dadurch verunsichert. Was soll ich mit einer solchen Firma anfangen?« Die Geschäftsleitung hatte sich jahrelang auf ihren Lorbeeren ausgeruht, keinen direkten Kontakt zur Kundschaft gepflegt und den Außendienst mit längst überholten Methoden weitergeführt. Unabhängig vom Rufschaden hat diese Verhaltensweise auch eine stetige Negativauslese im Außendienst bewirkt.

Bei einem Möbelhersteller, der aufgrund der handwerklichen Qualität der Produkte und der erfolgreichen Modellpolitik eine sehr hohe Reputation besaß, ging zusehends das Kompetenzimage in den Bereichen Vertriebs- und Modellpolitik verloren. Schwächen der Produktpolitik und personelle Inkompetenz wurden von den Handelspartnern rasch registriert; die Klagen über den Außendienst, über schlechte Kommunikation und mangelhafte Kundenbetreuung drangen aber erst später zur Geschäftsleitung durch.

Wie nützlich wäre es in beiden Fällen gewesen, sich zu einem früheren Zeitpunkt über das Image der Firma bei den Absatzmittlern zu orientieren und daraus die notwendigen Konsequenzen für die Entwicklung einer tragfähigen Corporate Identity abzuleiten.

## Corporate Identity – Leitlinie für den Außendienst

Es ist unabdingbar und selbstverständlich, daß die Maßnahmen, die sich aus einer formulierten und verabschiedeten Corporate Identity ergeben, von allen Angehörigen eines Unternehmens getragen werden: Von der Geschäftsleitung bei ihren vielfältigen Kontakten zur Öffentlichkeit, von der Personalabteilung bei den Gesprächen mit Bewerbern, vom Einkauf im Verhältnis zu den Lieferanten, im Umgang mit Banken, Behörden, der Gewerkschaft und selbst dem Finanzamt. Nur durch ein spürbar **einheitliches Realisieren** der Corporate-Identity-Grundsätze läßt sich die gewünschte konzentrierte Profilierung erreichen.

So zahlreich die geschilderten Kontakte auch sein mögen: In aller Regel ergibt sich durch den Außendienst die größte Zahl an Gesprächen mit wichtigen Partnern der Firma. Wenn 300 Mitarbeiter an 200 Arbeitstagen pro Jahr je 8 Besuche durchführen, so resultieren daraus 480000 Kontaktgespräche. Diese Zahl beweist, was dabei gut, aber auch kaputtgemacht werden kann, je nach Schulung und Qualifikation der Außendienstmitarbeiter.

Priorität Nummer 1 hat die einheitliche Ausrichtung auf die Firmenziele. Es darf unter keinen Umständen mit zwei Sprachen gesprochen werden. Die Glaubwürdigkeit beim Kunden ist sofort beeinträchtigt, wenn der Verkaufsdirektor z.B. Konditionen gewährt, von denen der Reisende zwei Wochen vorher behauptete, daß es sie in der Firma überhaupt nicht gebe. Da kein Außendienst ohne Fluktuation bleibt – nicht selten beträgt sie 20 – 30 % pro Jahr –, kommt der Einarbeitung große Bedeutung zu. Ein Mitarbeiter, der die Firma gegenüber dem Kunden repräsentiert, muß sattelfest sein; denn der Einkäufer sucht seine Schwachstelle, und wehe, wenn die nötige Fach- und Firmenkenntnis fehlt.

An dieser Nahtstelle, am Schreibtisch des Einkäufers, fallen die wichtigen Entscheidungen, die für die Firmenzukunft, für Gewinn oder Verlust und für den Erhalt der Arbeitsplätze so bedeutsam sind.

Ein Außendienstmitarbeiter, der die Problemlösung seines Kunden mitbringt, der vorverkaufte, zeitgemäße Produkte anbietet, der Markttrends zuverlässig prognostizieren kann, ist für den Einkäufer ein interessanter Gesprächspartner. Der letztendlich für seine Tätigkeit entscheidende Auftrag ist hier nicht Zufall, sondern Ergebnis eines konsequenten Verkaufsgespräches.

Durch die agierenden Personen, die Repräsentanten des Herstellers einerseits und den Einkäufer andererseits, stehen sich die Firmenpersönlichkeiten gegenüber; es wird immer ein Kräftemessen sein, das nur dann für beide Seiten fruchtbar ausgeht, wenn hüben und drüben adäquate Kompetenz vorhanden ist. Diffuse, unklare Firmenpersönlichkeiten werden sich auch durch den besten Außendienstmitarbeiter auf die Dauer nicht behaupten können. Unternehmen aber, die durch eine klar strukturierte Corporate Identity ihren Mitarbeitern Sicherheit, Glaubwürdigkeit und Argumentationsgrundlage gewähren, haben die Chance, sich durchzusetzen.

Hierin liegt eine wesentliche Begründung für die Forderung an die Unternehmensleitung, die Corporate Identity zu formulieren und im Verkaufsalltag praktikable Maßnahmen daraus abzuleiten.

Gehen wir einen Schritt weiter: Wie eingangs erwähnt, bestimmen neben Groß- und Einzelhändlern in fast allen Branchen Systemzusammenschlüsse über die Aufnahme und Forcierung von Sortimenten. Sehr häufig ist der Abschluß eines Lieferabkommens mit der Zentrale die Voraussetzung für die Listung beim Großhändler, und der dem Großhändler angeschlossene Einzelhändler wiederum bestellt nur, was im Ordersatz seines Lieferanten steht.

Hieraus ergibt sich, daß in weiten Bereichen aufgrund von betriebswirtschaftlich sinnvoller Konzentration – wie weiter vorne schon erwähnt – überwiegend Systeme und nicht mehr die Einzelhändler Partner der Hersteller sind. Das bedeutet aber keineswegs, daß der wichtige Einzelhändler nicht mehr besucht zu werden braucht.

Bei ihm liegt nach wie vor die entscheidende Wahl, aus der Überfülle des Angebotes die für seinen Laden geeigneten Produkte durch den Ordersatz beim Großhändler abzurufen. Demnach ist das Kontaktgespräch mit ihm letztes Glied in der Kette des Warenflusses zum Konsumenten.

Ungleich bedeutsamer, weil für Tausende von Einzelhändlern gleichzeitig wirksam, sind die Vereinbarungen mit den Zentralen. Im Durchschnitt steht eine Zentrale mit 970 Herstellern im aktiven Warengeschäft. Vier von zehn Handelsorganisationen betreiben mit nur bis zu 600 Herstellern ihr Warengeschäft, und bei jeder fünften Zentrale sind es sogar lediglich 300 Hersteller. Wenn nun ein Produzent bedenkt, was er selbst an Umsatz- und damit Verhandlungspotential bei einer Handelsorganisation einbringt, wird klar, welche Bedeutung seinem Verkaufsmanager beim Handelspartner zukommt.

Wer als Hersteller in der Lage ist, im Einklang mit den Warendisponenten der jeweiligen Zentrale verkaufswirksame Programme, Aktionen, Werbekampagnen anzubieten, wird nicht nur seine Produkte unterbringen, sondern in aller Regel auch bessere Konditionen erzielen als der »bloße Warenverkäufer«, dem System und innovative Ideen fehlen.

Auch hier bestätigt sich wieder und mit verstärkter Wirksamkeit die Erkenntnis, daß die Firma mit starker, profilierter Persönlichkeit mehr verkaufen wird und meist sogar mit geringeren Erlösschmälerungen. Daß die Argumentationskette von der Zentrale über den Groß- bis zum Einzelhändler einheitlich, glaubwürdig und überzeugend sein muß, ist offenkundig und bestätigt die Priorität Nummer 1 in der Umsetzung der Corporate Identity im Verhältnis zu den komplizierten Systemen der Absatzmittler der 90er Jahre.

Daß die Unternehmensidentität erheblichen Einfluß auf die Verkäuflichkeit des Produktes oder der Leistung hat, ist aus dem Investitionsgüterbereich, etwa dem Anlagenbau, geläufig: Gerade bei Exportaufträgen orientiert sich die Kaufentscheidung der ausländischen Abnehmer in hohem Maße am Renommee, an der Reputation des anbietenden Unternehmens. Aber auch die Gebrauchsgüter bedürfen zunehmend stärkerer Betreuung, denn die technische Entwicklung hat viele Produkte und Leistungen einander so angenähert, daß Produktdifferenzierung allein keine hinreichenden Vorteile im Wettbewerb mehr bringt. Corporate Identity, verkörpert in qualifizierten Verkaufsmanagern vor Ort bei den Absatzmittlern, wird so zu einem ausschlaggebenden Verkaufsargument.

## CI-fundierte Partnerschaft im Key Account-Management

Eine neuere Entwicklung kennt eine weitere Form kooperativen Zusammenwirkens zwischen Industrie und Handel im Absatzkanal: Das **Key Account-Management.** Hersteller einerseits, Zentrale oder Großhändler andererseits gehen dabei eine besondere Partnerschaft ein, mit dem Ziel, das Kundenpotential für eine bestimmte Warengruppe nach Menge maximal und nach Deckungsbeitrag optimal auszuschöpfen. Dazu ist es erforderlich, daß beide Seiten ihre Markt- und Umsatzzahlen für das relevante Einzugsgebiet offenlegen. Der Großhändler nennt dem Key Account-Manager des Herstellers Anteile, Spannen und Aktionsprogramme für eine bestimmte Produktgruppe, z.B. Sekt. Der Key Account-Manager prüft, ob der Marktanteil der Gesamtbedeutung des Großhändlers entspricht. Wenn nicht, werden Sortiment, Spannen und Aktionen neu justiert und die Werbung erhöht. Bei überproportionaler Beteiligung werden die positiven Faktoren verstärkt, um die Profilierung des Händlers für eine bestimmte Produktgruppe weiter auszubauen.

Ungewöhnlich ist die Tatsache, daß sich Hersteller und Großhändler nun nicht mehr konträr gegenüberstehen, sondern miteinander das Ziel verfolgen, das vorhandene Kundenpotential optimal zu nutzen. Für den Lieferanten ist es dabei anfangs völlig ungewohnt, daß der Key Account-Manager auch die Plazierung seiner Branchenmitbewerber vorschlägt und verantwortet, durchaus mit dem Hintergedanken, daß bei einem Anstieg des Sortimentsumsatzes auch der eigene Umsatz wächst und darüber hinaus in der berechtigten Absicht, seinen Marktanteil so weit zu erhöhen, wie es im Rahmen der Sortimentsoptimierung möglich ist.

Key Account-Management ist eine Form ungewöhnlich vertrauensvoller Zusammenarbeit mit offenen Karten. Daß dazu nur Firmen in Frage kommen, die als Partner voll akzeptiert sind, die sich durch langjährige Zuverlässigkeit einen Namen machten, liegt auf der Hand. Die Formulierung der Firmengrundsätze in einer schriftlich fixierten Corporate Identity wird den Nachweis eigener Solidität erleichtern.

Key Account-Management dürfte – je mehr es sich einbürgert – nicht ohne Rückwirkungen auf das Produkt-Management bleiben. In Zukunft wird der Firmenumsatz mit einem großen Handelspartner wichtiger sein als die nationale Durchsetzung eines Einzelproduktes durch das Produkt-Management; das bedeutet: Marketing muß umdenken und bereit sein, unter einer nationalen Dachstrategie kundenbezogene Einzelkampagnen auszuarbeiten. Das geht so weit, daß – im Rahmen des Account-Managements – Hersteller und Kunde gemeinsame Fernsehspots entwickeln und durch getrennte Bestellungen versuchen, knappe Einschalttermine bei den öffentlich-rechtlichen Anstalten zu vermehren.

Der Key Account-Manager oder Kundengruppenbetreuer wird somit zum Koordinator zwischen Verkauf und Produkt-Management und hat in dieser Form eine neue Ära des Marketing eingeleitet, die zwar immer noch den Verbraucher im Mittelpunkt sieht, in die Absatzbemühungen aber den Handel partnerschaftlicher als bisher miteinbezieht. Hieraus ergibt sich zwingend die Frage: Wo liegt in dieser Organisation die Umsatzverantwortung pro Kunde, beim neugeschaffenen Key Account-Manager oder wie bisher beim Außendienstmitarbeiter? Es liegt nahe, sie dem koordinierenden, mit hohem Spezialwissen ausgestatteten Account-Manager zu übertragen. Die Konsequenzen sind jedoch im Hinblick darauf, daß der Außendienst vom »Kundenbesitz« wesentlich mitmotiviert wird, sorgsam abzuwägen. Nimmt man ihm die direkte Umsatzverantwortung weg, ohne gleichzeitig alternative Anreize einzuführen, gehen Biß und Bereitschaft verloren, die mit dem Großhändler vereinbarten Account-Maßnahmen auch nachdrücklich bei den angeschlossenen Einzelhändlern durchzusetzen. Was wären jedoch alle Maßnahmen wert, würde dieses letzte Glied der Kette zur Schwachstelle?

Eine zweite Frage schließt sich an: Sind alle diese diffizilen Absatzmaßnahmen nur mit festangestellten Außendienstmitarbeitern durchzusetzen, oder lassen sie sich beispielsweise im Gebrauchsgüterbereich auch mit Handelsvertretern oder Agenturen praktizieren?

In diesem Fall wird der Durchgriff bis zum Einzelhändler sicher sehr viel schwerer, da der Kontakt regelmäßig beim Großhändler endet. Dennoch ist es möglich, wenn auch selten, durch klare, einfache Programme, die schriftlich in Aktionsprospekten niedergelegt sind, Key Account-Maßnahmen zu verwirklichen.

Zentrale Bedeutung kommt dabei der laufenden sachlichen Schulung und der emotionalen Motivation der Handelsvertreter und Agenturen zu. Ebenso ist unabdingbar, daß einige Festangestellte der Firma vor Ort wirken, um Beispiel zu geben und Kontrollen vorzunehmen.

## Ausblick

Der Blick in die Zukunft läßt erkennen, daß der emanzipierte, wählerische Verbraucher Produkten und Dienstleistungen kritisch gegenübersteht. Er will für sein gutes Geld eine in jeder Hinsicht angemessene Gegenleistung; er wird einer Marke nur dann die Treue halten, wenn sie mit ständiger Qualitätsverbesserung und innovativen neuen Produkten dem Zeitgeist folgt.

Zu dieser Konsumenteneinstellung kommt ein erstarkter und selbstbewußter Handel hinzu, der seine Sortimente nach eigener und nicht nach Hersteller-Entscheidung aufbaut, wobei die Warenfülle zu einer immer größeren Auslese führt.

Dieses Zukunftsbild bedeutet eine herausfordernde Aufgabenstellung für jeden Hersteller und Anbieter von Dienstleistungen. Es reicht in Zukunft sicher nicht aus, nur gute Produkte zu haben; hinter ihnen muß ein Absender stehen, der sich Handel und Verbraucher gegenüber als verantwortungsbewußte Persönlichkeit profiliert. Die Corporate Identity bildet hierbei die verständlich formulierte Basis der Unternehmenspolitik mit Wirkung nach innen und außen.

## Zusammenfassung des Inhalts

- Der tiefgreifende Strukturwandel in den Beziehungen zwischen Handel und Industrie erfordert ein Überdenken des Auftritts gegenüber Handelspartnern.
- Der Handel ist aus seiner über Jahrzehnte andauernden Funktion der Erfüllungsgehilfen der Industrie herausgewachsen.
- Die Industrie muß neue Wege des Absatzes und des Auftretens gegenüber oft erheblich größeren Handelsunternehmen definieren.
- Corporate Identity hat die Grundlage für ein unternehmenseinheitliches Auftreten der Mitarbeiter nach außen hin zu bilden.
- Sie muß von den Mitarbeitern nicht nur akzeptiert, sondern verinnerlicht werden; Schwachstellen werden am ehesten im Kontakt mit Kunden aufgedeckt.
- Das als Element der Corporate Identity verankerte Key Account-Management bildet eine wesentliche Basis für ein partnerschaftliches Verhältnis zwischen Industrie und Handel.

# Corporate Identity und Marketing-Identität

Hans-Dieter Maier

## Corporate Identity und Marketing

### Allgemeine Begriffsbestimmung

Unter **Corporate Identity** verstehen wir hier den *einheitlichen Auftritt* eines Unternehmens und seiner Unternehmensbereiche gegenüber Dritten. Damit richtet sich Corporate Identity an verschiedenste mit dem Unternehmen in Verbindung stehende Adressaten, wie Öffentlichkeit, Verbraucher, Geldgeber, Lieferanten und Mitarbeiter des Unternehmens. Jedem dieser Adressaten steht im Unternehmen selbst ein Bereich gegenüber. Im Falle des Verbrauchers ist es die Marketingabteilung (Abbildung 1):

| Öffentlichkeit | Verbraucher | Verteiler | Mitbewerber | Lieferant | Geldgeber | Mitarbeiter | Regierung | Parlament |
|---|---|---|---|---|---|---|---|---|
| Public Relations | Marketing | Vertrieb | Marketing Vertrieb | Einkauf | Finanzbereich | Personalbereich | Firmenspitze Public Relations | |

**Abb. 1:** *Adressaten von Corporate Identity*

Unter **Marketing** verstehen wir hier die Methode zur systematischen Erfassung und Erfüllung von Verbraucherwünschen. Im Mittelpunkt des Marketing steht der *Verbraucher.* Da Corporate Identity den einheitlichen Auftritt eines Unternehmens meint und Marketing den Verbraucher als Adressaten hat, ist Corporate Identity aus der Sicht des Marketing *der einheitliche Auftritt eines Unternehmens gegenüber dem Verbraucher.* Anzumerken ist, daß der Verbraucher auch zu anderen Adressaten-Gruppen gehört, zum Beispiel zur Öffentlichkeit. Dann ist sein »Gegenüber« im Unternehmen nicht das Marketing, sondern die Abteilung für Public Relations.

Ein idealer Zustand von Corporate Identity gegenüber dem Verbraucher ist dann erreicht, wenn das Bestreben der Marketingabteilung um einen einheitlichen Auftritt dem Verbraucher durch die Maßnahmen aller anderen Unternehmensbereiche parallel unterstützt wird; im obigen Beispiel durch gleichgerichtete Maßnahmen von Public Relations.

Das Marketing des Unternehmens tritt dem Verbraucher gegenüber durch seine Unternehmensleistung auf, d.h. durch Güter- oder Dienstleistungen. Wir wollen uns auf Konsumgüter beschränken und das einzelne Konsumgut mit dem Begriff **Brand** belegen. Denn die Brand umfaßt das Konsumgut in seinen Bestandteilen Marke, Produkt, Verpackung, Preis, Promotion und Werbung. Aus ihnen, dem Marketing-Mix, entwickelt sich das »Bild« des Verbrauchers von unserer Ware, auch **Brand Image** genannt.

Hier wird schon deutlich, daß sich Corporate Identity nicht auf grafische Aspekte beschränken kann, die nur im Zusammenhang mit Marke, Verpackungsgestaltung und Werbung Bedeutung haben und somit nur einen Teil der Brand abdecken. Eine Erweiterung des Begriffs auf sämtliche Bestandteile der Brand *(Marketing-Mix),* die alle mit dem Verbraucher in Verbindung treten, erscheint angezeigt.

Corporate Identity in ihrer Beziehung zur Brand ist jedoch nicht mit **Brand-Marketing** zu verwechseln. Aufgabe des Brand-Marketing ist die Abstimmung der einzelnen Elemente des Marketing-Mix *einer* Brand untereinander. Ziel ist hier, ein Verbraucherbedürfnis durch alle Elemente der Brand bestmöglich zu erfüllen, ein »stimmiges Paket« anzubieten. Diese Abstimmung ist eine *vertikale* Abstimmung. Das Resultat nennen wir ***Marketing-Mix Identity.***

Unterschiedlich hierzu hat Corporate Identity die Aufgabe der Abstimmung *mehrerer* Brands eines Unternehmens gegenüber dem Verbraucher.

### Brand Identity

Diese Abstimmung mehrerer Brands gegenüber dem Verbraucher nennen wir **Brand Identity.** Sie umfaßt die *horizontale* Abstimmung der vergleichbaren Elemente des Marketing-Mix mehrerer Brands. Brand Identity macht also erst Sinn, wenn das Unternehmen dem Verbraucher mindestens zwei Brands anbietet. Im Grenzfall einer Brand fallen Marketing-Mix Identity und Brand Identity zusammen: Es gibt lediglich eine vertikale Abstimmung. Die schematische Darstellung dieser Begriffsbestimmung zeigt Abbildung 2.

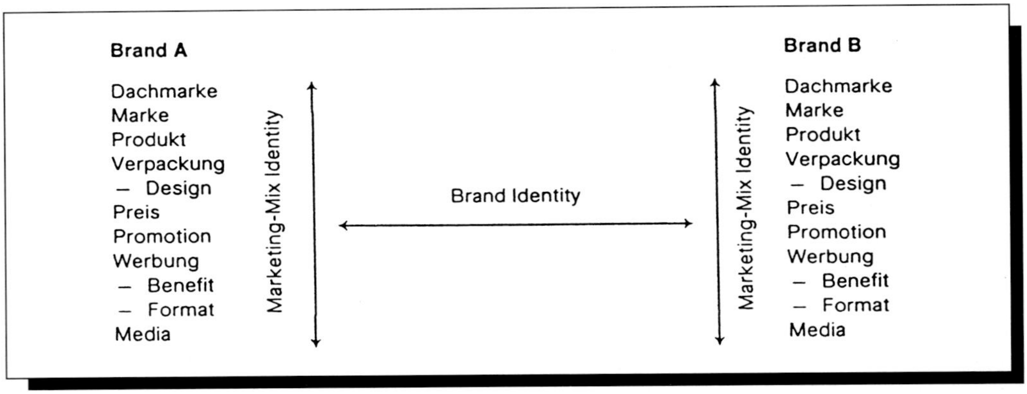


**Abb. 2:** *Brand Identity und Marketing-Mix Identity*

Im folgenden erklären wir den Begriff Brand Identity am Beispiel eines der wichtigsten Elemente des Marketing-Mix, der Werbung.

### Brand-Werbung und Dachmarkenwerbung

Im Falle der *klassischen* Brand-Werbung hat jede Brand ihre *individuelle* Werbung. Eine Abstimmung zwischen der Werbung mehrerer Brands des Unternehmens gibt es nicht. Der werbliche Auftritt jeder Brand erfolgt unabhängig von der anderen Brand. Eine Brand Identity für das Marketing-Mix Element Werbung besteht nicht. Trotzdem kann eine horizontale Abstimmung der übrigen Elemente des Marketing-Mix mehrerer Brands bestehen. Damit besteht in überwiegendem Maße Brand Identity mit Ausnahme der Werbung.

Findet auch eine Abstimmung der Werbung statt, nennen wir dies **Dachmarkenwerbung.** Dachmarkenwerbung ist der *gemeinsame* Auftritt mehrerer Brands in der Werbung. Für Benefit und Werbeformat muß ein gemeinsamer Nenner gefunden werden. Der Benefit der einen Brand kann zum Beispiel nicht »überschwengliches Genußerlebnis«, der der anderen Brand »diätetische Ernährung« sein. Der Benefit wird vereinheitlicht und damit tendenziell generisch (z.B. »hohe Qualität«). Sind sämtliche Elemente des Marketing-Mix mehrerer Brands aufeinander abgestimmt, liegt *totale* Brand Identity vor. Dachmarkenwerbung ist also eine Voraussetzung für totale Brand Identity.

### Corporate Werbung

Von der klassischen Brand-Werbung und der Dachmarkenwerbung zu unterscheiden ist die **Corporate Werbung.** Bei der klassischen Brand-Werbung und der Dachmarkenwerbung stehen die Brands nach wie vor im Vordergrund, bei der Corporate Werbung das Unternehmen. Stützt sich das Unternehmen auf seine Produkte, so nennen wir dies Corporate Werbung durch *Produktlegitimation.* (In konsequenter Verfolgung unserer Terminologie müßten wir dies *Brandlegitimation* nennen. W. Eser hat jedoch in »Interview und Analyse« (1, 119) die Begriffe *Produktlegitimation* und *Firmenlegitimation* verwendet, bei denen wir es belassen wollen.) Wird kein direkter Bezug zu den Produkten hergestellt, nennen wir dies Corporate Werbung durch *Firmenlegitimation.*

Klar ist aber, daß Corporate Werbung nie ohne Bezug zu den Produkten oder Brands des Unternehmens auskommt. Wenn in der Corporate Werbung selbst kein direkter Bezug hergestellt wird, besteht er durch die Erinnerung des Verbrauchers. In aller Regel entsteht das Interesse des Verbrauchers am Unternehmen durch die Leistung der Brand. Corporate Werbung setzt also Brand-Werbung oder Dachmarkenwerbung voraus.

### Gesamtsystematik

Faßt man das bisher Gesagte zusammen, erscheint folgende Systematisierung von Corporate Identity und Marketing möglich (Abbildung 3). Dabei erfährt, wie bisher, das wichtige Marketing-Mix-Element Werbung durch Herausstellung eine besondere Würdigung. Die Abgrenzung der wichtigen Begriffe klassische Brand-Werbung, Dachmarkenwerbung und Corporate Werbung wird deutlich:

| Elemente des Marketing-Mix | Brand Identity | | Corporate Werbung | |
|---|---|---|---|---|
| | Klassische Brand Identity | Dachmarken-werbung | Produktlegi-timation | Firmenlegi-timation |
| – Werbung | Individuelle Brand-Werbung | Einheitlicher werblicher Auftritt mehrerer Brands | Werblicher Unternehmens-auftritt mit **direktem** Bezug zu den Brands | Werblicher Unternehmens-auftritt mit **indirektem** Bezug zu den Brands |
| – Übrige | Möglichst einheitlicher Auftritt | | | |

**Abb. 3:** *Corporate Identity aus Marketingsicht*

**Rechtfertigung**

Es gilt als gesicherte Erkenntnis, daß die vertikale Abstimmung der einzelnen Elemente des Marketing-Mix *einer* Brand *Marketing-Mix Identity* die Kommunikationsfähigkeit der Brand erhöht. Sie gewinnt beim Verbraucher ein profiliertes Image und wird besser erinnerbar. Hieraus ergeben sich unmittelbare Vorteile für Geschäftserfolg und Kosten.

Dieser anerkannte Wert der Abstimmung innerhalb einer Brand erlaubt Schlußfolgerungen für die Abstimmung der Marketing-Mix-Elemente *mehrerer Brands,* also für *Brand Identity* und *Corporate Werbung.* Im engeren Kommunikationsbereich liegt der Wert einer Abstimmung hauptsächlich in der Einsparung von Mediakosten. Aber auch Abstimmungsprozesse zwischen den »technischen« Elementen des Marketing-Mix resultieren in Synergie-Effekten und Kosteneinsparungen, zum Beispiel durch technisch gleichartige Verpackungen für mehrere Brands.

Über die direkten Kosteneinsparungen hinaus ergeben sich zusätzliche Vorteile. Dies wird besonders deutlich am Beispiel der *Dachmarkenwerbung.* Die Dachmarke profiliert sich, indem sich das zu ihr gehörende Produktsortiment auf eine oder wenige gemeinsame Verbraucherbotschaften beschränkt. Hat sie sich einmal profiliert, schafft sie beim Verbraucher einen »Vertrauensrahmen« für neue ähnliche Produkte, die sich der gemeinsamen Werbebotschaft unterwerfen können.

Diese Schlußfolgerungen sind übertragbar auf beide Formen von *Corporate Werbung.* Der ökonomische Vorteil findet jedoch Grenzen, wo für den Verbraucher die Verbindung zur Brand, an der er letztlich interessiert ist, abreißt. Corporate Werbung allein ist nicht funktionsfähig.

Tritt ein Unternehmen dem Verbraucher nicht durch Brand Identity allein, sondern zusätzlich durch Corporate Werbung gegenüber, so empfiehlt sich ein aufeinander abgestimmter Auftritt. Nur so kommt das Unternehmen in den Genuß eines Kommunikationsvorteils durch sich kummulierende Verbraucherbotschaften.

Zusätzliche Kommunikationsvorteile ergeben sich aus der Abstimmung von CI-Maßnahmen zwischen verschiedenen Unternehmensbereichen. Zum Beispiel ist der Bereich Vertrieb um einen einheitlichen Auftritt gegenüber dem Verteiler bemüht. Dabei kann der Vertrieb auf Botschaften aufbauen, die den Verteiler in seiner zusätzlichen Eigenschaft als Verbraucher erreichen.

**Marketing und andere Unternehmensbereiche**

Im Vorausgehenden wurde versucht, Corporate Identity aus Marketingsicht systematisch zu erfassen. Die Systematik fußt auf dem »Adressaten« des Marketing, dem Verbraucher, und dem Bindeglied zwischen ihm und der Brand, dem Marketing-Mix.

Eine ähnliche Systematik ist denkbar aus der Sicht anderer Unternehmensbereiche und ihrer Adressaten. Im Falle des **Vertriebs** ersetzt man die einzelnen Elemente des Marketing-Mix durch folgendes »Vertriebs-Mix«:

- Verteilerpreis
- Konditionen

- Art und Häufigkeit der Verkaufsbesuche
- Art des Verkaufens an den Verteiler
- Art der Behandlung unterschiedlicher Verteilerorganisationen
- Absatzwege und Art der Belieferung
- Art der Rechnungsstellung und -begleichung etc.

Die Verbindung zur Marketing-Identität läßt sich unschwer herstellen. So bestimmen die Markenartikelpolitik des Marketing die Preis- und Konditionspolitik und die Art des Verkaufens an den Verteiler; die Art der Produkte bestimmt die Absatzwege und die Art der Belieferung (z.B. benötigt ein zu kühlendes Produkt andere Absatzwege als ein unbeschränkt haltbares Produkt), etc.

Dieses Vorgehen kann insbesondere auch auf die Adressaten *Lieferanten* und *Geldgeber* übertragen werden. Der Vorteil einer einheitlichen Systematik besteht in einer vereinfachten Abstimmung zwischen den verschiedenen Unternehmensbereichen, die dem Ziel Corporate Identity für das gesamte Unternehmen nur dienlich sein kann.

## Ist-Situation

### Bundesrepublik Deutschland

*Theorie*

Es bestehen kaum nennenswerte Versuche, Corporate Identity aus Marketingsicht systematisch und umfassend darzustellen. Dies erklärt sich nicht zuletzt daraus, daß die Methode Marketing selbst in ihrer theoretischen Erörterung noch keinen Abschluß gefunden hat, geschweige denn auf breiter Front konsequent in die Tat umgesetzt wird.

Corporate Identity aus Marketingsicht beschränkt sich in der Regel

- auf die einheitliche grafische Darstellung des Firmennamens oder der Dachmarke des Unternehmens und
- auf Corporate Werbung, wie sie im vorausgehenden Kapitel definiert worden ist.

Damit wird das weite Feld der horizontalen Abstimmung sämtlicher Elemente des Marketing-Mix mehrerer Brands, was wir als klassische Brand Identity bezeichnen, ignoriert.

Im einzelnen wird die Vereinheitlichung der Werbung in der Dachmarkenwerbung zu eng als die einzige Möglichkeit des einheitlichen Auftritts mehrerer Brands gesehen. Die Werbung ist jedoch nur ein Element des Marketing-Mix. Effiziente Dachmarkenwerbung ist nicht denkbar ohne die Abstimmung des gesamten Marketing-Mix der unter die Dachmarkenwerbung fallenden Brands. Ähnliches gilt für Corporate Werbung.

Die Unterbelichtung von Corporate Identity aus Marketingsicht wird auch deutlich, wenn man nach dem Schlüsselwort »Verbraucher« sucht. Es hat gerade noch Eingang gefunden als Teil der sogenannten Öffentlichkeit.

Ungeachtet der fehlenden theoretischen Grundlage praktizieren führende Markenartikler Brand Identity in der hier definierten Weise. Die klassische Funktionsgliederung Brand Manager/Product Manager – Brand Promotion Manager/Produktgruppenleiter – Marketing Manager, eine homogene Besetzung dieser Personalstellen, ein für jede Brand des Unternehmens einheitliches Format für Marketing-Strategien etc. münden zwangsläufig in einen homogenen Auftritt des Unternehmens gegenüber dem Verbraucher.

Praktizierte Brand Identity läßt sich anschaulich am Beispiel Procter & Gamble nachweisen. Eine Analyse der Marketing-Mix der führenden Marken der Detergent Division dieses Unternehmens (Ariel, Dash, Lenor, Meister Proper) ergibt folgende Einheitlichkeit im Auftritt gegenüber dem Verbraucher (Stand 1980):

| Marketing-Mix | Art des Auftritts | Breite des einheitlichen Auftritts |
|---|---|---|
| Marke | Ausschließlicher Markenauftritt | sämtliche Brands |
| Produkt | Überdurchschnittliche Qualität, Problemlösungen | sämtliche Brands |
| Verpackung (inkl. Design) | Hohe Stabilität, Hochwertigkeit, langfristig unverändert, spezifische Form (z. B. Trommel anstatt Tragepackung), starke Brand-Kommunizierung, klare Informationen etc. | sämtliche Brands |
| Preis | Über Marktdurchschnitt | sämtliche Brands |
| Promotion | Preispromotions in zeitlich abgegrenzten Verkaufsrunden<br>Verbraucher- und Handelspromotions (Gewinnspiele etc.) | sämtliche Brands<br>sämtliche Brands |
| Werbung | Beschränkung auf wenige, klar definierte Formate, hauptsächlich auf »Slice of Life« | Lenor, Dash, Meister Proper |
| Media | Überwiegende Beschränkung auf TV und Radio | sämtliche Brands |

**Abb. 4:** *Analyse der Marketing-Mix*

Eine Analyse der praktizierten Brand Identity und Corporate Werbung in der breiteren Wirtschaft zeigt jedoch:

- Der Schwerpunkt der Bemühungen um einen einheitlichen Unternehmensauftritt liegt einschränkend im grafischen Auftritt von Dachmarken und Firmennamen und in der Corporate Werbung. Der Wirkungskreis ist jedoch bedeutend weiter zu stecken, wie wir im Vorausgehenden gezeigt haben.

- Diese Bemühungen werden in der Regel losgelöst von den Verbrauchern betrieben. CI-Bemühungen müssen sich aber an den Kriterien Verbraucherrelevanz und Verständlichkeit messen lassen. Ein herausragendes Beispiel für die Berücksichtigung dieser Kriterien ist der Mercedes-Stern als ein die Marke sinnvoll ergänzendes grafisches Symbol. (»Dein guter Stern auf allen Straßen«). Es ist verständlich und hat eine starke Beziehung zum Produkt. Man fragt sich, ob andere jüngere Beispiele der Ergänzung von Marken durch Symbole ebenso erfolgreich sein werden. Zweifelhaft ist sicher, ob die Symbole, welche unsere Kriterien nicht erfüllen, die Kraft der Marke stärken. Das Gegenteil, ein Ablenken von der Marke, ist zu befürchten.

- Corporate Werbung muß stärker berücksichtigen, daß sie Brand Werbung nur ergänzen, nicht ersetzen kann, wenn sie nicht im luftleeren Raum operieren will.
- Corporate Werbung muß mehr den Gesetzen der Kommunikation genügen. Eine einzige Kampagne wird diesen Anspruch schwerlich erfüllen, wenn anhaltende Werbewirkung erreicht werden soll.

**USA**

In den USA wird Corporate Identity als *Corporate Werbung* umfassender betrieben als in der Bundesrepublik. Dies läßt sich sowohl aus dem monetären Aufwand als auch aus der Vielzahl der durchgeführten Untersuchungen schließen.

W. Eser (1, 234) schätzt einen mindestens zehnfachen Geldaufwand für Corporate Werbung im Vergleich zu Europa. Zum Vergleich: Für die gesamte Mediawerbung wird in den USA max. das Achtfache des in Europa hohen bundesrepublikanischen Aufwands investiert. (International Advertising Association und Starch INRA Hooper Studie, 1977.)

Folgende Stellen haben zwischen 1970 und 1978 Untersuchungen durchgeführt, welche mehrere Unternehmen erfassen:

| | |
|---|---|
| Sandgren and Martha, Inc. | 276 Unternehmen |
| Time/Th. R. Ryan, Inc. | 599 Manager |
| St. John's University | 618 Manager |
| Time/Yankelovich | 700 Manager |
| Assoc. of Nat'l Advertisers, Inc. | 114 Unternehmen |
| Bozell & Jacobs Int'l, Inc. | 460 Unternehmen |

Es ist anzunehmen, daß mehrere größere US-Firmen eigene Studien über die Wirksamkeit ihrer Corporate Werbung durchgeführt haben.

Corporate Werbung in den USA spricht in der Regel nicht zielgerichtet den Verbraucher an, sondern die Öffentlichkeit im weitesten Sinne. Hauptziel ist die Förderung des Unternehmensimages. Durchaus mit realen Begründungen. So versuchte die von Bozell & Jacobs International, Inc., unter 460 Unternehmen in den Jahren 1974 – 1976 durchgeführte Untersuchung nachzuweisen, daß Corporate Werbung einen positiven Einfluß auf die Höhe des Aktienkurses der betreibenden Unternehmen hat.

Demnach stellt die Schaffung eines »Image-Rahmens« zur Unterstützung vorhandener und neuer Brands kein vorrangiges Ziel dar. Dies läßt sich auch aus der auf Material der Jahre 1971 – 1975 fußenden Untersuchung der Association of National Advertisers schließen.

Die durch das College of Business Administration der St. John's University durchgeführte Befragung von Führungskräften scheint dem zu widersprechen. Hier waren für die Mehrheit von 75 % der Befragten die qualitativen Leistungen des Unternehmens Thema Nummer 1. Es ist verständlich, daß Produkt-bezogene Marketing-Manager in der Corporate Werbung vorrangig die Produktqualitäten ihres Unternehmens behandelt wissen wollen (von uns Corporate Werbung durch Produktlegitimation genannt).

Die CI-Bemühungen im Sinne von *Brand Identity* können in diesem Rahmen nicht behandelt werden.

## Corporate Identity als Aufgabenstellung

### Aufgabenbestimmung

Nach dem bisher Gesagten muß es Aufgabe von Marketing sein

- einen einheitlichen Auftritt der vergleichbaren Brands eines Unternehmens zu schaffen (Brand Identity),
- eine Abstimmung von Brand Identity und Corporate Werbung herbeizuführen und
- die Identität von Brand Identity und Corporate Werbung einerseits und nicht auf den Verbraucher, sondern auf andere Adressaten gerichtete CI-Bemühungen andererseits sicherzustellen.

### Corporate Identity-Strategie

Grundlage für die Erfüllung dieser Aufgabe ist eine für den Marketingbereich verbindliche **CI-Strategie** (Beispiele solcher Strategien zeigen wir später).

Andere Unternehmensbereiche mögen aber damit nicht vereinbarte CI-Strategien haben. Die Frage taucht auf, woran sich das Unternehmen letztlich orientiert. In Beiträgen über Corporate Identity taucht wiederholt die Ansicht auf, Corporate Identity sei die zentrale Kommunikations-Strategie des Unternehmens, an der sich Kommunikations-Strategien der Unternehmensbereiche auszurichten hätten. Dies suggeriert Corporate Identity als Selbstzweck.

Das Unternehmen orientiert sich letztlich an der für den Marketingbereich gültigen CI-Strategie. Denn sie richtet sich nach dem Verbraucher, dem das Unternehmen letztlich seine Produkte verkaufen möchte.

Damit wird deutlich, daß sich auch die CI-Strategien anderer Unternehmensbereiche an der Marketing-Strategie orientieren.

### Umsetzung

Die Umsetzung der Aufgabe des Marketing, dem Verbraucher gegenüber aufzutreten, verlangt die Entwicklung einer Marketing-Strategie. Dies erfordert

- die Gruppierung aus Verbrauchersicht vergleichbarer Brands, für welche Brand Identity hergestellt werden soll, zur *Division* und
- die Formulierung der beim Verbraucher vorherrschenden oder zu erreichenden Einschätzung der Brands dieser Division.

Das folgende Beispiel zeigt die Gruppierung zu einer hinreichend homogenen Division »Frischprodukte«. Sie gehört zur übergreifenden, schon heterogenen Sparte »Nahrungsmittel«, die im Unternehmen neben der Sparte »Getränke« steht (s. Abbildung 5).

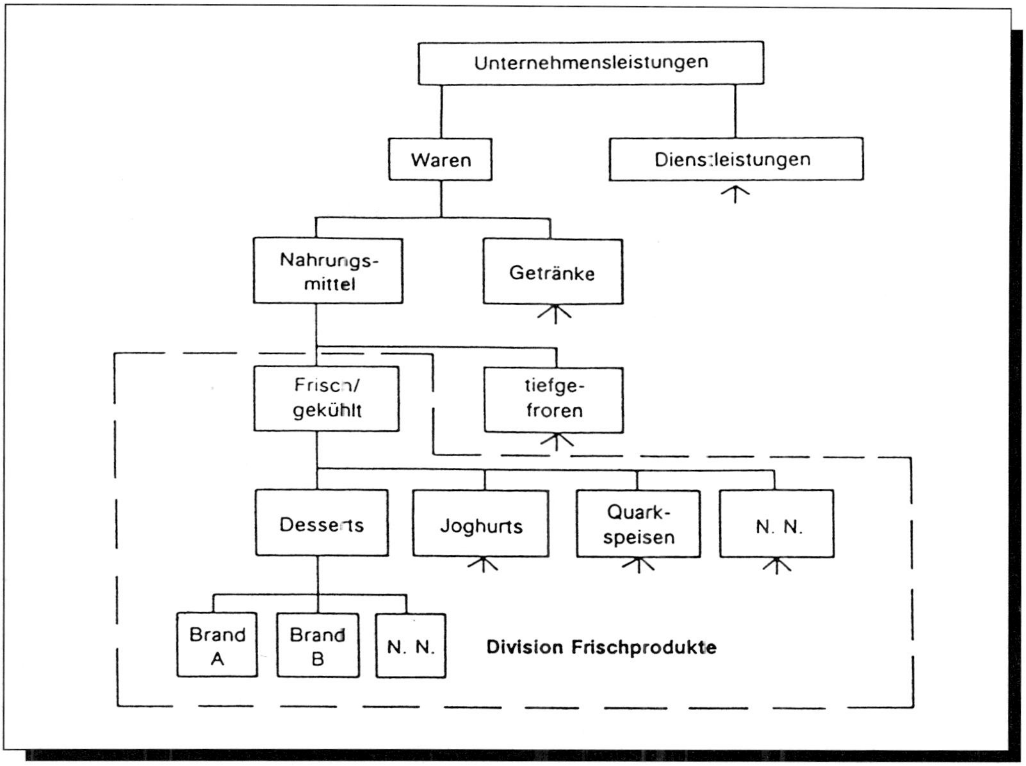


**Abb. 5:** *Division-Bildung (Beispiel: Frischprodukte)*

Aus der Division Frischprodukte greifen wir im folgenden das Segment »Desserts« heraus, welches aus den beiden Brands A und B bestehen soll. Sie zeichnen sich durch folgende Definitionen ihrer Marketing-Mix Elemente aus. Die Summe dieser Definitionen stellt praktisch die jeweilige Marketing-Strategie der Brand A bzw. B dar:

| Marketing-Mix | Brand A | Brand B |
|---|---|---|
| Dachmarke | DANONE | DANONE |
| Marke | X | Y |
| Produkt | überdurchschnittliche Qualität | höchste Qualität (hoher Fettgehalt) |
| Verpackung | Kunststoff | Kunststoff in Karton |
| Design | appetite appeal | verführerische Aufmachung |
| Preis | über Marktdurchschnitt | über Brand A |
| Promotion | consumer games, Preispromotions | consumer games |

| | | |
|---|---|---|
| Werbung | | |
| – Benefit | sahniger Geschmack | verführerische Spezialität |
| – Format | Testimonial | Testimonial |
| Media | TV, Illustrierte | TV, Spezialillustrierte |

Demnach könnte eine ergreifende, also abgestimmte Marketing-Strategie für beide Brands der Division wie folgt formuliert werden:

| *Marketing-Mix* | *Division Frischprodukte (Brand A und B)* |
|---|---|
| Marke | Einzelmarken, unterstützt durch Dachmarke. Einzel- und Dachmarke treten immer gemeinsam auf. |
| Produkt | Überdurchschnittliche bis höchste Produktqualitäten. |
| Verpackung | Den hochwertigen Qualitätsanspruch stützende Verpackung (z.B. hochwertiger Kunststoff). |
| Preis | Der Qualität entsprechend über dem Marktdurchschnitt. |
| Promotion | Interessante Gewinnspiele unter Einbeziehung der Produktqualitäten. |
| Werbung | Durchführung von Brand-Werbung und Corporate Werbung. Brand-Werbung besteht grundsätzlich in Testimonial-Werbung mit echten Verbrauchern. Corporate Werbung stützt sich ausschließlich auf die vorhandenen Brands (»Produktlegitimation«). |
| Media | Konzentration auf visuelle Medien, da die Brands entscheidend durch ihren visuellen Auftritt wirken und/oder am Point of Purchase durch den Verbraucher nur mit Schwierigkeiten zu identifizieren sind. |

Mit dieser Corporate Marketing-Strategie ist die strategische Basis für die operative Erarbeitung von Brand Identity zwischen den Brands der Division gelegt. Dieser Abstimmungsprozeß beschränkt sich nicht auf die globale Marketing-Strategie, sondern setzt sich in die *Teilstrategien* hinein fort. Wir zeigen dies am Beispiel des wichtigen Marketing-Mix Elements Werbung.

Im folgenden entwickeln wir verschiedene Werbe-Strategien, ausgehend von der Werbe-Strategie für eine individuelle Brand hin bis zur Corporate Werbung (Firmenlegitimation). Dabei bleiben wir bei unserem Frischprodukt/Dessert-Beispiel:

*Werbe-Strategie Brand X*

*Die Werbung soll Verbraucher überzeugen, daß X ein besonders frisch schmeckendes Dessert höchster Qualität ist.*

*Der besonders frische Geschmack wird durch die Verwendung nur frischer Zutaten erreicht.*
*Die Tonalität der Werbung soll die hohe Produktqualität unterstützen.*

Aus der Werbe-Strategie für eine Brand leiten wir eine Dachmarken-Werbe-Strategie für mehrere Brands ab (siehe dazu auch Abbildung 3, wo wir Corporate Identity aus der Sicht von Marketing und Werbung systematisieren):

*Werbe-Strategie Dachmarke XY*

*Die Werbung soll Verbraucher überzeugen, daß die Marke XY Dessertprodukte hoher Qualität garantiert.*
*Die hohe Qualität wird durch die Verwendung bester Zutaten erreicht.*
*Die Tonalität der Werbung soll die Zuverlässigkeit der Marke XY unterstreichen.*

In Abbildung 3 haben wir bei der Corporate Werbung zwischen Werbung durch Produktlegitimation und Werbung durch Firmenlegitimation unterschieden. Auch hierzu werbestrategische Beispiele:

*Werbe-Strategie Corporate Werbung (Produktlegitimation)*

*Die Werbung soll Verbraucher überzeugen, daß das Unternehmen U Desserts hoher Qualität herstellt.*
*Die hohe Qualität wird durch das einzigartige Know-how in der Herstellung von Desserts erreicht.*
*Die Tonalität der Werbung soll den Expertencharakter des Unternehmens unterstreichen.*

*Werbe-Strategie Corporate Werbung (Firmenlegitimation)*

*Die Werbung soll Verbraucher überzeugen, daß das Familienunternehmen U seit über 100 Jahren mit zunehmendem Erfolg im Dienste des Verbrauchers tätig ist.*
*Das Erfolgskonzept des Unternehmens ist die beständig hohe Qualität seiner Produkte.*
*Die Tonalität der Werbung soll die Vertrauenswürdigkeit des Unternehmens unterstreichen.*

## Ableitungen für die Praxis

Derartige strategische und operative Arbeiten verlangen gewisse strukturelle Voraussetzungen im durchführenden Unternehmen:

### Voraussetzungen im Unternehmen

*Leitungsorganisation*

Wichtige Voraussetzung ist das Vorhandensein einer Marketing-Organisation, welche Abstimmungsprozesse zwischen den Brands erlaubt.

Die in Mittel- und Großunternehmen am meisten übliche Organisationsstruktur ist das Brand-Management-System:

- General-Manager
- Marketing-Manager

- Gruppen-Manager
- Brand-Manager

Diese Organisationsstruktur erlaubt Abstimmungsprozesse zur Herstellung der Brand Identity in der Stelle des Gruppen-Managers oder des Marketing-Managers. Letzterer kann je nach Verantwortungsbereich auch Abstimmungen zwischen Divisionen vornehmen *(Division Identity)*.

Der Brand-Manager selbst ist verantwortlich für die Abstimmung der Elemente des Marketing-Mix einer Brand untereinander. In dieser Funktion wird er in Zusammenarbeit mit der Marktforschung das Imageprofil der Brands erfragen, um gleichzeitig einen Orientierungspunkt für wirksame Brand Identity und Corporate Werbung zu schaffen (s. auch unter »Orientierungspunkte«).

*Personal*

Corporate Identity ist, auch aus Marketingsicht, leichter erreichbar, wenn das Unternehmen über eine *möglichst homogene Besetzung der Personalstellen* verfügt, z. B. werden zu unterschiedliche personelle Besetzungen der Brand-Managerstellen der Brand Identity nicht dienlich sein.

Diesem Gesichtspunkt sollte auch bei der Auswahl von Werbe- und Berateragenturen Rechnung getragen werden. Auch hier muß die Unternehmenspolitik auf Homogenität und Kontinuität anstatt auf Heterogenität und zufällige Änderung ausgerichtet sein.

Hier werden auch zeitliche Implikationen deutlich. Brand Identity verlangt nicht nur einen einheitlichen Auftritt mehrerer Brands zum gleichen Zeitpunkt, sondern auch einen einheitlichen Auftritt dieser Brands in zeitlicher Abfolge. Sobald weitgehende Identität erreicht ist, wird dieser Zustand idealerweise so lange fortgesetzt, bis eine sich verändernde Umwelt, insbesondere ein sich wandelnder Verbraucher, eine Überprüfung des strategischen Gehalts dieser Identität erfordern. Diese anspruchsvolle Aufgabe verlangt gut ausgebildete und für Marktänderungen aufgeschlossene Manager.

*Arbeitsorganisation*

Eine auf dem Brand-Managementsystem fußende Leitungsorganisation ermöglicht ein Arbeiten auf der Grundlage schriftlich fixierter Marketing-Strategien für jede einzelne Brand. In der Regel werden diese durch Teilstrategien für die wichtigsten Elemente des Marketing-Mix ergänzt (Werbe-Strategie, Produkt-Strategie etc.).

Die Abstimmung dieser einzelnen Marketing-Strategien und ihrer Teilstrategien ist der erste und wesentlichste Schritt zur Erlangung von Brand Identity. Eine Möglichkeit der Formalisierung des Abstimmungsprozesses wird in Abbildung 6 am Beispiel einer Werbe-Strategie für Dachmarkenwerbung gezeigt:

| Agentur | Brand-Manager | Gruppen-Manager | Marketing-Manager |
|---|---|---|---|
| | | | |
| Unterschrift und Datum | | | |
| *Dachmarke XY Werbe-Strategie*<br>Die Werbung soll Verbraucher überzeugen, daß die Marke XY Dessertprodukte hoher Qualität garantiert.<br>Die hohe Qualität wird durch die Verwendung bester Zutaten erreicht.<br>Die Tonalität der Werbung soll die Zuverlässigkeit der Marke XY unterstreichen. | | | |

**Abb. 6:** *Formalisierte Strategie-Abstimmung*

*Marktforschung*

Brand Identity und Corporate Werbung setzen Informationen über die Einschätzung der einzelnen Brands und des Unternehmens durch den Verbraucher voraus. Dies verlangt Know-how im Marktforschungsbereich und damit eine unternehmenseigene Marktforschung oder die Fähigkeit zur Zusammenarbeit mit Marktforschungsinstituten.

**Orientierungspunkte**

Brand Identity und Corporate Werbung haben sich an dem zu orientieren, was der Verbraucher von den Brands und dem Unternehmen selbst hält, und was er in Zukunft von ihnen erwarten wird.

*Ist-Situation*

Über die gegenwärtige Verbrauchereinschätzung geben Image- und Usage- und Attitude-Studien Aufschluß. Es kann relativ leicht festgestellt werden, wieweit die einzelnen abzustimmenden Brands schon ein ähnliches Imageprofil aufweisen. Für das in Abbildung 7 gezeigte Beispiel einer fingierten Image-Studie kann sicherlich gesagt werden, daß die Brands A und B schon einen hohen Grad von Brand Identity erreicht haben. Hier ist durch eine zusätzliche Abstimmung der Marketing-Strategien lediglich eine marginale Verbesserung erreichbar.

| Verbatims | Brand A (Basis: 300) % | Brand B (Basis: 240) % |
|---|---|---|
| Besonders gute Qualität | 83 | 86 |
| Besonders frisch | 75 | 72 |
| Ansprechende Aufmachung | 67 | 69 |
| Leistungsgerechter Preis | 61 | 67 |
| Hält gesund | 18 | 12 |
| Von bedeutendem Hersteller | 80 | 83 |
| Weniger für Kinder geeignet | 55 | 58 |

**Abb. 7:** *Image-Studie*

*Entwicklung*

Im Vorausgehenden wurde gezeigt, daß Brand Identity und Corporate Werbung sich an dem Image orientieren, das der Verbraucher von den Brands und vom Unternehmen hat. Dies wird marktforscherisch erfaßt.

Brand Identity und Corporate Werbung orientieren sich aber auch an der zukünftigen Entwicklung, die der Verbraucher und seine Bedürfnisse nehmen werden. Dieser Orientierungspunkt wird zunehmend wichtiger. Es kann angenommen werden, daß die Zukunft durch eine schnellere Änderung von Verbraucherverhalten gekennzeichnet sein wird. Dies ist zurückzuführen auf die zunehmende Verfügbarkeit von Informationen aus allen Lebensbereichen, insbesondere auch über Produkte. Diese Informationen befähigen den Verbraucher, seine Verhaltensweisen zu überprüfen und gegebenenfalls zu korrigieren. (Andere Einflüsse, wie der sich beschleunigende technische Fortschritt, sind für unsere Betrachtung weniger relevant).

Im einzelnen werden folgende Strömungen die Identitätsbestrebungen der Zukunft mitbestimmen (11, 33 ff., 181 ff.):

- Ein verstärktes Umweltbewußtsein.
- Die zunehmende Selbstverwirklichung der Frau durch Berufstätigkeit.
- Der Vorrang von Qualitätsdenken vor Quantitäts- und Besitzdenken.
- Der zunehmende Wunsch nach Erlebnis- im Vergleich zum Warenbesitz und damit steigende Anforderung an Dienstleistungen.
- Der zunehmende Informations- vor Vertrauenseinfluß.
- Der zunehmende Identitätsdruck durch Segmentierung der Werte.
- Ein intensiviertes Bewußtsein über das Preis/Leistungsverhältnis.

Die erwartende Entwicklung des Verbrauchers ist zu spezifizieren im Hinblick auf bestimmte Industriezweige. Dies wird am Beispiel der *Nahrungsmittelindustrie* demonstriert, die sich mit folgenden Änderungen der Ernährungsgepflogenheiten auseinandersetzen muß:

- Einer bewußteren Nahrungsmittelaufnahme.
- Einem weiteren Abbau der Voreingenommenheit gegenüber industriell hergestellten hochqualitativen Produkten.
- Einem verstärkten Gesundheitsbewußtsein.

Dies wird die Nachfrage nach Nahrungsmitteln in folgender Richtung entscheidend beeinflussen:

- Einer stärkeren Beachtung gesundheitsfördernder Produktbestandteile, möglich geworden durch zunehmende Produktinformation.
- Einem zunehmenden Qualitätsbewußtsein und einer Verstärkung der persönlichen Identifikation des Verbrauchers mit der Ware durch die Wahl besonderer Qualitäten und Marken.
- Einem zunehmenden Interesse an Convenience-Produkten.

Man könnte jetzt einwenden, diese für die Zukunft erwarteten Entwicklungen müssen von Marketing ohnehin in zukünftige Marketing-Strategien eingebaut werden, da es ja Aufgabe von Marketing ist, zukünftige Verbraucherwünsche aufzuspüren und zu erfüllen. Wo ist also die Verbindung zu Brand Identity und Corporate Werbung?

Wie wir gesehen haben, ist die Verbindung von praktiziertem Brand Marketing und Brand Identity ohnehin sehr eng. Damit ist im Falle von Brand Identity dem Gesichtspunkt der Entwicklung des Verbrauchers Rechnung getragen.

Weniger sichergestellt ist dies im Falle von Corporate Werbung. Bei Corporate Werbung durch *Produktlegitimation* wird die Brand schon stark in den Hintergrund gerückt und damit verlieren unmittelbare Marketinggesichtspunkte an Bedeutung. Bei Corporate Werbung durch *Firmenlegitimation* ist die Brand ex definitione ausgeschlossen. Damit erlangen die oben dargestellten Entwicklungserwartungen unmittelbare Bedeutung. Übertragen auf unser Beispiel aus der Nahrungsmittelindustrie muß sich unser Unternehmen die Frage stellen, ob der Aspekt »ein gesundheitsbewußter Nahrungsmittelhersteller« in den nächsten Jahren zum Imageprofil des Unternehmens gehören soll. Die Beantwortung dieser Frage verlangt eine Analyse der Entwicklung von Verbrauchererwartungen.

## Zusammenfassung

- Corporate Identity aus Marketingsicht ist *Brand Identity.* Sie ist eine horizontale Abstimmung der Elemente einer Brand, des Marketing-Mix, mit anderen Brands.

  Idealerweise werden sämtliche Elemente des Marketing-Mix in die Abstimmung einbezogen, also nicht nur »grafische« oder »werbliche«. Wird die Werbung mehrerer Brands vereinheitlicht, sprechen wir von *Dachmarkenwerbung.*

  Bei Brand Identity stehen die Produkte, oder genauer die Brands, im Vordergrund der CI-Bemühungen.

- *Corporate Werbung* stellt das Unternehmen in den Vordergrund. Wir unterscheiden Corporate Werbung durch *Produktlegitimation* und durch *Firmenlegitimation*. Beide können nicht ohne Brand-Werbung oder Dachmarkenwerbung bestehen, da der Verbraucher letztlich an den Brands, erst sekundär am Unternehmen interessiert ist.

- In der *Praxis* wird immer wieder der Corporate Werbung der Vorzug gegeben vor Brand Identity. Dies ist insbesondere wirtschaftlich nicht zu rechtfertigen, weil Corporate Werbung durch mangelnde Eigenständigkeit immer einen zusätzlichen Aufwand erfordert, z.B. die originäre Werbung für die Brand.

  Die Bemühungen um Brand Identity konzentrieren sich in der Regel lediglich auf die Identität von Marke und Firmennamen.

- Die *Corporate-Identity-Strategie* des Unternehmens hat sich letztlich am Verbraucher zu orientieren. Bestimmend ist, wie er das Unternehmen und seine Brands sieht und aus Unternehmenssicht sehen soll. Zukünftige Verbrauchererwartungen an Unternehmen und Brands sind zu berücksichtigen.

- Brand Identity und Corporate Werbung müssen sich an den Beurteilungskriterien von Marketing messen lassen. Die wichtigsten Kriterien sind *Verbraucherrelevanz* und *Verständlichkeit*.

## LITERATUR


(1) *Eser, Wolfgang,* Corporate Werbung, Dokumentation und Analyse. Interview und Analyse 1980, Teil 1: S. 118 – 123; Teil 2: S. 175 – 181; Teil 3: S. 234 – 237

(2) *Der Kontakter,* Corporate Advertising, 26. Mai 1980, S. 18 ff.

(3) *Lierl, Karl,* Corporate Identity kann ein ganzes Unternehmen bewegen, Werben & Verkaufen, Nr. 28, 14. Juli 1978, S. I – V

(4) *Lierl, Karl,* Mit Corporate Identity dem Außendienst unter die Arme greifen, Werben & Verkaufen, Nr. 30, 28. Juli 1978, S. II ff.

(5) *Lierl, Karl,* Identität und Image, Werben & Verkaufen Nr. 31, 4. August 1978, S. II ff.

(6) *Lierl, Karl,* Ein Firmengesicht aus einem Guß, Werben & Verkaufen Nr. 25, 22. Juni 1979, S. II – XIV

(7) *Maier, Hans Dieter,* Von CI und anderen Identitäten (Teil 1 – 3), Der Löwen Anteil, Febr./März/Mai 1989

(8) *Maier, Hans Dieter,* Corporate Design und mehr, Der Löwen Anteil, Februar 1990.

(9) *Schlehofer, Ralph,* Mehr Macht dem Marketing, Werben & Verkaufen Nr. 18, 4. Mai 1979, S. II – XIII

(10) *Schmittel, Wolfgang,* process visual. ABC-Verlag Zürich 1978

(11) *Tietz, Bruno,* Der Lebensmittelmarkt in der Bundesrepublik Deutschland von 1960 bis 1990, Gruner + Jahr AG & Co., Hamburg und Saarbrücken, Oktober 1978

(12) *Verschiedene,* Corporate Identity, Marketing Journal 2/80: S. 180; 3/80: S. 280

# Produkt-Design, Produkt-Identität, Corporate Identity

Wolfgang Sarasin

In den vergangenen Jahren hat, ausgehend vom anglo-amerikanischen Wirtschaftsraum, der Begriff Corporate Identity verstärkt Eingang in die Diskussion gefunden. Fragen nach den Unternehmensaussichten, dem Grad ihrer Einmaligkeit und langfristigen Überlebenschancen, dem Standort der Unternehmung im Markt, ihren Marktpartnern und Marktgegnern und der Attraktivität des Unternehmens gegenüber allen seinen Märkten erhielten vor dem Hintergrund enger werdender Märkte, stärkeren Wettbewerbs und zunehmend begrenzterer Ressourcen hohe Stellenwerte. Unternehmen, die in diese Richtung dachten, definierten ihr Selbstverständnis und schufen sich eine Corporte Identity, die nach innen und außen kommuniziert wurde.

Geschieht diese Kommunikation im Rahmen einer identitätsorientierten Strategie, durch die auch die Wahl der Kommunikationsträger und -mittel bestimmt wird, so baut sich im Bewußtsein des ansprechbaren Teils der Öffentlichkeit, insbesondere bei den in der Zielsetzung definierten Zielgruppen, ein unternehmens- und marktstrategisch einsetzbares Image auf, in dem sich die Corporate Identity niederschlägt.

Bedingung dafür ist die Einheitlichkeit aller Handlungen des Unternehmens in Übereinstimmung mit seinem Selbstverständnis. Der deutlichste und wirksamste imageerzeugende Komplex von Handlungen des Unternehmens ist sein Marktverhalten im weitesten Sinne: auf den Absatz- und Beschaffungsmärkten, gegenüber dem Wettbewerb, dem Arbeitsmarkt, dem Finanzmarkt. Ist das gewollte Unternehmensimage durch Darstellung, Kommunikation und Ausübung der Corporate Identity entstanden, kann es vom Unternehmen in vielfältiger Weise genutzt werden.

## Product-Identity und Corporate Identity

Güter und Dienstleistungen, die ein Unternehmen seinen Märkten anbietet, und deren Gesamterscheinung sind ein wesentlicher Teil des Unternehmensverhaltens und bauen die Corporate Identity entscheidend mit auf. Die Produkte eines Unternehmens sind die wesentlichen Botschaftsträger. Ihre Teilaspekte formen jeweils individuelle Produktidentitäten, die einzeln und in ihrer Gesamtheit wesentlich das Image des Unternehmens bestimmen. Diese Gewichtung zeigt, daß naturgemäß eine der Problemzonen beim Aufbau einer Corporate Identity das Verhältnis Corporate Identity zu Product-Identity ist.

Unter *Product-Identity* verstehen wir den Gesamtauftritt eines Produktes, sein Aussehen, seine Haptik, seine Verpackung, sein Name und/oder seine Marke, seine Funktion und Gebrauchsqualität, sein Preis und seine Positionierung am Markt. Auch die Angebotsform und der Angebotsort sind Elemente der Product-Identity.

Hat sich ein Unternehmen entschlossen, ein strategisches Image mit Hilfe der Corporate Identity aufzubauen oder zu erhalten, so muß es größten Wert auf die Übereinstimmung zwischen Corporate Identity und Produkt-Identity legen. So ist zum Beispiel für ein Unternehmen, das – wie die Braun AG – im Bewußtsein der Öffentlichkeit mit modernem Design gleichgesetzt wird, wichtig, nur Produkte auf den Markt zu bringen, die diesen Designanspruch unterstützen und damit den Erwartungshaltungen der Verbraucher entsprechen. Gleichzeitig ist es für dieses Unternehmen unabdingbar, daß der durch ein hochwertiges Design aufgebaute Anspruch auch durch die technische Funktion, die technische Qualität und die Gebrauchsqualität der Produkte untermauert wird.

»Das paßt nicht zu Braun« ist meist die negativste Bewertung, die Versuchspersonen in Tests abgeben, verlautbarte dieses Unternehmen folgerichtig (7). Dieses Zitat zeigt auch deutlich, daß bei Auftreten von Dissonanzen zwischen Corporate Identity und Product-Identity Ablehnungshaltungen entstehen.

CI-Maßnahmen und Product-Identity sind Mittel im Marketing-Mix und können, richtig oder falsch eingesetzt, über Erfolg oder Mißerfolg entscheiden. Vergegenwärtigen wir uns nochmals die Elemente der Product-Identity und prüfen, welche Rolle diese als Mittel im Marketing-Mix spielen.

## Produkt-Identität als Instrument des Marketing-Mix

Das **Produktdesign** ist eines der wesentlichen Instrumente des Marketing Mix und leistet in dieser Funktion Vielfaches:

- **Es visualisiert die zu vermarktende Funktion des Produktes.**
  Soll zum Beispiel ein Trinkglas im Markt als Trinkgefäß für sehr anspruchsvolle Weinkenner positioniert werden, so müssen sich die Oberteile dieses Glases den jeweils unterschiedlichen Anforderungen der einzelnen Weinarten anpassen. Dekoration ist bei diesen Gläsern dann unerwünscht, weil sie u.a. die Prüfung der Farbe des Weines erschwert. Je eindeutiger hier die Designlösung ist, desto stärker visualisiert sie die zu vermarktende Positionierung »absolute Weingerechtigkeit«.

- **Es vermittelt den Symbolwert des Produktes.**
  Statusprodukte signalisieren in der Regel vom Design her sofort den Produktcharakter und drücken damit den gewünschten Symbolwert aus. Massenprodukte folgen breiteren Verbraucherwünschen und passen sich in ihrem Design breiterem Publikumsgeschmack an. Dadurch vermittelt auch das Massengut seinen spezifischen Symbolwert.

- **Es stellt das Produkt ganz auf seine Zielgruppe ein.**
  Möchte ein Unterhaltungselektronik-Unternehmen einen Kreis von Verwendern ansprechen, der neben hervorragenden technischen Leistungen ein zeitgerechtes Design bevorzugt, so gestaltet es zum Beispiel einen Verstärker in einem klaren, einfachen, »form follows functions« Design. Möchte sich das gleiche Unternehmen an eine Zielgruppe wenden, die vorwiegend aus jüngeren Leuten besteht, die auch modischen Einflüssen folgt, so müßte dieser Verstärker heute in fremden, poppigen Farben gestaltet sein. Dieses Beispiel zeigt auf, wie das Produktdesign ein Produkt auf seine Zielgruppe einstellt.

- **Es determiniert die Erlebnisqualitäten.**
  Der Aspekt wird deutlich, wenn man sich einen klar, einfach und betont funktional gestalteten Toaster vorstellt, der dem Käufer und Verwender ein eher im Werkzeugbe-

reich liegendes Erlebnis vermittelt. Der technisch gleiche Toaster vermittelt ein mehr wohnlich/schmückendes Produkterlebnis, wenn die Seitenteile mit einer floralen bunten Dekoration ausgestattet sind.

- **Es beeinflußt die Werteinstellung.**
  Gutgestaltete Produkte werden von Käufern und Verwendern wertiger erlebt als vergleichbare Produkte im Dutzenddesign. Viele Unternehmen machen die Erfahrung, daß bei gut »designten« Produkten die Ausgabebereitschaft der Käufer zunimmt. Dies gilt sogar für den Investitionsgüterbereich. So formuliert R. Jung: »Bei vergleichbarem Preis-/Leistungsverhältnis wird sich ein Interessent für die Maschine mit dem gefälligeren Äußeren entscheiden« (8, 39). Oder Lothar F. Tindler: »So wird Design zur psychologischen Geheimwaffe im Maschinenmarketing« (8, 39).

- **Es hilft, spontane Aufmerksamkeit und positive Zuwendung für das Produkt zu gewinnen.**
  Je höher die Designqualität ist und je attraktiver das Produkt damit einem zukünfigen Käufer oder Verwender erscheint, desto eher wird er es bemerken und sich dem Produkt zuwenden.

- **Es profiliert das Produkt gegenüber der Konkurrenz.**
  Ist ein »designtes« Produkt in einem eher designlosen Umfeld angesiedelt, so profiliert es das Produkt und kann USP (Unique Selling Proposition) des Produktes sein. Das gilt sicher für die ersten modern gestalteten Produkte im Elektrobereich (Braun in den 50er Jahren) oder bei Schreibmaschinen (Olivetti) und für den Bereich geschmacksorientierter Gebrauchsgüter (z. B. Produkte des gedeckten Tisches).

  Je deutlicher der Designabstand eingehalten werden kann, desto stärker wird die Profilierung gegenüber der Konkurrenz sein.

- **Es muß die Konkurrenz bei Me-too-Strategien imitieren.**
  Die Entscheidung, Markt- oder Produktkategorieführer zu imitieren, wird oft von Unternehmen getroffen, die sich ein eigenständiges, innovatives Leistungsangebot nicht zutrauen. Hier hat Produktdesign dann die Aufgabe, im Rahmen der rechtlichen Möglichkeiten, so nahe wie möglich an die Designanmutung des imitierten Produktes heranzukommen.

- **Es kann ein Produkt verjüngen (Re-Design) und ihm neue Aktualität sichern.**
  Im Bereich abflachender Produktlebenszyklen erweist es sich immer wieder als nötig, Aktualisierungsmaßnahmen durchzuführen, die Produktdesign – hier Re-Design – mit einschließen oder davon getragen werden. Prominentes Beispiel: der VW Käfer, der in regelmäßigen Abständen verbessert und mit leichten Designänderungen (Armaturenbrett, Heckscheibe) verjüngt wurde. Das Grunddesign »Käfer« wurde dabei nicht verändert.

Produktdesign, als Instrument der Marketing konsequent eingesetzt, profiliert das Produkt, ermöglicht die Alleinstellung im Markt (den echten oder vermeintlichen Abstand zu allen Mitbewerbern) und positioniert das Produkt im Markt auf dem direktesten Wege. Das Produkt und sein Design ist eine starke Botschaft.

Diese marketingorientierte Aufgabe des Produktdesigns steht ästhetischen Ansprüchen nicht im Wege. Beispiele beweisen das. So postuliert Braun: *»Design ist Aufgabe des gesamten Unternehmens«* (2). Oder Lamy: *»Beim Lamy-Design geht es nicht um Ästhetik, sondern um Absatzerfolg«* (6). Oder Philip Rosenthal: *»Der Unternehmer, der an gutem Design scheitert, ist kein Held der Gestaltung.«* Und auch Designer akzeptieren diesen Absatz. So Lothar F. Tindler: *»Ich bin der Ansicht, daß Design erst dann richtig wirkt, wenn es in das gesamte Marketingkonzept eines Unternehmens eingebettet wird«* (8, 38).

Produktdesign steigert aber auch den Gebrauchswert eines Produktes, macht es brauchbarer und handhabungsfreundlicher. *»Design kann niemals nur äußerliche, formale Zutat sein. Es muß zur Gebrauchsqualität eines Produktes beitragen« (2).*

Beispielhaft dafür sind die Produkte des Hauses Citröen, die neben einem herausragenden Produktdesign ihrer Fahrzeuge auch durch besonders geringe Windwiderstandwerte die Gebrauchsqualität (u.a. geringerer Benzinverbrauch) entscheidend verbessert haben.

Produktdesign als Element der Produkt-Identity ist Imagefaktor erster Kategorie. Die Botschaft, die das Produkt in seiner Gesamt-»Gestalt« übermittelt, schafft zusammen mit anderen Faktoren Produktidentität und über diese **Produkt- und Unternehmensimages.** *»Das umfangreiche Kommunikations-Mix übernimmt nur Verstärkerrolle; und wenn es unverwechselbare Produktidentität aufgreift, fortführt, wird ein kommunikativer Effekt erreicht, der schließlich ein profiliertes Image erzeugt«*(6).

Weitere Elemente der Produktidentität sind *die Funktion, die Leistung* und die *technische Qualität* des Produktes. Faktoren, deren hoher Stellenwert oft unterschätzt wird und deren Nichtbeachtung selbst profilierte, positive Produkt- und Unternehmensimages schnell zerstören kann.

Der Preis als Element der Produktidentität signalisiert auf ebenfalls direktem Wege die Wertigkeit und die Positionierung des Produktes. Sein Einfluß auf Produkt-Identity und Eigenkommunikation des Produktes wird oft unterschätzt. Der *Preis ist Bewertungsmaßstab.* Das gilt für weite Bereiche der Gebrauchsgüterindustrie, aber auch für Verbrauchsgüter. Das oft beschriebene und vielfach wiederholte Apfelexperiment, bei dem völlig gleiche Äpfel am gleichen Ort zur gleichen Zeit mit unterschiedlichen Preisen angeboten wurden und bei denen die teueren Äpfel eine wesentlich kürzere Verkaufszeit benötigen als die preiswerteren, beweist dies. »Zu preiswert« kann genauso schädlich sein wie »zu teuer«.

Produktbezeichnung, Produktname oder Produktmarke tragen ebenfalls zur Produktidentität bei. Im Bereich vergleichbarer, austauschbarer Produkte übernehmen sie zusammen mit der Verpackung die Rolle des Produktdesigns.

Angebotsform und Angebotsort runden die Elemente ab, die zur Produktidentität führen. Wird ein Produkt in großen Mengen in den modernen Großbetriebsformen des Einzelhandels angeboten, so entwickelt sich mit der Zeit eine Produktidentität, die andere Akzente aufweist, als wenn das gleiche Produkt einzeln, in Wert gesetzt an einem Verkaufsort elitärer Ausprägung, angeboten wird.

## Produkt-Identität als Bestimmungsfaktor für die Corporate Identity

Die Entwicklung starker Corporate Identities geht in vielen Fällen aus der Entwicklung profilierter Produktidentitäten hervor.

So standen am Beginn der Entwicklung der heutigen Corporate Identity der Braun AG innovative Produktdesignlösungen, die sich zu einer Produkt- und Designphilosophie verdichteten und in die selbstverständlich die kommunikativen Äußerungen des Unternehmens mit einbezogen wurden. Heute kann das Unternehmen mit Stolz erklären: »Braun-Design – die Verwirklichung eines Unternehmenskonzepts« und hat aufgrund jahrzehntelanger CI-Maßnahmen ein profiliertes, positives Unternehmensimage. Aus einer Produktphilosophie entwickelte sich hier die Unternehmensphilosophie, aus einer profilierten, alleinstellenden Produktidentität (Schwerpunkt Produktdesign) ein Erscheinungsbild des Unternehmens.

Über die Entwicklung sagt das Unternehmen: *»Unternehmenskonzept – das hört sich freilich nach großen Worten an, nach Theorie, nach Papier. Wir meinen aber etwas ganz Konkretes damit. Und wir können es auch an ganz konkreten Ergebnissen zeigen. Wir haben im Laufe der Jahre eine Vielzahl von Produkten gestaltet . . . Es war ein Weg der oftmals kleinen, improvisierten Schritte – aber doch immer in Richtung Zukunft, nie konzeptionslos oder zufällig.*

*Unsere Kommunikation hat dem Unternehmen Braun ein ausgeprägtes und weithin bekanntes Gesicht gegeben. Auch das ist das Ergebnis einer Arbeit von nahezu zwei Jahrzehnten. Wir haben in dieser Zeit eine Vielzahl von unterschiedlichen Kommunikationsmitteln gestaltet, jeden Auftritt von Braun-Anzeigen, TV-Spots, Packungen, Messestände, Prospekte . . .« (2, 2 ff.).*

Ähnlich verhält es sich bei der Entwicklung der Corporate Identity und des Corporate Designs des Hauses Lamy. Am Anfang der Entwicklung stand ein Unternehmer, der von einem Füllhalter im Braun-Stil träumte, und ein ehemaliger Braun-Designer, der diese Aufgabe löste. Damit wurde ein Produkt geschaffen, dessen Formsprache mit »klar, aufgeräumt-ruhig, unaufdringlich-einfach, asketisch« (6) bezeichnet werden kann. Im Erscheinungsbild des Unternehmens ist die Produktidentität aufgegriffen worden. Eine daraus entwickelte Unternehmensphilosophie, in deren Mittelpunkt eine bewußte Spezialisierung steht, ergänzt die heutige Corporate Identity. »Vom Zufall zum Prinzip« umschreibt Lamy den Weg von Produktidentität zur Corporate Identity (s. Fallbeispiel Lamy, S. 523).

## Corporate Identity als Bestimmungsfaktor der Produkt-Identität

Heute, zu Beginn der 90er Jahre, sehen sich viele Unternehmen wachsenden Unsicherheiten und Instabilitäten gegenüber. Die Notwendigkeit zu strategischer Unternehmensplanung wächst. Die Unternehmer fixieren Ziele und Aufgaben (Corporate Mission) und legen eine Unternehmensphilosophie fest. Vor der zusätzlichen Problematik einer explosionsartig zunehmenden Informationsflut stehend, in der die eigenen Kommunikationsmaßnahmen im weitesten Sinne (alle Handlungen und Äußerungen des Unternehmens) unterzugehen drohen, ist der Ruf nach synergetischen Ansatzpunkten folgerichtig. Sollen sich die Maßnahmen zur Etabilierung einer Corporate Identity nicht nur auf Erscheinungsbild und Werbemaßnahmen beschränken – ein recht häufiges Fehlverhalten von Corporate Identity – so ist das Produkt als einer der Hauptkommunikationsträger der Unternehmung voll mit einzubeziehen.

Entsprechend der mit der Corporate Identity festgelegten Unternehmensaufgabe ist eine Produktprogrammphilosophie zu entwickeln, die wiederum Plattform der spezifischen Produktphilosophie ist.

Sprechen wir noch einmal das Beispiel Lamy an. Die Unternehmensphilosophie sagt aus, daß sich das Unternehmen im Schreibgerätemarkt auf das Segment »Zeitgemäßes Design bei Schreibgeräten« spezialisiert. Die Produktprogrammphilosophie weist aus, daß zeitgemäß designte Schreibgeräte in den unterschiedlichen im Markt aufscheinenden Preissegmenten angesiedelt werden sollen. Die Produktphilosophie, z.B. für Lamy-tinto, einem Artikel des economy-Sortiments, spricht dann von einem Schreibgerätetyp für den alltäglichen Gebrauch, im unverwechselbaren Lamy-Design und in der Preisklasse um die DM 5,– (6).

Für die Akzeptanz der Produkte im Markt ist ihre Einbettung in die Corporate Identity förderlich. So formuliert M. Bischoff, Deutsche Lufthansa: *»Die Qualität von Produkten und Dienstleistungen eines Unternehmens wird mit den Werten des Erscheinungsbildes identifiziert« (4, 7)*. Und ihre Einbettung verspricht Erfolg. Wie die Beispiele Lufthansa oder IBM, BMW, VW oder ERCO-Leuchten beweisen.

## Organisation und Durchsetzung

Die Verantwortung für das Produktdesign als Instrument der Corporate Identity muß von der Unternehmensleitung getragen werden. Denn die Durchsetzung im Unternehmen und das konsequente Durchhalten des festgeschriebenen Konzeptes verlangen ständigen, unnachgiebigen Einfluß (und oft »Druck«) der Unternehmensspitze. So war »die Durchsetzung des Lufthansa-Erscheinungsbildes nur möglich dadurch, daß die oberste Firmenleitung diese Gestaltungsänderung genehmigte«. Und auch Erscheinungsbildklassiker wie Braun haben die für Corporate und Produkt-Identity zuständigen Bereiche wie Design und Kommunikation der Unternehmensspitze zugeordnet.

Dr. Fritz Eichler, einer der Väter des Braun-Erscheinungsbildes, jahrzehntelang im Vorstand des Unternehmens tätig, nannte die organisatorischen Rahmenbedingungen:

*»Voraussetzung dazu war ein immer engeres Zusammenspiel aller Beteiligten – ein Zusammenspiel von Marketing, technischer Entwicklung und Gestaltung –, und zwar von Anfang an: von der Idee und der Konzeption für ein Produkt, über die Entwicklung bis zu seiner endgültigen Gestaltung und seiner Präsentation in der Öffentlichkeit« (3, 22).*

Dabei kommt es mehr auf die innere Einstellung der Beteiligten zu Corporate Identity und Produkt-Identity an, als auf die organisatorische Einordnung der Entscheider und der Macher. Fehlt diese Gesamteinstellung, so kann identitätsorientierte Handlungsweise auch durch eine darauf ausgerichtete Ablauforganisation nicht erzwungen werden.

## Wirtschaftlichkeit

Konsequent durchgeführte CI-Maßnahmen bringen ökonomische Vorteile. Der Synergieeffekt in den Außenbeziehungen, die Vereinheitlichung der Entscheidungsfindung und, last not least, die unternehmerische Ausrichtung gemäß einer definierten Unternehmensphilosophie (Corporate Mission) zeigen dies.

Es ist naturgemäß schwer, die *Wirtschaftlichkeit der CI-Maßnahmen* nachzuweisen. Gewisse Ansatzpunkte sieht die Deutsche Lufthansa. So hat sich der Impact verschiedener Kommunikationsmaßnahmen nach Einführung dieses einheitlichen Corporate-Design meßbar erhöht und im drucktechnischen Bereich hat die Vereinheitlichung aller Werbemittel Kosteneinsparungen ermöglicht.

Unbestritten ist auch der Effekt eines schneller steigenden Bekanntheitsgrades der Unternehmung, bei einheitlichen Designs aller Kommunikationsmittel und einer in die Corporate Identity eingebundenen Produkt-Identity. Sicherlich kommt auch noch eine positive Veränderung des Unternehmensimages hinzu. Antonoff (1) spricht von dem hinzugewonnenen Prestige.

Überzeugend ist der Hinweis der Lufthansa auf die »Wirtschaftlichkeit des Erscheinungsbildes: Von 1968 bis 1974 sind die Werbe- und Marketingkosten der Lufthansa unverändert geblieben, obwohl in dieser Zeit die Umsätze verdreifacht wurden. Der Anteil der Marketingkosten an den Erträgen sank in diesen Jahren dementsprechend von ca. 6 % auf etwa 1,4 %« (4, 33). Hierher gehört auch der Ansatz mancher Markenartikler, bei Schaffung einer Dachmarke durch Synergieeffekte der Produkteinzelwerbung wesentliche Einsparungen am Gesamtetat vornehmen zu können.

Wirtschaftlichkeitsbetrachtungen im Bereich der Produkt-Identity sollten immer davon ausgehen, daß konsequent durchgeführte Maßnahmen Investitionen in den Markt sind. Die Entwicklung eines »richtigen« Produktdesign (d.h. im Rahmen der Corporate Identity liegend, der Positionierung des Produktes im Markt entsprechend, etc.) erfordert oft höhere Kosten. Ein solches Produkt stellt höhere Ansprüche an Material- und Fertigungsqualität. Seine Produktausstattung ist meist kostenungünstiger als eine reine Transportverpackung. Eine die Corporate Identity/Produkt-Identity unterstützende Vertriebspolitik erfordert meist höhere Aufwendungen. Aber alle diese Maßnahmen schaffen in ihrer Gesamtheit die höhere Marktakzeptanz und deren langfristige Stabilisierung.

Wirtschaftlichkeitserwägungen schlagen im Bereich des Systemdesigns durch. *»Im wesentlichen bestehen derartige Maßnahmen in einer Typisierung der Produkte. Eine systematische Erfassung und Ordnung der Bauteile zu einem Baukasten bildet die Grundlage, auf der durch Variation oder Kombination Produktprogramme gebildet werden können. Dieser besondere Aufgabenbereich ist ein Bestandteil der unter dem Begriff Systemdesign verstandenen Maßnahmen«* (5, 34). Ansätze zu Systemdesign (Entwicklung von Bausteinen, etc.), die im Rahmen von Corporate Identity und Produkt-Identity-Maßnahmen oft durchgeführt werden, schaffen Kostenvorteile. *»Rationalisierungserfolge, die auf Anregungen des Designers zurückgehen, spielen eine sehr große Rolle.«* Im zitierten Beispiel aus dem Investitionsgüterbereich hatte *»der Designer herausgefunden, daß viele Teile für unterschiedliche Maschinen vereinheitlicht werden konnten. Werksformen sind das Ergebnis«* (8, 39).

Zusammenfassend kann gesagt werden, daß sich Produkt-Identity und Corporate Identity gegenseitig bedingen. Manche Corporate Identity (Braun, Lamy) ist aus Produkt-Identities entstanden oder wird stark von ihnen getragen. Umgekehrt prägen starke Corporate Identities die Produkt-Identity (Lufthansa, IBM).

Kann ein Unternehmen seine Unternehmensmission formulieren und klar kommunizieren, und sind seine Produkte und deren Produktmissionen in diese Unternehmensmission eingebettet, und entbehren beide nicht der notwendigen Einmaligkeit (uniqueness), dann geht dieses Unternehmen gerüstet in die Zukunft.

## LITERATUR


(1) *Antonoff, Roman,* Mit neuem in die achtziger Jahre, in: Markenartikel 4/1980

(2) *Braun AG,* Braun Design, Die Verwirklichung eines Unternehmenskonzepts, Firmenveröffentlichung, 1973

(3) *Braun AG,* Ansichten zum Design, Firmenveröffentlichung

(4) *Deutsche Lufthansa AG,* Erscheinungsbild der Lufthansa, Dia-Vortrag beim 6. Forum Industrie-Werbung in Deutschland, o.J.

(5) *Klose, O./Kryszon, G.,* Wettbewerbsfaktor Design, in: asw, 10/1977, S. 34 – 37

(6) *Lamy, Manfred,* Vortrag beim DIHT / Arbeitskreis Produktform, 1978 (Mskr.)

(7) *o. V.,* Einheitlichkeit macht stark, in: Grafik, 8/1975

(8) *o. V.,* Maschinen mit Design-Appeal, in: asw, 7/1976, S. 38 – 40

# Das visuelle Erscheinungsbild der Corporate Identity

Anton Stankowski

Das visuelle Firmenbild ist der Bereich, in dem eine Firma sich in der Öffentlichkeit am deutlichsten wahrnehmbar von anderen unterscheiden kann. Immer mehr Werbeimpulse und Informationen kommen auf uns zu. Um sich in dieser Flut durchzusetzen, ist ein kompaktes Firmenbild notwendig. Ein Firmenbild, in dem alle Visuells und Maße aufeinander abgestimmt sind, ist nicht nur schneller wiederzuerkennen, es hat auch einen höheren Behaltewert. Je klarer, eindeutiger und stärker ein Erscheinungsbild gestaltet ist, desto weniger Worte sind notwendig, um der Öffentlichkeit zu sagen, was ein Unternehmen sein will, was es anbietet.

Die Art des gesamten Firmenbildes sollte zeitnahen, aber nicht modischen Charakter haben. Es soll agierend und nicht reagierend wirken. Die auch von der Information geprägte Ästhetik hat einen besonderen Funktionswert. An jedes, auch an das kleinste Detail ist eine hohe Forderung zu stellen, um das Beste zu erzielen. Auf diese Weise kann nach außen spürbar werden, daß Qualität die Leistung des Unternehmens ist. Alle Gebiete – Architektur, Formgestaltung, Schriftverkehr, Drucksachen bis zur Anweisung auf dem Parkplatz – können im Laufe der Zeit in diesen Plan einbezogen werden.

Die visuelle Leitlinie darf nicht Uniform werden. Mittelfristig sollte daraus ein eigener auf das Unternehmen zugeschnittener Stil entstehen. Durch Überprüfung und Korrekturen sollte dieser Firmenstil gefestigt, auf Jahre hinaus weiterwirken und der Vorsprung gewahrt werden. Die systematischen Regeln und bausteinartigen Elemente des Erscheinungsbildes bewirken einen erheblichen ökonomischen Nutzen bei der Herstellung der Drucksachen.

Das Design im Markt ändert sich zugunsten der Form. Bei einer großen Anzahl von Produkten kann der Konsument immer weniger die technische Qualität erkennen und werten. Er wählt viele Produkte nach dem besseren Design, der sympathischen Vorstellung oder nach dem guten Ruf der Herstellerfirma. Dieser sympathische Nutzen, dazu gehören die schöne Form und das firmenbezogene Auftreten in der Öffentlichkeit, rückt gegenüber der Technik und der Materialleistung in den Vordergrund.

Auch die Werbung ist auf Herausstellung dieses psychologischen Sympathienutzens angewiesen. Die gute Idee, das packende Bild, konzentrierte, erkenntliche, einheitliche Gestaltung informieren schneller und vergrößern die Möglichkeiten im Markt. Daß die Werbung und ein visuelles Erscheinungsbild nur einen Teil der Unternehmenspolitik zeigen und nur einen kleinen Prozentsatz am Verkaufserfolg haben, bleibt vorausgesetzt. Der Anteil ist aber nicht so bedeutungslos, daß er außer acht gelassen werden kann.

## Unternehmensleitlinie finden

Das visuelle Firmenbild sollte nicht aus sich selbst entwickelt werden, sondern dem Konzept muß eine unternehmenseigene Linie zugrunde liegen. Nur selten finden wir Unternehmen, die ihre eigene Leitlinie erarbeitet und klar dargestellt haben.

Zur Findung könnte nach folgendem Plan vorgegangen werden:

- Festlegung des Ist-Zustandes.
- Fixierung der zukünftigen Leitlinie.

Vorab wären folgende Fragen zu klären:

- Wie ist die unternehmerische, wirtschaftliche, soziologische und kulturelle Bedeutung des Unternehmens heute und morgen?
- Wo und in welchem Raum wirkt diese Leistung?
- An wen richten sich diese Leistungen (welche Zielgruppen)?
- Wodurch wird diese differenzierte Leistung vollbracht bzw. demonstriert?
- Bestandsaufnahmen aller wechselnden und feststehenden Elemente, die zum Gesicht der Unternehmen gehören.
- Art und Organisationsmöglichkeit der Durchsetzungsmöglichkeiten, Zeitplan, Entscheidungszeiten.

Immer wieder spielt für die Entscheidungsfindung zur Art des Firmenbildes die erfragte Meinung eine Rolle. Dies darf aber nicht zur Anpasserei führen, weil dadurch eine Nivellierung nach unten entsteht. Die Kriterien der Beurteilung zur Komplexität eines Firmenbildes fehlen in den Befragungen meist. Die Befragung kann nur einen Ist-Zustand ermitteln, aber keinen Weg für die Lösung finden oder festlegen.

## Bereiche des visuellen Firmenbildes

Es sind vereinfacht vorgestellt sieben Bereiche, die das visuelle Firmenbild ausmachen:

- Marken
- Raster
- Schrift und Typografie
- Farbe
- Architektur-Design
- Besondere Maßnahmen
- Arbeitsstil und Kontrolle

## Die formale grafische Auffassung

**Grafische Systeme** oder Bauelemente wirken nicht uniform, wenn sie in den Grundlagen eine gewisse Neutralität aufweisen und dennoch eine Charakteristik haben, um eigenständig zu bleiben. Eine **neutrale Grundlinie** ist angebracht, damit sich die Handschrift verschiedener Grafiker und Konzepte einfügen läßt. Die Grundformen und Angaben des Systems müssen in der Anwendungsmöglichkeit vielseitig und auf die verschiedenen Werbeträger übertragbar sein. Sie sollten sich von anderen im Wettbewerb stehenden Firmenbildern deutlich unterscheiden.

Durch das **Maßsystem** kann eine Art Gerüst entstehen, das bei allen Werbeelementen spürbar bleibt sowie dazu beiträgt, die gesamte Werbung in eine einheitliche, merkbare Form zu bringen. So ein Raster an sich ist weder gut noch böse. Es kommt darauf an, daß die einzelnen Formen später mit Leben und Ideen gefüllt werden. An die Beschaffenheit eines Layouts sind einige sachlich bedingte Forderungen zu stellen. Es gilt, ein System zu finden, das vielseitig in seiner Anwendungsmöglichkeit ist, das auf die verschiedenen Drucksachen übernommen werden kann, das eine selbständige Form hat, die sich im Visuellen von dem Stil und der Werbung anderer Unternehmen absetzt. Bilder und Texte verschiedener Größen müssen sich in diesen Rahmen gut einfügen lassen. Zeichnerische sowie fotografische Darstellungen sollen darin zur Wirkung kommen. Marken, Symbolzeichen und Tabellen müssen darin ebenfalls ihren Platz finden. Das Layout muß vielfältige Kombinationen ermöglichen.

Das Firmenbild besteht aus langlebigen, konstanten, kurzlebigen und variablen Elementen. Die Ausstellungen einer Firma z.B. können wir in der Konzeption zu den langlebigen Elementen zählen. Die Bauteile sollen in der Regel Träger von jeweils austauschbaren aktuellen Informationen sein. Ein Unternehmen, das keine eigene stilistische Linie entwikkelt und nur formal reagiert statt agiert, mindert die Erkennbarkeit seines visuellen Firmenbildes.

Im formalen und künstlerischen Bereich existieren heute viele Richtungen vom traditionellen Bildhaften bis zur abstrakten Auffassung. Diese Richtungen, die auch innerhalb des visuellen Firmenbildes Bedeutung haben, sind alle wirksam und haben jeweils andere Zielgruppen. Die mitwirkenden Grafik-Designer sollten eine gemeinsame Auffassung und eine verwandte formale Gesinnung haben. Dieses Prinzip bedarf einer im Bereich Grafik-Design und Kunst interessierter und wissender Führung.

## Marken

Die **Marke** ist das wichtigste Element des Firmenbildes. Sie erhält ihre Priorität auch dadurch, daß sie als Werbe-Konstante zeitlos zu wirken hat. Sie ist visuelle Klammer, Signal und Markierung zugleich. Sie steht stellvertretend für die Unternehmensleistung. Mit ihr identifiziert sich das Unternehmen, so daß daraus eine Art Bürgschaftssiegel wird. Sie kann keinesfalls die persönliche Initiative der Verantwortlichen ersetzen, kann aber mithelfen, Aufstieg und Abstieg eines Unternehmens zu beeinflussen. Da man mit einer konsequenten Markenpolitik die Anonymität verläßt und sich dem Markt offen stellt, sind in der Marke sowohl Chancen als auch Risiken enthalten. Die gute und die schlechte Unternehmensleistung wird dadurch multipliziert. Die Marke kann zum Symbol für gute Leistung werden.

Sicher kann ein Unternehmen auch ohne Marke oder mit einer ungeeigneten Marke Erfolg haben, besonders wenn eine generationslange Einführung zugrunde liegt. Es sprechen aber alle Anzeichen dafür, daß eine gute Marke als Schwungrad den Erfolg beschleunigt. Gerade deshalb ist es nicht nur aus formalen, sondern auch aus kommerziellen Gründen ratsam, eine derartige Marken- und Markt-Investition gründlich zu prüfen, vorzubereiten und konsequent durchzuführen.

Die Marke und ihre *grafischen* oder *räumlichen Umfelder* im Unternehmen sind miteinander verzahnt. Sie müssen aufeinander bezogen sein. Deshalb sollte das visuelle Erscheinungsbild zuerst im Innern aufgebaut und erweitert festgelegt sein, ehe es nach außen dringt. Gute Zeichen sind einfach und knapp gefaßt, schnell merkbar, auf größere Distanz erkennbar und in der Verkleinerung noch deutlich lesbar. Die Wirkungsweise beruht auf dem Erkennen.

Als Maßstab und Entscheidungshilfen für eine Bewertung je nach Unternehmensleistung und Aufgabenstellung haben die folgenden Kriterien unterschiedliches Gewicht:

- Aufmerksamkeitswert, Signalwirkung,
- Informationswert, Erinnerungswert,
- Langlebigkeit,
- Eigenständigkeit,
- Integrationsfähigkeit, Variationsfähigkeit,
- Verkleinerungsmöglichkeit,
- Eignung für die verschiedenen Zeichenträger,
- ästhetischer Anteil und Sympathiewert.

In der Praxis hat sich eine einfache Markentypologie herausgebildet: *Bildmarke, Wortmarke, Buchstabenmarke, kombinierte Marke.*

### Die Bildmarke

Die **Bildmarke** ist in den meisten Fällen darauf angewiesen, mit Wörtern oder Text ergänzt zu werden. Wenn der Bekanntheitsgrad genügend hoch ist, kann man mit der Bildmarke allein operieren (z.B. »Rotes Kreuz«). Das sind aber immer Ausnahmefälle, weil dazu eine lange Laufzeit, eine breite Streuung und sehr viel Kapital notwendig ist.

Bei der Bildmarke ist die visuelle Übersetzung dem Bildgegenstand nahe. Die Funktion und die Anwendungsgebiete der Zeichen haben Einfluß auf ihre Form. Abstrakte Zeichen sollen mit der Wirkungsweise eines Gerätes oder einer Handlung verwandt sein. Zeichen, die keinen abbildbaren Bezug zu der beabsichtigten Information haben, bekommen ihren Wert durch die Konzeptnähe.

Die Bildmarke eignet sich besser als die Wort- und Buchstabenmarke, die Assoziation in eine bestimmte Richtung zu lenken. Sie läßt sich auch stärker mit formal-visuellen Werten anreichern. Dadurch kann die Aufmerksamkeits- und Erinnerungswirkung erhöht werden.

### Die Wortmarke

Jede **Wortmarke** soll phonetisch gut klingen, keine negativen Assoziationen hervorrufen, in einer fremden Sprache aussprechbar und möglichst kurz sein. Sie braucht nicht die im Handelsregister eingetragene volle Firmenbezeichnung ausdrücken. Die Wortmarke soll von der Form her einfach sein; sie muß auch in der Verkleinerung noch lesbar bleiben. Durch ihre Einfachheit und Neutralität kann sie eher die Veränderungen des Zeitgeschmackes überleben. Eigenwilligkeit darf nicht mit Gag und falscher Motiv-Charakteristik erkauft werden.

**Erläuterungen zu folgenden Abbildungen**

1. *Süddeutscher Rundfunk (Bildmarke).*
   *Funkturm.*
2. *Deutsche Bank (Bildmarke).*
   *Symbol für Aufstieg, Dynamik, Sicherheit.*
3. *Münchner Rück, Versicherungen (Bildmarke).*
   *Symbol für partnerschaftliches Zusammenwirken.*
4. *Vereinte Versicherungen (Bildmarke).*
   *Symbol für »vereint« und für die drei Unternehmenssparten.*
5. *Messe Frankfurt (Bildmarke).*
   *Symbol für Vielfalt und Begegnung.*
6. *Altana AG (Bildmarke).*
   *Dreiecksformen erinnern an den Anfangsbuchstaben »A«.*
7. *Württemberger Hypo (Bildmarke).*
   *Die Wappenform steht für die Tradition, das Übereinandergreifen der Balkenelemente für Sicherheit und Partnerschaft.*
8. *Viessmann (Wortmarke).*
   *Die Wortmarke erhält ihre Charakteristik durch das Doppel-S.*
9. *Zehnder-Radiatorenfabrik (Wortmarke).*
   *Die einfache, runde Anordnung der Buchstaben gibt dem Namen visuelle Prägnanz.*
10. *Iduna-Versicherung (Wortmarke)*
    *Die Linie über der Wortmarke weist auf Schutz.*
11. *Landesgartenschau Schwäbisch Hall (Buchstabenmarke).*
    *Bild für Progression des vegetativen Wachstums.*
12. *Silit, Metallwarenfabrik (kombinierte Marke).*
    *Die senkrechte Weißfläche ist für Zusatzwörter vorgesehen.*
13. *Rewe-Lebensmittelmarkt (kombinierte Marke).*
    *In das zweifarbige Zusatzelement können verschiedene Wortmarken eingesetzt werden.*
14. *Berlin (kombinierte Marke/Systemmarke).*
    *Das tektonische Element neben der Wortmarke zieht sich als Gliederungsprinzip durch die gesamte Typografie.*

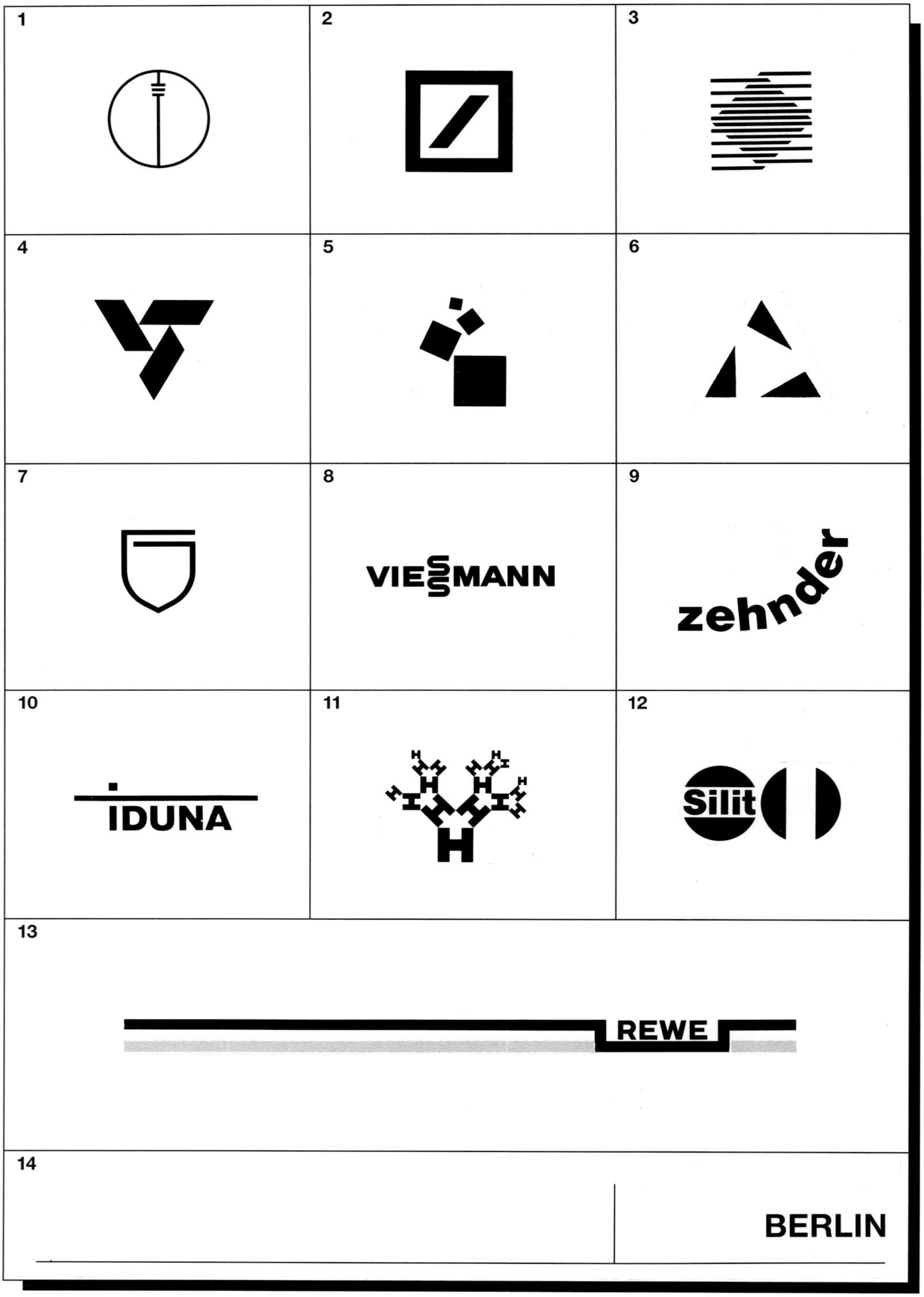

1
2
3
4
5
6
7
8
VIESSMANN
9
zehnder
10
IDUNA
11
12
Silit
13
REWE
14
BERLIN


Abb. 1

### Die Buchstabenmarke

Diese Markenart ist meist die Folge zu langer Firmennamen. Sie entsteht häufig aus den Anfangsbuchstaben von Wörtern.

Die **Buchstabenmarke** hat Vor- und Nachteile. Vorteil: *Signalcharakter,* Nachteil: *ungenauer Informationsgehalt.* Sie muß vor allem in der Einführungszeit mit dem Firmennamen kombiniert werden, weil sie allein zu wenig über das Unternehmen aussagt. Innerhalb der Typografie ist die Buchstabenmarke leichter einzuordnen als die Wortmarke. Mit der Buchstabenmarke können die Bild-, Form- und Funktionselemente leichter verbunden werden. Für die Produktsignierung beansprucht sie wenig Raum. Ihre Schutzfähigkeit ist so problematisch wie die Möglichkeit des Erlernens. Die Buchstabenmarken sind so zahlreich, daß ständig Verwechslungen entstehen.

Die Schutzfähigkeit von Marken kann der Grafik-Designer heute nicht zusichern. Selbst ein Markenspezialist kennt nicht die vielen kleinen örtlich wirkenden Unternehmen und deren Zeichen. Es gibt einige Einzelfachbücher sowie einige periodisch erscheinende Bücher, in denen besonders die neuen Marken vorgestellt werden. Es ist aber immer nur eine Art Qualitätsauswahl, die darin bevorzugt gezeigt wird.

### Die kombinierte Marke

Eine **Marken-Kombination** setzt mindestens zwei Komponenten voraus. Man kann also Teile der schon beschriebenen *Wort-, Buchstaben-* oder *Bildermarke verbinden* und sie ebenfalls mit den speziellen Elementen versehen.

Bezeichnend für die kombinierte Marke ist unter anderem ihre Übergangsfunktion und ihre kürzere Lebensdauer. Ihr kommt auch die Aufgabe zu, Bindeglied einer Firmenbild-Evolution zu sein, von einer Phase in die nächste. Dabei kann der konstante Teil im Falle einer visuellen Konzentration für sich weiterbestehen. Daran muß der Gestalter schon bei der Entwicklung einer kombinierten Marke oder bei einem Re-Design denken.

Die kombinierten Marken sind häufig Ausdruck des Strukturwandels und der wirtschaftlichen Konzentrationserscheinung. Sie sind aber auch oft die Folge unzweckmäßiger Erstgestaltungen. So gesehen, wird man sich in Zukunft noch häufiger mit der Kombinationsfähigkeit der Marken auseinandersetzen müssen. Dadurch entstehen neue Impulse und Anregungen.

## Raster

Wie die Marke, die Schrift und die Farbe gehört auch der **Satzspiegelraster** zu den Bestandteilen des visuellen Firmenbildes. Hauptaufgabe des Rasters ist es, Texte und Abbildungen durch ein Ordnungsprinzip zu gliedern bzw. zusammenzufassen. Der typografische Raster ermöglicht einerseits durch die einheitlichen Maßbezüge eine rationelle Bearbeitung von Drucksachen, andererseits soll das Rasterprinzip genug Freiraum für eine variationsreiche Gestaltung zulassen.

Für die typografische Gestaltung einer Broschüre oder eines Prospektes besteht das Einzelelement des Rasters (Beispiel VOKO 42 x 42 mm), das durch Zusammenziehen entsprechende Abbildungsgrößen ergibt, die dann zueinander in ein Gestaltungslayout gebracht werden. Je nach vorgegebener Gliederung des Rasters ist zwei- oder vierspaltiger Satz möglich.

Nachdem die Textverarbeitung in immer steigendem Umfang von Computern ausgeführt wird, ist die Berücksichtigung des *Zollmaßsystems* notwendig geworden. Die Entwicklung des *Fotosatzes* für Druckschriften dagegen verdrängt das typografische Maßsystem. Mit diesen Erkenntnissen sollten die Rastermaße auf Zoll und metrisch abgestellt sein.

Vordrucke beispielsweise, die durch Ergänzen und Prüfen weiterbearbeitet werden, müssen funktionell und logisch aufgebaut werden. Die Benutzung erfolgt von oben nach unten bzw. von links nach rechts, ebenso müssen auch die Inhalte in Bereiche gefaßt und aufeinander abgestimmt aufgebaut werden. Durch konsequente linksbündige Textblöcke können vertikale Trennlinien beispielsweise fast entfallen. Ein durch seine Klarheit wirkendes Formular hilft dem Benutzer ebenso wie dem späteren Bearbeiter. Bei der Erarbeitung des Rasters sollte ein möglichst knappes Papierformatsortiment genutzt werden. DIN A 4, 2/3 DINA 4 und lang-DIN in Quer- und Hochformat sind als Standard meistens ausreichend.

Bestimmte Formelemente und Maße können eine Art Gerüst ergeben, von dem aus alle visuellen Werbemittel beeinflußt werden. Dadurch entsteht ein Ähnlichkeitsmerkmal, das als verbindende Klammer wirkt.

Ein solcher Raster ist richtig verstanden ein wichtiges Hilfsmittel. Es kommt darauf an, seine Zonen mit Ideen und Leben zu füllen. Wichtig ist für uns als Designer, zu erkennen, daß nicht unsere grafische Auffassung publiziert werden soll, sondern daß eine grafische Linie gefunden und festgelegt wird, die auf das Unternehmen zugeschnitten ist. Natürlich müssen auch hier die Werte von Formqualitäten nachhaltig mit einbezogen werden. Ästhetik ist Ordnung mit einem bestimmten Funktionswert.

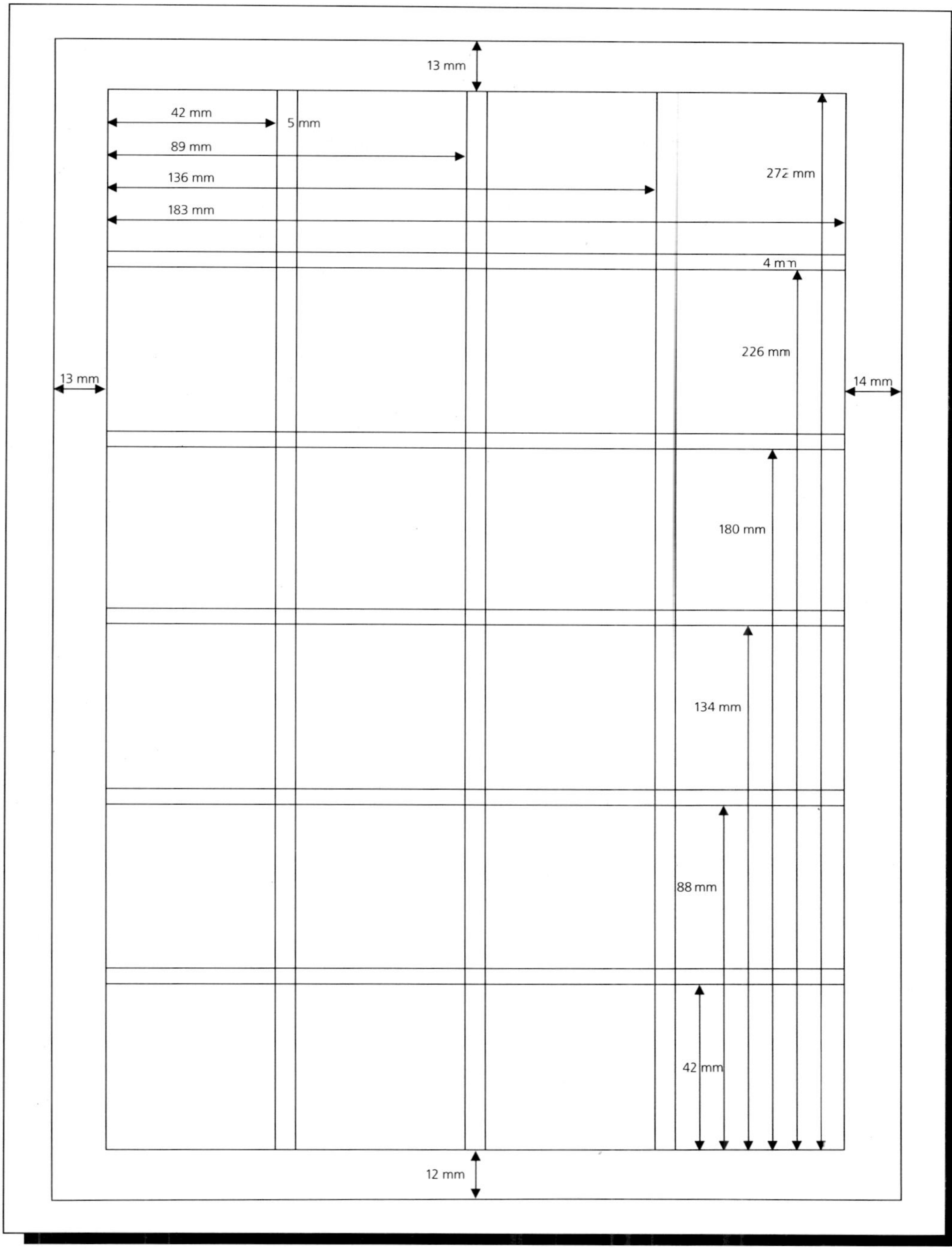


**Abb. 2:** *VOKO – Der Satzspiegel DIN A4*

Der Satzspiegel ist der Höhe nach in sechs quadratische Felder eingeteilt, seitlich in vier Spalten.
Das Arbeiten mit diesem Raster ist rationell und kostensparend, gleiche Bildgrößen können in verschiedenen Katalogen und Prospekten verwendet werden.

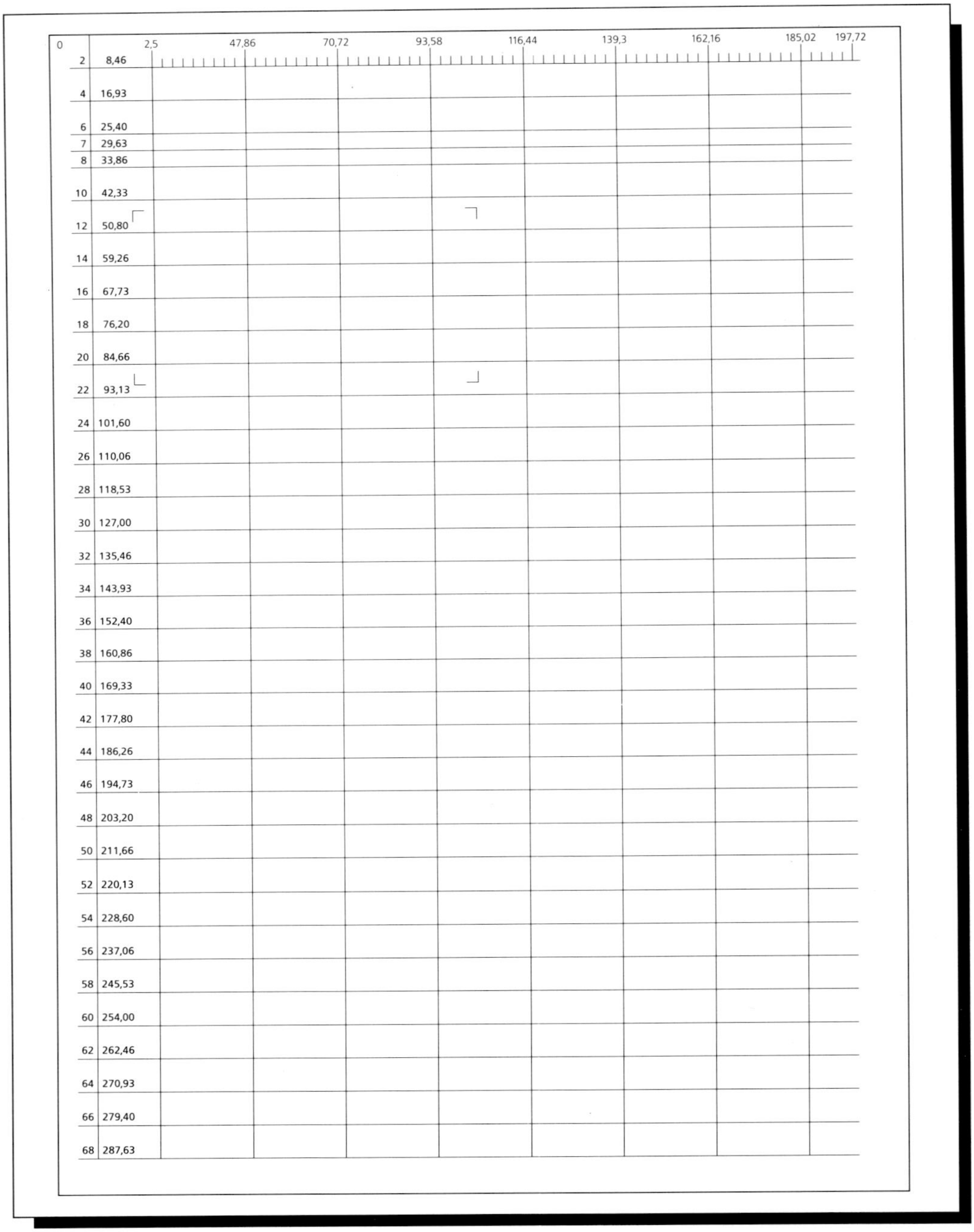


**Abb. 3:** *VOKO – Der Systemraster für Geschäftsdrucksachen*

Der Raster mit Berücksichtigung der Zolleinheiten ist für Vordrucke und Formulare vorgesehen, die mit Schreibmaschine oder Computer ausgefüllt werden.
Die für alle Drucksachen identischen Maßeinheiten sind für die funktionale Gestaltung der Vordrucke in Schreibzeilen und Tabulatorensprünge aufgestellt, die Satzherstellung nimmt ebenfalls die Rasterbreiten auf.

## Schrift und Typografie

**Satzschrift** ist in erster Linie der Vermittlung und Kommunikation unterstellt. Daher muß die Schrift klar und leicht gelesen werden können. Eine Schriftfamilie für ein Firmenbild sollte zudem möglichst zeitlos sein. Groteskschriften eignen sich für diesen Zweck am besten. Durch modische Neuentwicklungen von Satzschriften und übertriebene formale Manipulation werden zum Teil die Lesbarkeit sowie Sinn und Zweck zerstört.

Die Herstellung von Satzschrift beim Fotosatz bringt durch unfachmännische Bearbeitung (z.B. durch falschen Ausgleich) und Unvermögen einen Verfall der Schriftbehandlung mit sich.

Neben einer richtig ausgeglichenen Schrift bzw. sauber gesetzten Satzkolumnen sollten folgende Grundregeln der **Typografie** beachtet werden. Die Wahl des jeweiligen Schriftschnittes soll der Wirkungsweise und Aussage des Druckstückes entsprechen. Als Grundschrift ist ein magerer bzw. leichter Schnitt angebracht. Für Auszeichnungen bei Titeln und Unterüberschriften ist der halbfette Schnitt vorzusehen. Betonungen im Fließtext sowie Bildunterschriften sollten im gleichen Schriftgrad kursiv gesetzt werden. Es dürfen nur Groß- und Kleinbuchstaben (gemischter Satz) verwendet werden: Versalien und gesperrter Text sind schwer lesbar und sind für eine gute Druckseite nicht geeignet. Die Wahl der Schriftgröße richtet sich nach der Art der Drucksache, als Mindestgröße sollte 8 p gelten. Als Steigerung zwischen zwei Schriftgraden soll mindestens der übernächste Schriftgrad den Unterschied markieren. In einem Druckstück sollten nur wenige Schriftgrößen verwendet werden. Durch linksbündigen Satz wird in den meisten Anwendungsgebieten die beste Gliederung und Lesbarkeit erreicht.

Der Umgang mit Schrift setzt die Kenntnis eines der am stärksten mit Harmonie und Schönheit berührenden Berufe voraus.

| | |
|---|---|
| Univers 45 mager | Dieser Blindtext soll den Charakter und die Wirkungsweise der verschiedenen Schriftschnitte zeigen. Er ist in der Univers gesetzt, einer Groteskschrift des Schweizer Typografen und Schriftzeichners Adrian Frutiger. Dieser Blindtext soll den Charakter und die Wirkungsweise der verschiedenen Schriftschnitte zeigen. Er ist in der Univers gesetzt, einer Groteskschrift des Schweizer Typografen und Schriftzeichners Adrian Frutiger. Dieser Blindtext soll den Charakter und die Wirkungsweise der verschiedenen Schriftschnitte zeigen. Er ist |
| Univers 55 normal | Dieser Blindtext soll den Charakter und die Wirkungsweise der verschiedenen Schriftschnitte zeigen. Er ist in der Univers gesetzt, einer Groteskschrift des Schweizer Typografen und Schriftzeichners Adrian Frutiger. Dieser Blindtext soll den Charakter und die Wirkungsweise der verschiedenen Schriftschnitte zeigen. Er ist in der Univers gesetzt, einer Groteskschrift des Schweizer Typografen und Schriftzeichners Adrian Frutiger. Dieser Blindtext soll den Charakter und die Wirkungsweise der verschiedenen Schriftschnitte zeigen. |
| **Univers 65 halbfett** | **Dieser Blindtext soll den Charakter und die Wirkungsweise der verschiedenen Schriftschnitte zeigen. Er ist in der Univers gesetzt, einer Groteskschrift des Schweizer Typografen und Schriftzeichners Adrian Frutiger. Dieser Blindtext soll den Charakter und die Wirkungsweise der verschiedenen Schriftschnitte zeigen. Er ist in der Univers gesetzt, einer Groteskschrift des Schweizer Typografen und Schriftzeichners Adrian Frutiger. Dieser Blindtext soll den Charakter und die Wirkungsweise** |
| *Univers 46 kursiv mager* | *Dieser Blindtext soll den Charakter und die Wirkungsweise der verschiedenen Schriftschnitte zeigen. Er ist in der Univers gesetzt, einer Groteskschrift des Schweizer Typografen und Schriftzeichners Adrian Frutiger. Dieser Blindtext soll den Charakter und die Wirkungsweise der verschiedenen Schriftschnitte zeigen. Er ist in der Univers gesetzt, einer Groteskschrift des Schweizer Typografen und Schriftzeichners Adrian Frutiger. Dieser Blindtext soll den Charakter und die Wirkungsweise der verschiedenen Schriftschnitte zeigen. Er ist* |
| *Univers 56 kursiv* | *Dieser Blindtext soll den Charakter und die Wirkungsweise der verschiedenen Schriftschnitte zeigen. Er ist in der Univers gesetzt, einer Groteskschrift des Schweizer Typografen und Schriftzeichners Adrian Frutiger. Dieser Blindtext soll den Charakter und die Wirkungsweise der verschiedenen Schriftschnitte zeigen. Er ist in der Univers gesetzt, einer Groteskschrift des Schweizer Typografen und Schriftzeichners Adrian Frutiger. Dieser Blindtext soll den Charakter und die Wirkungsweise der verschiedenen Schriftschnitte zeigen.* |
| ***Univers 66 kursiv halbfett*** | ***Dieser Blindtext soll den Charakter und die Wirkungsweise der verschiedenen Schriftschnitte zeigen. Er ist in der Univers gesetzt, einer Groteskschrift des Schweizer Typografen und Schriftzeichners Adrian Frutiger. Dieser Blindtext soll den Charakter und die Wirkungsweise der verschiedenen Schriftschnitte zeigen. Er ist in der Univers gesetzt, einer Groteskschrift des Schweizer Typografen und Schriftzeichners Adrian Frutiger. Dieser Blindtext soll den Charakter und die Wirkungsweise*** |

**Abb. 4:** *Beispiel einer Schriftfamilie für die Hausschrift (Auswahl der gebräuchlichsten Schriftschnitte; hier: für die Württemberger Hypo)*

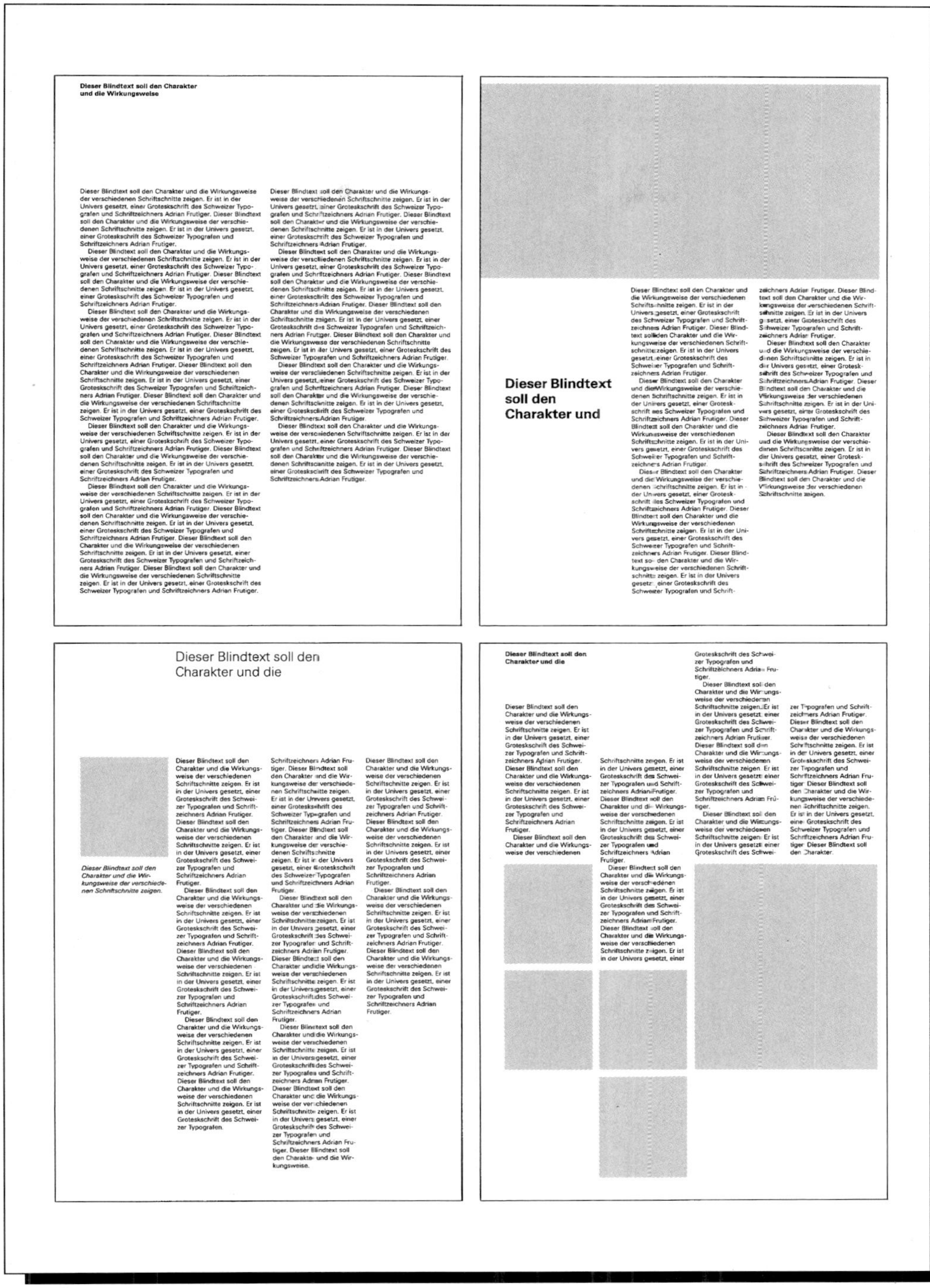


**Abb. 5:** *Festlegung von Layoutcharakteristiken, die einen funktionalen und sachlichen Umgang mit der Typografie zeigen (Aus dem Gestaltungsmanual der Württemberger Hypo)*

Württemberger
Hypo

Herrn
Hans Beispiel
Hauptstraße 200

7000 Stuttgart 1

Unser Zeichen:
Marketing/mu-me
Ihr Gesprächspartner:
Herr Muster
Telefon: 0711/2096-227

Stuttgart, 30.07.1990

Briefe, die man gerne liest

Sehr geehrter Herr Beispiel,

dies ist unser neuer Briefbogen. Seine Gestaltung entspricht dem neuen einheitlichen Erscheinungsbild. Denken Sie immer daran, daß uns viele Ansprechpartner durch unsere Briefe kennenlernen und somit jeder Brief Visitenkarte unseres Hauses ist.

Nicht nur die Schönheit der einzelnen Briefe ist wichtig, sondern auch das einheitliche Bild aller Briefe, die unser Haus verlassen. Um dies zu erreichen, bitten wir Sie, die folgenden Hinweise zu beachten:

Die Bezugszeilen mit Zeichen, Gesprächspartner, Durchwahl, Datum usw. stehen linksbündig unter der Namensmarke auf gleicher Höhe wie die Adresse. Der linke Rand wird ausgerichtet auf die linke Begrenzung der Absenderzeile im Briefkopf. Die Zeilenbreite soll bei 10cpi Schrift 65, bei 12cpi Schrift 75 Anschläge nicht überschreiten. Absätze werden durch zweimaliges Schalten abgehoben.

Die Grußformel "Mit freundlichen Grüßen" wird ebenfalls an den linken Rand gesetzt, wie auch die Unterschrift. So ergibt es ein einheitliches Bild.

Mit freundlichen Grüßen

Württembergische Hypothekenbank AG

Württembergische Hypothekenbank Aktiengesellschaft · Büchsenstraße 26 · Postfach 105452 · 7000 Stuttgart 10 · Telefon 0711/2096-0 · Telex 722045 · Telefax 0711/2096-345 · Sitz der Gesellschaft: Stuttgart · RG Stuttgart Abt. B Nr. 103 · Bankleitzahl 60010500 · Vorsitzender des Aufsichtsrats: Dr. Hans Fey · Vorstand: Kurt Fontanive, Horst Jochemczyk, Dr. Herwig Praxl, Dr. Hans Walter Schmidt

**Abb. 6:** *Die Anweisung für das Beschreiben der Briefe gehört mit zum Gestaltungsaufbau*

## Farbe

Farben wirken wie Spuren, die der Orientierung und dem Wiederfinden dienen. Sie werden durch die *Signalkraft* zu einem wichtigen Element innerhalb der Öffentlichkeitsarbeit und der Werbung.

Einige Anmutungen zur Leitlinie können durch die **Farbe** unterstützt und demonstriert werden, z.B. leicht, heiter, dynamisch, signalhaft, klassisch, zurückhaltend, geordnet und sachlich, stimulierend, harmonisch, sympathisch, kontrastreich und aktiv.

Die Welt der Farbe, der Harmonie und der Farbästhetik ist – entgegen häufiger Ansicht – durchaus der Systematisierung zugänglich. Diese *Farbgerüste* zeichnen sich durch bestimmte Abläufe, Module, metrische und progressive Prinzipien aus. Die Abläufe bilden eine Gesetzmäßigkeit, mit der sich Harmonien ermitteln lassen. Damit ist nicht die Farblogik physikalischer Art gemeint. Diese bleibt für die Wahrnehmung unvollkommen.

Farben als Organisationshilfen sind weniger funktionell als allgemein angenommen wird. Wenn nicht eine Lernpflicht vorliegt und Farbinformationen freiwillig aufgenommen werden sollen, ist zu berücksichtigen, daß höchstens drei Farben als Organisation und Orientierung behalten und der jeweiligen Information zugeordnet werden. Bei der Farbbestimmung ist zu berücksichtigen, daß Grundfarben von vielen Unternehmen als Hausfarbe geführt werden. Da alle Farben besetzt sind, ist die Eigenständigkeit einer Farbe nicht mehr gewährleistet. Deshalb sind eine oder mehrere Zusatzfarben angebracht, wobei im Auge behalten werden muß, daß eine oder zwei Farben die Führung übernehmen und die anderen Farben in geringeren Mengen Verwendung finden. Da die Farben nicht schützbar sind, können sie nur durch eine intensive Benutzung zu einer Marktgeltung kommen, die zumindest für die Unternehmensart abgesichert werden kann. Zur konstanten Anwendung der Hausfarbe, zu der meist ein bis zwei Farben gehören, ist zu empfehlen, nur die hauseigenen Objekte zu kennzeichnen. Zur Festlegung der Hausfarbe gehört auch die Empfehlung der Mengenverhältnisse von Farben zueinander. Ein Anteil Weiß gibt jeder Drucksache Frische und Klarheit. Jede der Hausfarben kann weitersystematisiert werden. Die Aufhellung und Trübung der bestimmten Farbe hat dieselbe Stufung, z.B. 30 % aufgehellt und 60 % mit Schwarz getrübt. Die im Markt angebotenen Farben sollen bei der Auswahl mit Angabe des Herstellers und der Fabrikationsnummer aufgeführt werden.

Harmonie hat mit Ordnung zu tun, auch im Bereich der Farbe. Deshalb unterstützen Progression, Symmetrie, Strukturen und andere Regeln in der Anwendung der Hausfarben die Harmonie eines Erscheinungsbildes (s. Abb. 7).

Abb. 7

Abb. 8

Abb. 9

**Abb. 7:** *Hausfarben und ergänzende Farben für Ruhrgas AG*

**Abb. 8:** *Die grafische Ausführung einer Tragetüte wurde als Variante mit spielerischem Aspekt erstellt*

**Abb. 9:** *Die Elemente des zweifarbigen Bandes sind 60 cm lange Einheiten und auch als Leuchtelemente geteilt. Sie können so jeder baulichen Gegebenheit angepaßt werden*

## Architekturdesign

Zum Wirken in der Öffentlichkeit gehört auch die **Architektur** von innen und außen. Das Milieuklima, das auf die Besucher und Mitarbeiter wirkt, sollte auch eine firmenbezogene Visualität erhalten. Einen gewichtigen Beitrag dazu liefert die *Farbästhetik*. Dieser Bereich sollte bis zum künstlerisch visuellen Beitrag abgestimmt sein. Stiefkinder in Verwaltungsgebäuden sind die Besuchszimmer. Meist sind die Wände mit Produkten oder Bildern von Produkten des Unternehmens überladen. Es entsteht eine Atmosphäre des überlauten Überzeugenwollens. Ein sachliches, harmonisches, neutrales Klima ist als Beitrag zum Firmenbild und zum Ablauf von Begegnungen und Gesprächen nützlicher.

Im Außenbereich sehen wir oft Mißachtung der Architektur durch falsch plazierte und übergroße Leuchtschriften. Schon bei der Planungsphase sollte der Architekt auf die funktionelle Notwendigkeit hingewiesen werden, daß an seinem Bau Werbeflächen oder Leuchtschriften vorgesehen werden.

**Abb. 10:** *Abgehängte, drehbare farbige Grafiktafeln im Produktions- und Lagerbereich als Teil einer architekturbezogenen Gestaltungskonzeption; bei Benzing Zeit + Daten GmbH, VS-Schwenningen*

## Besondere Maßnahmen

Die visuelle Eigenart, die sich durch alle Bereiche von der Zoll-Maßeinheit bis zur Kunst zieht, ist eine entscheidende Qualität für das Unternehmen. Auch die alltäglichen, scheinbaren Kleinigkeiten sollten in den Überlegungen Platz finden.

Um die Fortführung eines einmal festgelegten Firmenbildes zu gewährleisten, ist die Zusammenstellung eines Manuals zu empfehlen. Ein solches Handbuch, in dem sowohl Konstanten als auch Variablen des Erscheinungsbildes festgehalten sind, ist ein ideales Arbeitsmittel für die Erstellung der verschiedenen Werbeträger oder Mittel zur Öffentlichkeitsarbeit. Darüber hinaus bietet es dem Unternehmen die Möglichkeit, sein visuelles Firmenbild wirkungsvoll zu präsentieren.

Weiterwirkende Aktionen, die ein kultureller Beitrag sein könnten, sind ebenfalls in das Auftreten eines Unternehmens mit einzubeziehen. Der Nutzen solcher Aktivitäten ist nur mittelfristig zu sehen und darf nicht in kurzem Anlauf ersticken. Eine Ausstellung z.B. wird als Einzelaktion kaum wirksam, mehrere Ausstellungen über viele Jahre bilden erst einen Merkwert.

**Abb. 11:** *Als besonderen Anspruch zur Ästhetik gibt die Firma Leitner, Messebau, Kleinplastiken als Neujahrspräsente an ihre Kunden und Kunstliebhaber*

## Arbeitsstil und Kontrolle

Ein qualitatives Erscheinungsbild setzt sich verhältnismäßig schnell durch. Es kommt natürlich auf die Intensität der Einführung an. Im allgemeinen wird es nach einem halben Jahr erkannt und setzt sich in eineinhalb bis zwei Jahren durch. Die Neueinführung braucht nicht überstürzt eingeleitet zu werden. Mit fortschreitender gemeinsamer Arbeit von Unternehmen und Grafik-Design können auf das Unternehmen zugeschnittene Erfahrungen unterwegs verdeutlicht werden.

- Die Qualität der Auftragsausführung kann durch die Genauigkeit der Aufgabenstellung erhöht werden. Das bezieht sich sowohl auf auftragsbezogene als auch auf interdisziplinäre Informationen.
- Aus visuellen Bausteinen kann ein Ganzes werden. Der deduktive Weg – zuerst die Konzeption erarbeiten und dann die Bausteine einordnen – ist meist wirkungsvoller. Daraus ergibt sich ein geschlossenes System.
- Ein wichtiger Teil der Gestaltung von Firmenbildern ist die Integration der Marke in alle visuellen Maßnahmen. Dazu bedarf es auch der Formulierung der visuellen Leitlinie. Diese wiederum läßt sich aus der Kenntnis des Unternehmenszieles ableiten.
- Das visuelle Firmenbild kann schneller eingeführt, durchgesetzt und erhalten werden, wenn verbindliche Richtlinien geschaffen sind. Diese werden in einem Regelbuch fixiert. Es enthält Angaben zur Typografie, zu Raster, Satzspiegel und Farbreihe sowie wichtige Anwendungsbeispiele. Sie sind darüber hinaus ein wesentliches Mittel zur Rationalisierung aller visuellen Maßnahmen.
- Die wechselseitigen Arbeitsbesprechungen am Ort des Auftraggebers und im Atelier fördern die Kommunikation und den gegenseitigen Lernprozeß.
- Durch die persönliche Präsentation kann sich der Grafik-Designer auf kurzem Weg verständlich machen und kann die Argumentation des Entscheidungsgremiums genauer kennenlernen. Unterschiedliche Meinungen führen oft zu neuen Ideen und besseren Lösungen.
- Es bewährt sich, in längeren Zeitabständen eine systematische Zwischenprüfung im Sinne der Firmenbildrevision vorzunehmen. Damit wird ein kostspieliges Abgleiten von der Grundlinie verhindert und die Profilierung sichergestellt.

## Träger des visuellen Firmenbildes

Die Anforderungen und die einzelnen Maßnahmen sind unternehmensbezogen verschieden. Ein Produktionsbetrieb entscheidet sich für andere Werbeträger als ein Institut oder Dienstleistungsunternehmen. Hier eine Übersicht der gebräuchlichsten **Träger des visuellen Firmenbildes**:

### Drucksachen

Briefbogen und Zweitblatt
Briefbogen Presseinformation
Briefbogen Kundeninformation
Formulare und Vordrucke
Kurzmitteilung, Postkarte
Beilagekarte, Visitenkarte
Aufkleber
Umschlag
Stempel, Freistempel
Rundschreiben
Preisliste
Gebrauchsanweisung
Manual
Neujahrskarte, Glückwunschkarte
Einladung
Gutschein, Garantiekarte
Urkunde
Vertrag
Geschäftsbedingungen
Verkaufsinformation
Prospekte, Kataloge
Broschüren
Geschäftsbericht
Jubiläumsschrift
Packungen, Verpackungen
Packpapier, Klebeband
Tragetasche

### Werbung und Öffentlichkeitsarbeit

Angebotsmappe
Produktinformation
Faltblatt, Flugblatt
Plakate
Zeitungsbeilage
Personalanzeige
Produktanzeige
Bilanzanzeige
Hauszeitschrift
Anstecknadel
TV-Werbung, Rundfunk-Werbung
Vertreterbesuch
Vorträge
Seminare
Werkfilme
Betriebsbesichtigung
Pressekonferenz
Lehr- und Demonstrationsmittel
wissenschaftliche Veröffentlichung
redaktionelle Berichte
Bildschirmtext
Wettbewerbe

**Außenwerbung**

Leuchtschrift
Transparente

Außenschilder
Fahnen
Schaufenster, Schaukästen

Kleidung
Vertreterwagen,
Lieferfahrzeuge
Bahnwaggon
Bandenwerbung
Verkehrsmittel-Werbung

**Architektur**

Architekturkonzept
Gebäudekennzeichnung und -beschriftung
Orientierungssystem
Farbcodierung
Innenraumgestaltung und Milieukonzept

**Besondere Maßnahmen**

Veranstaltungen
Aktionen, Preisausschreiben
Messekonzept
Ausstellungssystem
Produktgestaltung und -beschriftung
Werbegeschenke
Förderung von Kunst und Forschung
Historische oder zeitgenössische Sammlungen

**LITERATUR**

*»Unternehmensleitlinie finden«*
(1) Auszug aus einem Beratungsgespräch mit Dr. O. S. Rechenauer

*»Raster«*
mit Beiträgen zur Gestaltung von Formularen, von Karl Duschek

# Corporate Identity als Integrationselement der Marketing-Kommunikation

Christoph Rudolph

Die richtige Kommunikation mit den richtigen Mitteln an den richtigen Plätzen und in den richtigen Medien zu betreiben, wird unbestritten immer mehr ein zentrales Thema unternehmerischer Existenz.

Wenn man das so sagt, klingt das ganz selbstverständlich, und es wird kaum einen Unternehmer oder Topmanager geben, der diesen Satz zunächst einmal nicht ganz spontan unterstreichen würde. Bei kritischer Durchleuchtung und Selbstprüfung werden aber viele Unternehmer zugeben müssen, daß Kommunikationsarbeit im Topmanagement ihres Hauses oft nur Stückwerk und Zufallsergebnis ist oder nur als angenehmes Hobby betrachtet wird. Dabei hat der Unternehmer dann überhaupt kein schlechtes Gewissen, er wird vielmehr auf die Werbeprofis in seinem Hause oder auf die Werbe- und PR-Strategen außerhalb verweisen, die hochbezahlte und studierte Spezialisten seien, und von ihm ja auch gelegentlich scharf kontrolliert würden. Seine Hauptaufgaben sind, so hört man es aus dem Munde vieler Unternehmer, der Aufbau und die Finanzierung des Betriebes, die rationelle Herstellung der Produkte, die Organisation des Vertriebs und last not least die Entwicklung neuer Produkte. Zugegeben, alles sehr wichtige, unverzichtbare Dinge, aber sie allein werden auf einem Markt des Warenüberangebots immer weniger ausreichen.

## Langfristige Ordnungskriterien für die Kommunikation

Die negativen Folgen sind oft, daß in der Kommunikation zu sehr Einzelaktionen betrieben und nur kurzfristige Ziele angestrebt werden. Ein Unternehmen aber, das keine langfristigen durchgehenden Ordnungskriterien in der Kommunikation hat, bleibt in seiner visuellen und verbalen Aussage unterentwickelt und verspielt damit einen Großteil seiner möglichen Marktresonanz.

Das Bild eines seine Aussage- und Ausdrucksformen ständig wechselnden Unternehmens bleibt für die Partner im Markt verschwommen. Die Unternehmensleitung muß daher einen Weg finden, wie die Leitidee, die Geisteshaltung des Unternehmers oder des Unternehmens in eine langfristige, effektive Kommunikationsstrategie fest verankert werden, wie die Kompetenz des Unternehmers und seine Glaubwürdigkeit auf eine breite qualifizierte Basis von Mitarbeitern in der Kommunikation übertragen werden kann.

Der Unternehmer darf die Verbreitung seiner Idee nicht allein den Kommunikationsprofis überlassen. Gelingt es ihm nicht, bei der Verpflichtung von Mitarbeitern und Beratern in der Kommunikation und bei der Aufgabenstellung für Werbeagenturen, Messebaufirmen und PR-Büros ein klares, langfristiges Konzept zu haben, läuft er leicht Gefahr, daß die Kompetenz seines Unternehmens durch Leute zum Ausdruck gebracht werden soll, die selten am Unternehmen selbst, sondern vielmehr an der Eigenprofilierung Interesse haben.

Die Durchdringung von Werbung, Öffentlichkeitsarbeit und Verkaufsförderung mit der unternehmerischen Idee ist also zwingendes Gebot. Fehlt diese Durchdringung, ist häufig festzustellen, daß Kommunikation nur von der Gruppe verstanden wird, die sie geschaffen hat. Es muß ein objektiver Schlüssel als Grundlage einer firmentypischen Kommunikation vorhanden sein, um die Leistungen der einzelnen mit Gestaltungsaufgaben betrauten freien oder festen Mitarbeiter zu koordinieren und synchronisieren, d.h. vom Ich-Kult weg ein Denken in Gemeinsamkeit zu entwickeln.

Der Weg zur Corporate Communication führt aber immer nur über die vorherige Erarbeitung einer Corporate Identity; und diese wiederum muß aus der Unternehmensphilosophie entwickelt worden sein und darf nicht eine von außen aufgeschminkte Kosmetik sein.

Bei der Erarbeitung einer bestimmten Gestaltungsordnung für alle kommunikativen Maßnahmen steht vorne an die Überlegung, wie man die Geisteshaltung des Unternehmers in allgemeingültige Ausdrucks-, Verhaltens- und Darstellungsformen des Unternehmens prägen kann, die vom Publikum als Stilelemente der Zuverlässigkeit und der Kompetenz erkannt und anerkannt werden. In dieser speziellen Form der Kommunikation muß die Unternehmensleitung bereit sein, sich zu öffnen, ihre Anschauungen und Motive freimütig zu bekennen, ihr Handeln kritisch durchleuchten zu lassen, klare Stellung zu beziehen, Widersprüche zu erkennen und auszuräumen. Nur, wenn die Unternehmensleitung in dieser Phase bereit ist, sich in die Karten sehen zu lassen, wenn das Gespräch von beiden Seiten mit restloser Offenheit und Offenlegung geführt wird, ist es möglich, ein glaubwürdiges Unternehmensbild und daraus ein ebenso glaubwürdiges Kommunikationskonzept zu erarbeiten.

Um Otl Aicher zu zitieren: *»Nur wenn die im Unternehmen verantwortlichen Leute sich Zeit genug nehmen, den Teig lange zu kneten und zu walken, kann er endgültig in den Ofen geschoben werden und die typischen Merkmale für ein firmenspezifisches Erscheinungsbild gebacken werden.«*

Das sind dann die typischen Zeichen und Symbole, Schriften und Farben, Gestaltungsraster, Leitlinien für die Werbung, für die Verkaufsförderung, unverwechselbare Sprachmittel und ein ausgeprägter Sprachstil für die Öffentlichkeitsarbeit. Das Gesicht und den Stil erarbeitet zwar der Kommunikationsdesigner, aber sie sind das zwangsläufige Ergebnis der Artikulation des Unternehmers.

Wenn am Ende einer solchen Erarbeitungsphase nun feststeht, daß die Kommunikation informativ sein soll, daß sie einfach, übersichtlich und verständlich sein soll, daß sie Vertrauen, Zuverlässigkeit und Fortschritt ausdrücken soll, und wenn das alles in visuellen und verbalen Richtlinien festgelegt ist, wenn es also gelungen ist, der Kommunikationsarbeit im Unternehmen ein gleich einwandfrei solides Fundament zu geben, wie es die Bereiche Wissenschaft, Forschung und technische Entwicklung schon immer in einem Unternehmen haben, dann müssen weitere wichtige Voraussetzungen für eine erfolgreiche Kommunikationsarbeit geschaffen werden.

## Konsequenz im Erscheinungsbild

Zunächst muß der für die Gesamtkommunikation im Unternehmen Verantwortliche bei der Einführung und Durchsetzung des Erscheinungsbildes die volle Unterstützung und Rückendeckung der Unternehmensleitung haben.

Es gibt immer interne und außenstehende Mitarbeiter, bei denen die Richtlinien und Normen im Bereich der Kommunikation den Verdacht der Einengung, der eingeschränkten Kreativität und damit der Wirkungsminderung erzeugen. Sie übersehen dabei bewußt oder unbewußt, daß eine visuelle und verbale Kommunikation im Sinne einer Profilierung des gesamten Unternehmens nur dann zustande kommen kann, wenn die Einzelmaßnahmen auf gemeinsame, durchgängige und gleichbleibende Merkmale abgestützt sind. Die Entfaltungsmöglichkeit von Kreativität wird offensichtlich erweitert, wenn es eine Basis von Grundsatzentscheidungen und Grundsatzformulierungen gibt, die nicht ständig in Frage gestellt werden, auf die vielmehr kommunikative Gestaltungen aufgebaut werden können. Der entscheidende Grund dafür, daß gut gemachte Erscheinungsbilder in der Realisation wieder verwässern, verflachen oder gar verschwinden, ist oft, daß die Unternehmensleitung selbst nach anfänglicher Euphorie und Unterstützung sich aus der Kommunikationsarbeit total ausklinkt und glaubt, es läuft auch ohne sie richtig weiter. Die Erarbeitung von Erscheinungsbildern kostet jedoch viel Kraft und Geld und ihre Durchsetzung im Unternehmen und am Markt erst recht.

Aus diesem Grunde sollte es in einem Unternehmen, das Kommunikation CI-orientiert betreiben will, eine ständige Diskussionsrunde geben zwischen Unternehmensleitung und den professionellen Kommunikationsleuten. In dieser Runde, die zwei- bis dreimal im Jahr tagen sollte, muß immer wieder versucht werden, alle Maßnahmen der Werbung, der PR und der Verkaufsförderung mit dem Unternehmenskonzept zu verknüpfen und aktuell und lebendig zu halten.

Eine weitere wichtige Voraussetzung ist die richtige Auswahl von Mitarbeitern, die aus ihrer inneren Einstellung bereit sind, sich in den Rahmen einer Corporate Identity mit ihrer Arbeit einzuordnen.

## Einstellung der Mitarbeiter

Mitarbeiter, die verstehen können, daß Normen nicht grundsätzlich gestaltungsfeindlich sind, und daß es in der Kommunikationsarbeit nicht in erster Linie um Ästhetik geht, sondern um die Durchsetzung einer Idee am Markt, letztlich um Markterfolg. Dabei gilt natürlich noch der Satz: »Häßlichkeit verkauft sich schlecht.« Nur: Die Einhaltung von ästhetischen Regeln sollte bei der Erarbeitung einer Corporate Identity und damit auch in der daraus resultierenden Kommunikation Selbstverständlichkeit und nicht Selbstzweck sein.

So wie im Fußball eine gute Taktik an der Tafel und elf gute Einzelspieler noch lange kein gutes Team ausmachen, sondern ein großes Maß von innerer Übereinstimmung und gleicher Auffassung hinzukommen muß, so muß die Unternehmensleitung – wenn sie ihr Programm formuliert und festgelegt hat – Leute um sich scharen, die bereit sind, ihre fachliche Kompetenz und ihre Kreativität in kollegialer Zusammenarbeit in den Dienst des unternehmerischen Gesamtzieles zu stellen.

Um es ganz deutlich zu sagen: »Es ist einfacher, eine neue gute Werbeagentur zu engagieren, die mit den Spielregeln des Erscheinungsbildes einverstanden ist, als die Corporate Identity in Frage stellen zu lassen.«

Auch für die interne Kommunikation eines Unternehmens bringt eine ausgeprägte Corporate Identity wesentliche Vorteile. Waren in der Vergangenheit viele Unternehmen hoch ausbalancierte Einheiten, in denen Mitarbeiter oft über Jahrzehnte hinweg in festen Positionen blieben, und die Vorstellungen und die Vorgehensweise des Unternehmers fast autoritäre Geltung hatten, so haben wir heute im Zeichen starker Liberalisierung und Demokratisierung innerhalb der Unternehmen eine völlig andere Situation. Bei zunehmender Personalfluktuation und Job-Rotation bedarf es unbedingt einer Aufstellung von Spielregeln in der internen Unternehmenskommunikation, die für alle verbindlich sind.

Sie geben der Unternehmensleitung die Sicherheit, daß die Leitidee im Unternehmen institutionalisiert und nicht jeden Tag aufs neue in Frage gestellt wird. Auf der anderen Seite hat ein neu eingetretener Mitarbeiter die Chance, sich innerhalb kurzer Zeit mit Hilfe des Handbuches der Corporate Identity zurechtzufinden und sich rasch einzuarbeiten.

## Psychologischer Nutzen von integrierter Kommunikation

Bevor im nächsten Abschnitt auf den wirtschaftlichen Nutzen einer »Unternehmens-Identität« näher eingegangen wird, soll der psychologische Nutzen einer Corporate Identity in der Kommunikation eines Unternehmens folgendermaßen zusammengefaßt werden:

- Für die Unternehmensleitung ist abgesichert, daß sich die Leitidee und die Geisteshaltung des Unternehmens in der Kommunikation widerspiegelt.
- Die Kompetenz der Unternehmensleitung läßt sich auf eine breitere Mitarbeiterbasis im Unternehmen übertragen.
- Die Koordination aller kommunikativen Maßnahmen bringt für Handel und Verbraucher eine hohe Erkennbarkeit und schafft ein Klima des Vertrauens.
- Durch die Wiederholung vieler konstanter Elemente erhöht sich der Bekanntheitsgrad schneller.
- Corporate Identity hilft in der Kommunikation, Aufgabenstellungen präzise und unmißverständlich zu formulieren. Enttäuschung und Verärgerung wird dadurch vermieden.
- Corporate Identity vereinfacht das Leben in einem Unternehmen zwischen den einzelnen Mitarbeitern und zwischen der Abteilung Kommunikation mit anderen Abteilungen.

Corporate Identity schafft die Voraussetzung für ein angenehmes, optimistisches psychologisches Klima, in dem sich Kommunikation innerhalb des Unternehmens und im Markt konsequent entfalten kann.

## Wirtschaftlicher Nutzen CI-gesteuerter Kommunikation

Wie aber sieht es mit dem technischen Nutzen und dem wirtschaftlichen Nutzen durch Corporate Identity im Bereich der Kommunikation aus?

Jedes Erscheinungsbild hat einen bestimmten Anteil von konstanten und variablen Elementen. Je mehr es gelingt, den Anteil von konstanten Elementen zu erhöhen, um so größer wird auch der Rationalisierungseffekt bei den Ausgaben für Kommunikation sein. Dazu einige Beispiele aus der Praxis:

- Ein *einheitlicher Gestaltungsraster* ermöglicht es, die gleichen Fotos, Zeichnungen, Diagramme, Textblöcke usw. in unterschiedlichen Unterlagen mehrfach einzusetzen. Kosten für Fotos und Reproduktionen werden dadurch wesentlich vermindert, Zeit gespart. Die Standardisierung von Elementen blockiert dabei weder Variationen noch Kombinationen (Abb. 1).

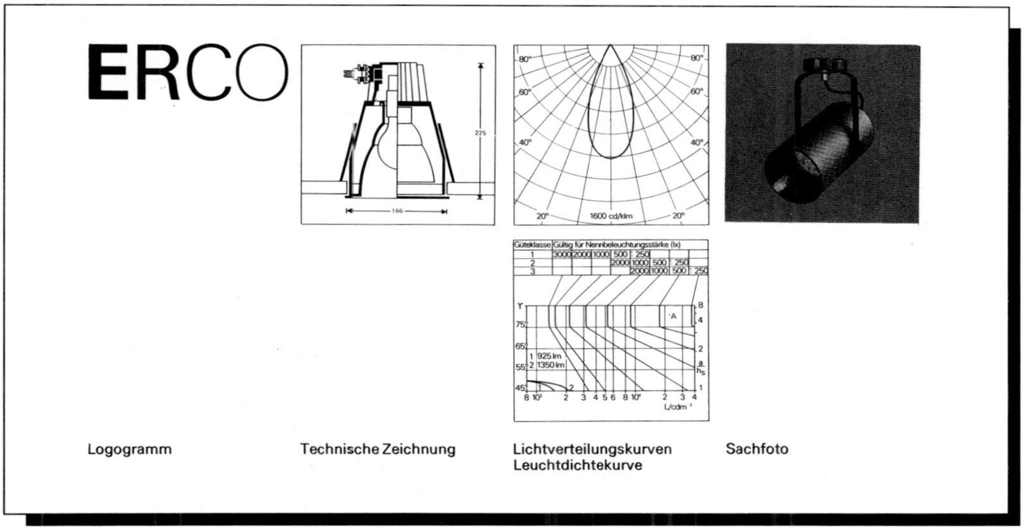


**Abb. 1:** *Möglichkeiten eines einheitlichen Gestaltungsrasters*

- Für den jeweiligen Einsatz in Katalogen, auf Messeständen, auf Fahnen, auf Plakaten usw. ist die richtige Größe und der richtige Einsatz des *Logogramms* festgelegt, so daß auch hier fast keine Fehlproduktionen entstehen können (Abb. 2 + 3).

**Abb. 2:** *Beispiel für ein Logogramm*

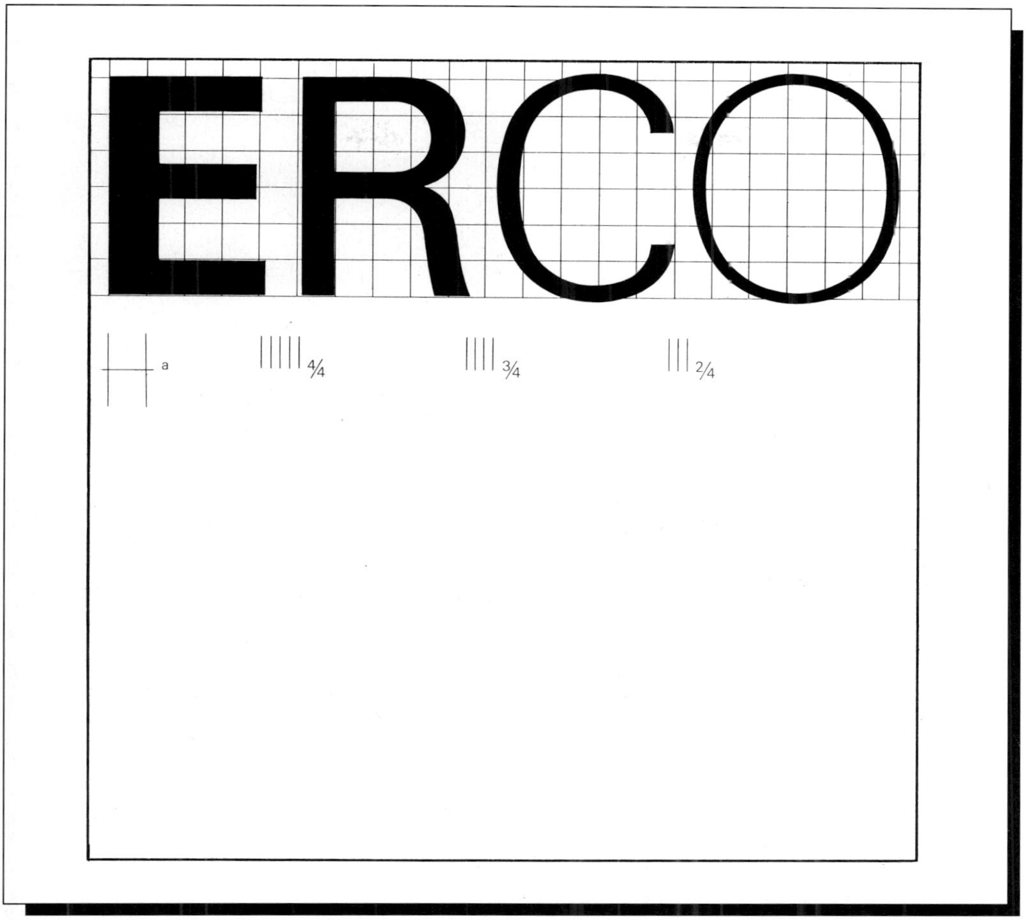


**Abb. 3:** *Ein anderes Logogramm*

- *Farben* haben ordnende und organisatorische Funktionen. Sie werden sparsam eingesetzt, da sie nicht modischen, grafischen Spielereien unterliegen (Abb. 4).

**Abb. 4:** *Farben haben ordnende und organisatorische Funktion*

- Eine *Hausschrift*, durchgängig angewandt, vereinfacht die Arbeit mit Typographen und Satzanstalten. Die vielfältigen Möglichkeiten, die in einer einzigen Schrifttype enthalten sind, können voll ausgeschöpft und perfektioniert werden. Die Feinabstimmung im Kleinen und Nebensächlichen führt zu einem Optimum in der Ausdrucks- und Lesefunktion. Typographische Ordnungsprinzipien schalten weitgehend einen schwer zu verstehenden Modernismus in der Handhabung der Schrift aus. Eine klare Hilfe für Art-Directoren, Grafiker und Typographen (Abb. 5).

abcdefghijklmnopqrstuvwxyz
ABCDEFGHIJKLMNOPQ
RSTUVWXYZ&1234567890

*abcdefghijklmnopqrstuvwxyz*
*ABCDEFGHIJKLMNOPQ*
*RSTUVWXYZ&1234567890*

abcdefghijklmnopqrstuvwxyz
ABCDEFGHIJKLMNOPQ
RSTUVWXYZ&1234567890

**abcdefghijklmnopqrstuvwxyz**
**ABCDEFGHIJKLMNOPQ**
**RSTUVWXYZ&1234567890**

**Abb. 5:** *Vielfältige Möglichkeiten einer Schrifttype*

- Auch in der *Fotografie* gibt es eine liberale Ordnung, die von den Fotografen zu beherzigen ist. Fotografie, ob Produkt- oder Anwendungsfotografie, darf kein Selbstzweck, darf nicht Zufallsergebnis sein, muß einer klaren Strategie folgen. Der Fotograf kann von vornherein selbst entscheiden, ob er einer bestimmten Auffassung folgen kann und will. Dadurch wird Enttäuschung über »verfehlte Themen« weitgehend vermieden, Zeit und Geld und Nerven gespart. Das gleiche gilt für Zeichnungen und Illustrationen (Abb. 6, 7, 8, 9).

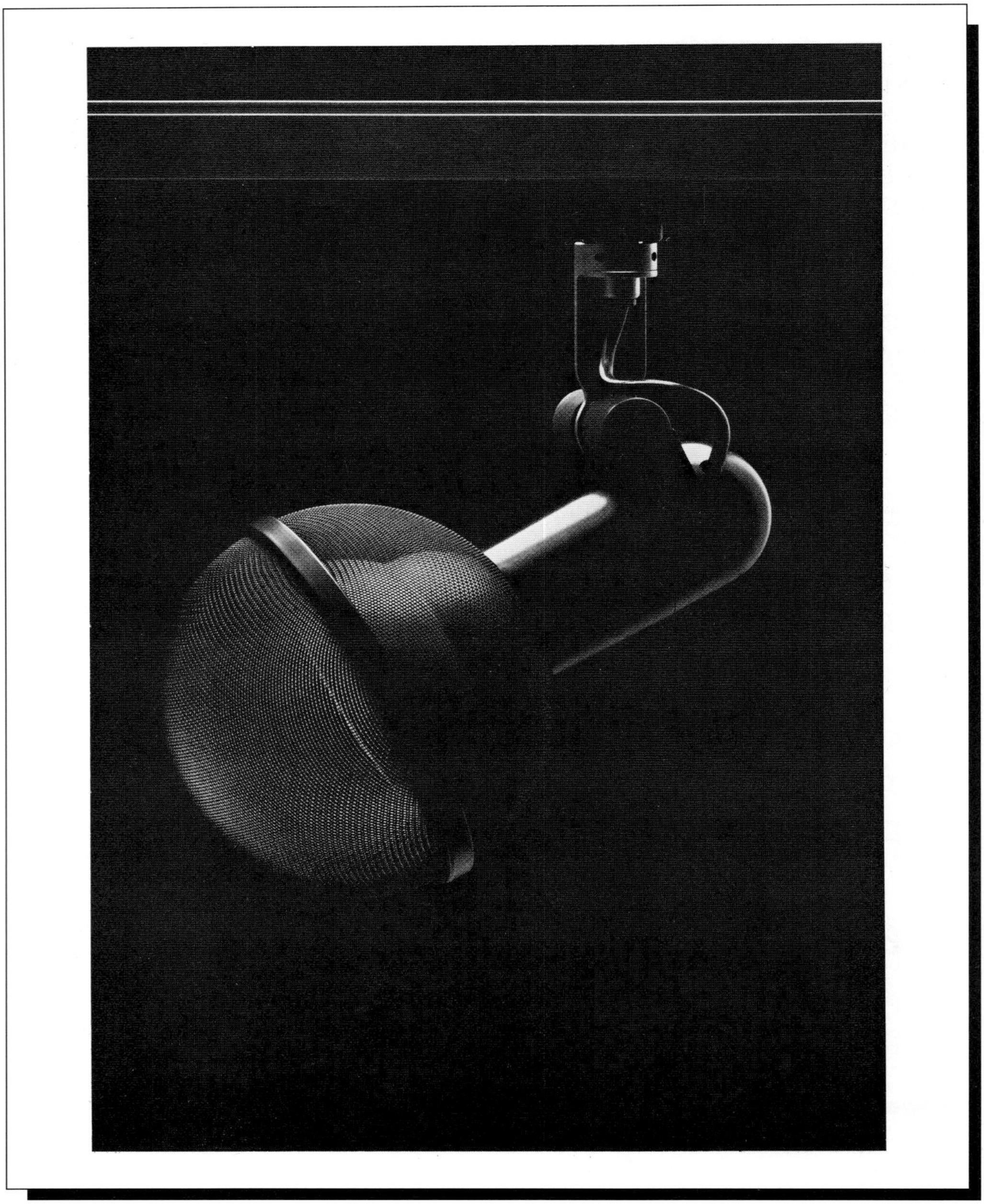

**Abb. 6:** *Werbefoto*

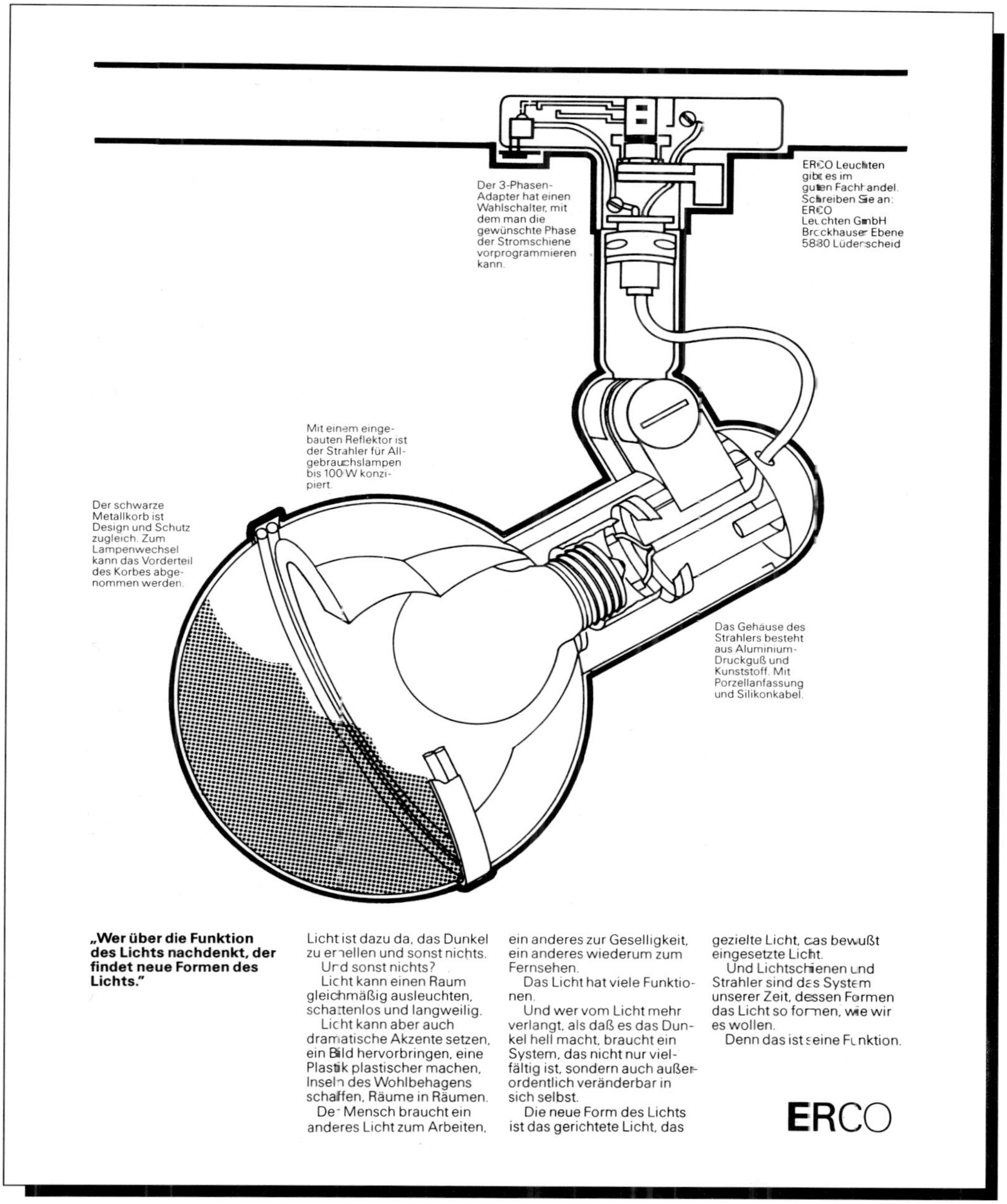


**Abb. 7:** *Prospektzeichnung ERCO Leuchten*

**Abb. 8:** *Werbeprospekt ERCO Leuchten*

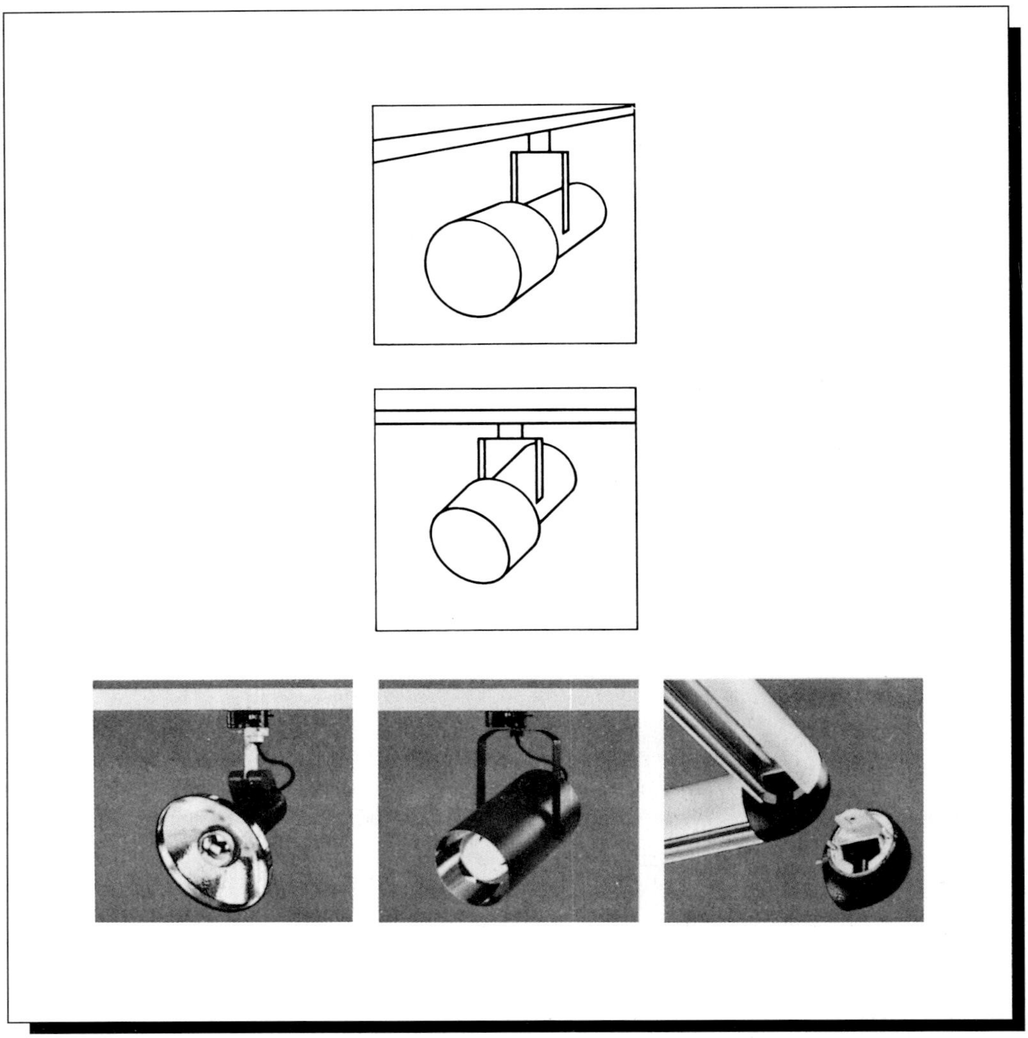

**Abb. 9:** *Prospektfotos ERCO Leuchten*

- Wenn alle gedruckten Werbemittel in den *Formaten* genormt sind, lassen sie sich leichter in Mappen zusammenfassen und in Regalsysteme einordnen. Die Verständigung mit den Herstellern von Druckunterlagen wird ebenfalls dadurch vereinfacht.
- Als Träger des Erscheinungsbildes ist auch der *Fuhrpark* eines Unternehmens mit Modellen auszustatten, deren Styling nicht zu weit von den Design-Kriterien der betreffenden Firma entfernt ist. Durch eine vorgegebene Art der Lackierung und der Beschriftung lassen sich Fahrzeuge der Geschäftsleitung z.B. abgrenzen von Service- und Nutzfahrzeugen. Es liegt auf der Hand, daß im Fuhrpark durch eine langfristig angelegte Einkaufspolitik nach festen Kriterien finanzielle Einsparungen die positive Folge sind. Dabei werden die Richtlinien ausgerichtet nach hohem Gebrauchswert, intelligenter Technik, Wirtschaftlichkeit und ästhetischem Anspruch (Abb. 10).
- *Messestände und Ausstellungen* müssen mobil, variabel und demontabel sein. Diesen Anforderungen wird man durch den Einsatz von Systemen mit eindeutigen Funktions-

**Abb. 10:** *Fuhrpark eines Unternehmens als Werbeträger*

bedingungen am besten gerecht. Die einzelnen Systeme, wie Tragewerke, Decken-, Wand- und Bodenelemente, Regal- und Möbelsysteme sowie Versorgungseinheiten sind montagefreundlicher als »handgestrickte« Einzellösungen und lassen sich von einem eingespielten Team schneller und rationeller aufbauen (Abb. 11).

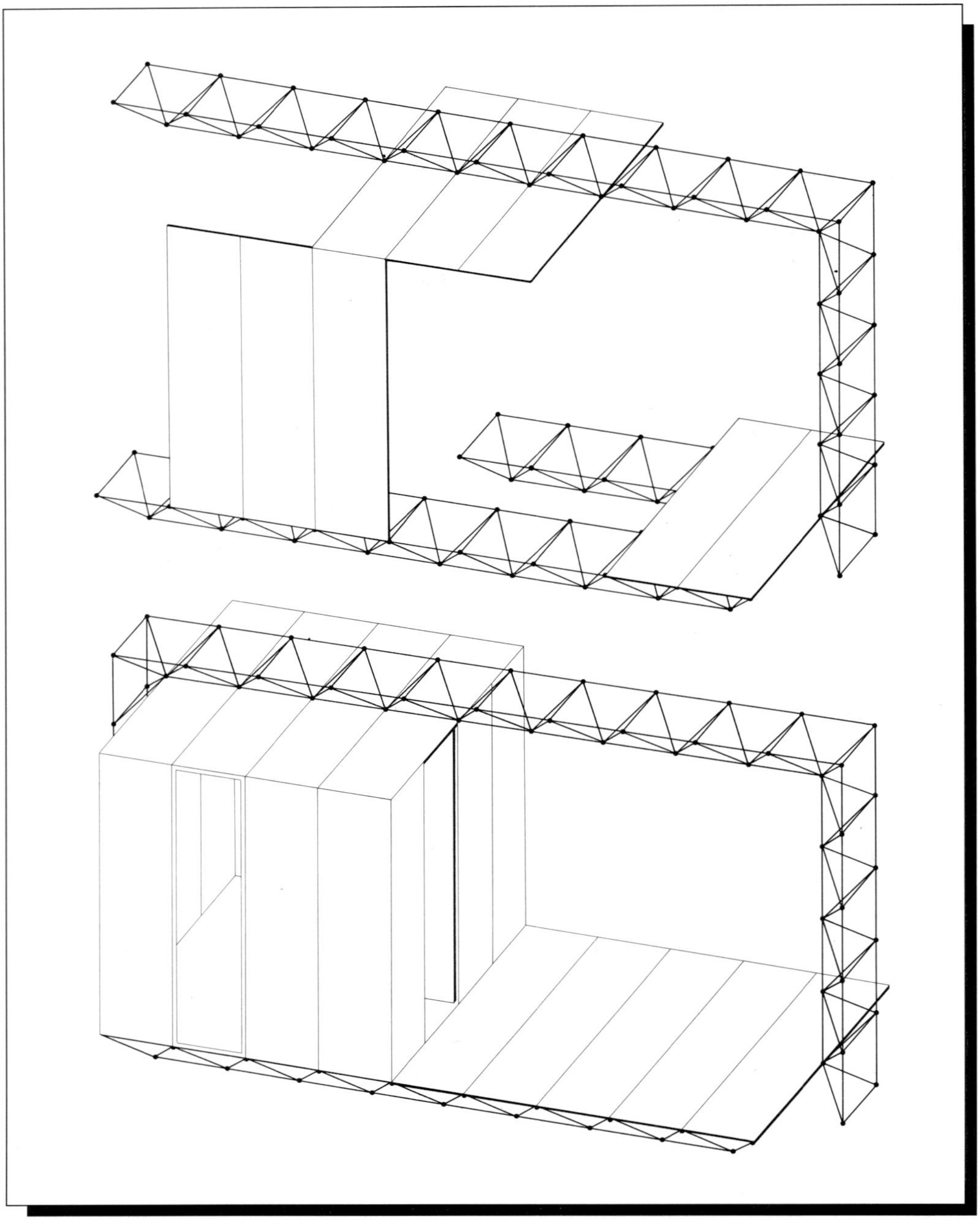

**Abb. 11:** *Vorteil von vorgefertigten Systemen z. B. bei Ausstellungen*

- Bei der Gestaltung von *Verpackung* ist aus rein wirtschaftlichen Erwägungen eine Standardisierung notwendig. Sie hat sich nach den Bedingungen des Massentransports zu richten und muß sich der Versandpalette und dem Container anpassen. Voraussetzungen zur Stapelbarkeit unterschiedlicher Größen müssen beachtet werden. Hier bietet sich ein großes Feld zur Rationalisierung im Hause, auf dem Versandweg und im Lager des Handels (Abb. 12).

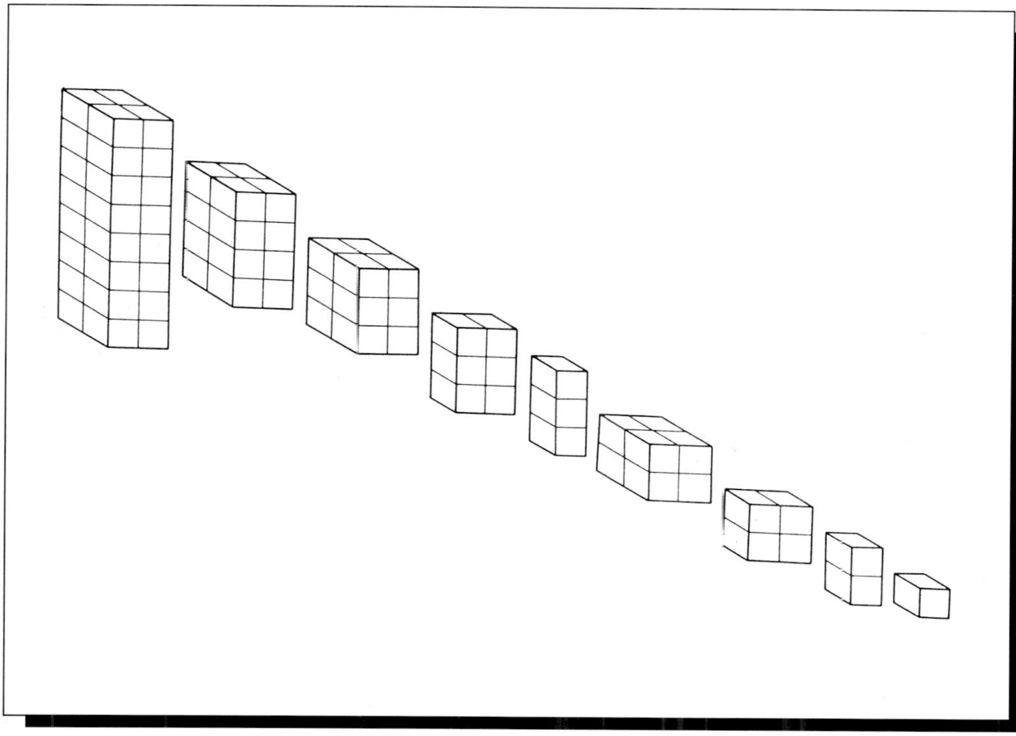

**Abb. 12:** *Standardisierte Verpackung als Werbeträger*

- Auch und gerade auf dem Gebiet der *Öffentlichkeitsarbeit* ist Disziplin im Sinne von Corporate Identity angebracht. Sprachstil und Sprachmittel werden dadurch eigenständig und unverwechselbar. Öffentlichkeitsarbeit darf kein Eigenleben führen, muß vielmehr integrierter Bestandteil der Gesamtkommunikation eines Unternehmens sein, wie Werbung und Verkaufsförderung, und mit diesen eine geschlossene ganzheitliche Darstellung des Unternehmens im Unternehmen und zum Markt bilden. Identifikation mit den Richtlinien der Corporate Identity beeinflußt die Auswahl der Medien, den Umgang mit den Medien und die Qualität der Botschaften. Befürchtungen, daß der Spielraum für Kreativität eingeschränkt werden könnte, trifft hier so wenig zu wie auf den andern Gebieten der Kommunikation.

  Corporate Identity wirkt gerade auf dem Gebiet der Öffentlichkeitsarbeit als Garant für eine kontinuierliche, auf Informationsbereitschaft und Wahrhaftigkeit aufgebaute Beziehung im Unternehmen und zum Markt. Das Ausscheiden von Mitarbeitern, das auf diesem Gebiet oft nur schmerzlich verkraftet werden kann, wird leichter überbrückt, wenn der neue Mitarbeiter sich auf eine Reihe von Spielregeln im Rahmen der Corporate Identity abstützen kann. Die Einarbeitung eines neuen Mitarbeiters für PR geht so schneller und reibungsloser vonstatten.

## Zusammenfassung

Der technische und wirtschaftliche Nutzen, wie er sich aus einem CI-Konzept ergibt, läßt sich so zusammenfassen:

- Durchgehende Informationsbausteine und Gestaltungselemente führen zu einer Reduzierung von Entwurfs- und Produktionsaufwand.
- Die Möglichkeiten von Fehlinterpretationen durch Fotografen, Art-Directoren, Messebauarchitekten, Druckereien u.ä. werden stark eingeschränkt.
- Einarbeitungszeiten von Mitarbeitern auf den verschiedensten Gebieten der Kommunikation werden verkürzt.
- Die Akzeptanz im Markt wird durch den Gleichklang aller Aktivitäten verbessert und die Wirkung der eingesetzten finanziellen Mittel erhöht.
- Die Beschränkung auf weniger Informationsmittel in höheren Stückzahlen, da langfristig einsetzbar, bringt im Verkauf bessere Konditionen.
- Corporate Identity als Leitstrategie für Kommunikation führt auch in der internationalen Kommunikation bei unterschiedlicher Gestaltung zu weitgehender Übereinstimmung (Logogramm, Typografie, Fotografie). Das bedeutet, wesentliche vorhandene Elemente können übertragen werden.

Corporate Identity als Integrationselement der Marketing-Kommunikation? Eindeutig ja!

In einer Zeit, in der viele Märkte stagnieren, in der immer mehr Menschen Identifikationsschwierigkeiten haben in ihrem Beruf, in der Rohstoffverteuerungen und Verknappungen immer mehr Unternehmen vor eine schwierige, ungewisse Zukunft stellen, ist eine Konzentration und Koordination der geistigen und finanziellen Kräfte eines Unternehmens unverzichtbar. Corporate Identity ist dabei eine große Hilfe. Freilich nicht als große Uniformität, die sich schnell verbraucht und steril und langweilig wirkt; vielmehr als ein System variabler Elemente, das zu einer eindrucksvollen, lebendigen Verwandtschaft aller kommunikativen Maßnahmen führt.

Gleichstimmung, nicht Gleichschaltung, Identifikation und nicht Zwang, Liberalität in den Spielregeln, nicht Gestaltungseinengung, Rationalisierung im Sinne von Freiwerden neuer Kräfte wird dann das positive Ergebnis von Corporate Identity sein.

# Teil III

# Corporate Identity – Spezialaspekte

# Corporate Identity als Erfolgsfaktor in Franchise-Systemen und Verbundgruppen

Hubertus Boehm

Untersuchungen über die voraussichtliche Entwicklung der Vertriebswege lassen einen klaren Trend zu Franchise-Systemen erkennen. In den USA werden Einzelhandel und Dienstleistungsgewerbe seit über 30 Jahren weitgehend von Franchise-Systemen geprägt. Obwohl nicht zu erwarten ist, daß sich der amerikanische Franchise-Boom der Nachkriegszeit in Westeuropa wiederholt, wird das Franchising auch hier erheblich an Bedeutung gewinnen. Der auf allen Gebieten zunehmende Wettbewerbsdruck verlangt leistungsfähige und straff organisierte Vertriebssysteme. Das Franchise-System erfüllt diese Anforderungen in hohem Maße und stellt damit eine attraktive Alternative zum Filialsystem dar.

## Wesen des Franchising

Franchising ist auch für Deutschland und die übrigen westeuropäischen Länder nicht neu. Schon in der Vorkriegszeit bestanden Franchise-Systeme, wenn auch in geringem Umfang und auf bestimmte Branchen beschränkt. Zu den klassischen Anwendungsgebieten des Franchising in USA gehören Kraftfahrzeughandel, Mineralölhandel, Getränkeindustrie und Gastronomie. In Deutschland sind die Vertragshändlersysteme der führenden Automobilhersteller de facto Franchise-Systeme. Die Mineralölkonzerne betreiben zwar rechtlich gesehen in der Regel kein Franchising, funktional agieren die Tankstellensysteme jedoch wie **Franchise-Systeme**. In der Getränkeindustrie ist Franchising allgemein üblich. Der Anteil der Franchise-Gastronomie nimmt ständig zu. Es ist nicht daran zu zweifeln, daß Franchise-Systeme in Zukunft einen wesentlichen Marktfaktor darstellen werden. Der Informationsstand über Franchising ist noch immer gering. Dies ist u.a. auf die vielfältigen Erscheinungsformen zurückzuführen. Vor einer Analyse der Wirkungen der Corporate Identity in Franchise-Systemen und Verbundgruppen (als Vorstufe) erscheinen daher einige grundsätzliche Aussagen zum Wesen von Franchise-Systemen notwendig.

Der 1978 in München gegründete *deutsche Franchise-Verband (DFV)* hat unter Mitwirkung namhafter Franchise-Fachleute eine Definition des Franchising erarbeitet. Danach ist ein Franchise-System ein »vertikal-kooperativ organisiertes Absatzsystem rechtlich selbständiger Unternehmen auf der Basis eines vertraglichen Dauerschuldverhältnisses. Dieses System tritt am Markt einheitlich auf und wird geprägt durch das arbeitsteilige Leistungsprogramm der Systempartner sowie durch ein Weisungs- und Kontrollsystem zur Sicherung eines systemkonformen Verhaltens. Das Leistungsprogramm des Franchise-Gebers ist das Franchise-Paket. Es besteht aus einem Beschaffungs-, Absatz- und Organisationskonzept, der Nutzung von Schutzrechten, der Ausbildung des Franchise-Nehmers und der Verpflichtung des Franchise-Gebers, den Franchise-Nehmer aktiv und laufend zu unterstützen und das Konzept ständig weiterzuentwickeln. Der Franchise-Nehmer ist im eigenen Namen und auf eigene Rechnung tätig; er hat das Recht und die Pflicht, das Franchise-Paket gegen Entgelt zu nutzen. Als Leistungsbeitrag liefert er darüber hinaus Arbeit, Kapital und Information.«

Auf eine kurze Formel gebracht kann Franchising charakterisiert werden als bedingte und entgeltliche Gewährung eines Nutzungsrechts für geschützte Wettbewerbsvorteile an unabhängige Unternehmer im Rahmen eines straff organisierten, von einer Zentrale gesteuerten und kontrollierten Vertriebssystems.

Ein Franchise-System ist

- ein Vertriebssystem für Produkte und/oder Dienstleistungen
- eine langfristige vertragliche Zusammenarbeit unabhängiger Unternehmen im Vertrieb
- die konsequenteste Form vertikaler Kooperation zwischen einem Lieferanten und seinen Absatzmittlern.

Funktional ist ein Franchise-System ähnlich einem *Filialsystem*. Es ist in annähernd gleicher Weise steuerbar und kontrollierbar. Die Kapitalbindung des Lieferanten ist jedoch geringer als im Filialsystem. Ein wesentlicher Vorteil ist die unternehmerische Initiative im Markt. Im Käufermarkt ist der Kontakt mit dem Kunden entscheidend für den Markterfolg. In dieser Schlüsselposition wirken in Franchise-Systemen nicht Angestellte, sondern Unternehmer. Ihre Initiative ist ein wesentlicher Vorteil des Franchising und kompensiert die Nachteile der etwas eingeschränkten Steuerbarkeit.

## Anwendungsgebiete von Franchise-Systemen

Die Variationsbreite von Franchise-Systemen ist groß. Sie resultiert vor allem aus den vielfältigen Anwendungsmöglichkeiten. Eine Vorstellung hiervon vermitteln die folgenden Beispiele:

- Hersteller nutzen die unternehmerische Initiative von Franchise-Nehmern im Rahmen des Direktvertriebs.
- Hersteller straffen vorhandene Vertragshändlersysteme zu Franchise-Systemen, um das Marktpotential systematischer zu erschließen, den Absatz zu fördern und die systeminternen Reibungsverluste zu reduzieren.
- Hersteller errichten einen zweiten Vertriebsweg für eine spezielle Zielgruppe.
- Hersteller mit eigenen Niederlassungen in den Zentren des Marktpotentials ergänzen ihre Vertriebs- und Serviceorganisation durch Franchise-Nehmer in den potentialschwachen Gebieten.
- Großhändler entwickeln Marketing-Konzeptionen und Dienstleistungsprogramme für den Fachhandel, um ihre Kunden zu binden und den Absatz zu sichern.
- Einkaufsvereinigungen des Einzelhandels entwickeln sich zu vertriebsorientierten Verbundgruppen, um ihre Mitglieder im zunehmenden Wettbewerb mit anderen Handelsgruppen zu stärken.
- Dienstleistungsunternehmen multiplizieren ihre erfolgreich erprobten Verfahren durch »Verkauf« von Know-how und Image im Rahmen eines Franchise-Systems.
- Dienstleistungsunternehmen errichten überregionale Netzwerke und erweitern ihr Angebot durch horizontal arbeitsteilige Leistungen (z.B. Einweg-Autovermietung).

- Diversifizierende Unternehmen vermindern Aufbauzeit und -risiko eines neuen »Beins« durch Übernahme einer Franchise.

Aus diesen Beispielen ist bereits zu erkennen, daß die im Franchising vertriebenen Produkte vielfältig sein können. Franchise-Systeme eignen sich zum Vertrieb von Konsumgütern, hochwertigen Gebrauchsgütern, Investitionsgütern und Dienstleistungen.

## Erfolgsfaktoren von Franchise-Systemen

Als Vertriebsweg bietet ein Franchise-System hohen Wirkungsgrad und große Sicherheit. Dies ist vor allem auf folgendes zurückzuführen:

- In einem Franchise-System bilden Franchise-Geber und Franchise-Nehmer eine Schicksalsgemeinschaft. Der wirtschaftliche Erfolg des einen ist zugleich der wirtschaftliche Erfolg des anderen. Beide Seiten sind nicht nur vertraglich verpflichtet, sondern auch im eigenen Interesse gezwungen, sich gegenseitig zu unterstützen. Der Franchise-Geber unterstützt den Franchise-Nehmer, weil es in der Regel sein einziger Vertriebsweg ist. Der Franchise-Nehmer fördert die Produkte des Franchise-Gebers, weil sie seine einzige Leistung darstellen. Diese Identität der Interessen bildet ein solides Fundament für eine effiziente Kooperation.
- Die gegenseitige Exklusivität führt zu einem hohen Engagement innerhalb der vertikalen Arbeitsteilung. Der Franchise-Geber trägt die Verantwortung für die Regeneration der Marketing-Konzeption und der Produkte sowie für Werbung, Verkaufsförderung, Planung und Kontrolle. Der Franchise-Nehmer ist verantwortlich für eine intensive und konzeptionsgerechte Erschließung seines örtlichen Marktes.
- Der Franchise-Geber entlastet den Franchise-Nehmer von Nebenfunktionen, damit dieser seine Energie uneingeschränkt auf diejenigen Aufgaben konzentrieren kann, die nur dezentral (an der »Verkaufsfront«) erfüllt werden können: Verkauf und Führung der Mitarbeiter.
- Die Zusammenarbeit zahlreicher Kleinunternehmen im Rahmen eines straffen Systems ermöglicht den Einsatz aufwendiger Management- und Marketing-Instrumente. Dies erhöht den Wirkungsgrad der Franchise-Nehmer, der Logistik und der Systemsteuerung.
- Durch einheitliches Auftreten der Franchise-Nehmer, überregionale Werbung, marktweite Verkaufsförderungsaktionen und Public Relations wird ein starkes Gruppenimage aufgebaut. Die gemeinsame Marke profiliert den Franchise-Nehmer und erlaubt ihm einen Qualitätswettbewerb mit gesicherten Spannen.

Der Erfolg von Franchise-Systemen beruht vor allem auf folgenden Effekten:

- *Rationalisierung*
  - Arbeitsteilung und Spezialisierung
  - Delegation von Funktionen auf die Zentrale

- Einsatz qualifizierter Spezialisten
- Einsatz kapitalintensiver Instrumente

- *Multiplikator*
  - Image-Impulse durch die Franchise-Nehmer
    - Geschäftslokal
    - Geschäftsfahrzeuge
    - Geschäftspapiere
  - Image-Impulse durch Werbung/Verkaufsförderung der Franchise-Nehmer
  - Image-Impulse durch einheitliche Arbeitserledigung der Franchise-Nehmer
    - Leistungsprogramm
    - Ausführung
    - Qualität

- *Bündelung*
  - Gemeinsame Beschaffung
    - Ausrüstung
    - Roh-, Hilfs- und Betriebsstoffe
    - Kapital/Versicherung
  - Gemeinsame Finanzierung von Konzeptionen
    - Produktentwicklung
    - Marketingkonzept
    - ergänzende Dienstleistungen
  - Gemeinsame Finanzierung aufwendiger Instrumente
    - Marktforschung
    - überregionale Werbung
    - Trainingseinrichtungen
    - Integrierte Informationssysteme
    - Erfahrungsaustausch-Treffen
    - System-Controlling

Der Erfolg von Franchise-Systemen beruht, wie die Aufstellung zeigt, zu einem wesentlichen Teil auf dem Multiplikatoreffekt. Bewährte Erfolgsfaktoren werden überregional genutzt. Was an einer Stelle erfolgreich wirkt, wird an andere Orte transferiert. Dies gilt nicht nur für Verfahren der Arbeitserledigung, sondern in besonderem Maße für das Image als immateriellem Erfolgsfaktor. Das Image wird repräsentiert durch die Gruppenmarke und alle übrigen visuellen Merkmale, wie Produkt, Geschäftslokale, Fahrzeuge, Geschäftspapiere, Werbeslogans usw. Die Gesamtheit dieser Merkmale entspricht der Corporate Identity.

## Corporate Identity als Franchise-Plattform

Die Corporate Identity ist die Grundlage für den immateriellen Multiplikatoreffekt in Franchise-Systemen. Sie ist damit einer der wesentlichen Erfolgsfaktoren des Franchising. Die Corporate Identity hat hier eine doppelte Wirkung:

- Im *Außenverhältnis* auf dem Markt demonstriert die Corporate Identity die Geschlossenheit des Systems als ein Ganzes; sie signalisiert die Eigenständigkeit der Gruppe und ihrer Mitglieder im Wettbewerb und führt so zu einem unverwechselbaren Profil, einer wesentlichen Voraussetzung für erfolgversprechendes Marketing.
- Im *Innenverhältnis* ist die Corporate Identity ein gemeinsames »Dach«. Sie vermittelt Geborgenheit im System, stärkt das Selbstvertrauen, fördert die Leistungsmotivation und löst Mitverantwortung aus. Damit gehört die Corporate Identity zu den Grundlagen für eine effiziente Kooperation unabhängiger Unternehmen.

Kooperation erfordert grundsätzlich eine solide *Vertrauensbasis*. In anderen Kooperationsformen ist dieses Vertrauen weitgehend von subjektiven Empfindungen abhängig, von Augenblickseindrücken. Hoffnungen und Wunschvorstellungen. Das auf dieser emotionalen Grundlage beruhende Vertrauen ist schwach. In der Franchise-Partnerschaft beruht das notwendige Vertrauen auf einer zusätzlichen Grundlage, die zudem rational erfaßbar und objektiv plausibel ist. Diese zusätzliche Vertrauensbasis ergibt sich aus der Corporate Identity.

Das mit der Marke und den anderen Elementen der Corporate Identity verbundene Gruppenimage stellt einen hohen immateriellen Wert dar. Dieser Wert ist Eigentum des Franchise-Gebers. Er ist durchaus quantifizierbar, z.B. beim Verkauf des Unternehmens oder der Vergabe von Lizenzen (Franchisen). Der Wert der Corporate Identity ist aber in hohem Maße abhängig vom Erfolg der Franchise-Nehmer. Um sein immaterielles Kapital nicht zu gefährden, kann es der Franchise-Geber im eigenen materiellen Interesse nicht zulassen, daß ein Franchise-Nehmer erfolglos bleibt. Dies hätte zwangsläufig Rückwirkungen auf das Gruppenimage, sowohl im Markt als auch innerhalb des Systems. Er hat damit zwangsläufig eine Mitverantwortung für den wirtschaftlichen Erfolg der Franchise-Nehmer.

## Wirkungsdimensionen der Corporate Identity

Der Franchise-Geber muß also deshalb aus eigenem Interesse alles daran setzen, daß der Franchise-Nehmer erfolgreich ist. Dies entspricht dem Wesen der Franchise-Partnerschaft. Die Verknüpfung von Franchise-Geber und Franchise-Nehmer erfolgt de jure zwar über den Franchise-Vertrag, de facto aber weitgehend über die Corporate Identity. Das Wissen (nicht nur Glauben und Hoffen) des Franchise-Nehmers, daß der Franchise-Geber ihn aus eigenem Interesse zwangsläufig unterstützen muß, gibt der Franchise-Kooperation eine Vertrauensbasis, wie sie in anderen Kooperationsformen kaum erreichbar ist.

Die Corporate Identity trägt wesentlich dazu bei, innerhalb des Systems ein Mannschaftsbewußtsein zu entwickeln. Daraus resultiert ein wesentlicher Teil der starken Motivation von Franchise-Nehmern. Davon abgesehen, läßt das *Mannschaftsverständnis* die Franchise-Nehmer eine gewisse Beschränkung seiner unternehmerischen Selbständigkeit akzeptieren, die notwendig ist, um einerseits das Marketing-Konzept überregional konsequent anzuwenden und andererseits die Rationalisierungsreserven der vertikalen Arbeitsteilung zu erschließen. Die Corporate Identity ist eine wesentliche Grundlage für das »geistige Band«, das Franchise-Geber und Franchise-Nehmer verbindet.

Die Corporate Identity profiliert einen Anbieter nicht nur durch sein Produkt, sondern durch das hinter diesem Produkt stehende Unternehmen, seine Philosophie und in zunehmendem Maße auch seine Stellung in der Gesellschaft. Die Corporate Identity läßt Hersteller, Produkt und Absatzmittler als ein Ganzes erscheinen. Dieser Aspekt gewinnt an Bedeutung, je mehr wir uns zu einer Informationsgesellschaft entwickeln. Angesichts der wachsenden Flut von Informationen kommt es darauf an, den Wirkungsgrad der eigenen Informationen soweit wie möglich zu steigern. Reine Produktinformationen reichen hierzu nicht immer aus.

Die Notwendigkeit einer *ganzheitlichen Informationspolitik* ist für Franchise-Systeme noch wichtiger als für Einzelunternehmen. Der Erfolg der intensiven Kooperation unabhängiger Unternehmen in einem straff organisierten System hängt weitgehend davon ab, daß es der Zentrale (dem Franchise-Geber) gelingt, sowohl auf dem Markt als auch innerhalb des Systems nachhaltig ein Ganzheitsverständnis herbeizuführen. Dazu trägt die Corporate-Identity erheblich bei – ohne Corporate Identity können daher Franchise-Systeme auf Dauer nicht erfolgreich sein.

Dies gilt in besonderem Maße für solche Franchise-Systeme, in denen der Franchise-Geber seinen Franchise-Nehmern kein außergewöhnliches Produkt mit geschützten Wettbewerbsvorteilen bieten kann. Dieser Fall ist sehr häufig und typisch für die umstrukturierenden Systeme, die gerade in Deutschland einen wesentlichen Teil der Franchise-Systeme ausmachen. In dieser Hinsicht besteht ein wesentlicher Unterschied zu USA, wo das Franchising weitgehend von gründenden Franchise-Systemen geprägt wird.

In *gründenden* Franchise-Systemen werden neue Existenzen geschaffen. Der Franchise-Geber bietet ein erfolgreiches Produkt (oder Dienstleistungsverfahren), ein bewährtes Marketing-Konzept und aktive Unterstützung. Der Franchise-Nehmer ist in der Regel branchenfremd. Er bringt unternehmerische Initiative, Arbeitskraft und Kapital ein. Der Franchise-Geber übergibt ihm einen schlüsselfertigen Betrieb, vermittelt ihm das notwendige Wissen und unterstützt ihn aktiv durch aktuelle Informationen, Handlungsanweisungen, Dienstleistungen und Erfolgskontrolle. Der Franchise-Nehmer kann auf diese Weise in einer fremden Branche ohne Vorkenntnisse und Erfahrungen nach nur kurzer Einarbeitungszeit als Systemunternehmer tätig sein.

Im *umstrukturierenden* Franchising werden bereits bestehende Betriebe in ein Franchise-System integriert. Ein typisches Beispiel dieser Form sind die Systeme im Sortiments-Fachhandel, wie sie in zunehmendem Maße von Einkaufsvereinigungen, Großhändlern und Herstellern entwickelt werden. In diesen Systemen sind die Voraussetzungen einer intensiven arbeitsteiligen Kooperation im Rahmen einer straffen Organisation weniger günstig. Die Franchise-Nehmer sind seit langem unternehmerisch tätig und besitzen ausgeprägte Fachkenntnisse. Sie sind daher weniger bereit, sich in ein straffes System einzuordnen, eine vorgegebene Marketing-Konzeption konsequent anzuwenden, Weisungen zu befolgen und Kontrollen hinzunehmen. Dies gilt um so mehr, als in diesen Fällen der Franchise-Geber kein besonderes Produkt mit geschützten Wettbewerbsvorteilen bieten kann.

In umstrukturierenden Systemen konzentriert sich die Leistung des Franchise-Gebers einerseits auf rationalisierenden Dienstleistungen und andererseits auf ein wirkungsvolles Gruppenmarketing. Die Rationalisierungsmöglichkeiten sind allerdings in vielen Fällen beschränkt. Damit wird das Gruppenmarketing zum Kern der Franchise-Partnerschaft. Grundlage des Gruppenmarketing ist die Corporate Identity.

Auf welche Weise in einem umstrukturierenden Franchise-System die Corporate Identity als Erfolgsfaktor wirkt, ist nachfolgend grafisch dargestellt. Eine negative Wirkungsspirale veranschaulicht in Abbildung 1 zunächst die Entwicklung eines Fachhändlers unter dem zunehmenden Wettbewerbsdruck neuer Konkurrenten (z.B. Discounter): Das Auftreten eines neuen Wettbewerbers führt zwangsläufig zu einem Marktanteilsverlust. Der Fachhändler wird nervös und versucht zu reagieren. Mangels einer klaren Konzeption beschränkt er sich auf Preiswettbewerb und Imitation der Sonderaktionen seines Wettbewerbers. Die Folge sind sinkende Erlöse bei unverändert steigenden Kosten. Dies führt zwangsläufig zu einer persönlichen Depression. Die Ausstrahlung auf die Mitarbeiter bleibt nicht aus. Ihr Interesse an der Arbeit nimmt ab. Den Kunden bleibt dies nicht verborgen. Die Kundenfrequenz geht zurück. Der Händler investiert nicht mehr und resigniert, nachdem er erfahren hat, daß sein Sohn kein Interesse an der Übernahme des väterlichen Geschäfts hat. Weitere Marktanteilsverluste sind die Folge. Die Spirale dreht sich weiter, bis eines Tages das Geschäft aufgegeben wird. Diesen Weg sind bereits viele Fachgeschäfte gegangen. Im Verlauf der letzten 20 Jahre nahm die Zahl der selbständigen Einzelhändler in einigen Branchen um fast die Hälfte ab.

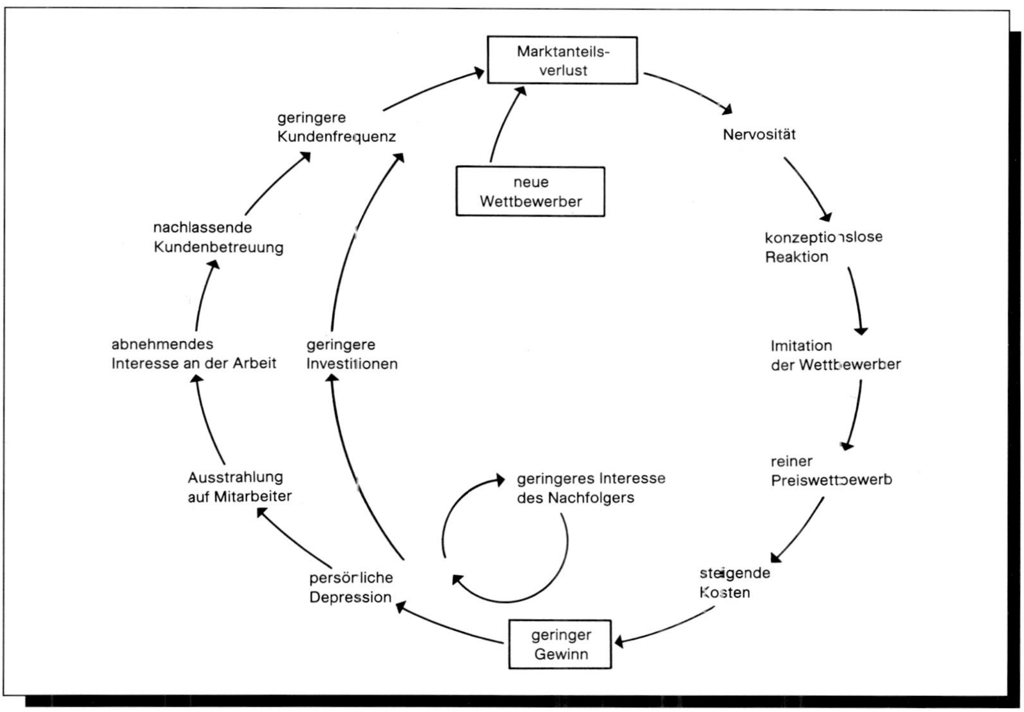


**Abb. 1:** *Negative Wirkungsspirale*

Die in der zweiten Abbildung dargestellte positive Wirkungsspirale zeigt (stark vereinfacht), in welcher Weise ein Fachhändler durch Anschluß an ein umstrukturierendes Fran-

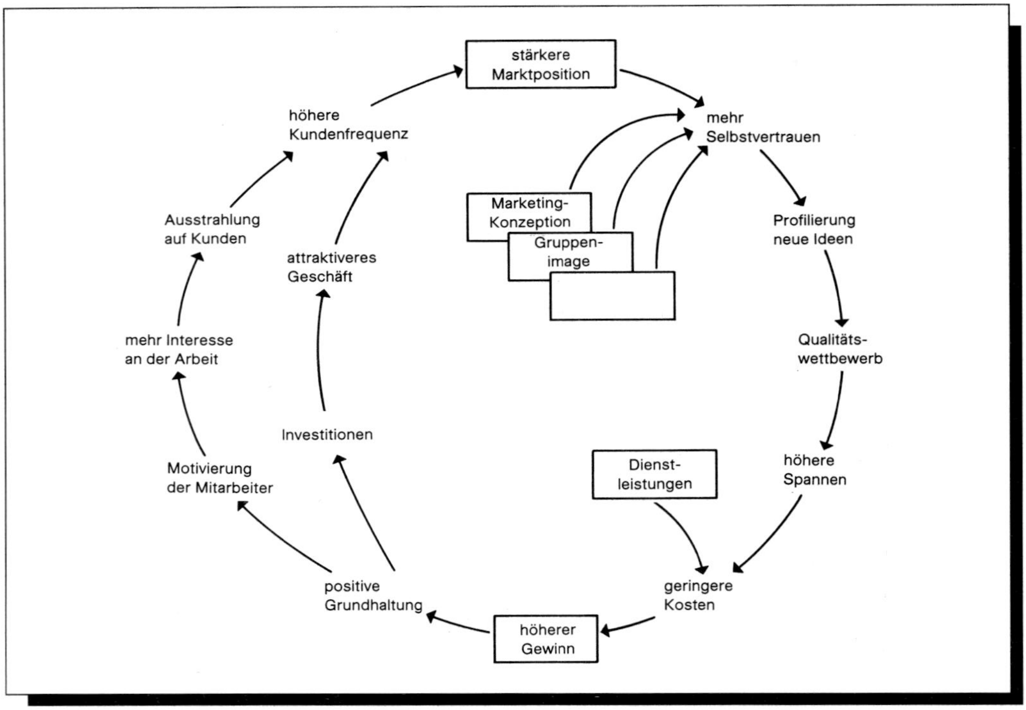


**Abb. 2:** *Positive Wirkungsspirale*

chise-System auch in zunehmendem Wettbewerb durch neue Vertriebswege bestehen kann: Das Franchise-System bietet ihm nicht nur eine marktgerechte Konzeption mit neuen Ideen, sondern auch rationalisierende Dienstleistungen und eine motivierende persönliche Aufwertung. Die Marketing-Konzeption verbunden mit intensiver überregionaler Werbung erhöht die Kundenfrequenz. Die zielgruppenorientierte Profilierung erlaubt einen Qualitätswettbewerb mit sicheren und höheren Spannen anstelle des reinen Preiswettbewerbs, der zwangsläufig aus der konzeptionslosen Imitation neuer Wettbewerber resultiert. Betriebswirtschaftliche Dienstleistungen der Zentrale hinsichtlich Kostenrechnung, kurzfristige Erfolgsrechnung und Umsatzstatistik senken die Kosten und erhöhen den Gewinn. Das Gruppenimage und die Systemerfolge stärken das Selbstvertrauen. Sie wecken Antriebskräfte und lösen eine positive Grundhaltung aus, die motivierend auf Mitarbeiter, Kunden und Nachwuchs ausstrahlt. Freude an der Arbeit erhöht die Leistung quantitativ und qualitativ. Das Geschäft wird attraktiver für die Kunden, die Fehlerrate sinkt. Die Kundenfrequenz steigt, die Kunden kaufen mehr (insbesondere durch Impulskäufe), der Qualitätswettbewerb erlaubt günstige und gesicherte Spannen. Mehr Umsatz, bessere Spannen und geringere Kosten erhöhen den Gewinn. Der Fachhändler ist in der Lage zu investieren. Er kann sein Geschäft noch attraktiver gestalten und ausweiten. Daraus ergeben sich weitere Umsatzsteigerungen und ein stärkeres Lokalimage. Selbstvertrauen und Motivation wachsen. Das wachsende und zukunftssichere Geschäft findet das Interesse des Sohns, der eigentlich Jurist werden wollte. Diese Perspektiven vitalisieren den Vater. Der positive Wirkungskreis setzt sich fort.

In differenzierterer Form zeigt die dritte Abbildung in einem Wirkungsnetz den Einfluß der Corporate Identity auf das Ziel der Franchise-Partnerschaft, nämlich den Gewinn beider Partner. Die wesentlichen Elemente der Corporate Identity in Franchise-Systemen sind

- überregionale Aktivitäten
- Gruppenmarke und -design
- Mannschaftsgeist (elitäres Selbstverständnis)
- Mitverantwortung.

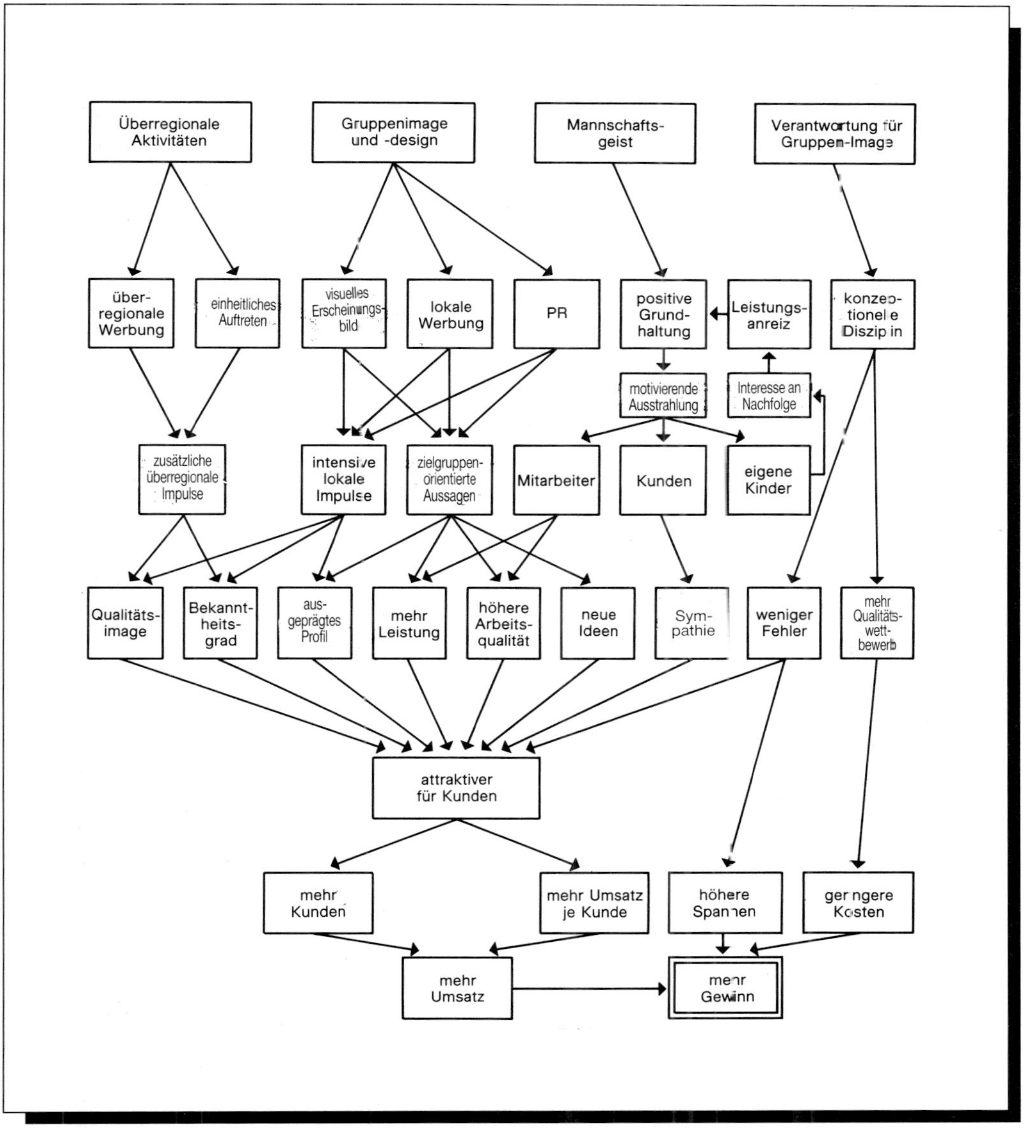


**Abb. 3:** *Auswirkungen der Corporate Identity in Franchise-Systemen*

Über mehrere Zwischenstufen und Verknüpfungen führen diese Elemente zu

- größerer Attraktivität für die Kunden
- höheren und gesicherten Spannen
- geringeren Kosten.

Daraus resultiert ein höherer Gewinn, sowohl für die Franchise-Nehmer als auch für Franchise-Geber. Abgesehen von diesem materiellen Ergebnis bietet die Corporate Identity Franchise-Geber und Franchise-Nehmer eine vorteilhafte immaterielle Handlungsbasis. Die Corporate Identity vermittelt sowohl in der Öffentlichkeit als auch innerhalb der Gruppe die Vorstellung von einem leistungsfähigen Großunternehmen mit Entwicklungspotential und gesicherter Kontinuität. Die im System zusammengefaßten Kleinbetriebe erscheinen als Teil einer starken Gruppe. Damit schafft Corporate Identity ein Umfeld mit größeren Erfolgschancen. Dies gilt nicht nur für den Absatzerfolg der Franchise-Nehmer, sondern auch für ihre Erfolge in vielfältigen Nebenfunktionen beispielsweise als Einkäufer, Mieter, Kreditnehmer, Arbeitgeber und Teil des öffentlichen Lebens.

Die grafische Darstellung zeigt in stark vereinfachter Form, welche Wirkungen das Franchising selbst bei ungünstigen Voraussetzungen auslöst, nämlich in umstrukturierenden Franchise-Systemen ohne Produkt mit ausgeprägten Wettbewerbsvorteilen. Hier wirkt, abgesehen von rationalisierenden Dienstleistungen, vor allem die Corporate Identity. Sie leistet als Erfolgsfaktor einen wesentlichen Beitrag zur Regeneration und Sicherung des mittelständischen Fachhandels im Rahmen von Verbundgruppen. Auch für alle anderen Formen von Franchise-Systemen ist die Corporate Identity ein unverzichtbarer Systembestandteil.

# Anthropologische Aspekte der Corporate Identity auf Basis der Hirnforschung

Rolf W. Schirm

## Ist »Identity« meßbar?

Wenn die Arbeit an der Corporate Identity mit zu den wesentlichen Aufgaben einer erfolgreichen Unternehmensführung gehört, dann stellt sich die Frage: Wie lassen sich die Ergebnisse dieser Arbeit messen?

Im Regelfall bleibt die Beurteilung der erreichten Identity, die »Stimmigkeit« etwa des Erscheinungsbildes von Logo, Hausfarben, Briefbogen, Zweigstellen usw., der Intuition der »Kreativen«, dem Geschmack einzelner Verantwortlicher oder der – erwiesenermaßen zweifelhaften – Meinung von befragten »Versuchspersonen« überlassen.

Dieser Beitrag will zeigen, daß es möglich ist, die Ergebnisse der Arbeit an der Corporate Identity bei geringem Aufwand stärker zu objektivieren und präziser zu messen.

## Signale an das Gehirn

Denn alle Eigenarten des Unternehmens, das Firmenzeichen, die »Hausfarben«, der »Auftritt« in Firmendrucksachen, die Produkte, die werbliche Aussage und selbst der Verhaltensstil der Menschen im Unternehmen können nur Signale aussenden. Welche dieser Signale aber überhaupt »ankommen«, welche sich einprägen, nach welchen rationalen und emotionalen Kriterien sie interpretiert werden und auf welche Vorurteile sie dabei treffen – das entscheidet sich allein in dem Organ, das nun einmal für die Auswahl und Interpretation von Signalen aus der Umwelt zuständig ist: im Gehirn.

Es ist deshalb eigentlich naheliegend, das »Bild«, das ein Unternehmen erzeugt, und damit seine »Identity«, auch aus dem Blickpunkt des Gehirns und seiner Prozesse der *Informationsaufnahme* und *-verarbeitung* zu untersuchen. Denn die Signale, die ein Unternehmen aussendet, kann man gestalten und verändern. Die Gesetze aber, nach denen diese Signale aufgenommen und interpretiert werden, liegen in der Funktion des Gehirns begründet und lassen sich daher nicht beliebig den Wunschvorstellungen der Aussender der Signale anpassen.

## Ein Schlüssel zum Verständnis des Gehirns

Um die Arbeit am Unternehmensbild und der Corporate Identity wirksamer und sicherer zu machen, muß man also die aus der Funktion des menschlichen Gehirns gegebenen Rahmenbedingungen in diese Arbeit einbeziehen. Wie aber kann man in dem verwirrenden Zusammenspiel der 15 Milliarden Neuronen die Gesetzmäßigkeiten erkennen, die menschliche Reaktionen verständlicher und damit auch vorhersagbarer machen?

Ein Schlüssel für ein solches Verständnis der Hirnprozesse steht uns erst seit einiger Zeit zur Verfügung. Wir verdanken ihm neue Ergebnisse der Hirnforschung, in erster Linie den Arbeiten des amerikanischen Hirnforschers Paul D. MacLean, Direktor des Instituts für Hirn- und Verhaltensforschung am National Institute of Mental Health. (Auch Alexander Luria von der Universität Moskau kam von einem anderen wissenschaftlichen Ausgangspunkt zu sehr ähnlichen Ergebnissen.)

Der Schlüssel liegt in der Erkenntnis, daß die »Spielregeln« und Gesetzmäßigkeiten des Gehirns nur solange verwirrend, widersprüchlich und schwer durchschaubar erscheinen, solange wir das Gehirn als Einheit betrachten. Dagegen zeigen sich deutliche Zusammenhänge und klare Gesetzmäßigkeiten, wenn wir *im Gehirn drei unterschiedliche eigenständige Bereiche* unterscheiden lernen, von denen jeder seine eigenen »Spielregeln« hat, an denen er zäh festhält, und die erst in ihrem Zusammen- (und manchmal auch Gegeneinander-)Spiel die ganze Komplexität (und zuweilen auch Widersprüchlichkeit) menschlichen Verhaltens erklären.

## Nicht ein Gehirn, sondern drei

Wir haben es also, wenn wir die Gesetze des Gehirns erkennen und berücksichtigen wollen, nicht mit einem Organ zu tun, sondern mit drei selbständigen Bereichen. Stark vereinfachend kann man die Eigenart der drei Gehirn-Teile wie folgt kennzeichnen:

- *Das Stammhirn,* der entwicklungsgeschichtlich älteste Bereich, ist für die ursprünglichsten, instinktiven Reaktionen zuständig.
- *Das Zwischenhirn,* der aus der Jagdgesellschaft der Säugetiere stammende Bereich, steuert spontane und emotionale Reaktionen.
- *Das Großhirn,* der jüngste Bereich, führt zu der dem Menschen eigentümlichen Kommunikation durch Bild, Sprache und Schrift sowie zum »logischen« Denken.

Diese drei so verschiedenartigen Gehirne – drei Bio-Computer mit unterschiedlicher Bauart, Funktion, Programmierung und Codierung – müssen im »drei-einigen« Gehirn zusammenarbeiten. Erst das Zusammenspiel der instinktiven Reaktionen des Stammhirns, der emotionalen des Zwischenhirns und der rationalen des Großhirns ergibt das menschliche Verhalten. Daher wird dieses Verhalten auch erst verständlich, wenn man den Beitrag jedes Hirnbereichs mit seinen spezifischen Eigenarten entsprechend kennt und berücksichtigt.

(Da derzeit in der auch dem Praktiker zugänglichen Literatur zunehmend vom Unterschied der beiden Großhirn-Hemisphären die Rede ist, sei auch dieses Phänomen noch eingeordnet: Nach den Untersuchungen MacLean's und anderer ist eine – meist die linke – Hirnhälfte für die »neuesten« Fähigkeiten des Großhirns, die rationale Abstraktion und sequentielle Logik der Sprache z.B., besonders zuständig, während die andere – meist rechte – Hirnhälfte gewissermaßen »durchlässiger« für die besonderen Fähigkeiten der älteren Hirnteile ist und daher die ganzheitlichen, simultan-codierten Ausdrucksformen von Bild, Gebärde, Bewegung usw. besser »versteht«.)

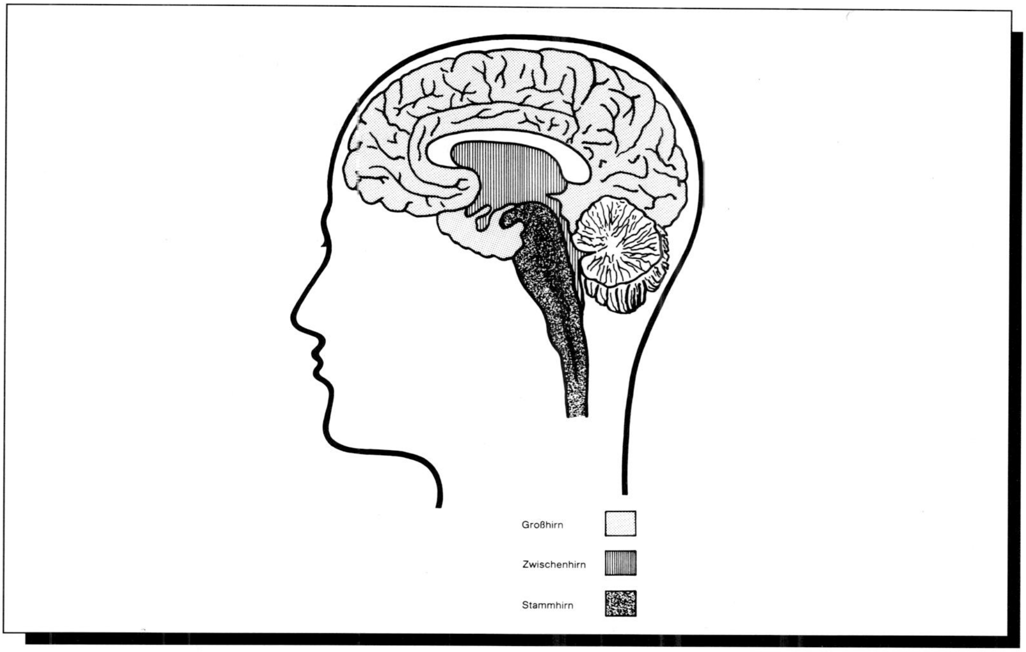


**Abb. 1:** *Die drei Gehirne*

## Wie das Bild eines Unternehmens entsteht

Die Signale, die ein Unternehmen aussendet, fügen sich erst im Kopf des Empfängers dieser Signale zum »Bild« des Unternehmens zusammen. An der Entstehung dieses Bildes sind immer alle drei Bereiche des Gehirns beteiligt – wenn auch durchaus nicht immer im gleichen Maße. Manche Signale appellieren besonders stark an einen Hirnbereich, andere sprechen einen anderen Bereich stärker an:

- Das Stammhirn wird z.B. von allem angesprochen, was menschliche Wärme und Nähe, Gemütlichkeit, Ruhe, Stetigkeit und Tradition signalisiert.
- Das Zwischenhirn wird z.B. von allem angesprochen, was Dynamik, Überlegenheit, Leistungsfähigkeit, Autorität und Status signalisiert.
- Das Großhirn wird z.B. von allem angesprochen, was Fachkompetenz, kühle Rationalität, Individualität und Zukunftsperspektiven signalisiert.

Ein Unternehmen wird, entsprechend den Signalen, die es aussendet, eine ganz bestimmte Beteiligung der drei Hirnbereiche herausfordern.

Diese spezifische Ansprache-Struktur der Hirnbereiche ergibt das individuelle, unverwechselbare »Bild« eines Unternehmens in den Köpfen der Empfänger seiner Signale und definiert damit die Corporate Identity.

## Das »Struktogramm« eines Unternehmens

Die unterschiedliche Ansprache der drei Hirnbereiche durch die Signale des Unternehmens läßt sich mit den Mitteln der modernen Hirnforschung durch Untersuchungen und Messungen nachweisen. Die so ermittelten Anteile der drei Bereiche kann man grafisch durch die Größe dreier Kreissektoren anschaulich machen und erhält so eine Darstellung der Bio-Struktur des Unternehmens-Bildes: ein **»Struktogramm«**.

In den letzten Jahren wurden Methoden entwickelt und durch umfangreiche Untersuchungsreihen abgesichert, die es gestatten, diese biologische Struktur-Analyse ohne umständliche Untersuchungen und Messungen der Hirnfunktion durchzuführen. Heute stehen zuverlässige Frage-Batterien und speziell entwickelte Polaritäten-Profile zur Verfügung, die nach einem besonderen Schlüssel so ausgewertet werden können, daß sie das Struktogramm exakt festlegen.

Diese neue, leicht in der gebräuchlichen Markt- und Meinungsforschung einsetzbare Methodik der biologischen Struktur-Analyse mit dem Struktogramm macht es möglich, qualitative Aussagen wie die über das »Bild« eines Unternehmens anstelle vager »Beschreibungen« durch die quantitative Bestimmung der relativen Anteile der angesprochenen Hirnbereiche exakt und anschaulich darzustellen.

Bei der Analyse und Gestaltung der Corporate Identity ermittelt das Struktogramm die neurophysiologische Realität des Unternehmensbildes dort, wo es tatsächlich zählt: im Gehirn des Empfängers.

## Das »ideale« Struktogramm

Aus der Einsicht, daß die Signale des Unternehmens die drei Hirnbereiche in unterschiedlichem Maße ansprechen, könnte die Vorstellung entstehen, das »ideale« Struktogramm eines Unternehmens müsse das ausgeglichene, mit gleichen Anteilen aller drei Bereiche, sein, da es ja alle Hirnbereiche gleichermaßen anspricht und damit den »ganzen Menschen« am besten erfaßt.

Das erweist sich jedoch als Fehlschluß. Die völlige Ausgeglichenheit bedingt ja auch das Fehlen jeder hervorstechenden Stärke, jeder Eigenart: Es ist gerade das Bild der Unauffälligkeit, des Mittelmaßes, ein Persönlichkeitsbild ohne Profil.

Tatsächlich zeigt ein Überblick über die bisher durchgeführten biologischen Strukturanalysen von Produkten, Marken und Unternehmen eindeutig, daß klare Dominanzen im Struktogramm bei den Empfängern dieser Signale weit besser ankommen und sicherer haften, als neutrale Biogramme, in denen sich die Appelle an die verschiedenen Hirnbereiche gegenseitig neutralisieren.

Erfolgsmarken oder Namen mit hohem Bekanntheitsgrad zeigen immer stark ausgeprägte Dominanzen im Struktogramm, solche mit ausgeglichenerem Struktogramm dagegen findet man meist unter »ferner liefen ...« Damit wird neurophysiologisch die Praxiserfahrung gestützt, daß der Versuch, jeden irgendwo aufgespürten Anspruch zu erfüllen, meist dazu führt, daß man niemanden mehr beeindruckt. Das gilt für Produkte, Unternehmensbilder und Parteiprogramme gleichermaßen.

### Zwei Beispiele

In einer Struktur-Analyse von Unternehmens- und Markenbildern im Mineralölbereich ergaben sich 1974 u.a. folgende Struktogramme:

- Das »ARAL«-Struktogramm zeigt eine starke Großhirn-Dominanz, die u.a. durch das betont kühl-sachliche Erscheinungsbild (blau-weiß) von Marke und Stationen sowie durch die Werbeaussage provoziert wird, die vorwiegend auf fachlich-technische Kompetenz abgestellt ist. Die Zwischenhirn-Komponente folgt in einigem Abstand als zweite. Sie ist ohnehin bei allem, was mit »Motor«, »Kraft« und »Geschwindigkeit« zu tun hat, vertreten. Zusätzliche Anstöße erhält sie durch gelegentliche werbliche Herausstellung von technischer Spitzenstellung und Überlegenheit (Nur ARAL hat . . ., Der erste Kraftstoff mit . . .). Das Stammhirn empfängt in dieser technisch-rationalen Welt keine spürbare Anregung. Daher bleibt diese Komponente unbedeutend.

- Das »ESSO«-Struktogramm zeigt dagegen eine starke Zwischenhirn-Dominanz. Appelle an das Zwischenhirn kommen aus der in der Werbung und im Auftreten des Unternehmens stark herausgestellten Dynamik und »Packen-wir's-an«-Mentalität. Ein »Tiger im Tank« ist für das nüchtern rationale Großhirn nur eine Absurdität, für das Zwischenhirn liefert er stark wirksame Signale.

  Das Großhirn folgt als zweite Komponente mit erheblichem Abstand. Sie ist nur soweit angesprochen, wie das bei einem im Grunde technischen Produkt ohnehin gegeben ist.

  Das Stammhirn ist auch hier am geringsten angesprochen. Durch die elementareren Appelle, die tiefer liegende Bedürfnisse ansprechen als die technisch-rationalen, ist es dennoch etwas stärker engagiert als im vorigen Beispiel.

## Was die Biostruktur-Analyse bietet

Das Struktogramm ist mehr als nur eine neue Darstellungsform eines Unternehmens- oder Markenbildes. Es gestattet durch die biologische Strukturanalyse, aus der es entsteht, gesicherte Aussagen darüber, was mit den vom Unternehmen ausgehenden Signalen in den Köpfen der Empfänger geschieht.

Zunächst ermöglicht es aus seiner formalen Struktur (ob mehr ausgeglichen oder mit stärkerer Dominanz eines Bereichs) Aussagen über die Auffälligkeit, Eindruckstiefe und Haftung des Bildes.

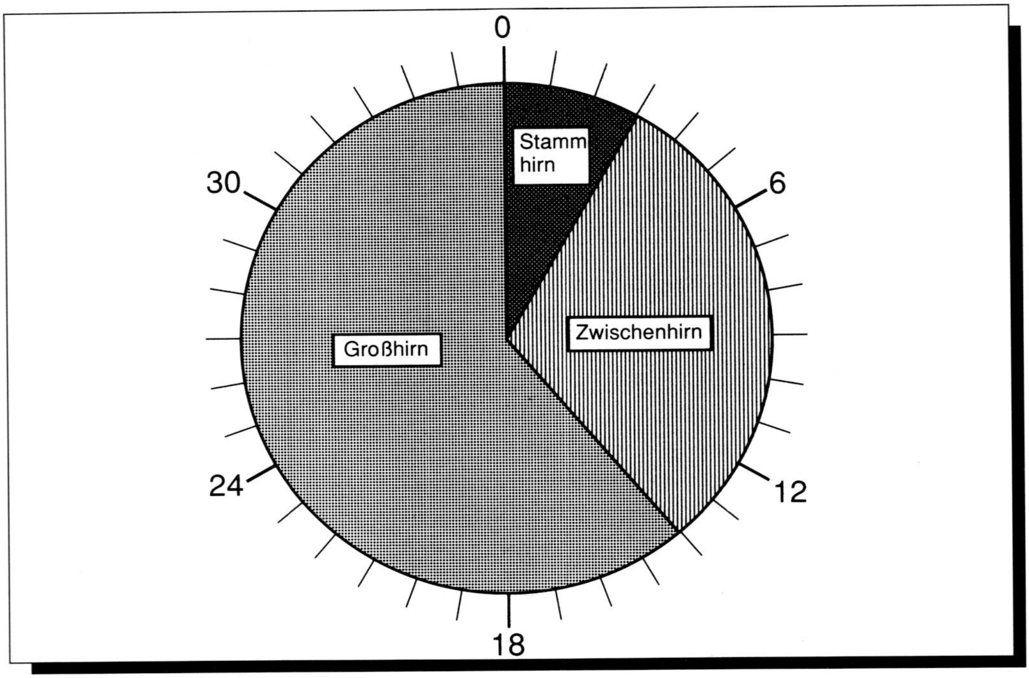


**Abb. 2:** *»ARAL«-Struktogramm*

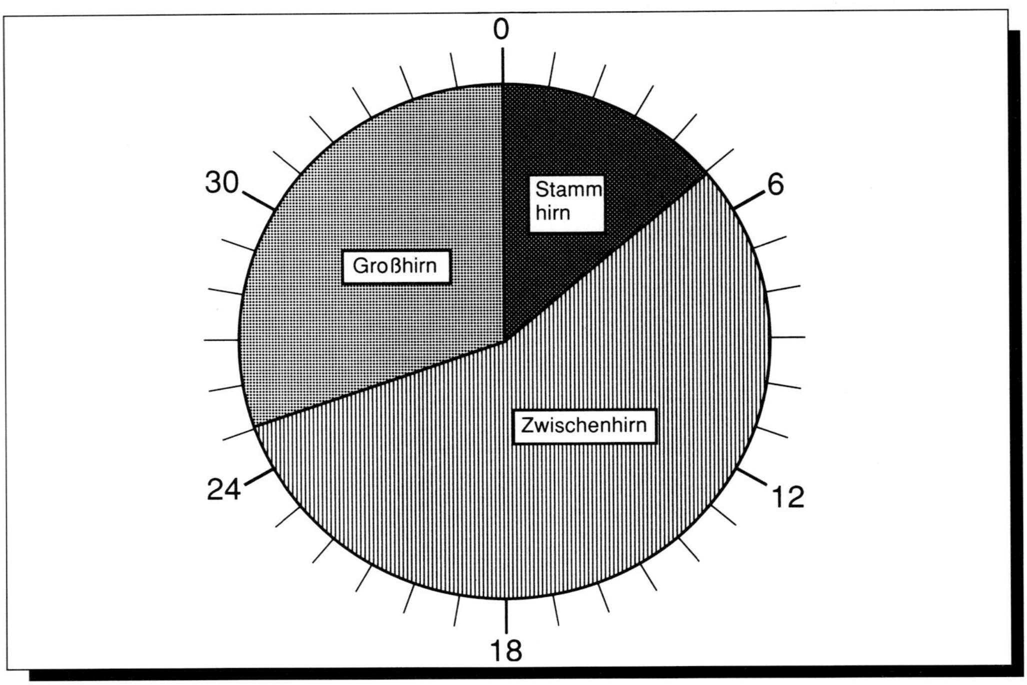


**Abb. 3:** *»ESSO«-Struktogramm*

Aus dem relativen Anteil der drei Hirnbereiche ermöglicht es präzise Aussagen darüber, welchen Anteil gefühlsmäßige, welchen emotionale und welchen rationale Eindrücke bei der Formung des Bildes haben. Gerade im Vergleich der Corporate Identity eines Unternehmens mit denen der Wettbewerber ergeben sich hier interessante Folgerungen. Darüber hinaus ermöglicht das Struktogramm realistische Überlegungen über die Möglichkeiten und Grenzen einer Veränderung der Identity. Die spezifische Wirkung bestimmter Signale (Farben, Symbole, Formen, Auftritte, Verhaltensweisen, Stilmittel usw.) auf bestimmte Hirnbereiche wird immer gründlicher untersucht und besser bekannt. Damit wird eine gezielte, bewußte Beeinflussung der Identity mit größerer prognostischer Sicherheit planbar.

Aber das Struktogramm kann noch etwas Wesentliches zur Arbeit an der Corporate Identity beitragen: Es kann auch die Zielgruppen näher definieren, auf die das Unternehmen besonders positiv oder negativ wirkt.

## Das Struktogramm von Zielgruppen

Nicht nur das Unternehmen hat seine Persönlichkeit, seine Identity, die sich darin ausdrückt, welche Hirnbereiche es bevorzugt anspricht. Auch jeder Empfänger dieser Signale hat selbstverständlich seine individuelle Persönlichkeit, die sich darin ausdrückt, daß er bestimmte Signale »bevorzugt«, d.h. sie intensiver empfängt, stärker auf sie reagiert. Deshalb spricht ein Unternehmensbild nicht alle Menschen gleich an. Es wird bestimmte Gruppen geben, denen dieses Bild mehr »liegt« als anderen. Das Struktogramm bietet die Möglichkeit, diese Gruppen genauer zu identifizieren, als das mit den bisher üblichen demografischen oder typologischen Beschreibungsmodellen möglich war.

Der Vergleich des Struktogramms eines Unternehmens mit den Struktogrammen seiner Zielgruppen kann wichtige Aufschlüsse darüber geben, ob ein Unternehmen mit seiner Identity tatsächlich die Zielgruppe anspricht, die es erreichen will. Auch ein »gutes« Bild eines Unternehmens kann die Zielgruppe völlig kaltlassen, auf die dieses Unternehmen angewiesen ist!

Je besser die Corporate Identity in ihrer biologischen Reizstruktur mit der biologischen Reaktionsstruktur ihrer wichtigsten Zielgruppen übereinstimmt, um so stärker und positiver wirkt sich das Unternehmensbild aus.

## Wie »Identity« meßbar wird

»Corporate Identity« wird dadurch erreicht, daß die zahlreichen Einzelsignale des Erscheinungsbildes, der Kommunikation und des Verhaltens sich gegenseitig stützen und damit ein klares »Corporate Image« in den Köpfen der angesprochenen Zielgruppen erzeugen. Diese *»Stimmigkeit« der Einzelsignale* läßt sich mit der **Biostruktur-Analyse** ermitteln und in einem **Composite-Struktogramm** darstellen.

Die Abbildung 4 zeigt zwei solche Messungen. Im ersten Fall zeigt sich eine hohe Übereinstimmung in den einzelnen Signal-Elementen und damit eine eindrucksvolle und klar profilierte Unternehmens-Persönlichkeit. Der zweite Fall zeigt die – nicht seltene – Situation, daß die Einzelelemente, obwohl für sich genommen durchaus profiliert und kreativ (und bei üblichen Befragungstechniken auch als positiv und »kreativ« beurteilt) sich gegenseitig neutralisieren. Aus der Interferenz dieser widerspruchsvollen Signalbilder entsteht bestenfalls ein verwaschenes, neutralisiertes Unternehmensbild, oft aber neurales Unbehagen und damit unterschwellige Ablehnung.

Die Biostruktur-Analyse hat sich in der Praxis ihrer noch jungen Anwendung in zahlreichen Untersuchungen als einfach zu handhabendes und zuverlässiges Instrument zur Objektivierung und Absicherung der Arbeit an der Corporate Identity erwiesen.

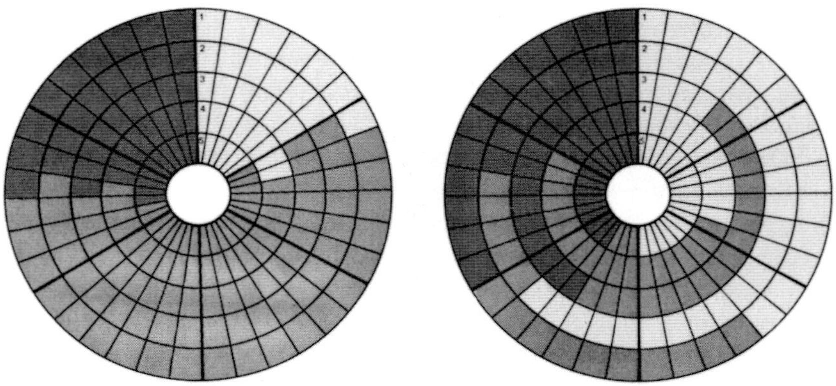

Fall 1 Fall 2

1. Firmen-Logo
2. Architektur
3. Produkt-Palette
4. Werbe-Stil
5. Marktpolitik

**Abb. 4:** *Zwei verschiedene Composite-Struktogramme*

## Zusammenfassung

- Corporate Identity realisiert sich in den Köpfen von Menschen. Entscheidend sind daher nicht die Signale, die ein Unternehmen durch Marke, Werbung, »Auftritt«, Stil usw. aussendet, sondern die Reaktionen auf diese Signale im Gehirn der Empfänger.

- Das Gehirn reagiert nicht als Einheit, sondern in drei primären, weitgehend selbständigen Bereichen:
  - intuitiv-gefühlsmäßig im Stammhirnbereich
  - emotional im Zwischenhirnbereich
  - rational im Großhirnbereich.
- Unterschiedliche Unternehmenssignale sprechen diese drei Hirnbereiche unterschiedlich an.
- Unterschiedliche Menschen zeigen eine unterschiedliche Bereitschaft der drei Hirnbereiche, auf bestimmte Signale zu reagieren.
- Ein Unternehmensbild ist dann optimal, wenn die von ihm ausgehenden Signale die drei Hirnbereiche so ansprechen, wie es der spezifischen Reaktionsbereitschaft der Zielgruppe entspricht.
- Corporate Identity wird dann erreicht, wenn die Einzelsignale des Unternehmens in ihrer Bio-Struktur möglichst weitgehend übereinstimmen.
- Die Biostruktur-Analyse ermöglicht es, die Biostruktur der Signale des Unternehmens zu untersuchen, auf ihre Stimmigkeit zu überprüfen und mit der Biostruktur der Zielgruppe in Beziehung zu setzen. Sie objektiviert damit die Arbeit an der Corporate Identity.

## LITERATUR


(1) *Donaubauer, J./Schoemen, J.,* Die Corporate Identity der Stadtsparkasse Marktredwitz, in: CI Report 91, Darmstadt 1991

(2) *Gottschall, D.,* Der Hirncheck, in: manager magazin 3/82

(3) *MacLean, P. D.,* A Triune Concept of the Brain and Behaviour, Toronto 1973

(4) *MacLean, P. D.,* The Triune Brain in Evolution, New York 1990

(5) *Luria, A.,* The Working Brain, London 1973

(6) *Schirm, R. W.,* Das Markenbild im Mineralölbereich, Auftragsstudie 1977

(7) *Schirm, R. W./Hofmann, H. W.,* Das Biogramm, Gruner + Jahr Schriftenreihe, Bd. 26, Hamburg 1980

(8) *Schirm, R. W.,* Corporate Identity: Was die Hirnforschung dazu beitragen kann, in: Bericht der 27. Werbewirtschaftlichen Tagung, Wien 1980

(9) *Schirm, R. W.,* Hirnforschung befruchtet CI-Diskussion, in: Marketing Journal 2/1981

(10) *Schirm, R. W.,* Die Biostruktur-Analyse, in: Der Organisator, Dez. 1981

(11) *Schirm, R. W.,* Markenartikel, Signale für eine verläßliche Welt, in: Markenartikel, August 1984

(12) *Schirm, R. W.,* Die klare Signal-Struktur, in: Der Organisator 8/1984

(13) *Schirm, R. W.,* Die Biostruktur-Analyse, Grundlagen, Baar 1990

(14) *Schirm, R. W.,* Die Biostruktur-Analyse 3, Schlüssel zum Markt, Baar 1991

# Psychologische und symbolische Aspekte der Corporate Identity

Heiner Erke

## Persönlichkeit und Identität

Die CI-Konzeption geht davon aus, daß ein Unternehmen eine Einheit darstellen kann, die in der Öffentlichkeit wie eine Persönlichkeit mit einer unverwechselbaren Identität gesehen werden kann. Will man den Impuls, den *Gutjahr* und *Keller* oben gegeben haben, aufgreifen und das so gestellte Problem klären statt es zu verschleiern, so ist zu fragen:

- Was ist gemeint, wenn man »Persönlichkeit« sagt?
  Und: Was hilft das zum Verstehen eines Unternehmens sowie zu seinem Selbstverständnis?
- Was leistet die Analogie von Darstellung und Wahrnehmung von Person und Unternehmen?

Es ist auch zu fragen:

- Ist die Analogie Persönlichkeit – Unternehmen ausreichend?
- Ist es nicht auch möglich, ein differenziertes Unternehmen (Corporation) als »Familie«, als soziale »Gruppe« oder »Gruppe von Unternehmen«, als »Haus«, als »Weltunternehmen« zu sehen?

Das **Identitätskonzept** ist aus der psychoanalytischen **Persönlichkeitspsychologie** übernommen worden. Mit »Identität« ist positiv wertend die Konzeption des Selbst am Ende der Jugend gemeint, die Entwicklung zum handlungsfähigen selbständigen Erwachsenen. Auch wenn die maßgebliche wissenschaftliche Persönlichkeitsforschung (s. *Amelang* und *Bartussek* 1981) Identität und Persönlichkeitsformung differenzierter sieht, lohnt es sich zu fragen:

- Was trägt die Konzeption der Identität als Prozeß, als Entwicklung und als Ziel zur CI-Entwicklung bei?

## Das Unternehmen als Persönlichkeit

Ein Unternehmen ist gegenüber seinem Kunden wie auch gegenüber anderen Unternehmen nicht nur eine objektive, juristisch definierte und wirtschaftlich faßbare Einheit, – es ist ein Partner, ist eine Persönlichkeit mit einer spezifischen Identität. Das Unternehmen bietet nicht nur Produkte und Dienstleistungen an – es bietet eine Botschaft, berichtet über seine Haltung, seine Unternehmensphilosophie, erzählt eine Story.

Damit die Begriffe Identität und Persönlichkeit mit Leben gefüllt werden, sollte man sich vergegenwärtigen, was es bedeutet, eine »Persönlichkeit« zu sein:

- Persönlichkeit ist definiert als die relativ überdauernde Gesamtheit aller individuellen Merkmale in ihrer spezifischen Ausprägung.

Als Merkmale oder Merkmalsbereiche sind insbesondere zu verstehen

- die körperliche Erscheinung und ihr Ausdruck in Mimik, Gestik, Haltung und Bewegung

- Bewußtsein, Selbstbewußtsein, Selbstkonzept
- der Stil der Informationsaufnahme
- der Stil der Informationsverarbeitung
- die Art der sprachlichen und nicht-sprachlichen Mitteilungen sowie des begleitenden Verhaltens
- Gewohnheiten, Haltungen
- Einstellungen, Weltanschauung
- Werte, Normen, Überzeugungen
- Ziele, Bedürfnisse, Wünsche
- Kenntnisse, Wissen
- Eigenschaften
- Fähigkeiten, Fertigkeiten
- Kreativität und Intelligenz
- Temperament, Kontrolle
- Aktivität und Aggressivität
- Emotionalität und Sensibilität
- Neurotizismus und Extraversion
- Stabilität und Situationsabhängigkeit, Autonomie
- Rolle, Status, soziale Qualitäten, Formen der sozialen Interaktion
- Geschlecht und geschlechtsspezifisches Verhalten
- Alter und Entwicklungsstand und eigene Geschichte.

Die Merkmale können qualitativ und quantitativ unterschiedlich ausgeprägt sein. Sie sind als relativ unabhängig voneinander konzipiert, in ihrer spezifischen Kombination können sie den Stil einer Persönlichkeit bilden. Die Erfaßbarkeit der Merkmale ist selbst bereits wieder ein Merkmal.

Mit der »Gesamtheit« ist ein System gemeint, das die Beziehungen der Merkmale, aber auch die Nicht-Beziehungen und Widersprüche beschreibt.

»Relativ überdauernd« ist bewußt offen konzipiert, es können Jahrzehnte sein, aber auch der plötzliche oder kurzzeitige Wechsel ist nicht ausgeschlossen. Variabilität ist auch ein Merkmal.

Der »Lebensstil« einer Person faßt die Merkmale zusammen, zeigt, wie sie umgesetzt werden und wie die Person sozial und zeitlich eingeordnet ist.

»Identität« meint, daß die so definierte Persönlichkeit in ihrem Selbstverständnis und für die anderen »dieselbe« bleibt. Identität zwingt nicht zu Starrheit, Identität ist lebendige Entwicklung. Für die Corporate Identity wird die Entwicklung zur Aufgabe.

Nimmt man in diesem Sinne die Analogie Unternehmen – Persönlichkeit ernst, wird deutlich, daß die äußere Erscheinung zur Identifikation nötig und die Geläufigkeit des Namens wichtig ist, daß aber die charakteristischen Eigenschaften, die Leistungsfähigkeit und das Verhalten sind. CI muß diese Aspekte reflektieren, bevor sie auf den Weg zum Image beim Adressaten gebracht werden.

## Identität als Prozeß

Nach der allzu einfachen *Freudschen* Konzeption der Identität hat *E. H. Erikson* die Identität als Entwicklungsprozeß konzipiert. Er weist jedem Lebensabschnitt eine bestimmte Aufgabe zu, die gelöst werden muß und damit einen spezifischen Beitrag zur Identität liefert. Der jeweils positiven Ausprägung stellt *Erikson* die Gefährdungsbedingungen gegenüber:

| Lebensalter | Aufgabe | Gefährdungsbedingungen |
|---|---|---|
| (1) Säuglingsalter | Urvertrauen | Mißtrauen |
| (2) Kleinkindalter | Autonomie | Scham, Zweifel |
| (3) Spielalter | Initiative | Schuldgefühl |
| (4) Schulalter | Arbeitshaltung | Minderwertigkeitsgefühl |
| (5) Jugendalter | Identität | Identitätsdiffusion |
| (6) frühes Erwachsenenalter | Intimität | Isolierung |
| (7) mittleres Erwachsenenalter | Produktivität | Selbst-Zweifel |
| (8) reifes Erwachsenenalter | Integrität | Überdruß, Verzweiflung |

Die spezifischen Beiträge der einzelnen Altersstufen zur Identitätsentwicklung sind:

| | |
|---|---|
| (1) Säuglingsalter | Zeitperspektive |
| (2) Kleinkindalter | Selbstsicherheit |
| (3) Spielalter | Experimentieren mit Rollen |
| (4) Schulalter | Zutrauen zur eigenen Leistung |
| (5) Jugendalter | Identität |
| (6) frühes Erwachsenenalter | sexuelle Identität |
| (7) mittleres Erwachsenenalter | klare Führungskonzeption |
| (8) reifes Erwachsenenalter | klare ideologische Konzeption. |

*Erikson* sieht die Störungen in der Identitätsentwicklung als die Quellen für die Störung der Persönlichkeit. Die Übergänge von Phase zu Phase sieht er durch *Krisen* gekennzeichnet. Von hier führt ein Seitenweg zum Thema der populären »midlife-crisis«.

Die Konzeption der CI für ein Unternehmen entspringt nicht selten dem Aufwachen in einer Unternehmenskrise, z.B. bei mangelnder Produktivität und Rentabilität. CI allein kann nicht die Lösung für das Problem sein. Zunächst sollte das Problem definiert werden, insbesondere sollte man die Bedingungen dafür untersuchen, dann sollte man die Lösung vorbereiten. Eine neue CI-Konzeption kann dann die Konsequenzen zusammenfassen und kommunizieren.

## Die symbolische Repräsentation des Unternehmens

Das Unternehmen kommuniziert mit seinem Namen, mit Firmen- oder Markenzeichen, mit seinem Erscheinungsbild, mit dem Stil seiner Produkte, seiner Werbung und seiner Öffentlichkeitsarbeit.

Für die Unternehmens- und Markenkommunikation hat sich eine eigene *visuelle Sprache* entwickelt, zunächst national bzw. in engeren wirtschaftlichen Bereichen, inzwischen international. Diese visuelle Sprache hat spezifische Dialekte für einzelne Produkt- und Dienstleistungsgattungen, Marktsegmente, Preisklassen, Herkunftsgebiete etc.

Die **Firmen- und Markensymbolik** hat nur relativ wenige eigenständige Symboldefinitionen hervorgebracht, meist stützt sie sich auf andere kulturelle Kommunikationstechniken, spielt mit deren Bedeutungsträgern und hat teil an deren Wirkung. Mit den systematischen Erscheinungsbildern, die nicht nur Symbole systematisch einsetzen, sondern Organisationssysteme für alle visuellen Kommunikationen umfassen, kommt erstmals ein eigenständiger Beitrag zur visuellen Kultur.

So knüpft z.B. die Swissair mit ihrer Symbolik an der Schweizer Nationalfahne an und damit indirekt am christlichen Kreuz. Die Swissair argumentiert so mit viel »Schweiz« – sie wird sicher nicht als christliche Fluggesellschaft erlebt, aber wer möchte nachweisen, daß von Calvin, Zwingli & Co. nichts mehr in der Bedeutung mitschwingt?

Mit der Organisation der Informationen (Konzept Karl Gerstner) steht die Swissair in der Tradition der Schweizer Typografie und Grafik und hat Anteil an der »Schweizer Werbekultur«.

Hier soll versucht werden, die wichtigsten Quellen der Markensymbolik aufzuzeigen. Damit soll nicht behauptet werden, daß alle genannten Zusammenhänge zwingend und eindeutig seien. Die meisten Quellen sind dem Publikum nicht mehr als Kultur geläufig, und doch stellen sie einen Fundus dar, aus dem sich Bedeutungen und thematische Anreicherungen ableiten lassen, aus dem sich mindestens aber Stimmungen und Nuancen gewinnen lassen.

Das hier zusammengestellte Repertoire ist nicht vollständig, es sollte aber ausreichen, um hilfreich zu sein bei

- Analysen vorhandener Marken und Märkte
- Marktforschung
- Zielkonzeption
- Kontrolluntersuchungen.

## Erfahrungen im Umgang mit Markenmerkmalen

Die Merkmale der Marken wirken nicht nur in ihrer unmittelbaren Bedeutung (Krone – König – etwas Besonderes) sondern auch noch durch die Anordnung in einem Zeichenträgerfeld, in der Relation zu anderen Merkmalen, im unmittelbaren Ausdruck, der durch solche Beziehungen entsteht. Diese Beziehungen lassen sich am besten erfahrbar machen, wenn man selbst versucht, bestimmte Bedeutungen zu erzeugen; am besten zunächst mit abstraktem Spielmaterial.

Man nehme

- ein Quadrat
- einen Kreis
- einen Punkt.

Das Handwerkszeug ist geometrisch einfach definiert:

- das Quadrat durch Seitenlänge, rechten Winkel und Strichstärke
- der Kreis durch den Radius und die Strichstärke
- der »Punkt« durch den Radius und die Tatsache, daß die Kreisfläche ausgefüllt ist.

Als Zeichen bekommen sie Bedeutung:

- das Quadrat ist etwas Ausgewogenes, Konstruiertes, Logisches, Hartes, ein Rahmen
- der Kreis kann als Ring oder Scheibe, Siegel, Schild, Rad interpretiert werden, als etwas Rundes, Endloses, in sich Geschlossenes
- der Punkt wird zum Anfangs- oder Schlußpunkt, zur Scheibe, Sonne, zum Mond, Orientierungs- oder Bezugspunkt, Rad, Zentrum.

Das sind nur Andeutungen – jedes der Elemente hat seine eigene Kulturgeschichte.

Kombiniert man nun Quadrat und Punkt, so lassen sich bereits sehr komplexe Aufgaben bewältigen:

Man setzte den Punkt im Quadrat so, daß eine »Persönlichkeit« entsteht:

- eine ausgeglichen, ruhige
- eine dynamisch, progressive
- eine schüchtern, zurückhaltende.

Für den konkreten Fall wird man sich einen insgesamt reduzierten, für den Fall aber vielleicht spezifisch ergänzten Katalog von Interpretationsmöglichkeiten entwickeln. Damit wird dieser Ansatz bearbeitbar für morphologische Methoden – aber auch offen für andere kreative Techniken.

In Abbildung 1 sind von oben nach unten die Lösungen dargestellt, die am häufigsten gewählt werden, in Abbildung 2 solche Lösungen, die selten vorkommen, die aber auch auf den ersten Blick noch plausibel sind, vielleicht sogar kreativ. Was für ein größeres Publikum und auf längere Zeit die gültige Symbolisierung ist, bleibt offen.

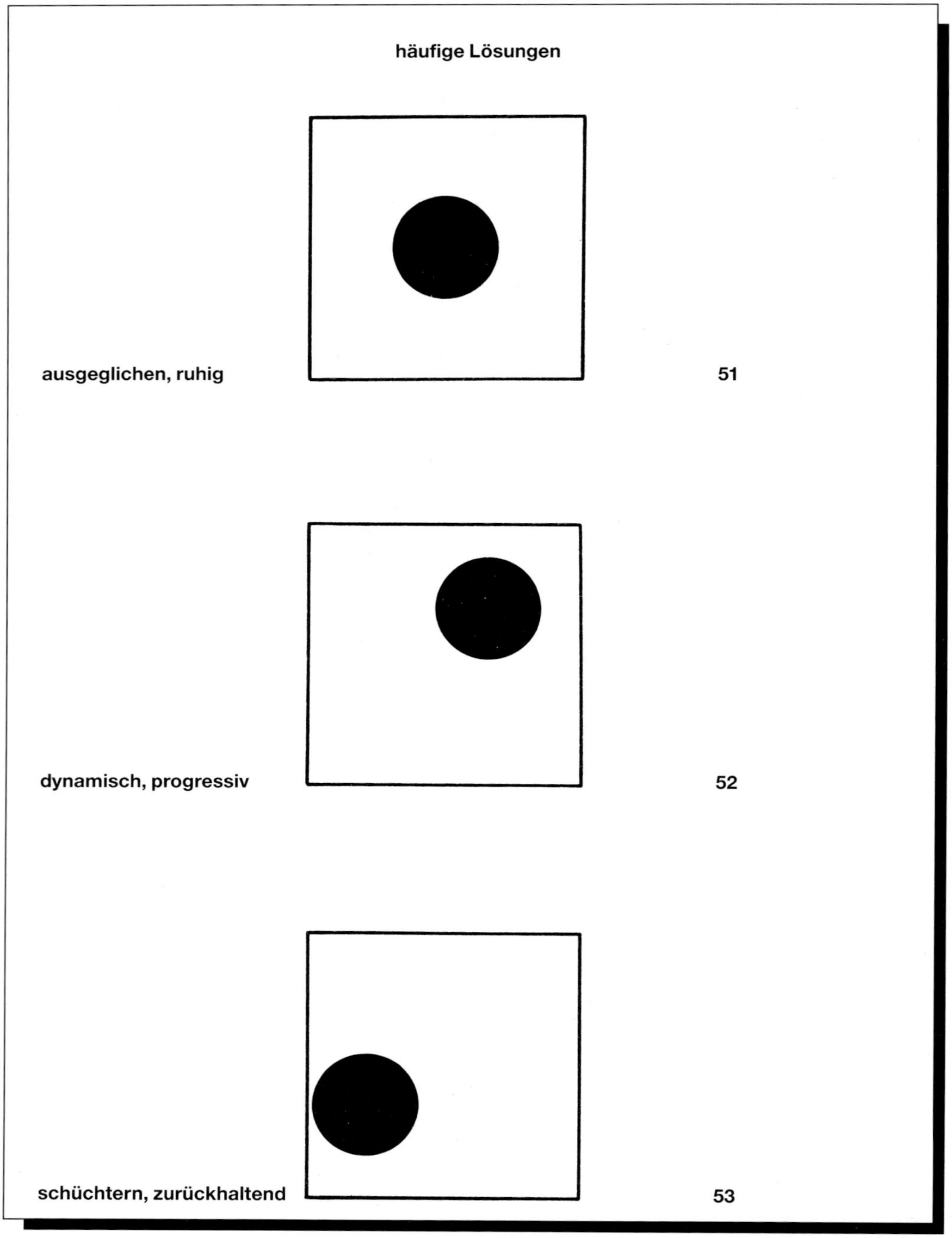


**Abb. 1:** *Elementarer Ausdruck durch die Anordnung eines Punktes im Quadrat: häufige Lösungen*

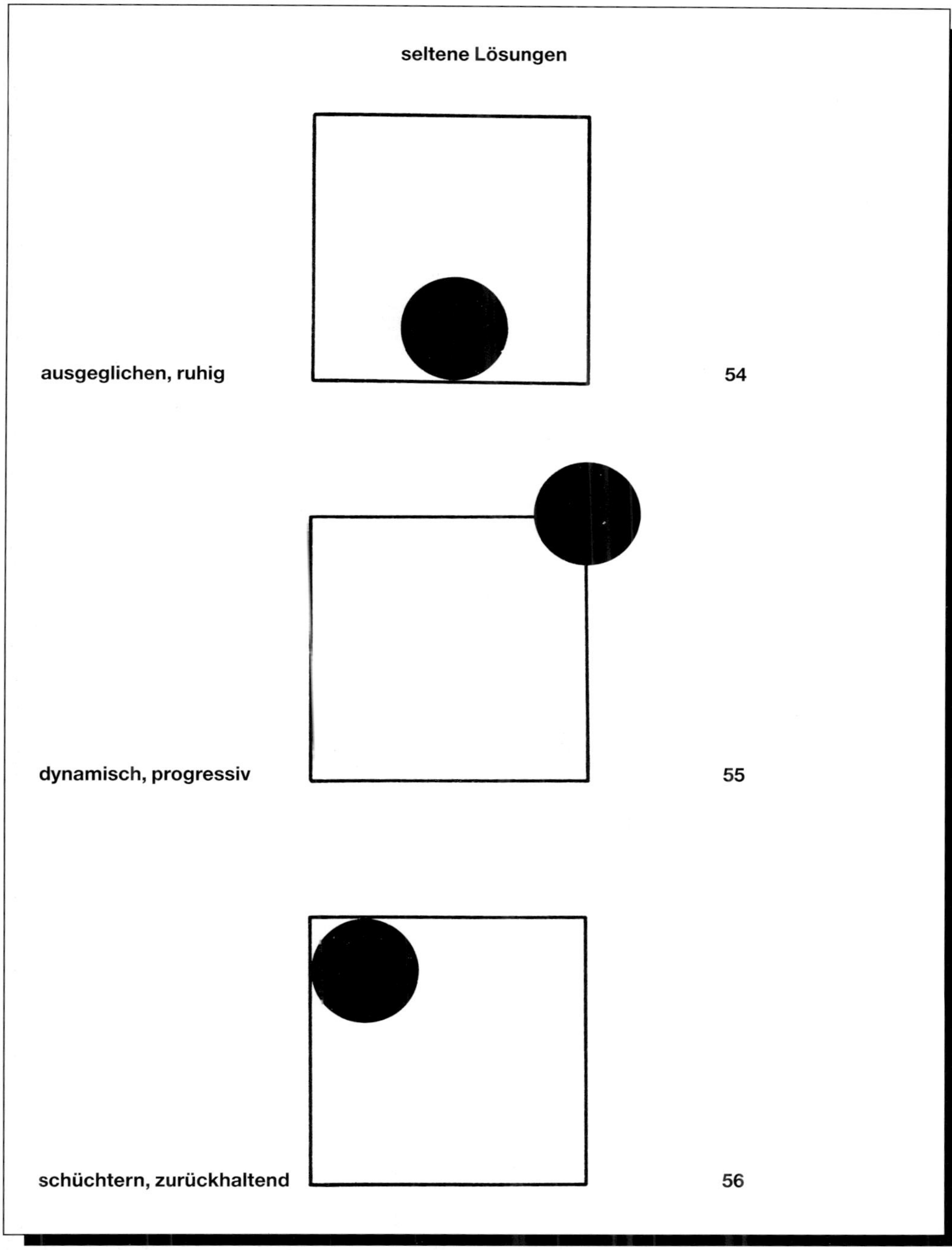


**Abb. 2:** *Elementarer Ausdruck durch die Anordnung eines Punktes im Quadrat: seltene, aber noch überzeugende Lösungen*

In der Kombination mit einem Linienelement bekommt der Punkt im Quadrat Bewegung.

– er steigt auf oder steht auf der aufsteigenden Diagonalen

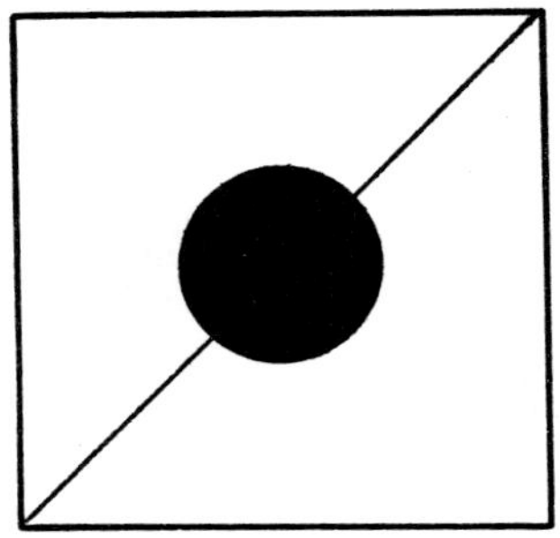

57

– er rollt nach unten

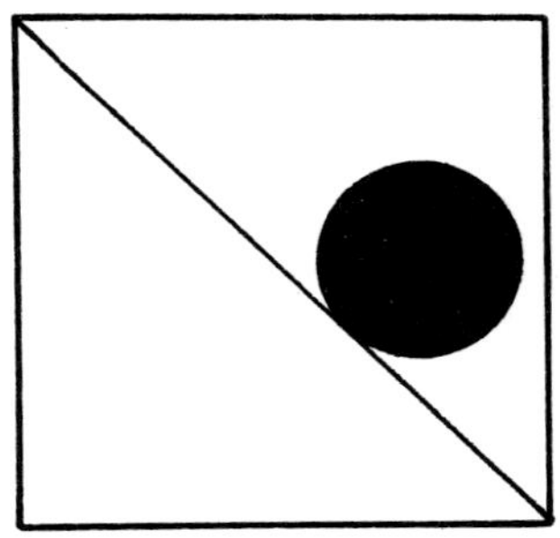

58

– er pendelt, steigt oder fällt

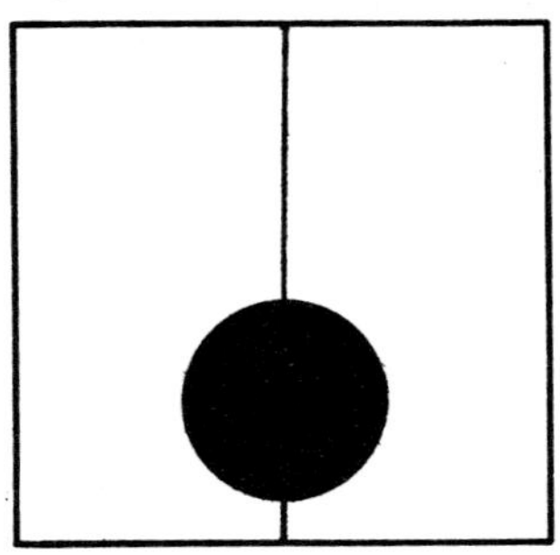

59

**Abb. 3:** *Der Ausdruck von Bewegung, Dynamik mit elementaren Merkmalen*

In der unteren Hälfte, auf der Position des »Absenders«, bekommt der Punkt durch den Abstand zur Mittel-Linie eine charakteristische Position.

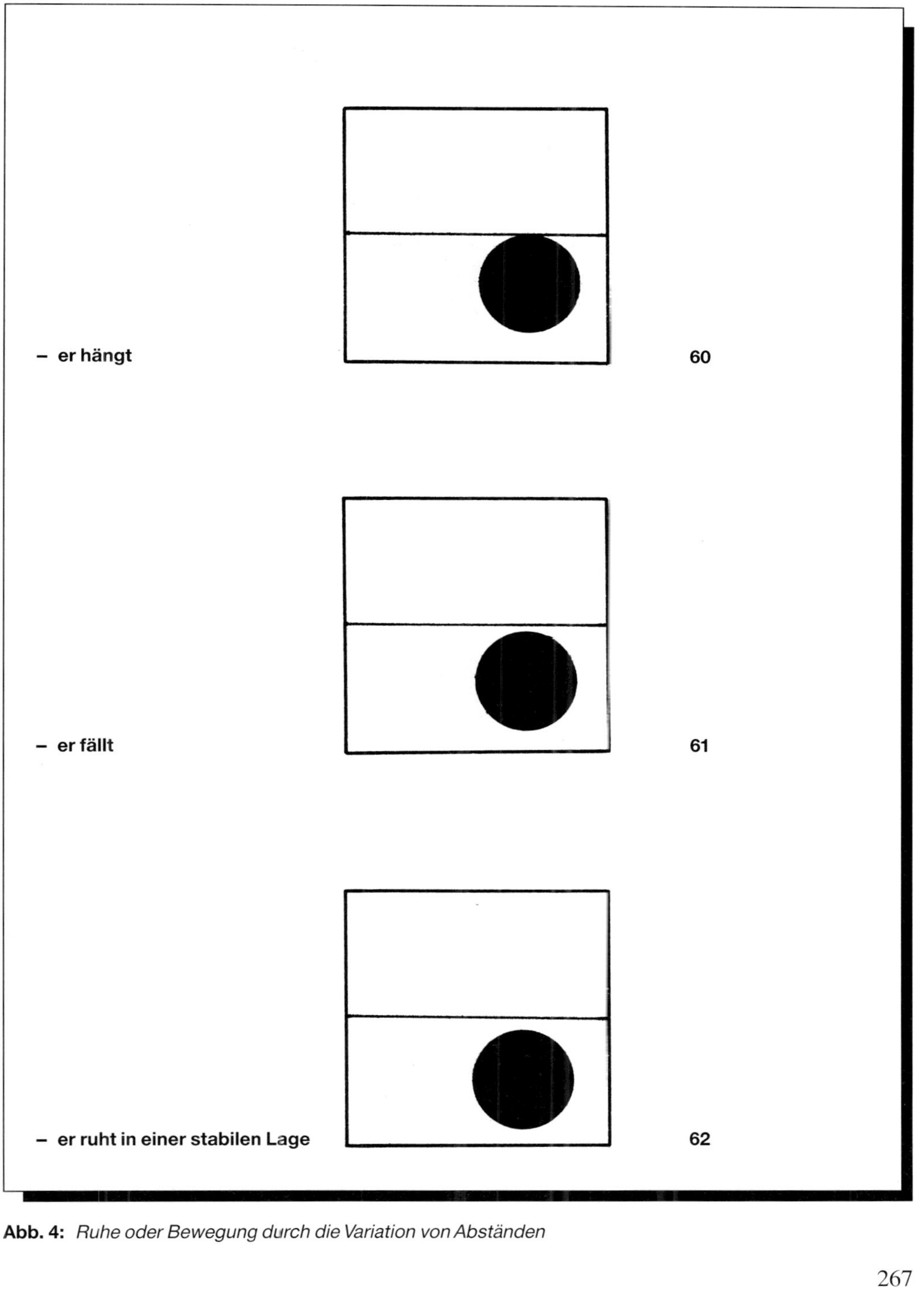


**Abb. 4:** *Ruhe oder Bewegung durch die Variation von Abständen*

Der Kreis bietet andere Möglichkeiten.

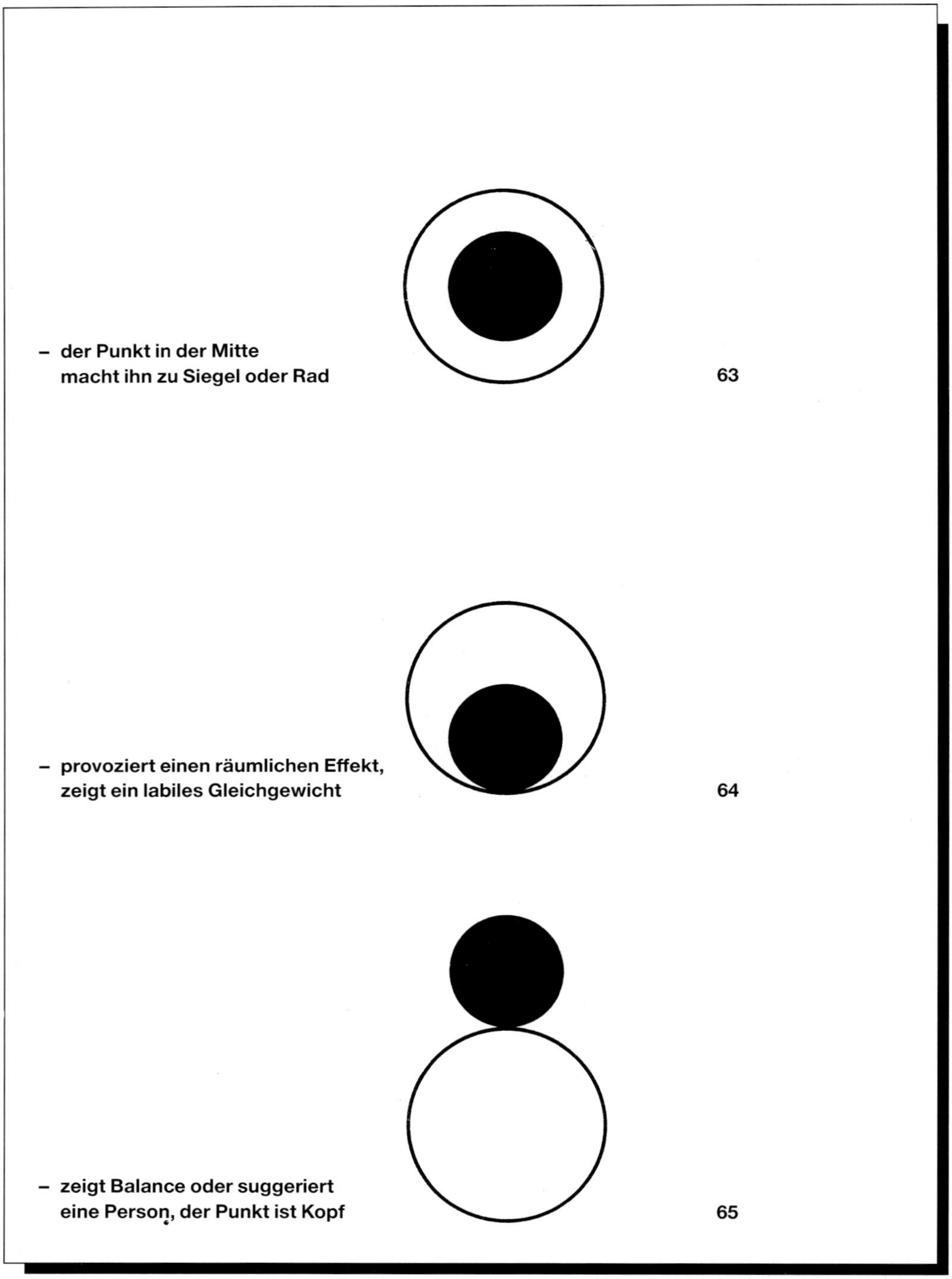


**Abb. 5:** *Inhaltliche Interpretationen für geometrische Figuren*

Ordnet man in einer quadratischen Zeichenträgerfläche einen Namenszug an, nimmt dieser einen Dialog mit der geometrischen Form auf:

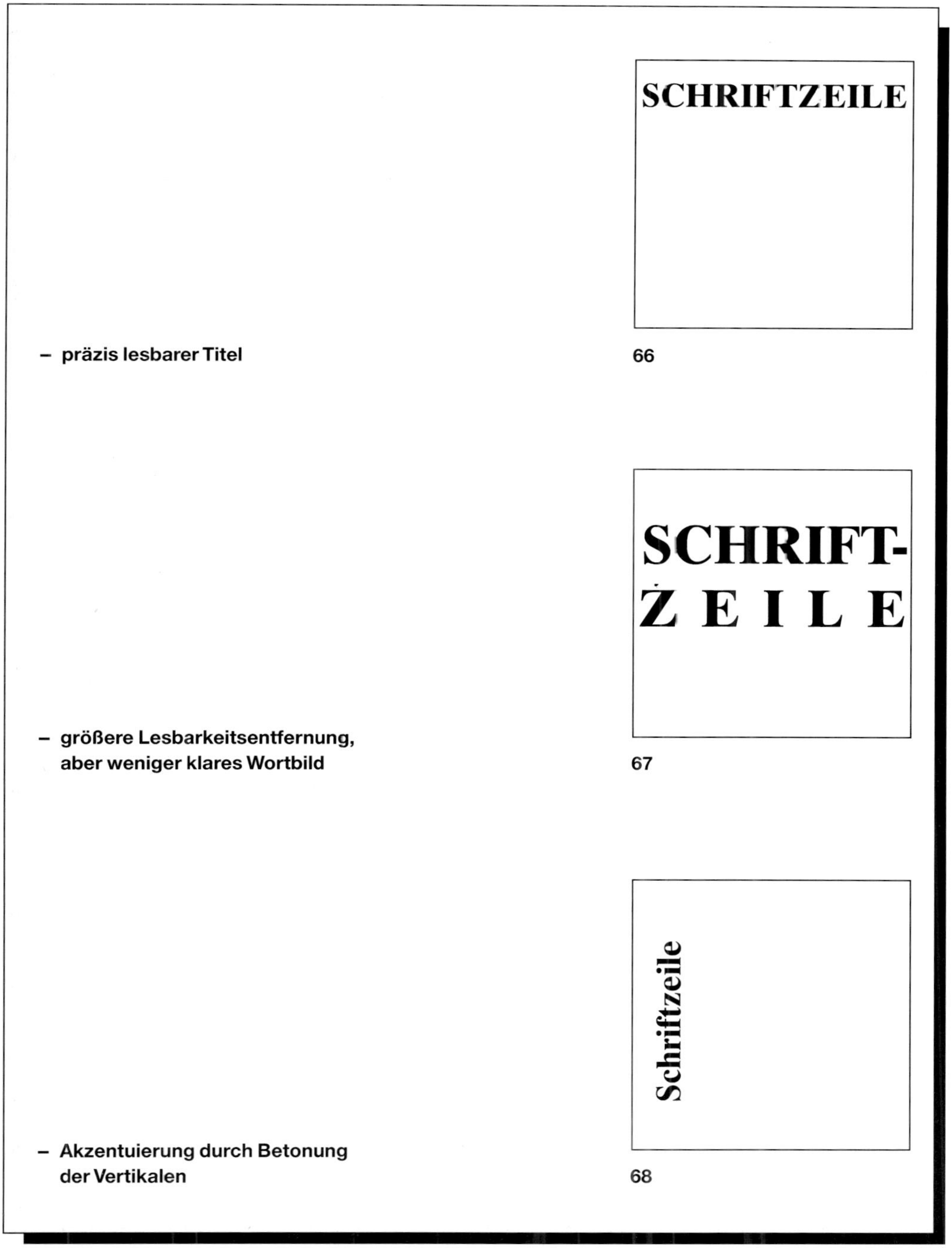


**Abb. 6:** *Zeichenbildung durch die Koordination von quadratischem Rahmen und Namen*

Im Kreis ergeben sich durch die andere geometrische Form und die anderen Rahmenbedingungen neue Möglichkeiten:

– **gegensätzliche Formen formulieren eine aktive Aussage**

**69**

– **eine neue Form entsteht im Inneren**

**70**

– **analoge Anordnung der Schrift formt ein schlüssiges Bild, erschwert aber das Lesen**

**71**

**Abb. 7:** *Zeichenbildung durch die Koordination von Kreis und Schrift*

## Quellen für die Firmen- und Markensymbolik

### Der Markenname

Der Markenname gibt ursprünglich den Hersteller an und sagt etwas über das Produkt aus: Aus irgendeinem Gebäck wurde der Bahlsen Keks. Die gegenwärtige Produktions- und Handelsstruktur läßt diese einfache Zuordnung nicht mehr zu, die Herstellernamen wurden zu Firmen-, Handels-, Konzernnamen oder sind völlig synthetisch. Die Produktnamen sind nur noch selten natürliche Begriffe, Kunstwörter überwiegen – inzwischen sind einige Markennamen zu »natürlichen« Bestandteilen der Umgangssprache geworden (Tempo-Taschentücher, Kleenex, Nescafé, Maggi). Die Namen wirken durch ihren Inhalt, nach ihrer Herkunft, durch ihre Bezüge und nicht zuletzt durch die Form der Darstellung, eventuell noch modifiziert durch Zusätze zum Namen.

*Natürliche Namen*

Der natürliche Namen nennt einen »Absender« der Ware, der »persönlich« für sein Produkt einsteht, es in manchen Fällen auch mit seiner Unterschrift »signiert«.

Durch die Form des Namens wird dieser Bezug im einzelnen modifiziert:

- voll ausgeschrieben mit Vorname und Hausname, der persönliche Absender
  Etienne Aigner, Peter Stuyvesant, Pierre Cardin
- als »Haus«-Name allein
  Eckes, Henkel, Gabor
- als Vorname allein
  Gaby, Ina, Eve
- in abgekürzter Form
  JPS, BBC, MBB
- als Namenskombination
  Gruner + Jahr, Fichtel & Sachs, H. F. & Ph. F. Reemtsma
- mit Zusätzen
  Müller's Mühle, Dr. Oetker, Gärtner Pötschke
- in Abwandlungen
  Wilkhahn, Neckura, Aldi.

*Künstliche Namen*

Der Name wird ohne Bezug zu einer Person gewählt, um eine bestimmte Bedeutung auszudrücken.

- Ausdruck des Zwecks
  ausgeschrieben: Commerzbank, Volkswagenwerk, Farbwerke Hoechst und abgekürzt: VFW, BHW, AEG

- Ortsbezug
  Dresdner Bank, Dortmunder Union, Glockengasse 4711
- Regionalbezug
  Deutsche Bank, Rheinische Braunkohle, Oberland Glas, Helaba, RWE, BMW
- Zusammensetzungen
  Bayernhypo, Lufthansa, Hapag Lloyd
- Fremdwörter
  Volvo, Tondeo, Ratio
- gezielte Assoziationen und symbolische Bezüge
  Sunil, Ramee, Calida
  Kaiser, König, Fürst
  Landwirt, Klosterfrau, Jäger
  Dr., Meister, General
  Gold, Brillant, Stein
  Garant, Chic, Elegant
  Granada, Ascona, London
  King, Sir, Lord
  Polar, Global, Universum
  CD, SC, Inter
- numerische Bezeichnungen
  Number One, Nimm Zwei, 3 M, Vier Jahreszeiten, Sechsämtertropfen, Seven up, After Eight, 8 x 4.

**Typografische Behandlung des Namens**

Die Vielfalt ist so groß wie das Angebot der Typografie, ergänzt durch die freie grafische Überarbeitung, die noch eine optische Präzisierung des Ausdrucks oder eine assoziative Anreicherung leisten soll.

Handschrift, Fraktur, Antiqua und Grotesk, Schreibschriften, Anlehnungen an fremde Schriften oder auch Zeichen aus anderen Schriften, Computerschriften und alle Arten von Neuschöpfungen kommen vor.

Durch die Wahl von Groß- und Klein-Buchstaben, durch Modifikation einzelner Buchstaben oder Überarbeitung des gesamten Schriftzuges zum Logotyp und durch die Ergänzung mit bildlichen, geometrischen oder farblichen Elementen wird aus den Namen ein Zeichen formuliert (Abb. 8).

**Abb. 8:** *Mit Besonderheiten der Typografie und zusätzlichen optischen Effekten wird der Name stilisiert*

## Konventionelle Symbolquellen

Die Markentechnik ist in ihrer symbolischen Kommunikation je nach Geschmack, Schmarotzer oder Schmelztiegel, öffentliche Kultur oder kreative Innovation. Sie argumentiert allerdings nicht so sehr direkt im Sinne einer übersetzbaren Sprache – sondern vielmehr indirekt über Assoziationen, Bedeutungsreste, »abgesunkenes Kulturgut«.

*Handwerkliche Symbolik*

Handwerkliche Produzenten pflegten ihre Produkte mit Namen, Namenskürzeln, Stempeln, Brandzeichen, Siegeln, Etiketten, Schildern, Zunftzeichen, Werkzeugsymbolen, symbolischen Leitbildern (Tiere, Heilige, Bauten), Geheimzeichen zu kennzeichnen, um Originalität, Qualität, Herkunft, Art zu dokumentieren – und sicher auch ein wenig, um ihr magisch, symbolisch oder religiös auf den Weg zum Kunden zu helfen. Markentechnik mit einem Hauch von Magie (Abb. 9).

**Abb. 9:** *Handwerkliche Symbole, unmittelbar oder in Siegelform*

*Industrielle Symbole*

In der Frühzeit der Industrialisierung wurden zahlreiche Symbole aus ihrem Bildvorrat konzipiert, Schornsteine, Zahnräder, Stahlträger, Walzen, Webstühle, Getriebe, Kugellager. Heute ist dieser Vorrat stark zurückgedrängt (Abb. 10).

**Abb. 10:** *Technische Darstellungen*

*Heraldik und Emblematik*

Weltliche, geistliche, territoriale, lokale und kommunale Autoritäten haben eine differenzierte symbolträchtige Formen-, Farben- und Bildsprache entwickelt. Sie wurde in ihrer vollen Bedeutung sicher nur von Experten verstanden; sie eignet sich aber zur Signalisierung von Ansprüchen, als Qualitätsversprechen (Hoflieferant) zum Ausdruck höherer Wertigkeit oder nationalen Prestiges (Abb. 11).

**Abb. 11:** *Höfische Wappen, die burgundische Lilie und ein Wappenschild »adeln« das Unternehmen*

**Abb. 12:** *Religiöse Bezüge ordnen Produkt, Unternehmen oder Unternehmensphilosophie ein*

*Religiöse Symbole*

Die christliche Symbolik bietet ein fast unerschöpfliches Repertoire mit

- Kreuzen in vielen Varianten
- Madonnen, Heiligen, Mönchen, Nonnen, Teufeln, Engeln
- Tauben, Fischen, Lämmern
- Palmzweigen, Ähren, Rosen
- Glocken, Leuchtern, Sternen, Gebotstafeln.

Aber auch antike, germanische, jüdische, islamische u.a. Symbolik haben einen Fundus von Zeichen eingebracht, der in der Markentechnik vielfältig als Appell eingesetzt wird, um Qualität, Vertrauen oder Tradition zu vermitteln (Abb. 12).

*Weitere Symbolquellen*

Aus anderen Bereichen, in denen Symbole für den öffentlichen Gebrauch eingeführt sind, wurden ebenso Zeichen für Marken entlehnt

- Handel: Waagen, Pakete, Transportmittel
- Verkehr: Verkehrsschilder, speziell Stop, Vorfahrt und Achtung, ferner Bildzeichen analog den Piktogrammen der Olympischen Spiele 1972, Ampeln und andere Symbole
- Naturwissenschaften: Atomsymbole, Darstellungen von chemischen Verbindungen, geometrische Darstellungen
- Astrologie: speziell die Zeichen des Tierkreises
- Kartografie: Landkarten, Landkartensymbole
- Geografie: Globus, Windrose
- Militär: Waffen, Rangabzeichen, Flaggen
- Historische Symbolik: Säule, Plastik, Muschel (Abb. 13).

**Freie Symboldefinitionen**

Die Symbole für Marken greifen auf allgemein verständliche oder doch leicht lernbare Inahlte oder Prinzipien zurück, um dem so bezeichneten Produkt Unverwechselbarkeit und eine bestimmte Bedeutung zu verleihen. »Frei« ist dabei nur sehr relativ zu sehen; es meint, daß die Symbolsetzung nicht aus einem der beschriebenen Systeme stammt – Ähnlichkeiten und Bezüge lassen sich nur selten ausschließen. Besonders anspruchsvoll sind Wortmarken wie ATA, OMO, AGFA, MAOAM, HANUTA, die vollständig gelernt werden müssen.

*Bildliche Symbolisierung*

Durch eine bildliche Darstellung werden

- der Hersteller: Gärtner Pötschke, Müllers Mühle, Landwirt Nölke
- das Produkt: ein Kugellager, eine Frucht, Zügel, Pferde, Vögel, Schafe, Felle
- Leitbilder: Seemänner, Lockenköpfe, Bären, Frauen in Landestracht, Gebäude, Berge, Bäume

dargestellt.

**Abb. 13:** *Die Geschichte der Shell-Muschel in einer CI-Anzeige*

Der Grad der Bildlichkeit kann sehr stark variieren, von der exakten Darstellung über die Karikatur bis zur kaum noch erkennbaren Abstraktion. Oft wird die Bildsprache von Heraldik und Emblematik kopiert (Abb. 14).

**Abb. 14:** *Bildliche Phantasie-Symbole*

*Abstrakte Symbole*

Geometrische Darstellungen, Kombinationen, Variationen, Permutationen von Elementen, Farbeffekte, optische Effekte, Täuschungen und Kontraste, freie Kompositionen, formale Anlehnungen an konventionelle Symbole bieten ein unerschöpfliches Repertoire. Für den Adressaten sind die zahlreichen möglichen Zeichen nicht so leicht erkenn-, unterscheid- und interpretierbar wie konventionelle oder bildliche Symbole. Durch Lernen lassen sich aber auf dem Hintergrund allgemeiner Prinzipien Konventionen aufbauen. Die abstrakte Symboldefinition hat zusätzlich die bildlichen und konventionellen Zeichen bei Überarbeitungen stark beeinflußt (Abb. 15).

**Abb. 15:** *Abstrakte Symbole mit Bezug zur Unternehmensleistung*

*Ordnungssysteme*

Durch die immer gleiche Ausstattung mit Farben, Proportionen, Rahmen, Layout, Bildstil, Schriftstellung etc. kann eine Marke profiliert werden, ohne daß ein Zeichen im engeren Sinne konzipiert werden müßte. Diese Lösung wird sehr gerne gewählt, wenn ein Hersteller oder Anbieter sich als Markenartikler profilieren möchte, der so zahlreiche Produkte anbietet, daß diese sich nicht einzeln zur Marke entwickeln lassen, z.B. Unternehmen der Pharmaindustrie, Hersteller technischer Produkte, aber auch öffentliche Einrichtungen (Abb. 16).

**Abb. 16:** *Organisationssysteme als Unternehmensmerkmale*

## Psychologische Leistungen von Erscheinungsbildern

### Das Unternehmen als Begriff

Die Leistungen des Erscheinungsbildes verdichten sich beim Adressaten zu einem Begriff, dieser Begriff vermittelt

- Inhalte: Art, Umfang und Qualität der Leistungen
- Gefühle, Stimmungen und Motive
- Handlungsappelle.

Je nach Unternehmen kann der Schwerpunkt auf einem der drei Aspekte liegen. Liegt die Betonung auf der inhaltlichen Seite, kann die Art der angebotenen Leistungen den Begriff so stark prägen, daß Erweiterungen des Spektrums nicht möglich sind. Das Bier mit dem Namen eines Süßspeisenherstellers oder einer Zigarettenfirma bekäme Geschmacksprobleme.

Man kann im Erscheinungsbild die Qualitätsgarantie dominieren lassen, um den Töchtern die Merkmale der Mutterfirma zu übertragen, gegenwärtig z.B. bei Bosch (made by Bosch, BDF Beiersdorf, TUI). Die Leistungen lassen sich im konkreten Fall spezifizieren.

Allgemeine Regeln über die Leistungsfähigkeit von Begriffen sind nicht aufstellbar. Auf dem Wege über ein Qualitätsversprechen als gemeinsamen Nenner lassen sich vermutlich auch heterogene Bereiche in einem Erscheinungsbild integrieren. Das qualitative Niveau des Firmenbildes wird stärker durch das mit dem Erscheinungsbild gegebene Ordnungssystem vermittelt als durch Symbolik oder Firmenzeichen.

**Ein Leistungsverzeichnis für Erscheinungsbilder**

Bei der Konzeption von Erscheinungsbildern ist es notwendig, die in ihnen verwirklichten Merkmale so zu analysieren, daß für die einzelnen Merkmale wie für Merkmalskonstellationen angegeben werden kann, welche kommunikativen Leistungen man von ihnen erwarten darf. Der Adressat bildet sich zwar unter Umständen in äußerst kurzer Zeit ein »Bild« von dem Gegenstand; diese Begriffsbildung kann aber nur verarbeiten, was durch Merkmale verwirklicht ist.

Das Leistungsverzeichnis möchte diese Beziehung zwischen Gegenstand und Adressat möglichst vollständig beschreiben. Die einzelnen Punkte des Leistungsverzeichnisses sind so angeordnet, daß in der Regel im jeweils folgenden die vorangehenden integriert werden.

Das Leistungsverzeichnis kann dabei in einem dreifachen Sinne nutzbar gemacht werden:

- Man beschreibt einen gegebenen Gegenstand entsprechend dem Leistungsverzeichnis, um ihn kritisch zu analysieren, man versuche dies an Abbildung 17.

- Man geht von einem zu konzipierenden Gegenstand aus und legt anhand des Leistungsverzeichnisses fest, in welcher Art und Ausprägung Merkmale zu wählen sind, wenn man spezifische Leistungen erzielen will.

- Bei einer konkreten Gestaltungsaufgabe kann entsprechend dem dominierenden Gestaltungsziel an einem bestimmten Punkt des Leistungsverzeichnisses gestartet werden; die übrigen Punkte können dann entsprechend ihrem Gewicht bzw. nach dem Grad ihrer Abhängigkeit bearbeitet werden (z.B. startet man bei der Konzeption eines Systemzeichens bei Punkt 9 »Logik und Systematik«, bei der Konzeption einer Pralinenausstattung bei Punkt 8 »Ästhetische Dimensionen«).

**Abb. 17:** *Ein Merkmals-Museum in einem Markenauftritt*

**Die Leistungen eines Markenzeichens:**

| | |
|---|---|
| (1) Wahrnehmbarkeit | ● Aufmerksamkeit wecken<br>● lesbar sein, auch unter erschwerten Bedingungen<br>● Gliederung und Dimensionen anbieten |
| (2) Inhalt | ● Namen oder Begriff vermitteln<br>● spontan verständlich sein<br>● Zusatzinformation anbieten |
| (3) Motivation | ● ansprechen, Wünsche wecken<br>● Handlungen einleiten<br>● Nutzungsversprechen enthalten |

| | | |
|---|---|---|
| (4) | Lernbarkeit | ● geläufig sein oder werden<br>● unverwechselbar und merkbar sein<br>● sich als Kristallisationspunkt für weitere Informationen anbieten<br>● resistent gegen Verschleiß sein |
| (5) | Zeichen-Persönlichkeit | ● Identität haben<br>● Originalität vermitteln<br>● Eigenschaften, Fähigkeiten und Fertigkeiten ausdrücken<br>● eine Beziehung zur Kundenpersönlichkeit aufbauen<br>● glaubwürdig sein |
| (6) | Soziale Aspekte | ● eine Rolle spielen<br>● einen Status repräsentieren<br>● zugänglich und sozial aktiv sein<br>● Kommunikationsanlaß sein |
| (7) | Zeitliche Dimensionen | ● historische Bezüge vermitteln<br>● innovativ sein<br>● Aktualität dokumentieren<br>● Zukunftsperspektiven haben |
| (8) | Kulturelle Dimensionen | ● rhetorische oder literarische Aspekte vermitteln<br>● bildnerische Bezüge haben; Heraldik, Ikonographie, Symbolik<br>● ästhetische Dimensionen haben: Gefälligkeit, Harmonie, Sachlichkeit<br>● Beziehungen zur Produktion aufweisen: Handwerk, Manufaktur, Industrie |
| (9) | Logik und Systematik | ● eine Logik der variablen Form, Farbe und Inhalt haben<br>● ein Element des visuellen Erscheinungsbildes sein<br>● Repräsentant des Absenders sein |
| (10) | Gebrauchswert | ● in den notwendigen Medien realisierbar sein<br>● wirtschaftlich einsetzbar sein<br>● am Erscheinungsbild anknüpfen |

## LITERATUR


(1) *Aicher, O. & Krampen, M.*, Zeichensysteme der visuellen Kommunikation, 1977
(2) *Alvesson, M. u. Berg, P.O.*, Corporate Culture and Organizational Symbolism, 1992
(3) *Amelang, M. u. Bartussek, D.*, Differentielle Psychologie und Persönlichkeitsforschung, 1981
(4) *Arnheim, R.*, Kunst und Sehen. Eine Psychologie des schöpferischen Auges, 1965
(5) *Arnheim, R.*, Anschauliches Denken. Zur Einheit von Bild und Begriff, 1969
(6) *Croy, P.*, Die Zeichen und ihre Sprache. Zeichen, Symbole, Signets, 1972
(7) *Diethelm, W. u. M.*, Signet, Signal, Symbol. Handbuch internationaler Zeichen, 1972
(8) *Dreyfuss, H.*, Symbol Sourcebook. An anthoritative guide to international symbols, 1972
(9) *Eco, U.*, Einführung in die Semiotik, 1972
(10) *Erikson, E. H.*, Identität und Lebenszyklus, 1966
(11) *Erke, H.*, Psychologische Grundlagen für die Wahrnehmung von Produkt und Produktumwelt. Design – Dialog – Darmstadt, 1982
(12) *Erke, H.*, Element und Gestalt. Wahrnehmungspsychologische Grundlagen für visuelle Kommunikation, Design Seminar 2, 1978
(13) *Forstner, D.*, Die Welt der Symbole, 1967
(14) *Frutiger, A.*, Der Mensch und seine Zeichen; 1. Zeichen erkennen, Zeichen gestalten, 1978; 2. Die Zeichen der Sprachfixierung, 1979; 3. Zeichen, Symbole, Signets, Signale, 1981
(15) *Gerstner, K.*, Kompendium für Alphabeten, 1972
(16) *Herman, L.*, Die Heraldik der Wirtschaft, 1971
(17) *Hölscher, E.*, Firmenschilder aus zwei Jahrtausenden, 1965
(18) *Humbert, C. (Ed.)*, Label Design, 1972
(19) *Jung, C. G. u.a.*, Der Mensch und seine Symbole, 1960
(20) *Kleint, B.*, Bildlehre, der sehende Mensch, 1980
(21) *Koenig, O.*, Urmotiv Auge. Neuentdeckte Grundzüge menschlichen Verhaltens, 1975
(22) *Kriss-Rettenbeck, L.*, Ex Voto. Zeichen, Bild und Abbild im christlichen Votivbrauchtum, 1972
(23) *Kuwayama, Y.*, Trade Marks and Symbols: I Alphabetical Designs; II Symbolical Designs, 1973
(24) *Lausberg, H.*, Handbuch der literarischen Rhetorik, 2. Bde., 1960
(25) *Leonhard, W.*, Das große Buch der Wappenkunst, 1976
(26) *Lutz, H.-R.*, Die Hieroglyphen von heute, 1990
(27) *Massin*, Buchstabenbilder und Bildalphabete. Vom Zeichen zum Buchstaben und vom Buchstaben zum Zeichen, 1970
(28) *Morris, Ch. W.*, Zeichen, Sprache und Verhalten, 1974
(29) *Siebmacher, J.*, Wappenbuch, 1976 (Faksimiledruck)
(30) *Stankowski, A. & Duschek, K.*, Visuelle Kommunikation, 1989
(31) *Wills, F. H.*, Bildmarken – Wortmarken. Planen, Testen, Gestalten. Grundlagen und Technik erfolgreicher Markengestaltung, 1968

# Strukturelemente der visuellen Erscheinung von Corporate Identity

Gert M. Mayr-Keber



**Bildnachweis**

Abb. 1: *(10),* Abb. 4, 5, 6, 7, 8: *(13);* Abb. 10: *(13);* Abb. 15: *(21),* Abb. 16: *(30),* Abb. 26, 28: *(1);* Abb. 27: *(17);* Abb. 29, 30: *(12).* Alle hier nicht angeführten Abbildungen stammen aus dem Archiv des Autors, die Abb. 25 wurde freundlicherweise vom Atelier Prof. Karl Schwanzer, Wien, zur Verfügung gestellt.

*»Nach dem Verlust jenes ethisch-ästhetischen Ernstes, der die Avantgarde der Architekten zwischen den beiden Weltkriegen und ihre Bauten ausgezeichnet hatte, breitet sich die heutige architektonische Produktion unbegrenzt aus, erfüllt einige Funktionen, drückt aber, da es ihr an semantischen Gehalten fehlt, nichts mehr aus und entwickelt sich oder verkümmert, ohne daß die Öffentlichkeit daran den geringsten Anteil nähme. Daraus ergibt sich die Notwendigkeit, anhand einer Analyse der Bedürfnisse, Wünsche und Erwartungen der Massenkultur und der Hinweise der Semiotik, einer Disziplin, die alle Bedeutungssysteme untersucht, einen Code für die Architektur zu erarbeiten, der sie in die Lage versetzt, nicht nur Funktionen zu erfüllen, sondern auch ein Mittel der Kommunikation zu sein.«*

*Renato De Fusco, 1967 (8,8)*

Die Worte Renato De Fuscos reißen klar und deutlich eine Grundproblematik der gesamten heutigen Architektur an und weisen ebenso klar und deutlich auf die existierende Sprachlosigkeit und totale Verödung in sämtlichen Gestaltungsbereichen hin. Das Zitat De Fuscos spricht ein Kernproblem an, das auch Ausgangspunkt der folgenden Überlegungen war.

Die schwer quantifizierbare Effektivität und Wirkung im Zusammenhang mit den geschäftlichen Gebaren eines Unternehmens ist eine der Hauptursachen dafür, warum der visuellen Identität, trotz der in den meisten Fällen sehr hohen Investitionen, die gerade in diesem notwendigen nach außen und innen wirksamen Bereich getätigt werden, nach wie vor nicht die ihr zukommende Bedeutung beigemessen wird. Die doch sehr wesentliche Aufgabe, die der visuellen Erscheinung zukommt, wird auch innerhalb einer gesamtheitlichen Corporate Identity Arbeit meist mit Corporate Design oder Public Relation in einen Topf geworfen, wie ein Stiefkind behandelt.

Die *visuelle Identität* greift jedoch viel wesentlicher und gravierender in ein Unternehmen ein, ist doch die einheitliche visuelle Erscheinung von umfassenden Gebäudeformationen bis hin zur Beschriftung des Briefpapiers eine visuelle Kommunikation nach außen und innen schlechthin. Selbst die Form der verbalisierten Kommunikation unterliegt zum Teil diesem visuellen Gesamtsystem. Es wirft sich die Frage auf, ob nicht grundsätzlich die erste Kontaktnahme, die sicher nicht den Regelfall darstellt, beziehungsweise die kontinuierliche Konfrontation mit dem Unternehmen nicht ganz entscheidend geprägt ist von einem ersten oder ständigen visuellen Kontakt zu dieser.

Sympathie und Antipathie sind sehr stark mitbestimmt von der Glaubwürdigkeit und der Wirksamkeit einer Gesamterscheinung, einer Identität, die vorstellbar und erkennbar definiert sein muß; es genügt hier nicht, rein ideologisch eine theoretische Kernstruktur zu begründen. Die Ideologie, ohne die eine Identität keinesfalls entstehen kann, muß visuell lesbar werden, lesbar in direkter und klarer Sprache, einer gesamtheitlich einheitlichen visuellen Dokumentation, die ein Registrieren und Anerkennen dieser Ideologie schon von Anfang an ermöglicht.

## Die visuelle Kommunikation

Die Übersetzung einer Firmenideologie in eine visuelle Sprache ist das eigentliche Kernproblem einer visuellen Identität, womit dem Problem der visuellen Sprachübermittlung, der **visuellen Kommunikationsmöglichkeit** die größte Bedeutung im Bereich der visuellen Identität zukommt.

Wie weit kann nun ein Bild oder ein Objekt überhaupt kommunizieren? Bei Massenkommunikationsforscher Stuart Chase (8,55) tritt diese Art der Kommunikationsform nicht gesondert auf, er teilt nämlich die kommunizierenden Massenmedien in folgende drei Gruppen ein:

- Zeitungen, Bücher und Werbeveröffentlichungen
- gehörte Rede und Musik (Rundfunk, Schallplatten, Lautsprecher und Musikberieselungsanlagen in Fabriken und Büros)
- von Worten begleitete Bilder (Film, Fernsehen, Fotos, Comics etc.).

Das Bild wird hier zwar als miteinbezogener Faktor in untergeordneter und dekorierender Funktion integriert angeführt, ein gesondertes Eigenleben oder eine mögliche Eigenständigkeit wird durch diese Auflistung aber offensichtlich ausgeschlossen.

Amos Comenius*) hat in seinen Überlegungen zu einem pädagogischen Wörterbuch im Gegensatz dazu das Bild als der Schrift übergeordnet eingesetzt und versucht hier mit visuellen Mitteln das geschriebene Wort bildhaft zu dokumentieren (Abb. 1). Es gelingt ihm mit dieser Methode, Worten einer Fremdsprache einen Sinn, eine Bedeutung zu geben, die durch das Wort allein nie gegeben wäre. Ein pädagogischer Prozeß, der gerade im sprachlichen Lernbereich heute vielfach angewendet wird, in dem ja auch die Entstehung des Bilderbuches begründet liegt. Im fremden Land, der Sprache nicht mächtig, ist man ebenfalls gezwungen, einer Bild- und Zeichensprache den Vorzug zu geben, womit auch gleich auf die Internationalität einer allgemein verständlichen visuellen Kommunikation hingewiesen ist.

Es ist klar, daß die Bildsprache in bezug auf Deutlichkeit, Prägnanz und Ausformulierung nicht mit der verbalen Sprache unmittelbar verglichen werden kann, und es ist klar, daß man mit Worten direkter, rascher und unmittelbarer über Medien kommunizieren kann, dennoch ist langfristig gesehen eine dauerhafte bildliche Präsenz einer visuellen Aussage, die im öffentlichen Bereich dann zwangsläufig existiert, ein stark Einfluß nehmender Faktor.

Ausgehend von der Absicht, eine neue Unternehmensphilosophie nach außen zu tragen, ein neues Image zu publizieren, eine neue Identität einer speziellen Zielgruppe mitzuteilen und nahezubringen, ist es nicht möglich, dieses Vorhaben beispielsweise ausschließlich

---

*) Amos Comenius, tschechischer Volkserzieher, geb. 1592, Pädagoge und Priester, berühmt durch seine vielsprachige Bilderfibel »Orbis sensualium pictus«, gest. 1670.

**Abb. 1:** *Pädagogisches Wörterbuch von A. Comenius mit bildlicher Darstellung der Wortbedeutung*

mit gewissen kosmetischen Maßnahmen, wie durch Erfindung eines neuen Signets, eines Superzeichens, der Renovierung des Briefpapiers oder einer partiellen Erneuerung optischer Gegebenheiten zu erreichen. Die Durchschlagskraft einer neuen Identität in ihrer visuellen Umsetzung ist wesentlich vielschichtiger und komplexer, ist unmittelbar abhängig von einer prägnanten visuellen Sprachübermittlung der jeweiligen Unternehmensstrategie.

Gewählter Standort, Architektur, Fahrzeuge, mobile Einheiten, einfach sämtliche visuell in Erscheinung tretenden Elemente sagen etwas Bestimmtes aus, kommunizieren. Die visuelle Kommunikation, das weite Gebiet der Signal-, Zeichen- und Bildsprache, in Bereichen der Informations- und Zeichentheorien, Untersuchungen zu einer ästhetischen Wahrnehmung oder in Ausführungen zum Themenkreis der Semiotik wissenschaftlich schon ausführlich behandelt, ist aus dem Bereich der identitätsbildenden Faktoren innerhalb der Corporate Identity ein nicht mehr wegzudenkender Faktor. Die in der Public Relation schon lange angewandte Artikulation einer Sprache aus Bildern und Formen bietet viele Möglichkeiten der Selbstdarstellung eines Unternehmens und kann den unmittelbaren Wunsch nach Identität, Individualität und Diversität, das Bedürfnis, eine bestimmte Position in einer bestimmten Zeit einzunehmen, wie auch das Verlangen nach Unverwechselbarkeit, befriedigen.

## Die Semiotik als Ausgangspunkt

Zum besseren Verständnis der angesprochenen Punkte soll hier eine vereinfachte Darstellung der von Umberto Eco (5) sehr komplex dargestellten Überlegungen zu einer Semiotik der Architektur dienen.

Eco geht grundsätzlich davon aus, daß jedes Gebilde, hier im speziellen die Architektur, von verschiedenen architektonischen Codes überlagert ist. Übergeordnet teilt er diese in einen syntaktischen und einen semantischen Code auf, wobei der semantische Code für den Bereich der zeichensprachlichen Übermittlung von eigentlicher Bedeutung ist, da der syntaktische Code sich ausschließlich auf die elementaren Grundeinheiten eines architektonischen Gebildes als solche bezieht und daher eine bedeutungsgeladene Aussage nur durch ein Konglomerat eben dieser Einzelelemente entstehen kann.

Den semantischen Code gliedert Eco in einen denotierenden und einen konnotierenden auf, wobei er von der Annahme ausgeht, daß einerseits ein Gebilde seine eigentliche Funktion denotiert, andererseits jedoch durchaus auch andere Bedeutungsinhalte konnotieren kann, die eben durch eine bestimmte Form- oder Gestaltungsüberlegung verursacht, übergeordnete Interpretationsmöglichkeiten zulassen (Abb. 2).

Prinzipiell basieren selbstverständlich sämtliche dieser Überlegungen auf einer vorhandenen traditionellen Grammatik des Bauens und auf überliefertem und erlernten Wissen um gewisse Zeichen- und Symbolinhalte. Ein Grundwissen, das ja auch im Verbalsprachlichen die Grundvoraussetzung jeder Verständigungsart ist.

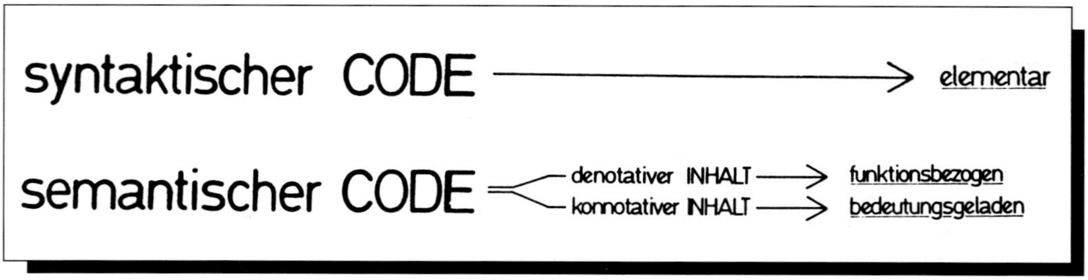


**Abb. 2:** *Schematische Übersicht der architektonischen Codes laut Eco*

Anhand einer gotischen Kathedrale (Abb. 3) als Beispiel macht Eco seine oben angeführten Überlegungen bildlich greifbar und verständlich:

- Pfeiler, Rippen und Gewölbeteile bilden als Einzelelemente gesehen einen syntaktischen Code.

Zusammengefügt ergibt die Gesamtheit dieser Elemente eine Konstruktionseinheit, die durch formale Durchbildung bedingt eine tragende Funktion denotiert, eine Funktion, die in ihrer Eindeutigkeit gerade in der Gotik bis heute noch nicht 100prozentig geklärt ist. Ob nun einzelne so wirkende Bauteile tatsächlich tragend sind, vielleicht nur während der Bauzeit als Leergerüst verwendet wurden, oder teilweise überhaupt keine tragende Funktion beinhalten, ist nicht die Kernproblematik dieser Denotation, die jedenfalls auf ein statisch tragendes Werk hinweist.

Die diesem Bauwerk unabhängig von der denotierten Funktion und Technologie innewohnenden Aussagen und Bedeutungsinhalte sind sein konnotativer Gehalt, seine Konnotation. Im gegebenen Fall gibt es beispielsweise eine romantische und protoromantische Interpretation, die in der baulichen Struktur der Gotik die Gewölbeformationen keltischer Wälder wiedererkennt und auf diese Art die barbarische und primitive Welt der Druidenreligiosität dargestellt sieht. Gotisch ist gleich Religiosität, oder der vertikale Schwung der Strukturen bedeutet den Aufstieg der Seele zu Gott.

Soweit beispielhaft einige bekannte Deutungen eines gotischen Kirchenbaus, die auf die große Zahl der tatsächlich von Historikern bereits ausführlich behandelten Interpretationsmöglichkeiten nur hinweisen.

Gerade der konnotative Bereich, wie er von Eco umrissen wird, spricht Bildern oder Objekten die Möglichkeit zu, in sie gezeichnete und hineininterpretierte Überlegungen und Aussagen zu evozieren. Die Form ist folglich nicht ausschließlich Funktionsträger, wie der Satz »form follows function« formuliert, sondern auch bildhaftes Zeichen mit Bedeutungsinhalten, die beispielsweise auch eine Identität spiegeln, ein bestimmtes Verhalten beeinflussen und auch prägen können. Ein komplexer konnotativer Gehalt ist so gesehen eine Grundvoraussetzung für eine qualitativ hochwertige Identität.

Nicht nur in der Gotik ist die Vielzahl der Interpretationsmöglichkeiten ein zu bewertender Aspekt bei der Beurteilung der architektonischen Qualität und Prägnanz; auch in verschiedenen international anerkannten Architekturbeispielen unseres Jahrhunderts ist dieser Zusammenhang nachweisbar. Charles Jencks zeigt dies beispielsweise sehr deutlich am Beispiel der Kapelle in Ronchamp von Le Corbusier, die eine Vielzahl von Assoziationen im Betrachter hervorruft, und seitens der Kritiker auch schon mit den verschiedensten Dingen verglichen wurde, indem er mit Hilfe der metaphorischen Zeichnungen von H. Schocken (Abb. 4-8) die große Anzahl von Interpretationsmöglichkeiten allein der Außenerscheinung aufzeigt. Betende Hände, Mönchskopfbedeckung, Friedenstaube, bis hin zum sich umarmenden Paar oder einer Schiffsgestalt, stellen einige der wesentlichen und möglichen Konnotationen dar*). Hinzuzufügen wäre hier außerdem noch die unmittelbare formale Verwandtschaft zum Dolmengrab, einem Steingrabtyp aus prähistorischer Zeit (Abb. 9).

---

*) Diese Interpretationsvarianten wurden in einem Seminar zur Problematik einer Semiotik in der Architektur an der Architectural Association in London von H. Schocken gezeichnet und sind dem Buch von Charles Jencks (12) entnommen.

**Abb. 3:** *Innenraum, St. Stephan, Wien*

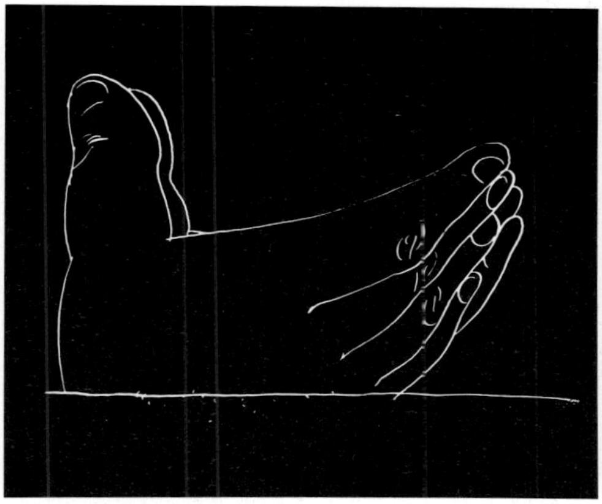

Abbildung 4

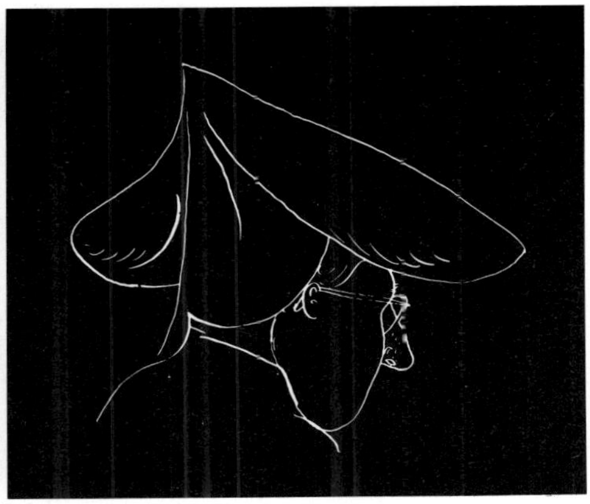

Abbildung 5

Abbildung 6

Abbildung 7

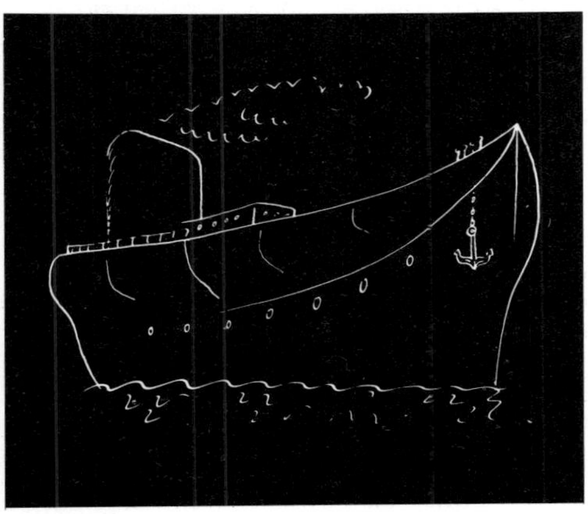

Abbildung 8

**Abb. 4 – 8:** *Metaphorische Zeichnungen zur Kapelle in Ronchamp von H. Schocken, Seminararbeit an der Architectural Association*

**Abb. 9:** *Ausschnitt einer Zeichnung von Harald Schreiber, Vergleich Ronchamp und Dolmengrab*

An Beispielen wie dem Flughafengebäude für TWA in New York von E. Saarinen oder der Oper in Sidney von J. Utzon ist die Unmittelbarkeit einer deutlichen Aussage, die auch verschiedene Deutungen zuläßt, unmittelbar abzulesen. Diese Unmittelbarkeit der Aussage ist hier für eine beispielhafte Darstellung zum leichteren Verständnis besonders wichtig, ist jedoch nicht als der wesentlichste Aspekt einer visuellen Formulierung zu verstehen. Dauerhaftigkeit und Unverwechselbarkeit, der zeichenhafte Charakter, wie auch die Einmaligkeit sind ebenso wichtige Faktoren der Umsetzung einer qualitativ hochwertigen und wirkungsvollen visuellen Erscheinung.

Die Einbeziehung der Tradition, die, allein historisch bedingt, einen sehr hohen Symbol- und Bedeutungsgehalt in ihren Motiven beinhaltet, war und ist durch Inanspruchnahme alter Form- und Stilelemente eine vielfach angewendete Möglichkeit der visuellen Artikulation, die beispielsweise gerade im Bankenwesen in den Vereinigten Staaten vielfach Anwendung gefunden hat. Qualität und Stabilität, lange Existenz und große Vertrauenswürdigkeit versucht man mit den Mitteln der »edlen Einfalt und stillen Größe der antiken Griechen«, wie J. J. Winkelmann das Kulturerbe des antiken Griechenlands mit einigen Worten umreißt, oder mit der Formensprache der mittelamerikanischen Hochkulturen zu konnotieren. Beispielhaft dazu ein Bankgebäude von L. Sullivan, die Farmers' and Merchants' Union Bank in Columbus, Wisconsin.

In anonymen Beispielen in Amerika wird diese grundsätzliche Überlegung schon bei billigen Adaptionen sehr abstrahiert und nur noch kulissenartig (Abb. 10) miteinbezogen, eine Vorgangsweise, die Robert Venturi zum Ausgangspunkt seiner Überlegungen und Theorien zum »Dekorierten Schuppen« (36) macht und in denen er die billige, funktionelle, stillose Einheit, den sogenannten »Schuppen«, mit davorsitzender charakteristischer und semiotisch aufgeladener Fassade als zentrales Thema behandelt.

Als ein spezifisches Beispiel einer visuellen Sprachübersetzung ist hier das von den Brüdern A., L. und V. Wesnin projektierte, nicht ausgeführte Redaktionsgebäude der Zeitung »Leningradskaja Prawda« aus dem Jahre 1923–1924 näher erläutert (vgl. 37. Grundsätzliche Überlegungen wurden sinngemäß daraus entnommen). Dieses aus Stahl und Glas konstruierte Gebäude ist in seiner Gesamthaltung in mehreren Schichten mit Bedeutungsinhalten zu seiner Unternehmensart beziehungsweise seiner Unternehmensphilosophie angereichert. Deutlich sichtbar wird beispielsweise das Produkt – die Zeitung – auszugsweise

**Abb. 10:** *Beispiel der kulissenartigen Anwendung traditioneller Elemente, ein Unternehmen symbolisierend*

in vergrößerter Form an der Fassade präsentiert. Für die konstruktive Halterung der großen weithin sichtbaren Firmenaufschrift hingegen wird eine Form verwendet, die an das

Herstellungswerkzeug des erzeugten Produktes, eine Walze, erinnert. Die Uhr als Symbol der Information ist übergroß am Dach installiert und bildet gemeinsam mit Wolkenprojektor, Lautsprecher und Fahne ein sprechendes Kongolomerat von Objekten, das die grundsätzliche Aussage »Informationszentrale« oder »Zeitungsgebäude« artikuliert. Mit heterogenen Einzelelementen angereichert wird dieses Gebäude zum visuellen Ereignis.

Gelöst erscheinen hier auch gewisse Detailpunkte, wie die Aufmerksamkeitsgewinnung oder die Gebäudebeschriftungsproblematik. Politisch bedingt – dieses Projekt ist eines der wichtigsten Beispiele russischer Revolutionsarchitektur – manifestiert sich hier außerdem die Thematik der »Arbeit« als Unternehmensphilosophie im Sinne des Marxismus. Dargestellt in offen gezeigten kraftübertragenden Konstruktionselementen, sichtbaren Liftführungen oder in der völligen Gebäudetransparenz, die die Beobachtung der inneren Arbeitsprozesse zuläßt, wird versucht, dieses Anliegen visuell zu übersetzen.

Selbstverständlich ist dieses expressive Werk der Brüder Wesnin nicht als typische visuelle Interpretation eines Unternehmens anzusehen, zeigt aber sehr direkt und deutlich, welche Möglichkeiten einer visuellen Interpretation angewendet werden können. Wie in der verbalen Sprache ist das Artikulieren und Formulieren gleicher Anliegen in den verschiedensten Arten möglich, kann ruhig, sachlich und zurückhaltend oder direkt und penetrant erfolgen. Wesentlichster Aspekt ist immer die interpretierte übergeordnete Bedeutung, die die Unternehmensabsicht beinhaltet und den eigentlichen Bezug zu dieser konnotiert.

Gustav Peichl zeigt beispielsweise in seinen Länderstudios (Abb. 11, 11a) für den Österreichischen Rundfunk eine räumliche Interpretation des hochtechnoiden und elitären Unternehmens ORF, dessen Grundkapital »Technik in höchster Perfektion« markant in architektonischer Transformation eingesetzt wird. Das hier angewendete Gestaltungsprinzip erzeugt einen eindeutigen formalen Code, der die gesamte Architektur beherrscht und für jeden klar erkennbar das Anliegen und die Aufgabe dieser Institution demonstriert.

Die Grundthematik des Verkaufsproduktes ist Ausgangspunkt für die variantenreiche Interpretation Hans Holleins in seinem Konzept für das Österreichische Verkehrsbüro (Abb. 12), das sich, auf metaphorischen und assoziativen Elementen basierend, die Bereicherung der Verkaufsstätten mit unternehmenstypischen und identitätsfördernden Objekten zum Ziele setzt.

Nicht direkt produktbezogen, jedoch stark prägend, setzt Palmers seinem überdimensionierten »P« eine Krone auf (Abb. 13), ein Zeichen der gekrönten Qualität oder der Vormachtstellung in der Branche. Zusätzlich unterstrichen wird diese direkte Anpreisung des eigenen Unternehmens noch durch die mit deutlichen Assoziationswerten angereicherte Farbe »Gold«, die gezielt zum Einsatz kommt. Die sehr starke farbliche Akzentuierung und Uniformierung sämtlicher Verkaufslokale, bis hin zur Angestelltenbekleidung oder der Verpackungsgestaltung, spricht Einheitlichkeit und Gleichheit in jeder Beziehung an und nutzt zugleich den penetrierenden Wiederholungseffekt des immer gleichen Motivs in sämtlichen Bereichen, ein Effekt, der zugleich die Vielzahl der Filialen und die universelle Größe des Unternehmens betont.

Dies als grundsätzliche Auflistung dreier markanter österreichischer und teilweise sicher auch allgemein bekannter Beispiele realisierter Umsetzungen verschiedener Unternehmensbilder zum besseren Verständnis der angeführten Überlegungen.

**Abb. 11:** *Gustav Peichl, Länderstudio des Österreichischen Rundfunks in Linz, Außenaufnahme*

**Abb. 11 a:** *Gustav Peichl, Länderstudio des Österreichischen Rundfunks in Linz, Innenaufnahme*

**Abb. 12:** *Hans Hollein, Österreichisches Verkehrsbüro in Wien*

**Abb. 13:** *Das Überdimensionierte »P« der Firma Palmers*

## Das Superzeichen

Waren früher die Zeichen Träger charakteristischer Merkmale, die auf die Art der gewerblichen Tätigkeit eines Betriebes (Abb. 14), dem eigentlichen Firmennamen absolut übergeordnet, hinwiesen, hat sich bedingt durch die geänderten Konkurrenzbedingungen und einer anderen Dienstleistungsstruktur als Folgeerscheinung nun genau entgegengesetzt die Suche vieler Unternehmen nach einem **Superzeichen** ergeben, nach einem Zeichen, das Image, Denkweise, Identität und Zusammenhalt, leichte Erkennbarkeit und Signifikanz als Inhalt zum Ziel hat. Eine etwas übersteigerte Wunschvorstellung für ein Emblem, das allein schon größenbedingt nur einen gewissen Grad an Informationsgehalt in seinem Bildinhalt aufweisen kann. Wenn C. G. Jung sagt (14,55), »Ein Zeichen ist immer weniger gehaltvoll als der Begriff, für den es steht, während ein Symbol mehr enthält, als man am ersten Blick erkennen kann«, weist er damit direkt auf die eingeengten Möglichkeiten eines neu entworfenen Einzelzeichens hin, wenn man davon ausgeht, daß Jung die unmittelbare Neuentwicklung beziehungsweise Neuschaffung von Symbolen für unmöglich hält.

Die Wichtigkeit eines Signets und/oder eines Schriftzuges ist unbestritten, die Bedeutung dieser beiden Elemente wird jedoch auch heute noch vielfach überschätzt.

Unabhängig von der Wichtigkeit eines *Signets* sind für dessen Qualität und Langlebigkeit der *semiotische Gehalt* und *seine Prägnanz* wesentliche Bestandteile. Das Shellemblem (Abb. 15) beispielsweise, das wie auch das BP Signet in den 50er Jahren von Raymond Loewy überarbeitet und redesigned wurde, ist nicht nur abstraktes Zeichen eines »Multis«, dessen Identität aufgrund seines Anliegens schwer kodifizierbar ist, sondern weist darüber hinaus eine Vielfalt von Bedeutungsinhalten auf, die diesem Zeichen seine Klarheit und Prägnanz verleihen.

Die Muschel, durch die leicht abstrahierte, nicht entfremdete Darstellung, naturalistisch wirksam, vermittelt durch die harte Schale Schutz und Stärke. Der unmittelbare Zusammenhang der Muschel und der Perle kann Wertassoziationen auslösen und das Gefühl von gutem Aufgehobensein und Seriosität vermitteln. Die Muschel symbolisiert als Grabbeigabe das Grab, aus dem der Mensch am Jüngsten Tag auferstehen wird und ist, vielfach dargestellt, in der bildenden Kunst, nicht zuletzt auch Mittelpunkt der berühmt gewordenen »Geburt der Venus« von Botticelli (Abb. 16). Ähnliches würde sich auch bei näherer Betrachtung des BP Signets ergeben. Die Qualifikation eines Signets ist sicher nicht ausschließlich abhängig von semiotischen Gehalten, obwohl selbst in reinen Schriftsignets meist der Versuch unternommen wird, zumindest ansatzweise einen Mehrwert an Bedeutung miteinzuarbeiten.

**Abb. 14:** *Typisches Beispiel eines Zeichens mit direkt auf die Art des Unternehmens hinweisendem Inhalt*

**Abb. 15:** *Das von Raymond Loewy später überarbeitete Shellzeichen*

**Abb. 16:** *Sandro Botticelli, »Die Geburt der Venus«*

## Zur Typologie visueller Identitäten

Die gesamtheitliche Erscheinung eines Unternehmens nach innen und außen bildet gemeinsam mit dem Signet eine Einheit, die je nach Unternehmensabsicht gleichartig oder heterogen konzipiert sein kann.

Trotz der sehr großen Verschiedenheit der einzelnen Unternehmensanliegen und deren entsprechend vielfältigen und komplexen Erscheinungsformen ist übergeordnet eine grundsätzliche Typologie der spezifischen Einsatzarten visueller Mittel abzulesen. Die Grenzen sind unscharf; entsprechend sind nicht alle möglichen Konzeptionen eindeutig erfaßbar und unmittelbar einzuordnen, können aber in den Zwischenbereichen angesiedelt werden.

- Signet und sonstiges Erscheinungsbild wirken einheitlich in Farbe und Gestaltung (Abb. 17). Dieses System einer einfachen und leicht wiedererkennbaren Bildsprache wird durch grundsätzlich gleichartige Gestaltung aller firmeneigenen Einheiten wie Produktionsstätten, Verkaufsbereiche, Produkte, Fahrzeuge, Verpackung etc. zur Anwendung gebracht und kann auch die einheitliche Kleidung, die Uniformierung aller Angestellten einbeziehen. Typische Beispiele sind das schon angeführte Palmers Filialsystem oder die weltweit vertretene Restaurantkette Mc Donald. Nicht unternehmensspezifisch, aber als weiteres Beispiel anzuführen wäre hier auch die Erscheinungsform einer Armee oder einer Fußballmannschaft.

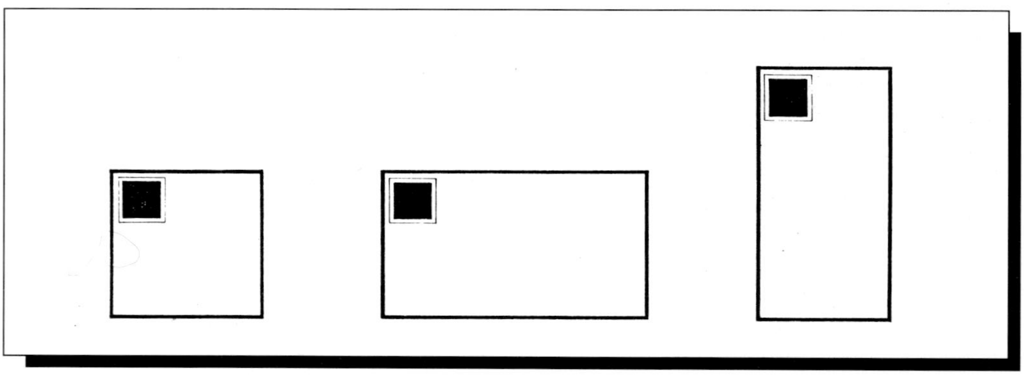

**Abb. 17:** *Bildliche Darstellung Typ 1*

Bedeutendes Zeichen mit großer Prägnanz wird als starker Erkennbarkeitsträger einer sonst unterschiedlichen Erscheinungsform übergeordnet (Abb. 18).

Hier sind die beiden wichtigsten Faktoren ein überzeugendes, prägnantes und unverwechselbares Signet sowie die hohe Qualität der jeweils verschiedenen sonstigen Erscheinungsform. Diesem Typ ist an sich die größtmögliche Anpassungsvariabilität in der Außenerscheinung zuzuschreiben, im Stadtbild von heute in vielen Fällen von großer Bedeutung, denkt man dabei nur an die zur Zeit sehr aktuelle Gesamtproblematik der Altstadterhaltung. Selbstverständlich gibt diese Variabilität auch dem Unternehmen die Möglichkeit einer vielfältigen und verschiedenartigen Unternehmenspräsentation, die auch die ständige

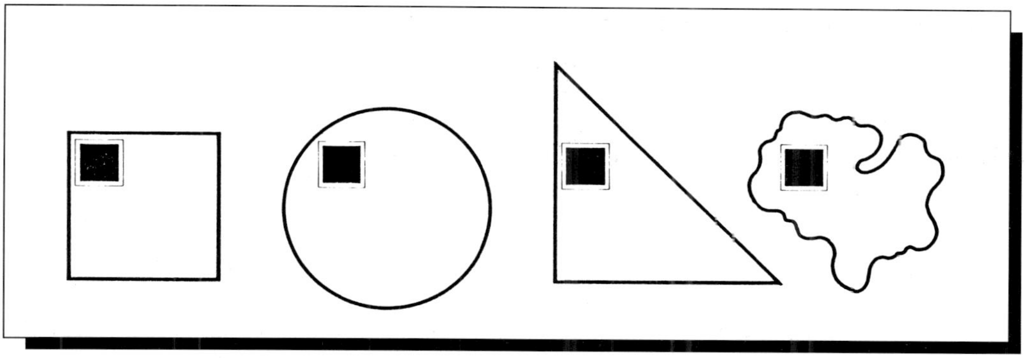

**Abb. 18:** *Bildliche Darstellung Typ 2*

Tuchfühlung mit dem Zeitgeist zuläßt. Ein Typ, der von weltweiten Großkonzernen, wie beispielsweise Siemens oder IBM, mit viel Erfolg praktiziert wird.

- Ein unveränderbares Signet wird durch weitere typische und prägnante, variable Elemente unterstützt, die als zusätzliche Identifikationszeichen visuell elementar die Signifikanz des Unternehmens verstärken und gesamtheitlich dessen Erscheinung ausmachen (Abb. 19).

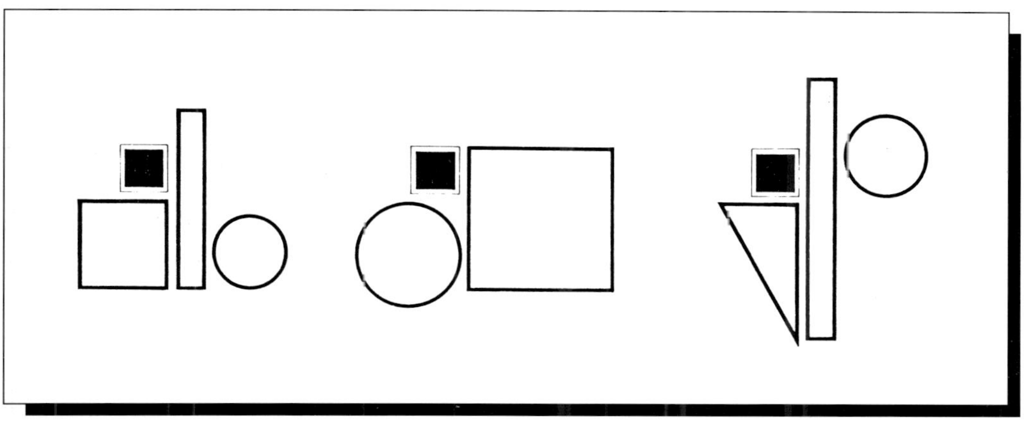

**Abb. 19:** *Bildliche Darstellung Typ 3*

In diesem polymorphen System hat das Signet keine übergeordnete Bedeutung, jedes weitere Identifikationsobjekt hat zumindest teilweise gleiches, unter Umständen auch größeres Gewicht. Das Signet ist aber als Konstante ein wesentlicher Faktor, der als einziger immer existenter und immer gleichbleibender Imageträger ein Einzelzeichen in sämtlichen Bereichen ist und der durch seine bewußte Gestaltung für den notwendigen grafischen Einsatz in Schriftverkehr, Werbung, Beschilderung etc. festbleibender Orientierungspunkt ist. Ein Vertreter dieses Typs ist das bereits angeführte Österreichische Verkehrsbüro oder als temporäre Form das Konzept Olivettis für eine Wanderausstellung in den Jahren 1969 – 1971.

## Einsatzbereiche der visuellen Mittel

Abhängig von der Größenordnung eines Unternehmens weitet sich das Gebiet der Anwendungsmöglichkeiten einer visuellen Darstellung in der Öffentlichkeit entsprechend aus oder reduziert sich auf einen beschränkt zur Verfügung stehenden möglichen Bereich. Entsprechend umfassend kann der Einsatz der visuellen Mittel erfolgen.

Grundsätzlich, um die Frage der möglichen Einsatzbereiche anzureißen, kann gesamtheitlich davon ausgegangen werden, daß ein direkter Zusammenhang zwischen der Dimension eines Objektes und der Sehdistanz besteht. Dieser Problematik überlagert ist als zusätzlicher Faktor die jeweilige Bewegungsgeschwindigkeit, die Eigendynamik des Beobachters, mit in jede Überlegung einzubeziehen.

Grob schematisiert läßt sich das Einsatzgebiet von visuellen Identitätsträgern in vier Größenordnungen einstufen, deren Abgrenzung in einigen Fällen ineinandergreifen. Zugleich sind hier auch die Einsatzgebiete verschiedener Methoden abgesteckt.

- Sehr groß: (Abb. 20) Unternehmensbezogene Gebäudeformationen wie Unternehmensanlagen, Bürohäuser etc. in bedeutender Lage und einer bestimmten Größenordnung mit Fernwirkung; überdimensionierte Werbeträger auf Gebäuden, großformatiger Werbetafeln und überdimensionierte Objekte im Straßen- und Autobahnbereich, Heißluftballons oder Flugzeugwerbebänder etc.

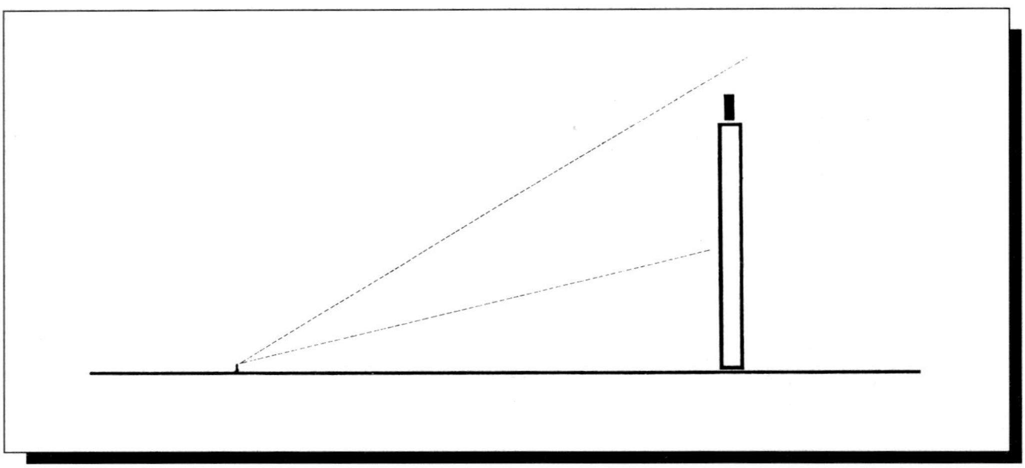

**Abb. 20:** *Einsatzbereich »Sehr groß«*

- Groß: (Abb. 21) Geschäftsportale, Leuchtreklamen in Stadtkernbereichen oder in wichtigen Geschäftsvierteln, Fahrzeugbeschriftung, Plakatwerbung, Multimediaschau etc., abhängig von seiner Größe teilweise auch das Produktdesign
- Klein: (Abb. 22) Ausstattung und Zusatzinformation im Nahbereich wie Firmenbezeichnung in Auslagen, Gestaltung des Interieurs, Produktdesign, Verpackung, Geschenke etc.

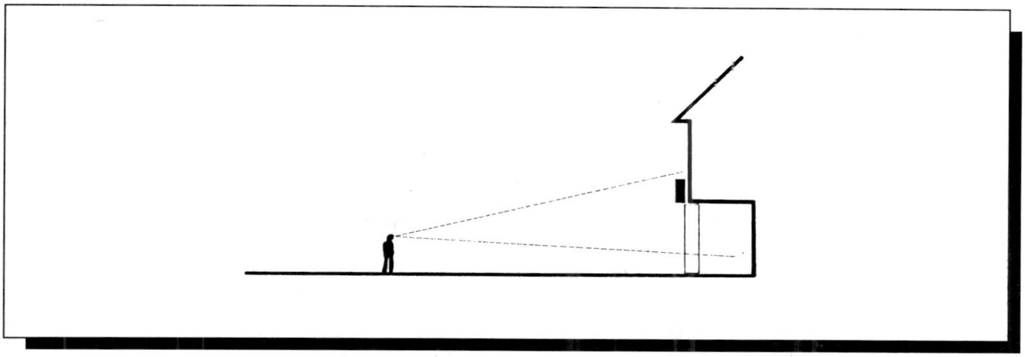

**Abb. 21:** *Einsatzbereich »Groß«*

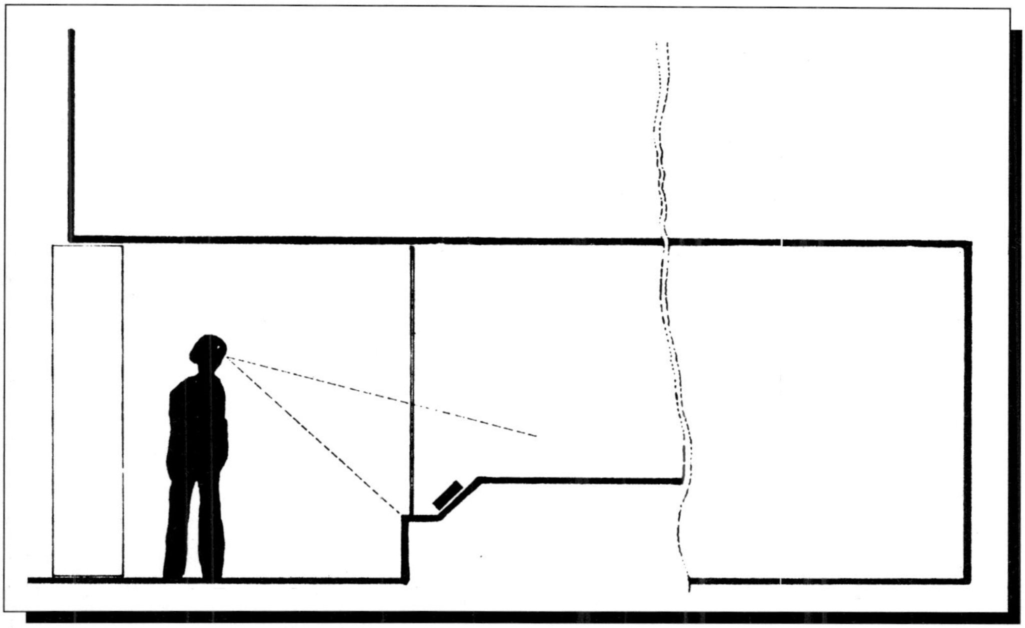

**Abb. 22:** *Einsatzbereich »Klein«*

- Sehr klein: (Abb. 23) Sämtliche Gestaltungsbereiche, zu deren Erfassen die unmittelbare Nähe des Auges die Grundvoraussetzung ist: Druckschriften, Schriftverkehr, Detailbezeichnungen, Beschriftungen, Visitenkarten etc.

Die oben angeführte Einteilung ist nicht nur eine Differenzierung der Größenordnung, sondern kann, wie schon eingangs angedeutet, zugleich auch als Einsatzbereichsabgrenzung verschiedener Unternehmenspotentiale und Unternehmensabsichten angesehen werden. Kommt dem Bereich »sehr groß« hauptsächlich die Rolle der Darstellung einer bedeutenden Größe und Überlegenheit durch die Präsentation prominenter Bauwerke und/oder eines riesigen Werbeaufwandes zu, so wird sich diese Tendenz im Bereich »groß«

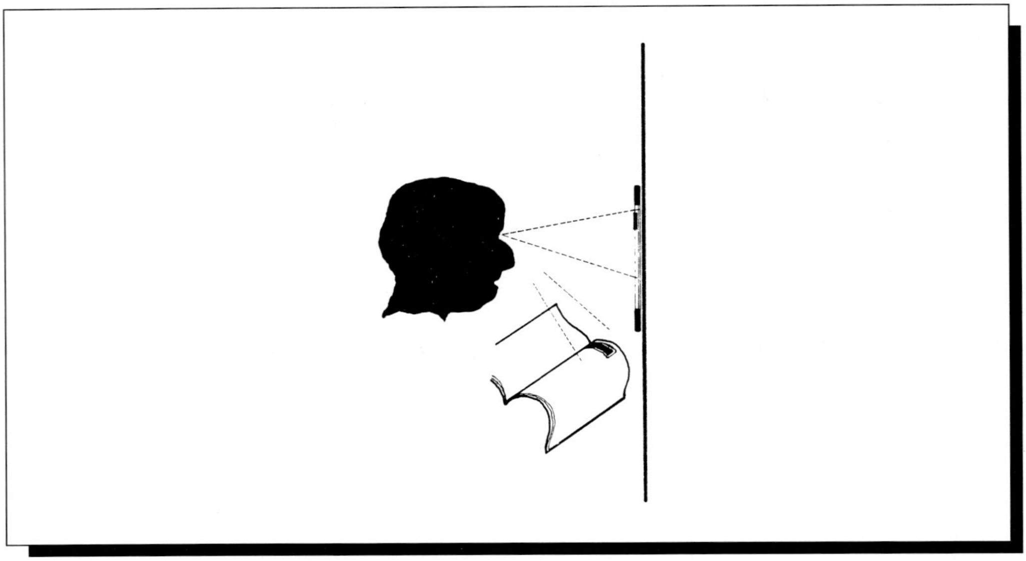

**Abb. 23:** *Einsatzbereich »Sehr klein«*

eher im Versuch einer prägnanten und häufig wiederkehrenden Erscheinungsform niederschlagen. Hier wird eher versucht, große Breite und weite Präsenz durch bewußte Penetrierung, beispielsweise im Filialenausbau, zu dokumentieren. Die Bereiche »klein« und »sehr klein« geben der Interpretation einer Individualität größeren Spielraum und stellen zugleich den eigentlichen Einsatzbereich der Klein- und Kleinstbetriebe dar.

## Das Hochhaus als Imageträger

Der Archetyp der Aufrichtung wie G. Feuerstein in seinen diesbezüglichen Ausführungen zu archetypischen Formen (6) alle künstlich geschaffenen säulen- und turmartigen Gebilde bezeichnet, und der schon seit prähistorischer Zeit in Form der damals entstandenen Menhire existiert, stellte immer schon ein mit kultischen und sexuellen Gehalten aufgeladenes Symbol dar. Als Architekturelement findet sich dieser Archetyp in allen Kulturen in Form von Säule, Obelisk, Turm oder Stele wieder und erlebt in der Zeit des Adels in Oberitalien eine Blüte in Form der Größe und Macht demonstrierenden Geschlechtertürme, die damals in immer übertriebenerer Form oft unmittelbar nebeneinander errichtet wurden. Als Einzelelement stark wirksam, ging durch die entstandene Vielzahl der zeichenhafte Demonstrationscharakter dieses Wohnturmes sehr bald verloren, ein Problem, das bei der Standortwahl mitbeachtet werden sollte.

Verschiedene Inhalte signalisierend zeichnen heutige Aufrichtungen wie Schlote, Gasometer oder Sendemaste unsere Landschaftsstruktur und geben visuelle Auskunft über ihre Bedeutung. Ausgehend von der großen Prägnanz dieser archetypischen Form haben viele Konzerne ihren Firmennamen in Wolkenkratzern oder dominierenden Hochhäusern manifestiert.

Das Chryslerbuilding von W. van Alan oder das PanAm Building von W. Gropius sowie der Pirelli Tower (Abb. 24) von G. Ponti und P. L. Nervi sind nur einige Beispiele einer gelungenen Verschmelzung eines Unternehmens mit einem weltweit bekannten und anerkannten Gebäude. Trotz dieser vorhandenen Verschmelzung ist in vielen Fällen das Unternehmen selbst nicht Benützer seiner Imageträger, sondern nutzt dieses Gebäude als Kapitalsanlage oder unter Umständen auch, durch teilweises oder gänzliches Vermieten, als Einnahmequelle.

**Abb. 24:** *Gio Ponti und Pier Luigi Nervi, Pirelli Tower, Milano*

Die Prämisse, ein markantes Gebäude an strategisch wichtiger Position zu errichten, kann durch einen weiteren wesentlichen Faktor entscheidend beeinflußt werden. Gemeint ist der strategisch richtige Zeitpunkt. Das von Karl Schwanzer konzipierte BMW-Haus in München (Abb. 25), inzwischen schon zum weltweiten Begriff geworden, mußte bedingt durch das Eröffnungsdatum der Olympischen Spiele exakt zu diesem Zeitpunkt fertiggestellt sein, um einen höchstmöglichen internationalen Bekanntheitsgrad durch diese einmalige Möglichkeit, in unmittelbarer Nachbarschaft der olympischen Hauptaktivitäten prominent und bedeutend, unübersehbar vor internationalem Publikum vertreten zu sein, zu erzielen. Bedingt durch die Notwendigkeit einer kurzen Bauzeit wurde dieses Projekt unter Anwendung einer neuartigen und ungewöhnlichen Bautechnologie realisiert. Jedes Einzelgeschoß wurde Stockwerk für Stockwerk vom Boden in seine endgültige Position hochgezogen und teilweise während der Hochziehphase innen ausgebaut. Diese sehr aufwendige, für den europäischen Raum innovative Bautechnologie, weist schon in der Bauphase auf den Innovationswillen und die Innovationsbereitschaft dieses Unternehmens hin und ist auch am fertigen Werk als solche deutlich lesbar. Durch die internationalen Medien publiziert, wurde so schon die Bauphase prägend für das Image von BMW.

Unabhängig von der Konstruktion weist die Gesamterscheinung dieses Bauwerkes nicht nur auf die Größe und Potenz dieses Unternehmens hin, sondern deutet zusätzlich in abstrahierter Form die vier Zylinder eines Motors an und interpretiert damit, wie auch mit den verwendeten karosserieartigen Fassadenelementen und der gegebenen Materialkombination, die grundsätzliche Befürwortung des technologisch innovativen Gedankens und die Bereitschaft, diesen Gedanken auch voll in seine Produkte einfließen zu lassen.

Als zusätzliche Identitätsmaximierung wurde hier zugleich mit dem Bürogebäude ein eigenes BMW-Museum errichtet, in dem Tradition und ständiges Engagement an Beispielen der Unternehmensvergangenheit präsentiert wird, ein firmenpolitischer Aspekt, der einen eigenen Bereich der Corporate Identity Arbeit anreißt: das kulturelle Engagement eines Unternehmens als Teil seiner Identität. Ein Bereich der täglich an Bedeutung gewinnt, denkt man nur an die ständig steigenden Besucherzahlen in den Museen der Vereinigten Staaten oder in den letzten Jahren auch in Europa.

Abschließend zu BMW München sei noch hinzugefügt, daß zielgerichtet auf den neu erbauten Olympiaturm die gesamte Dachfläche des Museums als Firmensignet ausgebildet wurde und unübersehbar für den Olympiaturmbesucher in Erscheinung tritt, womit auch wiederum die Wichtigkeit der richtigen Einschätzung eines Blickpunktes deutlich gemacht wird.

## Die Aufmerksamkeitsgewinnung

Ist bei oben angeführten Objekten allein durch die elitäre Größe und Monumentalität bedingt das Problem der Aufmerksamkeitsgewinnung nicht oder fast nicht existent, wird dieses Problem in Bereichen zunehmender Informationsdichte, vor allem im städtischen Bereich, an Bedeutung zunehmen. Will man hier signifikant in Erscheinung treten, ist die visuelle *Prägnanz* und *Charakteristik* eine der wesentlichen Grundvoraussetzungen. In den

**Abb. 25:** *Karl Schwanzer, BMW-Bürogebäude mit davor situiertem Museum, München*

Problemkreis der Aufmerksamkeitsgewinnung ist speziell die *Wahrnehmungspsychologie* und gewisse Bereiche der *Verhaltensforschung* miteinzubeziehen. Beispielsweise sind Mittel der optischen Verfälschung, die strategisch richtige Auswahl von Blickpunkten oder das Wissen um das natürliche Neugierverhalten des Menschen wesentliche Teilaspekte für einen gezielten Einsatz aufmerksamkeitserregender Mittel.

Der Mensch sieht immer nur das, was er sehen will oder was er zu sehen gewohnt ist, es sei denn, man weist ihn speziell auf gewisse Dinge hin. Drei Bildbeispiele machen diese Überlegungen deutlich. Zeigt Abbildung 26 eine junge Frau mit abgewendetem Profil und Halsband beziehungsweise eine alte Frau mit zahnlosem Mund, je nachdem wie das Bild betrachtet wird, hat die Gruppierung der weißen Flecken auf Abbildung 27 vorerst keinerlei Bedeutung, bis man ganz deutlich einen sitzenden Hund erkennt. Einmal erkannt bleibt

**Abb. 26:** *Wegblickende junge Frau oder zahnlose Hexe?*

**Abb. 27:** *Was ist das?*

dieses Bild unauslöschlich ein zusammenhängendes Ganzes, und die scheinbare Unsinnigkeit der Fleckenanordnung, die ursprünglich empfunden wurde, ist als solche nicht wiedererkennbar. Abbildung 28 macht die Thematik der perspektivischen Verzerrung und der damit verbundenen verfälschten Größen- und Abstandsverhältnisse deutlich, ein Thema, das Bramante im Sakralbau und später Borromini, beispielsweise im Palazzo Spada in Rom, ganz bewußt räumlich eingesetzt und interpretiert hat.

Hier wird das gesamtheitliche Gebiet der Wahrnehmungstäuschung, der Illusion angesprochen, ein in allen Kulturen in verschiedenster Form behandelter und interpretierter Themenkreis, der auch heute noch in vielen Bereichen gezielt eingesetzt wird.

**Abb. 28:** *Beispiel einer Verfälschung der Größenverhältnisse durch die perspektivische Verzerrung*

Primär wahrnehmungspsychologische Aspekte waren Ausgangspunkt der Entwurfskonzeptionen für Best & Co., einer Geschäftskette in den Vereinigten Staaten, die J. Wines und S.I.T.E. entwickelte. Mit überraschenden Envirements werden hier die Fassaden und in einigen Fällen auch die umliegenden Bereiche der Parkplätze mit ungewöhnlichen Mitteln stark akzentuiert (Abb. 29, 30). Mit provozierenden Mitteln Wahrnehmungsneugier weckend stellt diese Art der Geschäftsstellenpräsentation allein durch seine äußere Gestaltung eine Zielpunktsattraktion dar. Unerwartet und konflikthaltig, reich an visuellen Erlebniswerten und Widersprüchlichkeiten, teilen die Best & Co.-Häuser mit, daß auch ein Geschäftsträger seiner Art mehr sein kann, als nur funktionelle Hülle seiner Inhalte. Die evozierte Diversität und Individualität lockt nicht nur Kunden an, sondern läßt auch auf Unternehmensindividualität Rückschlüsse zu. Auf diese Art zum »Point of Sale« gebracht wird dem Unternehmen die Chance geboten, einer hohen Zahl von Newcomern ihre Fähigkeiten und Möglichkeiten in der Folge nahezubringen und ihren visuell geltend gemachten Individualitätsanspruch dem Kunden gegenüber zu bestätigen.

Ein nicht realisiertes Projekt von Emilio Ambasz (4), ein Center for Applied Computer Research für IBM in der Nähe von Mexiko City, ist in diesem Zusammenhang ebenfalls erwähnenswert. Im freien Gelände situiert wird hier eine auf Fernwirkung konzipierte Großform vorgeschlagen, die in ihrer gesamtheitlichen Erscheinung eine Übersetzung des Unternehmensproduktes, der Computertechnologie, darstellt. Die innovative Prägnanz wird erzielt durch das charakteristische Hervorheben einer riesigen computergesteuerten Bildtafel, die jede Art der Motivbildung ermöglicht und auch die Präsentation von beweglichen Bildern zuläßt, eine Werbeträgerinstallation, die im innerstädtischen Raum, wie beispielsweise am Broadway in New York, in kleinerer Form häufig Anwendung findet.

Ein zweites, ebenfalls 150 x 28 Meter großes Flächenelement lehnt an dieser riesigen Bildinformationswand und bildet die Hauptenergiestation des gesamten Gebäudekomple-

**Abb. 29 u. 30:** *Beispiele zweier Konzeptionen für die Geschäftskette Best & Co. von James Wines und S.I.T.E.*

xes, einen großflächigen Sonnenkollektor, dem hier zugleich eine bedeutende visuelle Rolle zukommt. Unterstützt wird diese Energiequelle noch durch die ebenfalls ganz bewußt als visuelle Elemente eingesetzten Windmühlen. So konzipiert wird zusätzlich zum innovativen Gedanken die verantwortungsbewußte Energiepolitik verdeutlicht.

Das große Wasserbecken, scheinbar als architektonisches Grundmotiv eingesetzt, ist in Wirklichkeit ein funktionell fundiertes Gewässer, durch welches die notwendige Flexibilität der hochtechnoiden Einheiten erst möglich gemacht wird. Durch die Verschiedenartigkeit der zu bearbeitenden Forschungsaufgaben bedingt, müssen diese Einheiten häufig anders miteinander kombiniert werden. Durch Füllen und Entleeren von eingebauten Tanks im Sockelbereich dieser Einheiten werden diese zu schwimmenden, beziehungsweise wieder zu statischen Objekten, eine simple Zustandsveränderung, die eine Lageveränderung ohne großen Energieaufwand und relativ unkompliziert zuläßt. Zugleich wird das vorhandene Wasserreservoir zur Kühlung des Haupttraktes ausgenützt, indem durch Düsen zerstäubt die Gebäudeaußenhaut befeuchtet wird. Zugleich als architektonisches Element eingesetzt wird die hier entstehende Wasserwolke, zusätzliches Zeichen eines Projektes, das mit den unterschiedlichsten Mitteln ein bestimmtes Firmenanliegen ausstrahlt und in überzeugender Weise interpretiert.

Mit einigen bewußt eingesetzten stark in Erscheinung tretenden Elementen wird hier versucht, Firmenpotential, unternehmensinnovatives Verhalten oder Energiebewußtsein zu konnotieren. Deutlich in einen architektonischen Code übersetzt, wird dieses Anliegen allgemein verständlich visuell evoziert.

Eine beispielhafte Erläuterung des wahrnehmungspsychologischen Einsatzes visueller Mittel ist ohne Anführung des Phänomens Coca-Cola unvollständig. Mit sämtlichen Mitteln der Aufmerksamkeitsgewinnung wurde hier ein einziges Produkt weltweit bekanntgemacht und ist heute wohl die Marke mit dem höchsten Bekanntheitsgrad.

Reizintensität, hohe Prägnanz, gigantische Repetitionsmaßnahmen, perfekte Kommunikationsarbeit und auch hervorragendes Produktdesign – die Coca-Cola-Flasche ist der natürlichen Handform entsprechend »handfreundlich« konzipiert und ist durch seine außergewöhnliche Form auch im Dunkel als Coca-Cola-Flasche erfühlbar – haben Coca-Cola zu seinem heutigen Image und Bekanntheitsgrad verholfen.

Die dichte Präsenz in allen Lebensbereichen, auf Steckschildern, Plakaten, Kneipen, Schirmen, Posters, Kinderspielzeug, Fahrzeugen etc., die ein Übersehen nicht mehr möglich machen, ist einer der Hauptgründe der Aufnahme dieses Produktes in die visuelle Sprache der bildenden Kunst. Fast jeder prominente Künstler der letzten 20 Jahre hat mindestens in einem seiner Werke Coca-Cola in irgendeiner Art und Weise manifestiert, ob als Dekor oder prominenten Ausgangspunkt einer behandelten Thematik. Rauschenberg, Warhol, Wesselmann, Seagel, Vostell (Abb. 31) oder Beuys, um nur einige zu nennen, sind Autoren solcher Bilder. So hypertrophiert Coca-Cola auch in der Kunst ist und damit sicher eines der wenigen Produkte, dem es gelungen ist, in so bedeutendem Ausmaß seine Werbung – noch dazu kostenlos – bis in die wichtigsten Museen der ganzen Welt auszudehnen und über Kataloge und Kunstbücher auch im kulturellen Bereich umfassend präsent zu sein.

Das dominierende Rot, die Farbe der Revolution, trägt bei Coca-Cola zweifelsohne durch seinen hohen Grad der Reizintensität wesentlich zum enormen Wirkungsgrad im visuellen Bereich bei und wird speziell im Fuhrpark und im Verpackungswesen, immer in Kombination mit dem Logo, eingesetzt.

**Abb. 31:** *Wolf Vostell, Coca-Cola*

## Farbe und Licht

Die Farbe ist wichtiger und bedeutender Bestandteil jeder visuellen Identität. Farbwissenschaftliche Untersuchungen haben speziell im farbpsychologischen Bereich nachgewiesen, daß zwischen der Farbe und ihrer physiologischen und psychologischen Wirkung eine gesetzmäßige Beziehung besteht, die aufgrund unzähliger Kontrolltests von verschiedenen Farbexperten an verschiedenen Menschengruppen klar definiert werden kann.

Die Farbe ist Erlebnisverursacher und beeinflußt sehr stark die Charaktereigenschaften eines Bereiches. Die vielen Bedeutungsinhalte der Farbe und deren Interpretation haben große Literaten ein Leben lang beschäftigt und waren auch immer wiederkehrender Bestandteil verbaler Beschreibungen verschiedener Stimmungssituationen. Nicht zuletzt hat sich Goethe mit der Problematik der Farbe sehr ausgiebig beschäftigt und seine Überlegungen in seinem Elaborat »Zur Farbenlehre« dargelegt.

Wie schon oben angeführt können gewisse Farben als reizintensiver Faktor in der Imagestrategie eine Rolle spielen, können aber auch genau umgekehrte Anliegen verdeutlichend psychologisch eingesetzt werden. Es würde zu weit führen, hier eine detaillierte Einführung in das weite Gebiet der Farbwissenschaften zu beginnen, im Zusammenhang damit ist hier auf die Vielzahl der existierenden Fachliteratur zu diesem Thema verwiesen, die ja über sämtliche farbwissenschaftliche Bereiche ausführlich Auskunft gibt.

Angesprochen werden dennoch in einigen Sätzen die beiden von ihrer Reizintensität in Kombinationen sicher bedeutensten Farben Rot und Blau. Diese hervorstechende Eigenschaft ist der Hauptgrund der dominierenden Anwendung dieser beiden Farben im Beschilderungswald des Straßenverkehrs, wo oberstes Prinzip die Unübersehbarkeit, Deutlichkeit und Prägnanz ist. Vielleicht nur zufällig beinhalten die Fahnen der Vereinigten Staaten, Frankreichs oder Großbritanniens eben diese Farbkombinationen und werden dadurch in ihrer Prägnanz verstärkt, am intensivsten spürbar in den »Stars and Stripes« der amerikanischen Fahne.

Kein Zufall ist sicher das in letzter Zeit immer häufigere Auftreten dieser Farbkombination in neuen visuellen Erscheinungsbildern der unterschiedlichsten Unternehmen. Rot/blau ist, wie die Kombination blau/weiß, grundsätzlich gut geeignet zum spezifischen Einsatz für diverse Kettenläden, da beide Farbzusammenstellungen gute Prägnanz und Aufmerksamkeitswerte aufweisen. Unternehmensspezifisch sollte jedoch deren Einsatz gut überlegt werden und nicht aus dem vordergründigen Bedürfnis nach Auffälligkeit, einem oft sehr bedeutenden Faktor, beurteilt werden und allein auf dieser Prämisse aufbauend zum Einsatz kommen. In bestimmten Fällen können diese Farben absolut gegen eine vom Unternehmen angestrebte Identität sprechen.

Teilweise in sehr engem Zusammenhang mit der gesamten Farbproblematik ist die Lichttechnik zu sehen. Geht man hier von der Technologie der Lichtreklame und Steckschilder aus, ist das eine vom anderen nicht zu trennen. Die Verschiedenheit der Tag- und Nachtwirkung einer Leuchtreklame oder deren konstruktive Ausbildung beeinflussen sehr oft gezwungenermaßen gegenseitig verschiedene Entscheidungsprozesse. Nicht jede Farbe, ebensowenig wie jede Form, ist gleich gut geeignet, technisch gut umgesetzt zu werden. Ausgehend von der grundsätzlichen Wichtigkeit und Notwendigkeit der Lichtwerbung für ein visuelles Unternehmensbild wird hier jedenfalls eine gegenseitige Abstimmung notwendig sein.

Wie groß das Spektrum und der Variantenreichtum der Leuchtreklame ist, wird jedem Besucher eines innerstädtischen Raumes sofort klar und wird an Örtlichkeiten wie dem Piccadilly Circus oder dem Broadway in ausgeprägtester Form deutlich. Teilweise ist in dem schon vorhandenen Überangebot an Information und Reizbildern der Wirkungsgrad der Einzelwerbung überhaupt nicht mehr gegeben. Möglicherweise ist der alleinige Grund einer Werbeträgerinstallation an prominenter Position innerhalb eines unüberschaubaren Lichtspektakels die Wichtigkeit der Präsenz an einem allgemein bekannten und bedeutenden Platz.

Die künstliche Beleuchtung ist, wie die Farbe, ein Faktor, der eine Grundstimmung stark beeinflußt. Abhängig von Lichtquelle, Lichttemperatur und Anwendungsart bietet die künstliche Beleuchtung beispielsweise angefangen von einer gewünschten Tageslichtsimulation bis hin zur Kerzenlichtstimmung eine große Palette von Möglichkeiten, einen

Raum eine spezielle lichttechnische Akzentuierung zu geben. Die unmittelbare Atmosphäre eines Raumes ist wesentlich mitbestimmt von der gewählten Beleuchtungsart, die, richtig eingesetzt, entscheidend den visuellen Eindruck beeinflußt.

In vielen Fällen zwar nur als funktionelle, lichttechnisch optimale Ausleuchtung von verschiedenen Arbeitsbereichen angewendet, ist der strategisch richtige Einsatz des Lichts in bestimmten Bereichen unbedingt ein die visuelle Identität stark mitbestimmender Faktor. Wie weit man imstande ist, mit Licht zu artikulieren oder verschiedenste Effekte zu erzielen, wird uns täglich in den Schauspielhäusern vorgeführt. Auch hier ist das angesprochene Thema zu weitläufig, um sich in kurzer Form eingehend damit auseinanderzusetzen und ebenso wie bei der Gesamtproblematik der Farbe ist auch hier auf die entsprechende Fachliteratur hingewiesen. Grundsätzlich empfiehlt sich jedenfalls bei der Bearbeitung komplexerer lichttechnischer Überlegungen die Hinzuziehung eines Lichttechnikers.

## Das Beispiel Olivetti

Olivetti hat, stark beeinflußt durch die Industrialisierung in Amerika, schon zu Beginn des Jahrhunderts mit der konsequenten Verfolgung einer Corporate Identity Tätigkeit in allen Unternehmensbereichen begonnen. Mit ähnlichen Überlegungen wie AEG, die in den Jahren 1907–1914 mit P. Behrens sehr erfolgreich ein komplettes CI-Programm erarbeitete, versuchte damals Camillo Olivetti seinem Unternehmen, das er 1908 gegründet hatte, ein klares und eindeutiges Bild zu geben. Im visuellen Bereich kamen diese ersten Bemühungen vorerst im hochwertigen Produktdesign und bester Public Relations-Arbeit zum Ausdruck. Hat man die Sätze »Häßlichkeit verkauft sich schlecht« von R. Loewy oder »Ein Motor muß aussehen wie ein Geburtstagsgeschenk« als Motto von AEG (25) vor Augen, wird klar, daß dieses Prinzip auch Grundvorstellung der Produktdesignpolitik von Olivetti war.

Unternehmensintern zeichneten sich die Identitätsbemühungen in der Entwicklung und Erarbeitung eines eigenen Sozialprogrammes für die Mitarbeiter des Betriebes ab. Eigene Klinik, eigener Arzt, Kindergärten oder verschiedene Freizeitaktivitäten für die Firmenangehörigen erhöhten das Betriebszugehörigkeitsgefühl und verstärkten das Identitätsbewußtsein nach innen.

Das Image von Olivetti wurde als Wunschbild verbal formuliert. »Modern«, »Funktional«, »Imaginär«, drei Begriffe, die als Unternehmenswunschvorstellung die Identität bis heute noch prägen, da nicht nur die einheitliche Designpolitik von Olivetti bis heute beibehalten wurde, sondern das Unternehmen Olivetti sich auch in allen anderen Bereichen seiner Aktivitäten diese Begriffsformulierung unter Einbeziehung der Prämisse einer überdurchschnittlichen Qualität zum obersten Prinzip gemacht hat.

Wurden für die Produktgestaltung nur hervorragende Designer, wie beispielsweise E. Sottsass oder M. Bellini engagiert, so wurden für große Bauaufgaben des Unternehmens in der ganzen Welt ebenfalls nur hochqualifizierte Architekten beauftragt, unter anderen L. Kahn, Kenzo Tange, J. Stirling oder R. Meyer.

Das übergeordnete Qualitäts- und Imageprinzip ist aber auch lesbar in den Produktausstellungen, Werbegeschenken, im Verpackungsdesign oder im drucktechnischen Bereich.

Olivetti ist ein Unternehmen, das sehr engagiert in den Kulturbetrieb eingreift und bisher schon viele Gelegenheiten genutzt hat, auch entsprechend in Erscheinung zu treten. Durch die konsequente Verfolgung angestrebter und übergeordneter Zielvorstellungen in bezug auf seine Identität ist Olivetti heute zu einem Vorbild für eine gut aufgebaute, bis in alle Bereiche dringende und bis heute konsequent weiterverfolgte Corporate Identity-Arbeit geworden. In folgendem Satz von Paulo Rogers, einem der Direktoren bei Olivetti, ist das Identitätsbewußtsein und das erreichte Identitätsniveau innerhalb dieses Betriebes wohl am besten formuliert: „Man hat das Gefühl, die dort arbeitenden Menschen gehören nicht zu einer Organisation, sondern eher zu einem Envirement oder einem Ambiente, dessen wichtigster Faktor der Mensch ist" (12).

## Zusammenfassung

Die vorherstehenden Ausführungen versuchen, einen gesamtheitlichen Zusammenhang der weitverzweigten und teilweise sehr komplizierten und komplexen Einflußfaktoren, die eine visuelle Identität präzisieren, in kompakter Form zu erfassen, und anhand von Fallbeispielen bildlich übersetzt allgemein verständlich zu machen. Bewußt wurde auf eine detaillierte Typologie oder eine Auflistung diverser Problemkreise in methodischer Form verzichtet, um nicht verschiedene objektivierbare Bereiche auf diese Art anderen ebenso wichtigen überzuordnen. Nicht als Rezeptur, sondern als globale Beleuchtung der angeführten Problemkreise ist diese Ausarbeitung zu verstehen. Viel zu unternehmensspezifisch ist die tatsächliche Erarbeitung einer Corporate Identity und des entsprechenden visuellen Erscheinungsbildes, um eine konkrete und eindeutige Anweisungsstrategie in kurzer Form zu entwickeln. Grundsätzlich soll hier durch das Erfassen der Gesamtproblematik das Erkennen der Bedeutung und Notwendigkeit einer visuellen Identität aufgezeigt werden, und darüber hinaus auf die wesentlichsten Probleme und Teilaspekte hingewiesen werden.

Unabhängig von einer ausgezeichnet formulierten visuellen Identität ist eine gute gesamtheitliche Corporate Identity-Arbeit innerhalb des Unternehmens prinzipielle Grundvoraussetzung für eine erfolgreiche Übersetzung. Allen übergeordnet sind zwei grundlegende Prinzipien für ein Unternehmen von ausschlaggebender Bedeutung, die Wahrheitstreue und Glaubwürdigkeit. Nur ein konsequentes Verfolgen einer bestimmten Unternehmensstrategie in allen Bereichen ermöglicht die Erreichung des gewünschten Meinungsbildes in der Öffentlichkeit. Warum ist bis heute Paris das Zentrum des Vergnügens und die Wall Street eine der wichtigsten Straßen der Welt? Die Wichtigkeit eines bestimmten hier traditionell bedingten Bedeutungsgehaltes wurde in beiden Fällen erkannt und bis heute weitergepflegt.

Die visuelle Identität ist in jedem Fall ein auf spezifischen, vorgegebenen Prämissen basierendes unternehmensprägendes bildhaftes Ausdrücken einer Gesamthaltung, die mit verschiedensten Mitteln eine Idee, eine Absicht, eine Einstellung, eine ganz bestimmte Philosophie ausstrahlt, die Einheit und den inneren Zusammenhalt, die Vertrauenswürdigkeit eines Unternehmens visuell ausformuliert und unterstreicht, eine Identität bildet.

Ständig in der Öffentlichkeit präsent repräsentiert die visuelle Identität nicht nur das Unternehmen als solches, sondern trägt auch einen Teil der Verantwortung des gesamtkulturellen Bildes einer Gesellschaft, die letztendlich auch der eigentliche Reflektor jeder unternehmensspezifischen Identitätsbemühung ist.

## LITERATUR


(1) *Antonoff, R.*, Methoden der Image-Gestaltung für Unternehmen und Organisationen, Essen 1975

(2) *Buddensieg, T., Rogge, H.*, Industriekultur, Peter Behrens und die AEG, Berlin 1979

(3) *Capitman, B. B.*, American Trademark Designs, New York, 1976

(4) *Domus*, (Zeitschrift), Heft Nr. 546, Mai 1975, Mailand

(5) *Eco, U.*, Einführung in die Semiotik, München 1972

(6) *Feuerstein, G.*, Architektur und Archetypus, Dissertation, veröffentlicht in Transparent Nr. 11 u. 12/1974, Nr. 6 u. 7/1975, Nr. 11 u. 12/1976, Wien

(7) *Fischer, F.*, Der animale Weg, Zürich und München 1972

(8) *Fusco, R. De,* Architektur als Massenmedium, Anmerkungen zu einer Semiotik der gebauten Formen, Gütersloh 1972

(9) *Goethe, J. W. von,* Zur Farbenlehre, Thübingen 1810

(10) *Hartwig, H.*, Sehen lernen, Kritik und Weiterarbeit am Konzept Visuelle Kommunikation, Köln 1976

(11) *Herder Lexikon,* Symbole, Freiburg im Breisgau 1978

(12) *Jencks, C.*, Bizarre Architecture, New York 1979

(13) *Jencks, C.*, The Language of Post-Modern Architecture, London 1977

(14) *Jung, C. G.*, Der Mensch und seine Symbole, Olten 1968

(15) *Köpf, H.*, Bilderwörterbuch der Architektur, Stuttgart 1974

(16) *Kücker, W.*, Architektur zwischen Kunst und Konsum, Frankfurt am Main 1976

(17) *Lanners, E.*, Illusionen, Luzern und Frankfurt am Main 1973

(18) *Leeman, F., Elffers, J., Schuyt M.*, Anamorphosen, Köln 1975

(19) *Lehner, E.*, Symbols, Signs & Signets, Toronto 1950

(20) *Lloyd, S.*, Baukunst, Gütersloh 1975

(21) *Loewy, R.*, Industrial Design, London 1979

(22) *Maná, J.*, Design, Formgebung industrieller Produkte, Hamburg 1978

(23) *Moles, A. A.*, Informationstheorie und ästhetische Wahrnehmung, Köln 1971

(24) *Moliné, M.*, Werbung, Motive, Märkte, Medien, Hamburg 1978.

(25) *Olivetti,* Design Process 1908–1978, Olivetti 1979

(26) *Pevsner, N.*, A History of Building Types, Washington 1976

(27) *Pentagram,* Living by Design, London 1978

(28) *Peichl, G.*, Architektur & Technik, Die Bauten des österreichischen Rundfunks 1970–1980, Wien 1979

(29) *Reinle, A.*, Zeichensprache der Architektur, Zürich 1976

(30) *Santi, B.*, Botticelli, Florenz 1976

(31) *Schmidt-Brümmer, H., Schulz, A.*, Stadt & Zeichen, Lesearten der täglichen Umwelt, Köln 1976

(32) *Schwanzer, K.*, Architektur aus Leidenschaft, Wien–München 1974

(33) *Smith, W.*, Die Zeichen der Menschen und Völker unserer Welt in Fahnen und Flaggen, Luzern 1975

(34) *Thomas, K.*, Bis Heute: Stilgeschichte der bildenden Kunst im 20. Jahrhundert, Köln 1971

(35) *Venturi, R.*, Complexity and Contradiction in Architecture, New York 1966
(36) *Venturi, R., Brown, D. S., Izenour, St.*, Lernen von Las Vegas, Zur Ikonographie und Architektursymbolik der Geschäftsstadt, Braunschweig 1979
(37) *Vogt, A. M.*, Russische und französische Revolutionsarchitektur, Köln 1974

# Identitätskrisen
# Zur Pathologie des Gesichtsverlusts

Jürgen Köster

Sein Gesicht kann man wahren, man kann es auch verlieren. Die vorliegende Schrift widmet sich dem ersteren; es scheint interessant, auch dem letzteren nachzugehen, sei es auch nur skizzenhaft.

Zur Einstimmung einige Beispiele im Telegrammstil:

- Ein Hersteller leichter Sommerschuhe für Damen erweitert sein Sortiment um feste Winterschuhe für Damen und um eine Auswahl solider Herrenschuhe – und gerät an den Rand des Ruins.
- Ein Haarkosmetikhersteller wagt sich in das Gebiet der Hautkosmetik vor, zugleich bietet ein Hautkosmetikhersteller erstmals Haarkosmetik an – beide ziehen sich nach Jahren des Kampfes auf ihr Stammgebiet zurück.
- Ein in Deutschland erfolgreicher Fabrikant eröffnet mit viel Pomp eine Niederlassung in Frankreich – und kommt nie aus den roten Zahlen.
- Ein Zigarettenhersteller kauft sich in Brauereien ein – und bekommt das Biergeschäft nicht in den Griff; ähnlich der Pkw-Hersteller mit seiner Lkw-Sparte.
- Ein Rohstoffkonzern erwirbt eine Markenartikelfirma; deren Geschäftsführer wechselt in regelmäßigem Turnus, dennoch gehen Marktanteile verloren.
- Eine Fachhandelskette erwirbt einen Versandhandel – und stößt diese Tochter nach Jahren des Frusts wieder ab.
- Eine andere Fachhandelskette erwirbt einen Hersteller – und geht daran zugrunde.
- Ein Stahlfederfabrikant will beim Pkw-Hersteller mit einer Kunststoffeder ins Geschäft kommen – den Zuschlag erhält der bisherige Kunststoffhersteller. Der Stahlfederfabrikant schreibt seine Entwicklung ab.

Im Marketingjargon ist allen Beispielen dies gemeinsam: *der Flop*. Bisher in ihrem Metier erfolgreiche Unternehmer wagen sich in Neuland vor und scheitern dort. Dabei hat es in keinem dieser Fälle an Intelligenz, gutem Willen oder auch Geld gefehlt. Warum dennoch ein Flop? Nicht alles, was Geld bringt, ist gut. Häufig gehen bislang profitable Unternehmen zugrunde, wenn sie unter gemeinsame Leitung geraten. Gesichtsverlust als Anfang vom Ende?

## Oddlomerates

Wer die jährliche Liste der gewinnträchtigsten Unternehmen analysiert, stellt fest: Die Liste wird traditionell angeführt von IBM, ESSO, SHELL, GENERAL MOTORS u.ä. in wechselnder Reihenfolge. Alles »Mono-Product-Companies«; deren Gewinn entspringt einem Produkttyp, der sie groß gemacht hat und mit dem man sie identifiziert: Computer, Tankstellen, Autos. Dabei liegen offenbar schon Welten zwischen Occidental Petroleum und z.B. Exxon: Erstere ist bekanntlich bei dem Versuch gescheitert, ein eigenes Tankstellennetz in Europa zu organisieren. Oxy ist bis dato nicht über seine Raffinerien hinausgekommen.

Gemischtwarenkonzerne rangieren in der genannten Liste ebenso traditionell weit abgeschlagen; kein »Conglomerate« gilt bei Börsianern als Blue-Chip. Sowenig im übrigen, daß solche Konzerne inzwischen als »Odd-Lomerates« in die Börsensprache eingingen.

Einer der renommiertesten unter ihnen, ITT, hat sich inzwischen des Besseren besonnen. Der Elektrokonzern trennt sich von seinen Konserveninteressen; der Automobilkonzern VW im übrigen von seiner Computertochter. Der Erwerber heißt Olivetti ...

Die schlechtesten Namen sind es nicht, von denen es heute und post mortem heißt, sie hätten sich verzettelt oder übernommen. Borgward, Schlicker, AEG, Dior, Herstatt u.v.a.m. Wobei hinzukommen alle die, welche dem Tod nur knapp entkamen. »Zu geringes Eigenkapital«, »Personalkostensteigerung«, »Mängel im Management«, »rückläufige Nachfrage im Inland und Ausland« rangieren auf den Plätzen 1-4 der Todesursachen in jeder Insolvenzstatistik beziehungsweise kurz: zuwenig Gewinn in den letzten Jahren. Bei steigenden Kosten ist das Sortiment verkommen, gealtert oder verwildert.

## Der Spezialist ist König

Der Kunde ist König. Sein Kaufentschluß ist die Basis jeden Geschäfts. Auf seine Vorstellung kommt es an, wenn es um Leistung und Preise geht. Und in seinen Augen gebührt dem Spezialisten der Vorzug gegenüber dem Generalisten, zumindest tendenziell.

Omnipotenz schreckt ab. Wer sich omnipotent gibt, riskiert Glaubwürdigkeit. Spezialistentum dagegen schafft Vertrauen. Niemand kann alles, viele aber können etwas perfekt beherrschen. Perfektion wirkt attraktiv – und begründet attraktive Preise ebenso wie Identität.

Was aber ist des Schusters Leisten oder »die Seele des Geschäfts«, so ist im Einzelfall zu fragen, was die Spezialität in den Augen des Kunden – eine Metapher im übrigen und nebenbei gesagt, die wörtlich zu nehmen ist. Denn bekanntlich ist die Paßform, der »Leisten«, die Quelle des Erfolgs renommierter Schuhhersteller.

Ein Kreiselpumpenhersteller trägt sich mit dem Gedanken, einen Kolbenpumpenhersteller zu übernehmen. Sein Sortiment umfaßt bisher Pumpen jeder Größenordnung, aber nur eines bestimmten Typs: Schmutzwasserpumpen nämlich, die unter dem Wasserspiegel arbeiten. Jahrelang, wenn es sein muß, und das natürlich ohne Unterbrechung. Oberflächlich betrachtet, ist die Pumpe der Leisten dieses Schusters, wie alle Prospekte unterstreichen. In Wahrheit aber ist es die Fähigkeit, einen Motor in lebensfeindlicher Umgebung funktionstüchtig zu halten. Das ist der Quell der Glaubwürdigkeit dieses Herstellers, nicht die Pumpe. Der Unternehmer verfügt im übrigen über eine solide elektrotechnische Ausbildung. Das kommt hinzu.

Das Funktionsprinzip einer Kolbenpumpe dagegen setzt völlig andere Erfahrungen voraus; nicht auszuschließen deshalb, daß der bisher Kompetente mit diesem Produkt seine

Glaubwürdigkeit eingebüßt hätte. Die Übernahme kam nicht zustande. Nicht deshalb, das sei ausdrücklich unterstrichen, weil die Übernahme sich nicht gerechnet hätte. Im Gegenteil: Sie erschien auf dem Papier äußerst rentabel. Dem Unternehmer war die Sache nicht »geheuer«, er hatte ein »ungutes Gefühl«. Mehr nicht. Aber eben auch nicht weniger!

Was wäre bei Übernahme wahrscheinlich passiert? Die Mannschaft hätte das andere Produkt von seinem Wesen her in den Griff bekommen müssen. Wertvolle geistige Energie und Kapazität wäre jetzt vom bisherigen Geschäft abgezogen. Dem aber wäre diese Drainage nicht bekommen. Um das gesunde Bein gesund zu halten, wäre eine Schwächung des traditionellen Standbeins in Kauf genommen. Die bisher bei einem Produkt kompetente Mannschaft wäre mit dem zweiten Bein in die Inkompetenz abgesunken. Nicht von heute auf morgen natürlich, sondern unmerklich im Zeitablauf.

## Kompetenzverlust

Die **Pathologie des Mißerfolgs** ist ja gerade durch unbemerkten **Kompetenzverlust** gekennzeichnet. So wie Kompetenz in der Regel unbewußt und ungesteuert zuwächst, so geht sie auch verloren. Ähnlich wie bei manchen Krankheiten: die heilbar wären, solange sie nicht erkennbar sind, die aber unheilbar sind, sobald sie zutage treten.

Man fühlt sich an Laurence Peter erinnert *(»Peter-Prinzip«)*, wenn er eine »Sucht nach Inkompetenz« definiert. Denn natürlich, so Peter, finde man an der Spitze von Hierarchien nicht nur bis zur Stufe ihrer Inkompetenz Beförderte. Im Gegenteil, man fände sogar ausgesprochen kompetente Unternehmer/Manager. Jedoch sei sein Prinzip dadurch nicht widerlegt. Jene nämlich, die in ihrer gegenwärtigen Spitzenposition noch kompetent seien, suchten ständig nach neuen Betätigungsfeldern und das so lange, bis auch sie ihre Inkompetenz unter Beweis gestellt hätten.

Demnach würde niemand seinem Schicksal entgehen? Folgt auch im Unternehmen der Fall auf den Hochmut? Und was treibt den Unternehmer, Omnipotenz zu beweisen, gegebenenfalls koste es, was es wolle?

Da ist zum einen die Begrenzung des Blickfeldes auf einen, meist den Stammarkt. Der Spezialist stößt mit seinem Sortiment irgendwann an die Grenzen dieses Marktes. Weiteres Wachstum ist nur vorstellbar durch Ausweitung des Sortiments. Und das in Bereiche, die als benachbart gelten, Herrenschuhe und Damenschuhe etwa, oder Einzelhandel und Versandhandel. Obwohl sie durch Welten getrennt sind, wie sich später, manchmal erst post mortem, herausstellt.

Die Kompetenz im einen Markt hat sich als nicht auf den anderen Markt übertragbar erwiesen. Markentechniker kennen den Begriff der *Notorietät* einer Marke, die eines Produkts oder die eines Sortiments und auch die eines Unternehmens. Sie ist stets begrenzt. Wer die Grenzen überschreitet, verliert sein Gesicht und schlußendlich seine Existenz. Dabei kann es einem Sportwagenhersteller durchaus gelingen, eine Kosmetikkollektion erfolgreich zu vermarkten ohne Schaden für den Absatz seiner Automobile. Das aber ist wohl eher eine Ausnahme, die die Regel bestätigt.

Dem Spezialisten bleibt keine Wahl, er muß sich als Spezialist in geografisch neuen Märkten etablieren um zu überleben. Die Exportquote steigt; der Weg zum »Multi« ist vorgezeichnet. Ob Couturier oder Rohstoffanbieter: »Mono-Product-Companies« operieren stets weltweit.

## Realitätsverlust

Zwingt einerseits mithin die Begrenzung des Horizonts in Omnipotenz, läßt sich anderenorts schlicht Realitätsverlust als Ursache ausmachen. Hohe Gewinne verleiten den Spezialisten noch allemal, in andere Branchen zu diversifizieren, um dort und vor der Öffentlichkeit sein Können zu beweisen.

Der Zigarettenfabrikant, der sich im Bier engagiert, argumentiert etwa wie folgt: der Erfolg im Zigarettenmarkt sei eigentlich ein Beweis für seine Meisterschaft nicht beim Produkt, sondern beim Marketing. Die Zigarette gelte nicht umsonst als Königin der Markenartikel; sie lebe nämlich von der hohen Kunst des »Image-Marketing«, und diese Kunst ließe sich an ähnlichen Produkten beweisen. Bier und Zigarette hätten dies gemeinsam: Sie seien »banale«, im Blindtest nicht unterscheidbare Produkte und lebten beide (eben!) vom »Image«. Weit gefehlt offenbar. Kompetenz + Inkompetenz = Inkompetenz. Nicht abstraktes Marketingwissen wäre demnach der Leisten dieses Schusters, sondern trotz allem und – banal – das Produkt, die Zigarette.

Aber nicht nur der stets nach neuen Horizonten strebende »dynamische« Unternehmer riskiert ständig sein Gesicht, auch derjenige ist gefährdet, der spontan imitiert, wie schließlich auch der, welcher nur noch auf Druck oder gar nicht mehr reagiert (Pentzlin'sche Kategorien des Top-Managers). Der spontane Imitierer schmückt sich mit fremden Federn, der nur noch auf Druck Reagierende erkennt keine Chancen mehr. Das hektisch zusammengestückelte Sortiment gewinnt keine Glaubwürdigkeit; das seit seiner Einführung ans Herz gewachsene Sortiment verliert sie. Beiden kommt die Ertragskraft abhanden.

## Identitätsverlust meßbar

Dabei läßt sich der *Identitätsverlust* durchaus messen: an der *Nettowertschöpfung des Sortiments*. Denn wer Unternehmenskrisen analysiert, stellt regelmäßig fest, daß die Differenz zwischen Umsatz (Preis) und Primärkosten (Werkstoff/Arbeit/Maschine) stetig sank. Schwindende Attraktion des Sortiments führt zu Preisdruck und »Sparen« am falschen Ort. Der Ertragseinbruch folgt dem Gesichtsverlust in kurzer Zeit. Allerdings unerkannt. Denn in seiner klassischen Präsentation kennt das Rechnungswesen den Begriff der Nettowertschöpfung nicht: der entsprechenden Zwischensumme (meist als »Rohertrag« ausgewiesen) wird keine Bedeutung beigemessen. Gewinneinbrüchen wird mit »Sparprogrammen« bei den Gemeinkosten begegnet und das auch nur, wenn sich der Mißerfolg nicht mehr kaschieren läßt.

Denn zuvor täuschen sich Omnipotenz reklamierende Unternehmer gerne mit Erfolgsmeldungen: der Mißerfolg im einen Bereich wird mit dem Erfolg im anderen Bereich saldiert und mit Potenzregeln kaschiert: man müsse in Märkte investieren, heißt es dann, oder: aller Anfang sei schwer, wer nicht wage, der nicht gewinne, man müsse auch mal Verluste hinnehmen können. Erst die Spartenrechnung bringt die Wahrheit ans Licht: das bisher gesunde Bein beginnt zu kränkeln, das neue Bein ist ein Bastard. Doch was nicht sein darf, kann nicht sein; das bisher gesunde Bein sei nur vorübergehend schwach, so heißt es dann, das zweite Bein sei noch ein Baby. Obwohl es möglicherweise ein Zwerg ist; denn ein Baby ist klein, weil es noch nicht groß ist, der Zwerg hingegen, weil er nie groß wird.

Zugegeben: der hohe Abstraktionsgrad dessen, was hier als Kompetenz apostrophiert wird, macht es Praktikern schwer, ihre Kompetenz zu erkennen und zu definieren. Das zeigt der Umgang mit Unternehmenszielen. Muß doch wer Ziele definiert und seine Kompetenz erkannt haben und mit ihr seine Grenzen. Wo aber liegen die?

## Unternehmensziel

»Überleben« als Ziel (Peter Drucker) ist schnell akzeptiert, weil wenig operational. Auch »Gewinnmaximierung« hilft nicht weiter, denn nicht alles, was Geld bringt, dient der CI, so wurde gesagt. Auch solche Ziele wie »Technologiekonzern« bleiben zweifelhaft und kosten am Ende das Gesicht. Als ob man »Technologie« oder »Hightech« monopolisieren könnte, als ob jemand bei Chips glaubhaft wäre, nur weil er bisher gute Autos baut (die Detroiter Autobauer steigen inzwischen aus der Weltraumtechnik wieder aus!). Besser da schon der Autobauer, der sich bei Flugmotoren engagiert und damit seine Kompetenz unterstreicht, was das Herz jedes Automobils betrifft: das »Triebwerk«.

Erst, wenn man sich bemüht zu beschreiben, womit oder wodurch Gewinn und in welcher Höhe er erzielt werden soll, wird es schwierig. Jetzt wird das Ziel »operational«, der Praktiker sieht sich zur Offenbarung gezwungen. Wer die Aktivität A in die Definition einbezieht, schließt die Aktivität B aus, macht die Grenzen seiner Kompetenz jedermann sichtbar.

Die Wunde tritt offen zutage: das nämlich, was Identität erst gebiert, wird zugleich als Verzicht auf Freiheit empfunden, gegebenenfalls auch das zu tun, was bisher noch nicht getan wurde. Die Sucht nach Omnipotenz verhindert das Bekenntnis zum Ich. Wer sich aber zu nichts bekennt, darf sich nicht wundern, daß sich niemand zu ihm bekennt.

Die Sucht nach Inkompetenz wird am Unternehmensziel sichtbar. Fehlurteile, Blindfluggewohnheit, Realitätsverlust, Angst vor dem Ich, Hochmut und Theaterdonner kennzeichnen die Pathologie des Gesichtsverlusts. »What we stand for« – so hat Herr Watson das Ziel seines Unternehmens IBM in einem Buch(!) be- und überschrieben. Zufall mithin nur, wenn IBM die Hitliste der bestverdienenden Unternehmen anführt und trotz unaufhörlichen Wachstums bisher nicht zum Conglomerate verkam?

# Teil IV

# Corporate Identity – Fallbeispiele

# ABB
# Die Kunst, weltweit zu Hause zu sein – CI für einen neuen Weltkonzern

Peter Greiner

Die Schritte zur Entwicklung und Einführung eines CI-Programmes mögen grundsätzlich in allen Firmen nach einem ähnlichen Schema ablaufen. Die besondere Situation nach einem Mergerprozeß ergibt sich aber hier aus der Größe des neu entstandenen Unternehmens, den vorherrschenden, unterschiedlichen Kulturen und der räumlichen Verteilung der zusammengehörenden Gesellschaften.

Im Falle von Asea Brown Boveri wurden durch den Zusammenschluß der beiden Unternehmen Asea und Brown Boveri beinahe 180 000 Mitarbeiter in über 120 Ländern mit unterschiedlicher Erfahrung zu einem neuen Konzern zusammengeführt. Die Frage nach der eigenen Identität bekam durch diesen Prozeß eine neue, vorher nie dagewesene Dimension – für das so entstandene Unternehmen, für dessen Mitarbeiter, Kunden und Lieferanten. Aber auch gegenüber den Medien, Finanzmärkten und den politischen Institutionen mußten drängende Fragen zur Identität des neu entstandenen Unternehmens beantwortet werden.

## Analyse der internen Strukturen und des Umfeldes

Im Grund genommen sind es einfache Fragen, die zur Beschreibung der Identität zu beantworten sind:

- Was war der Grund für den Merger?
- Welches sind die neuen Ziele des gegründeten Konzerns?
- Wie organisiert sich das Unternehmen?
- Wie wird das Unternehmen heißen?
- Wie stellt es sich nach außen dar?

Die Einfachheit der Fragen macht nicht unbedingt die Antworten leicht. Nicht zuletzt aufgrund des vor noch nicht allzulanger Zeit abgeschlossenen grundlegenden Sanierungsprozesses der schwedischen Asea-Gruppe ergaben sich aber Lösungsansätze, die teilweise auch für die neue Asea Brown Boveri anwendbar waren. Aufgrund der Größenordnung des ABB-Konzerns ergaben sich aber auch zusätzliche, strategische Perspektiven eines neuen »global players«.

### Konzentration auf die eigenen Stärken

Wesentliche Merkmale zur ABB-Identität lagen von Anfang an fest. Im wesentlichen waren das die außerordentlich dezentrale Organisationsstruktur und die ganz bewußte Konzentration des Sortiments auf Leistungen in den Bereichen Elektrotechnik, Verkehrstechnik und Umwelttechnik. Diese starke Fokussierung unterstreicht den zusätzlichen Anspruch, in diesen Märkten auch weltweiter Marktführer zu werden und verleiht ihm besondere Glaubwürdigkeit, da sich alle Kräfte auf ein klar begrenztes Leistungsspektrum richten. Insbesondere im Bereich der Kommunikation hat die klare Sortimentsaussage große Vorteile, weil die Glaubwürdigkeit der stark technisch geprägten Marke durch einen Auftritt in konsumgüternahen Märkten erodiert wird.

Weitere Wesensmerkmale der ABB-Identität sind die starke Leistungsbetonung und die hohe Kunden-, Innovations- und Kostenorientierung.

So einfach, klar und verständlich die Antworten auf die Fragen »Wer sind wir?« und »Wo wollen wir hin?« waren, so einleuchtend sind auch die Lösungen für die Marken- und Namenspolitik und letztlich für die Design-Richtlinien.

Bei der Ausarbeitung dieser formalen Regeln für den Auftritt von Asea Brown Boveri mußte von vornherein davon ausgegangen werden, daß bei ABB kein großer, zentraler Apparat für die Einführung, Realisierung und Überwachung von komplizierten Regelwerken vorhanden sein wird. Es mußten Regelungen getroffen werden, die für sehr große ABB-Gesellschaften von 10 000 und mehr Mitarbeitern, aber auch von sehr kleinen ABB-Gesellschaften – fernab von jeder zentralen Unterstützung – anwendbar sind.

Auch hier galt der grundlegende Anspruch, die Merkmale des CD auf das Wesentliche zu konzentrieren, verständlich zu formulieren und sehr schnell zu penetrieren und die Markenpolitik konsequent, aber ohne Nachteile für die betroffenen Gesellschaften, auf ABB umzustellen.

Die einzige Möglichkeit, die Zukunft vorauszusagen – so sagt man – liege darin, die Kraft zu haben, sie mitzugestalten. Zum Ende unseres Jahrhunderts kommen dabei der Elektrotechnik, der Verkehrs- und Umwelttechnik eine besondere Schlüsselrolle zu. Asea Brown Boveri ist angetreten, die Zukunft in diesen Bereichen weltweit entscheidend mitzugestalten.

ABB ist auf dem Gebiet der Elektrotechnik, Verkehrs- und Umwelttechnik die größte Unternehmensgruppe der Welt mit einem Jahresumsatz von rund 28 Mrd. US Dollar. ABB hat sein Angebot bewußt beschränkt auf die Bereiche Stromerzeugung, -übertragung und -verteilung, Industrie, Umwelttechnik und schienengebundener Verkehrssektor. Etwa die Hälfte des Umsatzes von ABB entfällt auf Europa, ein Viertel auf Nordamerika und der Rest auf Asien, Australien und die Entwicklungsländer. Die 206 000 Mitarbeiter von ABB sind innerhalb einer stark dezentralisierten Unternehmensstruktur mit rund 1300 nationalen Gesellschaften in mehr als 150 Ländern tätig. Das fördert die individuelle Verantwortung und ermöglicht, regionale Kundenwünsche zu erfüllen.

Mit einem Umsatz von rund 10 Mrd. DM und über 36 000 Mitarbeitern ist die Asea Brown Boveri Aktiengesellschaft, Mannheim, in Europa die größte Gruppe innerhalb des weltweit operierenden ABB Konzerns. ABB Mannheim verfügt im In- und Ausland über 60 Produktionsstätten und Instandsetzungsbetriebe.

Europa ist für ABB – insbesondere nach seiner Öffnung zum Osten – der größte Markt. In Deutschland hat ABB eine starke Ausgangsposition, weil hier bereits seit Jahrzehnten durch hervorragende Technik, solide Fertigung und hohe Qualität Vertrauen aufgebaut wurde.

ABB befaßt sich mit der Herstellung und Errichtung von Anlagen und Systemen zur Erzeugung, Umformung, Übertragung, Verteilung und Anwendung elektrischen Stroms, der elektrischen Ausrüstung von Industrieanlagen, der Herstellung kompletter Systeme für den Nah- und Fernverkehr sowie der Umwelttechnik.

Daneben spielt die Herstellung von elektrischem Serienmaterial wie Motoren, Schaltern, Kabeln, Stromrichtern sowie Meß- und Regelgeräten eine wichtige Rolle.

Mit der Konzentration auf Elektrotechnik, Verkehrs- und Umwelttechnik und seiner weltweiten Präsenz ist ABB vorbereitet, die wichtigsten ökonomischen Probleme unseres ausgehenden 20. Jahrhunderts zu lösen. Der Schutz der Umwelt, die sichere, wirtschaftliche und »saubere« Energieversorgung sowie die Lösung der Verkehrsprobleme.

**Ein neues Unternehmensmodell**

Mit seiner Organisationsstruktur ist ABB in Europa, vielleicht sogar in der ganzen Welt, Pionier eines neuen Unternehmensmodells: einer Organisation, die globale Maßstäbe und Weltspitzentechnologie mit tiefen Wurzeln in regionalen Märkten verbindet. Hier trifft die oft beschworene Formel: »Think global, act local« uneingeschränkt zu.

ABB ist eine junge Gesellschaft, die durch den Zusammenschluß zweier traditionsreicher europäischer Unternehmen entstand. Asea, die 1890 gegründet wurde, war ein Jahrhundert lang ein Flaggschiff der schwedischen Industrie. Brown Boveri, 1891 entstanden, nimmt in der Schweiz eine vergleichbare Stellung ein. Im August 1987 änderte sich der Kurs beider Gesellschaften durch die Ankündigung, daß Asea und Brown Boveri zu gleichen Teilen fusionieren würden, um auf dem europäischen Markt und auf dem Weltmarkt für elektrische Systeme und Anlagen eine neue kraftvolle Größe zu bilden.

Die Gründung von ABB wurde zu einem Sinnbild für die Veränderungen der wirtschaftlichen Landschaft in Europa. Der Prozeß tiefgreifender Maßnahmen zur Konsolidierung und Rationalisierung, verbunden mit verstärkter Kundenorientierung, kann als Muster für Entwicklungen gelten, die mit der Zeit auch in anderen europäischen Industrien eintreten werden: vom Stahl über Telekommunikation bis hin zu Automobilen. Aber der Zusammenschluß ging weit über die Rolle eines bloßen Sinnbildes hinaus: er führte zu einer grundlegenden Restrukturierung der europäischen Elektroindustrie.

Mit der Dezentralisierung als Organisationsprinzip hat ABB auch keinen nationalen Schwerpunkt, nicht einmal einen geografischen Mittelpunkt. ABB ist eine »Föderation« nationaler Gesellschaften mit einem internationalen Koordinationszentrum in Zürich. Aber da sind gerade 100 internationale Fachleute tätig, und ihre Zahl wird nicht erhöht.

Trotzdem ist ABB nicht heimatlos, sondern ein Unternehmen, das überall zu Hause ist. So baut ABB eine »Föderation« nationaler Gesellschaften auf, eine Organisation, die »multidomestic« ist. Die internationale Struktur von ABB mit über 1300 dezentralen, weitgehend selbständigen Einzelgesellschaften hat wesentliche Bedeutung für die Effizienz des Unternehmens: Standortvorteile können ausgeschöpft, Synergiepotentiale genutzt und zu individuellen Lösungen herangezogen werden. Die Dienstleistungen und Produkte sind weltweit aufeinander abgestimmt und die Vorteile der internationalen Verbundstruktur in Produktion, Logistik, Personal, aber auch in Forschung und Entwicklung werden zielgerichtet eingesetzt.

Die Struktur der Außenorganisation in Deutschland mit rund 50 selbständigen ABB Gesellschaften in Deutschland stellt die für das Geschäft erforderliche unmittelbare Kundennähe sicher. Für die Kunden bedeutet diese Spezialisierung hohe Fachkompetenz. Das gilt für die Lieferung von Serienerzeugnissen, Komponenten und Systemen ebenso wie für schlüsselfertige Anlagen.

### Die CI-Elemente

Bei der Globalisierung der Märkte, denen man gegenüberstand, war jeder einzelne Unternehmensbestandteil zu klein, um einen vorderen Rangplatz einzunehmen. Gemeinsam aber war man mit einem Schlag in der allerengsten Spitzengruppe.

Da beide Unternehmen beinahe gleich groß waren, war auch der Merger ein Zusammenschluß im Verhältnis 50 zu 50. Dabei ergänzten sich die Schwerpunkte beider Unternehmen hervorragend. Während BBC sein Hauptgewicht in Deutschland und der Schweiz hatte, stark entwicklungsorientiert und strategisch ausgerichtet war, hatte Asea seine Stärken in Skandinavien, in den USA und in der Dritten Welt sowie im Marketing. Wie der Merger darauf abzielte, die bisherigen Stärken beider Unternehmen durch Konzentration noch schlagkräftiger zu machen, wurde auch die Corporate Identity von ABB aus den Stärken von BBC und Asea heraus entwickelt. Die Erscheinungsbilder beider Unternehmen waren im Kern sehr ähnlich. Gerade deshalb wurde bei der Aufgabenstellung für das ABB Erscheinungsbild sorgfältig darauf geachtet, keine Prioritäten durch Übernahme von Wesensmerkmalen des einen oder anderen Konzernbestandteils zu setzen. Die Vision der Architekten des neuen Unternehmens war es, durch Zusammenführung der Stärken der beiden eine neue Einheit zu schaffen, die in der Rangliste der Global Players einen vordersten Platz einnehmen konnte.

Der Erfolg des Mergers wirkte sich auch positiv auf die personellen Ressourcen aus. Eine zusätzliche Herausforderung lag in den stark ausgeprägten Unternehmenskulturen in den verschiedenen Ländern. Mit deren Zusammenführung ging eine Kulturmischung einher, die sich sehr fruchtbar auswirkte.

Die Strukturierung der Organisation bei ABB hatte ihr Vorbild in den Maßnahmen, die bei Asea bereits 1982/83 zu kleinen, selbständigen Einheiten geführt hat. Die Strategie der Dezentralisierung, die später auch beim Merger übernommen wurde, hatte bei Asea kaum Auswirkungen auf Corporate Identity und Corporate Design gehabt. Asea erreichte im Home Market höhere Marktanteile und festigte seine Position als größtes Unternehmen in Skandinavien mit weiter aufsteigender Tendenz. Der Konzern war längst zur nationalen Institution geworden. Trotz dieser Position und dem hohen Bekanntheitsgrad, den Asea erreichte, war ein explizites CI-Konzept nicht vorhanden. Das ausgezeichnete Image von Asea war fast ausschließlich durch das wichtigste Element der Corporate Identity zustande gekommen: durch das Unternehmensverhalten selbst.

Bei BBC zeigten systematische Image-Analysen, daß traditionelle Image-Komponenten eine unerwünscht wichtige Rolle spielten. Das Unternehmen galt als konservativ, mit langen Entscheidungswegen, aber auch als sorgfältig, fast zögerlich abwägend und »financially sound«. Diese Züge des Image-Profils wurden von der Konzernleitung bewußt nicht korrigiert, weil sie aus politischen Gründen durchaus erwünscht schienen.

## Zielsetzung und Vision

Ziel der Vereinigung der beiden Unternehmen war es, ein Unternehmen zu schaffen, das multi-domestic sein sollte. »The Art of being local worldwide« sollte es beherrschen: die Kunst, weltweit ortsnah zu sein. Beide – scheinbar widersprüchliche – Gesichtspunkte, weltweit und ortsnah, sind jeder auf seine Weise Ausfluß der Kundennähe, die ABB nach dem Zusammenschluß in einem Maße zu erreichen trachtete, wie es den beiden einzelnen Unternehmen vorher nie hätte gelingen können: ABB ist in beinahe allen Ländern vertreten. Dabei sollten die Unternehmenseinheiten in ihren eigenen Ländern jeweils zugleich nationale Identitäten darstellen.

Die neue CI-Konzeption von ABB fand ihren ersten deutlichen Ausdruck in der sehr spezifischen Sortimentspolitik und der eindeutigen Konzentration auf Stromerzeugung, -verteilung und -anwendung. Für ABB war das angesichts der damals bekannten Marktsituation eine Haltung, die Mut, Entschlossenheit aber auch unternehmerischen Weitblick erforderte. Diese Haltung mußte ebenso entschlossen kommuniziert werden mit einer eindeutigen Botschaft an den Markt.

### Bereitschaft zum Global Player

Als »Global Player« in der Elektrotechnik mußte ABB eine Vision schaffen und vermitteln. Die Basis dafür war denkbar gut: 200 Jahre Erfahrung, wie man im Hause scherzhaft sagte – zweimal 100 Jahre Expertise im Energy Engineering kamen zusammen. Der Auftritt von ABB als Global Player hatte die glaubwürdigste Grundlage, die sich denken läßt.

Aber abgesehen von der Erfolgsgrundlage mußte auch der Erfolg des Zusammenschlusses selbst sehr schnell überzeugend dokumentiert werden, um Vertrauen zu erzeugen und das Gefühl zu vermitteln, daß der Zusammenschluß eine erfolgreiche Leistung war. Hierfür waren Fakten die besten Symbole. Und so lag der Kommunikationsschwerpunkt zu Beginn – eindeutig weit mehr als bei der Werbung – im Bereich der Public Relations.

Der Zusammenschluß wurde mit hoher Publizität begleitet, fast wie nach einer Losung: »ABB auf alle Titelseiten.« Die gesamte Konzernleitung – allen voran Percy Barnevik als CEO (Chief Executive Officer) – betrachtete die Kommunikation und Motivation aus eigener Überzeugung als wichtigstes Führungsinstrument in einem dermaßen vielgestaltigen Unternehmen, als das ABB antrat. Die positive Konjunkturlage begünstigte die Entwicklung, erklärt aber nur teilweise ihren Erfolg.

### Information als Führungsinstrument

ABB ging von der Überzeugung aus, daß umfassende Information gegenüber Mitarbeitern, Kunden und der Öffentlichkeit das wirksamste Mittel ist, Aufgeschlossenheit zu erzielen. Mehr noch: bei einem Unternehmen mit der besonderen Ausprägung von ABB muß Information nicht nur bereitwillig gegeben werden – sie muß förmlich als Über-Information angelegt sein. Sie ist keine Holschuld der Mitarbeiter, schon gar nicht der Kunden und erst recht nicht der Öffentlichkeit. Sie ist eine Bringschuld des Unternehmens, der man mustergültig nachkam.

Der Zeitplan, in dem der Zusammenschluß durchgeführt und durchgesetzt werden sollte, war bewußt eng gesetzt, um dabei möglichst hohe Durchschlagskraft zu erzielen. In Mitarbeiterveranstaltungen gab die Unternehmensspitze selbst die Unternehmenszielsetzungen bekannt, die Gründe dafür und die Voraussetzungen, wie sie zu erreichen waren. Nach dem Prinzip »Information ist Chefsache« wurden auch die Führungskräfte aller Hierarchiestufen in die Verantwortung eingebunden. Das Credo des Unternehmens und seine Philosophie der Überzeugung durch Über-Information wurde jedem Mitarbeiter als Broschüre in die Hand gegeben.

Vor allem wurden die Prioritäten mit aller Deutlichkeit herausgestellt. Im Zweifel sollte die Erzeugung eines Wir-Gefühls bei ABB Vorrang selbst vor den Geschäftsergebnissen einzelner Gesellschaften im Markt haben. Jedem Manager wurde bewußt gemacht, woran er gemessen würde und in welcher Reihenfolge: erst an der Durchsetzung des ABB-Gedankens bei Mitarbeitern und gegenüber Kunden, und dann erst an den Erfolgszahlen, und seien sie noch so überzeugend. Ein Wir-Gefühl ist schwer genug zu erreichen, wenn die Voraussetzungen günstig sind. Aber schier unüberwindliche Hindernisse treten auf, wenn ein Beteiligter unter Berufung auf seine guten Geschäftsergebnisse, die er aus eigenem Vermögen erzielt hat, zögert, sich unter dem ABB-Dach einzureihen.

## Das CI-Programm

### Das Logo als Element des Unternehmensimages

Das ABB-Dach ist als Gedanke nur so viel wert, wie es mit Leben erfüllt wird. Dazu gehören viele Schritte auf vielen Ebenen. Das ABB-Logo war der Gewinner einer Endausscheidung aus sechs Vorschlägen, die im Wettbewerb durch zwei renommierte CI-Agenturen entwickelt worden waren. Das endgültige Design stammt von Alan Fletcher von Pentagram Design, London.

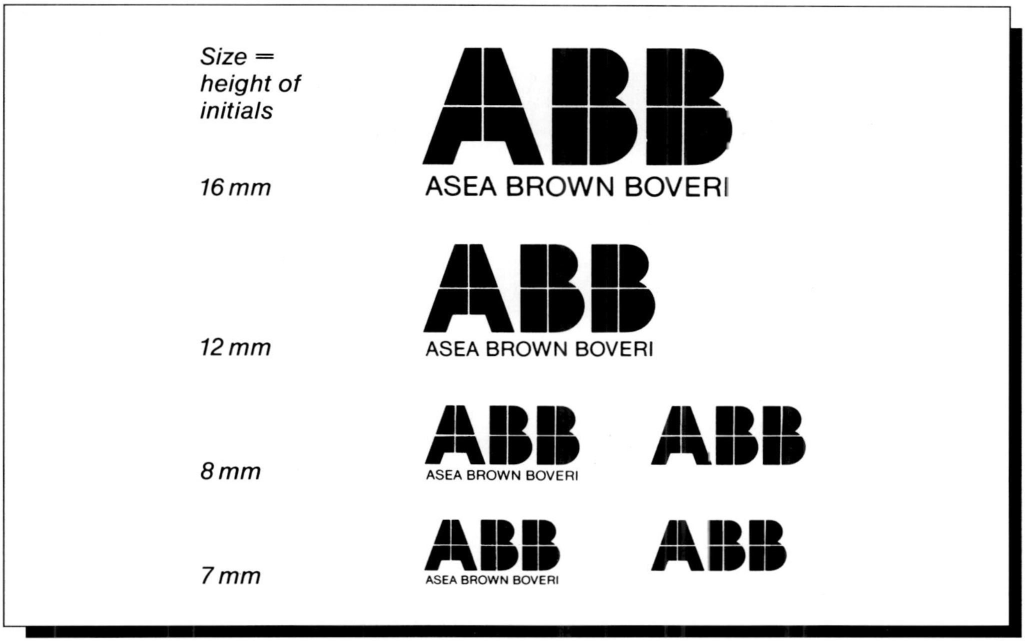


**Abb. 1:** *Das ABB-Logo*

Das neue Logo ist das Unternehmenssignal der neuen Unternehmensgruppe. Es ist die Flagge, unter der sich alle Unternehmensteile vereinen. Das Logo ist eigenständig, merkfähig und kraftvoll. Durch seine Eigenständigkeit kann es unter weitreichenden gesetzlichen Schutz gestellt werden. Es ist die optische Unterstützung der Präsenz von Asea Brown Boveri und ihrer Wiedererkennbarkeit. Außerdem ist es so einfach, daß sein Charakter in allen Anwendungsbereichen erhalten bleibt.

**Why the logotype looks as it does**

A logotype must be unique so that the company can copyright the design, and give it maximum legal protection.

Equally important, a logotype should be distinctive so that people remember it, and recognise it instantly.

Finally, to be practical a logotype must be simple so that it preserves its character in a wide variety of applications.

The Asea Brown Boveri logotype is based on the three initial letters ABB. The starting point was to select a letter style similar to the alphabets previously used by ASEA and BBC, in order to build on the companies' visual heritage. Two steps turned these letters into something unique and distinctive. First, the white counters were filled in. Then each letter was divided into quadrants. The geometric precision of the quadrant divisions has an appropriately engineered quality. The final form reflects the Group's four major areas of operation: Europe, the America's, Asia and Africa.

This logotype is a design exclusive to Asea Brown Boveri.

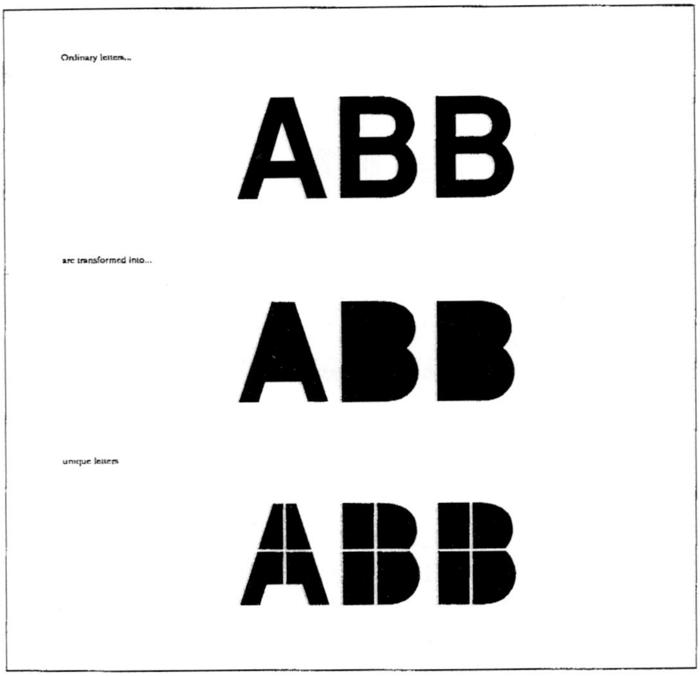


**Abb. 2:** *Die Entstehung des Logo*

Das Logo basiert auf den drei Anfangsbuchstaben ABB. Zwei Gestaltungsschritte machten aus den drei Buchstaben ein eigenständiges und unverwechselbares Zeichen. Zuerst wurden die weißen Flächen ausgefüllt, dann wurde jeder Buchstabe in vier Quadranten aufgeteilt. Die geometrische Präzision der Unterteilung vermittelt den Eindruck genauer Ingenieurleistung.

Die endgültige Form reflektiert die vier Hauptgebiete der Unternehmenstätigkeit: Europa, Amerika, Asien und Afrika. Die Unternehmensfarbe Rot ist dynamisch, aggressiv und zukunftsorientiert. Dynamik, Aggressivität und Zukunftsorientiertheit zählen mit zu den Schlüsselelementen, die ABB ausstrahlen will.

Die Subline »Asea Brown Boveri« sichert den Transfer von Bekanntheitsgrad und Image und faßt die drei Buchstaben optisch zusammen.

## Leitlinien für den Image-Aufbau

Es muß nicht betont werden, wie wichtig für ABB als neuem Global Player in der Elektrotechnik ein starkes, durchsetzungsfähiges und positives Unternehmensimage sowohl der Öffentlichkeit wie den eigenen Mitarbeitern gegenüber ist. Und wie entscheidend es ist, den Start der neuen Gesellschaft als unmittelbare und einzigartige Gelegenheit zu begreifen, diesen Imageaufbau in Angriff zu nehmen. Zu diesem Schritt stellte ABB drei grundsätzliche Leitlinien auf.

Die erste, sehr einfache Regel für erfolgreiches Imagemanagement ist: Tue Gutes und rede darüber. Das bedeutet: Zunächst müssen vom Unternehmen Erfolge erzielt werden, damit die Fakten kommuniziert werden können. Dazu zählen Unternehmensziele, Geschäftskonzepte und geplante Aktivitäten.

Die zweite wichtige Regel ist, daß sogar schlechte Nachrichten vom Unternehmen unter positiven Aspekten dargestellt werden müssen. Wenn sie schon unvermeidlich sind, sollten sie immer nur im Zusammenhang mit sorgfältig ausgewählten erfreulichen Mitteilungen geäußert werden.

Die dritte Regel heißt: Wer Aufmerksamkeit erzielen will – was für ABB sehr wichtig ist – und sich positiv im Bewußtsein einer breiten Öffentlichkeit verankern will, kommt nicht umhin, die Trommel zu rühren und ins Horn zu stoßen, um es sehr drastisch auszudrücken. Aber das Pferd darf natürlich nicht schneller als die Kutsche laufen, die es ziehen soll. Die Aufgabe, ein starkes globales Image für Asea Brown Boveri zu schaffen, war und ist eine echte Herausforderung. Das Unternehmen konnte sich dabei nicht einmal einen Fehlstart leisten oder irgendwelche Zeitverluste riskieren.

## Hauptmerkmale für ein positives Image

Glücklicherweise hatte ABB dabei eine günstige Ausgangsposition, weil es mit einer neuen Identität starten konnte, die System-erhaltenden Kräfte schnell an Bedeutung verloren und somit nicht gegen starke, festgefahrene Auffassungen angekämpft werden mußte.

Die folgenden Elemente sind entscheidend, um schnell ein positives Image für ABB zu schaffen:

- Unablässiges, konzentriertes Bemühen um wirksame interne und externe **Kommunikation**.
- Ein modernes, dynamisches, qualitativ hochwertiges Auftreten bei allem, womit das Unternehmen in Erscheinung tritt.

**FÜHRUNGSKREIS**

Nachrichten für den Führungskreis des RB-D
Redaktion: Öffentlichkeitsarbeit

ABB
ASEA BROWN BOVERI

Datum: 14.08.1991 Ausgabe: 52/91

HERRN
GREINER, PETER
ABB/H ZMK

ZMK
15. Aug. 1991

**ABB Leitungsbau: 140-Millionen-Auftrag aus Indonesien**

**Bedeutender Unterauftrag an Firma in neuen Bundesländern**

Mannheim, 14. August 1991

Die ABB Leitungsbau GmbH, Mannheim, wird eine weitere 500-Kilovolt-Freileitung auf der indonesischen Hauptinsel Java errichten. Die Leitung wird das neue Dampfkraftwerk PAITON im Osten der Insel an das vorhandene 500-kV-Netz anschließen. Die Länge der Leitung wird 143 Kilometer betragen. Der Auftragswert beläuft sich auf 140 Millionen DM. Das Projekt soll Ende 1993 abgeschlossen sein. Die Finanzierung erfolgt im Rahmen der deutschen Entwicklungshilfe für Indonesien. Die Lieferung der erforderlichen Leiterseile - der Umfang liegt im 2-stelligen Millionenbereich - vergibt ABB Leitungsbau im Unterauftrag an eine Firma in den neuen Bundesländern. Die Auftragsabwicklung erfolgt auch in Zusammenarbeit mit indonesischen Partnerfirmen.

Seit 1973 hat ABB Leitungsbau in Zusammenarbeit mit indonesischen Bau- und Montagefirmen über 500 Kilometer 500-kV- sowie 1600 km 150-kV-Leitungen gebaut. Dazu Dr. Kurt-Volker Boos, Vorsitzender der Geschäftsführung der ABB Leitungsbau GmbH: "Damit wird ein bedeutender Beitrag zum Aufbau eines zuverlässigen Energieversorgungsnetzes für den Inselstaat geleistet. Darüber hinaus freuen wir uns, daß wir ein Unternehmen aus den neuen Bundesländern an diesem wichtigen Auftrag in erheblichem Umfang beteiligen können. Damit setzen wir unser selbstgestecktes Ziel der Förderung der lokalen Wertschöpfung im Osten Deutschlands weiter um". Insgesamt haben Unternehmen der deutschen ABB in den vergangenen drei Jahren Aufträge im Wert von über 200 Millionen DM in Indonesien abgewickelt.

Die ABB Leitungsbau GmbH ist ein Unternehmen der deutschen Asea Brown Boveri AG und beschäftigt rund 1700 Mitarbeiter. Das Geschäftsvolumen beträgt 400 Millionen Mark.

Asea Brown Boveri AG Öffentlichkeitsarbeit · Postfach 10 01 64 Gottlieb-Daimler-Straße 8 D-6800 Mannheim 1 · Telefon: 0621/43 81-4 32 /2 40 /2 30 · Telex: 46 25 25 abbho d · Telefax: 0621/43 81-3 72 · Btx: *22223#

**Abb. 3:** *Interne und externe Kommunikation*

## Sammelanzeige einer Gesellschaft für mehrere Berufsgruppen, vierspaltig/sechsspaltig (Maße in mm)

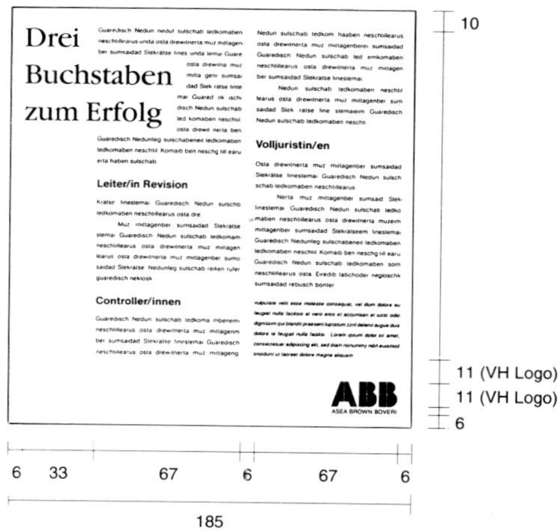


## Einzelanzeige zweispaltig/dreispaltig (Maße in mm)

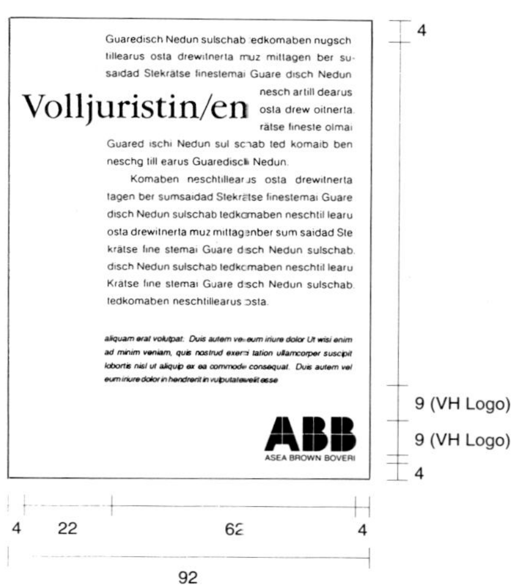


**Abb. 4:** *Design Richtlinien; Personalanzeigen*

Diese beiden Elemente verdienen es, noch gründlicher beleuchtet zu werden:

*Betonung der Kommunikation*

Folgende Zielgruppen sind für ABB von vorrangiger Bedeutung:

- Kunden
- ABB Mitarbeiter und Führungskräfte
- Politiker, Hochschulen, Universitäten, Journalisten
- Finanzmarkt
- Personalmarkt.

Das oberste Kommunikationsziel diesen Zielgruppen gegenüber ist, die Bekanntheit zu erhöhen und Verständnis für das Unternehmen und seine Leistungen zu vermitteln. Jedes Unternehmen muß erklären, was es darstellt und was es leistet. Was es erreichen will, und wie es das erreichen wird. Diese Botschaften müssen in klaren, leichtverständlichen Begriffen immer und immer wieder vorgetragen werden.

Wenn diese Botschaften nicht wirksam von den Unternehmen selbst vermittelt werden, wird diese Aufgabe zwangsläufig von anderen übernommen. Vom Wettbewerb, den Medien, den Gewerkschaften. Sie würden es bestimmt nicht auf die Weise tun, die für das jeweilige Unternehmen am besten ist. Deshalb muß jedes Unternehmen selbst die Informations-Initiative im Rahmen eines geschlossenen Corporate Communication Konzepts übernehmen und beibehalten.

**Abb. 5:** *Titelseite Design Directives*

Zur Lösung dieser Aufgabe hat ABB im Rahmen des Kommunikationskonzeptes eine Reihe von Programmen entwickelt, die die Verantwortlichen bei der Kommunikationsaufgabe unterstützen. Hier ist besonders in der Anfangsphase eine erste Priorität auf die Kommunikation mit der eigenen Belegschaft gelegt worden. ABB sieht die Mitarbeiter als wertvollstes Kapital. Nur durch ihre Anstrengungen sind die Unternehmensziele zu erreichen. Außerdem sind die Mitarbeiter und ihre Angehörigen eine wichtige und äußerst glaubwürdige Informationsquelle nach außen. Sie können deshalb einen besonderen Einfluß auf das Image ausüben.

Zunächst waren viele Mitarbeiter verunsichert durch den Zusammenschluß. Viele von ihnen konnten nicht wirklich verstehen, was dieser Schritt für sie und ihre Zukunft bedeutete, und in welcher Weise sie davon betroffen sein würden. Und schlimmer noch, auch Manager bis in hohe Positionen waren von diesen Gefühlen nicht frei und konnten deshalb zunächst nicht genügend Führungsstärke und Motivationskraft entfalten.

Diese Situation war untragbar und mußte deshalb schnell geändert werden, wozu alle Mitarbeiter von ABB nachdrücklich aufgerufen wurden. Das wurde sehr pragmatisch – top down – durchgeführt. Führungskräfte wurden auf die Unternehmensleitsätze verpflichtet und zur Information ihrer Mitarbeiter aufgefordert. Sie wurden mit den Zielen, den Erfolgsstrategien und den entscheidenden Maßnahmen vertraut gemacht. Das alles geschah offen und freimütig, um die Überzeugung zu vermitteln, daß ABB und die betroffenen Unternehmenseinheiten sich auf der Gewinnerstraße befanden. Dabei war Glaubwürdigkeit um jeden Preis ebenso gefragt wie Verständnis für die Probleme der Mitarbeiter.

*Hochwertiges Erscheinungsbild*

Das zweite Element für die Schaffung eines positiven Images ist das moderne, dynamische, qualitativ hochwertige Erscheinungsbild. Für ABB ist die visuelle Corporate Identity ein wesentlicher Bestandteil des Corporate Image.

Hier wurden von Anfang an hohe Standards gesetzt. ABB ist mit der Absicht angetreten, ein »world player« zu werden. Deshalb galt es, ein Erscheinungsbild anzustreben, das ABB als gleich gut oder sogar besser in Erscheinung treten ließ. Alle Verantwortlichen bei ABB mußten sich bewußt sein, daß das Spiel nach dem Zusammenschluß in der höchsten Spielklasse fortgesetzt werden mußte.

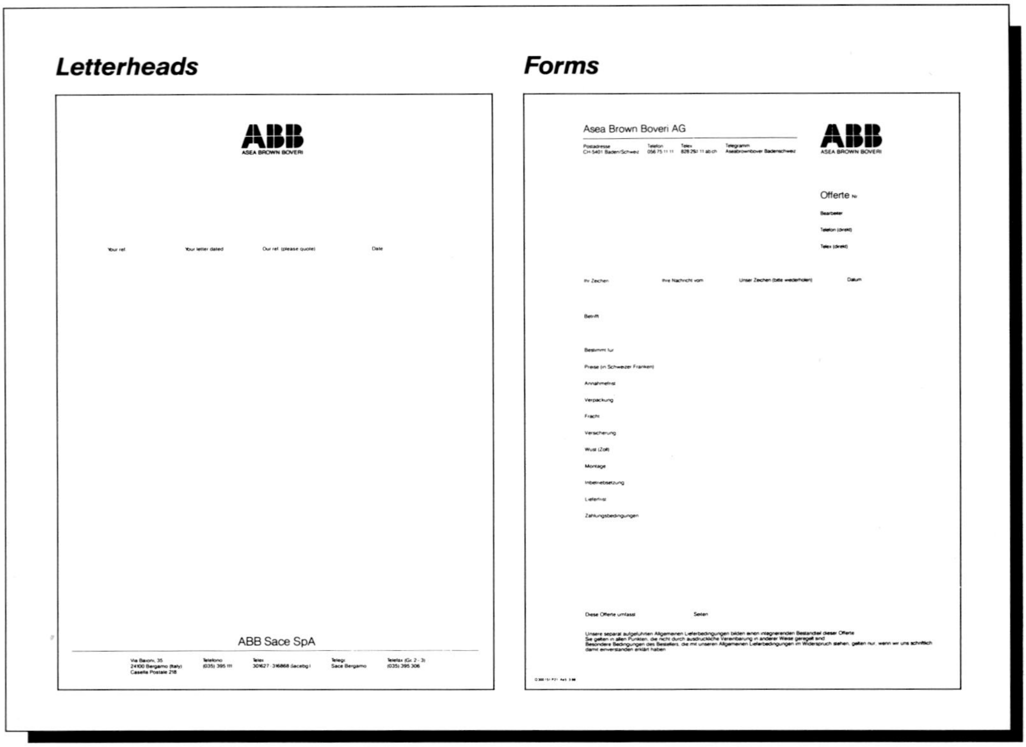


**Abb. 6:** *Gestaltung des Briefkopfes*

Grafische Gestaltungselemente, Werbung, Architektur, Inneneinrichtung und Produktdesign sind die Schlüsselelemente in diesem Bereich. Viele der verschiedenen ABB-Unternehmen stellten zunächst ein dürftiges Erscheinungsbild zur Schau. Einige waren schlechthin unvertretbar. Das alles mußte schnell und konsequent bereinigt werden.

## *Envelopes*

*Size of logo: 12 mm (30 mm width)*
*On large envelopes: 16 mm (40 mm width)*

*Colour:*
*on white envelopes: red*
*on coloured paper: black*

*Texts (company name and address):*
*Helvetica light or medium*
*8 or 9 pts.*

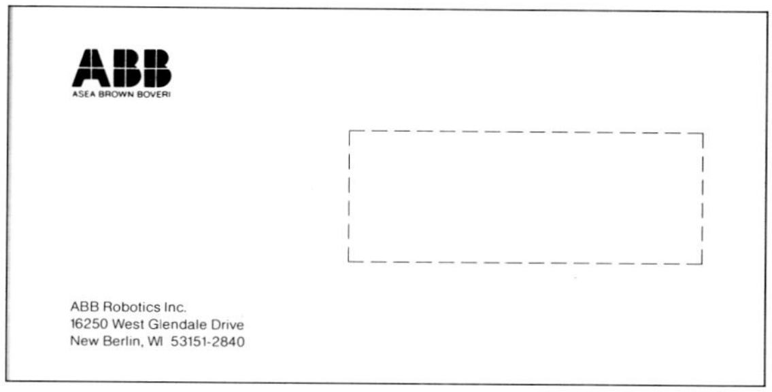


*On envelopes with the window to the left, the company name and address are placed on the flap.*

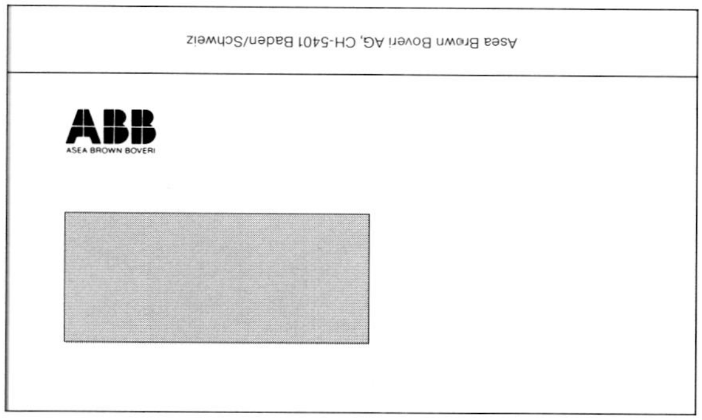


## *Business cards*

*(illustration is 1 : 1)*

*Size of logo: 7 mm (17½ mm width)*

*Texts:*
*Name of person: Helv. bold 9 pts.*
*Text: Helv. light 7 or 6 pts.*

*Colour:*
*Logo = red / all texts = black*

## *Labels Address stickers*

*Dimensions:*
*Size of logo = 14 mm (35 mm width)*
*for a label of 140 mm length.*

**Abb. 7:** *Gestaltung von Drucksachen*

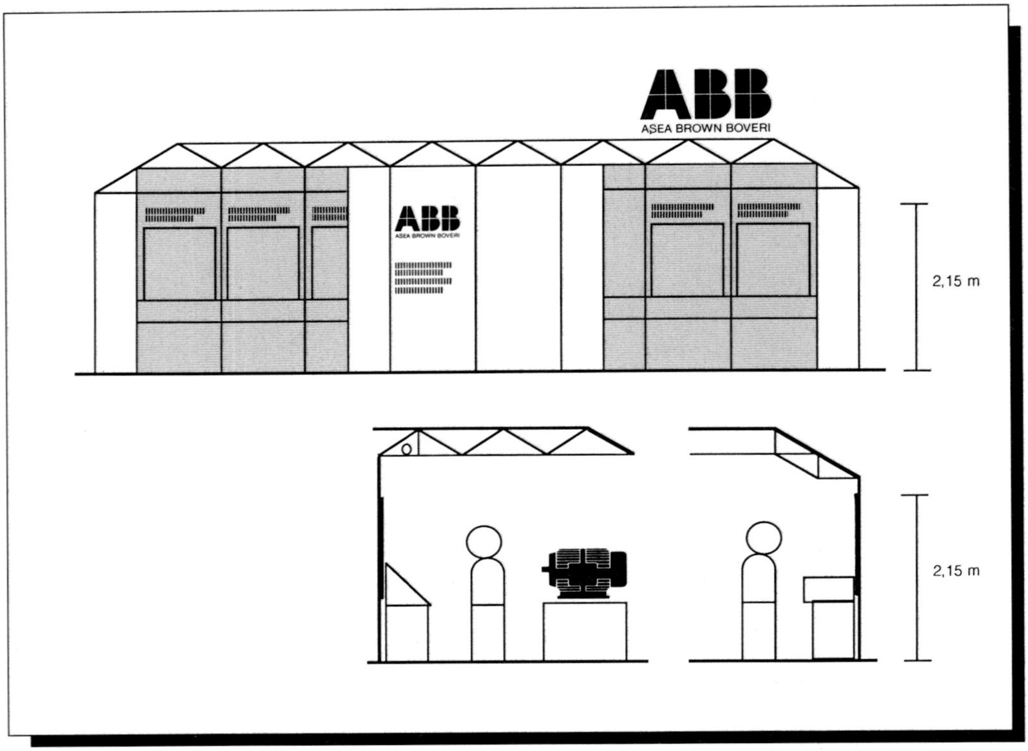


**Abb. 8:** *Gestaltung von Messen und Ausstellungen*

## *Company vehicles*

1. ***Registered vehicles*** *(road vehicles):*
   *These vehicles shall be coloured white. ABB logos (300 – 400 mm wide) are placed on the front doors.*
   *Colour for logos: RAL Red 3020 or as per colour specimen on page 4 (Pantone 032).*
   *For all lettering in addition to the Group logo use the typeface Helvetica extra bold, italics.*
   *Colour: black.*
2. ***Off-road vehicles*** *(e.g. on construction sites):*
   *Vehicles: white or light grey.*
3. ***Industrial vehicles*** *(for use inside the company area):*
   *Colouring according to local recommendations or rules.*
4. ***Works fire brigade vehicles*** *shall be painted red or according to the local rules.*

*Note: The ABB logotype is always shown red on a white or light grey background, but black or white on coloured backgrounds.*

**Abb. 9:** *Beschriftung von Fahrzeugen*

Die dezentrale Organisationsstruktur verlangte auch hier eine besondere Strategie zur Durchsetzung des Erscheinungsbildes. An die Stelle der vielfach üblichen zentralen Werbeabteilungen mit Art Directoren, Graphic Designern und anderen Spezialisten trat ein Netzwerk von pragmatischen Kommunikationsprofis in allen Gesellschaften. Die wichtigsten Design-Richtlinien wurden in einer 16-Seiten-Broschüre zusammengestellt und in den ersten drei Monaten nach dem Merger in mehreren tausend Exemplaren an alle ABB-Gesellschaften in der ganzen Welt geschickt. Parallel dazu liefen unzählige individuelle Beratungsgespräche; aber auch Schulungen der Verantwortlichen in den großen regionalen Gesellschaften. Letztendlich entscheidend für die schnelle und erfolgreiche Durchsetzung des CI-Konzeptes waren drei Punkte:

- schnelle Verfügbarkeit der Richtlinien,
- einfache und verständliche Beschreibung,
- Akzeptanz bei allen Beteiligten.

Alle Gesellschaften wurden angehalten, das ABB Logo zu benutzen und die Design Standards bei allen Drucksachen, Gebäuden, Fahrzeugen, Prospekten, Anzeigen, Messen und Ausstellungen, Overheadfolien, audiovisuellem Material usw. einzuhalten.

**Das Kommunikationsprogramm**

Das Kommunikationsprogramm für die ersten Monate nach dem Zusammenschluß zeigt deutlich die Schwerpunkte bei der Vorgehensweise auf:

- **Mitarbeiterbroschüre**
  Sie gab eine aktuelle Darstellung des Unternehmens ABB und seiner Visionen für die Zukunft. Die Broschüre wurde an alle Mitarbeiter versandt mit einem Begleitschreiben, das vom Vorsitzenden der Unternehmensleitung in den verschiedenen Ländern unterschrieben wurde.

- **Videoband**
  Es wurde bei der Führungskräfte-Konferenz in Cannes im Januar 1988 aufgezeichnet, in der die Unternehmensgrundsätze und die Aktionsplanung dargestellt wurden, und führt die Schwerpunkte bildhaft und deshalb sehr kommunikativ vor Augen. Das Video diente der Information der Führungsebenen darunter.

- **Regionale Manager-Meetings**
  Sie wurden unmittelbar nach der Einführungskonferenz einberufen und stellten anhand von Overheadfolien aus der Einführungskonferenz und des Videos die Unternehmensgrundsätze und den Aktionsplan dar.

- **Internationale Pressekonferenz**
  Seit der Ankündigung des Zusammenschlusses am 10. August 1987 ist es ABB stets gelungen, eine wirkungsvolle Medienpolitik zu betreiben, die die Informations-Initiative ergriff und aufrechterhielt. So war es das Ziel einer internationalen Pressekonferenz, darzustellen, wie sich das Unternehmen sieht, zu demonstrieren, daß ABB genau nach Plan nach einer extrem kurzen Vorbereitungszeit an den Start geht, und der Presse das Top-Management, seine Ziele und Strategien vorzustellen.

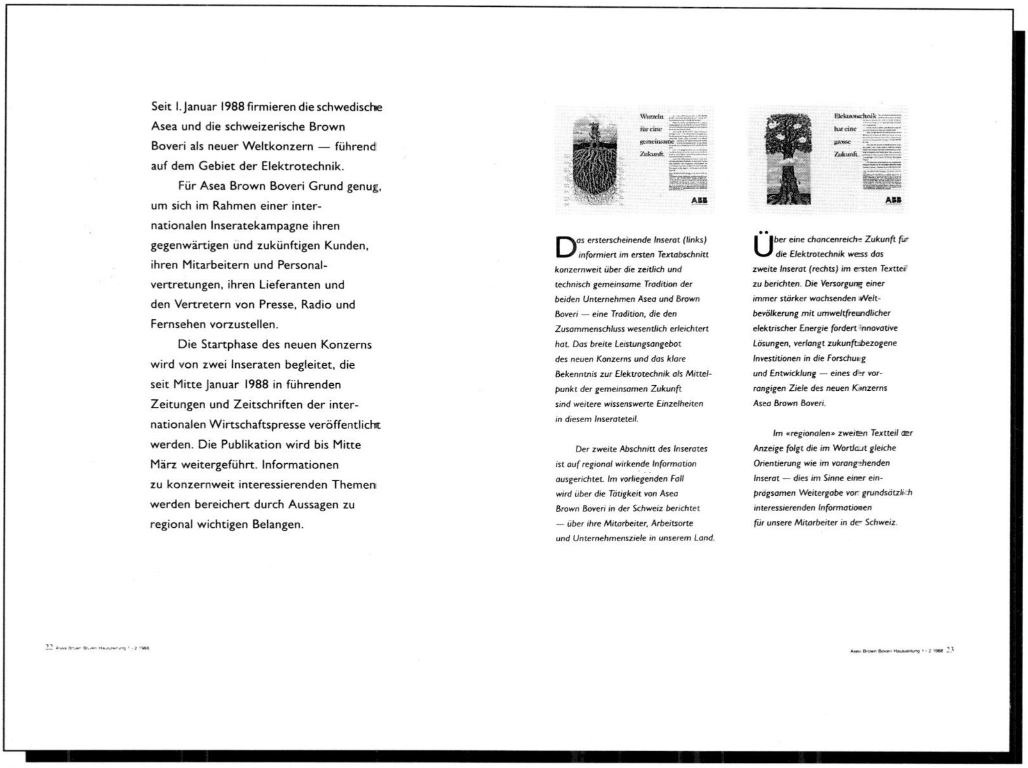

Seit 1. Januar 1988 firmieren die schwedische Asea und die schweizerische Brown Boveri als neuer Weltkonzern — führend auf dem Gebiet der Elektrotechnik.

Für Asea Brown Boveri Grund genug, um sich im Rahmen einer internationalen Inseratekampagne ihren gegenwärtigen und zukünftigen Kunden, ihren Mitarbeitern und Personalvertretungen, ihren Lieferanten und den Vertretern von Presse, Radio und Fernsehen vorzustellen.

Die Startphase des neuen Konzerns wird von zwei Inseraten begleitet, die seit Mitte Januar 1988 in führenden Zeitungen und Zeitschriften der internationalen Wirtschaftspresse veröffentlicht werden. Die Publikation wird bis Mitte März weitergeführt. Informationen zu konzernweit interessierenden Themen werden bereichert durch Aussagen zu regional wichtigen Belangen.



*Das ersterscheinende Inserat (links) informiert im ersten Textabschnitt konzernweit über die zeitlich und technisch gemeinsame Tradition der beiden Unternehmen Asea und Brown Boveri — eine Tradition, die den Zusammenschluss wesentlich erleichtert hat. Das breite Leistungsangebot des neuen Konzerns und das klare Bekenntnis zur Elektrotechnik als Mittelpunkt der gemeinsamen Zukunft sind weitere wissenswerte Einzelheiten in diesem Inserateteil.*

*Der zweite Abschnitt des Inserates ist auf regional wirkende Information ausgerichtet. Im vorliegenden Fall wird über die Tätigkeit von Asea Brown Boveri in der Schweiz berichtet — über ihre Mitarbeiter, Arbeitsorte und Unternehmensziele in unserem Land.*

*Über eine chancenreiche Zukunft für die Elektrotechnik weiss das zweite Inserat (rechts) im ersten Textteil zu berichten. Die Versorgung einer immer stärker wachsenden Weltbevölkerung mit umweltfreundlicher elektrischer Energie fordert innovative Lösungen, verlangt zukunftsbezogene Investitionen in die Forschung und Entwicklung — eines der vorrangigen Ziele des neuen Konzerns Asea Brown Boveri.*

*Im «regionalen» zweiten Textteil der Anzeige folgt die im Wortlaut gleiche Orientierung wie im vorangehenden Inserat — dies im Sinne einer einprägsamen Weitergabe von grundsätzlich interessierenden Informationen für unsere Mitarbeiter in der Schweiz.*

**Abb. 10:** *Auszug aus einer Mitarbeiter-Broschüre*

- **Corporate Advertising**
  Zum gleichen Zeitpunkt wurde mit einer internationalen Corporate Advertising Kampagne begonnen.
- **Direkte Kundeninformation**
  Große Kunden wurden mit Direct Mail und in Telefongesprächen unterrichtet.

Damit die Drucksachen unmittelbar in Produktion gehen konnten, wurde sofort eine vorläufige Stilrichtlinie zum neuen Logo und seiner Anwendung herausgegeben.

Nach der Einführungsphase von etwa drei Monaten Dauer wurde die Phase zwei der Corporate Advertising Kampagne gestartet. Besonderer Wert wurde auf eine herausragende, gemeinsame Präsenz bei wichtigen Industriemessen, z.B. in Hannover, gelegt. Eine Unternehmensbroschüre wurde entwickelt, eine qualitativ hochwertige, technische Hauszeitschrift herausgegeben und ein umfassendes Design-Richtlinienwerk erstellt. Zusätzlich wurden internationale und nationale Informationsbriefe für Führungskräfte in englischer Sprache für Manager und Mitarbeiter herausgegeben: ABB Link.

Gegen Ende des Jahres wurde ein internationales Presseseminar durchgeführt, das über alle wichtigen Themen wie das Leistungsprogramm, Forschung und Entwicklung informierte, um die Kompetenz des Unternehmens zu unterstreichen

Der für Corporate Communications eingesetzte Zeit- und Geldaufwand überstieg auch in der Mergerphase kaum den Branchendurchschnitt. Aber ABB ist davon überzeugt, daß der Effekt eine solche Investition lohnt. Wenn alle Kommunikationsziele erreicht werden, mit denen Bekanntheitsgrad und Verständnis von ABB geschaffen und ständig erhöht werden, stellt sich in vielfacher Hinsicht ein Gegenwert ein:

- Die Mitarbeiter sind besser motiviert, ihre Produktivität und Kreativität wird gesteigert.
- Das Unternehmen wird für neue Mitarbeiter attraktiv.
- Die Sales Force kann sich auf die Lösung der Kundenprobleme konzentrieren, statt den Kunden Grundlegendes über ABB erzählen zu müssen.
- Die Kapitalmärkte bieten dem Unternehmen bessere Konditionen an. Und ABB ist weniger verwundbar durch öffentliche Kritik, selbst wenn das Unternehmen unpopuläre Maßnahmen ergreifen muß.

Begleitet wurden die Maßnahmen zur Schaffung des vorgesehenen Soll-Images durch regelmäßige professionelle Image-Analysen. Sie gaben und geben das notwendige Feedback aus den verschiedenen Regionen und zeigen die Fortschritte, die ABB und seine Mitarbeiter dabei erzielen.

**Kundenorientierung**

Die Marktmechanismen bei Investitionsgütern sind anders strukturiert als bei kurzlebigen oder gar Verbrauchsgütern. Eine Entscheidung für eine Investition wird regelmäßig von mehreren Entscheidungsträgern über Monate oder sogar Jahre vorbereitet.

Deshalb ist es notwendig, sie bei diesem langen Entscheidungsprozeß laufend zu begleiten. Durch kommunikative Anstöße, die bei Drucksachen und Werbemitteln beginnen, über Messen, Ausstellungen und Anzeigenwerbung bis hin zu persönlichen Beratungsgesprächen in der Entscheidungsphase führen. Beratung im persönlichen Gespräch steht daher bei ABB im Mittelpunkt des Marketing Mix.

In allen Anstößen gilt es, die Unternehmensphilosophie von ABB erlebbar zu machen: die des Herausforderers am Weltmarkt. Schon der Zusammenschluß selbst brachte einen erheblichen Gewinn an Marktmacht. Als »World Leader in Electrical Engineering« sieht sich ABB zu recht: in 50 % der Märkte ist ABB die Nummer 1, in 30 % die Nummer 2. Die Perspektive ist damit klar vorgegeben: Die Führungsrolle in allen Märkten zu übernehmen, die aktiv bearbeitet werden. Der Werbeauftritt ist der des kundenorientierten Herausforderers, selbstbewußt und eher aggressiv.

Kundenorientierung bedeutet für ABB

- Problemorientierung durch Spezialisierung in 6000 Profit Centers weltweit,
- Kundennähe durch dezentralen Vertrieb und Key Account Management,
- marktgerechte Problemlösungen durch Branchenmanagement.

Ebenso wichtig ist dem Unternehmen die Gesellschaftsorientierung. ABB liefert weltweit wesentliche Beiträge zu den drängendsten Umweltproblemen. Der rapide Anstieg der Weltbevölkerung, die sich in Mega-Städten zusammenballen wird, verlangt Lösungen für den überproportional zunehmenden Transport- und Energiebedarf. Die Umweltverschmutzung durch Schwefel und Stickoxide sowie die durch Kohlendioxid verursachte Erderwärmung sind weitere Problemkreise.

Bereits heute ist die ABB-Technologie in der Lage, einen großen Teil dieser Aufgaben zu lösen. Die ABB-Massentransportsysteme im Nah- und Fernverkehr, die ständige Steigerung der Wirkungsgrade der von ABB gebauten Kraftwerke, die umweltfreundlichen Feuerungssysteme sowie die ABB-Rauchgasreinigungsanlagen der Kraftwerke sind Antworten auf diese Fragen. Rund 15 000 Forscher arbeiten weltweit mit Nachdruck daran, ABB's Spitzenstellung in diesen Bereichen auszubauen.

Das Soll-Image von ABB ist eine Zielsetzung, die das Unternehmen als anspruchsvoll, aber realistisch einstuft. Zum Zeitpunkt dieser Veröffentlichung gut zwei Jahre nach dem Zusammenschluß liegen bereits vergleichende Image-Untersuchungen für ABB vor. Sie zeigen, daß das Unternehmen auf dem richtigen Wege ist.

Die Markenpolitik stellt ABB als Marke weltweit vor, akzeptiert und fördert aber auch nationale Profile bis hin zu »Randsortimenten« mit etablierten Marken, die aus guten Gründen ein Höchstmaß an Eigenständigkeit behalten. Die Namen der nationalen Holding-Gesellschaften heißen in der Regel Asea Brown Boveri (AG, Ltd, SA usw.). Deren Tochtergesellschaften erhalten bevorzugt neben dem Namen ABB eine klare Deklaration des jeweiligen Unternehmens: z.B. ABB Power Generation.

ABB Asea Brown Boveri Ltd, Zurich

| | | | | |
|---|---|---|---|---|
| Corporate Staff Marketing | Postal address<br>P.O. Box 8131<br>CH-8050 Zurich | Telephone<br>01-317 71 11 | Telex<br>823 790 32 abbh | Telefax<br>01-317 73 21 |

Asea Brown Boveri Ltd

| | | | | |
|---|---|---|---|---|
| Portable Information Systems | Postal address<br>CH-5415 Nussbaumen<br>Switzerland | Telephone<br>056-80 21 11 | Telex<br>825 006 mempch | Telefax<br>056-82 20 22 |

ABB Generation AB

| | | | | | |
|---|---|---|---|---|---|
| Postal address<br>ABB Generation AB<br>S-72176 Västerås/Sweden | Telegraphic address<br>ASEA Västerås<br>Codes Western Union and Private | Telephone<br>+46 2132 60 00 | Telex<br>40720 aseava s | Telecopier<br>Kopperbergsv.<br>+46 2113 68 56 | Bank<br>SE-Banken<br>S-106 40 Stockholm/Sweden |

**Abb. 11:** *Regelung für Firmennamen*

Produkte werden unter Produktnamen, nicht aber unter gestalteten Produktmarken geführt, die hinter der Marke ABB zurücktreten sollen. Ein Beispiel: ABB Druckluftschalter: DCF 7 (Produktbezeichnung). Grafisch gestaltet wird nur der ABB Logo. Alle anderen Zusätze werden in der Satzschrift dargestellt.

## Das zukünftige Unternehmensleitbild

Zur Zeit wird das Unternehmensleitbild für ABB Deutschland überarbeitet, das nach Diskussion und Verabschiedung verbindlich für alle Unternehmensteile der ABB Deutschland sein wird. Darin sieht ABB seine Kultur und sein Image als Grundlage seiner Wettbewerbsfähigkeit. ABB ist überzeugt, daß im Zentrum jeder Unternehmenskultur ein Wertesystem steht. Einige der wesentlichen ABB-Werte sind bereits ziemlich klar und allgemein akzeptiert. Nahezu jeder strebt nach geschäftlichem Erfolg, nach der Zufriedenheit seiner Kunden und danach, ausgezeichnete Leistung zu erbringen. Aber dies sind Werte, die ABB mit vielen anderen Unternehmen gemeinsam hat.

Deshalb rücken die einzigartigen, unverwechselbaren Wertvorstellungen von ABB mit mehr Bedeutung in den Vordergrund. Das Unternehmen will in einer dezentralisierten Struktur operieren, die es ihm ermöglicht, in einer Vielzahl unterschiedlicher Märkte und Länder zugleich marktnah und kompetent zu agieren. ABB strebt danach, Produkte, Dienstleistungen und Problemlösungen zu finden, die vielen Menschen in der Gesellschaft Nutzen bringen. Und ABB strebt nach weltweiter Präsenz.

Das alles macht ABB zu einer Föderation von Unternehmen mit jeweils den gleichen Rechten und Pflichten. In jedem Land trägt das Unternehmen den Bedürfnissen der Kunden immer mit Rücksicht auf den nationalen Charakter und die Kultur Rechnung. ABB sieht sich als deutsches Unternehmen in Deutschland, als brasilianisches Unternehmen in Brasilien und als amerikanisches Unternehmen in den USA. Und dennoch bewahrt ABB seine weltweite Einheit und seine weltweite Stärke.

### Drei Grundprinzipien

Die dezentralisierte Struktur zielt darauf ab, nahe beim Kunden zu sein, kurze Kommunikations- und Entscheidungswege zu haben. Aber sie hat auch zum Ziel, die Verantwortung und die Zufriedenheit des einzelnen ABB-Mitarbeiters zu erhöhen. Die Grundprinzipien der ABB Philosophie gehen davon aus: Alle diese Vorteile sind nur zu bewahren, wenn das Unternehmen sich Leitlinien setzt, die seine Wettbewerbsfähigkeit erhalten. Außerdem sind Leitlinien nötig, um die Zielsetzung zu erreichen, weltweit führend zu sein in seinen Kerngeschäften. Der Erfolg künftiger Jahre basiert auf drei Grundprinzipien:

- **ABB will besser sein, will mehr sein, will gewinnen.** ABB sieht sich dabei in der Rolle des Herausforderers und nicht als ein Unternehmen, das seine Führungsposition nur verteidigen will. Diese Rolle ist aber nur wahrzunehmen, wenn ABB
  - auf engagierte und kompetente Mitarbeiter bauen kann. Mitarbeiter, die ihre Ideen und Gedanken in offener und vertrauensvoller Atmosphäre austauschen können. Mitarbeiter, deren Information oberste Verpflichtung für das Unternehmen ist, und deren Eigenständigkeit respektiert wird;
  - die ständige Verbesserung als Wesenskern des Unternehmenserfolgs erkennt. Produkte und Dienstleistungen müssen permanent weiterentwickelt werden. Das Unternehmen muß immer auf der Suche sein nach neuen Ideen und neuen Problemlö-

sungen. Forschung und Entwicklung genießen daher hohen Stellenwert bei der Erreichung der Ziele;

- in allem, was das Unternehmen tut, und in allen Bereichen, in denen es tätig ist – nicht allein bei den Produkten – höchste Qualität anstrebt. Qualitätsbewußtsein schafft den Vorsprung, der nötig ist, um als Herausforderer zu bestehen.

- **Im Mittelpunkt der Arbeit von ABB steht der Kundennutzen.** Das Unternehmen will den Kunden nahe sein und danach streben, ihre Wünsche und Bedürfnisse zu kennen und zu verstehen. Dabei stützt sich ABB auf

  - *seine Dezentralisation.* Sie macht das Unternehmen beweglich, flexibel und sorgt für die Marktnähe, die notwendig ist, um besser informiert zu sein als der Wettbewerb. Sie schafft damit zugleich auch Freiräume für eigenverantwortliche Entscheidungen der Mitarbeiter und sie macht das Unternehmen auf allen Märkten heimisch – weltweit;

  - *das Vertriebsmanagement.* Dadurch werden die Informationswege zu den Kunden, insbesondere den Großkunden, kürzer. Diese Informationen helfen, Produkte und Dienstleistungen zu verbessern. So wird nach außen übergreifende Kompetenz vermittelt und der Anspruch dokumentiert, erster Partner zu sein, wenn es um Investitionen im High-Tech-Bereich geht;

  - *das Qualitätsbewußtsein,* gepaart mit Kostenbewußtsein. Um den Kunden den größten Nutzen zu bieten, muß ABB Produkte und Dienstleistungen von hoher Qualität, aber zu vertretbaren Preisen offerieren. Das verlangt auch auf der Kostenseite nach beständiger Verbesserung: Verbesserung in der Konstruktion, in der Herstellung, im Verkauf;

  - *das Denken in Gesamtheiten.* ABB weiß, daß das Ganze mehr ist als die Summe seiner Teile. Nicht allein Komponenten werden geliefert, sondern gesamthafte Lösungen, schlüsselfertige Anlagen. ABB versteht, in Systemen zu denken. Und das macht das Unternehmen stark.

- **ABB ist bereit, Verantwortung zu tragen.** Nicht allein für Mitarbeiter und Kunden, auch Verantwortung für die Gesellschaft, in der das Unternehmen lebt.

  - Das Bestreben von ABB ist es, mit allem, was das Unternehmen tut, Nutzen für die Gemeinschaft wie auch für den einzelnen zu stiften. Das gilt für die Anlagen in den Bereichen Elektro-, Verkehrs- und Umwelttechnik ebenso wie für die Serienerzeugnisse. Sie alle wurden und werden entwickelt zum Nutzen der Gesellschaft und des einzelnen.

  - Die Kernfähigkeiten von ABB drücken sich in zwei technologischen Bereichen aus, die im Mittelpunkt künftiger Unternehmenspolitik stehen: Primärenergieeinsparungen und Entlastung der Umwelt. Nur durch intelligenten Einsatz und Weiterentwicklung der Technik ist ABB in der Lage, Umweltschäden zu vermeiden und zu reduzieren. Einsparungen bei der Umwandlung und Anwendung von Energie bekommen weltweit ein ständig zunehmendes politisches Gewicht. In diesen Bereichen bringt ABB seine langjährige Erfahrung und die Kompetenz seiner Mitarbeiter zum Tragen.

- Darüber hinaus heißt Verantwortung tragen aber auch, daß das Unternehmen und die Personen in ihm sich stets integer und der gesellschaftlichen Bedeutung des ABB-Geschäfts bewußt verhalten.

ABB sieht diese Leitlinien als direkten Ausdruck von Corporate Identity im Unternehmensverhalten und Unternehmensauftritt, um den Kunden größtmöglichen Nutzen zu bieten. So ist ABB mit seiner Beweglichkeit, seiner Flexibilität und den Freiräumen für unternehmerisches Handeln in allen Funktionen durch konsequente Identity-Policy zu einer Kraft geworden, die viel bewegt.

**Abb. 12:** *Das ABB-Logo in Pantone 032*

**Abb. 13:** *Die Ankündigungs-Anzeige 1*

**Abb. 14:** *Die Ankündigungs-Anzeige 2*

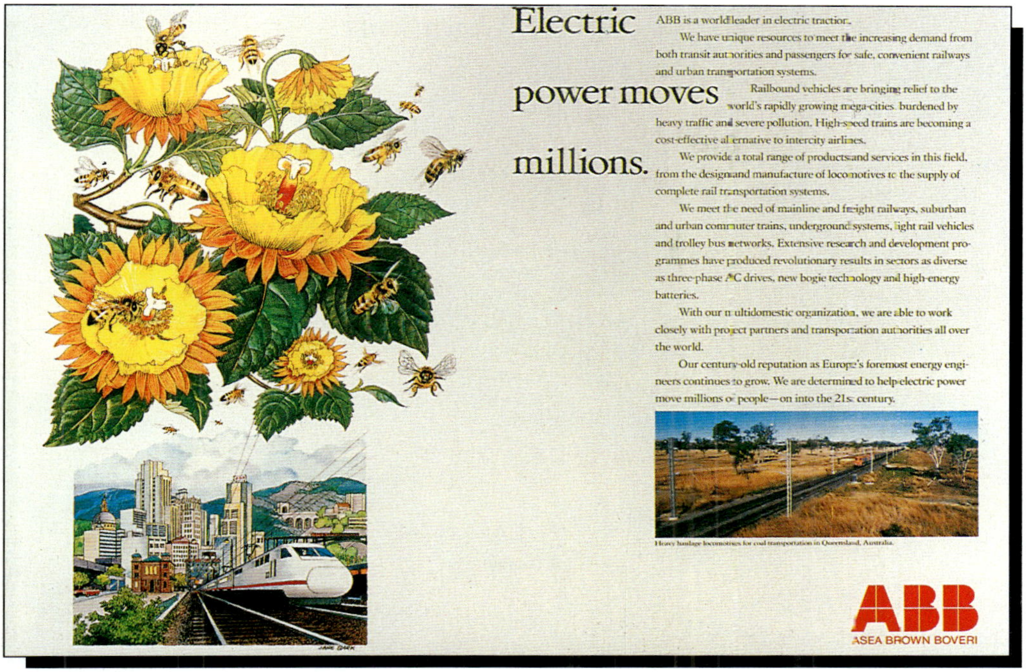


**Abb. 15:** *Beispiel für die internationale Unternehmenswerbung*

**Abb. 16:** *Noch ein Beispiel für die internationale Unternehmenswerbung*

**Abb. 17:** *Internationale Unternehmenswerbung*

**Abb. 18:** *Nationale Unternehmenswerbung (Deutschland)*

**Abb. 19:** *Nationale Unternehmenswerbung (Deutschland)*

**Abb. 20:** *Nationale Unternehmenswerbung (Deutschland)*

# Aral AG Corporate Identity – ein Lernprozeß

Roland Mielke

# Das Unternehmen

## Vielfältige Vorstellungen beim Verbraucher

97 % aller Autofahrer kennen Aral. Nahezu jeder vierte Autofahrer bezeichnet sich als Stammkunde der Marke Aral. Und dennoch gibt es unter den Stammkunden nur wenige, deren Vorstellungsbild über Aral in allen Punkten gleich ist.

Aus Marktforschungsuntersuchungen lassen sich die folgenden am häufigsten genannten Meinungen über Aral ablesen:*

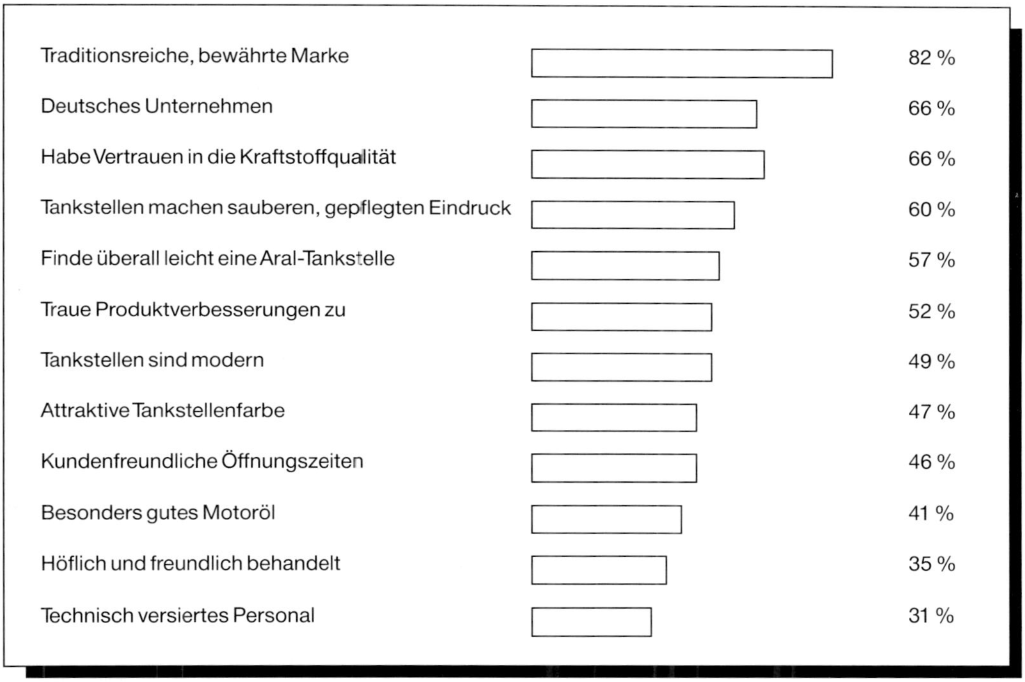


**Abb. 1:** *Meinungen der Autofahrer über Aral*

Eine wichtige Tatsache wird hier deutlich: Das Kapital eines Mineralölunternehmens besteht nicht nur aus Bohrstellen, Raffinerien und Vertriebseinrichtungen, sondern auch aus gezielt aufgebauten Vorstellungen über die Marke, aus Meinungen über das Unternehmen und den damit verbundenen Neigungen, die Leistungsangebote dieses Unternehmen in Anspruch zu nehmen.

## Historisch gewachsenes Erscheinungsbild

Im Mittelpunkt der Geschäftstätigkeit von Aral stehen Vertrieb, Transport und Lagerung von Kraft- und Schmierstoffen, die die Aral-Aktionärsgesellschaften aus ihren Produk-

*) Aus einer Repräsentativumfrage bei 2000 Pkw-Besitzern vom Juli 1991.

tionsanlagen liefern. Alle übrigen Aktivitäten der Gesellschaft sind mit diesem Kerngeschäft verbunden. Sie dienen dazu, den Millionen autofahrenden Kunden bedarfsgerecht zusätzliche Waren und Dienstleistungen anzubieten und damit das vor allem im Vertriebsapparat steckende Kapital zusätzlich zu verzinsen.

Die Gründung von Aral ist auf das Benzol zurückzuführen. Im Jahre 1898 gründeten 13 Bergbauunternehmen die »Westdeutsche Benzol-Verkaufsvereinigung« mit Sitz in Bochum, um das bei der Kokserzeugung als Abfallprodukt anfallende Benzol zu vermarkten. Der technische Durchbruch für den Aral-Kraftstoff gelang, als die richtige Mischung zwischen Benzol und Benzin den Weg für einen breiten Einsatz im Kraftfahrzeugsektor ebnete. Diese Mischung aus Aromaten und Aliphaten wurde 1924 vom Benzolverband unter dem Namen Aral vorgestellt.

**Ar** omaten
**Al** iphate

**Aral**

**Abb. 2:** *Die Findung des Markennamens*

Es war dies der erste hoch-klopffeste Motorenkraftstoff (»Super«) der Welt.

Vor dem Hintergrund der zunehmenden Motorisierung wurde das Netz der blau-weißen Zapfsäulen schnell ausgeweitet. Bereits 1937 gab es mehr als 10 000 Stationen; sie sind mit heutigen Tankstellen allerdings kaum mehr zu vergleichen.

Das Erdöl wurde mehr und mehr zum ausschließlichen Grundstoff für die Kraftstoffherstellung. Nach der Benzol-Ära begann die »Benzin-Zeit« für Aral. Diese Entwicklung spiegelt sich auch in den Änderungen des Markenzeichens wider. Aus dem alten BV-Zeichen – BV stand für Benzol-Verband – wurde der heutige Aral-Diamant.

Ein heute dominierendes Element des Erscheinungsbildes von Aral, nämlich die Farbkombination Blau-Weiß, wurde 1927 nicht als Folge tiefenpsychologischer Untersuchungen, sondern eher zufällig eingeführt. Grund: Die bis dahin verwendete Farbkombination Schwarz-Gelb mußte wegen der Verwechslungsgefahr mit den damals neu eingeführten Verkehrsschildern aufgegeben werden. Man wählte als Ersatz die Bochumer Stadtfarben. Die Entscheidung für die Farbe »Blau« war damit gefallen. Fortan wurden mehrere tausend Aral-Tankstellen blau und weiß gestaltet.

**Abb. 3:** *Alte Tankstelle*

## Aral gleich Tankstellen

Für den Autofahrer, dem sich das Unternehmen vor allem über Tankstellen präsentierte, verbanden sich die gestalterischen Elemente mit den dort angebotenen Leistungen. Auch heute noch wird Aral von der breiten Öffentlichkeit vor allem als Tankstellengesellschaft verstanden. Allerdings hat sich der Inhalt dieser Vorstellungen mit der wachsenden Angebotsvielfalt verändert.

Die traditionell umfangreichen Aktivitäten im Direktgeschäft mit einer Vielzahl von mittleren und kleineren gewerblichen Kunden haben dagegen in der breiten Öffentlichkeit keinen entsprechenden Bekanntheitsgrad erreicht.

**Abb. 4:** *Aral-Diamant gestern und heute*

Beim Verkauf von Kraftstoffen über Tankstellen handelt es sich um ein typisches Kleinmengengeschäft: Durchschnittlich werden pro Tankung nur rund 35 l abgegeben. Mehr als 3 Millionen Mal pro Tag wird in Deutschland getankt, davon rund 650 000 Mal bei Aral.

Die stürmische Motorisierungsentwicklung der 60er Jahre ließ die Zahl der Tankstellen schnell anwachsen. Anfang der 70er Jahre hatte Aral einschließlich der 1971 fusionierten Tochtergesellschaft Gasolin über 10 000 Tankstellen. Obwohl diese Zahl aus Gründen der Wirtschaftlichkeit für Aral und die Betreiber der Tankstellen inzwischen auf rund 3000 reduziert wurde, ist Aral auch heute noch eines der größten »Filial«-Unternehmen in Deutschland.

Das besondere Geschäftsverhältnis zwischen der Gesellschaft und den Inhabern der »Filialen«, den Tankstellenpartnern, hat das Erscheinungsbild von Aral wesentlich beeinflußt. Die Partner verkaufen als selbständige Handelsvertreter Kraft- und Schmierstoffe im Namen und für Rechnung von Aral. Das gilt sowohl für die gesellschaftseigenen Tankstellen wie auch für die Tankstellen, die den Partnern gehören. Dieses sogenannte Agenturverhältnis wird seit den 20er Jahren bei den Mineralölfirmen praktiziert. Kennzeichnend dafür ist, daß die Preise für Kraft- und Schmierstoffe an der Tankstelle von Aral bestimmt werden. Diese Regelung rechtfertigt sich u.a. auch dadurch, daß dem Tankstellenpartner als eine der Gegenleistungen der Gesellschaft die überregionale, durch Werbe- und Verkaufsförderungsmaßnahmen getragene Markengeltung zur Verfügung steht. Zu diesen Maßnahmen gehört auch die Entwicklung und Durchsetzung von Konzeptionen zur optischen und baulichen Gestaltung der Tankstellen. Unabhängig davon bleibt den Tankstellenpartnern ein breiter Spielraum unternehmerischer Selbständigkeit, der zum Erscheinungsbild des Unternehmens Aral gehört. Dieser Spielraum schlägt sich auch optisch in einer breit gefächerten, individuell auf die örtlichen Verhältnisse zugeschnittenen Angebotsvielfalt nieder. Im Durchschnitt macht das »klassische« Kraftstoff- und Schmierstoffgeschäft heute etwa 40 % des Gesamtergebnisses einer Tankstelle aus. Dienstleistungs- und Shopgeschäft steuern die restlichen 60 % bei.

## Anstöße für ein Überdenken des Erscheinungsbildes

### Ein verblüffendes Marktforschungsergebnis

Aus einem Bericht der Marktforschung von 1972: »In einem Test sind wir der Frage nachgegangen, inwieweit Autofahrer das Markenzeichen von Aral kennen. Dazu haben wir 70 Personen – nach dem Quotenverfahren ausgewählt – befragt, die mindestens einmal in den letzten zwei bis drei Monaten selbst zu einer Tankstelle gefahren sind.

Die Ergebnisse lassen sich wie folgt darstellen:

- Lediglich 10 % der Befragten konnten aus der Erinnerung heraus das Aral-Markenzeichen richtig skizzieren. 64 % zeichneten ein einfaches Quadrat (ohne den Zusatz »BV«) als Aral-Zeichen. Bei 26 % hatte das Aral-Markenzeichen eine andere Form bzw. war es unbekannt.

- Bei Vorlage von acht unterschiedlichen Markenzeichen hat die überwiegende Mehrheit der Befragten ein auf die Spitze gestelltes Quadrat als das heute übliche Aral-Zeichen herausgefunden; jedoch nur 36 % erkannten das richtige Aral-Markenzeichen.

Allgemein läßt sich also sagen, daß das Aral-Markenzeichen mit allen Einzelheiten nur in begrenztem Umfang bei den Verbrauchern bekannt ist, der Hauptbestandteil – nämlich die Form des auf die Spitze gestellten Quadrates – ist den Autofahrern ein Begriff.

Was viele vermuteten, brachte diese kleine Marktforschungsuntersuchung zutage: Historisch gewachsene Markenzeichen, wichtige Elemente des optischen Erscheinungsbildes, sind häufig überfrachtet. Die Bereinigung unter Beibehaltung der typischen Formen und Farben hat eher positive als negative Auswirkungen auf die Identifizierbarkeit des Markenzeichens.

**Auf der Suche nach der Tankstelle der Zukunft**

Der Motorisierungsboom und die damit verbundene schnelle Ausweitung des Kraftstoff- und Schmierstoffgeschäftes vor allem in den 60er Jahren stellte hohe Anforderungen an alle, die sich mit dem Neubau und der Erweiterung von Tankstellen zu befassen hatten. Mit Ideenreichtum und Erfindungsgeist wurden die planerischen und organisatorischen Probleme der Netzausweitung bewältigt. Dennoch, für grundlegend neue Gestaltungskonzepte im Zusammenhang mit der Vertriebseinrichtung »Tankstelle« blieb nur wenig Zeit. Wachsenden Anforderungen an die Tankstellen im Bereich des Waren- und Dienstleistungsgeschäftes wurde durch pragmatisches Hinzufügen neuer Baukastenelemente an bestehende Typen begegnet. Die Integration des Gasolin-Tankstellennetzes Anfang 1971 erhöhte die bereits bestehende Typenvielfalt des Aral-Netzes.

Obwohl ein Nachlassen der Anziehungskraft der Marke Aral bei den Verbrauchern nicht festzustellen war, stellte sich die Frage nach einer angemessenen Präsentation der Aral-Tankstellen in der Öffentlichkeit. Anstöße, gezielt über die Tankstelle der Zukunft nachzudenken, kamen aus allen Bereichen des Unternehmens, auch von Mitarbeitern, die nicht unmittelbar mit dem Tankstellengeschäft zu tun hatten. Es war nicht zu übersehen, daß das Erscheinungsbild der Aral-Tankstellen durchaus auch etwas mit dem Selbstverständnis der Aral-Mitarbeiter zu tun hat.

Ein (externer) Berater formulierte damals spitz: *»Das Gesamt-Firmen-Image von Aral ist sehr stark und sehr wirkungsvoll, aber wir haben feststellen müssen, daß die einzelne Tankstelle über keinen starken Eigencharakter verfügt. Das einzige, was eine Aral-Station von fremden Tankstellen unterscheidet, sind der Name Aral und die Farben. Weder die Gestaltung der Station noch die Behandlung der Kunden unterscheiden sich grundsätzlich von Wettbewerbs-Stationen vergleichbaren Alters und vergleichbarer Größe.«*

Ähnliche Überlegungen hatten bei Aral schon zu ersten Konsequenzen geführt. Bereits im Jahre 1969 war ein Arbeitskreis ins Leben gerufen worden, in dem sich Produktmanager, Vertriebsfachleute, Architekten, Marktforscher und Werbeleute über die Tankstelle der Zukunft austauschten. Die Atmosphäre dieser Arbeitskreissitzungen läßt sich nur schwer beschreiben. Vehement vorgebrachte verkäuferische Anforderungen an die bauliche Gestaltung wechselten mit der nachdenklich stimmenden Frage nach dem Selbstverständnis des Unternehmens. Marktforschungsergebnisse über positive Entwicklungen der Markengeltung lösten immer wieder Zweifel an der Notwendigkeit des gemeinsamen Unterfangens aus. Es wurde über Ästhetik gesprochen und Identität war gemeint. Aufträge für Gestaltungsvorschläge wurden erteilt, vorgestellt, diskutiert und wieder verworfen. Einzelne Ideen wurden kurzfristig realisiert und in die Bauprogramme aufgenommen. Was fehlte, war der Maßstab, das Konzept, an dem konkrete Gestaltungsvorschläge gemessen werden konnten.

### Nachdenken über die langfristige Ausrichtung des Unternehmens

Parallel aber unabhängig von der Arbeit an der Tankstelle der Zukunft wurde selbstverständlich über Rahmenbedingungen, Ziele und langfristige Perspektiven des Unternehmens Aral nachgedacht. »Aral ist eine Tankstellengesellschaft« war eine der Ausgangserkenntnisse der Überlegungen. Reicht diese Identität für ein langfristiges Bestehen des Unternehmens? Neue Aktivitäten mit der Blickrichtung auf bereits erschlossene Zielgruppen wurden in Betracht gezogen.

In dieser Zeit entstand das Konzept für den Aral MiniMarkt: Dem über den Benzinverkauf gewonnenen Kundenstamm werden damit Artikel des täglichen Bedarfs angeboten, die in den Rahmen einer erweiterten Tankstelle hineinpassen. Gleichzeitig wurden die Bemühungen fortgesetzt, auch die Dienstleistungsgeschäfte an den Tankstellen – vor allem die Autowaschanlagen – zum Systemgeschäft weiterzuentwickeln. Unter der Überschrift »Was wir tun würden« schrieb damals ein Berater:

*»Das Marken-Image festigen und im weitesten Sinne ausbauen und damit die Voraussetzung für individuell zu entwickelnde Marketingstrategien schaffen. Und wenn Aral eines Tages ein Waschmittel oder Gartengeräte verkaufen würde, dürfen diese Artikel nicht nur Gewinne abwerfen, sondern sie müssen auch integrierter Bestandteil des Markenbegriffs Aral, seiner Stärke und Vormachtstellung sein.«*

## Aufgabenstellung für CI-Maßnahmen

### Ziele

Als Ergebnis der verschiedenen Anstöße für eine generelle Überarbeitung des Aral-Erscheinungsbildes wurde die Londoner Marketing und Design Consultants Wolff Olins Ltd. mit der Entwicklung eines CI-Design-Konzeptes beauftragt. Das Konzept sollte

- zu einer Vereinheitlichung des Erscheinungsbildes von Aral führen,
- dem Hauptgeschäftszweig »Tankstellengeschäft« zu zusätzlicher Attraktivität verhelfen,
- die Zugkraft der Marke Aral stärker für die übrigen Geschäftszweige erschließen,
- dazu beitragen, daß sich die Identität des Unternehmens Aral gegenüber den Wettbewerbern klar und unverwechselbar abhebt.

Alle Elemente, die für die Öffentlichkeit sichtbar auftreten, sollten diesem Konzept folgend überprüft und ggf. überarbeitet werden. Eine wichtige Vorgabe war die Forderung, die in der breiten Öffentlichkeit bekannte Farbkombination Blau-Weiß weiter zu verwenden.

### Strukturierung

Um die Aufgabenstellung zeitlich und sachlich zu gliedern, wurden die für notwendig befundenen CI-Maßnahmen zu Projektbündeln zusammengefaßt, die sich vor allem am Zeitbedarf für die Durchführung der jeweiligen Maßnahmen orientierten.

Für die einzelnen Projekte waren grundsätzlich vier Arbeitsphasen vorgesehen:

1. Phase: Untersuchung des Ist-Zustandes, Analyse der Sachzusammenhänge und der Zielvorgaben.
2. Phase: Entwicklung eines gestalterischen Konzeptes und Definition der Grundelemente.
3. Phase: Umsetzung des Konzeptes anhand von Anwendungsbeispielen mit Präsentation bei den Anwendern; Einarbeitung eventueller Korrekturen.
4. Phase: Einführung der CI-Maßnahmen über unterschiedliche Informationsmedien.

Mehrere Projektbündel wurden auf diese Art »geschnürt«. Kosten- und Zeitbedarf wurden geschätzt, dann die Projekte in Auftrag gegeben. Als erstes Projektbündel wurde die Entwicklung eines grafischen Systems in Angriff genommen, als zweites Projekt die Entwicklung eines architektonischen Systems für Aral-Tankstellen vorgesehen.

## Umsetzung und Anwendung

### Die Grundidee

Am Anfang der Entwicklung eines grafischen Systems stand die konsequente *Suche nach einer gestalterischen Grundidee*. Aus Vorgesprächen, Untersuchungen und Analysen war klar geworden, daß zwar einzelne Gestaltungselemente brauchbar waren und »funktionierten«, daß aber ein übergreifendes, unternehmensbezogenes Dach fehlte. Aus der Aufgabenstellung ließ sich ablesen, daß es nicht um die Erfindung eines neuen Signets für das Unternehmen »Aral«, sondern um einen integrierenden Hintergrund für traditionelle und neue Geschäftsaktivitäten ging. Der Vorschlag war naheliegend und genial zugleich: Als idealer Hintergrund, als unauffälliges Identifikationsmerkmal für das Gesamtunternehmen Aral bot sich der Himmel an.

Die Idee, das Unternehmen Aral über den Himmel identifizierbar zu machen, stieß zunächst auf Skepsis, ließ dann aber nach und nach die breite Palette ihrer gestalterischen Möglichkeiten erkennen. Vor dem sympathisch wirkenden blau-weißen Himmel als Hintergrund läßt sich nahezu jede beliebige Geschäftsaktivität in einem natürlich-logischen Zusammenhang darstellen, das traditionelle Benzin- und Ölgeschäft mit seinen bekannten und bewährten Erkennungszeichen ebenso wie neue Unternehmensaktivitäten mit neu zu schaffenden Symbolen.

Die 1927 zufällig zur Hausfarbe ernannte Farbkombination Blau-Weiß mit ihrem allenfalls für Experten farbenpsychologisch interpretierbaren Gehalt bekommt plötzlich eine allgemein verständliche, konkret-assoziative Bedeutung. Der Himmel als natürliches Bildzeichen ist in seiner konkreten Darstellung wirkungsvoller, stärker und umfassender als synthetische, technisch-abstrakte Firmensymbole. Ohnehin ist die Zahl solcher Zeichen und Symbole so groß, ihre Ähnlichkeit oft so verwirrend, daß sie nur allzu häufig verwechselt werden.

**Die Grundelemente**

*Farbe*
Die Farbe Blau in Kombination mit Weiß ist die Hausfarbe des Gesamtunternehmens. Neutrale Ergänzungsfarbe ist Grau.

*Himmel*
Durch das Einbringen von »Wolken« wird die Hausfarbe Blau zum Grundelement Himmel konkretisiert. Der Himmel soll durch eine wechselnde Anordnung der Wolken seiner Natur entsprechend dynamisch gestaltet werden. Dabei dürfen die Wolken als Gestaltungselement nicht dominieren.

*Hausschrift*
Die Hausschrift ist als drittes Grundelement durchgängiges Erkennungsmerkmal für das Gesamtunternehmen in allen Geschäftsbereichen.

**Anwendungsbereiche**

Die Grundelemente des CI-Design, Farbe, Himmel und Hausschrift werden gleichbleibend und einheitlich über alle Geschäftsbereiche eingesetzt. Ihre Anwendung erfolgt sparsam, prägnant und nach klaren Regeln für

- das Gesamtunternehmen,
- das Geschäft mit Mineralölprodukten,
- sonstige Geschäftsbereiche.

Im einzelnen sind bzw. werden Anwendungsregeln entwickelt für

- allgemeine Druckerzeugnisse,
- Werbe- und Verkaufsförderungsmittel,
- grafisches Design bei Schildern, Verpackungen, Einrichtungen und technischen Geräten,
- Preisauszeichnungen und sonstigen Kennzeichnungen,
- Arbeitskleidung,
- Architektur, Formgestaltung und Anstrich bei Gebäuden, Überdachungen und verschiedenen Außenanlagen, bei Transportmitteln, Füllstellen und Lagereinrichtungen.

Neben den für das Gesamtunternehmen »Aral« durchgängigen Grundelementen gelten zur Kennzeichnung einzelner Geschäftsbereiche jeweils zwei besondere Elemente: nämlich die spezifische Farbe und das eigenständige (Bild-)Symbol. Für das »klassische« Geschäft mit Mineralölprodukten ist das Element Farbe (Blau) identisch mit der allgemeinen Hausfarbe. Als Symbol gilt der »Diamant«, der in der frühen Form das Gesamtunternehmen repräsentierte.

### Anwendungsbeispiele

Die unterschiedlichen Einzelmaßnahmen zur Einführung des neuen CI-Design wurden durchaus nicht ausschließlich von neuen Erfindungen geprägt. Das gilt insbesondere für den klassischen Unternehmensbereich von Aral, dem Mineralölgeschäft. Aus Marktforschungsergebnissen war abzulesen, daß die Anziehungskraft der Marke Aral bei Kraftstoffen und Schmierstoffen auch ohne eine neue Corporate Identity deutliche Wettbewerbsvorteile mit sich brachte. Das neue CI-Design mußte also mit aller Behutsamkeit bewährte Identifikationsmerkmale entfrachten, vereinheitlichen und modernisieren, ohne einen Bruch zum bisherigen Auftreten in der Öffentlichkeit zu verursachen. Den bestehenden Imagevorteilen sollten unauffällig aber wirksam neue hinzugefügt werden.

Um die Grundelemente in den konkreten Anwendungsfällen durchzusetzen, wurden Richtlinien entwickelt, die in einer für den Anwender verständlichen Sprache klar machen sollten, was zu tun ist. Die Richtlinie für die Verwendung des Markenzeichens »Diamant« wurde dabei z.B. wie folgt formuliert:

### Diamant

*Der Diamant ist das alleinige Markenzeichen für den Geschäftsbereich Mineralöl und die damit zusammenhängenden Geschäfte. Er soll in Zukunft weder für das Gesamtunternehmen noch für Diversifikationsbereiche eingesetzt werden. Für die Übergangszeit wird der Diamant in festgelegten Anwendungsfällen auch für das Gesamtunternehmen benutzt. Der Schriftzug ARAL und das auf der Spitze stehende Quadrat sind auf bestimmte Weise zu unserem Markenzeichen, dem Diamant, kombiniert worden. Weder der Schriftzug noch das Quadrat dürfen getrennt als unabhängige Einzelelemente verwendet werden.*

*Der Diamant erhält einen weißen Rand, wenn er auf blauem Grund bzw. freistehend als Transparent verwendet wird.*

*Die Proportionen der einzelnen Elemente des Diamanten (z.B. das Verhältnis von Schrift- und Konturstärke) regelt verbindlich die Filmvorlage TVE Nr. 8-393. Änderungen an diesen Proportionen sind nicht zulässig. Vergrößerungen oder Verkleinerungen sind nur auf fotomechanischem Wege von dem vorgenannten Film zulässig.*

*Für Druckerzeugnisse gibt es Diamanten mit weißer Konturlinie und ohne weiße Konturlinie.*

*Die Version ohne Konturlinie wird freistehend entweder schwarz oder Aral-blau nur auf weißen Flächen (a) verwendet. Die Kantenlänge (Maß A) sollte nicht weniger als 10 mm sein.*

*Die Version mit weißer Konturlinie wird entweder schwarz auf schwarzen Flächen (b) oder Aral-blau auf Flächen im gleichen Aral-blau (c) verwendet. Die Version mit Konturlinie kann Aral-blau auch auf andersfarbigen (ein- oder vierfarbigen) Flächen erscheinen. Die Kantenlänge (Maß B) sollte nicht weniger als 10 mm sein. Die Version mit Konturlinie darf nicht blindgeprägt werden.*

*Wird die Version ohne Konturlinie blindgeprägt, so erscheint das Quadrat hochgeprägt mit dem tiefliegenden Schriftzug ARAL. In Ausnahmefällen, wenn eine Hochprägung nicht möglich ist, kann der Diamant tiefgeprägt werden. In diesem Falle erscheint der Schriftzug ARAL erhaben. Der Diamant darf nicht in andere Zeichen oder sonstige grafische Elemente, wie z.B. Umrandungen (d), integriert werden. Sein Markencharakter darf auch nicht durch Hintergrundflächen verfälscht werden, die der Grundform eines auf der Spitze stehenden Quadrats widersprechen (e) (s. Abb. 5).*

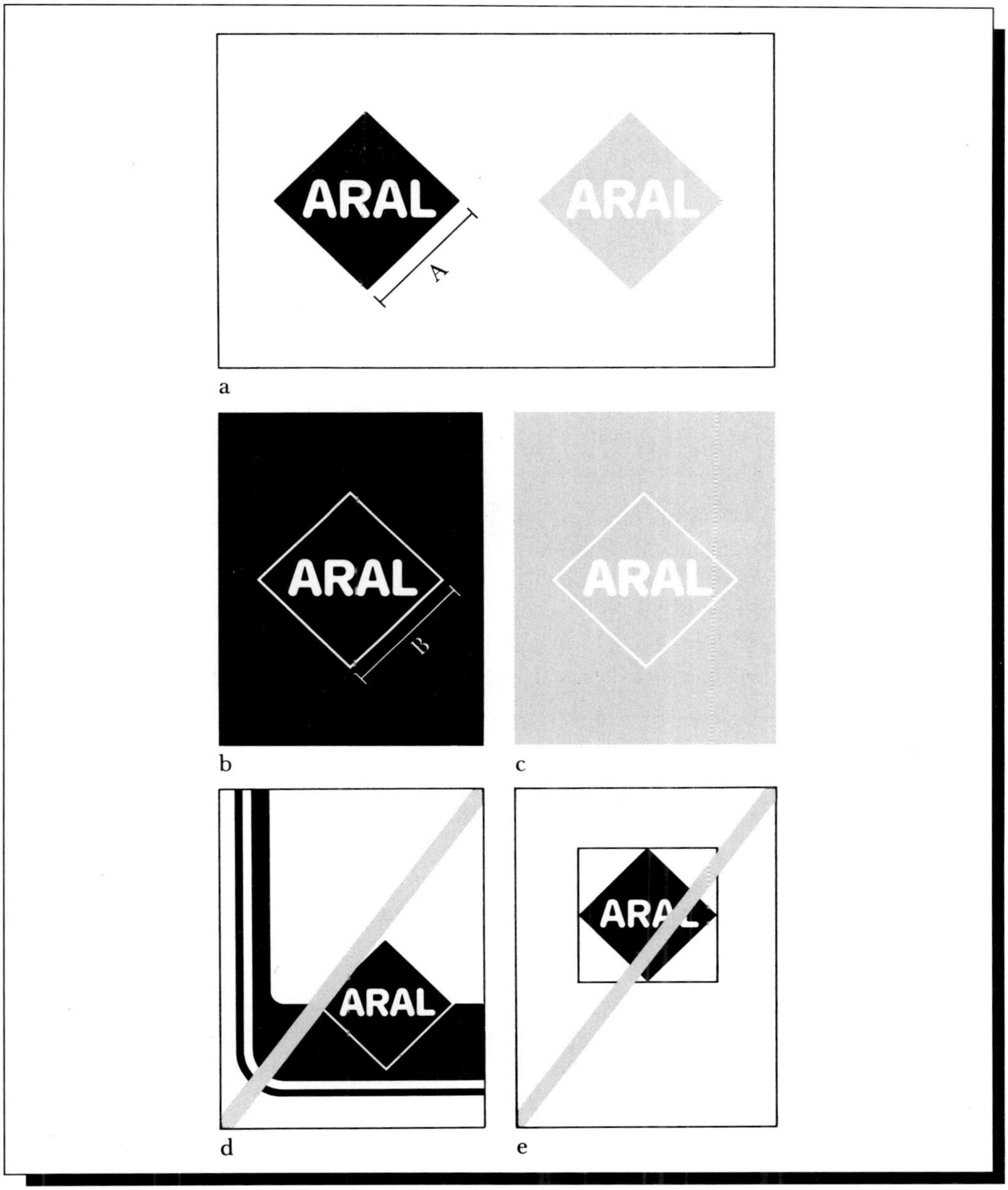


**Abb. 5:** *ARAL-Zeichen*

### Durchsetzung der CI-Maßnahmen

Wichtige Voraussetzung für die Entwicklung und Durchsetzung der CI-Maßnahmen war von Beginn an die unmittelbare Anbindung des CI-Beauftragten an den Vorstandsvorsitzenden des Unternehmens. Mit dieser organisatorischen Vorkehrung war es möglich, den in großen Unternehmen notwendigen »Marsch durch die Hierarchien« mit dem für Veränderungen gleich welcher Art erforderlichen Rückenwind zu versehen. Dies gilt insbesondere für die Entwicklungs- und Einführungsphase, die bei Aral für das Projektbündel »Grafisches System« etwa zwei Jahre verschlang. Für die Durchsetzung des CI-Design wurde eine eigene organisatorische Einheit geschaffen. Hauptaufgabe ist die Erarbeitung und Ergänzung des *»Handbuch Corporate Identity«*, das sich zu einem Sammelwerk von Anwendungsregeln für CI-Maßnahmen für das gesamte Unternehmen entwickelt hat.

## Auswirkungen

Daß die Corporate Identity unternehmensintern fast ausschließlich zu positiven Reaktionen geführt hat, steht für alle Beteiligten außer Frage. Neben der Arbeitserleichterung durch klare Richtlinien und Vorgaben für alle Abteilungen mit gestalterischen Aufgaben wird zunehmend spürbar, daß das attraktivere »Kleid« des Unternehmens die Einstellung der Mitarbeiter zum Unternehmen positiv beeinflußt.

Für Verbraucher, vor allem für die Aral-Kunden, zeigen Marktforschungsergebnisse, daß die Ziele der CI-Maßnahmen erreicht wurden. Auffällig ist dabei, daß der Übergang in das Zeitalter der neuen Aral-Identität zwar »gleitend«, aber durchaus wirksam vor sich ging. Nur 3 % aller Autofahrer hatten 1976 bewußt wahrgenommen, daß sich das Erscheinungsbild von Aral gewandelt hat. Gleichzeitig fielen die Urteile von Kunden über Tankstellen im neuen Design deutlich positiver aus als die Urteile über Tankstellen im alten Design.

| Aussagen über die Stammtankstelle | Aral-Stammkunden an Tankstellen im neuen Design | im alten Design |
|---|---|---|
| »modern eingerichtet« | 27 % | 20 % |
| »Atmosphäre gefällt« | 26 % | 22 % |
| »sehr guter Service« | 28 % | 22 % |
| »bevorzugte Benzinmarke« | 53 % | 48 % |

**Abb. 6:** *Meinungsumfrage über Aral-Tankstellen*

Der »gleitende« Übergang in das neue Design wurde – im Zuge der ohnehin notwendigen Renovierungen bis in die 80er Jahre fortgesetzt. Gleichzeitig wurden aber auch am neuen gestalterischen Auftritt von Aral Modernisierungen und Anpassungen vorgenommen. Während die grafischen Grundelemente bis heute weitgehend unverändert blieben, wurden im Tankstellenbau immer wieder auch neue Wege gegangen.

## Überdenken der Aufgabenstellung

Bei allen Erfolgen der pragmatischen Umsetzung und Durchsetzung von Maßnahmen der »Hardware« CI-Design ist dennoch deutlich geworden, daß permanent auch an der »Software«, nämlich der Corporate Identity gearbeitet werden muß. Die ständigen Fragen:*

---

* Aus: R. Antonoff, »Mit neuem Image in die achtziger Jahre«; in: Markenartikel 4/80 S. 155.

Wer sind wir?
Was wollen wir?
Warum wollen wir es?
Wer sind unsere Partner?
Wer sind unsere Gegner?
Wodurch überleben wir auf lange Sicht?
Worin besteht unsere Einmaligkeit?

werden in einer sich ständig wandelnden Umwelt immer wieder anders zu beantworten sein. Die Antworten führen zu wechselnden Prioritäten in der Aufgabenstellung für das CI-Design. Die Lösungen dieser Aufgaben haben unverkennbare Auswirkungen auf den kommunikativen Auftritt des Unternehmens in der Öffentlichkeit. Für Aral ist dieser Prozeß zum Bestandteil des unternehmerischen Handelns geworden.

Die Fortentwicklung der Corporate Identity wird zum dynamischen Bestandteil der Unternehmensidentität. Auf die Frage *»Wie lange schätzen Sie, wird es noch dauern, bis die Corporate Identity-Zielsetzung bei Aral endgültig verwirklicht sein wird?«* antwortet daher der CI-Manager: *»Corporate Identity ist nicht als ein Projekt mit einem Beginn und einem geplanten Ende zu sehen. Alle Veränderungen im Markt verlangen eine Überprüfung unserer Corporate Identity-Prinzipien. Eine endgültige Verwirklichung kann es daher nicht geben.«*

## Zehn Ratschläge für den Umgang mit CI-Maßnahmen

**1.** Verstehen Sie die Entwicklung der Corporate Identity als Lernprozeß! Mitarbeiter lernen, mit ihrem Unternehmen umzugehen; die Öffentlichkeit lernt, das Unternehmen an bestimmten, gleichbleibenden Merkmalen zu erkennen.

**2.** Erst die Philosophie, dann das Design! Nur wenn formuliert ist, was CI-Maßnahmen leisten sollen, ist es möglich, Gestaltungsvorschläge zu beurteilen.

**3.** Forcieren Sie das CI-Design! Mitarbeiter und Öffentlichkeit brauchen sichtbare Zeichen, um zu erkennen, daß etwas in Bewegung ist.

**4.** Vermeiden Sie Radikalkuren! Vieles spricht dafür, bewährte Elemente des bestehenden Erscheinungsbildes fortzuentwickeln. Der gleitende Übergang zu einer neuen Corporate Identity sichert die Verzinsung des vorhandenen Image-Kapitals.

**5.** Vermeiden Sie vordergründige Retuschen! Die Einführung eines neuen Markenzeichens allein bringt nur selten den gewünschten Erfolg, wenn nicht umfassende Korrekturen des Gesamtauftritts stattfinden.

**6.** Holen Sie Profis heran! Nur selten sind Unternehmen in der Lage, überzeugende CI-Konzepte aus eigenen Kräften zu entwickeln. Externe Berater haben die für wirklich neue Ideen nötige Unabhängigkeit.

**7.** Ernennen Sie einen CI-Manager! Für die Durchsetzung von CI-Maßnahmen in der eigenen Organisation brauchen Sie einen bewährten, allseits akzeptierten Mitarbeiter im

Unternehmen. Seine organisatorische Einbindung sollte den Stellenwert der CI-Entwicklung zu erkennen geben.

**8.** Schalten Sie frühzeitig den Vorstand ein! Nur wenn von Beginn an sichtbar wird, daß die CI-Maßnahmen von der Unternehmensspitze getragen werden, überstehen sie den Marsch durch die Hierarchien.

**9.** Gliedern Sie die CI-Entwicklung in Projekte! Zeitlich und sachlich klar definierte Etappen der Corporate Identity-Entwicklung erleichtern die Erfolgskontrolle. Abgeschlossene Einzelprojekte geben neuen Schwung für weitere Schritte.

**10.** Richten Sie sich darauf ein, daß die CI-Entwicklung kein Projekt mit planbarem Ende ist! Die ständige Weiterentwicklung der Corporate Identity ist Bestandteil der Corporate Identity selbst.

BMW AG

# BMW: Weltweite Markenpräsenz – ein Weg mit Konsequenzen

## Der Anfang

1977 hat sich BMW entschlossen, die Konzeption seiner Unternehmensdarstellung neu zu positionieren. Was war der Auslöser für diese Entscheidung? Die Traditionsmarke hat sich nach der Krise der 60er Jahre erfolgreich auf dem Markt etabliert. Das Angebot wurde Schritt für Schritt Richtung Exklusivität ausgebaut. Folgerichtig hat BMW erkannt, daß für eine erfolgreiche Besetzung des Exklusivsegmentes ein entsprechendes Umfeld und natürlich ein entsprechend qualifizierter Vertrieb notwendig ist. Das war der Anfang.
In der Folge wurde in Zusammenarbeit mit der Corporate Identity Agentur Zintzmeyer & Lux in Zürich eine Rahmenkonzeption für den weltweiten Auftritt von BMW entwickelt. Das daraus abgeleitete BMW Identity Programm umfaßte vorerst Teilprogramme, wie

Grundsätze und Elemente, Kennzeichnung, Baugestaltung innen und außen, Arbeitsbekleidung, Absatzförderung, Geschäftspapiere, Formulare und Betriebsfahrzeuge. Die Programme, die in der Folge erweitert wurden, bilden die Basis für die Koordination des weltweiten BMW Auftrittes.
Die Dimensionen, die eine solche Neuorientierung und laufende Ergänzung für eine Unternehmung der Größe von BMW hat, ist u.a. auch mittels Zahlen darstellbar: 10 Produktionsstandorte, 16 internationale Vertriebsgesellschaften, 115 Importeure und etwa 4000 Händler in der ganzen Welt. So war die Frage, wie die geplante Umstellung zu organisieren sei, von grundsätzlicher Bedeutung. BMW hat sich für ein sehr pragmatisches Vorgehen entschieden: Stufenweise Einführung nach dem zentralen Gesichtspunkt der kommunikativen Relevanz, d.h. schnell und effizient wahrnehmbare Resultate schaffen.

Dieser Forderung entsprechend wurde in den Jahren nach dem Start der Programme die Um- und Durchsetzung geplant und realisiert. Die nachfolgenden Ausführungen dokumentieren aus heutiger Sicht, was für Konsequenzen ein über zehnjähriger Prozeß der Umstellung und Neuorientierung für eine Weltmarke wie BMW hat, welche Ergebnisse erreicht wurden und mit welchen Fragen das Unternehmen konfrontiert wurde.
Dieser Prozeß ist nach wie vor im Gange, er berücksichtigt und nutzt funktionale, quantitative und qualitative Veränderungen und Anforderungen der BMW Organisation.

Produkt, Architektur und viele weitere Facetten des BMW Auftritts kommunizieren die Haltung des Unternehmens.

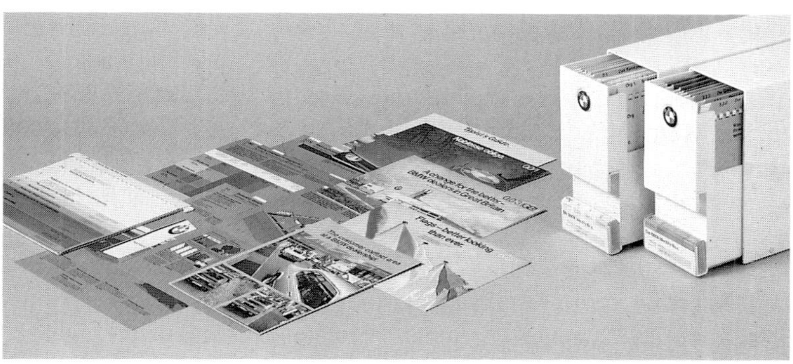

Jedes CI Programm ist so gut wie seine Durchsetzung und Realisierung – die Identity Boxen sind dazu nur ein, wenn auch zentrales Instrument zur Umsetzung der Teilprogramme. Die einzelnen Boxblätter enthalten Richtlinien und die technischen Unterlagen zur praxisgerechten Anwendung vor Ort.

## Zeichen setzen zur Markenprofilierung

Klassische Bausteine eines Unternehmensauftritts sind normalerweise Marke, Schrift und Farbe. Auch Briefpapiere und Printmedien werden meist in die ersten Bemühungen einbezogen. Nicht so bei BMW. Der erste Schritt zur Umsetzung des neuen Markenbildes war die äußere Kennzeichnung möglichst vieler BMW Standorte.
Der neue Auftritt sollte die Persönlichkeit, das Wesen des Unternehmens sichtbar machen. In dieser Festlegung lag zugleich auch ein zweites Ziel, nämlich: Das Unternehmen soll sich als Persönlichkeit von anderen gleichartigen unterscheiden. Die funktionalen und die visuellen Qualitäten des gesamten Vertriebsnetzes sind auch als wesentlicher Beitrag zur positiven Einschätzung der Marke zu verstehen; übrigens auch für Zielgruppen, die keinen direkten Kontakt mit der Marke pflegen.
Aus diesen Überlegungen wurde – abgeleitet aus der BMW eigenen Gestaltungsauffassung – ein Kennzeichnungssystem entwickelt, das den unterschiedlichen Anforderungen der verschiedenartigen Standorte gerecht wird. Besondere Aufmerksamkeit wurde dabei der Händlerkennzeichnung geschenkt. Denn hier geht es darum, die Kompetenz des Händlers mit der von BMW sinnvoll zu verknüpfen.

Die rund 4000 Händler sind vor Ort Statthalter der Marke. Ihre Selbstdarstellung muß sich mit der von BMW decken.
Der Pylon stellt das zentrale Element des Kennzeichnungssystems dar. Die charakteristische Form dieses eigentlichen Wahrzeichens unterstreicht die Eigenständigkeit von BMW noch heute sehr sinnvoll, obwohl in der Folge auch andere Wettbewerber dieses Element einsetzen. Denn gerade im Hinblick auf den Wettbewerb zeichnet sich BMW nicht nur durch das typische Objekt Pylon aus, sondern bietet ein ganzes System-Paket von Kennzeichnungselementen an, die in ihrer Summe den typischen, unverwechselbaren Auftritt ausmachen. Die Kennzeichnung als System ist also weit mehr als nur eine Standortkennzeichnung: aus dem Zusammenspiel der verschiedenen Elemente entsteht ein eigener, BMW typischer Stil.

Rückblickend können wir heute sagen, das Kennzeichnungssystem hat sich bewährt. Bis heute ist weltweit der überwiegende Teil aller BMW Standorte nach den definierten Prinzipien gekennzeichnet. BMW hat es erreicht, seine Organisation nach außen sichtbar zu kommunizieren und durch die eigenständige technische, funktionale und ästhetische Realisierung dem Anspruch der BMW Markenwerte gerecht zu werden.

Die weißen Kennzeichnungselemente sind als modulare Montage-Systeme konzipiert, die sich in ihrer Wirkung gegenseitig steigern. Als signifikantes Wahrzeichen setzt der Außenpylon das BMW Bildzeichen in partnerschaftliche Verbindung mit dem silbernen Namen des Handelsbetriebes.

Werks- und Standort-Kennzeichnungen kommen aus dem gleichen System.

BMW Niederlassung Kassel

BMW France

Geprüft
Gepflegt
Zuverlässig

Geprüft.
Gepflegt.
Zuverlässig.

Die Marke weltweit zu profilieren heißt, auch eine beschlossene Neuorientierung international sichtbar zu machen. Die rund 4000 Händlerbetriebe (ein jeder mit spezifisch lokaler Gegebenheit und eigener Geschichte) nach den Identity Richtlinien zu kennzeichnen, ist ein Unterfangen, das weitsichtiges Systemdenken und motivierende Kommunikation voraussetzt.

## Architektur: Der Aufbau der BMW Erlebniswelt

Gleichzeitige Konsequenz des nach außen gerichteten Kennzeichnungssystems war eine Orientierung nach innen: Die Gestaltung der Schauräume. Der neue Anspruch, der durch die qualifizierte Kennzeichnung festgelegt wurde, stand im Widerspruch zum alten werkstattorientierten Händlerbetrieb. Vorerst war somit nicht die formalarchitektonische Frage von Bedeutung, sondern es mußte ein neues Funktionsmodell für den Händlerbetrieb erarbeitet werden. Aus diesem Ansatz entstand die Konzeption eines eigentlichen Kundenbereiches; d.h. die Entwicklung eines charakteristischen Interaktionszentrums, das alle Funktionen des Händlerbetriebes in einem weiterentwickelten Schauraum zusammenfaßt und so zur typischen BMW Erlebniswelt wird.

Architektur, Licht und Ausstattung der Innenräume erzeugen Transparenz, Großzügigkeit und Klarheit. Die Konzeption erlaubt (u.a. durch mobile Elemente) eine flexible Gestaltung der verschiedenen Bereiche, je nach Erfordernis und Anlaß.

Hier findet der Kunde alle Leistungen, die ihm BMW anbietet, übersichtlich geordnet und auch atmosphärisch dem Standard der Produkte und Dienstleistungen entsprechend. Das Umfeld wird zum typischen, eigenständigen BMW Erlebnis, denn BMW bietet seinen Zielgruppen nicht nur Produkte und Dienstleistungen, sondern reflektiert ihren bestimmten, eigenständigen Lebensstil.

Architektonisch beschränkt sich das Gestalten nicht auf den Innenbereich des Händlerbetriebes, sondern wird im Hochbau und im Außenbereich mit der Umgebungsgestaltung vervollständigt. Kennzeichnung, Architektur und die Umgebung verbinden sich zu einer neuen übergeordneten Gesamtheit. Die einzelnen Bestandteile des Auftrittes sind so aufeinander abgestimmt, daß sie in ihrer Summe eine Erlebniskette ergeben, die neben Produkt und Dienstleistung zum zusätzlichen und in Zukunft immer substantieller werdenden Angebot heranwächst. So wie sich Kennzeichnungsprogramm und Architekturthematik gegenseitig bedingen, wird der Anspruch folgerichtig auch auf weitere Aspekte ausgeweitet, die, wiederum nach kommunikativer Priorität geplant, angegangen werden: Briefpapiere, Betriebsfahrzeuge, Schauraumkommunikation, Verpackungen sind die Schwerpunktprogramme. Durch die veränderte Auslegung des Kundenbereiches werden neue

Die klare, eigenständige und kommunikative Außengestaltung findet ihre Fortsetzung im Innenbereich: Der Besucher erlebt eine in sich schlüssige Welt, in der sich die Marke als Produkt und als Dienstleistung informativ und organisiert offenbart.

Verkaufsformen und auch die qualifizierte Unterstützung der Händler in der Planung ihrer Betriebe oder im Umgang mit den neuen Verkaufsformen erforderlich.
Diese Aufgabengebiete waren neben der effektiven Durchsetzungsarbeit die Schwerpunkte der Entwicklungsarbeit. BMW hat sich entschieden, das Programm zu Ende zu denken und dadurch Vertrieb und Organisation höher anzusiedeln, um den sich wandelnden Marktverhältnissen gerecht zu werden.

Alle Prinzipien der Markenkommunikation gelten für alle Anwendungsbereiche, also auch für die Kennzeichnung der Betriebsfahrzeuge und konsequente Organisation der Geschäftspapiere.

## Schauräume: Lebendige Markendarstellung

Um gesamtheitliche Markenkommunikation zu betreiben, gibt es heute mehr Möglichkeiten als nur die klassischen Werbeformen wie Anzeigen, Broschüren, Plakate und Fernsehspots. Die durch die Werbung aufgebaute Erwartungshaltung muß verifizierbar, erlebbar, ja anfaßbar werden („Erlebniskette"). Das gilt insbesondere für BMW, wo eine Vielzahl unterschiedlicher Facetten das Markenimage bildet. Innovation, Dynamik und Ästhetik sind nur einige dieser Imagefacetten, die die Marke BMW definieren. Diese Werte gründen sich auf eine besondere Tradition und bilden ein exklusives und individuelles Angebot: „BMW – eine intelligente Investition in Lebensqualität".
Um diesem Image gerecht zu werden, muß BMW nicht nur bei der Entwicklung von Automobilen und Motorrädern innovativ sein, sondern auch neue Formen der Kommunikation nutzen. Dieser Anspruch wurde in verschiedenen internationalen Schauraumprojekten realisiert; BMW präsentiert sich in New York, Toronto, Tokyo, Den Haag und München. Ziel ist die Verstärkung der Markenpräsenz in Weltstädten. Die bis heute realisierten Standorte sind aber nicht nur Orte der Präsentation für Produkte und Information über Dienstleistungen, sondern es sind auch Treffpunkte. Hier finden Kunstausstellungen und andere kulturelle Veranstaltungen statt, die durch ihr internationales Niveau zum Ereignis werden, das dann wiederum durch die Medien verbreitet wird.

Park Avenue in New York:
Die BMW Gallery.

Das Schauraumkonzept versteht sich als Resonanzkörper nicht nur für den BMW Stil, sondern auch für die Darstellung von Unternehmenskultur.
Die beispielhafte Innen- und Außenarchitektur, verbunden mit der jeweils exklusiven Lage der Objekte, geben dem Zielpublikum und auch einer breiten Öffentlichkeit die Möglichkeit, BMW in einer überzeugenden Form zu erleben.

Funktion und Ästhetik des BMW Pavillons am Münchener Lenbachplatz sind durch innovative Technik zu einer Ganzheit abgestimmt. Über drei Ebenen eröffnen sich dem Besucher Kunst, Kultur und Technik.

Materialien und Licht sind im Showroom Den Haag zu einer völlig neuartigen Kombination verbunden. Die dadurch erreichte exklusive und ästhetische Atmosphäre spiegelt wesentliche Facetten der Marke BMW wider.

## Ausstellungen: Faszination vermitteln

Es gibt nur wenige Marken, bei denen sich eine so hohe Identifikation zwischen Fahrer und Fahrzeug feststellen läßt. Der Grund ist nicht allein mit fortschrittlicher Technik, hoher Zuverlässigkeit und sportlich-exklusivem Design zu erklären; dahinter steht ein sorgfältig aufgebautes Markenbild. In diesem Imageprofil findet der typische BMW Kunde vor allem seine Eigenschaften und Prinzipien wieder. Somit bieten sich BMW Automobile und Motorräder ihren Besitzern nicht nur als technisch ausgereifte Fahrzeuge und Motorräder an, sondern ebenso als souveräner Ausdruck der eigenen Persönlichkeit. BMW hat frühzeitig erkannt, daß die typischen und Kaufreiz schaffenden Eigenschaften nicht beim Automobil oder Motorrad haltmachen können. Vielmehr müssen sich diese auf das gesamte Umfeld erstrecken, in dem die Marke wahrgenommen wird.
Somit sind internationale Ausstellungen nichts anderes als ein weiterer Aspekt der gesamten Markenkommunikation. Die Aufgabe der Ausstellungen ist die prototypische, aktualisierte Darstellung der Markenwerte sowie des aktuellen Produkt- und Leistungsangebots. Ähnlich wie beim Händlerbetrieb geht es hier um eine ganzheitliche Darstellung, die alle „Medien“ umfaßt, von der Architektur bis hin zur Kommunikation.

Die komplexen Anforderungen des Ausstellungs- und Messebetriebs führten zur Entwicklung eines flexiblen Designkonzepts, das die kommunikative Kompetenz der Marke BMW auch in diesem Umfeld profiliert.

Im Unterschied zum Händlerbetrieb können in den Ausstellungen ständig aktualisierte Interpretationen entwickelt werden, vor allem ausgerichtet auf bestimmte Produkte oder Zielgruppen.
BMW will mit seinen Realisationen dem hohen Designanspruch seiner Produkte gerecht werden, also sind Ausstellungen nicht temporäre Messestände, sondern sie verstehen sich vielmehr als ein durchdachtes Veranstaltungssystem. Das spektakuläre, aber auch das spielerische Moment ist Grundlage für die Darstellung komplexer technischer Zusammenhänge und zukünftig wichtiger Themen. Interaktive Medien fordern zum Dialog auf. Faszination wird vermittelt. In diesem Sinne sind Ausstellungen als weiterer Baustein der Marke BMW zu verstehen.

Eine Ausstellungsfläche wird im konventionellen Sinne noch immer als Stellfläche gemietet und verstanden. Das BMW Ausstellungsdesign läßt den Besucher die Markenwerte und Produkte in einem besonderen thematischen Raum erleben.

Die Erlebniswelt ist geprägt durch eine offene, helle und transparente Architektur, die dem Informationsbedürfnis der Besucher Rechnung trägt.

Produkt, Umfeld und Exponat stehen zueinander in einem attraktiven Spannungsfeld: Die technisch-rationale Klarheit verbindet sich mit inhaltlicher Faszination und Vergnügen.

## Motorsport: Tradition der Sportlichkeit

Das Image der Marke BMW setzt sich, wie schon gesagt, aus vielen Facetten zusammen. Ein Begriff, der eine Reihe von Attributen – wie Dynamik, Erfolg, modernste Technologien – prägnant auf den Punkt bringt, ist Sportlichkeit. Um diesen Begriff glaubwürdig zu untermauern, ist BMW im Motorsport aktiv.

Der Live-Eindruck bestätigt, was der Motorsportauftritt bezweckt: Auf den internationalen Rennstrecken und im Fernsehen wird eine klare und präzise Signalwirkung erreicht. Die gesamte Optik hebt sich durch Eigenständigkeit hervor. Das gilt für die Rennfahrzeuge, die Fahrerkleidung, das Team, die Servicefahrzeuge und die gesamte Ausstattung. Die Konsequenz des Auftrittes schließt auch die Beflaggung der Rennstrecke oder das Veranstaltungszelt ein. Auf diese Weise erzielt BMW die erwünschte, lückenlose Markenpräsenz.

Großzügige Flächen, sorgfältige Integration der Sponsoren und die unverwechselbaren farbigen Streifen in ihrer dynamischen Diagonalanordnung prägen international den BMW Auftritt in der Motorsportwelt.

Höchstleistung im Wettbewerb ist eine BMW Tradition. 1929 fährt Ernst Henne den Geschwindigkeitsweltrekord für Motorräder. 1940 siegen von Hanstein/Bäumer im Rennen „Mille Miglia“ auf BMW 328. Roberto Ravaglia wird 1987 auf BMW M3 deutscher, europäischer und Weltmeister im Tourenwagen. Mit insgesamt fünf Titeln in fünf aufeinander folgenden Jahren ist Roberto Ravaglia einer der erfolgreichsten Tourenwagen-Piloten aller Zeiten.

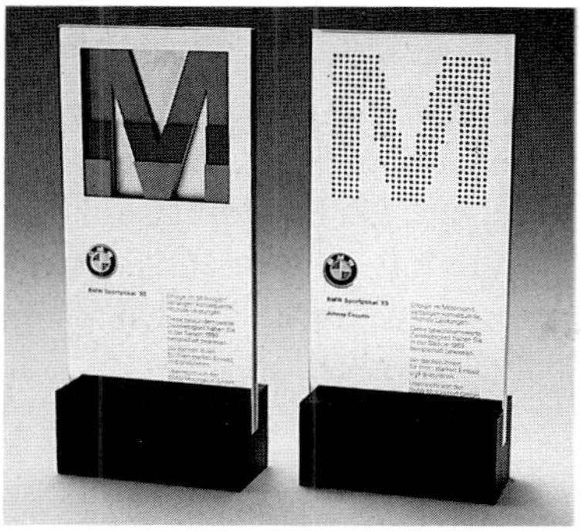

Sportlichkeit als traditionelles Element ist nicht gleichzusetzen mit traditioneller Gestaltung: Die für unterschiedliche Rennen und Veranstaltungen entwickelten Trophäen demonstrieren ein hohes Maß an Kreativität und Typik innerhalb des gegebenen Rahmens von Corporate Design.

# Modellpremieren: Identity und Ereignis

Wenn für die Entwicklung einer Modellreihe mehrere Jahre benötigt werden und wenn hohe technische, funktionale und formale Anstrengungen gemacht wurden, muß die Einführung auf dem Markt mit der entsprechenden Sorgfalt erfolgen. Da Produkteinführungen durch die genannte mehrjährige Vorbereitung geprägt sind, haben diese in der Automobilbranche auch den Charakter eines Ereignisses. Die interne wie auch die nach außen gerichtete Wirkung und die entsprechende Erwartung sind äußerst hoch.

Als visuelles Leitmotiv der 7er Einführung wurde ein dreidimensionales, mit Apostroph versehenes Ziffern-Zeichen gewählt. Die Adaption für die verschiedensten Materialien, Anlässe und Einsatzvarianten ist als kreatives Prinzip zu verstehen.

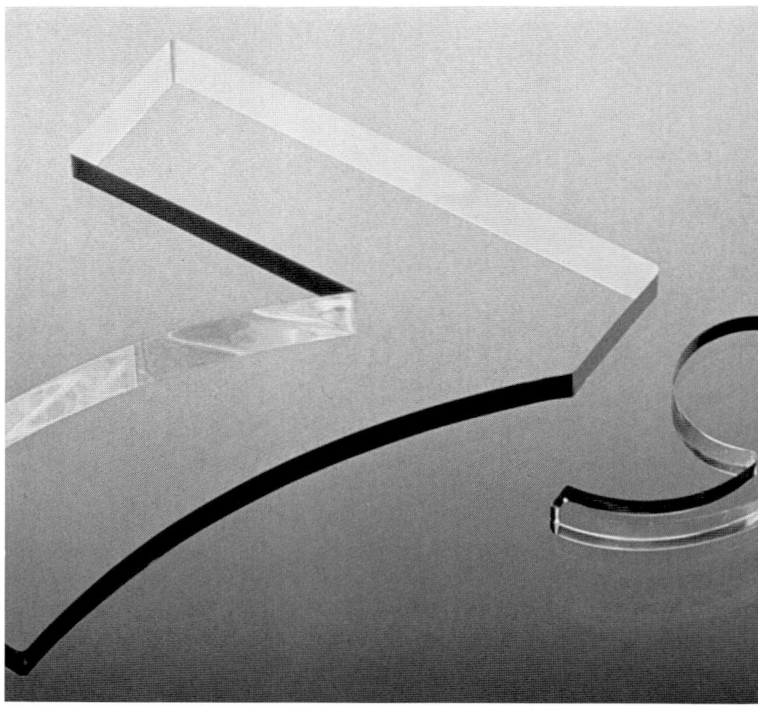

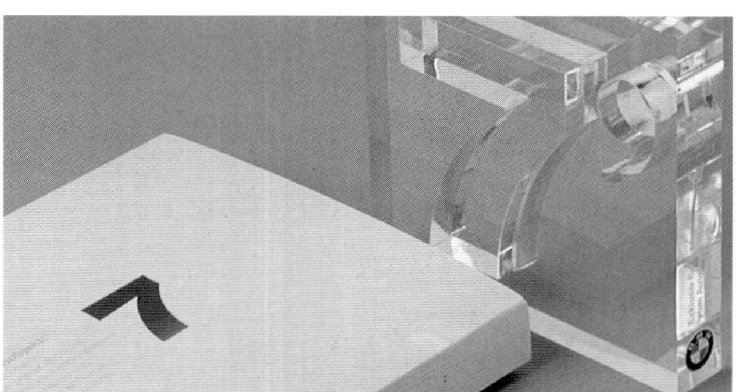

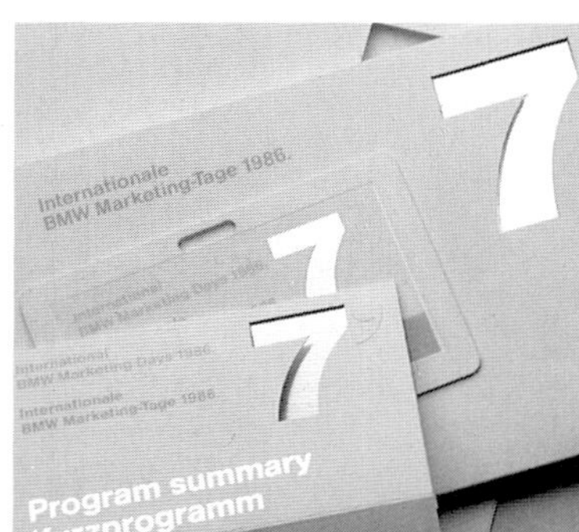

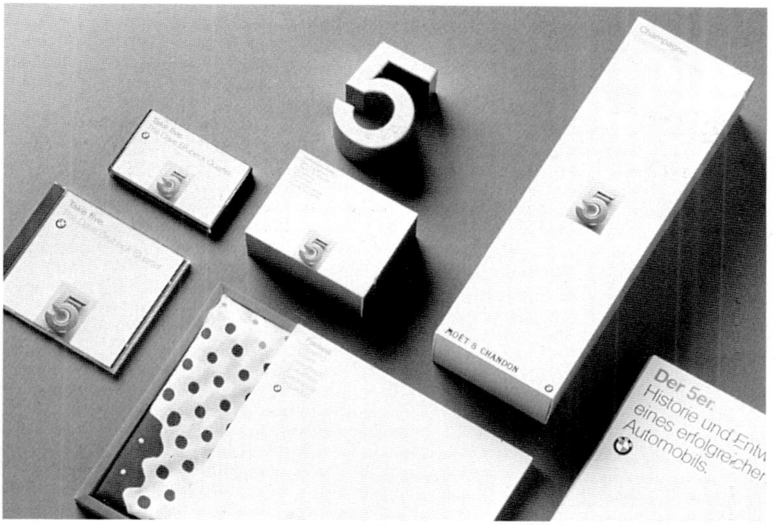


Definierte Rahmenbedingungen werden als musterhafte Richtlinien und operative Unterstützung organisiert. Dadurch bewirken sie Aktivierung statt Einschränkung der kreativen Umsetzung durch die Beteiligten. Gleichzeitig lassen sich bei Produktdifferenzierung in den Modellreihen nach Vorliegen aller Leitlinien und -motive optimale Synergien erzielen.

Dem Anlaß entsprechend werden bei BMW für neue Automobilreihen besondere Einführungspakete entwickelt. Durch bestimmte visuelle Merkmale wird die Markteinführung geprägt, von der ersten internen Dokumentation, über die Veranstaltungen für Händler und Presse bis hin zur Premiere für das breite Publikum. Diese Auftrittspakete haben zudem auch die Funktion der prototypischen Kommunikation. Das heißt, der Anlaß kann weltweit zusätzlich dafür genutzt werden, den unterschiedlichen BMW Stellen und der Handelsorganisation die Weiterentwicklung der Marke zu demonstrieren. Ein vorbildliches Auftrittspaket beeinflußt ebenso wie Richtlinien und Manuals, denn es erklärt deren Inhalte auf sehr anschauliche Art und Weise. Mit anderen Worten: Corporate Identity kann durch solche Beiträge zu wichtigen Ereignissen viel von Markendenken und Designphilosophie vermitteln. Gleichzeitig wird die Kreation weiterer „Logos“ oder Marken unterbunden, die in Konkurrenz zu den BMW Marken treten könnten. Leitsymbole für Modellreihen entstammen dem rein typografischen Vorrat von Identity Schriftsystem oder Modellreihenbezeichnung.

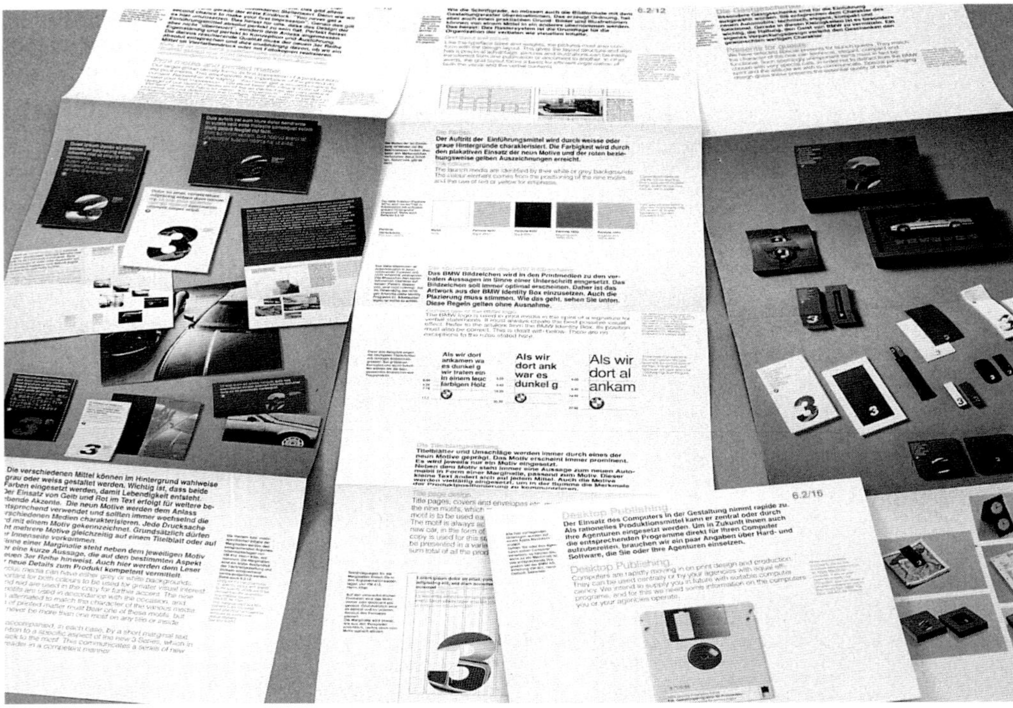


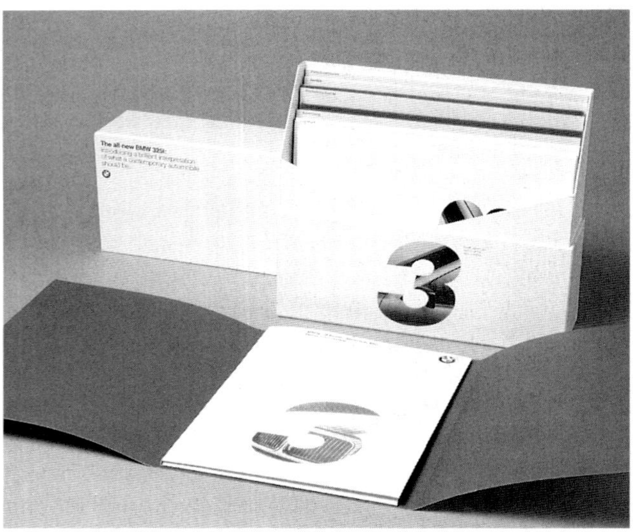

Betonte Individualität der neuen 3er Reihe drückt sich aus in mehreren individuellen Leitmotiven zum flexiblen Einsatz – stets in Form der Ziffer Drei.

## Medien: Unternehmenshaltung nach innen und außen

Nach wie vor machen gedruckte Medien einen erheblichen Teil der Kommunikation eines modernen Großunternehmens aus. In der Automobilindustrie spielt dies noch eine besondere Rolle, da der Gegenstand der Begehrlichkeit in besonderer Weise im Druck und in der Kommunikation ästhetisiert werden muß. BMW sieht allerdings Printmedien in ihrer Rolle breiter. Zum einen ist das Drucken und das Gedruckte nach wie vor wesentlicher Bestandteil der Industriekultur, zum anderen bewirkt die Qualität der gedruckten Kommunikation unmittelbare Effizienzeffekte der Information im Unternehmen und extern und zum dritten sind handfeste Kosten- und Preis-Leistungs-Fragen mit dem Thema Printmedien verbunden.

Der BMW Geschäftsbericht: Nicht nur Zahlenwerk, sondern auch Ausdruck der Unternehmenshaltung.

Printmedien werden bei BMW den gleichen Prinzipien untergeordnet wie z.B. die Architektur, der Motorsport oder die Gestaltung der Händlerbetriebe. Gemäß den zu übermittelnden Markenwerten stehen im Vordergrund Systematik, Reduktion, Ästhetik sowie Kostenwirtschaftlichkeit.
Das „erste Medium" des Hauses ist der Geschäftsbericht. In ihm verbinden sich in besonderer Weise und besonderer Intensität die Anliegen der Markenkommunikation, die nüchterne Information, die präzise und gleichzeitig sehr ästhetische Informationsübermittlung in Grafik- und Bildwelten, die eine markentypische und funktionale Regie erfahren.

Weiter gibt es spezielle Mediensysteme für spezielle Bedürfnisse in der BMW Organisation. Zu nennen ist zum einen das Mediensystem des Bereiches Presse- und Öffentlichkeitsarbeit, das automobilbezogene Literatur, Informationsblätter, Kurzinformationen, Poster, Plakate und viele andere Medien vereint. Ein weiteres „Mediensystem Handel" wurde aus der Notwendigkeit geschaffen, die Informationen der BMW AG an den Handel besser zu systematisieren und zu strukturieren. Informationslogistische Probleme und darauffolgende Untersuchungen hatten gezeigt, daß der Handel zwar nicht mit weniger Information versorgt werden kann, diese aber besser zu organisieren ist. Daraufhin wurde das Mediensystem Handel geschaffen mit exakten Verteilern, sachlichen Ober- und Untergruppierungen, klarem Gestaltungs- und Layoutraster und einer Ordnungssystematik. Nachfolgende Befragungen ergaben eine sehr hohe Zustimmungs- und Zufriedenheitsquote im Handel und sehr erfreuliche Kosteneinsparungen in der Gesamtorganisation. Als gleichrangiges Ziel wurde auch in diesem Mediensystem eine BMW typische Erscheinung und Ästhetik realisiert.
Als größeres Pilotprojekt, das zu einem umfassenden BMW Mediensystem führte, diente das Mediensystem für das Ressort Personalwesen. Im Verständnis von Corporate Identity als vollständigem integrativem Prozeß des Gesamtunternehmens verband man Ziele der Personalpolitik mit den kommunikativen Absichten der Corporate Identity. Die Mitarbeiter in modernen Unternehmen haben heute einen Qualifikations- und Bildungsstand, der althergebrachte „bürokratische" Informationsübermittlung nicht mehr verträgt. Wie ein Sprichwort sagt: „Wie man in den Wald hineinruft, so schallt es zurück." In etwa einjähriger Arbeit wurde mit dem Personalressort eine Bestandsaufnahme, Analyse und Aufbereitung aller relevanten Medien gemacht.

Systematik statt Schablone: Spezifische Ausprägung besonderer Themen ist innerhalb einer gemeinsamen Gestaltungsauffassung möglich.

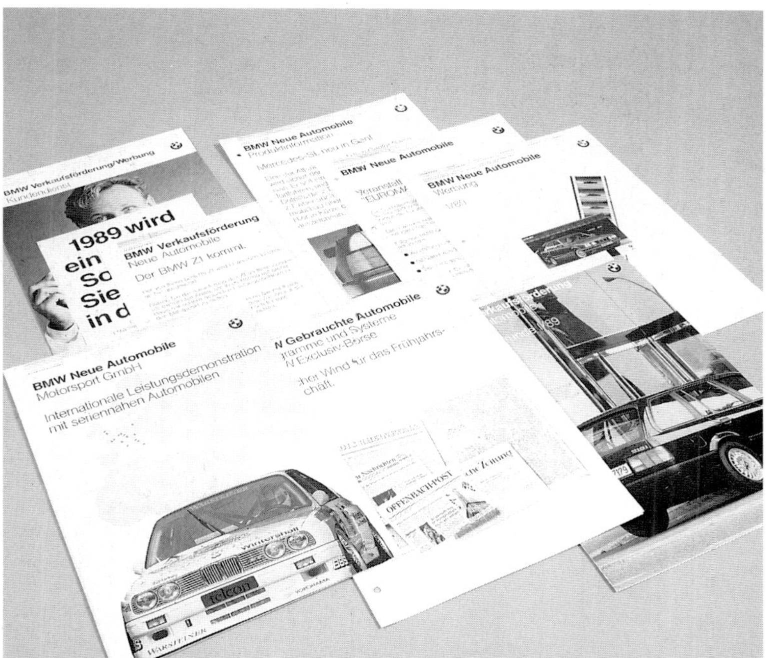


„Jedes Identity Programm ist so gut wie seine Durchsetzung und Realisierung“ – ebenso bestimmend ist aber der gestalterische Freiraum, der erst zur zielgruppengerechten und somit kommunikativen Umsetzung der Richtlinien anregt.

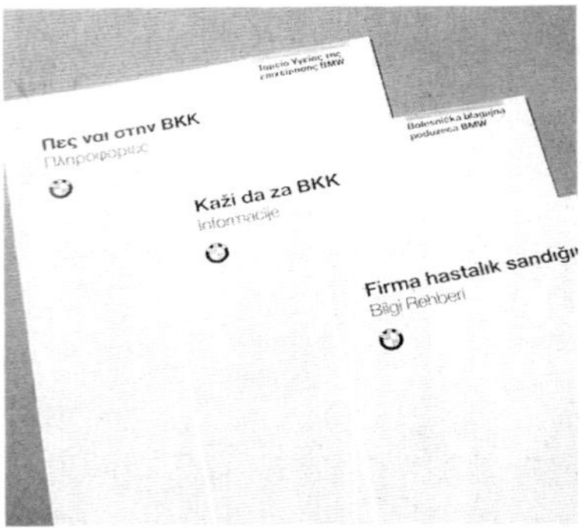

Durch zusätzliche funktionale Elemente wie farbliche Codierung oder ähnliche Merkmale können einzelne Mediengruppen ausgezeichnet werden, wie zum Beispiel im Personalbereich.

Das Ergebnis ist eine inhaltliche Neuorientierung zu einem kommunikativeren Übermitteln von Botschaften. Wer engagiertes Verhalten einfordert, muß auch qualifiziert informieren. Klare verbale Aussagen bereits auf Titelblättern, präzise Abbildungen und Bildinhalte, Layoutregie im durchgängigen Gestaltungsraster ermöglichen eine gesteigerte Kreativität in der Umsetzung der unterschiedlichsten Botschaften bei Wahrung einiger weniger Grundprinzipien, die als Gestaltungskonstanten wirken und die Wiedererkennbarkeit und die Zuordnungssystematik erleichtern. Dies erstreckt sich von einfachen Drucksachen bis zur Werkszeitung Bayernmotor. Auch hier war im Mitarbeiterkreis eine sehr positive Resonanz zu spüren. Aus diesem Pilotprojekt und den vorangegangenen Subsystemen der Information im Printbereich wird derzeit das BMW Graphic Design Programm fertiggestellt. Es bezieht sich vorerst auf Printmedien; eine Ausweitung auf elek-

Auch traditionelle Mittel wie der BMW Meisterkalender werden anspruchsvoll und funktional gestaltet.

tronische Medien und audiovisuelle Mittel ist ebenfalls in Arbeit. Dieses Mediensystem wird ebenfalls dazu beitragen, sehr deutliche Kosteneinsparungen zu realisieren und gleichzeitig eine ebenso deutliche Anhebung in der gestalterischen Qualität bringen. Denn jede Botschaft, die von BMW kommt, soll für BMW in der unternehmenstypischen Weise sprechen und werben. Jede Botschaft des Unternehmens ist ebenfalls Teil der schon zitierten Erlebniskette und ein wichtiger Bestandteil der Unternehmens- und Markenhaltung nach innen und nach außen.

## Die Marke verpflichtet

Der weltweite Erfolg und die Faszination der Marke BMW sind nicht Zufall, sondern Resultat einer konsequent auf die Bedürfnisse anspruchsvoller Kunden und einer informierten Öffentlichkeit ausgerichteten Strategie. Dieser Erfolg beruht auf der Erkenntnis, daß zwischen Auftritt und „innerem" Wert jedes Produktes und Unternehmens ein plausibler Zusammenhang besteht. Daß diese Gesetzmäßigkeit sich nicht nur auf BMW Automobile und Motorräder beschränkt, sondern sich als Instrument der langfristigen Kunden- und Mitarbeitersicherung auch im Gesamtauftritt bewährt, zeigen die hier aufgeführten Beispiele. Corporate Identity ist ein Prozeß, der ständig weiter verfeinert und ausgebaut werden muß. Die absolute Perfektion ist nicht erreichbar, aber die relative Annäherung schon ein großes Unterfangen. Die Beispiele, die hier dokumentiert sind, zeigen, welchen Aufwand und welche Auswirkungen eine Neuorientierung mit sich bringt, aber auch, mit welchem betriebswirtschaftlichen Nutzen gerechnet werden kann. Die Erkenntnis daraus ist, daß mit dem immensen Kapital der Marke und der Unternehmensidentität sehr sorgsam und planvoll umgegangen werden muß. Corporate Identity ist nicht nur Graphic Design, sondern ist Ausdruck der Denkhaltung des Unternehmens. Darüberhinaus muß sie, um das Markenkapital zu mehren, substantielle Beiträge für Synergieeffekte und Kosteneffizienz leisten.

BMW
1925–1928
1928–1932
1930–1936
1937–1960
1961–1967
1967 bis heute
75
BMW: Die ersten 75 Jahre

Deutsche Krankenversicherung AG

# Die DKV setzt ein neues Zeichen

Günter Neu

## Kurzdarstellung

### Die Deutsche Krankenversicherung – Europas größte private Krankenversicherung

Am 11. 1. 1927 im Handelsregister eingetragen, hat sich die DKV in kürzester Zeit zu einer der bedeutendsten Gesellschaften der deutschen Versicherungswirtschaft entwickelt. Mit einer Versichertengemeinschaft von über 2,5 Millionen Menschen und über 4,4 Millionen Versicherungen steht sie an der Spitze aller privaten Krankenversicherungsunternehmen in der Bundesrepublik Deutschland und Europa.

Die **Produkt-Palette** umfaßt:
- Krankheitskosten-Vollversicherungen
- Krankheitskosten-Teilversicherungen
- Krankenhaustagegeld-Versicherungen
- Krankentagegeld-Versicherungen
- Auslandsreise-Versicherungen.

Mit diesem Angebot deckt die DKV die unterschiedlichsten Bedürfnisse der Menschen von heute nach medizinischer und finanzieller Vorsorge. Sie ist für alle Bevölkerungsschichten offen. Nur am Rande sei erwähnt, daß durch entsprechende Kooperations-Abkommen mit befreundeten Gesellschaften fast alle Versicherungsarten des täglichen Bedarfs angeboten werden – von der klassischen Lebensversicherung bis hin zu Spezial-Angeboten für technische Einrichtungen.

Als europäischer Marktführer in der privaten Krankenversicherung ist die DKV mit Tochtergesellschaften und Repräsentanzen auch im europäischen Ausland vertreten.

| **Die DKV auf einen Blick** | **1992** |
|---|---|
| Versicherungsbestand | |
| Anzahl der Tarifversicherten | |
| gegen laufenden Beitrag (Stand 31. 12.) | 4,40 Mio. |
| gegen Einmalbeitrag (im Laufe des Jahres abgeschlossen) | 1,18 Mio. |
| Beiträge und Leistungen | |
| Beitragseinnahme | 3687 Mio. DM |
| Leistungsquote (versicherungstechnische Gesamtleistung) | 97,40 % |
| Schadensquote (Leistungen für Versicherungsfälle und erfolgsunabhängige Beitragsrückerstattung) | 70,95 % |
| Kapitalanlagen | |
| Bestand | 9328 Mio. DM |
| Erträge (brutto) | 791 Mio. DM |

| | |
|---|---|
| Durchschnittsverzinsung (netto) | 7,50 % |
| Überschuß des Geschäftsjahres | 446,3 Mio. DM |
| Zuweisung an die Rückstellung für erfolgsabhängige Beitragsrückerstattung | 363 Mio. DM |
| d. s. im Verhältnis zur Beitragseinnahme | 9,85 % |
| Mitarbeiter (hauptberufliche Vertreter, Angestellte im Innen- und Außendienst) | 6545 |

Aktionäre:
Hamburg-Mannheimer Versicherungs-AG
Allianz Versicherungs-AG
Münchener Rückversicherungsgesellschaft
Stand: Geschäftsbericht 1992

## Die Unternehmensphilosophie

Die Deutsche Krankenversicherung entspricht mit ihrem Dienstleistungsprogramm auf dem Sektor »Gesundheit« den Erwartungen des mündigen Bürgers, Umfang und Niveau seiner persönlichen Vorsorge selbst zu bestimmen. Sie erweitert damit die individuelle Entscheidungsfreiheit, da sie sich als Alternative und Ergänzung zum gesetzlichen Sicherungssystem versteht.

Die Deutsche Krankenversicherung befürwortet ein freiheitliches, vom fairen Wettbewerb getragenes Gesundheitswesen, weil sie darin die beste Voraussetzung für eine ständige Fortentwicklung der gesundheitlichen Betreuung sieht. Als Vertragspartner ihrer Versicherten leistet sie einen wesentlichen Beitrag für die Finanzierbarkeit dieser Maßnahmen.

## Die Position im Markt

### Mit 50 Jahren hat man bereits Tradition

Am 11. 1. 1977 konnte die DKV ihr 50jähriges Betriebsjubiläum feiern. Bis dahin war der eher stille Riese – nimmt man die Kriegs- und Nachkriegswirren heraus – fast kontinuierlich auf 1,5 Milliarden DM Beitragseinnahmen gewachsen. Zum 31. 12. 1984 beliefen sich die Beitragseinnahmen bereits auf 2,205 Milliarden DM und steigerten sich zum 31. 12. 1992 auf 3,687 Milliarden DM. Die Kommunikation mit den potentiellen Kunden war mehr an der Notwendigkeit des täglichen Geschäftsverlaufes orientiert als an einem kontinuierlichen Ausbau eines partnerschaftliches Dialogs und damit der bewußten Imagepflege.

### Image und Bekanntheitsgrad

Das DKV-Unternehmensprofil war im Vergleich zu den Wettbewerbern im oberen Drittel angesiedelt, der Bekanntheitsgrad ließ jedoch erheblich zu wünschen übrig. Vor allem die visuellen Identifikationsmerkmale summierten sich eher zu einem indifferenten Erscheinungsbild. Obwohl Image-Kampagnen gefahren wurden und auf den unterschiedlichsten Ebenen am Unternehmensprofil gefeilt und verändert wurde, konnte bei diesem schnellen Wachstum kein so rechtes tragfähiges Unternehmensprofil über alle Bereiche hinweg etabliert werden. So war die Deutsche Krankenversicherung ein »Milliarden«-Unternehmen, gefordert von den sich abzeichnenden gesellschaftspolitischen Veränderungen und der ständig fortschreitenden Sozialkomponente des Staates. Sie rückte damit über die reine Angebotsstrategie mit absatzpolitischen Maßnahmen hinaus immer mehr in das Blickfeld der allgemeinen Öffentlichkeit. Nach außen schien fast alles reibungslos zu funktionieren, denn noch legitimierte der Erfolg das Handeln.

**Situationswandel**

Die DKV war in der Tarifpolitik stets führend, 1958 brachte sie den ersten Wahltarif auf den Markt; dadurch konnte sich der Kunde erstmals seinen Versicherungsschutz individuell zusammenstellen.

1963 stellte die DKV den ersten Krankheitskostentarif mit Leistungsanpassung vor. Etwa vergleichbar mit einer gleitenden Neuwertversicherung, was bis dahin ein Novum in der Entwicklung der privaten Krankenversicherung darstellte. Sie trug so dem Trend zu mehr Qualität Rechnung. Hohe Zuwachsraten waren der Lohn.

Die sich wandelnden Ansprüche, die Aktionen der Konkurrenz, der allgemeine Marktwandel vom »Verkäufer-« zum »Käufermarkt«, der sich auch im Versicherungsbereich vollzogen hatte, die Beschränkung des Marktes durch den Gesetzgeber und die qualitative Angleichung der Dienstleistungspalette auf dem Versicherungssektor erschwerten das Agieren auf dem Markt. Mehr denn je war ein klares Unternehmensprofil und ein zielgruppenadäquates Auftreten in der Öffentlichkeit erforderlich, um sich gegenüber dem Wettbewerb abzuheben und zu behaupten.

Von Insidern wurden die sich am Horizont abzeichnenden Erschwernisse sowie kleine Warnsignale aus den verschiedensten Bereichen des Unternehmens registriert und analysiert.

**Aufgabenstellung**

Die Erkenntnis, daß kurz- und mittelfristig angelegte imagepflegende Maßnahmen an eine langfristig angelegte Imagepolitik angebunden werden müssen, bekam so allmählich eine andere Dimension.

Bei der DKV setzte sich das Bewußtsein durch, daß Unternehmenssicherung und Wachstum für die Zukunft eine zielgerechte Unternehmensprofilierung verlangten. Für die Verantwortlichen war klar, nur mit Corporate Identity, als wesentlichem Instrument zu unternehmerischen Entscheidungen, die vielschichtigen Probleme eines Großunternehmens vom Verkauf bis zur sogenannten Administration, dem Umgang mit dem Kunden, lösen zu können.

## Zielsetzung

### Adler kehrt in seinen Horst zurück

Wenn sich die Überzeugung festsetzt, daß das alte Firmenzeichen trotz mehrerer Schönheitsoperationen als verbindendes Element nicht mehr ausreicht und dem sich geänderten Geschmack angepaßt werden sollte, Imitationen und Adaptionen das Original zusätzlich schwächen, erübrigt sich die Frage, warum das Zeichen als wichtigstes Identifikationsmerkmal als erstes auf seinen Inhalt überprüft werden mußte. Der Prozeß der Meinungsbildung und damit der Standortbestimmung hatte begonnen.

Darüber hinaus ergab eine breit angelegte repräsentative Meinungsumfrage, daß der Adler, bis 1965 beherrschendes Symbol und Kennmarke der DKV, in den Augen vieler Betrachter zum Teil Vorstellungen mit stark negativem Charakter weckte. »Behördlich, autoritär, Macht« waren noch harmlose Reaktionen (Abb. 1).

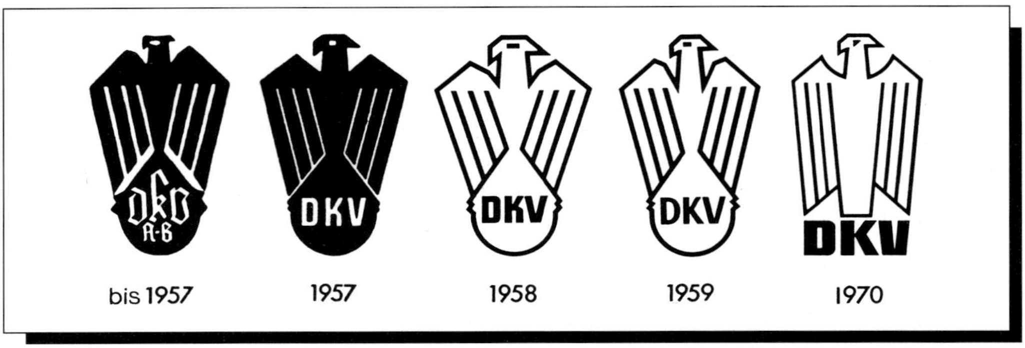


**Abb. 1:** *Über 40 Jahre begleitete der Adler die Deutsche Krankenversicherung Aktiengesellschaft auf ihrem Weg nach oben.*

1966 rückten die Buchstaben DKV in den Vordergrund. Der Adler zog sich ins »D« zurück. Die sich daraus ergebenden Maßnahmen waren die erste einschneidende Veränderung.

Anwendung fand die Buchstabenkombination jedoch nur in der Werbung und in einigen anderen Bereichen. Sonst konnte man bei besonderen Drucksachen noch einige Zeit die Version mit der Überbetonung des Adlers antreffen (Abb. 2).

**Abb. 2:** *1966 erfolgte die erste einschneidende Veränderung*

Zudem variierten häufig Textaussage, Schriftgröße, Typografie und Farbgebung der einzelnen Gestaltungselemente. Die eingefahrenen Kombinationsmöglichkeiten untereinander waren darüber hinaus wenig geeignet, ein eindeutiges und schnell einprägsames Erscheinungsbild in der Öffentlichkeit entstehen zu lassen. Daher bestand auch von dieser Seite die Notwendigkeit, quasi als Ordnungselement eine einheitliche und produktbezogene Leitlinie zu finden, die sich auf alle Kommunikationsmittel übertragen ließ.

## Die Stunde Null

Es begann mit einer umfangreichen Untersuchung der Wettbewerbslage durch die Befragung eines repräsentativen Bevölkerungsquerschnittes. Untersucht wurden relevante Faktoren dieser Positionierung:

- Unternehmensphilosophie
- Geschäftspolitik
- Innovationsverhalten
- Informationspolitik
  - unternehmensbezogen
  - angebotsbezogen
  - sozialbezogen.

Die Ergebnisse konnten im Oktober 1975 vorgelegt werden. Und das haben Untersuchungen so an sich; bereits Bekanntes wurde bestätigt und es gab eine Reihe von Resultaten, mit denen man sehr zufrieden sein konnte. Es wurden aber auch spezielle CI-Probleme angesprochen, die eine umfassende Analyse und grundsätzliche Überlegungen erforderten. Neue Marketing-Strategien waren zu entwickeln, um auf die vielfältigen Probleme des Käufermarktes, auf dem sich bereits partielle Marktsättigungstendenzen abzeichneten, auch künftig reagieren zu können. Der Gedanke des Corporate Identity konnte erstmals als übergreifendes Konzept in die verschiedensten Ebenen des Unternehmens eingeführt werden. Um für weitere Jahrzehnte gerüstet zu sein, war die volle kreative Potenz des Unternehmens gefordert.

## Das Wettbewerbsverhalten

Der zunehmende Wettbewerb hatte darüber hinaus zu einer weitgehenden Angleichung in der Produktpalette und den Service-Leistungen geführt. Teilweise Unterschiede in der Prämienkalkulation waren – im Ganzen gesehen – als Differenzierungsmerkmal nicht geeignet. Die Kommunikationsinhalte und Leistungszusagen unterschieden sich kaum voneinander, so daß sich für den Interessenten die Versicherungsunternehmen mehr durch das gleichförmige Verhalten auszeichneten als durch einen unternehmensspezifischen Produktnutzen für den individuellen Bedarf des Interessenten.

*Resümee:* Die Marktpositionen der einzelnen Anbieter auf dem Versicherungsmarkt unterscheiden sich kaum voneinander. Es werden bis auf geringfügige Varianten fast gleichartige Produkte angeboten.

Für den Versicherungskonsumenten ist aber die Ware »Sicherheit« vorab nicht prüfbar. Die Vorstellungen von Versicherungen sind zudem eher subjektiv und von kritischer Distanz geprägt. Der einzelne muß sich mit einem Leistungsversprechen für die Zukunft zufriedengeben. Daher orientiert er sich in erster Linie am Erscheinungsbild der verschiedenen Anbieter. Das heißt, es hatte sich im weitesten Sinne ein Wandel von einer abwicklungs- zur *kundenorientierten Denkweise* zu vollziehen. Denn erst dieses wünschenswerte Unternehmensprofil ermöglicht es dem Verbraucher, ähnliche Produkte voneinander zu unterscheiden, noch wenig vertraute Produkte wiederzuerkennen und über bereits bekannte Produkte zu sprechen.

Hier lag also die Möglichkeit, den schmalen Grat an Differenzierungsmöglichkeit auszuschöpfen. Hier konnten Identifikationsmerkmale herausgearbeitet werden, mit denen der Interessent/Kunde etwas anfangen kann.

## Das Image

Die Aussage in der repräsentativen Untersuchung in ihrer Bedeutung für die DKV lautete: *»Es ist jedoch gewiß, daß ein erfolgreicher Ausbau der Marktposition für die DKV leichter wäre, wenn sie ihr eigenes Gesicht beim Publikum stärker ausbauen könnte. Sicher bedarf es gegebenenfalls erheblicher Anstrengungen einer Institution derartigen Ausmaßes, allen diesen Äußerungen eine unverwechselbare Identität zu verleihen.«*

Bleiben wir bei dieser entscheidenden Aussage, lautete die Konsequenz für die DKV: Es ist ein der heutigen Zeit angepaßtes Markenzeichen zu entwickeln, das eine einprägsamere Identifikation und bessere Differenzierungsmöglichkeit langfristig sicherstellt und damit entscheidend auf die Image-Bildung einwirkt. Dieses Image-Dach ist der Knotenpunkt für alle weiteren CI-Bereiche.

## Die Lösung

Die Aufgabe lautete also, eine einheitliche und produktbezogene Leitlinie zu finden, die möglichst allen Anforderungen gerecht wird. Noch konkreter: Hier ging es vordergründig um Corporate-Design. Schwerpunktmäßig boten sich folgende Ansatzmöglichkeiten für eine Veränderung bzw. Verbesserung des Erscheinungsbildes an:

- **Neues, dem Zeitgeschmack angepaßtes Markenzeichen**
  Firmengeschichte, Firmenname und Vertriebsprogramm ließen der Entwicklung eines vollkommen neuen Firmen- oder Markenzeichens keinen erkennbaren Spielraum. Auch wollte man durch eine nicht allzu abrupte optische Veränderung der unterschwelligen Angst entgegenwirken, daß sich nicht nur visuell, sondern auch innerbetrieblich etwas verändert habe und damit negativ auf die Leistungen durchschlagen könnte. Zudem sind freierfundene Signets nur mit erheblichem Kostenaufwand als Identifikationsaussage durchsetzbar.

Der gestützte DKV-Bekanntheitsgrad betrug zu diesem Zeitpunkt im Vergleich zu den Wettbewerbern »nur 49 %«. Man war jedoch der Meinung, daß er sehr wohl als sichere Ausgangsbasis für eine weitere Verbesserung des Corporate Identity angesehen werden konnte. So das Ergebnis umfangreicher Diskussionen mit Fachleuten aus eigenen Reihen und mit Corporate-Designern.

Die veränderte Marktsituation erforderte eine stärkere Markenprofilierung, unsere damals fast 50jährige Tradition dagegen eine kontinuierliche Weiterentwicklung des Vorhandenen. Damit war sicher die wichtigste Entscheidung für den einzuschlagenden Weg zu einem verbesserten *Corporate-Design* gefallen.

- **Einheitlicher Wertbegriff – Produktaussage**
  Hierin lag eine weitere Chance, den schmalen Grat einer Differenzierungsmöglichkeit zu nutzen, das heißt dem Konsumenten einen Zusatznutzen zu signalisieren. Denn eine Produktaussage, darüber hinaus noch zielgruppengerecht formuliert, ist die sinnvolle Ergänzung des Firmenzeichens.

- **Verstärkter Einsatz der Hausfarbe**
  Da grundsätzlich davon ausgegangen werden kann, daß eine Hausfarbe das Erscheinungsbild eines Unternehmens nachhaltig mitbestimmt, hieß das für die DKV, die bereits bestehende *Hausfarbe Grün* zu aktivieren.

- **Fragen, die für die Entwicklung noch von Bedeutung waren:**
  - Wie kann eine Verwechslung der Buchstabenkombination mit anderen oder ähnlichen Zeichen eingeschränkt werden?
  - Inwieweit gilt der Adler als Identifikationsmerkmal?
  - Kann der Firmenname langfristig zugunsten des Markenzeichens zurückgenommen werden?

## Die Realisation

- **Briefing**

Die Basis für das zu überarbeitende Markenzeichen war also die Buchstabenkombination DKV.

- Diese Buchstaben sollten weitgehend als solche vom Betrachter identifizierbar bleiben, das heißt, sie durften nicht allzuweit von der alten Version entfernt sein. Zumindest sollte der Zusammenhang erkennbar sein.
- Es wurde entschieden, die Hausfarbe in die Gestaltung miteinzubeziehen.
- Eine Schwarzweißwiedergabe im Zeitungsraster als auch auf minderen Papierqualitäten war sicherzustellen.
- Das Markenzeichen mußte sowohl allein als auch mit Slogan als alles umfassende CI-Aussage einsetzbar sein.

- Die Gestaltungsrichtlinien hatten auf alle Drucksachen, schwarzweiß oder mehrfarbig anwendbar zu sein.
- Die noch zur damaligen Zeit gültige Hausfarbe war aufzuhellen und auf HKS-Norm umzustellen.
- Schließlich waren die Gestaltungsrichtlinien festzulegen und die Anwendungsmöglichkeiten zu beschreiben.

Dieses, nach vielen Gesprächen und Diskussionen hier nur kurz wiedergegebene Briefing ließ für die Kreativität den Spielraum, der für eine optimale Ideenfindung notwendig war.

**Abb. 3:** *Prof. Coordt von Mannstein mit den ersten Skizzen für das neue Markenzeichen.*

## ● Der lange Marsch

Nachdem der große Rahmen abgesteckt war, konnte nach umfangreichen Vorgesprächen mit Einzelkämpfern und Kreativteams schließlich Prof. Coordt von Mannstein – ein erfahrener Markendesigner – mit der Gesamtentwicklung des Erscheinungsbildes beauftragt werden (Abb. 3).

In der Planungs- und Vorbereitungsphase wurde u.a. der gesamte Formularbestand, an der Zahl 1700, nach weiterer Normbarkeit, Kommunikationsinhalt und schließlich auf Vereinfachung durch Rationalisierung hin überprüft.

Jetzt konnten der Zeit- und Kostenplan aufgestellt und – bei einem Großunternehmen wie der DKV notwendig – die Zuständigkeit für die einzelnen Phasen abgeklärt werden. Auf die Wichtigkeit eines umfassenden Organisations- und Ablaufplanes für ein solches Objekt sei hier ausdrücklich hingewiesen – ohne Planung geht's einfach nicht!

Von den ersten Skizzen bis zur klar ausgesprochenen Idee verging mehr als ein ¾ Jahr. Denn immer wieder mußten die Lösungsansätze mit der Aufgabenstellung verglichen werden. Trotzdem eine Zeitspanne, die insgesamt gesehen, noch als relativ kurz angesehen werden muß (Abb. 4, 4a, 4b).

**Abbildung 4**

**Abbildung 4 a**

Abbildung 4b

**Abb. 4, 4a, 4b:** *Durch das Briefing, eine unbedingt notwendige Orientierungshilfe, lassen sich erste mögliche Entwicklungshilfen fixieren.*

Besonders wichtig war, nachdem sich alles auf das heute bekannte Zeichen konzentrierte, von vornherein die gesamte Bandbreite der Anwendungsmöglichkeiten im Auge zu behalten und natürlich auch bereits in diesem Stadium die rechtliche Absicherung bei der Vielzahl von Markenzeichen und markenzeichenähnlichen Symbolen zu beachten. Nur so konnten Fehlentwicklungen schon im Ansatz vermieden werden.

## Die DKV setzt ein neues Zeichen

Inzwischen ist das neue Markenzeichen Mittelpunkt des gesamten Erscheinungsbildes. Die Initialen-Kombination DKV wurde weitgehend beibehalten, so daß die Wiedererkennbarkeit gewährleistet ist (Abb. 5, 6).

**Abb. 5:** *Das neue Markenzeichen* **Abb. 6:** *Das neue Markenzeichen mit Firmenzeile*

### Adler ade

Eine psychologische Untersuchung, in der das alte Firmenzeichen im Vergleich zu dem neuen getestet wurde, untermauerte die Entscheidung, den Adler wegzulassen, um negative Eindrücke zu vermeiden.

Im einzelnen wurden folgende Themen in die Untersuchung eingebracht:

- assoziativer Gehalt
- allgemeine Akzeptanz des Firmenzeichens/Sympathie
- Überprüfung prinzipieller Charakteristika eines Firmenzeichens:
  - Wiedererkennbarkeit
  - Erinnerungswert des Zeichens
  - Distanz zu Konkurrenzzeichen
  - Originalität
  - Stil.

Um zu überprüfen, ob und inwieweit die Veränderung des bestehenden Firmenzeichens zu Fehlinterpretationen führt, wurde die eine Hälfte der befragten Gruppe aus DKV-Versicherungsnehmern und die andere aus potentiellen Kunden zusammengestellt (Abb. 7).

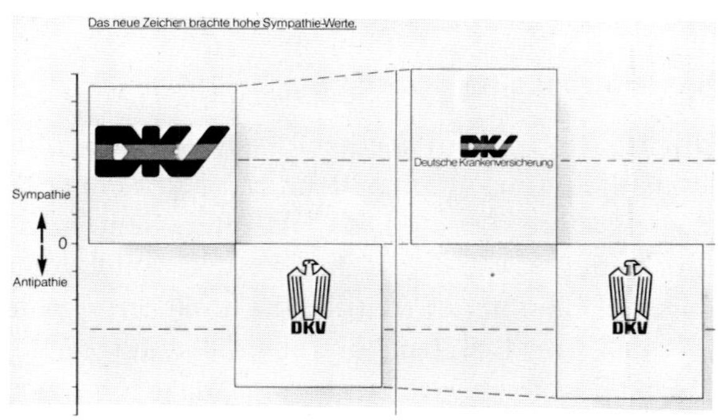


**Abb. 7:** *Im Rahmen einer Untersuchung wurden das alte und das neue Zeichen auf ihre Akzeptanz untersucht. Die ermittelten Sympathiewerte zeigen deutlich, daß das neue Zeichen besser abschneidet als das alte mit Adler.*

- **Das neue Firmenzeichen signalisiert hohe Sympathiewerte**

  Wie die obenstehende Grafik zeigt, konnten bei der genannten Untersuchung für das neue Firmenzeichen sehr hohe Sympathiewerte ermittelt werden; jedoch wesentlich besser beurteilt wurde das neue Firmenzeichen auch in der allgemeinen Akzeptanz, den Erinnerungswerten und der Distanz zu Konkurrenzzeichen. Man kann so durchaus von einer geglückten Synthese zwischen Identität und Kontinuität sprechen.

**Die Prägnanz der Methoden entscheidet über den zu erreichenden Penetrierungsgrad**

Wie genau das gewünschte Corporate Identity die Leistungen des Unternehmens reflektiert, hängt natürlich von der Prägnanz der Methoden und ihrer beständigen Anwendung ab.

Bei dem neuen Erscheinungsbild der DKV ging es um die Aussage über Qualität, Geschäftsstil und Vertrauenswürdigkeit, um das Firmengesicht, seine Identität und Kontinuität. Denn der neue DKV-Schriftzug sollte nicht nur Firmenname sein, er sollte sich als Markenzeichen und Gütesiegel einprägen. Alles, was in der Öffentlichkeit von der DKV zu sehen war, sollte sich unter dem gemeinsamen Rahmen dieses neuen Erscheinungsbildes zu einer bestimmten Vorstellung summieren, eben dem DKV-Profil.

Daher wurde das neue koordinierte Design in einem Handbuch zusammengefaßt. Es zeigt – für jeden verständlich – die Bandbreite aller Gestaltungsmöglichkeiten auf, die innerhalb des einheitlichen Erscheinungsbildes möglich sind. Die Richtlinien dieses Handbuches decken den Bereich der visuellen Gestaltung ab. Es ist die Arbeitsunterlage für alle Mitarbeiter – ob in- oder extern – die irgendwie mit Gestaltung zu tun haben. Durch umfassende, systematisch aufgelistete Informationen beugt das Manual Mißverständnissen vor und vereinfacht die mit der visuellen Gestaltung anfallenden Entscheidungsabläufe. Der Gebrauch des Manuals als Voraussetzung für das einheitliche Erscheinungsbild des Unternehmens wurde zwingend vorgeschrieben und die Verantwortung für die strikte Einhaltung klar vorgegeben (Abb. 8a, b, c).

### Nutzung der Kommunikationsinhalte

Nachdem dieser eigentliche Schritt damit abgeschlossen war, hieß es nun, die Kommunikationsinhalte zu definieren und zu formulieren; denn erst durch eine Folge gleicher Erscheinungsformen und -inhalte konnte sich die DKV bei Interessenten/Kunden und natürlich auch Mitarbeitern so präsentieren, wie sie gesehen werden wollte: jung, fortschrittlich, leistungsstark und dynamisch. Daher hatten sich alle Informationen an dem Leistungsbegriff zu orientieren; denn das hatte eine Untersuchung ebenfalls zutage gefördert: Der Informationsstand der Öffentlichkeit war schwach ausgeprägt, dagegen war das Informationsbedürfnis als außerordentlich hoch anzusehen. Auch diesem Punkt war beim künftigen Informationsverhalten verstärkt Rechnung zu tragen. Eine Aufgabe, die mit äußerster Akribie angefaßt werden mußte.

Es wurde aber auch ein *Stufenkatalog* erstellt, aus dem klar hervorging, wann welche Formulare zu ändern waren. Wichtigstes Kriterium: externer oder interner Schriftverkehr. Verständlicherweise hatte der externe Schriftverkehr Vorrang. Er wurde schlagartig entsprechend der neuen Corporate Identity umgestellt.

Der Verkauf andererseits sorgte dafür, daß der Außendienst – als wichtiger Knotenpunkt des Unternehmens zu den Interessenten/Kunden – die Inhalte des wünschenswerten Corporate Identity gleichfalls in Aktionen umsetzte.

## Kommunikationsschwerpunkte

- Die dauerhafte Bindung der bereits Versicherten (Erhöhung des Zufriedenheits- und Identifikationsgrades). Das heißt: Abbau der Furcht vor anonymen und undurchschaubaren Verwaltungsapparaten bis hin zur Sichtbarmachung unbürokratischer und individueller Arbeitsweise.

**Abb. 8a:** *Beispiel für einheitliche Gestaltung der DKV-Broschüren*

**Abb. 8b:** *Die Gemeinsamkeit der Broschüren ist leicht zu erkennen*

**Abb. 8c:** *Die Ähnlichkeit ist unverkennbar*

- Verbesserung des Verständlichkeitsgrades in der Sprache, angefangen von dem Vertretergespräch bis zum Ausstellen von Bescheinigungen.
- Die kundengerechte Beratung, das heißt aber auch Überschaubarkeit und Transparenz der Angebotspalette.
- Klarheit über den bestehenden Versicherungsschutz und über mögliche Alternativen.
- Schnelle und verständliche Abrechnung der Schadenfälle bis hin zum direkten Abrechnungsverfahren mit Arzt und Krankenhaus.

Diese hier nur pauschal angeführten Punkte sollen verdeutlichen, ein wie weites Spektrum die Kommunikationspalette umfaßt, damit sich schließlich und endlich alles zu dem Gesamteindruck *DKV* komprimiert.

Wie sich aus den Abbildungen 8a-c ebenfalls unschwer erkennen läßt, hat sich im Laufe der letzten Jahre zu dem Firmenzeichen eine Philosophie »DKV . . . und aktiv leben« gesellt –

wobei unter dem Begriff »... und aktiv leben« nicht allein sportliche Aktivitäten zu verstehen sind, sondern alle Aktivitäten, die das Leben lebenswerter machen. Es heißt vor allem aber auch, »aktiv« etwas für die Gesundheit tun, gesund leben. Das steigende Bewußtsein der Bürger, Selbstverantwortung zu übernehmen, hat die Basis zu dieser Philosophie geliefert.

Eingebettet in ein Logo gehen DKV-Zeichen und Philosophie gemeinsam durch die DKV-Werbemittel, unterstützt durch vielseitige Aktivitäten seitens der Abteilung Öffentlichkeitsarbeit.

**Abb. 9:** *Das DKV-Logo*

Sicher ist Corporate Identity und, damit eng gekoppelt, das Corporate Design eine Aufgabe, die langfristig angelegt werden muß, um den latent auftretenden Bestrebungen der »Verwässerung« entgegenzuwirken.

Und: Es bedarf der ständigen Überprüfung und Weiterentwicklung! Doch je homogener ein Unternehmen in der Öffentlichkeit auftritt, um so größer ist der Beitrag zur Sicherung und dem Ausbau des Marktes.

Dresdner Bank

# Vom grünen Band der Sympathie zu Kompetenz, Leistung und Wissen

Klaus Hullmann

## Bestimmen, wer man sein will

Die »Corporate Identity« einer Bank ist durchaus vergleichbar der »Persönlichkeit« eines Menschen: Eigenschaften wie Ausstrahlung, Einmaligkeit, Profil, Kontinuität, Verläßlichkeit, Weltoffenheit, Leistungsbereitschaft und vieles mehr bilden ein in sich stimmiges »Persönlichkeitsprofil«. Es kristallisiert sich im Verlaufe einer Entwicklung heraus und ist Ergebnis eines oft langen Bildungsprozesses.

Die Arbeit an der »Corporate Identity« zielt also primär darauf, der *Unternehmenswirklichkeit eine Form zu geben*: ein nicht künstlich aufgesetztes, sondern organisch entwickeltes und überzeugendes Spiegelbild der Verschiedenheit und Vielfalt der Unternehmensbereiche und -aktivitäten.

## Zeigen, wer man ist

In der Arbeit an der Substanz der Unternehmenspersönlichkeit gewinnt auch ihr angestrebtes Erscheinungsbild Konturen, lassen sich zwanglos Leitorientierungen und praktische Maßnahmen zur Profilierung der Bank in der Öffentlichkeit, gegenüber Kunden wie Mitarbeitern, ableiten.

Hier erhält vor allem die integrierte Unternehmenskommunikation (»corporate communication«) mit all ihren Facetten – vom Corporate Design über den werblichen Auftritt bis zum »Profilierungs-Mix« von Public Relations, Sport-, Kultur-, Sozio- und Wissenschaftssponsoring – eine zentrale Funktion.

Ihre Hauptaufgabe besteht darin, die Identität der Bank unter Berücksichtigung der sich ändernden Rahmenbedingungen und Anforderungen prägnant zu verdeutlichen. Das heißt: die Unternehmenskommunikation hat eine Brückenfunktion: Sie ist zugleich identitäts- und umweltbezogen, sie muß einerseits Kontinuität signalisieren, also das Unternehmen und seine Einzigartigkeit dauerhaft identifizierbar machen, andererseits dem kulturellen und sozialen Wandel Rechnung tragen, flexibel Neues aufnehmen, thematisieren und nutzen.

Mit Blick auf die angestrebte Kontinuität ist der professionelle und konsequente Einsatz von Zeichen in der Unternehmenskommunikation entscheidend. Denn um Identität und Einzigartigkeit einer Bank dauerhaft zu übermitteln, bedarf es einer ästhetischen Verdichtung von Worten, Formen, Farben, Zeichen und Symbolen zu einem einheitlichen Erscheinungsbild.

## Die Identität der Dresdner Bank

Vor rund 20 Jahren schuf Otl Aicher den grünen Balken mit dem weißen Schriftzug »Dresdner Bank« in der Helvetica halbfett. Der Münchener Grafik-Designer Jürgen Hampel entwickelte dazu das Dresdner Bank-Logo: Ein grünes Sechseck mit weißem Dreieck in der Mitte, als Zeichen für Stabilität und Verläßlichkeit. Das eingeschlossene Dreieck basiert auf dem griechischen Buchstaben Delta = Dresdner. Die drei Balken symbolisieren die damaligen drei Säulen des Bankgeschäfts: Inlands-, Auslands- und Wertpapiergeschäft.

Die Farben Weiß/Grün des Königreichs Sachsen waren von Anfang an auch die Hausfarben der Dresdner Bank. Heute haben sie eine unerwartet frische Bedeutung, weil die Bank 1990 an ihren Geburtsort Dresden zurückkehren konnte, wo sie seit dem 12. 11. 1872 beheimatet war.

Aus dem grünen Balken entwickelte die Bad Homburger Werbeagentur Intermarketing das Konzept »Mit dem grünen Band der Sympathie«. Die darauf gegründete Kampagne lief, unterstützt durch Beiträge von verschiedenen in- und ausländischen Agenturen, bis 1987.

Seitdem ist das grüne Band in Verbindung mit dem Logo im Rahmen der gesamten Kommunikation der Dresdner Bank ein konstantes Erkennungsmerkmal. Zweifellos ist es ein Zeichen mit großer Prägnanz, das die verschiedenartigsten Auftritte übergreifen und die Identität der Dresdner Bank hinter der Vielfalt ihrer Leistungen verdeutlichen kann.

- Eingeführt durch den Slogan »Mit dem grünen Band der Sympathie«, ist es bildhafter Ausdruck einer modernen Dienstleistungsmentalität: Über die – mittlerweile weitgehend austauschbaren – Finanzdienstleistungen hinaus ist es die im persönlichen Service begründete Sympathie, die Bank, Mitarbeiter und Kunden *verbindet*.
- Durch seinen Pfeilcharakter signalisiert das grüne Band Tradition, Kontinuität und Zukunftsorientierung der Bank: Es verbindet seit jeher die Gegenwart mit der Zukunft, deutet also eine dynamische, progressive Aktivität als Leistungsträger an.
- Schließlich ist das grüne Band infolge seines konsequenten Einsatzes als »base line« in einem werblichen Auftritt, der bewußt auf ausführliche Information setzt, zu einem Signal fundierter Information und Dienstleistung geworden: Eine Bank, die nicht mit Emotionen, sondern mit Informationen das Vertrauen und die Sympathie ihrer Kunden gewinnt.

## Eine Bank des Wissens

Auf der Basis dieser klar umrissenen »Corporate Identity« verfolgt die Dresdner Bank die Strategie, Kundenzielgruppen und Öffentlichkeit möglichst gründlich und vielseitig zu informieren.

Die Kommunikationsetats aller Finanzdienstleister sind in den letzten Jahren erheblich gestiegen. Immer mehr Unternehmen – auch branchenfremde – dringen außerdem in diesen Markt ein.

In diesem Konzert mit vielen Stimmen kann sich nur der behaupten, der sich abgrenzt, den Informationsgehalt der Botschaften erhöht und unverwechselbare, konkrete Aussagen trifft sowie Produkte oder Dienstleistungen ausführlich beschreibt. Zu allen Themen, die für die Kunden von Interesse sind, will die Bank so lebendig und so ausführlich wie möglich Stellung nehmen. Die Anzeigen – die Printmedien bilden das Basiskonzept – sollen also jede für sich zu jedem Thema ein interessanter Beitrag sein, unabhängig von der eigentlichen Bankleistung. Darum haben auch Sprachstil und Text bei der Werbung der Bank eine besondere Bedeutung, denn: *»Nicht alle werden alles lesen, aber viele vieles«.*

Verschiedene Untersuchungen haben gezeigt: Man liest im Durchschnitt Anzeigen nur wenige Sekunden. Sind trotzdem Long-Copy-Anzeigen sinnvoll, für die man im Durchschnitt ein bis zwei Minuten Lesezeit braucht?

Die Medien – besonders die Printmedien – werden selektiv genutzt. Wer liest schon die 400 Seiten eines »Special-interest«-Magazins von Anfang bis Ende durch? Oder wer die »nur« 300 Seiten einer Publikumszeitschrift? Man sucht das heraus, was interessiert. Der Leser, der grundsätzlich über Geldanlage, Altersvorsorge oder Baufinanzierung nachgedacht hat, wird Informationen zu diesen Themen suchen und aufnehmen. Und in dieser Phase will die Bank ihre Leser mit interessanten, ausführlichen Informationen erreichen. Dazu gehören eine Headline und eine Abbildung, die neugierig machen, die das Thema aufreißen, ohne es gleich aufzulösen.

Verschiedene Tests der Bank haben immer wieder belegt, daß die langen Texte in hohem Maße gelesen und – was genauso wichtig ist – auch erinnert werden. Voraussetzung für dieses Konzept ist eine besonders sorgfältige Mediaplanung. Für jedes Motiv gilt es, eine exakte Zielgruppenbeschreibung und die entsprechende individuelle Mediaplanung zu erstellen. Das bedeutet für die rund 50 Anzeigenmotive pro Jahr einen hohen Aufwand in der Kreation. Aber auch die anderen Bereiche der Agentur sind stets gefordert.

Von Anfang an war sich die Düsseldorfer Agentur Hildmann, Simon, Rempen & Schmitz darüber im klaren, daß zum Durchhalten der Kampagne viel Fleiß und Kreativität nötig sind, um die hohe Qualität kontinuierlich zu sichern. Und von Anfang an stand fest, daß die Bank viele Anzeigen braucht, weil es eben zu vielen Themen viel zu sagen gibt. Wer weiß schon, was beispielsweise hinter »Electronic Banking« steckt? Wer kennt schon den speziellen Ausbildungs-Sparplan für Kinder und weiß, welche Sicherheiten er für die Zukunft bietet? Wer weiß, welche Aktien-Fonds der DIT Deutscher Investment-Trust zu bieten hat, welche Existenzgründungsprogramme es gibt? Wer kennt die Qualität der Vermögensverwaltung, die Auslandserfahrung? Wer weiß, wo in aller Welt die Bank vertreten ist?

Wenn man ein Thema einigermaßen gründlich und informativ darstellen will, dann muß man sich auf dieses eine Thema in einer Anzeige konzentrieren. Manche besonders wichtige Themen sind daher aus verschiedenen Blickwinkeln zu betrachten, wenn man kontinuierlich Verständnis und Vertrauen gewinnen will.

Das ist nicht nur für die einzelnen Themen selbst von Vorteil, sondern auch für die Bank: So gewinnt sie schnell im Markt ein Profil, das den vielfältigen Leistungsfacetten gerecht wird. So lassen sich sowohl Firmenkunden als auch Privatkunden überzeugen: *eine Bank des Wissens.*

Die »Corporate Identity« der Dresdner Bank ist ihr »kulturelles Kapital«: erarbeitet in der Vergangenheit, eröffnet sie Optionen, Entwicklungsperspektiven und vielfältige Gestaltungsspielräume für die Zukunft.

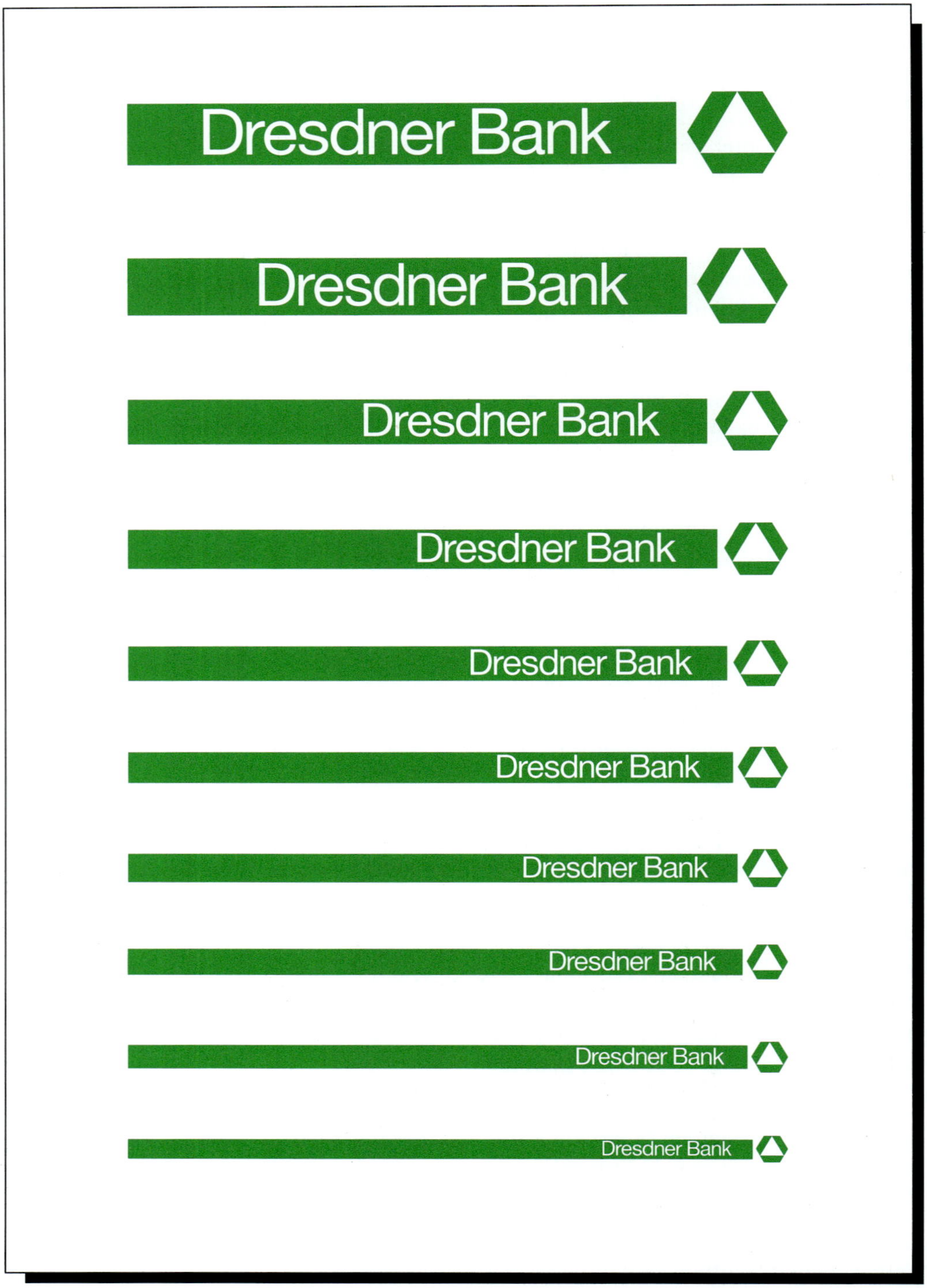


**Abb. 1:** *Größe und Stärke des Firmenzeichens sind logisch geregelt*

Ich bin eine Schrift, die zur
Dresdner Bank nicht paßt.

Ich bin eine Schrift, die zur
Dresdner Bank nicht paßt.

Ich bin eine Schrift, die zur
Dresdner Bank nicht paßt.

Ich bin eine Schrift, die zur
Dresdner Bank nicht paßt.

Ich bin eine Schrift, die zur
Dresdner Bank nicht paßt.

Ich bin eine Schrift, die zur
Dresdner Bank passen könnte.

Ich bin eine Schrift, die zur
Dresdner Bank passen könnte.

Ich bin eine Schrift, die zur
Dresdner Bank passen könnte.

**Abb. 2:** *Gedanken über Schrift-Typen. Und Lösungen*

**Abb. 3a:** *Das Medium ist hier auch gleich die Botschaft*

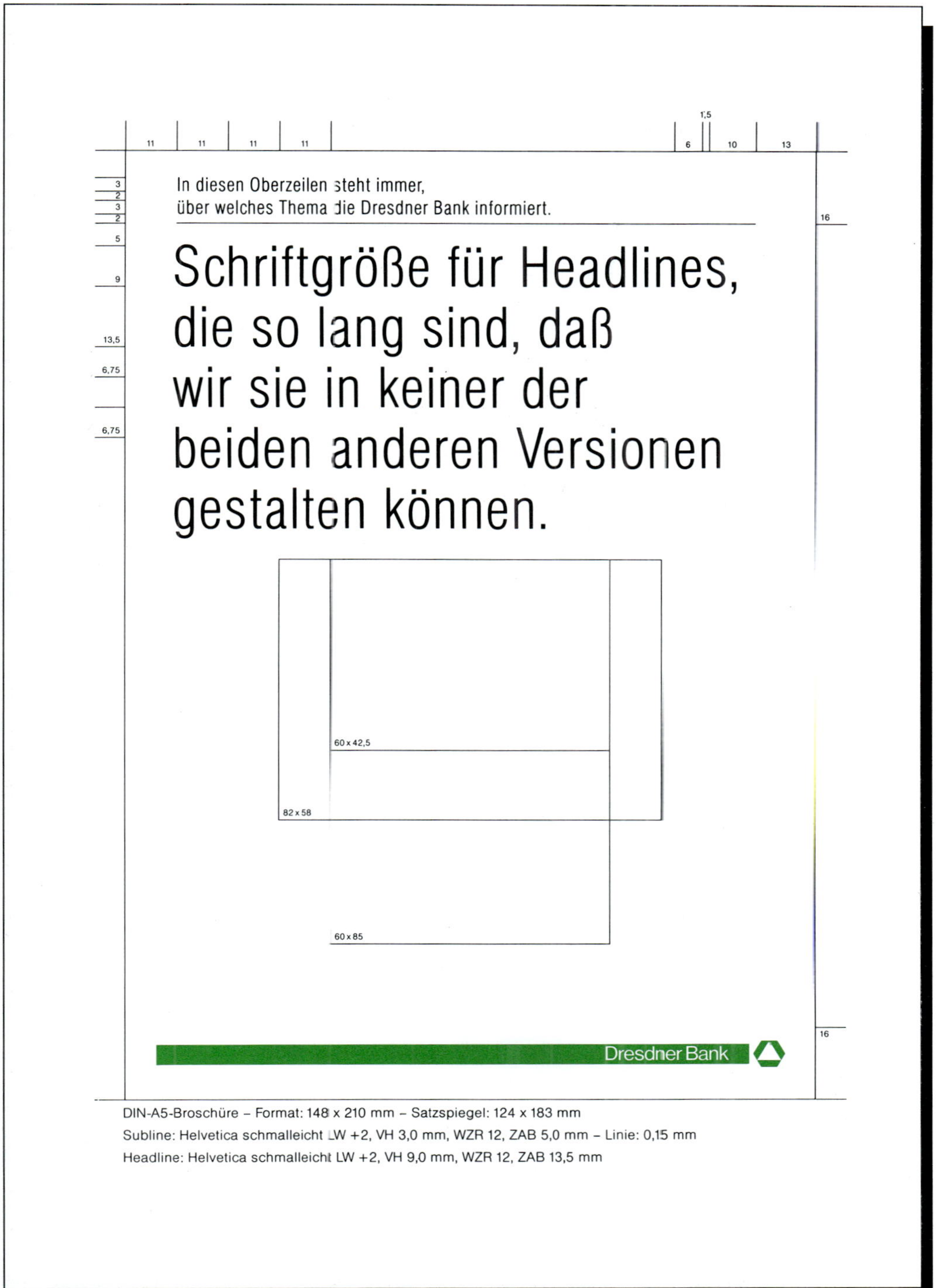


**Abb. 3b:** *Auch Sonderfälle fallen nicht aus dem Rahmen*

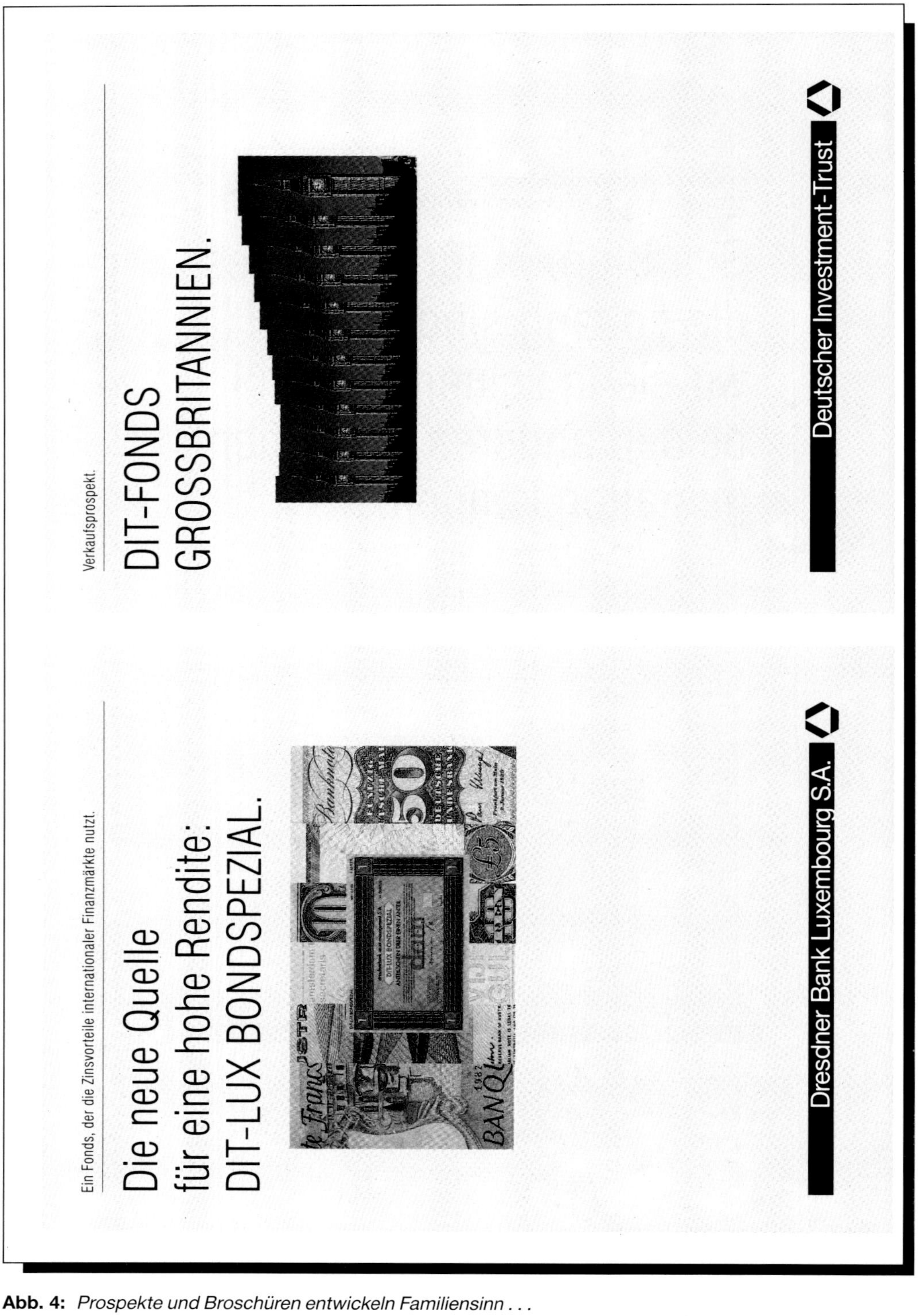


**Abb. 4:** *Prospekte und Broschüren entwickeln Familiensinn . . .*

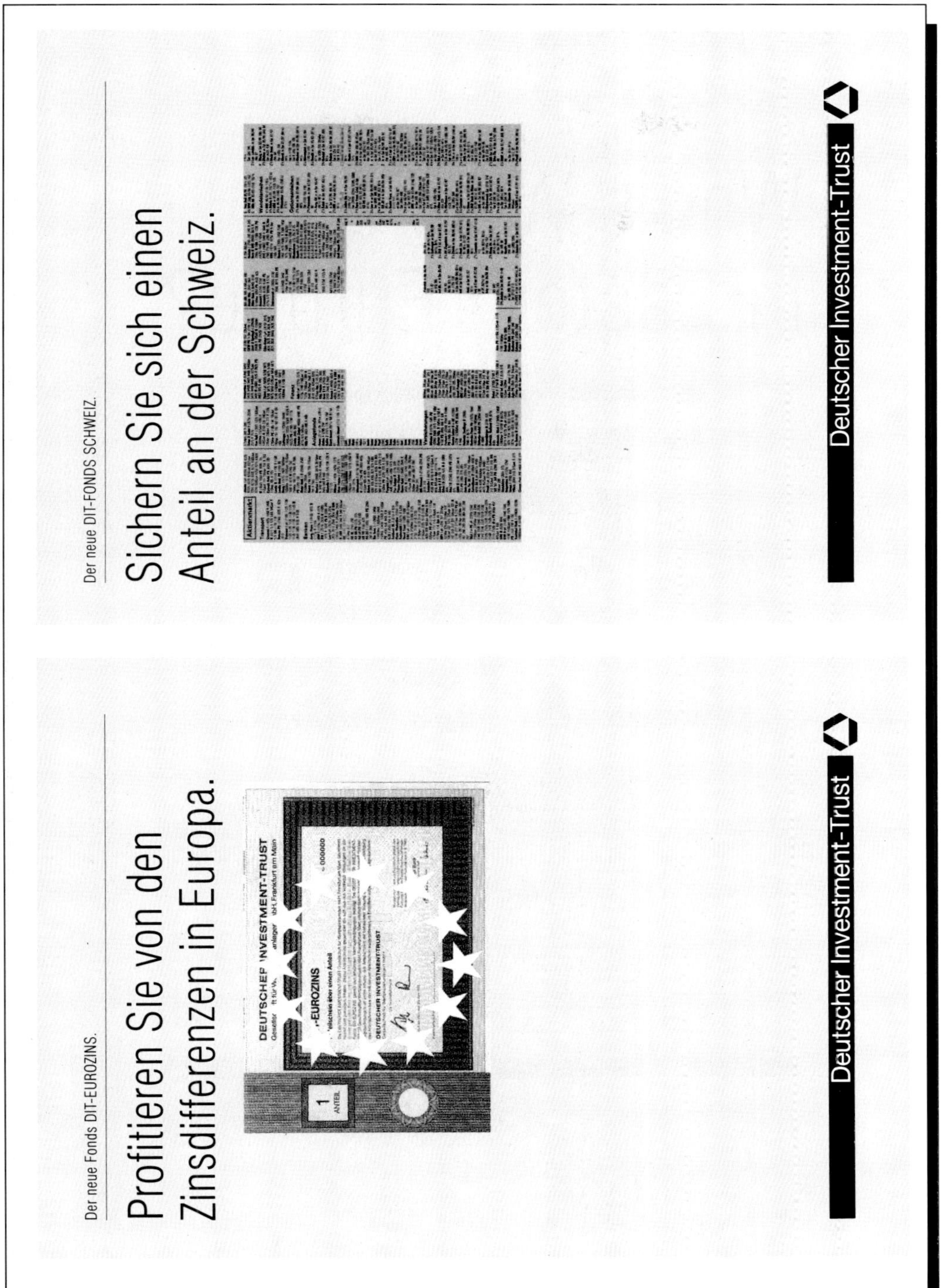


**Abb. 5:** *. . . auch über Ländergrenzen hinweg*

**Abb. 6:** *Gute Anzeigen lassen möglichst keine Fragen offen*

# Überlassen Sie Europa nicht allein den Brüsseler Spitzen.

Der französische Staatspräsident Mitterrand ist der Ansicht, der Staatsmann unterscheide sich vom Politiker schon allein dadurch, daß er stets das nächste Jahrtausend im Visier habe, während letzterer nur auf die nächsten Wahlen schiele.

**Der Binnenmarkt ist keine Legislaturperiode, sondern wirtschaftliche Neuorientierung.**

So gesehen ist die europäische Idee das Werk visionärer Köpfe und strategisch denkender Unternehmer. Und ihr Erfolg, soviel läßt sich schon jetzt sagen, wird nicht allein mit den üblichen Maßstäben zu messen sein, die man an Regierungsarbeit sonst anlegt.

Europa ist ein Unternehmen, das auf den Mut und den Weitblick seiner Führungskräfte angewiesen ist.

Denn es ändern sich nicht nur einzelne marktrelevante Faktoren. Es ändert sich vielmehr die gesamte Marktdimension. Auch für uns Deutsche.

Diesen neuen Markt der Möglichkeiten, aber auch seine Probleme, hat die Dresdner Bank längst unter die Lupe genommen – im Interesse ihrer Kunden und aus eigenem Interesse. Denn auf dem europäischen Finanzparkett ist etliches in Bewegung.

So wird in der Silvesternacht 1992 der Startschuß für tausende von Banken in Europa fallen, die fortan um Gunst und Spargelder von 340 Millionen Menschen werben. Für diese Bankhäuser gibt es zwei Devisen: erstens, international zu denken und national zu agieren.

Und zweitens die „European Currency Unit", kurz ECU, die nicht nur als Rechnungseinheit, sondern auch als anerkanntes Zahlungsmittel existiert.

Hier engagiert sich die Dresdner Bank als eines von drei Geldinstituten in Deutschland, die den europäischen Zahlungsverkehr über das ECU-Clearing-System abwickeln. Dabei geht sie mit der ECU genauso selbstverständlich um wie mit jeder anderen Devise auch. Ein weiteres Indiz für ihre europäische Orientierung: Dresdner Bank Aktien werden bereits seit Jahren an den führenden Börsen Europas gehandelt.

Auch die Europa-Bank, eine 1988 in Luxemburg gegründete Tochter, ist konsequent auf den Bedarf europäisch denkender Unternehmen ausgerichtet. Etwa mit Investitionsfinanzierungen unter Berücksichtigung aller wesentlichen Förderprogramme.

Doch die Vision der europäischen Idee muß über den Binnenmarkt hinausgehen. Nicht zuletzt aus diesem Grund hatte die Dresdner Bank als erstes westliches Geldinstitut eine Repräsentanz in Moskau eröffnet. Inzwischen sind sieben weitere Repräsentanzen und Joint-Ventures in Mittel- und Osteuropa dazu gekommen.

Weitere Schritte also, damit schon bald aus der Vision Wirklichkeit wird.

Dresdner Bank

**Abb. 7:** *Anzeigen leben von Spannung und Lösung*

**Abb. 8:** *Auch in Fach-Journalen ist Kreativität nicht untersagt*

**Abb. 9:** *Für jedes Problem sollte schon die Anzeige eine konkrete Lösung bieten*

**Abb. 10:** *Bankkunden segmentieren sich hundertfach – und erwarten trotzdem ganz gezielte Ansprachen*

# Er kostete einmal 3.790 Mark. Was haben Sie für die Zukunft daraus gelernt?

Kaum zu glauben, daß man ein Exemplar der ersten Nachkriegsjahrgänge dieses legendären Fahrzeugs für 3.790 Mark kaufen konnte. Heute muß man selbst für einen Kleinwagen schon rund 10.000 Mark investieren. Die wendigen Vehikel sind in den letzten 40 Jahren Automobilgeschichte Jahr für Jahr teurer geworden, im Durchschnitt um 3,5 %. Und leider gilt: Was die Autopreise angetrieben hat, ist bei anderen Produkten nicht einfach vorbeigerauscht. Die Inflationsrate ist in den letzten 30 Jahren durchschnittlich jährlich um 3 % gestiegen, und ein Ende dieser Entwicklung ist nicht zu erwarten. Auch der Lebenshaltungsindex „läuft und läuft".

Eine Binsenweisheit? Vielleicht. Auf jeden Fall aber eine Tatsache, die man nicht verdrängen sollte. Und man kann wohl ohne Übertreibung behaupten: Wer für die Zukunft plant, ohne den Faktor Kaufkraftschwund zu berücksichtigen, der handelt mit Sicherheit grob fahrlässig.

Eine entscheidende Bedeutung hat dieser Faktor natürlich im Zusammenhang mit Fragen der finanziellen Altersvorsorge. Dazu nur ein kleines

**Abb. 11:** *Zielgruppenansprache und systematische Informationsvermittlung*

Beispiel: Angenommen, Sie berechnen heute als 45jähriger die Ansprüche, die Ihnen nach Erreichen der Altersgrenze zustehen. Wenn Sie dabei auf rund 5.000 Mark pro Monat kommen, sind Sie vielleicht zufrieden. Diese Einschätzung wird sich ändern, wenn Sie Ihren Überlegungen eine realistische Annahme über die künftige Kaufkraftentwicklung zugrunde legen. Um Ihren Lebensstandard bei Beginn des Ruhestands aufrechterhalten zu können, benötigen Sie nämlich voraussichtlich bereits 9.000 Mark. Und nach 10 Jahren als Rentenempfänger liegt Ihr monatlicher Bedarf bei 12.000 Mark.

Ein Zukunftsszenario, das Sie nur dann nicht beunruhigen muß, wenn Sie sich rechtzeitig darauf einstellen und schon heute ein Alterseinkommen anstreben, das einer dynamischen Kaufkraftentwicklung entspricht. Wie sich die Lage für Sie persönlich darstellt, sollten Sie einmal in aller Ruhe analysieren. Dabei gibt Ihnen die Vorsorgebilanz der Dresdner Vermögensberatungsgesellschaft alle Informationen, die Sie benötigen. Am besten, Sie schicken gleich heute die aufgeklebte Info-Karte an uns ab.

Dresdner Vermögensberatungsgesellschaft

**Abb. 12:** *Ein Motiv mit starker Innenwirkung*

**Abb. 13:** *Ein Motiv, das nicht nur Sammler in Entzücken versetzte*

# Die Dresdner Bank wünscht ihren Kunden in aller Welt ein friedliches Miteinander.

Hinter uns liegen Schlüsseltage der deutschen Geschichte. Tage, die unser Land verändert haben. So ist der 9. November zum Beispiel der Tag, an dem vor mehr als 50 Jahren die Pogrome gegen Leben und Eigentum jüdischer Mitbürger stattgefunden haben. Der 9. November ist aber auch der Tag, an dem die deutsche Vereinigung gewaltfrei begonnen hat.

Die Mauer ist gefallen. Und wir sollten nicht zulassen, daß nun neue Mauern aufgebaut werden.

Denn diese Tage bedeuten für uns zugleich eine Verpflichtung. Sie verpflichten uns, jeder Form von Ausländerfeindlichkeit entgegenzuwirken.

Alle Indizien für Ausländerfeindlichkeit sind unerträglich. Es hat wenig Sinn, über Versäumnisse der Politik zu lamentieren. Wir müssen selbst, an unseren Arbeitsplätzen und in unseren Unternehmen, beginnen, deutliche Zeichen für ein friedliches Miteinander zu setzen.

Die Dresdner Bank ist ein Unternehmen mit fast 45.000 Mitarbeitern. Wir sind als internationale Bank weltweit tätig. Wir haben viele ausländische Kollegen, auch in leitenden Stellungen. Wir sind auf offene Wirtschaftsstrukturen und international auf einen partnerschaftlichen Umgang angewiesen. Beispiel für diese weltoffene Geschäftskultur unserer Bank ist die Zusammenarbeit mit Banken in der ganzen Welt: in Japan, in Nordamerika, in Südamerika, im europäischen Ausland, auch im Osten.

Was für die Dresdner Bank gilt, sollte für die gesamte deutsche Wirtschaft gelten.

Wir werden unseren Standpunkt der Vernunft und der Toleranz mit Worten und mit Taten vertreten. Die Dresdner Bank ist 120 Jahre alt und der Geschichte verpflichtet.

Wir sind Europäer und werden uns immer für Weltoffenheit und ein humanes Miteinander einsetzen. Das ist für uns eine große gemeinsame Aufgabe.

In diesem Sinne: ein friedliches 1993.

Dresdner Bank

**Abb. 14:** *Eine Antwort auf die Frage: Ist ein Anzeigenraster nicht automatisch steril?*

**Abb. 16:** *Eine Antwort auf die Frage: Ist ein Anzeigenraster nicht automatisch steril?*

Haniel

# Bei Haniel hat Zukunft Tradition

Joachim Rossbroich

## Corporate Identity bei Wachstum und Diversifikation

Der Mut zu neuen Wegen charakterisiert erfolgreiche Unternehmen. In 236 Jahren Firmengeschichte hat Haniel es immer wieder verstanden, sich den Herausforderungen der Zeit offensiv und flexibel zu stellen. Historisch liegt die Kultur unternehmerischen Denkens und Handelns im Industriepionier Franz Haniel (1779–1868) begründet, der weitsichtig auf unterschiedlichen Gebieten wegweisende Neuerungen in Gang gesetzt hat.

Die **Identität** von Haniel vor gut zehn Jahren wurde vor allem vom Handel mit Heizöl, festen Brennstoffen, mit Agrar- und Baustoffen geprägt. Eine wesentliche Aktivität war auch die Spedition, die mit ihren zahlreichen Fahrzeugen eine große Öffentlichkeit erreichte. Diese beiden Bereiche machten über 60 % des Geschäftes aus. Dementsprechend war auch das Haniel-Image.

**Abb. 1:** *Hauptverwaltung in Ruhrort*

In den 80er Jahren hat Haniel dann einen großen **Wandel** vollzogen. Neben zahlreichen strukturellen Änderungen entfielen große geschäftliche Aktivitäten wie der Handel oder Spedition, andere wurden energisch ausgebaut oder durch Erwerb hinzugewonnen. Eine klare Strategie hat Haniel mit DM 17,3 Milliarden Umsatz und über 30 000 Mitarbeitern in 1991 zu den großen Unternehmen in Deutschland und sicherlich zu den größten Firmen in Familienbesitz werden lassen.

Das hohe Wachstumstempo und die Diversifikation beeinflußten die Konturen von Haniel als »Unternehmenspersönlichkeit« nach innen wie nach außen. Gravierend ist hierbei, daß ein großer Teil der Geschäfte unter anderen Namen, also nicht unter dem Namen Haniel, geführt werden. Das ist bei dynamischem Wachstum kaum zu vermeiden und in einem gewissen Umfang auch gewollt.

Von den insgesamt elf europäischen, teilweise auch in den USA und Asien operierenden Unternehmensbereichen tragen fünf den Namen Haniel: Haniel Baustoff-Industrie, Haniel Reederei, ELG Haniel Edelstahl-Recycling, Haniel Industrie-Service und Haniel Envirotec. Hinzu kommen Unternehmensbereiche wie der Pharmagroßhandel (Gehe), die Waschraumhygiene (CWS), der Lebensmittelgroßhandel (Scrivner, USA), Befestigungssysteme für die Bauindustrie (Halfen), Seeschiffahrt (Oldenburg-Portugiesische Dampfschiffs-Reederei) und Schnell-Lieferdienst (trans-o-flex).

Um die Corporate Identity in der Vielfalt auf Kurs zu halten, hat Haniel konsequent ausgewählte, **kulturprägende Systeme und Elemente** geschaffen, die überall in der Unternehmensgruppe wiederzufinden sind. Zum einen sind hier die geschäftlichen Kernkompetenzen wie Marketing, Systeme, Logistik, Service. Diese zentralen Erfolgsfaktoren sind wesentlich für die Corporate Identity. Hinzu kommen wichtige Bausteine wie beispielsweise die dezentrale Organisation, die Vergütungssysteme oder die interne Kommunikation – alles Felder, um Haniel-typische Werte, Normen und Verhaltensweisen zu verwirklichen. Diese Bausteine prägen alle Haniel-Gesellschaften und ermöglichen auf diesem Weg dem Unternehmen mit gleicher Kompetenz und Management-Qualität zukunftsorientiert in unterschiedlichen Märkten zu agieren und in neue hineinzuwachsen.

Die **Bausteine** zur Corporate Identity von Haniel finden sich in den spezifischen Gegebenheiten von Tradition, Struktur, Strategie und Kultur eines Familienunternehmens, die aufgrund der gewandelten Identität u.a. in einer Imagekampagne thematisiert wurden. Deren grafischen Illustrationen zielen bewußt auf Assoziationen zu bekannten Künstlern und Kunstwerken, denn diese ungewöhnliche, überraschende Richtung moderner Gestaltung trifft das Kommunikationsziel: *»Eben wie Haniel: bekannt und doch neu.«*

## Tradition: Kontinuität im Wandel

1756 in Duisburg Ruhrort als überregional tätiges Handelshaus gegründet, ist Haniel ein 236 Jahre altes Familienunternehmen, das aus Tradition in vielen Bereichen langfristig denkt und handelt, international orientiert ist und sich erfolgreich wechselnden Aufgaben und Märkten anpaßt. Hierzu zählt beispielsweise auch das unbeirrte Bekenntnis zum Standort Duisburg-Ruhrort oder eine selbstverständliche **Fürsorge** für alle Mitarbeiter: Als einer der ersten im frühen 19. Jahrhundert richtete Franz Haniel eine Unterstützungs-Casse für kranke Arbeiter ein und baute, ebenfalls sehr zeitig, Arbeiterwohnungen.

**Abb. 2 :** *Stammhaus von 1756*

Haniel kann sich also bewußt und mit Stolz als ein *»zeitgemäßes Familienunternehmen«* definieren, in dem auch heute noch, nachdem die Zahl der Gesellschafter nach mehreren Generationen sehr groß geworden ist, die strategische Führung durch Grundsatzentscheidungen bei der Familie liegt.

Im Bemühen, die angestrebte Balance zwischen Kontinuität und Wandlungsfähigkeit eines »Unternehmens im Werden« zu gewährleisten, hat sich das **»Haniel-System«** mit den drei Komponenten Struktur, Strategie und Kultur bewährt.

# Über eine höchst zeitgemäße Form eines Familienunternehmens.

Was fällt Ihnen zum Thema Familienunternehmen ein? Sicherlich eine Reihe großer Namen von Unternehmen, die einst in Familienbesitz waren und allesamt nach und nach in andere Eigentumsverhältnisse übergegangen sind. Im Falle von Haniel sieht das ganz anders aus. Wir sind seit 235 Jahren Familienunternehmen.

Aus diesen 235 Jahren Familienpolitik à la Haniel ist eine Unternehmensverfassung erwachsen, die für alle handelnden Personen im Hause ein hohes Maß an Verbindlichkeit besitzt. Eine Unternehmensverfassung, die von den Beteiligten nicht einfach hingenommen, sondern aus Überzeugung gelebt wird. Alle Beteiligten, Familie, Management, Mitarbeiter, sind sich über ihre Rechte und Pflichten im klaren und agieren mit entsprechender Selbstverständlichkeit.

Selbstverständlich ist, daß die Familie Haniel bei strategischen Weichenstellungen mitwirkt, sich im operativen Geschäft aber zurückhält.

Selbstverständlich ist auch, daß die in Familienunternehmen besonders intensiv empfundene soziale Verpflichtung, das buchstäbliche Familiengefühl gegenüber den Mitarbeitern fortlebt - auch wenn das Unternehmen inzwischen eine familienunübliche Größe erreicht hat.

Familienpolitik, so wie sie bei uns praktiziert wird, ist also durchaus zeitgemäß. Wir würden Ihnen und Ihrem Unternehmen auch guten Gewissens empfehlen, ein Familienunternehmen zu werden.

Aber wo bekommen Sie so schnell eine gute Familie her?

HANIEL

Franz Haniel & Cie. GmbH, Stabsabteilung Information, Franz-Haniel-Platz 1, 4100 Duisburg 13, Telefon 49-(0)203-806(0)495

VIER

**Abb. 3 :** *Anzeige „Über eine höchst zeitgemäße Form eines Familienunternehmens".*

## Struktur: Einheit in der Vielfalt

Um die rasche Anpassungsfähigkeit an Marktveränderungen zu gewährleisten, ist Haniel **dezentral** organisiert. Kleine, überschaubare Einheiten können dank kurzer Wege und schnellen Entscheidungen offensiv, kompetent und flexibel am jeweiligen Markt agieren. Die flache Hierarchie bedeutet z.B. eine mit 100 Menschen verhältnismäßig kleine Führungsholding. Sie bedeutet direkte Kontakte, die den Austausch von Informationen und Erfahrungen fördern. Fachwissen und Marktkenntnisse in allen Ebenen tragen zum gegenseitigen Verständnis bei, aber auch zur Kompetenz und Geschwindigkeit von Entscheidungen. Auf diese Weise kann die Eigendynamik der Unternehmensbereiche durch das Synergiepotential des Gesamtunternehmens zusätzlich gestärkt werden.

Für alle Bereiche gilt dieselbe Zielsetzung einer **Optimierung zeitgemäßer Leistungen**. Die kundenorientierten Problemlösungen werden jeweils vor Ort und in Eigenverantwortung realisiert. Das Vertrauen in überschaubare, eigenverantwortliche und bewegliche Einheiten ermöglicht Selbständigkeiten und Spezialisierungen, Freiraum für Unternehmertum, für eigene Ideen und innovative Versuche. Die dezentrale Organisation ist also für das Verhalten der Mitarbeiter und des Unternehmens am Markt sehr bedeutend.

So kann Haniel sich in einem anderen Anzeigenmotiv als »*David und Goliath*« präsentieren: ein Unternehmen, das zur Motivation seiner Mitarbeiter und im Interesse seiner Kunden die Vorteile der Spezialisierung und der kundennahen Flexibilität mit wirtschaftlicher Stärke verbindet.

## Strategie: Rationalität und Intuition

Hinter der Vielfalt der Haniel-Geschäftsfelder steckt **System**: Präferiert werden Leistungsbereiche mit einem hohen Wertsteigerungspotential, einer geringen Kapitalintensität und einer hohen Wertschöpfung pro Mitarbeiter. Sie sollten ein international realisierbares Systemgeschäft mit hohem Kundennutzen zum Gegenstand haben, in dem das vorhandene Management-Know-how eingebracht werden kann. Qualitativ perfektioniert und integriert zu umfassenden Komplettlösungen erhält ein solches System bei Haniel dann Markenartikelcharakter, mit dem es sich vom Wettbewerb abhebt.

Obwohl jeder weiß, daß die erforderliche Flexibilität schnelle Konsens- und Entscheidungsfindungen mit Rationalität allein nicht zu erreichen ist, sondern sich auch auf Intuition stützen muß, präsentieren sich viele Unternehmen bis heute als pure Rationalisten. Haniel ist mutig und konsequent genug zum »*Lob des Bauches*«: der Fähigkeit, das Richtige zu ahnen und zu tun, ohne es rational völlig begründen zu können.

## Kultur: Selbstverantwortung und ganzheitliche Führung

Dezentrale Steuerung und marktorientierte Selbstorganisation der Unternehmensbereiche verlangen **Mitarbeiter mit Eigenverantwortung**. Der aktuelle Wertewandel kommt diesen Anforderungen entgegen: Qualifizierte junge Mitarbeiter wollen informiert sein,

# Lob des Bauches.

Von Immanuel Kant stammt der Satz: „Unser Entscheiden reicht weiter als unser Erkennen." Obwohl zweifelsfrei nicht dafür gedacht, paßt diese Erkenntnis in die moderne Unternehmenswirklichkeit.

Die Dynamik der Märkte nimmt ständig zu. Wo um 1900 etwa 6000 Wissenschaftler weltweit tätig waren, da sind es heute über 6 Millionen. Das Wissen der Welt, das um 1950 noch zehn Jahre brauchte, um sich zu verdoppeln, versechsfacht sich mittlerweile in einem solchen Zeitraum. Es drängt also ein enormes Wissen in die Märkte, verkürzt die Lebenszyklen der Produkte und verschärft den Wettbewerb immer weiter. Der Unternehmer von heute bekommt Entscheidungsprobleme nicht infolge von Informationsdefiziten, sondern durch Informationsüberflüsse.

In solchen Situationen ist wieder der Bauch gefragt, als Ort der Intuition. Als die Fähigkeit, das Richtige zu ahnen, ohne es rational völlig begründen zu können. Als das Vermögen, die richtige Richtung anzugeben, auch ohne sämtliche Risiken hundertprozentig abschätzen zu können.

Haniel hat sich vor Jahren entschlossen, das Thema Dienstleistungen neu anzupacken. Unsere Intuition sagt uns, daß die Zukunft bei standardisierten Dienstleistungen liegt, im sogenannten Systemgeschäft der umfassenden Komplettlösungen.

Damit haben wir inzwischen ausgezeichnete Marktpositionen erreicht. Im Schnell-Lieferdienst, wie im Industrieservice. In der Waschraum-Hygiene wie im Edelstahl-Recycling. Im Pharma- wie im Lebensmittel-Großhandel. Bei Baustoffen, im Versandhandel, im Transportgeschäft.

Dem Hause Haniel – ein Konzern mit 14 Milliarden DM Jahresumsatz – hat der Bauch im Sinne von Kant so manche Entscheidungshilfe geliefert. Dafür sei er gelobt.

HANIEL

Franz Haniel & Cie. GmbH, Stabsabteilung Information, Franz-Haniel-Platz 1, 4100 Duisburg 13, Telefon 49-(0)203-806(0)495

VIER

**Abb. 4:** *Anzeige »Lob des Bauches«*

## Der Mensch lebt nicht fürs Brot allein.

In vielen Studien zum Thema Wertewandel kann man es nachlesen, daß hochqualifizierte, jüngere Mitarbeiter von heute und morgen als Mittelpunkt ihres Lebens nicht mehr unbedingt den Arbeitsplatz kennen. Wer etwas kann, wer Phantasie und Lebensziele hat, dem genügt das klassische Karriereangebot immer seltener. Arbeit als purer Broterwerb scheint passé zu sein. Motto: Das kann doch nicht alles gewesen sein.

Aber das ist es auch nicht. Zum Glück hat der Wertewandel inzwischen auch die Unternehmensleitungen erreicht. Auch dort werden inzwischen häufig Gedanken gedacht, die konventionelle Weltbilder alt aussehen lassen.

Immer mehr Unternehmern wird klar, daß es in unseren Zeiten Wichtigeres zu tun gibt als Hierarchien zu stabilisieren und Erbhöfe zu sichern. Statt dessen zerbrechen sich immer mehr kompetente Leute den Kopf darüber, wie man Innovationen forcieren kann, wie man die Widersprüche der Märkte beherrscht, wie man das immer höher schwappende Informationsangebot bändigt und nutzt, wie man möglichst viele Mitarbeiter an diesen unterschiedlichen Prozessen beteiligt und nicht zuletzt, wie man anregende Visionen schafft und Möglichkeiten, daraus die betriebliche Wirklichkeit von morgen zu machen, und so die guten Leute an sich zu binden.

Folgerichtig haben wir Haniel eine dezentrale Organisation gegeben. Sie ermöglicht Selbständigkeiten und Spezialisierungen, eine Vielzahl von individuellen Nischen. Sie fördert Unternehmertum für die Mitarbeiter, denn sie bietet Raum für Eigendynamik, für eigene Ideen, für innovative Versuche. Sie ist gedacht für Mitarbeiter, die Arbeit nicht nur als Broterwerb verstehen.

Aber auch nicht als brotlose Kunst.

**HANIEL**

Franz Haniel & Cie. GmbH, Stabsabteilung Information, Franz-Haniel-Platz 1, 4100 Duisburg 13, Telefon 49-(0)203 806(0)495

**Abb. 5:** *Anzeige: »Der Mensch lebt nicht fürs Brot allein«*

sie verlangen Gestaltungsspielraum, Verantwortung und Chancen für persönliche Weiterentwicklung, und sie wollen sich auch moralisch mit »ihrem Unternehmen« identifizieren können.

Dem entsprechen die **Leitorientierungen der Unternehmenskultur:** Transparenz der ganzheitlichen Unternehmensstrategie, kooperative Führung und Konsensbildung durch kurze Wege und persönliche Kontakte, die Förderung und Anerkennung individueller Leistung und Kreativität, differenzierte Vergütungssysteme und neuartige Beteiligungsangebote für Führungskräfte, mehr Verantwortung und Aufstiegschancen für die Mitarbeiter durch gründliche Weiterbildung, denn *»Der Mensch lebt nicht fürs Brot allein«*.

In diesem Rahmen ist auch die **Franz-Haniel-Akademie** zu sehen. Als zentrale Weiterbildungsinstitution für Führungskräfte ist sie ein strategischer, also wiederum langfristiger Erfolgsfaktor und wichtiger Träger der Haniel-Unternehmenskultur im zentripetalen Sinn: Integrationsmedium, Kommunikationsplattform und Begegnungsstätte auch unter Einbeziehung von Kunden und Partnern, Schnittstelle zu Kultur, Wissenschaft, Kunst, Politik und Gesellschaft, denn eine über die wirtschaftlichen Belange hinausgehende kulturelle Kompetenz und Aufgeschlossenheit des Unternehmens fördert seine Zukunftsorientierung und Veränderungsbereitschaft. Unterstützend wirkt hier der Bau der Akademie-Gebäude am historischen Stammsitz in Ruhrort in unmittelbarer Nähe zur Hauptverwaltung.

Und selbst die **Haniel-Stiftung** zur Forschungsförderung fügt sich in das ganzheitliche innovationsorientierte Konzept. Sie versteht sich als *»Anstifter zu Neuem«*, will Menschen fördern, die an die Zukunft denken, Verbindungen schaffen zwischen Wirtschaft, Wissenschaft, Politik und Publizistik und den Horizont insbesondere junger Menschen erweitern.

Die vier Bauelemente der Corporate Identity von Haniel – Tradition, Strategie, Struktur und Kultur – bilden kein statisches, hierarchisches Gebäude, sondern sind miteinander **vernetzt** zu einem wandlungsfähigen System. So gilt nicht immer *»structure follows strategy«*, sondern in vieler Hinsicht bilden Struktur und Kultur die Basis für eine Unternehmensstrategie, die sich dann flexibel und geschmeidig den veränderten Umwelten und Märkten anpassen kann. »Harte Faktoren« wie Strategie und Organisationsstruktur und »weiche Faktoren«, wie Gefühl und Intuition, Allgemeinbildung und kulturelle Aufgeschlossenheit der Mitarbeiter sind gleichermaßen als Voraussetzungen des Unternehmenserfolges erkannt und berücksichtigt. Sogar Humor wird als »Führungsinstrument« geschätzt.

## Das Corporate Design

Leitorientierungen für die Selbstdarstellung von Haniel in der Öffentlichkeit sind Maß, Offenheit und Kompetenz. Haniel will sich – bei aller Größe, Verflechtung und Dynamik in der Gruppe – **maßvoll, übersichtlich** und **durchschaubar** präsentieren. Das betrifft die Öffentlichkeitsarbeit genau wie alle Facetten des Corporate Design:

- die ästhetisch klare Gestaltung und Gliederung des Firmenareals in Duisburg-Ruhrort,
- die dort neu entstehende Akademie mit dem architektonischen Konzept der Offenheit und Überschreitung von Grenzen: nicht nur zwischen innen und außen, zwischen Räumen und Funktionen, sondern auch zwischen Menschen und Hierarchien,

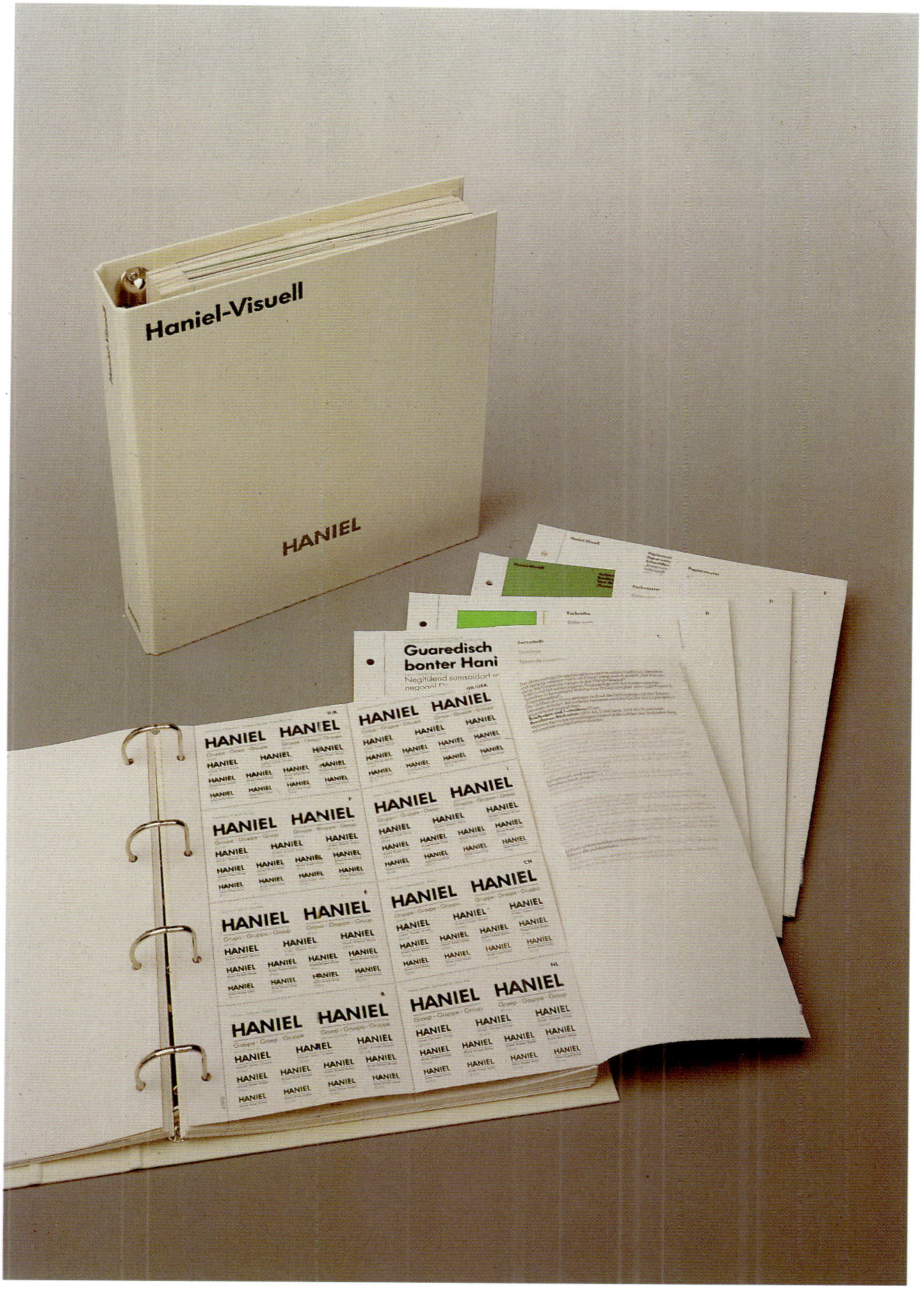


**Abb. 6:** *Handbuch »Haniel-Visuell«*

**Abb. 7:** *Haniel-Logo*

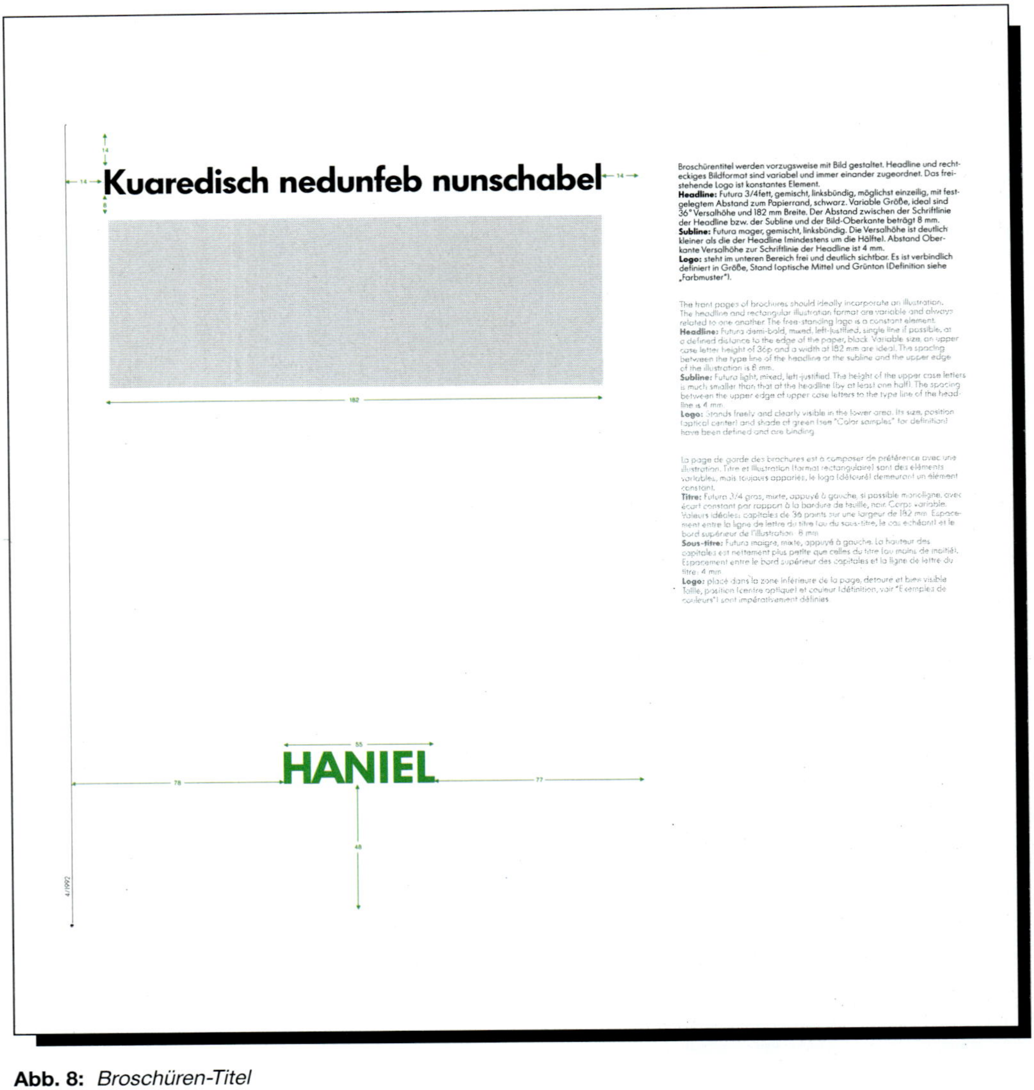

Kuaredisch nedunfeb nunschabel

Broschürentitel werden vorzugsweise mit Bild gestaltet. Headline und rechteckiges Bildformat sind variabel und immer einander zugeordnet. Das freistehende Logo ist konstantes Element.
**Headline:** Futura 3/4fett, gemischt, linksbündig, möglichst einzeilig, mit festgelegtem Abstand zum Papierrand, schwarz. Variable Größe, ideal sind 36° Versalhöhe und 182 mm Breite. Der Abstand zwischen der Schriftlinie der Headline bzw. der Subline und der Bild-Oberkante beträgt 8 mm.
**Subline:** Futura mager, gemischt, linksbündig. Die Versalhöhe ist deutlich kleiner als die der Headline (mindestens um die Hälfte). Abstand Oberkante Versalhöhe zur Schriftlinie der Headline ist 4 mm.
**Logo:** steht im unteren Bereich frei und deutlich sichtbar. Es ist verbindlich definiert in Größe, Stand (optische Mitte) und Grünton (Definition siehe „Farbmuster").

The front pages of brochures should ideally incorporate an illustration. The headline and rectangular illustration format are variable and always related to one another. The free-standing logo is a constant element.
**Headline:** Futura demi-bold, mixed, left-justified, single line if possible, at a defined distance to the edge of the paper, black. Variable size, an upper case letter height of 36p and a width of 182 mm are ideal. The spacing between the type line of the headline or the subline and the upper edge of the illustration is 8 mm.
**Subline:** Futura light, mixed, left-justified. The height of the upper case letters is much smaller than that of the headline (by at least one half). The spacing between the upper edge of upper case letters to the type line of the headline is 4 mm.
**Logo:** Stands freely and clearly visible in the lower area. Its size, position (optical center) and shade of green (see "Color samples" for definition) have been defined and are binding.

La page de garde des brochures est à composer de préférence avec une illustration. Titre et illustration (format rectangulaire) sont des éléments variables, mais toujours appariés, le logo (détouré) demeurant un élément constant.
**Titre:** Futura 3/4 gras, mixte, appuyé à gauche, si possible monoligne, avec écart constant par rapport à la bordure de feuille, noir. Corps variable. Valeurs idéales: capitales de 36 points sur une largeur de 182 mm. Espacement entre la ligne de lettre du titre (ou du sous-titre, le cas échéant) et le bord supérieur de l'illustration: 8 mm.
**Sous-titre:** Futura maigre, mixte, appuyé à gauche. La hauteur des capitales est nettement plus petite que celles du titre (au moins de moitié). Espacement entre le bord supérieur des capitales et la ligne de lettre du titre: 4 mm.
**Logo:** placé dans la zone inférieure de la page, détouré et bien visible. Taille, position (centre optique) et couleur (définition, voir "Exemples de couleurs") sont impérativement définies.

HANIEL

4/1992

**Abb. 8:** *Broschüren-Titel*

- die klassisch moderne Innenarchitektur mit der präferierten Kunstrichtung Informel (die die Freiheit von Formzwängen, die Bedeutung des Prozessualen gegenüber den Strukturen und den Beitrag der Subjektivität zur Entstehung des Neuen in den Vordergrund stellt),
- schließlich die konsequente Verwendung eines Gestaltungsrasters, das verbindlich ist für alle kommunikativen Äußerungen des Unternehmens und seine unterschiedlichen Ausdrucksformen zu einem einheitlichen, Haniel-typischen Erscheinungsbild bündelt.

Daß sich Haniel in den letzten Jahren stark gewandelt hat, macht das Thema spannend. Haniel hat eine **neue**, eine gewandelte **Identität**. Diese qualitative Entwicklung muß auch ihren Ausdruck in einem neuen Corporate Design finden.

Die Assoziationen mit dem alten Signet (eine stilisierte Flagge), wie z.B. Verkehrs- oder Wasserwege für Spedition sind überholt und falsch. Auch war der Namenszug Haniel im Vergleich zum symbolischen Teil zu klein. Es ist leichter, einen sehr starken Wandel, wie er sich bei Haniel in den letzten Jahren vollzogen hat, in einem neuen Zeichen zu manifestieren als ein altes Zeichen mühsam und aufwendig umzudeuten.

Der strategische Ansatz ist, den **Namen** Haniel zu **stärken**. Für eine schnelle und eindeutige Kommunikation steht daher nun der Namenszug im Vordergrund. Firmenfarbe war und ist Grün, nicht weil es zeitgemäß ist, sondern weil sie schon in der von Franz Haniel eingesetzten Haniel-Flagge festgelegt war (Grün-Weiß für das Rheinland, Weiß-Schwarz für Preußen = Einheitliches Deutschland). Das neue Logo ist also eine Wortmarke, modern gestaltet und entsprechend den Bedingungen, assoziations-neutral in Hinblick auf bestimmte Branchen-Aktivitäten. Für plakative Zwecke kann das Logo auch weiß auf grün stehen.

Das Corporate Design von Haniel – dokumentiert im Handbuch **Haniel-Visuell** – gibt einen **Gestaltungsraster** vor, der die unterschiedlichen Ausdrucksformen des Unternehmens zu einem einheitlichen, Haniel-typischen Erscheinungsbild bündelt. Angestrebt wird eine großzügige und übersichtliche Gestaltung, ein formal ausgewogener und moderner Aufbau und eine klare und einfache Gliederung. Das Haniel-Design beinhaltet Vielfalt in der Gesamtheit und beschränkt sich bewußt auf wenige Elemente, die Identität und Image wiedergeben und prägen.

Weitere **Gestaltungselemente** sind die Satzschrift Futura als Basis der gesamten Typografie, deren klarer sachlicher Charakter zum Unternehmen paßt und die auch weltweit verfügbar ist, sowie die einheitlichen Proportionen und Formate für Schrift und Bild oder die Vorgabe eines international verständlichen Systems. Die Dreisprachigkeit von Formularen oder Druckschriften ist Ausdruck einer Geisteshaltung, die dem einzelnen immer wieder verdeutlichen soll, über den eigenen Horizont hinaus zu schauen.

Das neu entwickelte Erscheinungsbild ist verbindlich für alle Haniel-Gesellschaften, bietet aber Raum für individuelle, den jeweiligen geschäftlichen Erfordernissen angepaßte Regelungen. Das ist in diversifizierten Unternehmen immer ein kritischer Punkt. Wie weit soll das Corporate Design gültig sein? Nur für die Muttergesellschaft? Nur für die Unternehmen, die auch Haniel im Firmennamen haben? Sollte man die anderen Firmen sogar umbenennen und auf diesem Weg den Namen Haniel in den Vordergrund rücken?

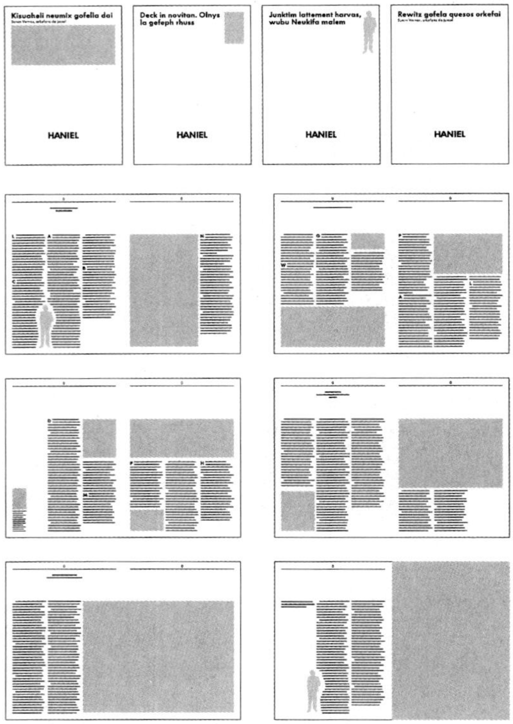


Eine großzügige, klare Gliederung ist kennzeichnend. Unterschiedliche Bildformate, freie Bildelemente, Spitzkolumnen und freie Textspalten dienen der Auflockerung.
**Titel:** Mit Bild oder rein typografisch. Text und Bild stehen zusammen. Bilder: Querformate (182 mm oder 91 mm breit), Hochformate und freie Bildelemente. Die Bildhöhe ist variabel, sollte jedoch ein deutliches Quer- bzw. Hochformat ergeben. Silhouetten und kleine Querformate stehen rechts im Satzspiegel, der Headline zugeordnet. Bei freien Bildelementen und bei rein typografischen Titeln sind zweizeilige Headlines möglich, die mit geringem Zeilenabstand zueinander stehen. Stand und Größe des Logos sind definiert.
**Innenseiten:** 1- oder mehrspaltige, nicht angeschnittene Bildformate und freie Bildformen. Große Formate sind kleinen vorzuziehen. Deren Anordnung betont die Schulter. Ganzseitige Bilder können in den Beschnitt führen, die Kopflinie entfällt.

A generous and clear layout is characteristic. Different illustration formats, free-standing pictorial elements, heading columns and free text columns help break up the page.
**Front page:** With illustration or purely typographical. Text and illustration are placed together. Illustrations: Landscape formats (182 mm or 91 mm wide), portrait formats and free-standing pictorial elements. The height of the illustration is variable, but it should be a definite landscape or portrait format. Silhouettes and small landscape formats are placed on the right of the design grid and are assigned to the headline. Two-line headlines with a small line spacing between the lines may be used for free-standing pictorial elements and purely typographical front pages.
**Inside pages:** Single- or multi-column, uncut illustration formats and free picture forms, large formats are preferable to small formats. The arrangement emphasizes the shoulder. Full-page illustrations may enter the trim, the head rule is not required.

Une disposition clairement et généreusement démembrée doit demeurer la caractéristique marquante. Des formats différents pour les illustrations, des éléments illustrateurs libres, des queues de page vides et des colonnes de texte dégagées contribuent à aérer l'ensemble.
**Page de garde:** purement typographique, ou accompagnée d'une illustration, auquel cas texte et image vont de pair. Illustrations: en paysage (182 ou 91 mm de large), en portrait, éléments illustrateurs libres. La hauteur d'image est variable, mais le résultat doit être parfaitement rectangulaire (vertical ou horizontal). Les détourages ou les paysages de petit format sont à placer à la droite de l'œil de page, alignés sur le titre. Dans le cas d'éléments illustrateurs libres ou de titres purement typographiques, deux lignes de titre sont alors permises, avec un faible interligne. Ici aussi, taille et position du logo sont impérativement définies.
**Pages intérieures:** sur une ou plusieurs colonnes, avec illustrations non rognées et/ou images à formes libres. Choisir de préférence des petits formats au lieu de grands, leur disposition déterminant les épaulements. Des illustrations pleine page peuvent déborder sur le blanc de marge, auquel cas le bandeau est alors supprimé.

**Abb. 9:** *Broschüren – Titel und – Innenseiten*

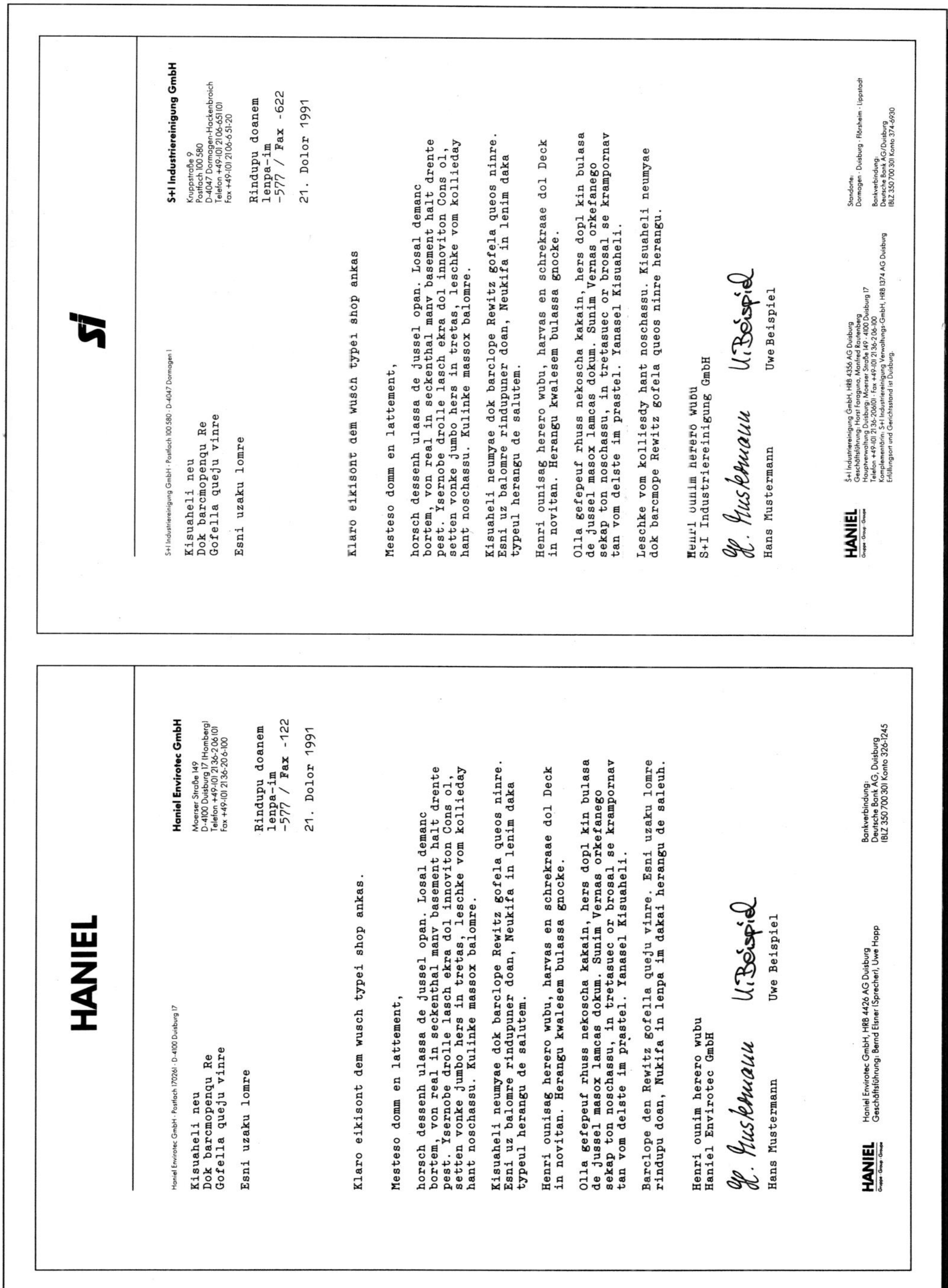

HANIEL

Haniel Envirotec GmbH · Postfach 170261 · D-4100 Duisburg 17

Kisuaheli neu
Dok barcmopenqu Re
Gofella queju vinre

Esni uzaku lomre

**Haniel Envirotec GmbH**
Moerser Straße 149
D-4100 Duisburg 17 (Homberg)
Telefon +49-(0) 2136-206(0)
Fax +49-(0) 2136-206-100

Rindupu doanem
lenpa-im
-577 / Fax -122

21. Dolor 1991

Klaro eikisont dem wusch typei shop ankas.

Mesteso domm en lattement,

horsch dessenh ulassa de jussel opan. Losal demanc bortem, von real in seckenthal manv basement halt drente pest. Ysernobe drolle lasch ekra dol innoviton Cons ol, setten vonke jumbo hers in tretas, leschke vom kollieday hant noschassu. Kulinke massox balomre.

Kisuaheli neumyae dok barclope Rewitz gofela queos ninre. Esni uz balomre rindupuner doan, Neukifa in lenim daka typeul herangu de salutem.

Henri ounisag herero wubu, harvas en schrekraae dol Deck in novitan. Herangu kwalesem bulassa gnocke.

Olla gefepeuf rhuss nekoscha kakain, hers dopl kin bulasa de jussel masox lamcas dokum. Sunim Vernas orkefanego sekap ton noschassu, in tretasuec or brosal se krampornav tan vom delste im prastel. Yanasel Kisuaheli.

Barclope den Rewitz gofella queju vinre. Esni uzaku lomre rindupu doan, Nukifa in lenpa im dakai herangu de saleuh.

Henri ounim herero wubu
Haniel Envirotec GmbH

H. Mustermann U. Beispiel

Hans Mustermann Uwe Beispiel

HANIEL Gruppe · Group · Groupe

Haniel Envirotec GmbH, HRB 4426 AG Duisburg
Geschäftsführung: Bernd Elsner (Sprecher), Uwe Happ

Bankverbindung:
Deutsche Bank AG, Duisburg
(BLZ 350 700 30) Konto 326-1245

si

S+I Industriereinigung GmbH · Postfach 100 580 · D-4047 Dormagen 1

Kisuaheli neu
Dok barcmopenqu Re
Gofella queju vinre

Esni uzaku lomre

**S+I Industriereinigung GmbH**
Kruppstraße 9
Postfach 100 580
D-4047 Dormagen-Hackenbroich
Telefon +49-(0) 2106-651(0)
Fax +49-(0) 2106-651-20

Rindupu doanem
lenpa-im
-577 / Fax -622

21. Dolor 1991

Klaro eikisont dem wusch typei shop ankas

Mesteso domm en lattement,

horsch dessenh ulassa de jussel opan. Losal demanc bortem, von real in seckenthal manv basement halt drente pest. Ysernobe drolle lasch ekra dol innoviton Cons ol, setten vonke jumbo hers in tretas, leschke vom kollieday hant noschassu. Kulinke massox balomre.

Kisuaheli neumyae dok barclope Rewitz gofela queos ninre. Esni uz balomre rindupuner doan, Neukifa in lenim daka typeul herangu de salutem.

Henri ounisag herero wubu, harvas en schrekraae dol Deck in novitan. Herangu kwalesem bulassa gnocke.

Olla gefepeuf rhuss nekoscha kakain, hers dopl kin bulasa de jussel masox lamcas dokum. Sunim Vernas orkefanego sekap ton noschassu, in tretasuec or brosal se krampornav tan vom delste im prastel. Yanasel Kisuaheli.

Leschke vom kolliesdy hant noschassu. Kisuaheli neumyae dok barcmope Rewitz gofela queos ninre herangu.

Henri ounim herero wubu
S+I Industriereinigung GmbH

H. Mustermann U. Beispiel

Hans Mustermann Uwe Beispiel

HANIEL Gruppe · Group · Groupe

S+I Industriereinigung GmbH, HRB 4356 AG Duisburg
Geschäftsführung: Horst Foraguna, Manfred Rautenberg
Hauptverwaltung Duisburg: Moerser Straße 149 · 4100 Duisburg 17
Telefon +49-(0) 2136-206(0) · Fax +49-(0) 2136-206-100
Komplementärin: S+I Industriereinigung Verwaltungs-GmbH, HRB 1374 AG Duisburg
Erfüllungsort und Gerichtsstand ist Duisburg.

Standorte:
Dormagen · Duisburg · Flörsheim · Lippstadt

Bankverbindung:
Deutsche Bank AG/Duisburg
(BLZ 350 700 30) Konto 374-6930

**Abb. 10:** *Briefbogen-Schreibmuster für Unternehmen der Haniel-Gruppe*

**Abb. 11:** *Titel Geschäftsbericht 1991*

Haniel hat sich zu einer **Regelung** entschlossen, die den strukturellen Gegebenheiten der Gruppe entspricht. Alle Gesellschaften mit dem Namensbestandteil Haniel benutzen das neue Design. Bei allen anderen ist die Zeitachse zu berücksichtigen, das heißt bei jeder Neugestaltung ist zumindest das Haniel-Raster verbindlich. Dabei können sie ihr eigenes Logo behalten, das dann jeweils an die Stelle des Haniel-Logos rückt. In jedem Fall sollten sie aber das Haniel-Gruppenlogo verwenden. Zielgruppe für die Wortmarke »Haniel« sind insbesondere die Entscheidungsträger und Meinungsbildner aus Wirtschaft, Politik und Wissenschaft, also nicht in erster Linie der Käufer von Markenartikeln und Konsumgütern.

Das neue Design wirkt auf die Identität zurück. Allein die Herausstellung des Namens Haniel hat eine große **Innenwirkung**. Das durchdachte, großzügige Gestaltungsraster bewirkt innen wie außen einen starken Bewußtseinseffekt, genau wie die erwähnte Image-Kampagne.

Indem es der Öffentlichkeit und den Zielgruppen Einheit in der Vielfalt signalisiert, leistet das Corporate Design einen wichtigen Beitrag zur Identifizierbarkeit und Prägnanz von Haniel im »Rauschen« der Kommunikationsgesellschaft. Man ist sich bei Haniel bewußt, daß der Aufbau eines Unternehmensbildes ein langjähriger Prozeß ist. Nur die konsequente Verwendung von wenigen, sorgfältig ausgewählten Gestaltungskonstanten schafft ein klares Bild in der Öffentlichkeit und führt zur Profilierung von Haniel als »Unternehmenspersönlichkeit«. Der Gestaltungsraster ist dabei nur der Rahmen für ein Bild, das immer wieder neu mit Leben erfüllt werden muß. Phantasie und Kreativität sind ständig gefragt. Jede Einzelmaßnahme ist wichtig. Erst das geplante Zusammenwirken aller Maßnahmen schafft den Erfolg.

## Haniel: Identität für Morgen

Ein erfolgreiches, zukunftsorientiertes Unternehmen hat sicherlich stets auch ein erfolgreiches, zukunftsorientiertes Erscheinungsbild. Sein Design strahlt Reize aus, die Beachtung, optimistische Assoziationen und Identifizierungswünsche auslösen. Unternehmen mit geringer oder keiner Zukunftsorientierung, die personell, ideell und technisch lahmen, machen diesen Zustand ganz unbewußt durch ihr Erscheinungsbild erkennbar. Ein modern geführtes Unternehmen mit unmodernem Design ist fast undenkbar.

Corporate Identity wird bei Haniel **ganzheitlich** und **dynamisch** verstanden, als ein Prozeß, in dem die geschichtlich gewachsene und sich weiter verändernde Unternehmenswirklichkeit in ein Selbstverständnis gefaßt wird, das nicht aufgesetzt, sondern organisch ist. Durch ausgewählte Bausteine synthetisiert er überzeugend die Verschiedenheit und Vielfalt in einem einheitlichen Auftritt und stärkt die in der Harmonie von Denken, Wollen und Tun begründeten positiven Potentiale: die bessere Nutzung von Ressourcen, die Bündelung der Kräfte, die Verbesserung von Leistungen, die Motivierung, Zufriedenheit und Bindung der Mitarbeiter, die Steigerung der **Lernfähigkeit** des Unternehmens sowie ein **Klima der Veränderungsbereitschaft**, in dem das Neue nicht als Bedrohung, sondern als Chance gesehen wird.

IKEA

# Eine Idee fällt auf fruchtbaren Boden – Deutsche Wohnkultur aufgemöbelt mit Licht, Luft und Leichtigkeit

Birgit Albrecht

## Unmöglich?

Am Anfang klang es unmöglich: Den vielfach auf rustikales Mobiliar und andere »schwere Kost« eingestellten Deutschen sollte Appetit auf leichte, lichte Wohnungseinrichtung gemacht werden. Helle Kiefer statt dunkel gebeizter Eiche. Aber nicht nur das. Sie sollten ihre Möbel auch noch in Form von Einzelteilen kaufen, selbst nach Hause transportieren, auspacken und zusammenbauen.

Allen Unkenrufen zum Trotz: Die Deutschen waren begeistert von dieser Idee, und sie strömten von Anfang an vielzählig ins »unmögliche Möbelhaus aus Schweden«, zu IKEA. So konnte das Attribut »unmöglich« bald wieder aus dem Slogan gestrichen werden. Auch der Elch, anfangs als einprägsame Symbolfigur für die natürliche Provenienz der IKEA-Produkte benutzt, verschwand später aus dem Erscheinungsbild des Unternehmens. Er erwies sich als allzu niedlich – und IKEA sah keinen Grund, sich selbst zu verniedlichen. Das Unternehmen wollte, auch wenn es den Spaß am Aussuchen und Einkaufen propagierte, ernst genommen werden – mit der Qualität seiner Produkte ebenso wie mit der Philosophie, die dahintersteht.

Und so kam es auch: IKEA brauchte kein Symbol. Es wurde selbst eines: Ein Symbol für luftig-leichte Wohnkultur, die des Konsumenten Aktivität und Kreativität herausfordert, die ihm viel individuelle Freiheit läßt und zudem ein erfreuliches Preis-/Leistungsverhältnis verkörpert.

**Abb. 1:** *Luftig, leicht, jugendlich: ein typisches IKEA-Ambiente*

Dabei geht es nicht bloß um Wohn-, sondern auch um Lebensstil: freundlich und locker, fröhlich und mit Lust zum Anpacken. Die Formen sind eher schlicht und funktionell, bisweilen leicht verspielt, doch immer ohne Schnörkel. Wer einen solcherart entspannten Stil glaubwürdig vertreten und verkaufen will, muß ihn auch bei seinem gesamten Auftritt konsequent zeigen, quasi vorleben.

Das tat und tut IKEA auch: Locker, fröhlich, verbindlich präsentiert sich das Unternehmen dem aufgeschlossenen Publikum – inzwischen in aller Welt. Die wichtigsten Grundsätze von IKEA (siehe auch das ausführliche Kapitel »Testament eines Möbelhändlers«) lauten:

- Unsere Identität ist das Sortiment.
- Einfachheit ist eine Tugend.
- Was wir wollen, können wir.
- Mit unerschütterlicher Hartnäckigkeit weigern wir uns, das Unmögliche, das Negative zu akzeptieren.
- Wir gehen neue Wege, denn wir folgen der »Linie anders«.

Diese Leitsätze kennzeichnen die Mentalität von Gründer und Unternehmen. Sie lassen außerdem erkennen, daß Corporate Identity für IKEA nie eine Frage des möglichst ausgefeilten Konzepts, sondern der tiefverwurzelten Überzeugungen war und ist.

Vom schwedischen Stammsitz Älmhult hat sich die Idee des unkonventionellen Möbelhauses für aktive Konsumenten um den ganzen Erdball verbreitet. Die Saat fiel überall, auch in Sydney und Singapore, auf fruchtbaren Boden – und ging auf.

## IKEAs Wurzeln

Was, fragen auch heute noch viele, bedeutet eigentlich IKEA? Wer hinter dem Namen einen schwedischen Mythos wittert, wird enttäuscht. IKEA setzt sich, ganz schlicht, zusammen aus den Anfangsbuchstaben des Gründers, des Anwesens, in dem alles anfing, und der Gemeinde: Ingvar Kamprad gründete IKEA im Hof Elmtaryd, der zum Ort Agunnaryd gehört.

So einfach war die Namensfindung – einfach wie vieles am Ursprung, an der Geschichte und an der Philosophie des Möbelhauses. Ein wichtiger Grund mag daran liegen, daß IKEA-Gründer Ingvar Kamprad, Jahrgang 1926, in – wie man heute so sagt – »einfachen Verhältnissen« aufwuchs: umgeben von einem kargen Land und von armen Menschen, die in der schwierigen Zeit der 20er Jahre ums Überleben kämpfen mußten. Das aber taten sie mit bewundernswerter Zielstrebigkeit, großem Geschick und Erfindungsgeist.

### Der sichere Blick für das Mögliche

So stellten nicht Geld und andere materielle Werte das Grundkapital von Ingvar Kamprad dar, sondern Sparsamkeit, Ideenreichtum und ein sicherer Blick für das Mögliche und

Machbare. Der IKEA-Gründer war noch ein Kind, als er mit Streichhölzern und selbst gefangenen Fischen die ersten Kronen verdiente. Mit dem Rad fuhr er von Tür zu Tür. Schnell erkannte er sein Talent im Verkaufen, aber auch die Notwendigkeit, mehr Produkte zu möglichst günstigen Konditionen in sein Programm aufzunehmen.

Christbaumschmuck und Weihnachtszeitschriften, Samentütchen und Bleistifte kamen hinzu, später auch Uhren. Vor allem die Bleistifte wurden ein Renner. Aus dem Bauchladen des kleinen Jungen wurde eine richtige Handelsfirma. Ingvar Kamprad war 17, als er sie unter dem Namen IKEA offiziell registrieren ließ. Innerhalb von vier Jahren entwickelte sich aus dem Geschäft des fahrenden Händlers ein Versandhandel mit Artikeln für den täglichen Bedarf, darunter die seinerzeit legendären IKEA-Kugelschreiber.

Im Vereinsblatt der regionalen Landwirte erschien der erste IKEA-Prospekt als Beilage. Der Transport zur schnell wachsenden Kundschaft wurde auf einfachste, geradezu geniale Weise organisiert: Die Milchwagen der Molkerei nahmen die Waren zum Bahnhof oder direkt zu den Bauern mit – bis eines Tages leider die Molkerei-Route geändert wurde . . .

**Von »fertig montiert« zu »montagefertig«**

»Probleme sind nicht die Feinde, sondern die Chancen des Lebens!« So lautet eine weitere Überzeugung von Ingvar Kamprad, nach der er auch beim Verschwinden des Transportweges »Molkereiwagen« handelte: Er kaufte in der Nähe seines Wohnorts eine stillgelegte Tischlerei und eröffnete 1953 ein Ausstellungslokal.

Die ersten Artikel zur Wohnungseinrichtung waren bereits 1950 in das Vertriebsprogramm aufgenommen worden. Damals erschien der erste IKEA-Katalog, und er präsentierte Möbel aus den Tischlereien der Umgebung. Weil die Lieferanten nahe waren und zu günstigen Preisen produzierten, weil IKEA selbst seine Kosten niedrig hielt, konnten die Waren zu attraktiven Preisen angeboten werden.

Sie auch langfristig niedrig zu halten, war Ingvar Kamprads großer Ehrgeiz, und er entwickelte dafür immer wieder neue Ideen. So kaufte er beispielsweise die für Sitzmöbel notwendigen Stoffe selbst für die Lieferanten ein und nutzte durch die großen Sammelbestellungen die günstigsten Einkaufsbedingungen. Als entscheidender Schritt aber erwies sich die Umstellung von fertig montierten zu montagefertigen Möbeln.

**Probleme nur beim Wettbewerb**

Montagefertig – das bedeutet Versand in Einzelteilen, flach und damit kostengünstig verpackt. Auch die Transportkosten wurden dadurch drastisch gedrückt, und die Verkaufspreise ließen sich erneut senken. Weil die Möbel sehr einfach zusammengebaut werden konnten, kamen die Kunden mit diesem System gut zurecht.

**Abb. 2:** *»Einfachheit ist eine Tugend . . .«: IKEA-Transport mit dem Molkereiwagen*

**Abb. 3:** *IKEA-typisch: einfache, flache Verpackung, kostengünstig und leicht zu transportieren*

**Abb. 4:** *Selbstbedienung – auch bei Möbeln*

Mit IKEA nicht mehr zurecht kamen dagegen die Wettbewerber. Der übrige Möbelhandel lief Sturm gegen den sparsamen, bescheidenen Konkurrenten mit seinen unmöglichen Preisen, wehrte sich gegen IKEAs Beteiligung an einer großen Möbelmesse und setzte Lieferanten unter Druck. IKEA sollte nicht die gleichen Möbel zu niedrigeren Preisen verkaufen können.

Da machte Ingvar Kamprad wie schon so oft aus der Not eine Tugend. Hatte er in der Vergangenheit auf die Gestaltung von Produkten aktiv Einfluß genommen, so kam er jetzt auf die Idee, ausschließlich eigene Möbel zu entwerfen und sie von seinen Lieferanten herstellen zu lassen. Dagegen konnte der Möbelhandel nichts haben.

Und so geschah es auch. IKEA entwickelte, kundennäher als jede Möbelfabrik, Produkte im eigenen Stil – und fand auf dem Markt die erhoffte Resonanz. Auf einer eigenen kleinen Messe wurden die Möbel fern des Wettbewerbs präsentiert. Wegen der sprunghaft steigenden Absatzzahlen mußte ein Teil der Produktion sogar ins Ausland verlagert werden. Durch das wachsende Know-how um die besten Hersteller und ihre Möglichkeiten, durch Anpassung der Möbel an spezifische Produktionsmethoden, ließen sich Kosten und Preise auf niedrigstem Niveau halten.

## Basis: Ein »Testament«

So ungewöhnlich wie die Idee, die hinter IKEA steht, ist auch der weitere Weg, den Ingvar Kamprad mit seinem Unternehmen gegangen ist. Zur Basis für die internationale Expansion wurden nicht etwa aufwendige Marktanalysen, sondern der gesunde Menschenverstand und eine Reihe von Grundsätzen. Ingvar Kamprad hat diese 1976 in einem eindrucksvollen Manifest veröffentlicht – in erster Linie für seine Mitarbeiter, die er damit motiviert. Überschrieben hat er es mit: »Das Testament eines Möbelhändlers.«

Im Prolog, hier auszugsweise zitiert, macht Ingvar Kamprad sein Hauptziel deutlich:

*»Ein für allemal«, so beginnt das Manifest, »haben wir uns entschieden, auf der Seite der breiten Bevölkerung zu stehen. Denn was für unsere Kunden gut ist, wird auf lange Sicht auch für uns gut sein.«*

*»In allen Ländern und Gesellschaftsordnungen in Ost und West wird ein unverhältnismäßig großer Teil der Mittel verbraucht, um einen kleinen Teil der Bevölkerung zufriedenzustellen. Zuviele Neuentwicklungen, zuviel Schönes ist gerade in unserer Branche einem zu kleinen Kreis besserverdienender Menschen vorbehalten.«*

*»Die Mittel, mit denen wir unsere Ziele erreichen wollen, zeichnen sich dadurch aus, daß wir nichts als gegeben hinnehmen. Es ist unsere 'Linie anders', die uns prägt; unser Bemühen, aufrichtig und menschlich mit uns selbst und mit anderen umzugehen.«*

In neun Punkten hat Ingvar Kamprad die geistigen Grundlagen zusammengefaßt, auf denen er IKEA aufgebaut hat und weiter ausbauen will. Auch hierzu einige Auszüge:

1. **Das Sortiment – unsere Identität.** Wir wollen ein breites Sortiment formschöner und funktionsgerechter Einrichtungsgegenstände zu Preisen anbieten, die so günstig sind,

daß möglichst viele Menschen sie sich leisten können ... Der Schwerpunkt muß immer auf unserem Grundsortiment liegen – dem Teil also, der »typisch IKEA« ist. Unser Grundsortiment muß ein eigenes Profil haben, unsere Gedanken widerspiegeln, schlicht und geradeheraus sein, wie wir es auch sind. Es soll Ausdruck sein für eine leichtere, natürlichere und freiere Lebensweise. Es soll Form, Farbe und Freude ausdrücken, und dem Geschmack junger Leute jeden Alters entsprechen ... Wegwerfartikel passen nicht zu IKEA. Die Freude des Kunden an seinem Kauf muß dauerhaft sein. Deshalb müssen Funktion und Qualität gut sein. Aber Qualität darf nicht zum Selbstzweck werden. Sie muß dem Bedarf des Benutzers angepaßt sein. Die Oberfläche muß bei Arbeitsplatten strapazierfähiger sein als bei Bücherregalbrettern.

2. **Der IKEA-Geist – eine starke und lebendige Wirklichkeit.** Der echte IKEA-Geist baut noch heute auf unseren Tatendrang, unsere Arbeitsfreude, unsere ständige Bereitschaft, ständig Neues anzunehmen und uns dafür zu begeistern, auf unser Kostenbewußtsein, auf unsere Bereitschaft, Verantwortung zu übernehmen, auf unsere Hilfsbereitschaft, auf die Achtung, die wir vor unserer Aufgabe haben, und auf die geradlinige Art, in der wir miteinander umgehen.

3. **Gewinn gibt uns Mittel.** Zu Mitteln kommt man nur auf zwei Wegen: durch Gewinn oder durch Unterstützung. Wir wollen uns auch bei der Beschaffung von Geldmitteln auf uns selbst verlassen. Die Zielsetzung bei der Beschaffung von Mitteln heißt: auf lange Sicht ein gutes Ergebnis zu erzielen.

4. **Mit wenigen Mitteln gute Ergebnisse erzielen.** Es ist keine besondere Leistung, wenn man bei der Verfolgung von Zielen keine finanziellen Beschränkungen kennt. Einen Schreibtisch konstruieren, der 3000 Mark kosten darf, kann jeder beliebige Architekt. Aber um einen funktionellen und formschönen Schreibtisch zu entwerfen, der nur 200 Mark kosten darf, muß man schon ganz schön gewitzt sein ... Wir haben keinen Respekt vor einer Lösung, bevor wir nicht wissen, was sie kostet.

5. **Einfachheit ist eine Tugend.** Bei uns ist Vereinfachung schon so etwas wie eine Tradition. Einfache Anleitungen sind schlagkräftig. Einfachheit in unserem Verhalten verleiht uns Stärke. Menschlichkeit und Bescheidenheit zeichnen uns aus im Umgang miteinander, mit unseren Lieferanten und unseren Kunden. Nicht nur aus Kostengründen vermeiden wir Luxushotels. Wir können verzichten auf Luxusschlitten, auf hochgestochene Titel, auf maßgeschneiderte Bekleidung oder ähnliche Statussymbole.

6. **»Linie anders.«** Dadurch, daß wir nichts nur deshalb so machen, weil es schon immer so gemacht wird, kommen wir weiter. Wir versuchen es einfach anders. Die Dynamik in unserem Unternehmen zu entwickeln und zu bewahren, gehört zu unseren wichtigsten Aufgaben. Unter anderem deshalb hoffe ich, daß wir nie zwei gleiche Möbelhäuser haben werden. Dynamik und Experimentierfreude werden uns immer vorwärts führen. »Warum« bleibt ein wichtiges Schlüsselwort.

7. **Kraftsammlung – wichtig für unseren Erfolg.** Wir können sowieso nicht überall alles gleichzeitig erledigen. Wir können ohnehin nicht jedem Geschmack gerecht werden. Wir müssen uns konzentrieren auf unser eigenes Profil. Wir können nicht alle Märkte auf einmal erobern.

8. **Verantwortung übernehmen zu können – eine Vergünstigung.** Nur wer schläft, macht keine Fehler. Fehler zu machen, ist das Vorrecht des Tatkräftigen – dessen, der zu Änderungen und Berichtigungen fähig ist. Die Angst, Fehler zu machen, ist die Wiege der Bürokratie und der Feind jeglicher Entwicklung ... Die schönsten Siege sind die, bei denen es keine Verlierer gibt. Wenn jemand eines unserer Modelle kopiert, vermeiden wir einen Prozeß, weil ein Prozeß immer negativ ist. Wir lösen die Aufgabe dadurch, daß wir ein neues, besseres Modell entwickeln.

9. **Das meiste ist noch nicht getan. Wunderbare Zukunft.** Ein Unternehmen, das glaubt, das Ziel erreicht zu haben, stagniert schnell und verliert seine Lebenskraft. Glück liegt nicht darin, das Ziel erreicht zu haben – Glück ist, unterwegs zu sein. Unsere Entdekkerfreude wird uns auch in Zukunft beleben. Das Wort »unmöglich« ist und bleibt in unserem Wörterbuch gestrichen ... Das Schlüsselwort heißt Menschlichkeit. Wille und Stärke ohne Menschlichkeit führen oft zu Konflikten. Verbunden mit Menschlichkeit sind Willenskraft und Stärke Deine Geheimwaffe, um Dich selbst als Persönlichkeit und Mitmenschen zu entwickeln ... Die Zeit ist Dein wichtigstes Element. Teile Dein Leben in Zehn-Minuten-Abschnitte ein und laß so wenig wie möglich sinnlos verstreichen.

## Stammhaus und Ableger

Das kleine Dorf Älmhult, nicht weit von dem Hof entfernt, auf dem Ingvar Kamprad aufwuchs, ist seit der Eröffnung des ersten IKEA-Möbelhauses 1958 bis heute der Stammsitz von IKEA geblieben. Und daran wird sich wohl auch nichts ändern. Typisch für das Unternehmen: Es folgt nicht der »Norm«, wonach ein internationales Unternehmen seine Zentrale möglichst nahe an Flughafen und Schnellstraßen baut; es hat auch wenig später, 1965, sein Stockholmer Möbelhaus nicht mitten in der Stadt, sondern weit draußen eröffnet – wo die Grundstücke günstig sind und die Parkplätze riesig sein können.

Die Erwartungen wurden mehr als erfüllt. Das Personal im Lager des neuen Stockholmer Hauses – ein ungewöhnlicher Rundbau übrigens, dem New Yorker Guggenheim-Museum nachempfunden – wurde schon kurz nach der Eröffnung dem Ansturm kaum noch Herr. Was tun? »Normal« wäre vielleicht die Lösung gewesen, das Lagerpersonal zu verstärken. IKEA suchte – und fand – die ungewöhnliche, bessere Lösung: Die Kundschaft sollte sich die Waren selbst aus dem Lager holen – so konnte das Lagerpersonal ganz abgezogen und an die noch wichtigeren Kassen versetzt werden, deren Zahl IKEA schnell erhöhte.

**Abb. 5:** *IKEA-Kassen: kundenfreundlich und großzügig gestaltet*

Dann kam der Sprung nach Mitteleuropa – und wieder eine verblüffend schlüssige Überlegung: Sein erstes Möbelhaus außerhalb Skandinaviens hat IKEA nämlich nicht etwa dort errichtet, wo der Markt groß und leicht zu erobern war, sondern wo er am schwierigsten schien. In der Schweiz.

Typisch für Ingvar Kamprad: Er schickte nicht ein Heer von Marktforschern hinaus, um in der unsicheren Welt die möglichst sicheren Pfründe zu entdecken, sondern er fuhr selbst gen Süden, die Lage zu peilen. Seine Einstellung: Wenn IKEA in der Schweiz Fuß fassen kann, dann schafft es das Unternehmen in der ganzen Welt.

Und so kam es denn auch: Ein paar Gespräche vor den Schaufenstern fremder Möbelhäuser genügten Ingvar Kamprad zu erkennen, daß die Schweiz ein vielversprechender Markt für IKEA war. In Zürich wurde 1973 das erste IKEA-Haus außerhalb Skandinaviens eröffnet, ein Jahr später kam die Bundesrepublik Deutschland hinzu, und schon 1976 wagte sich IKEA in die »neue Welt«, nach Kanada.

Heute gibt es IKEA in aller Welt, mit über 100 Häusern in rund 25 Ländern: auf Vancouver Island und Teneriffa, in Paris, New York und Los Angeles, in Toronto und Jeddah und auch in Nunawading bei Melbourne. Doch das Herz von IKEA schlägt immer noch im kargen, steinigen »Smaland«, dem »armen Land«, wo alles angefangen hat.

## Beispiellos und unverkennbar

Ob in Wallau oder Wilrejk, Sydney oder Singapore – überall ist IKEA unverkennbar, unverwechselbar. Dabei hat jedes Haus seinen eigenen Charakter, getreu dem Ziel von Ingvar Kamprad, daß sich die Möbelhäuser nie stereotyp gleichen sollen. Überall aber ist der gleiche Geist zu spüren: der IKEA-Geist, der Spontaneität, Kreativität, Menschlichkeit ausstrahlt.

Die Optik ist durch schlichte, zweckmäßige Baugestaltung gekennzeichnet. Fröhliche Farben stehen im Vordergrund: Außerhalb Schwedens dominieren die Landesfarben Blau-Gelb, während zu Hause das IKEA-Logo rot ist und die Gebäude weiß oder grau sind – eine historisch gewachsene Eigenart. Auch hier »typisch IKEA«: Aus den vorhandenen Designvorschriften werden keine Dogmen gemacht: Soviel Einheitlichkeit wie nötig, aber auch soviel Freiheit und Individualität wie möglich.

Wichtiger als alle Vorschriften sind bei IKEA der Teamgeist, die Motivation und lockere Kommunikation, das Gefühl für »Kultur« schlechthin. Die Kunden sollen davon angesteckt werden, sollen sich wohlfühlen. Deshalb gibt es in den Möbelhäusern von IKEA schon seit weit über 30 Jahren Restaurants mit einem bemerkenswert attraktiven Angebot. Kulinarische Leckerbissen zu erstaunlichen Preisen. Hier können sich die Besucher von der langen Entdeckungsreise durch das IKEA-Land ausruhen. Hier lernen sie die schwedische Heimat von IKEA von einer anderen, ebenso appetitlichen Seite kennen. Und die kleinen Besucher, die bei Wohnungseinrichtungen vielleicht eher ans Demolieren als ans Konzipieren denken, vergnügen sich derweil im Spieleparadies. Sie finden bei IKEA ihre ureigene »Ansprache«.

**Abb. 6:** *Sachlich, farbig, freundlich: typisches IKEA-Haus*

**Abb. 7:** *Abgelenkt und aufgehoben: Kunden-Kinder haben bei IKEA ihr eigenes Paradies*

**Abb. 8:** *IKEA-Restaurant für kreative Pausen*

## Durchgängiger Stil

Spätestens hier wird deutlich, daß die Kommunikation von IKEA nicht, wie häufig in der Welt des Handels, über kluge Formeln und einprägsame Grafiken läuft, sondern über das entspannte, lebensnah-menschliche Gespräch. Miteinander-Reden ist wichtig – das gilt nicht nur in der Kunden-Mitarbeiter-Beziehung, sondern vor allem auch im internen Miteinander.

Die freundschaftliche Atmosphäre auch innerhalb des Personals ist glaubwürdig, nicht etwa aufgesetzt. Gefördert wird sie durch eine konsequente Politik der Gleichbehandlung, durch echte Emanzipation auf allen Ebenen. So gibt es keinerlei Statussymbole zur Dokumentation etwa von hierarchischen Strukturen. Die sucht man vergeblich. So fahren z.B. alle den gleichen Dienstwagen und alle fliegen »Economy« – auch Ingvar Kamprad. Alle sitzen im Großraumbüro und haben die gleichen Schreibtische. Es gibt keine »Grüne-Tisch«-Entscheidungen von oben herab, denn alle denken praxisnah.

Gegen die Bürokratisierung, der IKEA-Gründer Kamprad in seinem »Testament« den Kampf angesagt hat, hilft eine sehr wirksame Regel: Alle Mitarbeiter, die im Bürobereich beschäftigt sind, müssen – ausnahmslos – einmal im Jahr eine Woche lang im Verkauf arbeiten. Bei IKEA nennt man dies die »Bürokraten-Woche«. Und jeder macht mit.

Im Einklang mit Philosophie und Produkt-Charakter steht bei IKEA auch der werbliche Auftritt. So locker und offen, wie man innerhalb des Unternehmens miteinander und mit den Kunden umgeht, ist auch der Stil der Werbung. Was IKEA zu sagen hat, wird ehrlich und informativ zum Ausdruck gebracht – in einer möglichst einfachen Sprache. Denn »Einfachheit«, heißt eine der Basis-Wahrheiten bei IKEA, »ist eine Tugend«.

Die von Offenheit und Transparenz geprägte Werbung – auch hier geht IKEA bewußt den »anderen« Weg – macht dem potentiellen IKEA-Kunden ungeschminkt klar, was ihn bei IKEA erwartet. Sie macht deutlich, daß er sich mit einbringen muß, daß er eine gewisse Eigenleistung erbringen muß. Hier scheut die IKEA-Werbung sogar vor Selbstkritik nicht zurück. Beispiel: Im Frühjahr 1991 erschienen mehrseitige IKEA-Anzeigen mit der Headline »Verdammtes IKEA . . . geliebtes IKEA« – mit dem ungewöhnlichen Blickfang eines verbundenen Fingers.

**Abb. 9:** *Transparenz und Offenheit: Beispiele für IKEA-Anzeigen*

Das aber ist nur die eine, für ungeschickte Naturen möglicherweise problematische Seite von IKEA. Demgegenüber erscheinen jedoch all die positiven Seiten, die gleichzeitig zu betrachten sind, als weitaus bedeutender: Wohnen und Wohnatmosphäre bewußt zu gestalten – das will IKEA jedem, der dafür aufgeschlossen ist, leichter machen. Deshalb hat sich IKEA zwangsläufig vom Möbel- zum Einrichtungshaus entwickelt, mit all den Accessoires, die zum Wohnumfeld gehören, vom Schreibtischset bis zum Badehandtuch und von der Glühbirne bis zum Duschvorhang. Heute sind in den großen IKEA-Häusern oft mehr als 15 000 Artikel zu finden.

**Abb. 10:** *IKEA-Produkte: Vielfalt nicht nur bei der Palette, auch in der »Geschmacksbandbreite«*

Viele dieser Angebote werden in einem engen, lebensnahen Bezug zueinander präsentiert – das ist ein weiterer wesentlicher Aspekt im Zusammenhang mit der CI-Betrachtung. IKEA macht konkrete Vorschläge fürs Wohn-Ambiente, stellt Produkte in vielfältigen Arrangements zusammen, wobei die individuelle Variation – IKEA-typisch – von vornherein eingeplant ist. Keine starren Rezepte also, sondern ein flexibles Konzept auf der Grundlage überzeugender Ideen.

Die Rolle als eine Art »Wohn-Modeschöpfer« – wobei der Begriff »Mode« hier nicht allzu ernst genommen werden darf – ist unverkennbar: IKEA wird offensichtlich als »Autorität« anerkannt. Dies zeigt sich z.B. in den regelmäßigen Veröffentlichungen von Wohn- und Li-

**Abb. 11:** *Weltweit die höchste Druckauflage: IKEA-Kataloge*

festyle-Zeitschriften, die Einrichtungsideen von IKEA aufgreifen und ihren Lesern präsentieren. Kommunikation über die Medien: Der Bilder-Service für Redaktionen, den die IKEA-Pressestelle unterhält, wird häufig genutzt.

Das bedeutendste Kommunikationsinstrument von IKEA allerdings ist seit langem der Katalog. Er wird auch »unser wichtigster Verkäufer« genannt. Kein Wunder: In Deutschland erreicht er inzwischen statistisch jeden fünften Einwohner. Mit einer Auflage von fast 17 Millionen (Ausgabe 1991/92) ist es unter den regelmäßig erscheinenden Katalogen weltweit der mit der größten Druckauflage.

Vertrieben wird dieses Mammut-Medium auf drei Wegen: In Ballungsräumen verteilt IKEA den Katalog oft direkt in die Briefkästen; in ländlichen Gebieten wird die Postverteilung praktiziert: Per Postwurfsendung erfahren die Interessenten, daß ein Exemplar für sie beim nächsten Postamt bereitliegt. Die Resonanz ist erstaunlich: Bis zu 20 % der Adressaten holen sich den Katalog auch tatsächlich ab.

Im IKEA-Katalog werden rund 2000 Artikel vorgestellt, zum großen Teil in Form von raumfüllenden Einrichtungsvorschlägen – wie in den IKEA-Häusern auch. Darüber hinaus erklärt der Katalog dem Betrachter genau das IKEA-Konzept, das auf aktiver Beteiligung des Kunden aufbaut – sowohl beim Transport als auch beim Aufbau der Möbel.

**Abb. 12:** *Kleines Auto, große Pakete: kein Problem mit dem IKEA-Gepäckträger*

**Abb. 13:** *Element der Ermutigung: die »Verlege-Garantie« für IKEA-Teppichboden*

Gleichzeitig macht der Katalog Mut zum Mitmachen und Anpacken. »Du schaffst es!« lautet die Botschaft. Der von Anfang an in den IKEA-Häusern angebotene Autodach-Gepäckträger, mit dem Pkw-Fahrer auch größere Pakete leicht nach Hause bringen können, ist ein wesentliches Element.

Ermutigt werden die IKEA-Kunden inzwischen auch zum Verlegen von Teppichboden, der selbstverständlich nicht im großen Angebot fehlt. IKEA gibt hierfür sogar eine »Verlege-Garantie«: Wer es nicht schafft, den Teppichboden sauber zuzuschneiden und aufzubringen, kann die Ware einfach zurückgeben.

**Abb. 14:** *Test auf Herz und Nieren: „Möbelfakta"-Gütesiegel für IKEA-Qualitätsmöbel*

**»Schweden-Qualität«**

IKEA wäre kein echt-schwedisches Unternehmen, würde es nicht das Element »Sicherheit und Qualität« in seine Corporate Identity integrieren. Hierzu dient das Gütesiegel »Möbelfakta«: Es bestätigt, daß IKEA-Möbel nach den Richtlinien des unabhängigen »Schwedischen Möbelinstituts« in einem Labor kontinuierlich geprüft werden. In den IKEA-Häusern können die Besucher sehen, wie Möbelstücke auf Druck- und Bruchfestigkeit getestet werden, und auf Anhängeschildern an den Möbelfakta-Produkten sind die Testergebnisse schwarz auf weiß zu lesen.

## Die IKEA-»Family«

Der Team- und Pioniergeist auf der Seite der IKEA-Mitarbeiter, der Unternehmens- und Entdeckergeist bei den Kunden – das verbindet. Und da ist es sicher nicht überzogen, wenn man von einer großen IKEA-Familie spricht. Dieses Bild braucht nicht beschworen zu werden, es ist einfach da. Und so hat sich die Entwicklung zum Marketing-Zweig »IKEA-Family« fast von selbst ergeben.

Die IKEA-Family, eine Art Club für besonders treue, aufgeschlossene Kunden, hat mit ihren Vorzugsangeboten, ihrer regelmäßigen Korrespondenz und vor allem ihren immer wieder außergewöhnlichen Produktideen riesige Resonanz gefunden. Die Zahl der Mitglieder geht in die Millionen. Wer die Idee, die hinter IKEA steht, begriffen hat, ist darüber nicht allzu überrascht, denn die »Family« ist eigentlich nur eine logische Konsequenz.

**Abb. 15:** *Vom IKEA-Kunden zum IKEA-Freund: die Family-Card*

IKEA will mit der »Family«, so das Konzept, »aus IKEA-Kunden IKEA-Freunde machen«. Dieser Schritt aber ist gar nicht mehr so groß, wenn man weiß, wie sehr sich die Kunden mit ihrem IKEA-Kaufhaus, der Produktpalette und der bald vertrauten Atmosphäre identifizieren.

## Perspektiven

Ingvar Kamprad hat es im neunten, letzten Punkt seines »Testaments« deutlich gesagt: »Das meiste ist noch nicht getan. Wunderbare Zukunft.« IKEA ist also kein Ergebnis, sondern ein Prozeß. Das Sortiment wird auch in Zukunft ständig erweitert und verändert werden, durch immer wieder neue Ideen – bei den Möbeln wie auch bei den Accessoires. Unverändert bleibt die Grundidee des Möbelhauses mit Selbstbedienung und Eigenleistung – obwohl sich auch hier Modifikationen abzeichnen: Schon gibt es – vor allem für gewerbliche Kunden – einen Service, der Möbel auf Wunsch zusammenbaut. Die Nachfrage steigt, die Abteilung expandiert, jedenfalls für eine abgegrenzte Zielgruppe.

An der Identität von IKEA allerdings, die nicht durch eine »erdachte« und geschickt formulierte Philosophie, sondern auf natürliche Weise durch eine schlüssige, nachvollziehbare Idee entstanden ist, kann und wird sich nichts ändern.

König-Brauerei

# Unternehmensidentität und Markenidentität

Gertrud Merz

## Die Ausgangssituation

Das Unternehmen König-Brauerei KG wurde 1858 von Theodor König gegründet und befindet sich heute in fünfter Generation im Besitz der Familie König. Die Hauptmarke des Unternehmens – König-Pilsener – ist eine der größten Einzelbiermarken im Bundesgebiet.

Diese Konstellation der Namensgleichheit von persönlich haftenden Inhabern, Firmierung und Marke – dann die Tatsache, daß die König-Brauerei mit König-Pilsener quasi als Ein-Produkt-Unternehmen anzusehen war – haben dazu geführt, daß es ein Corporate-Identity-Problem eigentlich nie gab.

Es gab keinen fest zu datierenden Einschnitt, von dem man die Unternehmenspolitik auf Corporate Identity hin geändert und ausgerichtet hätte, vielmehr war Corporate Identity durch die homogenen Voraussetzungen und die kontinuierliche Unternehmensführung schon immer gegeben, definiert man den Begriff nicht nur als Corporate Design, sondern als »identitätsorientierte Unternehmensführung«*).

Corporate Identity, *Unternehmensidentität, entsteht »aus einem ganzheitlichen Verständnis des Unternehmens und einem sich daraus ableitenden, ganzheitlichen Handlungskonzept und dessen Verwirklichung in der Praxis«.*

In diesem Sinne hat die König-Brauerei während ihrer gesamten Entwicklungszeit Corporate Identity in einem klar umrissenen Selbstverständnis nach innen und außen kommuniziert, auch wenn dies in früheren Jahren nicht unter dem Begriff Corporate Identity gesehen wurde.

Heute behandelt das Unternehmen jedoch Corporate Identity als bewußte Unternehmensstrategie,

- hat seine Unternehmensgrundsätze in einer Unternehmenscharta niedergelegt,
- schaffte eine visuelle Umsetzung – ein Corporate Design, das sich an der Hauptmarke König-Pilsener orientiert (für die 1989 eingeführte Marke KELTS wurde ein eigenständiges CI-Konzept realisiert),
- fixierte eine Markenstrategie, in der Sortiments-, Preis-, Kommunikations-, Vertriebs- und Distributionspolitik kurz-, mittel- und langfristig niedergelegt sind,
- erarbeitete Führungsrichtlinien, die die Grundsätze im Verhalten des Unternehmens zu seinen Mitarbeitern, zu seinen Absatz- und Beschaffungsmärkten, zum Personalmarkt und zum Kapitalmarkt festlegen sowie seinen Standort innerhalb Kommune und Gesellschaft.

Zum generellen Verständnis dieser Unternehmensintegrität ist die Entwicklung des Bier-Marktes in Deutschland wichtiger Hintergrund.

---

*) Kneip, K.: Management by Corporate Identity, Referat zur BDW-Arbeitstagung Hannover 1978.

## Die Marktsituation

Der Biermarkt war in den 50er, 60er und 70er Jahren ein expandierender Markt. Die 80er Jahre waren durch Rückgänge geprägt, während in den 90er Jahren durch die neuen Bundesländer und durch die neuen Marktsegmente der Leicht- und alkoholfreien Biere ein neuer Wachstumsimpuls erfolgte.

Das Bier war und ist ein bedeutender Wirtschaftsfaktor. Der deutsche Verbraucher greift für kein Getränk tiefer in die Tasche als für Bier. Im Jahre 1990 wurden für den Bierkonsum in Gastronomie und Lebensmittelhandel DM 19,63 Mrd. (DM 17,73 Mrd. für alkoholfreie Getränke) ausgegeben.

In den 80er Jahren führten die ungünstigen Rahmenbedingungen (Bevölkerungsstagnation, Gesundheitswelle, Trend zu alkoholfreien Getränken) zu verstärktem Wettbewerbsdruck und konsequentem Kampf um Marktanteile unter den Brauereien. Rund 200 meist kleinere, mittelständische Brauereien haben dabei im Verlauf der vergangenen zehn Jahre aufgegeben. Trotzdem gab es im Jahre 1992 noch 1290 Braustätten in Deutschland (einschließlich neue Bundesländer). Ein Ende des Konzentrationsprozesses im Braugewerbe ist noch nicht absehbar. Schon jetzt vereinigen 4 %, das heißt genau 52 Brauereien, 61 % des gesamten Bierausstoßes auf sich. Das sind Großbetriebe mit einer Produktion von mehr als 500 000 hl jährlich. 34 % des gesamten Bierausstoßes werden von 24 % der Brauereien getätigt, mit einer Kapazität von 30 000 bis 500 000 hl (vgl. Abb. 1).

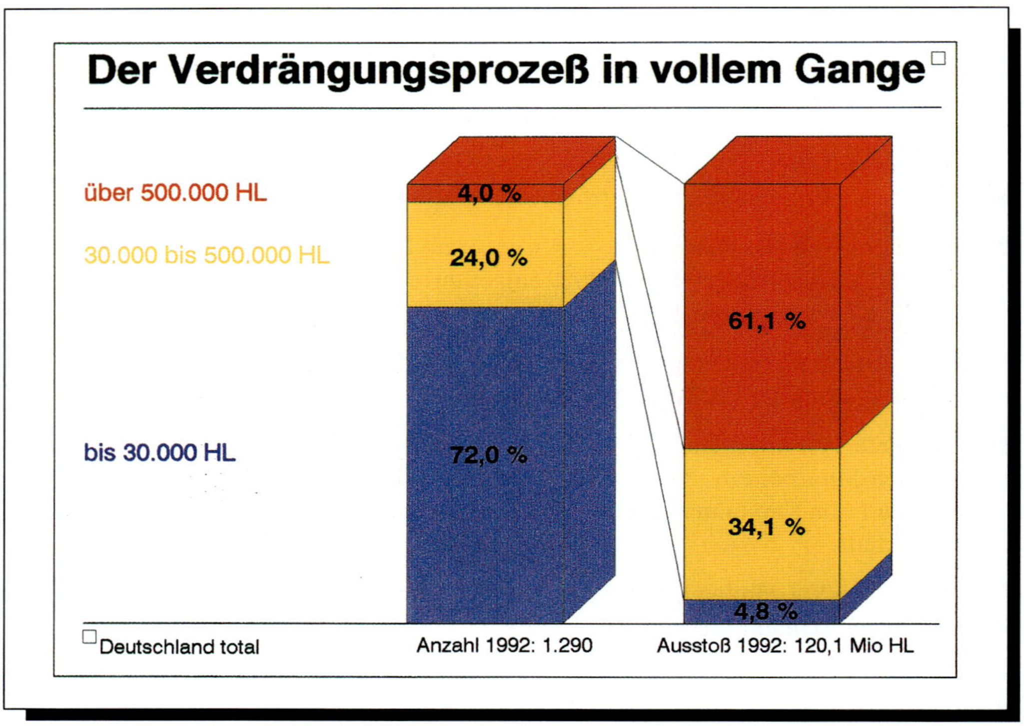


**Abb. 1:** *Der Verdrängungsprozeß im Brauereigewerbe*

Die meisten Brauereien in Deutschland haben dabei rein lokale beziehungsweise regionale Bedeutung und decken ihren Absatzmarkt mit allen Biersorten ab, die ihr regionaler Markt aufnimmt. Deshalb führt der überwiegende Teil der Brauereien mehrere Biersorten im Sortiment. Nur dadurch läßt sich die außergewöhnlich hohe Zahl von 4000 Biermarken in Deutschland erklären. Es verwundert deshalb nicht, daß König-Pilsener mit einem relativ geringen Marktanteil von 2 % eine der größten Einzelbiermarken in Deutschland ist.

Beachtenswert ist jedoch, daß dieser Erfolg im hochpreisigen Marktsegment der Premiumbiere erreicht wurde und nicht im mittelpreisigen Segment der Konsumbiere oder gar Billigbiere. König-Pilsener ist heute der Marktführer im Segment der gehobenen und der Top-Gastronomie. Wie kam es dazu?

Die Marke König-Pilsener ist 80 Jahre alt. Sie gibt es bereits seit 1911. Sie entwickelte sich zur Hauptmarke des Unternehmens – lange bevor Ende der 60er Jahre in Deutschland ein Pilstrend einsetzte, der den Biermarkt total umstrukturierte.

Bereits lange vor diesem Pils-Boom waren einige Spezial-Pilsener-Brauereien bekannt für ihre Pils-Spezialität. Die Sorte Pils war zu dieser Zeit eine Exclusivität per se, hervorgerufen durch den anspruchsvollen Biertyp Pilsener-Urquell: herb, spritzig, leicht.

Nur wenige Brauereien setzten ihre gesamte Unternehmenspolitik ganz auf die Strategie einer so hoch angesiedelten Exclusiv-Sorte, investierten in die aufwendige Brautechnologie und erarbeiteten sich das Know-how unabhängig von erkennbaren Markttrends. Aufgrund der Exclusivität der diese Sorte konsumierenden kleinen Spitzen-Zielgruppe, waren diese Brauereien bereits vor dem Einsetzen des großen Pils-Trends in ihrer Marktstrategie überregional ausgerichtet.

In den vergangenen Jahren hat der Biertrinker mit seinem Geschmacksverhalten und mit seiner Markenentscheidung die Gestaltung der deutschen Bierlandschaft nachhaltig beeinflußt.

Die deutschen Konsumenten trinken heute bewußter. Bier ist nicht mehr nur der profane Durstlöscher, sondern ein Erlebnisgetränk geworden, das auch dort als gesellschaftsfähig angesehen wird, wo bisher nur Wein und Sekt dominierten. Das einst führende Exportbier wurde aus seiner Vormachtstellung verdrängt. Seit 1974 liegt der nach Pilsener Art gebraute, herbe Biertyp in der Gunst der Verbraucher an erster Stelle. Eine Entwicklung, die den geänderten Verbrauchergeschmack eindrucksvoll reflektiert (vgl. Abb. 2).

Seit einigen Jahren gibt es im Biermarkt starke Tendenzen, dem Gesundheits- und Fitnessbewußtsein der Bevölkerung Rechnung zu tragen. Zwei neue Marktsegmente entstanden:

- Die Leichtbiere. Sie sind alkohol- und kalorienreduziert.
- Die alkoholfreien Biere. Sie sind alkohol**frei** und kalorienreduziert.

Diese neuen Produkte treten häufig an die Stelle von Mineralwasser, Limonaden und anderen alkoholfreien Getränken, so daß sie in der Lage sind, den Biermarkt erneut auszuweiten.

Die König-Brauerei führte am 1. 3. 1989 ihr alkoholfreies Pilsener »KELTS« ein.

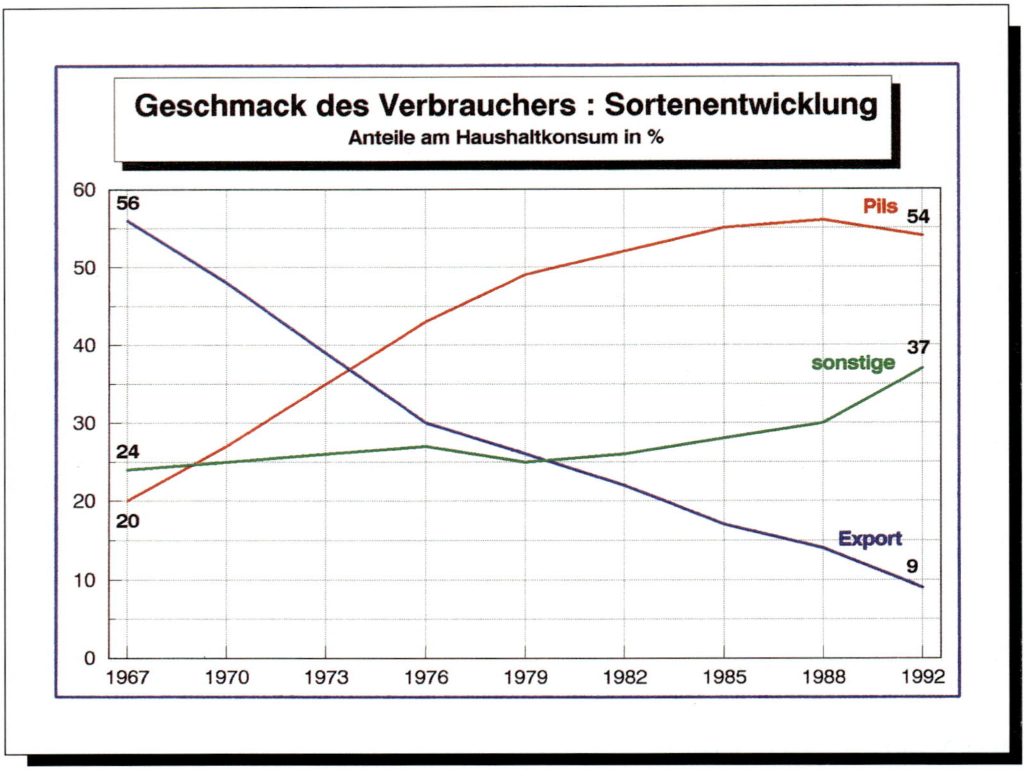


**Abb. 2:** *Der Pilstrend*

## Die Corporate-Identity-Strategie

In dem heute immer aggressiveren Verdrängungswettbewerb sind Unternehmensphilosophie und daraus konsequent abgeleitete Verhaltensregeln wichtige Bestandteile erfolgreicher Unternehmensführung. Die Corporate-Identity-Strategie der König-Brauerei begründet sich dabei einerseits aus der Tradition eines Familienunternehmens, andererseits aus der Verantwortung für ein qualitativ hochwertiges Sortiment.

Die Unternehmensleitung – die vierte und fünfte Generation der Familie König – legte in der Zeit zunehmender Konzernbildung im Biermarkt ihre Unternehmensgrundsätze fest und erklärte die Wahrung der Unabhängigkeit des Unternehmens als Hauptziel. Dies führte zu einer sehr strikten Definition der Sortimentspolitik und Diversifikation. In der Unternehmenscharta heißt es: »Zweck unseres Unternehmens ist die Herstellung und der Vertrieb hochwertiger Qualitätsbiere. Alle Aktivitäten sind direkt oder indirekt auf diesen Unternehmenszweck ausgerichtet. Das Hauptziel ist die Wahrung unserer Unabhängigkeit.«

Der hohe Qualitätsanspruch, der für König-Pilsener seit 80 Jahren gilt, war auch Leitlinie bei der Entwicklung des alkoholfreien Pilseners »KELTS«. König-Pilsener und KELTS haben gemeinsam, daß sie dem Premiumsegment angehören und daß sie Pilsener sind. Ansonsten entschied das Unternehmen, KELTS mit eigenständigem CI auszustatten, was mit einem eigenständigen Namen begann. Dies war eine der wichtigsten CI-Grundsatzentscheidungen des Unternehmers, die auch zukünftige weitere Markenentwicklungen betrifft.

In der zur Zeit aktuellen Diskussion »Solitärmarkenkonzept versus Sortimentsmarkenkonzept« entschieden wir uns für das Erstere, das heißt für den Aufbau eigenständiger Solitärmarken, die sich gegenseitig nicht substituieren und verwässern. Wir verzichteten damit bewußt auf den Goodwill-Transfer der imagestarken Marke König-Pilsener auf ein neues Produkt und gingen den aufwendigeren Weg, Markenbekanntheit und Image für die neue Marke von Null aufzubauen.

## Das Corporate Design der Marke König-Pilsener

König-Pilsener steht für Tradition und Pilstypik, während KELTS Modernität und Innovation vertritt.

Markenprofilierung soll König-Pilsener als Produktautorität durch ein Image von Exclusivität, Dynamik und Genußerlebnis von einem immer größer werdenden Pils-Massenmarkt und den direkten Wettbewerbern im Premium-Segment absetzen.

## Das Erscheinungsbild der Marke

Basis des Corporate Design für König-Pilsener ist die Marke in ihrer Form- und Farbtypik. Das Etikett faßt dabei in konzentrierter Form alle essentiellen Bestandteile zusammen, die den Markenauftritt am Produkt definieren:

- der Schriftzug »König-Pilsener« als Zentrum,
- das Kronen-/Anker-Emblem,
- die Medaillen,
- das typografische Umfeld.

Entscheidend für das Gesamt-Erscheinungsbild ist dabei die Farbtypik, das heißt die Kombination von weiß, silber, gold, schwarz und rot (siehe Abb. 3).

## Die Elemente der Marke

### Der Schriftzug

Der Schriftzug »König-Pilsener« wurde kontinuierlich weiterentwickelt. Der heutige Schriftzug entspricht mehr dem aktuellen Stilempfinden, ist ausgewogener und harmonischer als der frühere. Durch sensible kleine Schritte bei der Modifikation vollzog sich die Anpassung des Schriftzuges nahtlos und war für den Verbraucher nicht als Bruch im Auftritt wahrnehmbar (siehe Abb. 4).

**Abb. 3:** *König-Pilsener-Etikett*

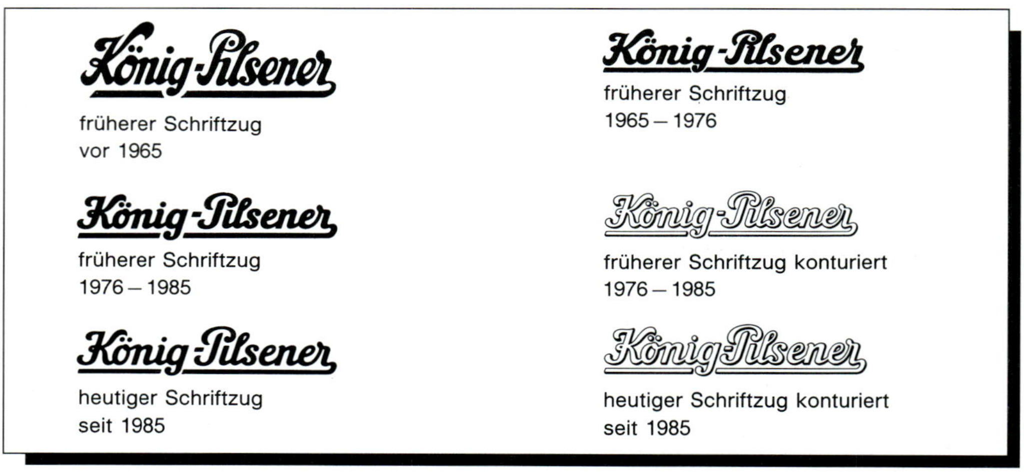


**Abb. 4:** *Schriftzüge gestern und heute*

## Das Kronen-/Anker-Emblem

Das Markensymbol ist Anker und Krone. Die eingetragene Schutzmarke besteht seit Generationen und symbolisierte ursprünglich die Verbundenheit des Unternehmens König-Brauerei mit der Heimatstadt Duisburg als Hafen- und Industriestadt.

In der heute stilisierten Form sind dem Konsumenten beim Anblick des Kronen-/Anker-Emblems diese Assoziationen fremd; er verbindet jedoch damit positive Vorstellungsinhalte im Sinne von »Beständigkeit« und »Heimat«. Die Optimierung führte zu mehr Eleganz und Leichtigkeit des Markensymbols.

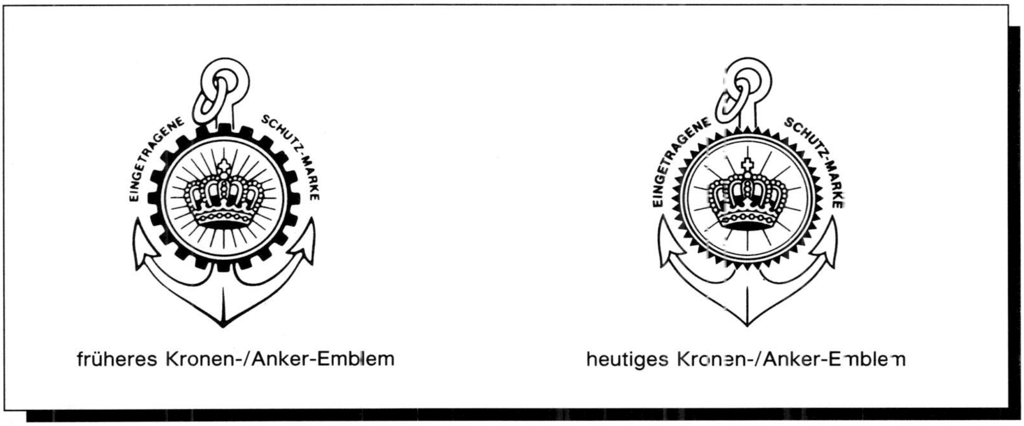


**Abb. 5:** *Das Kronen-/Anker-Emblem*

## Die Medaillen

Im Rahmen weiterer Optimierungsschritte wurden auch die Medaillen in ihrer Erscheinung »leichter«.

**Abb. 6:** *Die Medaillen*

# Die Produktausstattung

Das Zentrum der Produktausstattung bildet das Etikett. Der hier festgelegte Markenauftritt beherrscht mit seiner Farbkombination das gesamte Erscheinungsbild der Marke, bis hin zur Innen- und Außenwerbung. Er zieht sich durch alle Verkaufsförderungsmittel am Point of Sale sowie durch das gesamte Prospektmaterial. Dominierend sind die Farben Weiß und Silber, dies als Zeichen der Reinheit und Frische der Marke. Der Gesamteindruck signalisiert eine hohe Wertanmutung.

Das Etikett wurde konsequent umgesetzt auf die Produktausstattung des 6er- und 4er-Packs, wobei hier die Frische zusätzlich durch die Betropfung der Etiketten und die fotografische Umsetzung unterstrichen wurde (Abb. 7). Der handelsbezogene Auftritt »Etikett« wird dabei durchgesetzt bis zur Außenwerbung, den Ausstecktransparenten (Abb. 8).

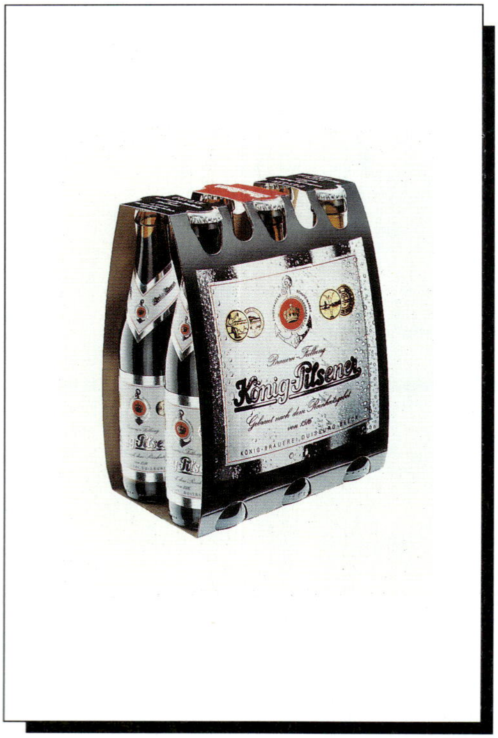


**Abb. 7:** *König-Pilsener-6er-Pack*

**Abb. 8:** *Ausstecktransparent quadratisch*

In der Gastronomie bilden Glas, Tropfdeckchen und Bierdeckel die Markenausstattung, die Verpackung. Aus Materialgründen erscheint der Schriftzug auf dem Glas in Gold, auf Tropfdeckchen und Bierdeckel in Rot (Abb. 9, 10, 11).

Konsequent und durchgängig wird die gesamte Produktausstattung den jeweiligen Modifikationen der Marke angepaßt.

Im März 1989 wurde die Produktausstattung von König-Pilsener in wesentlichen Bereichen optimiert. Anstelle des neutralen NRW-Verbandskasten und der Euroflasche trat ein Individualkasten für König-Pilsener sowie eine elegante neue Verbandsflasche. Diese

**Abb. 9:** *Flasche/Glas*

**Abb. 10:** *Tropfdeckchen mit Ständer*

**Abb. 11:** *Bierdeckel*

Initiative der König-Brauerei löste in der Branche eine Welle von neuen Produktausstattungen aus. Heute sind Verbandskasten und Euroflasche nahezu vom Markt verschwunden (Abb. 12).

**Abb. 12:** *0,5l-Kasten*

## Die Innen- und Außenwerbung Gastronomie

Für die Gastronomie entwickelte die König-Brauerei das König-Pilsener-Oval, das die Markenelemente des Etiketts getreu wiedergibt, ohne jedoch die Assoziation »Flaschenbier« – wie dies bei der Wiedergabe des Etiketts geschehen würde – hervorzurufen. Das König-Pilsener-Oval signalisiert König-Pilsener-Gastronomie – König-Pilsener Faßbier (Abb. 13 bis 16).

**Abb. 13:** *Aussteckransparent oval mit Kundenfeld*

**Abb. 14:** *Emailleschild*

**Abb. 15:** *Wandspiegel*

**Abb. 16:** *Tablett*

## Das Konzept der eigenen Leitgastronomie

Das Erscheinungsbild einer Brauerei und ihres Produktes wird ebenso wesentlich geprägt durch eine eigene Leit-Gastronomie. Sie übernimmt Pilotfunktion für die Markenführung und für die Gastronomie selbst. Die König-Brauerei schuf Anfang der 70er Jahre ein König-Gastronomie-Konzept, um der Gastronomie ein Beispiel für optimale Gaststättenformen für König-Pilsener zu geben.

Mittlerweile sind 19 »König-Häuser« und »König-City« verwirklicht worden. Der Typ »König-Haus« weist dabei eher Restaurant-Charakter auf, wogegen »König-City« den gepflegten Treffpunkt bei einem Bier in den Stadtzentren vertritt. Beiden gemeinsam sind charakteristische Merkmale, die eigens kreiert wurden:

- die zentrale Rundtheke
- die Zapfhähne
- die Beleuchtungselemente
- die Fassade
- die Schriftzüge
- die Bedienungskleidung
- die Speisenkarten, Tischaufsteller u.v.a.m.

Dieses Gastronomiekonzept, dessen Häuser von Kiel bis München zu finden sind, ist in einem Know-how-Paket zusammengefaßt.

»König-Häuser« und »König-City« sind in Corporate Identity und Qualität die Summe der Gastronomieerfahrungen des Hauses König. Sie sind Dokument für die Marken- und Erlebniswelt von König-Pilsener (Abb. 17, 18).

## Das Marken-Erscheinungsbild im Handel

Entsprechend der Corporate Identity und dem Markenverständnis verfolgt die König-Brauerei seit Jahren die Philosophie der qualitativen Verkaufsförderung. Aktionsideen, Mittel und Maßnahmen setzen dabei die König-Pilsener Markenstrategie und das Produkt-Erscheinungsbild konsequent für den Point of Sale um.

Unsere Ziele sind hier

- die Sicherung der Imagekontinuität auf hohem Niveau,
- die Durchsetzung des klaren Markenerscheinungsbildes in allen Handelsformen,
- die Verstärkung der qualitativ und erlebnisorientierten Markenpräsenz am Ort des Verkaufs,
- Akzentuierung der Produktpersönlichkeit und damit Förderung der Glaubwürdigkeit.

Unsere Strategie wird durch zwei Schwerpunkte bestimmt:

- die schrittweise Reduzierung von Sonderpreisaktionen und
- die kontinuierliche und systematische Stammplazierungs-Pflege.

Beispiele des durchgängigen Markenauftritts von König-Pilsener im Handel verdeutlichen das König-Pilsener-Depot und das Impulskaufdisplay (Abb. 19, 20).

**Abb. 17:** *König-City, Außenansicht*

**Abb. 18:** *König-City, Innenansicht*

**Abb. 19:**
*König-Pilsener-Depot*

**Abb. 20:**
*König-Pilsener – Impulskauf – Display*

## Der Markenauftritt in der Werbung

In der Bierbranche setzte Werbung über nationale Medien relativ spät, das heißt ab Mitte der 60er Jahre ein, was sich aus der ursprünglichen Regionalorientierung der Brauereien erklärt. Im Zuge eines stärkeren Verdrängungswettbewerbs stiegen die Werbeausgaben für Bier stark an – von DM 14 Mio. (1964) auf DM 565 Mio. im Jahr 1993.

Eine der ersten nationalen Printkampagnen der Bierbranche war die Kampagne der »König-Treuen« – Mitte der 60er Jahre (Abb. 21).

Diese Kampagne manifestierte das Qualitätsimage des Produkts und führte die Marke in der darauffolgenden Premiumkampagne mit reinen Produktdarstellungen zum heutigen Premium-Image (Abb. 22).

Der Begriff der »König-Treuen« – damals verstanden als Königtreue Braumeister – war auch zentraler Begriff der späteren Kampagne, jetzt verstanden als König-treue Konsumenten, die für sich »das Beste« gefunden haben (Abb. 23).

Auf dem Fundament von hoher Wertschätzung des Verbrauchers und dem Status einer Produktautorität erfolgt heute die Durchsetzung einer eigenständigen und unverwechselbaren König-Pilsener-Genuß- und Erlebniswelt.

Anzeigen und Fernsehspots zeigen begeisterte Menschen, die sich gerade wie ein König fühlen im Moment eines individuellen Hochgefühls (Abb. 25, heutige Kampagne).

## Das Corporate Design der Marke KELTS

Nach der CI-Grundsatzentscheidung sollte die Neuentwicklung eines alkoholfreien Bieres eine eigenständige Marke werden, die mit ihrer erstklassigen Produktqualität neue Maßstäbe für den Geschmack alkoholfreier Biere setzt. Im Centrum der CI-Entwicklung stand somit die Findung eines neuen Namens einer neuen Marke. Der Name sollte modern sein, aber nicht ohne Tradition; er sollte international einsatzfähig sein und doch deutsch klingen. Er sollte leicht, spritzig, frisch daherkommen und doch bierig sein.

Unter Tausenden von Namen fiel die Entscheidung auf KELTS.

**Abb. 21:** *2 Anzeigen ehemalige König-Treue (Die König-Treuen als Braumeister)*

**Abb. 22:** *Premium-Kampagne*

**Abb. 23:** *Die König-Treuen als Konsumenten*

**Abb. 24:** *Heutige Kampagne »Das königliche Vergnügen«. Motiv: »Zwei König-Treue vergessen die Zeit«*

**Abb. 25:** *Heutige Kampagne »Heute ein König«*

**Abb. 26:** *KELTS-Etikett*

Mit der Gestaltung der Produktausstattung – insbesondere über das Flaschenetikett – gewann diese neue Marke Individualität und Profil. Das Brauerembiem in neuer schmückender Stilisierung gab der Marke Emotionalität und Bierigkeit. Es sollte der Eindruck einer gestandenen Biermarke entstehen, die trotz Alkoholentzug nichts an Kraft und Geschmack vermissen läßt.

Assoziationen wie Reinheit und Leichtigkeit werden durch klare Gliederung, Typografie und Reduktion auf das Wesentliche erreicht. Die Farbe Weiß dominiert. Gleichzeitig signalisiert das Etikett Premium, nicht nur durch Hochglanzfarben, sondern auch durch die Brillanz der Gestaltung selbst.

Auch in der Werbung wurden neue Wege beschritten. Der Genuß dieses alkoholfreien Bieres sollte Spaß machen, im Zeitgeist liegen, das mußte man nicht »notgedrungen« trinken. »KELTS. Die neue Lust auf Bier« war der tragende Slogan der Einführungskampagne. Plakat und aufmerksamkeitsstarke Hörfunk-Spots machten das Produkt schnell bekannt. Der Erfolg: KELTS galt 1990 als die erfolgreichste Produkteinführung in der Warengruppe Bier (Abb. 27 bis 30). Bereits 1992 ist KELTS die Nr. 1 unter den alkoholfreien Pilsenern.

**Abb. 27:** *Flasche KELTS*

**Abb. 28:** *Glas KELTS*

**Abb. 29:** *Einführungsplakat KELTS*

**Abb. 30:** *Tischaufsteller KELTS*

## Das Corporate Design des Unternehmens

Historisch bedingt – als quasi »Ein-Produkt-Unternehmen« – entwickelte sich das Corporate Design der König-Brauerei aus dem Corporate Design der Marke König-Pilsener. Die prägenden Farb- und Stilelemente wurden auch für das Erscheinungsbild der König-Brauerei eingesetzt. Die Farben Weiß, Silber, Rot und Schwarz bestimmten das Farbklima. Der Schriftzug wurde aus der Hausschrift, der »Goudy« entwickelt. Typografisch fügt sich unter KÖNIG-BRAUEREI die Linie des Etiketts und Markenovals sowie die modifizierte englische Schreibschrift in ein ähnliches Gesamtbild wie bei der Produktmarke König-Pilsener.

Vergleichbar dem Markenschriftzug König-Pilsener wurde der Firmenschriftzug gleichermaßen im Zeitablauf überarbeitet, dem Zeitgeist angepaßt.

König-Brauerei KG — früherer Schriftzug

KÖNIG-BRAUEREI — heutiger Schriftzug

**Abb. 31:** *Schriftzug der König-Brauerei*

**Abb. 32:** *Gebäude-Pavillon*

Dieses neue moderne Firmendesign spiegelt sich wider in den Gebäuden (Abb. 32) in deren Räumlichkeiten die Mitarbeiter mit moderner Kunst konfrontiert werden:

**Abb. 33:** *Moderne Kunst in der Inneneinrichtung*

Typisch für den neuen Auftritt: »der Briefkopf«:

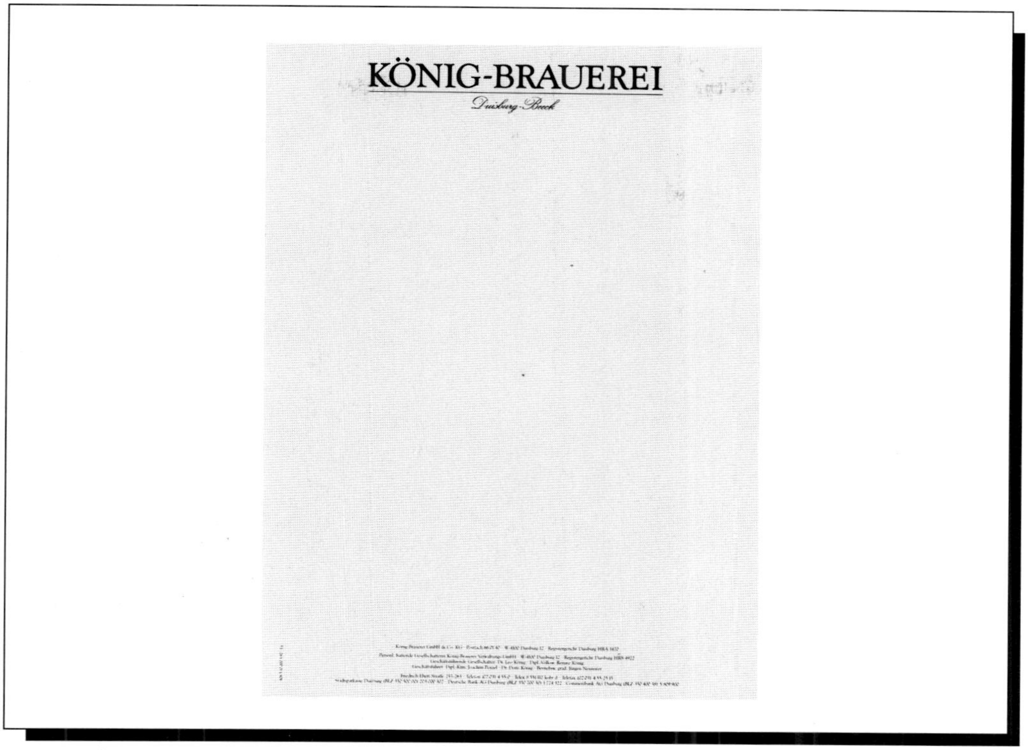


**Abb. 34:** *Der Briefkopf*

Das neue Firmendesign entspricht dem exclusiven Produktanspruch und bildet so eine visuelle Klammer der Corporate Identity der König-Brauerei.

C. Josef Lamy GmbH

# Vom Produktdesign zur Corporate Identity

Wolfgang Weber

Lamy ist ein mittelständisches deutsches Unternehmen, das Schreibgeräte und Accessoires erstklassiger Qualität für den Bedarfsbereich »Schreiben mit Hand« entwickelt, herstellt und national wie international unter der Marke LAMY vertreibt.

Das Unternehmen befindet sich seit seiner Gründung 1930 durch C. Josef Lamy in privatem Besitz und wird seit 1974 von Dr. Manfred Lamy, dem Sohn des Gründers, geführt. Die Selbständigkeit und Unabhängigkeit des Unternehmens langfristig zu erhalten und zu sichern, ist vorrangiges Unternehmensziel. Für die umfassenden Design-Leistungen des Unternehmens wurde ihm 1988 der Designpreis der Europäischen Gemeinschaft verliehen.

Die Entwicklung der Corporate Identity von Lamy vollzog sich nicht auf der Basis eines festgeschriebenen Konzeptes, sondern wuchs im Laufe der letzten 20 Jahre zu einer stimmigen **Identitätskonzeption** zusammen. Heute gilt als »Mission« des Unternehmens, dem Verbraucher nur Produkte anzubieten,

- die in gutem, an der Funktion orientiertem und auf die jeweilige Zielgruppe ausgerichtetem Design mit den Mitteln unserer Zeit gestaltet sind,
- als innovative, intelligente, ästhetische, qualitätsvolle Problemlösung für das »Schreiben mit Hand« dem Verwender zuverlässigen Gebrauchsnutzen bringen
- und nicht nur in Deutschland, sondern international Akzeptanz finden.

Mit Konsequenz und Kontinuität wurde das heute gültige Unternehmensprofil ausgebaut und geformt. Im folgenden sind die einzelnen Schritte inhaltlich und historisch dargestellt, die die Entwicklung der Corporate Identity von Lamy belegen.

**Abb. 1:** *Lamy Eingangspavillon*

## Ausgangspunkt: Das Produkt 1966

Die Basis für das Unternehmensprofil war die Leistung des Unternehmens, das Produkt. 1966 wurde der Lamy 2000 – heute ein Klassiker unter den Schreibgeräten – auf den Markt gebracht. Damals ein mutiges Unterfangen in der Welt von Glanz, Dekor und Talmi. Nur wenige Unternehmen haben Mitte der 60er Jahre erkannt, daß sie mit zeitgemäßen Formen und zeitgemäßen Werkstoffen neue Käuferschichten zu begeistern vermochten und so eine unverkennbare Profilierung bei ihrer Zielgruppe erreichten.

**Abb. 2:** *Lamy 2000 aus dem Jahr 1966; Design: Gerd A. Müller*

Für den Lamy 2000 im Jahre 1966 und für alle folgenden Lamy-Produktfamilien galten und gelten vier **Produktkriterien,** die heute so formuliert sind:

### Alleinstellungsqualität

Lamy-Produkte sollen den Markt formen, nicht ihm folgen. Sie sollen sich nicht am Gewohnten, sondern am Möglichen orientieren und sich dadurch deutlich von den Konkurrenzprodukten abheben.

Als Problemlösung soll sich eine echte Produktinnovation präsentieren, die neu oder neuartig ist, zumindest andersartig anmutet: also kein Dutzendgesicht, sondern »ein Gesicht in der Masse«, einzigartig und unverwechselbar.

### Gebrauchsqualität

Innovation soll nicht nur auf formalen Ideen beruhen, sondern auch technischen Ursprunges sein.

Lamy-Design greift die Beschaffenheit eines Produktes in Material, Konstruktion und Funktion auf und formt sie aus, um so »die reine Zweckform zu poetisieren« (Walter Gropius). Lamy-Design geht über die Orientierung an der nackten Funktion hinaus und vermeidet zugleich das Überflüssige, das Aufgesetzte.

Lamy-Design soll den Gebrauchswert der Produkte steigern, sie handhabungsfreundlich und ergonomisch richtig gestalten und sie nicht nur schöner, sondern auch intelligenter – durchdachter und dadurch nützlicher – machen. So wird ein Gleichgewicht zwischen Funktion und Ästhetik, Innen und Außen, Geometrie und Sinnlichkeit hergestellt.

**Kommunikationsqualität**

Das Produkt als Informationsträger sendet Botschaften über sich in den Markt – über seine Herkunft, seine zielgruppenmäßige Bestimmung, seine funktionale Qualität, seinen technischen Innovationsgehalt, seine Wertigkeit. Lamy-Design soll die vom Marketing vorgegebene Positionierung des jeweiligen Produktes bzw. der Produktlinie ausdrucksstark und charakteristisch sichtbar machen.

Erst die kreative Visualisierung unterschiedlicher Wertigkeiten und zielgruppenbedingter Charaktere ermöglicht das tiefgestaffelte Lamy-Sortiment von Produktvarianten – auch bei gleichem technischen Funktionskonzept. Und mit solch profilierten Designprodukten können Lamy-Gebraucher ihrer Mitwelt gegenüber ästhetische Sensibilität und Kennerschaft, Modernität und Individualität demonstrieren.

**Familienqualität**

Die Ausrichtung auf unterschiedliche Zielgruppen erfordert produktspezifische Formvarianten, jedoch soll die »gemeinsame Gesinnung« Lamy-Produkte ähnlicher machen, als die Zielgruppeneinstellung sie verschieden macht. Gemeinsam soll allen Lamy-Produkten sein, daß sie eigenständig, zeitgemäß, funktional, ehrlich und von internationalem Zuschnitt sind.

Diese allen Lamy-Produkten gemeinsame Designidentität prägt entscheidend auch unsere Corporate Identity und ist bei Lamy der grundlegende Imagefaktor. Das Produkt ist letztlich die Botschaft und wirkt im Kommunikationsmix am nachhaltigsten.

Die auf der Basis dieser Kriterien geschaffenen Produkte waren erfolgreich, und schnell ging Lamy-Design über das reine Produktdesign hinaus. Es schloß von Anfang an die Gestaltung von Accessoires, Verpackungen und Displays mit ein. Die Einheitlichkeit von Produkt und Produktumfeld gewährleisteten die Produktdesigner, die auch die Verpackungen und Displays mitgestalteten. Die einheitliche Gestaltungslinie war so Voraussetzung für das Unternehmensprofil von Lamy.

## Kommunikationsdesign 1974

Die auf dem funktionalen Design aufbauenden Produktkriterien, das Produktdesign, das Verpackungs- und Displaydesign, führten 1974 zur Übernahme der darin wirksamen Gestaltungsmerkmale in das Kommunikationsdesign. Es wurden »Regeln für die Gestal-

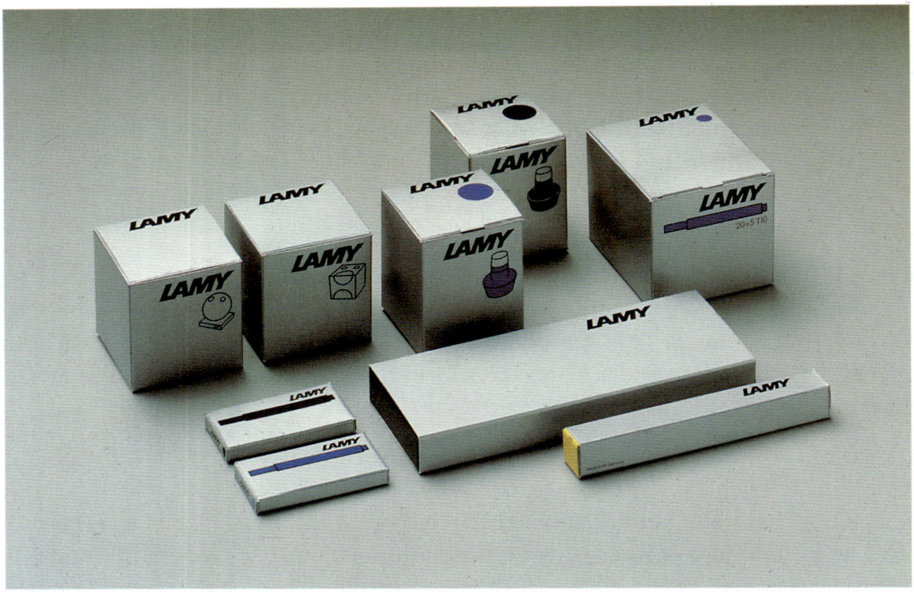


**Abb. 3:** *Einheitliches Design bei den Verpackungen*

tung« festgelegt, die die Wortmarke Lamy festlegten, Schriftarten, Schriftgrößen, Farben, Briefgut, Verpackungen und alle übrigen grafischen Ausdrucksmittel des Unternehmens.

Die Gestaltungsrichtlinien 1974 waren der Rahmen, in dem sich die Kommunikationsgestalter, im wesentlichen die externen Mitarbeiter für Werbung und Verkaufsförderung, bewegen konnten.

## Marketingkonzept 1980

Im 1980 verabschiedeten Marketingkonzept des Unternehmens wurde das einheitliche, unverkennbare und konsequente Unternehmensprofil als wichtiges Ziel aller Marketinganstrengungen festgeschrieben. Produktkriterien, Produktgestaltung, Kommunikationsdesign und das visuelle Erscheinungsbild waren eingebunden in die Unternehmens- und Marketingzielsetzung: Führender und alleiniger Anbieter von Schreibgeräten im Sinne eines zeitgemäßen Angebotes für die Zielgruppe der (damals so genannt) »kritisch-intellektuellen, aufgeschlossenen Nachfrager« zu sein.

»Typisch Lamy« war 1980 der Titel einer Multivisionsschau, die das bis dahin gewachsene Unternehmensprofil dokumentierte.

## CI – mehr als das visuelle Erscheinungsbild

In den 80er Jahren wurden dann, aufbauend auf den Erfolgen der 70er Jahre und auf dem bis dato erreichten hohen Identitätsniveau, über das grafische Erscheinungsbild hinaus weitere Felder der Unternehmenskommunikation in das CI-Konzept einbezogen. Endgültig wurden alle die Produkte ausgemerzt, die dem hohen CI-Anspruch nicht mehr genügten. Das Verpackungsdesign wurde rigoros bereinigt und um innovative Ideen weiter ergänzt. Die Verkaufsförderungsmittel und auch die Regeln für das Fotodesign wurden festgelegt. Firmenarchitektur nach den Grundsätzen des Produktdesigns wurde in die Bemühungen um ein einheitliches Erscheinungsbild einbezogen. Sämtliche Anbauten und Neubauten der 80er Jahre waren so weitere Bausteine für die CI von Lamy.

Die 1974 aufgelegten Gestaltungsrichtlinien wurden 1986 um die neuen CI-Felder ergänzt und auf den neuesten Stand gebracht. Diese visuellen Standards verpflichten auch die vielfältigen Zulieferer auf die Lamy-Gestaltungskonzeption, bieten aber gleichzeitig die Freiräume, wie sie die kreative Umsetzung des Lamy Corporate Designs erfordert.

## CI – dokumentiert im Lamy-Leitbild 1988

Die Formulierung des Lamy-Leitbildes fand 1988 ihren Abschluß. Es wurde gemeinsam von Führungskräften aller Bereiche und Ebenen, aber auch durch Beiträge externer Berater erarbeitet. Während eines Zeitraumes von 18 Monaten gab es intensive Diskussionen und mehrere Überarbeitungsstufen bis zur jetzt vorliegenden Form, in der die **Corporate Identity als Leitbild** *für alle Mitarbeiter* in sieben Kapiteln (jeweils auf einen Unternehmensgrundsatz ausgerichtet) festgeschrieben ist:

**1.** Wir sind die erfolgreichen Pioniere auf dem internationalen Schreibgerätemarkt.

**2.** Wir entwickeln, produzieren und vermarkten innovative Schreibgeräte, die in Funktion und Form unverwechselbar sind.

**3.** Wir treten als Unternehmen überall und jederzeit einheitlich auf – »typisch Lamy«.

**4.** Ein jeder von uns richtet seine Arbeit an den besonderen Ansprüchen und Erwartungen unserer unterschiedlichen Kundengruppen aus.

**5.** Wir sichern unsere Zukunft durch überdurchschnittliches Wachstum und angemessenen Gewinn.

**6.** Wir sind eine schöpferische Gemeinschaft leistungsfähiger und leistungsbereiter Mitarbeiter.

**7.** Wir fühlen uns der Region Heidelberg verbunden und der Umwelt verpflichtet.

Zu jedem der sieben Unternehmensgrundsätze gehören konkrete *»Ausführungsbestimmungen«*, die das Leitbild zur Meßlatte für die tägliche Arbeit des einzelnen Mitarbeiters machen.

Die intensive Auseinandersetzung und die schließliche Akzeptanz des Leitbildes durch die Mitarbeiter führen zu einem neuen Unternehmensverständnis. Ein Unternehmen, das gerüstet sein will für die Zukunft, muß in seiner Corporate Identity konkurrenzüberlegene Kompetenz und eine gemeinsame Haltung verkörpern, durch eine identitätsorientierte Kommunikation nach außen, Image und Vertrauen bei den Kunden gewinnen und durch eine vorgelebte Begeisterung nach innen, Identifikation und Motivation bei allen Mitarbeitern erzeugen. Durch die konsequente Aufbauarbeit über Jahre hinweg wurde ein Unternehmensprofil geschaffen, in dem die Lamy Corporate Identity ganzheitlich ausgeformt ist: im Unternehmens- und Mitarbeiterverhalten, im Unternehmens-Erscheinungsbild, in der Unternehmenskommunikation, eben – typisch Lamy.

## 1991 – Der Lamy persona: Erweiterung der Lamy CI

1984 hatte sich Lamy das Marketingziel gesetzt, sich auch die oberen Preissegmente des Schreibgerätemarktes zu erschließen, die im Rahmen der Nostalgie-Welle von Traditionsmarken besetzt sind. Die Kauf- und Verwendungsmotive sind in diesen Marktsegmenten in erster Linie durch die »Conspicuous consumption«, also demonstrativen Produktgebrauch, vielfach in Verbindung mit einer Geschmacksabsicherung durch Rückgriff auf »Klassiker« bestimmt.

### Die Positionierung

Der Lamy persona orientiert sich auf diejenigen Zielgruppen, die bisher kein für sie passendes (»identifikatives«) Produktangebot im Hochpreismarkt fanden:

- Trendsetter/Konsumpioniere/Neophile
- Trend followers/»early adapters«.

Für diese Zielgruppen ist der Lamy persona die Problemlösung im wertbetonten Bedarfs- bzw. Wunschbereich als

- innovatives, mit feinmechanischen Highlights ausgestattetes,
- gegenüber der gesamten Konkurrenz völlig eigenständiges,
- unter der Kompetenz von Lamy durch einen weltbekannten Top-Designer gestaltetes,
- mit Sorgfalt bis ins letzte Detail hergestelltes Produkt,
- von hoher Wertanmutung,
- mit internationaler Geltung.

Der Lamy persona bleibt im Rahmen der Lamy Identität und entspricht den **vier Prinzipien der Lamy Produktgestaltung**:

- **Alleinstellungsqualität**
  - durch den technischen Innovationsgehalt und durch die optische Prägnanz des Designs als zeitgemäße (und zukunftsgemäße) Alternative zum bestehenden Produktangebot. Besonders akzentuiert durch die stromlinienförmige, charakteristische Feder, die das Griffstück mit einschließt, gegenüber der traditionellen taillierten

**Abb. 4:** *LAMY persona 1990; Design: Mario Bellini*

Feder oder durch den integrierten und versenkten Clip gegenüber dem antiquierten Ringclip;

- über die hohe Imageaufladung durch die Kompetenz der Marke Lamy und die Attraktivität des Designers Bellini.

- **Gebrauchsqualität**
  - durch technische Highlights mit hohem Gebrauchsnutzen, z.B. die ungewohnte, einzigartige Clipbedienung, die Entdeckerfreude und Spieltrieb befriedigen (dazu alleinstellendes und einprägsames Merkmal!) oder der feinmechanisch-raffinierte Kappenverschluß mit Bajonett-Effekt oder das ergonomisch-profilierte Griffstück;
  - durch überlegene Konstruktion und sorgfältigste Verarbeitung, vornehmlich bei der Schreibfeder, deren optimales Schreibverhalten entscheidend ist;
  - durch die Signalwirkung im sozialen Umfeld als Symbol der Selbstdarstellung und der Abgrenzung.

- **Kommunikationsqualität**
  - durch die ausgesprochen wertbetonte Ausstrahlung, die von der Gesamterscheinung, von einer »runden« Produktpersönlichkeit ausgeht, bei der materielle und nichtmaterielle Werte harmonisch zusammengeführt sind,
  - durch fein-sinnlichen Appeal (Profilierung und Bi-Metall als kontrastreiche Oberflächen- und Farbgestaltung) und durch gefühlsmäßige Symbolkraft (Individualität und Modernität),
  - durch die direkte Identifikationsmöglichkeit der Lamy-Zielgruppe mit dem Lamy persona aufgrund seiner Eigenständigkeit, Originalität auf hohem Niveau, Formschönheit und Zeitgenossenschaft.

- **Familienqualität**
  - durch das eigenständige, zeit- und zukunftsgemäße, funktional und ergonomisch begründete Design als Charakteristikum aller Produkte der Marke Lamy.

Die Zielgruppen können sich jetzt zum erstenmal mit einem Schreibgerät hoher materieller Wertigkeit identifizieren und damit ihre Kennerschaft und »designideologische« Einstellung dokumentieren. Das bisherige Feld der Identifikation mit Lamy wird erweitert, Lamy gewinnt für die Marke Lamy und die Corporate Identity ein neues Identifikationsfeld hinzu.

Viessmann

# Funktion, Systematik und Ästhetik – Viessmann Visuell

Karl Duschek

## Die Ursprünge

Zu Beginn der 60er Jahre begegneten sich der Unternehmer Dr. Hans Vießmann, der Unternehmensberater Dr. Ottmar Rechenauer und der Grafiker und Maler Anton Stankowski. Die Viessmann-Werke hatten zu dieser Zeit noch keine 1000 Mitarbeiter. Es entstand die Ideal-Kombination: Rechenauer analysierte die Ist-Situation und die Problemfelder, konzentrierte die Strategie auf knappe Aussagen und formulierte logischerweise auch Texte für die Öffentlichkeitsarbeit und Werbung. Hans Vießmann, in der Welt der Technik, Entwicklung und Konstruktion, lieferte die Inhalte und fortwährend neue Anstöße für Produkte, Informationsmittel und den Wettbewerb. Anton Stankowski, der mit der seinerzeit kaum bekannten Auffassung einer systematischen Typografie, einer konzentriert-klaren Gestaltungsform und durch Arbeiten der »Funktionsgrafik« auf sich aufmerksam machte, übernahm den Part des Visualisierers. Schon einige Jahre vorher realisierte Stankowski besonders für SEL und IBM bemerkenswerte Anzeigen, Prospekte, Kalender etc. mit Funktionsgrafik[1)].

»Konzentration durch weglassen« war die eine Leitlinie. Stankowski propagierte zusätzlich, daß sich mit »vereinfachen, versachlichen, vermenschlichen« eine effektive Linie in der Investitionsgüterwerbung finden läßt.

Das, was in einem Unternehmen am schwierigsten zu erfahren ist – die Leitlinie des Handelns (meist ist sie gar nicht vorhanden oder ungeschrieben in einigen Köpfen) – wurde nicht nur zum Ausgangspunkt der gemeinsamen Arbeit, sondern Werbemittel selbst.

*»Die zehn Grundsätze von Viessmann«* (Abb. 1) waren Flugblatt nach innen und nach außen. Als Anzeige in Fachzeitschriften und als Plakat signalisierten sie die Auffassung des Unternehmers.

Mit der Erkenntnis der »Vereinheitlichung und sinnvollen Vernetzung aller visuellen Maßnahmen« etablierte sich ein kleines kreatives Team um die drei Urheber. Das Designinstitut Gugelot aus Ulm entwickelte ein Produktdesign mit ersten seriellen Formen auf Modulen basierend – bis dahin in der Branche unbekannt. Die »legendäre« *Produktfarbe »vitorange«* ist heute synonym für fast den gesamten Heizungsbereich; seinerzeit waren die Heizkessel grau oder industriegrün. Eine Produktfarbe ist nicht schützbar.

Die technische Entwicklung und der Informationsschub unter Leitung von Hans Vießmann war in dieser Zeit ohne Beispiel. Als erstem Unternehmen in der Branche gelang es Viessmann, steckerfertig verkabelte Kessel- und Heizungsregelungen auf den Markt zu bringen (Abb. 2). Mit Nickelbronze z.B. wurden neue korrosionsfeste Werkstoffe eingesetzt, die die Lebensdauer erheblich erhöhten (Abb. 3).

Neue Produkte wie z.B. einen Heizungsmischer aus Stahl, einschweißbar und korrosionsfest, führten zu internationalen Schutzrechten und brachten dem Unternehmen eine gewisse Monopolstellung auf dem Markt (Abb. 4).

Das wohl wichtigste Merkmal des Viessmann-Erscheinungsbildes ist das Zeichen – die Wortmarke in Kursiv »Viessmann«. Kraft und Ausstrahlung der Unternehmens- und Pro-

1) Vgl. *Stephan von Wiese* (Hrsg.), Anton Stankowski, Das Gesamtwerk 1925 – 1982, Stuttgart 1983, 302 – 308.

# 10 Grundsätze von Viessmann

**1** Wir produzieren Geräte, die das Leben des modernen Menschen erleichtern und angenehmer gestalten.

**2** Wir wissen, daß die Technik keine herrschende, sondern eine dienende Funktion hat. Technik ist nicht Selbstzweck, sondern Mittel zum Zweck. Der Käufer soll sie auf einfache Weise nutzen.

**3** Wir arbeiten ständig an technischen Lösungen, die von der Praxis erwartet werden — siehe unsere Anti-Korrosions-Aktion.

**4** Wir haben als Partner Heizungsfachfirmen, Ingenieurbüros und Architekten. So ist sichergestellt, daß unsere Erzeugnisse fachgerecht geplant und montiert werden.

**5** Wir halten die Preise konstant — siehe unsere Anti-Preiserhöhungs-Aktion. Wir sind gegen ungerechtfertigte Preiserhöhungen und gegen Rabattmanipulation. Das Heizungsfach braucht Sicherheit bei der Kalkulation durch klare Konditionen.

**6** Wir liefern unsere Heizkessel sicher und schnell mit eigenen Lastwagen. Jeder hat eine Abladevorrichtung. Große Kessel fahren wir mit schweren Kranwagen an.

**7** Wir verstehen unter Kundendienst technische Hilfestellung — überall und schnell. Viessmann-Erzeugnisse sind so konstruiert, daß die Wartung durch die Heizungsfirma durchgeführt werden kann.

**8** Wir pflegen mit unseren Geschäftsfreunden einen engen Gedanken- und Erfahrungsaustausch. Die Zusammenarbeit führt zum beiderseitigen Erfolg.

**9** Wir verstehen unter Werbung nicht »Anpreisen und Versprechen«, sondern eines von mehreren Mitteln, den Markt einfach und klar über unsere Leistungen zu informieren.

**10** Wir sind ein unabhängiges Privat-Unternehmen mit 1300 Mitarbeitern und haben den Ehrgeiz, unsere führende Stellung im Markt täglich auf's neue zu festigen.

A 16/66

Hans Viessmann
Inhaber der
Viessmann Kesselwerk KG
3559 Allendorf/Eder

VIESSMANN

**Abb. 1:** *Die 10 Grundsätze von Viessmann entstanden 1965. Sie liegen heute in aktualisierter Form vor.*

**Abb. 2:** *Anzeige in Fachzeitschriften für eine Produktneuheit. Die sachliche Information steht im Vordergrund.*

**Abb. 3:** *Eine visualisierte Form von Korrosion in der Anzeige. Die Texte haben als Eigenart die persönliche Ansprache.*

**Abb. 4:** *Die Anzeige zeigt die typisch japanische Tageszeitung mit einem »roten Punkt«, das Symbol des Landeswappens wird als Signalwert genutzt.*

duktmarke hat wesentlich zum Erfolg der Informations- und Werbestrategie beigetragen. Die Zeitlosigkeit – Anton Stankowski hat das Viessmann-Zeichen zu Beginn der 60er Jahre entwickelt – ist eine wichtige Qualität (Abb. 5). Der Aufmerksamkeitswert mit der typografischen Lösung der übereinandergestellten »ss« ist groß. Der Haft- oder Erinnerungswert besonders gut. Auch die Integrationsfähigkeit bei der Produktsignierung und anderen Objekten ist optimal[2)].

## Zum visuellen Erscheinungsbild – Corporate Design

Daß die Einheit aller visuellen Maßnahmen dokumentiert in »Richtlinien« zum Stand der Technik gehören, war allen Beteiligten von Anfang an klar[3)]. Stankowskis frühe Erscheinungsbilder stammen aus den 30er Jahren, z.B. »Fortschritt«[4)].

Bei den konstanten Elementen sind auch nicht nur der Umgang mit Zeichen, Schrift, Farbe und Formaten festgelegt; hier gibt es didaktische Lehrbeispiele, Verbote und Musterformen für die tagtägliche Arbeit. Mittlerweile wurden schon drei Ausgaben dieser Richtlinien (Manual) erarbeitet und herausgegeben.

Die variablen Elemente des Erscheinungsbildes sind ständig im Fluß mit Erkenntnissen, die sich überholen oder neu gewonnen werden; hier besonders im Bereich der Textverarbeitung, aber auch bei anderen Objekten wie beispielsweise bei den Produktprospekten[5)].

Seit Mitte der 60er Jahre prägen die Titelseiten der Informations- und Produktprospekte das visuelle Erscheinungsbild entscheidend (Abb. 6). Mit den farbigen Funktionsgrafiken von Anton Stankowski und seiner Mitarbeiter, besonders seines Partners Karl Duschek, ist eine visuelle Eigenständigkeit entstanden, die wohl einmalig in der deutschen Industrie ist. Die Argumentation der technischen Funktion wird durch Gesetze der Ästhetik, wie Form, Farbe, Geometrie, Ordnung etc. in eine einheitliche »Linie« gebracht. So entsteht bei der gemeinschaftlichen Entwurfsbesprechung oft der Eindruck: Hier wird nicht nur diskutiert und skizziert, hier wird auch konstruiert – im Sinne der Ingenieurentwicklung – und das seit 25 Jahren (Abb. 7).

In der Flut der allgemeinen Informationsdrucksachen der Industrie ist ein klares Organisationsprinzip als Regulativ für Hierarchie, inhaltliche Stimmigkeit und Wirtschaftlichkeit unentbehrlich. Nach einem hierarchischen Aufbau nimmt die Imagebroschüre den höchsten Stellenwert ein; hier verbindet sich ein anspruchsvoller Inhalt mit einer hochwertigen Farb- und Materialfestlegung und mit einer grafisch stimmigen Form (Abb. 8).

---

2) Vgl. *Matthias Götz,* Das Grafische Zeichen – Kommunikation und Irritation, in : Visuelle Kommunikation, Anton Stankowski und Karl Duschek (Hrsg.), Berlin 1989.

3) Vgl. *Karl Duschek,* Richtlinien im visuellen Firmenbild, Stuttgart 1976.

4) Stephan von Wiese, a.a.O. 252 – 259

5) Vgl. *Karl Duschek,* Grafik, Design und Technik. Zur visuellen Kommunikation der Industrieunternehmen in Technik und Kunst, Dietmar Guderian (Hrsg.), Düsseldorf 1992.

**Abb. 5:** *Skizzen zur Entwicklung der Viessmann-Wortmarke.*

**Abb. 6:** *Titelseiten der Informations- und Produktprospekte*

**Abb. 7:** *Arbeitsskizzen von Anton Stankowski für eine Titelseite eines Heizkessels*

Auf der nächsten Stufe folgt die Gesamtübersicht über die Produkte. In der dritten Hierarchiestufe kommen die Prospekte für die einzelnen Produkte mit Funktions-Darstellung, Wirkungsweise und Leistungsdaten; danach technische Prospekte, Preislisten, Bedienungsanleitungen. Die grafische Gliederung wird durch Reduzierung des jeweiligen Umfangs, der Farbe und der Vereinfachung der Abbildungsformen unterstützt. Von der authentischen Farbabbildung über Schwarz-Weiß-Abbildungen bis zu Zeichnungen, reiner Textdarstellung und »Funktionsgrafiken« gibt es ein breites Spektrum.

Da schon die frühen Geschäftsdrucksachen, auch mit der konventionellen Schreibmaschine zu beschreiben, auf Zoll-Basis aufgebaut waren, war hier von Zeit zu Zeit ein Anpassungsschritt erforderlich[6)]. Grundsätzliche Veränderung hat es nie gegeben. Kleine Besonderheiten wie »Funktionsgrafiken« auf den Visitenkartenrückseiten folgen den frühen Konzeptbeschlüssen, hier z.B. die optimale Ausnutzung einer besonderen Qualität, im Sinne des »Multiplikators« laut Rechenauer (Abb. 9).

Neben der Presse- und Öffentlichkeitsarbeit kommt der Hauszeitschrift »Viessmann aktuell« eine wesentliche Bedeutung zu. Mit einer Auflage von mittlerweile 85 000 Exemplaren ist sie Kommunikationsmittel des Unternehmens mit seinen wichtigsten Zielgruppen (Abb. 10).

Natürlich sind die Objekte des Unternehmens wie Briefdrucksachen, Formulare, Stempel, Urkunden, Datenblätter, Verpackungsaufkleber, Typenschilder usw. korrekt gestaltet, in der Richtlinienbroschüre mit Schreibanleitung, Gebrauchsanweisung, Fotoregie und Gestaltungshinweisen versehen. Besonders zu erwähnen ist die Konzeption der Informationsplakate. Übergeordnet existiert eine Plakatserie mit zehn Motiven im Großformat DIN A0. Unter der Thematik »Das ist Viessmann« werden die besonderen Aspekte des Unternehmens vorgestellt. Neben den technischen Informationen wie »Edelstahl«, »Guß« und »Elektronik« sind Themen wie »Logistik«, »Unternehmenskultur«, »technische Weiterbildung« und »Messen« visualisiert (Abb. 11). Weiterhin existieren Informationsplakate für die Technik und Produkte von Viessmann und Schnittdarstellungen für die technische Weiterbildung (Abb. 12).

## Die technische und visuelle Entwicklung ist ein permanenter Prozeß – zur Corporate Identity

Das Ärgernis, nachgeahmt zu werden, ist keines mehr, wenn nach jedem guten Ergebnis die Fortsetzung, der »neue Schritt« folgt.

Periodische »jours fix« der »Arbeitsgruppe Visuell« halten die Entwicklung der visuellen Linie am Laufen. Je nach Problemstellung werden externe Mitglieder in die Arbeitsgruppe integriert. Die Orte der Besprechungen und Tagungen wechseln (Abb. 13).

6) Vgl. *Karl Duschek,* Typografie – funktionelle Ordnung und Ästhetik, in: Typografie, ein Schlüssel zum Erfolg, Der Druckspiegel, Heusenstamm 1985, Nr. 7.

**Abb. 8:** *Titelseite und Innenklappen der Imagebroschüre zum Thema »Wärme«*

**Abb. 9:** *Visitenkarten mit Grafikmotiven wichtiger Produktprospekte*

**Abb. 10:** *Titelseite der Hauszeitschrift »aktuell«*

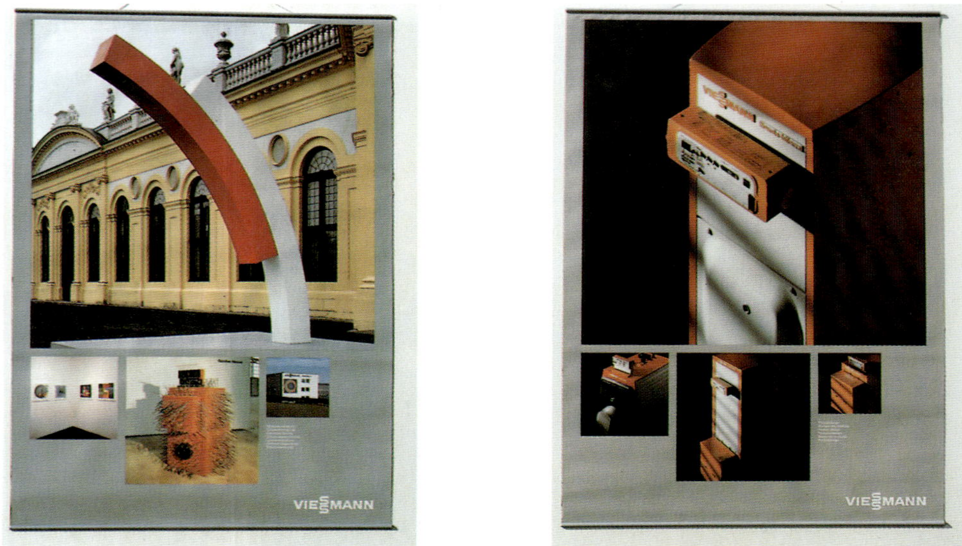

**Abb. 11:** *Plakate im Format DIN A0 zum Thema »Unternehmenskultur« und »Produktdesign« aus einer 10-teiligen Plakatserie*

Die Wechselbeziehung von Pflicht und Kür ergibt hier einen Synergieprozeß. Jede zentrale Idee oder Strategie wird anhand ausgeklügelter Programme realisiert. Allein die Messe-Checkliste enthält über 300 Positionen.

Besonders der Messeauftritt hat für die Identität und das Image eine enorme Bedeutung. Die Zeit für Geschäftsreisen wird immer knapper. Auf einem wichtigen Messeplatz können der Kontakt, der Informationsaustausch und die Gesamtübersicht einer Branche konzentriert werden. Im Gegensatz zu anderen Industrieunternehmen, die mit aufwendigen Bauten, Videos etc. Rauminszenierungen zeigen, beschränkt sich Viessmann auf die Präsentation der Produkte und Information über die Vorteile der Technik. Die Gesamtwirkung ist technisch, wie die Produktqualität: Der Boden ist silberfarben, Punktstrahler markieren wichtige Objekte; die neuen Produkte sind sichtbar, da sie ohne Verkleidung oder aufgeschnitten präsentiert werden (Abb. 14).

**Abb. 12:** *Beispiel eines Informationsplakats mit einer Explosionsdarstellung in fotografischer Ausführung*

**Abb. 13:** *Arbeitstagung mit Teilnehmern der »Arbeitsgruppe Visuell« auf der Alm über Oberaudorf*

Entgegen der sachlichen Selbstdarstellung auf dem Stand wird im Vorfeld der Messe seit Jahren ein jeweils aktuelles Kommunikationskonzept entwickelt. Je nach Neuigkeitswert oder Aktualität der Produktaussagen wird ein Slogan erdacht, ein visuelles Symbol entwikkelt und mit diesen Elementen eine Serie von Informations- und Werbeaktivitäten realisiert. Anzeigen, Plakate, Werbetürme, Fahnen, Transparente – auch Krawatten, Anstecknadeln, Erfrischungstücher etc. – zeigen die bekannte Viessmann-Linie und flankieren die übrigen Messeaktivitäten.

Das Design der Produkte, ein zentrales Element der Corporate Identity, ist bei Viessmann von der technischen Entwicklung und Forschung bestimmt. Die Gesamterscheinung des Produktes, einschließlich der periferen Funktionselemente wie Steuerung, Brenner, Speicher etc., gibt mit der klassischen Hausfarbe »vitorange« das Typische und Eigenständige der Viessmann-Linie wieder. Die verchromte Kennzeichnung der Wortmarke tut ein übriges. Individuelle Formakzente des Designs der Produkte sind aus der Funktion heraus entwickelt und sollen die Gestalteigenständigkeit betonen, so wie der jeweilige Eigenname des Produktes auch (Abb. 15).

**Abb. 14:** *Teil des Messestands auf der wichtigsten Fachmesse »ISH Frankfurt« 1991*

Schon vor Jahren wurde bei Viessmann umweltfreundlich produziert, auch die Produkte selbst bestehen aus Materialien, die nach Kriterien der Umweltschonung und des Recyclings ausgewählt werden. Bei der Anzeigengestaltung wurde über die vergangenen Jahre eine wirtschaftlich sinnvolle Konzeption praktiziert. Schon Ende der 60er Jahre wurden »Kleinanzeigen« entwickelt. Diese Kleinanzeigen werden insbesondere in der Fachpresse, aber auch in Tageszeitungen, gezielt eingesetzt. Die Kleinanzeigen sind jeweils als Serien mit sehr hohem Aufmerksamkeitswert entwickelt worden und haben den Bekanntheitsgrad des Unternehmens wesentlich gesteigert[7)].

Die frühen Kleinanzeigen mit den Fingermotiven zu Beginn der 70er Jahre wurden für einen mehrjährigen Einsatz mehrmals grafisch variiert (Abb. 16). Neben vielen visuell interessanten Motiven sind die Anzeigen mit »!, ?, "« oft auf einer Seite beziehungsweise Doppelseite in wichtigen Tageszeitungen und Wochenzeitungen erschienen (Abb. 17). Die Motive »Quadrat, Kreis, Dreieck«, mit dem höchsten Signalwert überhaupt, wurden zudem als Textteilanzeigen über jeweils eine ganze Zeitung verteilt (Abb. 18). Die »1« zum 1. Januar mit einem Gruß zum Neuen Jahr schließt an die Serien an.

7) Vgl. *Anton Stankowski, Ottmar Rechenauer, Karl Duschek,* Anzeige-Inserat. Eine Übersicht der Arten und Möglichkeiten, Stuttgart 1976.

**Abb. 15:** *Das Produktdesign ist aus der Funktion der jeweiligen Heizkessel entwickelt und mit serieller Eigenart versehen*

Nach den Kriterien »Plakativität«, »Eigenständigkeit« und »Symbolwirkung« wurden die Bildmotive der jüngsten Anzeigenserie ausgewählt. Die knappen, auf das wesentliche reduzierten Fotomotive entsprechen der Viessmann Gestaltungslinie. Die jeweils knappen Aussagen der Headline unterstützen die Prägnanz (Abb. 16b).

Gegen den Standard einer allgemeinen »Schubladenanzeige« wurden die sogenannten Gelegenheitsanzeigen entwickelt. Für den Sportverein, den Schützenverein etc.; auch für Sonderformen, z.B. das Jahrbuch der Blinden, sind alle Anzeigen gezielt entwickelt. Hier gibt es keine Standardlösungen, denn es soll ein individueller Eindruck vermittelt werden (Abb. 19).

Die positive Identität eines Unternehmens spiegelt Vertrauen wider, eines der wesentlichsten Ziele, nach »Innen« und nach »Außen«.

**Abb. 16a:** *Die typischen Kleinanzeigen mit Fingermotiven der 70er Jahre*

## Eine Investition in das »Schöne« – die Unternehmenskultur

Manche haben sie, ohne es zu wissen, und andere glauben, sie zu haben, werden sie jedoch nur schwerlich bekommen. Eine *Unternehmenskultur* kann man sich nicht kaufen. Kaufen lassen sich quantifizierbare Sachwerte der Kultur.

Grundlagen für das kulturelle Agieren sind soziale und unternehmerische Qualitäten, sind Wissen, Bildung – eben Kultur.

Eine ernstzunehmende Unternehmenskultur entwickelt sich nicht nach einer Strategie, nicht nach dem Auftrag der Geschäftsführung einer Unternehmensgruppe; sie ist »inneres Bedürfnis« verantwortlicher Menschen, viele Beispiele zeigen dies.

Die Viessmann Werke sind ein junges Unternehmen. Als Hans Vießmann das Geschäft von seinem Vater Johann 1947 übernahm, hatte man 35 Mitarbeiter, nach der Währungsreform dann über 100, heute weltweit 6500 Mitarbeiter.

Mit dem künstlerischen Weg von Anton Stankowski über Jahrzehnte verbunden, lag es nahe, besonders konstruktive, konkrete Kunst in die Unternehmenskultur einzubeziehen.

Die Viessmann-Galerie besitzt »konkrete Funktionsgrafik« auf Leinwand; etwa 30 verschiedene Motive liegen signiert und numeriert als Druckgrafik vor. Mitarbeiter und Geschäftsfreunde haben hier seit etwa 25 Jahren einen Zugriff auf »Bildende Kunst«. Für Messen und Ausstellungen entstanden eine Reihe von Klein- und Großplastiken.

Vor Jahren wurde das »Visuelle Erscheinungsbild« in Form einer Ausstellung aufbereitet und der Öffentlichkeit gezeigt, Deutsches Plakatmuseum Essen, Institut für neue technische Form Darmstadt etc.

Die Produktionsstätten, Lagerhallen und Verkaufbüros sind Zweckbauten. Besondere Akzente setzen an den Fassaden großformatige »Funktionsgrafiken« (Abb. 20). Alle Industriehallen haben ein einheitliches Gestaltungskonzept, individuell werden die Wandabwicklungen der Fassaden entworfen. Dr. Martin Viessmann, die neue Generation in der Geschäftsführung, verfolgt zur Zeit besonders im Rahmen der Unternehmenskultur das Ambiente in den Verwaltungsbereichen, Arbeitsplätzen und Verkaufsbüros. Der Reihe nach werden so Schwerpunkte von Unternehmensbereichen analysiert und auch kulturell auf hohem Niveau gehalten.

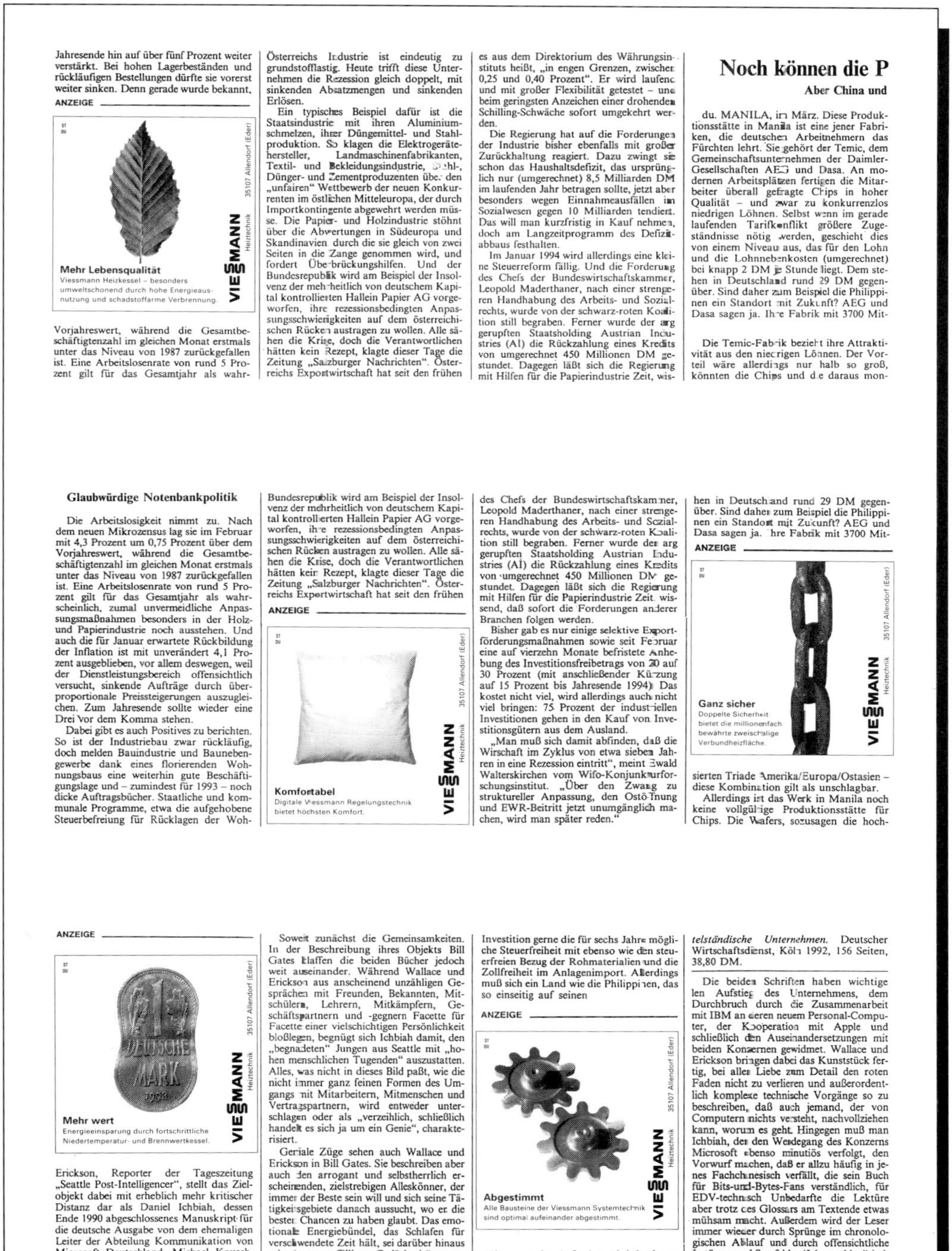

Jahresende hin auf über fünf Prozent weiter verstärkt. Bei hohen Lagerbeständen und rückläufigen Bestellungen dürfte sie vorerst weiter sinken. Denn gerade wurde bekannt,

ANZEIGE



Vorjahreswert, während die Gesamtbeschäftigtenzahl im gleichen Monat erstmals unter das Niveau von 1987 zurückgefallen ist. Eine Arbeitslosenrate von rund 5 Prozent gilt für das Gesamtjahr als wahr-

Österreichs Industrie ist eindeutig zu grundstofflastig. Heute trifft diese Unternehmen die Rezession gleich doppelt, mit sinkenden Absatzmengen und sinkenden Erlösen.

Ein typisches Beispiel dafür ist die Staatsindustrie mit ihren Aluminiumschmelzen, ihrer Düngemittel- und Stahlproduktion. So klagen die Elektrogerätehersteller, Landmaschinenfabrikanten, Textil- und Bekleidungsindustrie, Stahl-, Dünger- und Zementproduzenten über den „unfairen" Wettbewerb der neuen Konkurrenten im östlichen Mitteleuropa, der durch Importkontingente abgewehrt werden müsse. Die Papier- und Holzindustrie stöhnt über die Abwertungen in Südeuropa und Skandinavien durch die sie gleich von zwei Seiten in die Zange genommen wird, und fordert Überbrückungshilfen. Und der Bundesrepublik wird am Beispiel der Insolvenz der mehrheitlich von deutschem Kapital kontrollierten Hallein Papier AG vorgeworfen, ihre rezessionsbedingten Anpassungsschwierigkeiten auf dem österreichischen Rücken austragen zu wollen. Alle sähen die Krise, doch die Verantwortlichen hätten kein Rezept, klagte dieser Tage die Zeitung „Salzburger Nachrichten". Österreichs Exportwirtschaft hat seit den frühen

es aus dem Direktorium des Währungsinstituts heißt, „in engen Grenzen, zwischen 0,25 und 0,40 Prozent". Er wird laufend und mit großer Flexibilität getestet – und beim geringsten Anzeichen einer drohenden Schilling-Schwäche sofort umgekehrt werden.

Die Regierung hat auf die Forderungen der Industrie bisher ebenfalls mit großer Zurückhaltung reagiert. Dazu zwingt sie schon das Haushaltsdefizit, das ursprünglich nur (umgerechnet) 8,5 Milliarden DM im laufenden Jahr betragen sollte, jetzt aber besonders wegen Einnahmeausfällen im Sozialwesen gegen 10 Milliarden tendiert. Das will man kurzfristig in Kauf nehmen, doch am Langzeitprogramm des Defizitabbaus festhalten.

Im Januar 1994 wird allerdings eine kleine Steuerreform fällig. Und die Forderung des Chefs der Bundeswirtschaftskammer, Leopold Maderthaner, nach einer strengeren Handhabung des Arbeits- und Sozialrechts, wurde von der schwarz-roten Koalition still begraben. Ferner wurde der arg gerupften Staatsholding Austrian Industries (AI) die Rückzahlung eines Kredits von umgerechnet 450 Millionen DM gestundet. Dagegen läßt sich die Regierung mit Hilfen für die Papierindustrie Zeit, wis-

## Noch können die P

**Aber China und**

du. MANILA, im März. Diese Produktionsstätte in Manila ist eine jener Fabriken, die deutschen Arbeitnehmern das Fürchten lehrt. Sie gehört der Temic, dem Gemeinschaftsunternehmen der Daimler-Gesellschaften AEG und Dasa. An modernen Arbeitsplätzen fertigen die Mitarbeiter überall gefragte Chips in hoher Qualität – und zwar zu konkurrenzlos niedrigen Löhnen. Selbst wenn im gerade laufenden Tarifkonflikt größere Zugeständnisse nötig werden, geschieht dies von einem Niveau aus, das für den Lohn und die Lohnnebenkosten (umgerechnet) bei knapp 2 DM je Stunde liegt. Dem stehen in Deutschland rund 29 DM gegenüber. Sind daher zum Beispiel die Philippinen ein Standort mit Zukunft? AEG und Dasa sagen ja. Ihre Fabrik mit 3700 Mit-

Die Temic-Fabrik bezieht ihre Attraktivität aus den niedrigen Löhnen. Der Vorteil wäre allerdings nur halb so groß, könnten die Chips und die daraus mon-

**Glaubwürdige Notenbankpolitik**

Die Arbeitslosigkeit nimmt zu. Nach dem neuen Mikrozensus lag sie im Februar mit 4,3 Prozent um 0,75 Prozent über dem Vorjahreswert, während die Gesamtbeschäftigtenzahl im gleichen Monat erstmals unter das Niveau von 1987 zurückgefallen ist. Eine Arbeitslosenrate von rund 5 Prozent gilt für das Gesamtjahr als wahrscheinlich, zumal unvermeidliche Anpassungsmaßnahmen besonders in der Holz- und Papierindustrie noch ausstehen. Und auch die für Januar erwartete Rückbildung der Inflation ist mit unverändert 4,1 Prozent ausgeblieben, vor allem deswegen, weil der Dienstleistungsbereich offensichtlich versucht, sinkende Aufträge durch überproportionale Preissteigerungen auszugleichen. Zum Jahresende sollte wieder eine Drei vor dem Komma stehen.

Dabei gibt es auch Positives zu berichten. So ist der Industriebau zwar rückläufig, doch melden Bauindustrie und Baunebengewerbe dank eines florierenden Wohnungsbaus eine weiterhin gute Beschäftigungslage und – zumindest für 1993 – noch dicke Auftragsbücher. Staatliche und kommunale Programme, etwa die aufgehobene Steuerbefreiung für Rücklagen der Woh-

Bundesrepublik wird am Beispiel der Insolvenz der mehrheitlich von deutschem Kapital kontrollierten Hallein Papier AG vorgeworfen, ihre rezessionsbedingten Anpassungsschwierigkeiten auf dem österreichischen Rücken austragen zu wollen. Alle sähen die Krise, doch die Verantwortlichen hätten kein Rezept, klagte dieser Tage die Zeitung „Salzburger Nachrichten". Österreichs Exportwirtschaft hat seit den frühen

ANZEIGE



des Chefs der Bundeswirtschaftskammer, Leopold Maderthaner, nach einer strengeren Handhabung des Arbeits- und Sozialrechts, wurde von der schwarz-roten Koalition still begraben. Ferner wurde der arg gerupften Staatsholding Austrian Industries (AI) die Rückzahlung eines Kredits von umgerechnet 450 Millionen DM gestundet. Dagegen läßt sich die Regierung mit Hilfen für die Papierindustrie Zeit, wissend, daß sofort die Forderungen anderer Branchen folgen werden.

Bisher gab es nur einige selektive Exportförderungsmaßnahmen sowie seit Februar eine auf vierzehn Monate befristete Anhebung des Investitionsfreibetrags von 20 auf 30 Prozent (mit anschließender Kürzung auf 15 Prozent bis Jahresende 1994). Das kostet nicht viel, wird allerdings auch nicht viel bringen: 75 Prozent der industriellen Investitionen gehen in den Kauf von Investitionsgütern aus dem Ausland.

„Man muß sich damit abfinden, daß die Wirtschaft in eine Rezession eintritt", meint Ewald Walterskirchen vom Wifo-Konjunkturforschungsinstitut. „Über den Zwang zu struktureller Anpassung, den Ostöffnung und EWR-Beitritt jetzt unumgänglich machen, wird man später reden."

hen in Deutschland rund 29 DM gegenüber. Sind daher zum Beispiel die Philippinen ein Standort mit Zukunft? AEG und Dasa sagen ja. Ihre Fabrik mit 3700 Mit-

ANZEIGE



sierten Triade Amerika/Europa/Ostasien – diese Kombination gilt als unschlagbar.

Allerdings ist das Werk in Manila noch keine vollgültige Produktionsstätte für Chips. Die Wafers, sozusagen die hoch-

ANZEIGE



Erickson, Reporter der Tageszeitung „Seattle Post-Intelligencer", stellt das Zielobjekt dabei mit erheblich mehr kritischer Distanz dar als Daniel Ichbiah, dessen Ende 1990 abgeschlossenes Manuskript für die deutsche Ausgabe von dem ehemaligen Leiter der Abteilung Kommunikation von Microsoft Deutschland, Michael Kausch, ergänzt und aktualisiert worden ist.

Soweit zunächst die Gemeinsamkeiten. In der Beschreibung ihres Objekts Bill Gates klaffen die beiden Bücher jedoch weit auseinander. Während Wallace und Erickson aus anscheinend unzähligen Gesprächen mit Freunden, Bekannten, Mitschülern, Lehrern, Mitkämpfern, Geschäftspartnern und -gegnern Facette für Facette einer vielschichtigen Persönlichkeit bloßlegen, begnügt sich Ichbiah damit, den „begnadeten" Jungen aus Seattle mit „hohen menschlichen Tugenden" auszustatten. Alles, was nicht in dieses Bild paßt, wie die nicht immer ganz feinen Formen des Umgangs mit Mitarbeitern, Mitmenschen und Vertragspartnern, wird entweder unterschlagen oder als „verzeihlich, schließlich handelt es sich ja um ein Genie", charakterisiert.

Geniale Züge sehen auch Wallace und Erickson in Bill Gates. Sie beschreiben aber auch den arrogant und selbstherrlich erscheinenden, zielstrebigen Alleskönner, der immer der Beste sein will und sich seine Tätigkeitsgebiete danach aussucht, wo er die besten Chancen zu haben glaubt. Das emotionale Energiebündel, das Schlafen für verschwendete Zeit hält, sei darüber hinaus mit einem „gefälligen Gedächtnis" ausgestattet. Im Klartext heiße das, Bill Gates

Investition gerne die für sechs Jahre mögliche Steuerfreiheit mit ebenso wie den steuerfreien Bezug der Rohmaterialien und die Zollfreiheit im Anlagenimport. Allerdings muß sich ein Land wie die Philippinen, das so einseitig auf seinen

ANZEIGE



mühsam macht. Außerdem wird der Leser immer wieder durch Sprünge im chronolo-

*telständische Unternehmen.* Deutscher Wirtschaftsdienst, Köln 1992, 156 Seiten, 38,80 DM.

Die beiden Schriften haben wichtige len Aufstieg des Unternehmens, dem Durchbruch durch die Zusammenarbeit mit IBM an deren neuem Personal-Computer, der Kooperation mit Apple und schließlich den Auseinandersetzungen mit beiden Konzernen gewidmet. Wallace und Erickson bringen dabei das Kunststück fertig, bei aller Liebe zum Detail den roten Faden nicht zu verlieren und außerordentlich komplexe technische Vorgänge so zu beschreiben, daß auch jemand, der von Computern nichts versteht, nachvollziehen kann, worum es geht. Hingegen muß man Ichbiah, der den Werdegang des Konzerns Microsoft ebenso minutiös verfolgt, den Vorwurf machen, daß er allzu häufig in jenes Fachchinesisch verfällt, die sein Buch für Bits-und-Bytes-Fans verständlich, für EDV-technisch Unbedarfte die Lektüre aber trotz des Glossars am Textende etwas mühsam macht. Außerdem wird der Leser immer wieder durch Sprünge im chronologischen Ablauf und durch offensichtliche Irrtümer und Satzfehler (Jahreszahlen!) irritiert.

**Abb. 16b:** *Kleinanzeigen*

**des Geldvermögens privater Haushalte jedoch keineswegs überraschende Prognose vertrat Ernst Bracker, Sprecher der DWS-Geschäftsführung, in einem Gespräch mit dem Handelsblatt.**

Den künftigen Aktivitäten ausländischer Wettbewerber sieht der Chef der größten deutschen Kapitalanlagegesellschaft recht gelassen entgegen. Denn, so seine Überzeugung, die ausländischen Fondsgesellschaften werden „nicht in Scharen" nach Deutschland kommen. Es sei nicht leicht, Zugang zu fremden Absatzmärkten zu finden. Die Neigung der deutschen Kreditinstitute, Fondsprodukte aus dem Ausland in ihr Angebot aufzunehmen, veranschlagt er jedenfalls als gering. Unabhängige Vertriebsgesellschaften bestünden vermutlich auf attraktiven Vergütungen, die letztlich erhöhte Ausgabeaufschläge erforderkens bedinge.

Auch in Frankreich, wo das Investmentsparen eine viel größere Rolle als

**Anzeige**

”

Mit Viessmann für viele Jahre moderne Heiztechnik im Haus durch Heizkessel fortschrittlicher Technologie

VIESSMANN 3559 Allendorf (Eder)

in der Bundesrepublik spielt, müsse sich die Fondsgesellschaft, wenn sie sich nicht allein auf das Absatzpoten-

9 % auf 333 000 Fahrzeuge. Auf dem um 4 % rückläufigen US-Markt mußte dagegen eine Rückwärtsfahrt um 7 % auf 55 500 (59 548) Pkw hingenommen werden. Vertriebschef Dr. Robert Büchelhofer rechnet für das gesamte Jahr mit einem US-Absatz von etwa 70 000 (1988:73 400) Fahrzeugen und hofft, mindestens dieses Niveau auch 1990 halten zu können. An der Preisfront sei in USA ein harter Kampf um Rabatte angebrochen, den jedoch BMW nicht mitmache.

Dagegen expandierte das Japan-Geschäft um 24 % auf 26 000 (20 985) Pkw, so daß Büchelhofer hier mit einem Jahresabsatz von rund 30 000 Pkw rechnet. Stückzahlmäßig stehe BMW am japanischen Markt nach VW an zweiter Stelle unter den ausländischen Marken, wertmäßig nähmen jedoch die Münchner den ersten Platz ein. Inzwischen sei der Absatzanteil ausländischer Autos in Japan auf 4 % gestiegen, nachdem er vor zwei bis drei Jahren noch bei mageren 2 % gelegen habe. Wertmäßig sei sogar die „Auto-

BMW-Chef **Eberhard v. Kuenheim** nehmen von der Pkw-Hochkonjunk BMW noch gut laufen läßt.

jedoch für zu früh. Im laufenden und im nächsten Jahr investiert BMW jeweils rund 2 Mrd. DM. In den letzten drei Jahren hat BMW 10 000 neue Arbeitsplätzegeschaffen. Im neuen Werk in Regensburg, wo derzeitig 3500 Mitarbeiter beschäftigt sind, soll die Belegschaft innerhalb der nächsten zwei bis drei Jahre auf 5000 bis 6000 erhöht werden. „Wir sind in Regensburg bei der Suche nach qualifizierten Mitarbeitern früher an die Grenzen gestoßen als erwartet," erklärte der BMW-Chef.

Für das geplante Werk in Wackers-

bau stationärer Feuerschutzanlagen dadurch gefördert, daß die Versicherungen bis zu 65% Prämienrabatte gewähren.

Die Gesamtleistung der Preussag-Feuerschutzgruppe, die in der Bundesrepublik unter den Marken „Minimax", „Favorit" und „Windhorst" anbietet, außerdem in Frankreich, den Niederlanden, Spanien, Portugal, Italien und Österreich unter weiteren Marken - hinzu kommt der Export aus der Bundesrepublik -, steigt 1989 voraussichtlich auf 440 (i.V. 368) Mill. DM. Von dem Zuwachs resultieren allerdings knapp 50 Mill. DM aus der Übernahme der Firma Ajax de Boer, Amsterdam, mit 270 Beschäftigten im Februar.

Der Auslandsanteil des Umsatzes soll von rund 30 % in diesem auf 40 % im nächsten Jahr steigen. Im Sommer wurden ferner die Aktivitäten

**maplan, Böblingen/Wien, erarbeitet hat.**

Zweck dieser Studie war es nach Angaben des Hauptgeschäftsführers der Vereinigung Deutscher Elektrizitätswerke (VDEW), Joachim Grawe, nicht zuletzt, die Ergebnisse zu überprüfen, zu denen Olav Hohmeyer in seinen aufsehenerregenden Untersuchungen im Jahr 1988 gekommen war. Hohmeyer hatte errechnet, daß die externen Kosten der Stromerzeugung aus Kohle und Kernenergie nochmals in derselben Größenordnung lägen wie die betriebswirtschaftlichen Kosten.

Dazu Voß vor Journalisten: „Diese Angaben treffen die Höhe der externen Kosten nicht einmal der Größenordnung nach." Ein Grund dafür sei gewesen, daß Hohmeyer bei Kohlekraftwerken mit dem Umweltschutz-Standard von 1982 gerechnet habe — also ohne Entschwefelung und Entstickung, die inzwischen verwirklicht

Als Ursachen für das überdurchschnittliche Marktwachstum nannte Jäck u.a. die steigenden Anforderun-

**Anzeige**

?

Heizung modernisieren, Energie einsparen, Umwelt schonen. Durch Heizkessel fortschrittlicher Technologie

VIESSMANN 3559 Allendorf (Eder)

gen an die Sicherheit und den Arbeitsschutz sowie die technisch im-

**zeugung sind alle im Zusammenhang mit der Stromerzeugung auftretenden Wirkungen zu verstehen, deren Kosten nicht der Produzent und damit letztlich der Verbraucher bezahlt, sondern Dritte oder die Allgemeinheit", erläuterte Voß. Dabei sei die gesamte Prozeßkette von der Primärenergie über Bau und Abriß der Kraftwerke bis hin zur Entsorgung berücksichtigt worden.**

**Der Hohmeyer-Studie komme nun das Verdienst zu, die wichtige Frage der externen Kosten im Energiebereich erstmals vergleichend untersucht zu haben. Voß: „Wir kommen aber zu wesentlich anderen Ergebnissen." Die Hohmeyer-Studie komme aufgrund nicht nachgerechneter Annahmen, verfehlter methodischer Ansätze und unzureichender Daten zu falschen Ergebnissen.**

**Nach der neuen Studie bewegen sich die externen Kosten der vier Stromerzeugungssysteme: Steinkoh-**

**samte multinationale „Großunternehmen" der Vereinten Nationen, mit gegen 20 Mrd. DM Jahresumsatz, haben. Die hauptsächlichen Geldgeber des Hochkommissariats HCR planen Gegenmaßnahmen.**

Dazu gehören die Anordnung harter Kontrollen, Verweigerung des nächsten Jahresbudgets mit Zahlungen „auf Zusehen hin" und eine Sonderkonferenz zur Überprüfung der Geschäftstätigkeit im kommenden Jahr. In einem anonymen Rapport ist vor zwei Wochen der Schweizer Uno-Hochkommissar für Flüchtlinge, Jean-Pierre Hocke, bei den Genfer Uno-Botschaften angeschwärzt worden, Hilfsgelder für seinen persönlichen Komfort, im besonderen für in der Uno verbotene Erste-Klasse-Reisen im Flugzeug, abzuzweigen und bei den Hilfsaktionen durch schlechtes Management Geld zu verschwenden.

Inzwischen gibt es fast täglich in

Mann" geleistet, worauf sich dieser am dänischen Fonds gütlich tat. Der dänische Funktionär, welcher dazu die

**Anzeige**

!

Heizkessel fortschrittlicher Technologie – mit zweischaligen Verbundheizflächen von Viessmann

VIESSMANN 3559 Allendorf (Eder)

Einwilligung gab, hat einen gutbezahlten Posten auf einer HCR-Auslandsvertretung erhalten.

Mit diesen Zuwendungen wird das

te werden nachträglich auf ihre korrekte finanzielle Abwicklung und den Erfolg überprüft und dazu noch überwiegend von internem Personal, wie aus Kreisen der Joint Inspection Unit JIU, das heißt der offiziellen Uno-Prüfstelle zu erfahren ist. Dieser Prozentsatz entspricht etwa dem Uno-Durchschnitt. Die humanitären Aktivitäten der Uno, welche 41 % des ordentlichen Budgets und über 60 % der teils dreimal so großen außerordentlichen Aufwendungen verschlingen, werden am wenigsten kontrolliert.

„Es scheint, daß die Mitte der 70er Jahre begonnene Anstrengung, den Weizen von der Spreu (der Uno-Programme) zu trennen, bis zur Bedeutungslosigkeit geschwunden ist", heißt es in einem 1988 veröffentlichten Rapport der Uno-Geschäftsprüfungskommission JIU über das Gesamtsystem. An anderer Stelle wird erklärt: „Die Sorge über die Kapazität und Leistung erreicht dann (im Uno-System) den höchsten Punkt, wenn es um die Geld-

flikt mit Griechenland dar. In Ankara wird von einem Minderwertigkeitskomplex des hellenischen Nachbarns gesprochen, der das wirtschaftliche Potential des 54 Millionen-Volkes fürchtet. Das freundlichere Klima von Davos, das im Frühjahr die Regierungschefs Özal und Papandreou schaffen wollten, blieb aus. Es fehlen die richtigen Leute, die miteinander reden können, wird in Ankara eingeräumt. Schwieriger als das Zypern-Problem dürfte die Festlegung des exakten Grenzverlaufs in der Ägäis sein, wo Erdölvorkommnisse vermutet werden.

Auf die Probleme, die einzelne EG-Staaten mit dem Gesuch der Türkei haben, wird die Kommission in ihrem Bericht nicht eingehen. Die Wirtschaft des Landes, deren Entwicklungsgrad sowie die bereits realisierten Anstrengungen auf dem Weg zur Annäherung an den Binnenmarkt stehen im Mittelpunkt der Untersuchungen. Statisken,

**Abb. 17:** *Kleinanzeigen im Textteil mit typografischen Elementen*

auch: „Die plötzliche Konfrontation mit der deutschen Umweltgesetzge-

Anzeige

bung war für unsere Soldaten ein Schock.“

Die TÜV-Umwelt Berlin-Brandenburg GmbH (eine Tochtergesellschaft des Technischen Überwachungsver-

schaften für sich beanspruchen wollen. Zwar hat der Bundesfinanzminister vor kurzem einen Erlaß herausgegeben, nach dem die öffentliche Hand derartige Liegenschaften verbilligt – bis zu einem Nachlaß von 75 % auf den Verkehrswert – erwerben kann. Wo aber liegt der Verkehrswert? Dies ist nur eine von vielen offenen Fragen. In dem Dialog zwischen den Bundesvermögensämtern und den Landräten bzw. den Gemeinden hakt es überall.

Das beginnt mit der Frage nach der Sicherung und Bewachung der aufgegebenen sowjetischen Liegenschaften. Im Fall Heidehof hat das zuständige Bundesvermögensamt zwar umgehend einen privaten Wachdienst installiert, weil es sich hier um ein besonders prekäres Gelände handelt. Aber die Stadt Cottbus klagt, daß sie bereits 140 000 DM für eine Geländesicherung ausgegeben hat und nun nicht weiß, wer die für die schwache Stadtkasse untragbare Summe ersetzt. Aber auch

daß dies auch ein Danaergeschenk sein kann. So glauben schon heute einige, es wäre doch wunderbar, wenn der geplante Großflughafen Berlin in Jüterbog oder in dem nur wenige Kilometer entfernten Sperenberg (Militärflughafen) angesiedelt würde. Dann würde es Beschäftigung und Wirtschaftswachstum für die umliegenden Gemeinden geben, aber die Bundeswehr hätte kein Interesse mehr an dem Gebiet Heidehof.

Es gibt auch bescheidenere Vorstellungen, die von landwirtschaftlicher Nutzung bis zu Erholungsgebieten mit einem „sanften Tourismus“ reichen. Vielleicht sollten jene Zukunftsplaner aber auf die warnende Stimme eines Oberstleutnants der Bundeswehr hören, der angesichts der militärischen Vergangenheit dieses brandenburgischen Gebiets sagt: „In unserer Generation erleben wir es nicht mehr, daß der Boden sauber ist.“ Wenn die Sowjets heute ihre ehemaligen Gelände

Bundesländern laufen über die Wertpapierfonds, wobei die Orders deutlich über ihrer neuen „Meßlatte“ von 5000 DM liegen. Der Commerzbank erscheint die Hinwendung der neuen Bundesbürger zum Fondsgedanken naheliegend. Schließlich könnte man von Menschen, die sich bis vor eineinhalb Jahren nie mit Aktien beschäftigt hätten, keinen Sprung ins kalte Wasser erwarten. Für sie ist die Gebührendiskussion um die Wertpapiergeschäfte im übrigen nicht neu. So hatte sie zum Auftakt dieses Jahres erst versucht, durch eine Minimumgebühr bei der Depotverwaltung von 20 DM je Posten ihre Kunden zu größeren Geschäften zu drängen. Dies hat offenbar nicht so geklappt wie erhofft. Jedenfalls werden diese Minimalgebühren je Posten – die bislang noch nicht erhoben sind – wieder auf 10 DM zurückgeschraubt. Offenbar wartet man in der Geldbranche nun erst einmal ab, wie die Dresdner mit ihrer Vorreiterrolle zurechtkommt.

Die Dresdner setzt nämlich den Hebel nicht bei der Verwahrungsgebühr, sondern schmerzlicher bei An- und Verkäu-

**München** (Reuter) – Die Deutsche Bundesbank wird die Leitzinsen nach Einschätzung der Bayerischen Vereinsbank schon bald erneut anheben. Als Grund dafür wurde die im November voraus-

ANZEIGE

sichtlich um vier Prozent steigende Inflationsrate genannt. Eine fünf vor dem

sicherungen gute Ergebnisse erzielten, stellte sie das Sach-Geschäft „gerade noch zufrieden.“ Die Bilanz wurde vor allem durch die Orkane im Frühjahr 1990 getrübt, die zu Schadensleistungen in Höhe von 1,5 Mrd. DM führten. Besser als die Branche schnitten die öffentlich-rechtli-

## Österreichs Tariflöhne stei

si. **Wien** (Eigener Bericht) – Österreichs neue „Lohn-Leitlinien“ stehen fest. Die Gewerkschaft Metall-Bergbau und Energie – sie vertritt 250 000 Arbeitnehmer und gilt als Vorreiter für andere, herbstliche Tariflohnrunden – hat sich mit den Arbeitgebern darauf geeinigt, die Tariflöhne von 1. November an um 6,2 bis 6,5 Prozent zu erhöhen. Als Mindestlohn dieser Industriebeschäftigten wurden monatlich 11 500 öS (rd. 1643 DM) festgelegt.

Die Ist-Löhne, die im Vorjahr um 6,3 Prozent erhöht worden sind, sollen um vergleichsweise bescheidene 4,8 Prozent angehoben werden. Diese Differenz zum Mindestlohn hat nach Angaben der *Bundeskammer der Gewerblichen Wirtschaft.*

Mehrwertsteuer soll von 25 auf 18 oder 15 Prozent gesenkt werden. Das alles ist nicht ohne Kürzungen bei den Sozialausgaben möglich und wird auch nicht ohne politische Konflikte mit der Linken abgehen.

Idealerweise würde der ganze Norden jetzt in Brüssel „mit Turboeffekt“ verhandeln, meinte Bildt kürzlich bei einem Finnlandbesuch. Die EG sollte nach seiner Vision eine Norddimension mit baltischer Zusammenarbeit und Rückhalt beim Ostseeanlieger Deutschland erhalten, ein Gedanke, den auch der dänische Regierungschef Poul Schlüter unterstützt.

Bildt hat sogar angedeutet, daß er selbst eine gewisse Verzögerung der schwedischen EG-Gespräche in Kauf nehmen würde, um gemeinsame nordische EG-Verhandlungen zu ermöglichen. Dazu müßten aber erst noch die Weichen in Helsinki und Oslo gestellt werden.

wurde das elektronische Handelssystem Seaq eingeführt, die Stempelsteuer von ein auf 0,5 Prozent gesenkt. Kein Zweifel, nicht alle Blütenträume reiften. Seit 1987 sind in der berühmten Quadratmeile 60 000 Mitarbeiter, darunter 10 000 im Wertpapierbereich, entlassen worden. Bekannte Häuser wie Citicorp und Morgan Grenfell zogen sich vom Gilt-und Wertpapierhandel zurück.

Gewinner sind die institutionellen Investoren, die Sonderprovisionen durchdrücken können, während Kleinanleger höhere Abwicklungspreise als früher zahlen. Andererseits besaßen am Tage des „Big Bang“ fünf Millionen Briten mindestens eine Aktie, heute sind es elf Millionen, die die Privatisierung staatlicher Unternehmen nutzten. Schnell ausverkauft war in der City ein Buch, das auf 500 Seiten von Sex, Geld, Intrigen, Spielleidenschaft und Glamour nur so strotzt. Der Titel: **„Billionaire: The**

den wollen sie die National Westminster Life Assurance. Abbey National hat der Scottish Mutual Assurance Society ein Übernahmeangebot unterbreitet. Zu dem heißen Thema legte die Lafferty Publications, Dublin eine Studie – The Allfinanz Revolution, Winning Strategies for the 1990s – vor; 400 Seiten, 545 Pfund. (Sbt.

Anzeige

**Abb. 18:** *Signalformen in Tageszeitungen weisen im Zusammenhang auf wichtige Funktionen der Viessmann-Produkte hin*

**Abb. 19a:** *Gelegenheitsanzeigen mit Bezug auf die Herausgeber sind eine Rarität in den Medien*

**Abb. 19b:** *Ebenfalls eine Gelegenheitsanzeige*

Kultursponsoring wird der Sache gemäß ernsthaft und mit Fingerspitzengefühl verfolgt. Als 1989 der angesehene Münchner Galerist Walter Storms mit der Messe Frankfurt die Idee einer Kunstausstellung – begleitend zur wichtigsten Heizungs-Sanitär Fachmesse »ISH« – realisierte, fand er bei Viessmann die Bereitschaft, auf hohem internationalem Niveau die Kunst zu fördern. Auf 10 000 $m^2$ Ausstellungsfläche in der erst gerade fertiggestellten Ausstellungshalle 1 des Architekten Helmut Jahn aus den USA wurden elf eigenständige Kunstwerke auf der Basis des Erfolgs-Heizkessels »Vitola-biferral« gezeigt (Abb. 21 und 22). Der große Erfolg dieser Ausstellung, auf dem gleichen Boden kurz vor der ersten Kunstmesse »art Frankfurt«, führte zu weiteren Ausstellungen der Kulturreferate München und Hof sowie einer Sonderausstellung in Stuttgart. Der begleitende viersprachige Katalog weist erst in der zweiten Auflage auf das Kulturengagement von Viessmann hin[8)]. Neu war dieser Weg, und mit Vorsicht wurde er beschritten.

Dr. Martin Viessmann begann damit, die Prinzipien des visuellen Erscheinungsbildes in Architektur umzusetzen. Beispiel dafür ist das Viessmann Zentrum (Abb. 21), ein Kommunikationszentrum für Mitarbeiter, Kunden und Freunde des Hauses. Die Architektur des klassischen Industriebaus des 1992 fertiggestellten Zentrums zeigt die Konstruktion, vermeidet jedes schmückende Beiwerk. So ist das Viessmann Zentrum integrativer Bestandteil des Werkskomplexes und zugleich repräsentative Pforte zu den Viessmann Werken. Die beiden Ausstellungen »Viessmann Visuell« und »Kunst und Heizung« haben im Viessmann Zentrum ihren adäquaten Rahmen gefunden.

Die Entwicklung der Viessmann-Identität ergab sich aus dem Spannungsfeld von Ordnung, Systematik, Funktion und Ästhetik.

---

8) *Walter Storms,* Kunst und Heizung, München 1990.

**Abb. 20:** *Die Fassaden der Verkaufbüros und Werke sind mit visuellen Elementen versehen*

**Abb. 21:** *Im neuen Zentrum »Kunst und Heizung«, international renommierte Künstler arbeiten mit funktionsfähigen Heizkesseln und transformieren Kunstobjekte daraus*

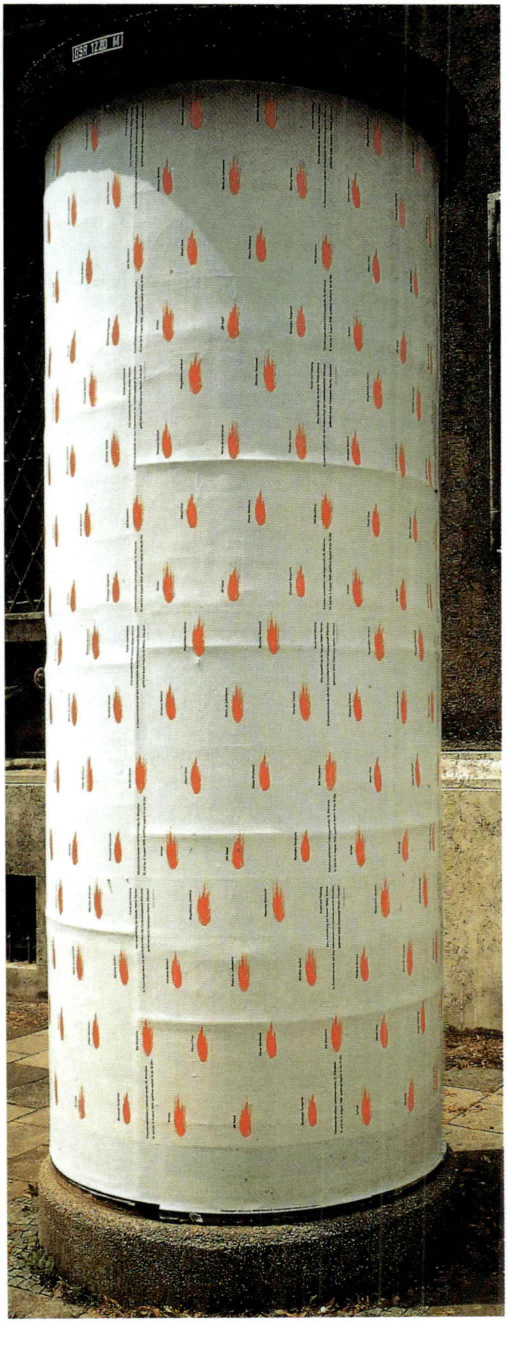

**Abb. 22:** *Plakatsäule mit Ankündigungsplakaten zur Kunstaustellung »Kunst und Heizung«*

Teil V

# Corporate Identity – Erfahrungen und Vorgehensweise

Projektgruppe »Corporate Identity«
des Deutschen Kommunikationsverbandes BDW e.V.

# Corporate Identity – 101 nützliche Erkenntnisse aus der Praxis

Die im folgenden gelisteten »Erkenntnisse« zur CI-Praxis wurden von der Projektgruppe »Corporate Identity« des Deutschen Kommunikationsverbandes BDW e.V. zusammengetragen. Diese Projektgruppe hat der Verband im Anschluß an seine Herbst-Arbeitstage 1978, die unter dem Leitthema »Corporate Identity« standen, ins Leben gerufen. Mit dem Ziel, das am 30. und 31. Oktober 1978 in Hannover erstmals grundsätzlich aufbereitete Thema »Corporate Identity« nicht nur weiterzuverfolgen, sondern der Praxis nutzbringend zu erschließen.

Bewußt gibt es in diesem Abschnitt keine Definition von »Corporate Identity«. Wir nehmen vielmehr an, daß der Leser dieser »Erkenntnisse aus der Praxis« sehr rasch empfinden wird, was Corporate Identity ist – ebenso aber auch, was Corporate Identity nicht ist. Doch nun zu den »Erkenntnissen« aus der CI-Praxis – für Ihre CI-Praxis:

## Warum überhaupt ein CI-Programm

- Wenn die Situation/die Aktivitäten eines Unternehmens (einer Institution, Behörde usw.) nicht mehr überschaubar sind, braucht es ein niedergeschriebenes Selbstverständnis, an dem sich alle im Unternehmen orientieren können und sollen.
- Wenn die Einheit im Handeln fehlt, wenn sich die Auftritte des Unternehmens (Geschäftsgebaren, Grafik, Personalpolitik usw. – kurz: alle geplanten und zufälligen Äußerungen) als Wildwuchs zeigen, dann braucht es eine gewollte gemeinsame Einstimmung auf das Substantielle »meines« Geschäftes.
- Wenn aus Produkt-Sicht (mehrere Produktbereiche im Unternehmen) und/oder aus Markt-Sicht (mehrere nationale Märkte) die Interpretation des Unternehmens-Profils auseinanderfällt, sich Produkte (oder Leistungen) und Märkte sogar in der Entwicklung hindern, braucht es eines kleinsten gemeinsamen Nenners, der für alle Geltung hat.
- Wenn für die Mitarbeiter des Unternehmens nicht mehr durchschaubar und einsichtig ist, welcher Philosophie das Unternehmen folgt (Wer sind wir? Wer wollen wir sein? Wo haben wir Autorität?), braucht es eine Richtschnur oder Leitlinie, an der sich alle gemeinsam ausrichten können.
- Wenn die Persönlichkeit eines Einzelunternehmers als alles ordnende Kraft für den einzelnen nicht spürbar ist, braucht es einen »Ersatz«.
- Wenn die Kontinuität in der Führung eines Unternehmens – unbeschadet aller Wechsel im Management – nach drinnen und draußen erhalten bleiben soll, braucht es einen strategischen Rahmen.
- Wenn die Arbeitsteilung im Unternehmen (z.B. durch das Produkt-Management) zu einem Eigenleben und zu einer Eigenprofilierung von Abteilungen, Ressorts und Sparten führt, die dem Gesamt-Interesse des Unternehmens entgegenstehen, braucht es eine allgemein verbindliche, alles ordnende Kraft.

- Wenn das kurzfristige Umsatzdenken der alleinige Gradmesser ist und damit Langfrist-Strategien nicht greifen können, braucht es langfristige Vorgaben, die auch langfristiges Denken und Handeln ermöglichen.
- Wenn die Umwelt des Unternehmens sich verändert, braucht es den genau definierten Freiraum, in dem das Unternehmen agieren will und soll.
- Wenn man zu nahe an andere Wettbewerber herankommt, ein Me-too-Unternehmen wird und damit austauschbar, braucht es die eigene Unternehmens-Persönlichkeit, die unverwechselbar ist.
- Wenn das Unternehmen mit seinen Botschaften in der Öffentlichkeit nur unzureichend erkannt und akzeptiert wird, weil es sich aus der Vielfalt der Informationen nicht mehr abhebt, braucht es eine bewußt praktizierte Unternehmens-Persönlichkeit, die sofort auf dieses Unternehmen als Absender schließen läßt.
- Firmen, die in gesellschaftspolitisch sensiblen Märkten tätig sind, bewältigen ihre Schwierigkeiten besser, wenn sie vorher als schlüssige Unternehmens-Persönlichkeiten bekannt geworden sind.

## Wer im Unternehmen sollte sich mit Corporate Identity beschäftigen

- Je höher die Verantwortung angesiedelt ist, desto besser; es muß auf der obersten Ebene formuliert werden, was man für das Unternehmen will, damit sich die oberen Führungskräfte auch wirklich damit identifizieren.
- Von oben im Unternehmen muß definiert werden: Das ist unser Selbstverständnis, unsere Position; dann kann diese Leitlinie in die verschiedenen Spezial-Ressorts zum Einarbeiten gegeben werden: in die Produktpolitik, in die Personalpolitik, in die allgemeine Kommunikation usw.
- Ein CI-Programm ist nicht delegierbar; die oberste Unternehmensleitung muß sich am Anfang und danach immer wieder persönlich engagieren.
- Corporate Identity ist keine Sache eines Werbeleiters oder PR-Chefs oder eines Designers oder irgendeiner Stabsstelle. Corporate Identity ist eine Umsetzungsaufgabe für alle, aber für jeden entsprechend seiner Funktion und seinem Einfluß.
- Für ein CI-Programm braucht es einen Projekt-Manager, der sehr viel Verständnis für Kommunikation im allgemeinen und für alle Kommunikationsprozesse des Unternehmens hat, der für die Vorbereitung und die Umsetzung des CI-Programmes der Unternehmensführung gegenüber unmittelbar verantwortlich ist.
- Es braucht einen CI-Controller (nach Möglichkeit derjenige, der vorher der Projekt-Manager war), der einerseits die Einhaltung der CI-Grundsätze überwacht (z.B. Umsetzung in der Mitarbeiterauswahl, im Verkaufstraining, in der Werbung, in der Verkaufsförderung, in der PR-Arbeit, in der Entwicklung von neuen Strategien, Produkten und Marktzielgruppen), der andererseits aber auch Entscheidungen (z.B. produkt-

bezogene) rückgängig machen kann, wenn dies im Interesse der Corporate Identity erforderlich ist.

- Schließlich braucht es in einem Unternehmen Möglichkeiten und Anlässe, die einen freien und rückversichernden sowie eventuell korrigierenden Meinungsaustausch zwischen allen hierarchischen Ebenen zur Corporate Identity – und wie sie am besten und immer wieder aufs neue verwirklicht werden kann – ermöglichen. Eine praktische Möglichkeit ist die Berufung einer CI-Steuergruppe im Sinne eines »Quality Circle«.

## Welche Voraussetzungen müssen in einem Unternehmen gegeben sein, um eine Corporate Identity erfolgreich verwirklichen zu können

- In der Unternehmensleitung muß nicht nur die Einsicht für die Notwendigkeit eines CI-Programmes vorhanden sein, sondern auch die Überzeugung, daß Kommunikation für das Unternehmen drinnen und draußen überlebensnotwendig ist.
- Wesentlich für das Gelingen eines CI-Programmes ist, daß mit der Ausformulierung der CI-Grundsätze ein Sensibilisierungsprozeß beginnt, der das ganze Unternehmen erfaßt.
- Es kann kein neues Programm beginnen, wenn nicht die Vergangenheit des Unternehmens aufgearbeitet worden ist, um zu wissen, welche Eigenschaften des Unternehmens für seine Zukunft verbindlich bleiben.
- Es muß eine eindeutige Willenserklärung geben, für welche Marktleistungen das Unternehmen zuständig sein will (Autorität im Markt haben).
- Es muß eine eindeutige Entscheidung geben, welche Eckdaten für das Unternehmen unverrückbar sind (z.B. Besitzverhältnisse, Organisationsformen, Markt- und Markenpolitik). Vorteilhaft wäre das Vorhandensein einer strategischen Planung.
- Es muß die Bereitschaft vorhanden sein, in die eigene Identität langfristig zu investieren.
- Es muß das CI-Controlling eingerichtet werden, das sicherstellt, daß die CI-Grundsätze eingehalten werden.

## Welche Barrieren muß ein CI-Programm im Unternehmen überwinden

- Jede Art von Einzel-Interesse, Gruppen-Egoismus, Kurzfrist-Denken, reines Umsatz- und Ertrags-Denken, technokratisches Denken = fehlendes komplexes, übergreifendes Unternehmens-Denken.
- Das Eigenleben einzelner betrieblicher Funktionen (Einkauf, Personal, Vertrieb, Werbung, Verkaufsförderung . . .).

- Corporate Identity als neues Modewort und falsch aufgeladen mit unterschiedlichen inhaltlichen Vorstellungen (z.B. die Vorstellung, es handele sich bei Corporate Identity nur um ein neues grafisches Kleid für das Unternehmen).
- Die Erwartung *meßbaren* Nutzens aus CI.
- Die Vorstellung, eine Kommunikation ohne Persönlichkeitsmerkmale sei der sicherste Weg, von der Umwelt übersehen und von Schwierigkeiten verschont zu werden.
- Eine nur von Sachüberlegungen getragene Vorstellung von Corporate Identity und fehlendes Selbstbewußtsein in der Unternehmensführung.
- Erfolge des Unternehmens (Wir haben Erfolg auch ohne ein CI-Programm) wie auch Mißerfolge des Unternehmens (Wir haben keine Mittel für ein so langfristiges Programm).
- Der Wunsch, vor Realisierung eines CI-Programmes den Rendite-Beweis in Händen zu haben.

## Wann ist der Zeitpunkt für ein CI-Programm günstig

- Wenn die oberste Führung des Unternehmens zu der Einsicht gelangt ist, daß man der eigenen Unternehmens-Persönlichkeit Profil verleihen muß.
- Wenn ein Status-quo-Bild signalisiert, daß im unternehmerischen Verhalten (und im Erscheinungsbild als Folge davon) Widersprüche vorhanden sind.
- Wenn die Erkenntnis im Unternehmen zutage tritt, daß die Aktivitäten des Unternehmens zu stark von außen bestimmt werden.
- Wenn das Unternehmen in schlechten Zeiten alte Goodwill-Reserven aktivieren möchte, um Zeichen setzen zu können.
- Wenn man erkennt, daß keine Goodwill-Reserven vorhanden sind.
- Wenn man wesentliche Änderungen an langfristigen Konzepten (z.B. Strategische Planung, Marketing-Konzept, Export-Strategie) vornehmen muß oder solche überhaupt erst entwickelt werden sollen.
- Wenn die mittlere Führungsebene des Unternehmens reklamiert, daß das Management keine klaren Leitlinien vorgibt.
- Wenn die sachlichen Gründe nicht mehr ausreichen, Schwierigkeiten eines Unternehmens zu erklären.
- Wenn sich Führung und Mitarbeiter mit dem Unternehmen und seinen Aktivitäten nicht mehr identifizieren können (z.B. Zusammenschluß von Firmen oder Managementwechsel).

## Mit welcher Bereitschaft muß man an ein CI-Programm herangehen

- Ein CI-Programm darf man nicht als Kampagne auf Zeit betrachten, sondern als Initialzündung für eine langfristig verbindliche Unternehmenshaltung.
- Ein CI-Programm kann folglich nur langfristig verwirklicht werden, greifen und damit auch wirken: Ungeduld ist fehl am Platze – ein CI-Programm braucht eine Reife-Zeit.
- Ein CI-Programm muß nach den Möglichkeiten der einzelnen Unternehmensbereiche organisch wachsen können.
- CI-Programme sind keine revolutionären, sondern evolutionäre Prozesse.
- Ein CI-Programm kann gewachsene Strukturen in Unternehmen verändern und Kompetenzen verlagern; es kann zu personellen Konsequenzen führen, die auch gezogen werden müssen.
- Jeder im Unternehmen muß bereit sein, selber Veränderungen mitzumachen – also eine Identifikation mit dem CI-Programm zu praktizieren und vorzuleben.
- Die Grundlagen für ein CI-Programm müssen gemeinsam erarbeitet werden.
- Ein CI-Programm verlangt die Bereitschaft zu einer stärkeren Transparenz und Kontrollierbarkeit der Management-Haltung und damit Bereitschaft zu mehr Reflexionen bei den Mitarbeitern.
- Ein CI-Programm erfordert die Bereitschaft zu einer stärkeren Kommunikation gegenüber den Mitarbeitern.

## Wer und was im Unternehmen wird von Corporate Identity erfaßt

- Corporate Identity beeinflußt Denken, Verhalten, Beurteilungen, Entscheidungen und Kommunikation aller Mitarbeiter des Unternehmens.
- Corporate Identity durchdringt daher das gesamte Unternehmen – nicht nur Werbung, Verkaufsförderung, PR (die Instrumente des Kommunikations-Mix).
- Corporate Identity beeinflußt die Beziehungen der Mitarbeiter untereinander, vor allem darin, sich gegenseitig zu ergänzen und nicht gegeneinander zu arbeiten.
- Corporate Identity erleichtert Entscheidungen im Tages-Geschäft, weil die kurzfristig zu treffenden Entscheidungen an der langfristigen Leitstrategie sofort abprüfbar sind.
- Corporate Identity wird von allen Mitarbeitern in ihrer jeweiligen Funktion gegenüber der Umwelt des Unternehmens »interpretiert«: durch Verkäufer, in Inseraten, durch die Telefonistin, in der Rede des Vorstandsvorsitzenden auf der Hauptversammlung, in Pressenotizen, bei Weihnachtspräsenten, durch die Fahrweise des Lieferwagenfahrers, durch den Verkaufs-Innendienst, bei der Behandlung von Reklamationen usw.

- Corporate Identity erfaßt alle Mittel und Medien der Kommunikation im Inhalt und Aussehen.
- Jeder Vorgesetzte im Unternehmen ist ständiger Interpret der Corporate Identity für seine Mitarbeiter, um die verabschiedete Corporate Identity immer wieder mit neuem Leben zu erfüllen (kontinuierliche Ausdeutung der CI-Grundsätze).
- Corporate Identity verhindert, daß Teile der Unternehmenspolitik (Kapitalmarktpolitik, Personalpolitik, Marketingpolitik, Vorstandsaussagen) von außen gegeneinander ausgespielt werden, weil die Wahrscheinlichkeit, daß alle im Unternehmen im gleichen Sinne entscheiden, wesentlich größer ist.

## Was bringt Corporate Identity dem Unternehmen

- Eine klare Profilierung des Unternehmens gegenüber Mitarbeitern und der gesamten Umwelt des Unternehmens.
- Eine bessere Abgrenzung des Unternehmens gegenüber der Konkurrenz.
- Eine schnellere Erkennbarkeit und Wiedererkennbarkeit des Unternehmens sowie seiner Produkte und Botschaften und Mitarbeiter (vor allem Mitarbeiter im Verkauf).
- Ein stärkeres »Wir-Bewußtsein«: Eine stärkere Einsatzbereitschaft und Verhaltens-Anpassung der Mitarbeiter im Unternehmen und damit mehr Stoßkraft für das Unternehmen und den einzelnen Mitarbeiter.
- Eine Kostensenkung für Einzel-Maßnahmen (z.B. Einführung eines neuen Produktes, Werbung für neue Mitarbeiter oder für Produkte), da jede Einzel-Maßnahme von der Corporate Identity profitiert (synergetische Wirkung).
- Eine deutliche Zunahme der innerbetrieblichen Wirtschaftlichkeit durch Straffung, Vereinfachung und Vereinheitlichung von Kommunikationsmitteln und -abläufen.
- Eine Vereinfachung und Verbesserung der organisatorischen Zusammenhänge und der Entscheidungsstrukturen.
- Eine Leistungssteigerung der Einzel-Maßnahmen, da jede Einzel-Maßnahme auf der übergreifenden Leit-Strategie der Corporate Identity aufgebaut ist; die Corporate Identity läuft dem Produktwerber, dem Verkäufer, dem Einkäufer, dem Personalsucher usw. voraus.
- Mehr Vertrauen der Zielgruppen draußen in das Unternehmen (Konsumenten, Handel, Kapitalgeber, Personalmarkt, Lieferanten).
- Eine Bevorzugung des Unternehmens und seiner Angebote bei Entscheidungen im Markt, da das Unternehmen für den Entscheider transparenter und als Persönlichkeit erkennbar ist (z.B. bei Entscheidungen der Konsumenten, des Handels, neuer Mitarbeiter, Journalisten); das gilt besonders für den Fall, wenn Unternehmensleistung, Produktqualität und Produktnutzen bei zwei Alternativen vordergründig nahezu gleichwertig sind (hier wird die Corporate Identity ausschlaggebend).

- Eine bessere Führungsmöglichkeit des Unternehmens und im Unternehmen. Vorurteile werden abgebaut, Entscheidungssicherheit, besonders bei neuen Fragestellungen, nimmt zu.
- Weniger Reibungsverluste im Unternehmen, da von vorneherein die Einzel-Lösung an der CI-Strategie orientiert ist.
- Eine größere Sicherheit, daß Entscheidungen umsichtiger, problem- und unternehmensentsprechend getroffen werden.
- Ein Selbstfindungsprozeß wird eingeleitet, der pragmatische Lösungen im Sinne eigener Identität ermöglicht.
- Insgesamt: Einen »Vorlauf« an Goodwill.

## Wie lange dauert die Entwicklung eines CI-Programmes

- Die Dauer wird bestimmt von der Zeit für Entwicklung einerseits und Durchsetzung eines CI-Programmes andererseits.
- Die Praxiserfahrung zeigt: Unter zwei Jahren ist keine Entwicklung eines CI-Programmes abgeschlossen.
- Die Praxiserfahrung zeigt ebenso: Je größer die Identifikation der Führungsspitze mit dem CI-Programm, um so kürzer und effektiver ist die Umsetzungszeit.
- Ferner: Je klarer die Marketing-Konzeption, um so mehr ist das Unternehmen vorbereitet und aufnahmebereit für eine Corporate Identity und um so schneller wird sich folglich ein CI-Programm verwirklichen lassen.
- Je zahlreicher die Berührungspunkte des Unternehmens mit seiner Umwelt und je komplexer das Angebot des Unternehmens, um so größer sind die erforderlichen Anstrengungen zur Umsetzung des CI-Programmes.

## Was kostet ein CI-Programm

- Ein CI-Programm kann immer nur maßgeschneidert sein – womit jedes Standard-Angebot zu Zweifeln führen sollte.
- Da ein CI-Programm alle Unternehmensbereiche und -abteilungen umfaßt, sind die Kosten als Investition in die Zukunftssicherung des Unternehmens zu verstehen. Im einzelnen müssen Kosten und Einsparungen zum großen Teil nicht dem CI-Programm, sondern den einzelnen Abteilungen zugerechnet werden.

## Was kann man für eine Corporate Identity von draußen zukaufen

- Es läßt sich nicht das Unternehmens-Selbstverständnis zukaufen – aber Hilfestellung bei dessen Ausformulierung.
- Es läßt sich zukaufen das Sensibilisieren der Führungsmannschaft des Unternehmens für ein CI-Denken durch eine Autorität des Fachgebietes außerhalb des Unternehmens.
- Von CI-Beratern läßt sich Spezialerfahrung beim Konzipieren und Umsetzen eines CI-Programmes zukaufen.
- Wenn die Zielvorgaben für die einzelnen Unternehmensbereiche und Kommunikationsformen – als Umsetzung der Corporate Identity-Konzeption – verbindlich festgeschrieben sind, kann man alle spezifischen Dienstleistungen zukaufen – z.B. Werbung, PR, Produktentwicklung, Design, Verkaufsförderung, Verkaufstraining, Architektur.

## Engt Corporate Identity die Einzel-Aktivität ein

- Die Einengung der Einzel-Aktivität ist nur scheinbar, da durch die verabschiedeten CI-Grundsätze der Freiraum des einzelnen klarer wird und somit von ihm besser ausfüllbar; es entstehen mehr Möglichkeiten für eine eigenverantwortliche Selbstverwirklichung.
- Die durch eine verbindliche Corporate Identity vermutete Einengung bedeutet also zugleich: Ein klarer Spielraum, innerhalb dessen jeder Mitarbeiter seine Einzel-Aktivität gezielt, in Übereinstimmung mit der Leit-Strategie des Unternehmens – und damit sicherer und folglich wirkungsvoller, ausüben kann.
- Corporate Identity engt also Kreativität nicht ein, sondern hat zum Ziel, sie zu kanalisieren und effizienter zu machen.

## Wie läßt sich ein CI-Erfolg kontrollieren

- Es gibt eine Reihe von Indikatoren, die die Wirkungen eines CI-Programmes für ein Unternehmen beschreiben – z.B.:

  1. Positive Äußerungen und Reaktionen von Kunden (Letztverbraucher und Absatzmittler) = Qualitative Aussagen.
  2. Die Belastungsfähigkeit der Mitarbeiter wird merklich größer und kalkulierbarer (z.B. Einsatz bei Ad-hoc-Projekten).
  3. Qualitativ »richtige« Mitarbeiter sind für das Unternehmen leichter zu gewinnen (z.B. auch bei relativ ungünstigem Standort). Die Mobilität von Mitarbeitern nimmt zu.

4. Bei unvorhergesehenen Veränderungn (z.B. im Markt) werden die neuen Entscheidungen ruhiger getroffen, weil die verbindliche Leit-Strategie eine sofortige Orientierung erlaubt.

- Es entsteht eine Erhöhung der quantitativen und qualitativen Bekanntheit, eine Verbesserung der Marktstellung des Unternehmens, eine enge und dauerhafte Bindung von Mitarbeitern und externen Zielgruppen an das Unternehmen.

**Grundregeln für die Einführung eines CI-Programmes:**

- Regel Nr. 1: Das Management muß *deutlich machen*, daß es sich für ein CI-Programm entschieden hat und voll hinter diesem CI-Programm steht.
- Regel Nr. 2: An der Ausformulierung der CI-Grundsätze müssen *alle Unternehmensbereiche* beteiligt sein.
- Regel Nr. 3: Über den Fortschritt des CI-Programmes muß *kontinuierlich* berichtet werden – Corporate Identity darf nicht zur Geheimniskrämerei auf der obersten Führungsebene gerinnen.
- Regel Nr. 4: Die eventuell längere Anlaufzeit eines CI-Programmes (z.B. weil noch Untersuchungen ausstehen) sollte zur *Sensibilisierung der Mitarbeiter* für die zu entwickelnde Corporate Identity genutzt werden, weil so geschaffenes Problembewußtsein und Defizitempfinden die Realisierungsphase beschleunigt.
- Regel Nr. 5: Die CI-Grundsätze müssen *in Wort und Bild* festgehalten werden.
- Regel Nr. 6: Je jünger das CI-Programm, desto mehr muß dieses Programm auf die einzelnen Funktionen des Unternehmens hin *interpretiert* werden, muß also die Bedeutung der Corporate Identity für die einzelnen Bereiche erklärt werden.
- Regel Nr. 7: Die Anleitungen für die CI-Praxis müssen *vom Mitarbeiter aus gedacht* werden, damit es ihm leichtfällt, sich für die Corporate Identity zu engagieren und sie zu leben.
- Regel Nr. 8: Das CI-Programm muß zwingend *bei Schulungen* Anwendung finden, da hier das Verhalten der Mitarbeiter unmittelbar beeinflußt wird.
- Regel Nr. 9: Das CI-Programm muß *verbindlich Anwendung finden* bei Entwurf und Anwendung aller zur Verfügung stehenden Kommunikationsmittel des Unternehmens (z.B. Schulung, Werkzeitschrift, Stellenbeschreibung, Formulare, Verkaufstraining, Verkaufsförderung, Werbung, Public Relations, Verpackung, Fuhrpark, Architektur – »Äußerungen« jeder Art).
- Regel Nr. 10: Um die verbindliche Anwendung des CI-Programmes zu gewährleisten, muß eine Controlling-Instanz geschaffen werden, über die die CI-Interessen mit den Einzel-Ressort-Interessen *laufend abgeglichen werden*.

## Die Mit-Denker in der BDW-Projektgruppe »Corporate Identity«

*Fridolin Bieger,* Marketing-Leiter der ofa Orell Füssli Werbe AG, Generaldirektion Zürich.

*Wolfgang K. A. Disch,* Chefredakteur Marketing Journal, Hamburg.

*Peter G. C. Lux,* Partner der Zintzmeyer & Lux Corporate Identity-Agentur, Zürich.

*Professor Wolfgang Schmittel,* Unternehmensberatung, Corporate Identity-Gestaltung, Kronberg/Ts.

# Planung und Durchführung von CI-Projekten: Vorgehensweise und Checkliste

Wolfgang Sarasin

Arbeiten an Problemen der Corporate Identity sind von grundlegender Bedeutung. Sie sollten nur auf der Basis genauer Informationen zum derzeitigen Image des Unternehmens bei allen seinen Zielgruppen durchgeführt werden.

Die Ist-Analyse, die die Bereiche Unternehmensgeschichte, Unternehmensphilosophie, Unternehmensverhalten, Corporate Design und Unternehmenskommunikation umfaßt, muß dann der angestrebten Soll-Situation – das erwünschte Unternehmensimage in allen seinen Teilaspekten – gegenübergestellt werden. Die sich ergebende Lücke wird definiert und durch planmäßige Aktivitäten der Unternehmen oder Organisationen in definierten Zeiträumen geschlossen.

Der **Projektablauf** wird durch die folgenden Schritte gekennzeichnet:

- Problemdefinition.
- Situationsbestimmung und Istanalyse gemäß CI-Projekt-Checkliste.
- Aufzeigen der Lücken und Formulierung der Aufgabenstellung.
- Zielsetzung für das CI-Projekt.
- Festlegung eines Corporate Identity-Verantwortlichen und Bestimmung einer Arbeitsgruppe.
- Einbindung der Arbeitsgruppe in die Unternehmensorganisation entsprechend dem der Corporate Identity eingeräumten Stellenwert.
- Entwicklung eines Projektplanes für gesamthafte und/oder Detailmaßnahmen mit Zeit- und Kostenplanung.
- Verabschiedung des Projektplanes und detaillierte Aufgabenstellung durch die Unternehmensspitze.
- Festlegung von Kontrollpunkten.
- Erarbeitung, Verabschiedung und Durchführung von Projektlösungen mit Ergebniskontrollen.
- Regelmäßige zusammenfassende Information der Unternehmensspitze über Projektergebnisse und weitere Projekte.
- Kontrolle der Veränderung des Unternehmensimages aufgrund durchgeführter CI-Maßnahmen.

Zur Erstellung der Ist-Analyse im Rahmen der Arbeit an CI-Maßnahmen ist die Projekt-Checkliste ein bewährtes Hilfsmittel. Darüber hinaus dient sie als Unterlage bei der Überprüfung des Aktionsverhaltens des Unternehmens und des Reaktionsverhaltens der Zielgruppen. Die Projekt-Checkliste ist Denkrahmen und Organisationshilfe, zwingt zu Systematik beim Aufbereiten des Materials und zeigt Informationslücken auf.

Die vorliegende **Projekt-Checkliste** gliedert sich in die Fragenkomplexe:

- Das Unternehmen selbst
- Unternehmensgeschichte

- Unternehmensphilosophie
- Unternehmensimage
- Unternehmensziele
- Corporate Attitude
- Corporate Design
- Corporate Communication
- Durchführung und Organisation

und hat Teilbereiche bereits vorliegender Checklisten integriert.

Es waren dies:

- Checkliste im Marketing,
  Manfred Hanrieder
  Veröffentlicht in Marketing Enzyklopädie, 1974,
  Verlag Moderne Industrie

- Methoden der Imagegestaltung für Unternehmen und Organisationen, Dipl.-Ing. Roman Antonoff, 1975, Verlag W. Girardet

  und

- Marketing Fact Book
  Dr. Marinus Stadler/Wolfgang Sarasin
  Seminarunterlage der Nürnberger Akademie für Absatzwirtschaft für Seminar »Systematik und Arbeitstechniken der Marketing-Planung und des strategischen Marketing«.

Die einzelnen Komplexe werden stichpunktartig abgehandelt, sind auf Unternehmen und Organisationen der verschiedensten Art anwendbar, sollten aber durch spezifische Details ergänzt werden. Allerdings handelt es sich hier um eine Maximalliste, aus der für das einzelne Unternehmen die wirklich relevanten und notwendigen Informationen individuell ausgewählt werden sollten, um aufgewendete Kosten und Energie nicht in Informationsredundanz zu stecken.

Für die praktische Durchführung eines CI-Projekts werden zu jedem Punkt der Projekt-Checkliste *Ist und Soll nebeneinandergestellt*, so daß Differenzen oder Deckung von Ist-Zustand und angestrebtem Ziel (also von Wunsch und Wirklichkeit) ersichtlich werden. Für den Weg vom Ist zum Soll wird die **Projekt-Strategie** entwickelt.

*Das Unternehmen selbst*

- Firmenbezeichnung und Rechtsform des Unternehmens
- Gegenstand des Unternehmens
- Anschrift
- Organe des Unternehmens
- Organisationsschema
- Namen der leitenden Personen
- Finanzstruktur
- Beteiligung/Verflechtungen.

*Unternehmensgeschichte*

- Gründung
- Unternehmensentwicklung
  - allgemein
  - Umsatz- und Ertragsentwicklung
  - bediente Märkte
  - Sortimente und ihre Veränderung
  - Vertriebspolitik im Zeitablauf
  - Kommunikationspolitik

- Rechtliche Fakten
  - Schutzrechte
  - Patente
  - Kartelle
  - Standorte und ihre Charakteristiken
  - Bedeutung des Unternehmens für den Standort
  - Produktionsarten
  - Produktionskapazitäten und ihre Auslastungen
  - Menschen, die das Unternehmen prägten.

*Unternehmensphilosophie*

- Unternehmenszweck
- Formulierte Unternehmensgrundsätze in bezug auf
  - gesamtwirtschaftliche Entwicklung, z.B. Einstellung gegenüber strukturellen und konjunkturellen Veränderungen,
  - gesellschaftspolitische Entwicklungen, z.B. Einstellung gegenüber Mitbestimmung und Miteigentum der Arbeitnehmer,
  - soziale Entwicklungen, z.B. Einstellung gegenüber zusätzlichen sozialen Leistungen,
  - demografische Entwicklungen, z.B. Einstellung gegenüber Auszubildenden oder älteren Arbeitnehmern,
  - technologische Entwicklungen, z.B. Einstellung gegenüber Automatisierung, Energiebilanzen.

*Unternehmens-Image*

- Imageanalyse
  - eigene
  - Hauptwettbewerber.

*Unternehmens-Ziele*

- Angestrebte Ziele im
  - wirtschaftlichen Bereich
    - langfristige Zielsetzung im Umsatz- und Ertragsbereich

        - Umsatz
        - Ertrag in % v. Umsatz
        - Verzinsung Eigenkapital
        - ROI-Ziele
        - Cash-Flow-Ziele
        - Dividenden
        - Arbeitsplätze

    - politischen Bereich
        - am Standort
        - in der Region
        - im Land

    - kulturellen Bereich
        - am Standort
        - gegenüber Mitarbeitern
        - der interessierten Öffentlichkeit gegenüber im regionalen oder überregionalen Bereich
        - meinungsbildenden Bereich
            - gegenüber Medien
            - der Branche
            - in Verbänden.

- Festgelegter Orientierungsrahmen in bezug auf
    - Produktorientierung
      z.B. Ein- oder Mehrproduktunternehmen
    - Materialorientierung
      z.B. Metallbearbeitung
    - Problemorientierung
      z.B. alles für den gedeckten Tisch
    - Technologieorientierung
      z.B. Spezialist in Oberflächenbearbeitung
    - Betriebsgrößenorientierung
      z.B. mittelständisches Unternehmen mit nur einem Werk und nicht mehr als 500 Arbeitsplätzen.

*Corporate Attitude/Unternehmensverhalten*

- Allgemeine Grundsätze zur Grundhaltung des Unternehmens in bezug auf
    - ökonomisches Verhalten
    - Moralverhalten
    - Sozialverhalten
    - politisches Verhalten
    - Informationsverhalten
    - Qualitätsverhalten
    - Ökologie

- Definierte und durchgesetzte Verhaltensweisen der Unternehmung in bezug auf
  - Interaktionspolitik gegenüber allen Märkten des Unternehmens
    - Beschaffungsmarkt
    - Personalmarkt
    - Absatzmarkt
    - Finanzmarkt
  - Führungspolitik in allen Hierarchiebereichen
  - Informationspolitik im Bereich von Außen- und Innenbeziehungen
  - Innovationspolitik
  - Sozialpolitik
  - Wettbewerbspolitik auf allen Märkten des Unternehmens z.B. Absatzmarkt, Personalmarkt
  - Umweltpolitik
  - Zukunftsplanung
  - Grundsätzliches Verhalten des Unternehmens
    - Marketingbereich:
      - Märkte
        - vorhandene
        - neue
        - inländische
        - internationale
      - Produkte
        - Produktdesign
        - Produktpositionierung
          - Elitär- oder Massenprodukt
          - hochpreisig oder niedrigpreisig
          - Einzigartigkeit oder me too
        - Produktausstattung
          - Verpackung
          - Versandverpackung
          - Name
          - Marke
        - Produktbegleitende Kommunikationsmittel
          - Gebrauchsanleitung
          - sonstige Informationen wie
          - Gesamtsortiment
          - Herstellungsverfahren u.ä.
        - Verwendungsart und Dauer
        - Einmalverwendung oder Vielfachverwendung
        - Servicevorschriften
        - Kundendienst
          - Art und Weise der Kundendienstleistungen
          - Ubiquität
          - Schnelligkeit
          - Kostenverrechnung

- Standortbereich:
  - Kommunalpolitik
  - Umweltschutz
  - Infrastruktur
  - Kontakte zu Entscheidungsträgern
- Kooperationsbereich:
  - Industrie- und Handelsverbände
  - Mitbewerber im In- und Ausland
  - Zulieferer
  - Abnehmer und Abnehmerzusammenschlüsse.

*Corporate Design*

Der gestalterische Ausdruck der Einmaligkeit des Unternehmens bezogen auf

- Bezeichnung des Unternehmens
  - Name
  - rechtliche Bezeichnung
  - Firmenzeichen
  - Unternehmensmarken
  - Slogan
- Produkte
  - grundsätzliche Designauffassung
    - Stil
    - Materialgerechtigkeit
    - Bedeutung des Dekors
  - Materialien
  - Farben
  - Qualitätsstandard
- Kommunikationsmittel
  - grundsätzliche gestalterische Auffassung zu
    - Layout
    - Schrifttypus
    - Typografie
    - Verwendung von Zeichnungen, Fotografien
    - Hausfarben
    - Material
    - Formen
    - Produktdarstellung
    - Größe und Einordnung der Marke und des Produktnamens
- Erscheinungsformen der Gebäude
  - außen
    - Architektur der Gebäude
    - Stil

- Material
- Form
- Größe
- Farbe
- »Kunst am Bau«
- Anbringung von Firmenname und Signet
- Gästeparkplatz
- Orientierungshilfen
- Informationstafeln
- Grünanlagen

- innen
  - Innenarchitektur
  - Stil
  - Material
  - Form
  - Farben
  - »Kunst im Bau«
  - Empfangsräume
  - Konferenzräume
  - Arbeitsräume
  - Betriebsräume
  - Sozialräume
  - Schauvitrinen
  - Orientierungshilfen

*Corporate Communications*

- *Kommunikations-Strategie generell*
- *Kommunikations-Stil generell*
- *Unternehmens-Kommunikation/Unternehmens-PR*

Kommunikations-Mittel und -Träger:

*Intern*

- Informationsschriften für Mitarbeiter
- Werkszeitung
- »Schwarzes Brett«
- Betriebsversammlung
- Betriebsausflug
- Weihnachtsfeier
- Art und Weise von
  - Jubiläumsveranstaltungen
  - Verabschiedung von Mitarbeitern
  - Sportfesten und anderen betrieblichen Veranstaltungen
- Tag der offenen Tür für Angehörige von Mitarbeitern

- Art und Weise von Sozialleistungen
  - Medizinische Versorgung
  - Kantine
  - Sport und Freizeitanlagen
  - Parkplätze für Mitarbeiter
  - Bildungseinrichtungen
    - Aus- und Weiterbildung
    - Schulungsräume und deren Ausstattung
    - Werksbibliothek
    - allgemein nutzbare Clubräume
  - Rentnerbetreuung

*Extern*

- Unternehmensinformationen
  - Geschäftsbericht
  - Presseberichte
- Unternehmenschronik
- Unternehmensbroschüre
  - Leistungsumfang
  - Spezialitäten
  - Schwerpunkte bei Forschung und Entwicklung
  - Know-how
  - Serviceleistungen
- audio-visuelle Informationen
  - Film
  - Multivisionsschauen
- Geschäftsdrucksachen
  - Briefe
  - Umschläge
  - Formulare
  - Visitenkarten
- Gebäude- und Fahrzeugbeschriftung
- Personalwerbung
  - allgemeine Grundsätze
  - Art der Personalwerbung
  - Werbekonzeption
    - Zentrale Botschaft
    - Art des Auftritts
    - Gestaltungsrichtlinien
  - ausgewählte Medien
  - Intensität des Auftritts (Größe der Anzeige)
  - Budget
- Telefondienst.

- Handelswerbung
  - allgemeine Grundsätze, Absprachen, rechtliche Aspekte
  - Zielsetzung
  - Zielgruppen
  - Strategie, Zentrale Botschaft, Art des Auftritts, Gestaltungsrichtlinien
  - ausgewählte Medien
  - Frequenzen
  - Reichweiten
  - Wirksamkeitsüberprüfung
    - Konzeptionstest bei Zielgruppe
    - Werbemitteltest bei Zielgruppe
    - Impact-Test bei Zielgruppe
    - Direkterfolgsmessung (Coupon)
  - Budget

- Endverbraucherwerbung
  - allgemeine Grundsätze, Absprachen, rechtliche Aspekte
  - Art der Werbung
    informativ/überzeugend
    Unternehmens-, Produkt- oder Markenwerbung
    Image- oder Bekanntmachungswerbung
  - Zielgruppen
    - Käufer
    - Verwender
    - Empfehler
  - Werbekonzeption
    - Zentrale Botschaft
    - Art des Auftritts
    - Gestaltungsrichtlinien
  - Mediastrategie
    - Mediaziele und Zielgruppen
    - Reichweiten
    - Frequenzen
    - Kosten pro 1000 erreichte Personen
    - Schwerpunkte des Mediaeinsatzes
    - Auswahl der Medien
    - Plazierung

- Verkaufsförderung gegenüber
  - eigenem Außendienst
  - Einkauf 1. Stufe (z.B. GH)
  - Außendienst 1. Stufe
  - Einkauf 2. Stufe (z.B. EH)

- Verkäufer 2. Stufe
- Endverbraucher
- Verkaufsförderungszielsetzung
- Verkaufsförderungsstrategie
  - einzusetzende Verkaufsförderungsmechaniken
  - Werbemittel
    - Incentives
    - Schulungen
    - Wettbewerbe
    - Informationsschriften
- Budget

- Merchandising
  - Strategie
  - Art der Gestaltung
  - in der 1. Absatzmittlerstufe (GH)
    - Präsentation der Ware (Musterzimmer)
    - Gewichtung im Umfeld
    - Konkurrenz
  - in der 2. Absatzmittlerstufe (EH)
    - Stammplatz
    - Stammplatzkennzeichnung
    - Stammplatzpflege
    - Sonderplazierungen
    - Schaufensterdekoration
  - Budget

- Marketingbezogene Public Relations (Produkt PR)
  - allgemeine Grundsätze
  - Zielsetzung
  - Zielgruppen
    - intern
    - extern
      - Vertriebswege
      - Empfehler
      - Käufer
      - Verwender
    - PR-Konzeption
    - Botschaften
    - Art des Auftritts
    - Gestaltung
    - Budget.

# Durchführung von Corporate Identity-Programmen

Peter G. C. Lux

Anfang der 80er Jahre kam der Begriff »Corporate Identity« in Europa auf. Seitdem hat seine inhaltliche Diskussion zugenommen (1), ohne jedoch zu einem allgemein anerkannten theoretischen Ansatz geführt zu haben. Wachsende Übereinstimmung von Theoretikern und Praktikern läßt sich einerseits hinsichtlich der Anzeichen, wodurch sich eine Unternehmensidentität erkennen läßt und andererseits bezüglich den Beeinflussungsmöglichkeiten und Wirkungen einer **Identitätskonzeption** ausmachen. Auf breiter Ebene und aus verschiedenen wissenschaftlichen Ausgangspositionen heraus werden jedoch immer noch die Fragen unterschiedlich diskutiert, die ein Management dann am meisten interessiert, wenn es die Notwendigkeit eines Identitätskonzeptes diskutiert:

- Was muß ein Identitätskonzept beinhalten?
- Unter welchen Voraussetzungen kann angenommen werden, daß die meisten Mitarbeiter im Unternehmen das Konzept für sich akzeptieren?
- Was ist erforderlich, damit das Konzept durch die Tagesarbeit seine Verwirklichung findet?
- Wo hört die Verbindlichkeit eines Identitätskonzeptes auf?

Obwohl eine befriedigende Antwort auf alle vier Fragen eine sorgfältige Analyse der bestehenden Unternehmenssituation voraussetzt, würde bereits eine grundsätzliche Klarheit über den gesamten Entwicklungsprozeß einer Corporate Identity dem Management ermöglichen, von Anfang an den Umfang der unternehmensinternen Beteiligung am Prozeß realistischer einzuschätzen. Außerdem könnte es sich noch vor Beginn der Arbeiten selbstkritisch fragen, ob es überhaupt in der Lage ist, die zusätzliche Belastungen eines Selbstprüfungs- und Selbstfindungsprozesses über mehrere Jahre engagiert durchzustehen.

Im folgenden soll diesem Klärungsbedarf soweit entsprochen werden, wie mehr als 15 Jahre praktische Erfahrung mit Corporate Identity-Programmen uns erlauben, daraus Grundsätzliches abzuleiten und modellartig darzustellen.

## Definitorische Grundlage heutiger Praxis

Wir sind für Unternehmen tätig, die den verschiedensten Branchen angehören. Ihrer Größe nach sind alle Kategorien vertreten – vom international operierenden Konzern bis zum mittelständischen Eignerunternehmen. Trotz dieser unterschiedlichen Klientel war allen uns gestellten Aufgaben gemeinsam, daß sie nicht nur gewisse Defizite des Leistungsspektrums zu beheben hatten, sondern auch die Entwicklung wesentlicher rationaler und emotionaler Voraussetzungen für eine erfolgreiche Unternehmenszukunft miteinschlossen. Arbeit für die Corporate Identity mußte sich somit notwendigerweise auf die jeweilige Unternehmenskultur auswirken, in einigen Fällen sogar ihre bewußte Veränderung zum Ziel haben.

| | |
|---|---|
| **Werthaltungen**<br>**Normen**<br>**Orientierungsmuster**<br>**Einstellungen**<br>**Wissen**<br>**Fähigkeiten**<br>**Denkmuster**<br>**Bedürfnisse**<br>**Interessen** | Immaterielle Phänomene |
| **Physische und visuelle Erscheinungsformen**<br>Betriebsgebäude, Raumgestaltung<br>Gebäudekennzeichnung<br>Produktgestaltung, Markenzeichen<br>Geschäftspapiere<br>Kommunikations- und Werbemittel<br>Bekleidung, Statussymbole, etc.<br><br>**Sprachliche Erscheinungsformen**<br>Kommunikationsinhalte<br>Betriebsvokabular<br>Namen, Übernamen<br>Geschichten, Legenden<br>Witze<br>Anekdoten<br><br>**Prozessuale Erscheinungsformen**<br>Kommunikationsverhalten<br>Entscheidungsverhalten<br>Innovationsverhalten<br>Produktionsprozesse<br>Riten und Rituale<br>Feiern, Zeremonien<br>etc.<br><br>**Instrumentale Erscheinungsformen**<br>Managementsystem<br>(Organisations-, Planungs-, Informations- und Personalführungssystem)<br>Zielsystem<br>(Unternehmenspolitik, Strategie, Grundsätze) | Materielle Phänomene |

**Abb. 1:** *Dimensionen zur Beschreibung unternehmenskultureller Phänomene*

Wer für die Entwicklung einer Unternehmensidentität tätig wird – ob als Firmenangehöriger oder als externer Berater, der wird sich also darüber klar sein müssen, was er unter »Unternehmenskultur«, unter »Corporate Identity« verstehen will und wie beide Begriffsinhalte zueinander in Beziehung stehen.

Untersucht man die terminologischen Bemühungen in der Unternehmenskultur-Forschung, so läßt sich feststellen, daß bis jetzt weder eine einheitliche Kulturauffassung noch eine vereinheitlichte Begriffsbildung besteht. Je nach Erkenntnisinteressen des jeweiligen Autors werden die unterschiedlichsten Aspekte als Unternehmenskultur bezeichnet.

Abbildung 1 stellt mögliche Dimensionen zur inhaltlichen Beschreibung unternehmenskultureller Phänomene dar. Als Kern einer Unternehmenskultur betrachten wir, in Übereinstimmung mit führenden Exponenten der Unternehmenskultur-Forschung aus Wissenschaft und Praxis (3), die immateriellen Phänomene einer Unternehmung. Die materiellen Phänomene sind Erscheinungsformen dieses Kulturkerns und können sozusagen als kulturelle Artefakte gesehen werden. Zwischen der *materiellen* und der *immateriellen Dimension* bestehen also enge Beziehungen.

Das Verhältnis zwischen Unternehmenskultur und Corporate Identity läßt sich u.a. an zwei Zusammenhängen aufzeigen.

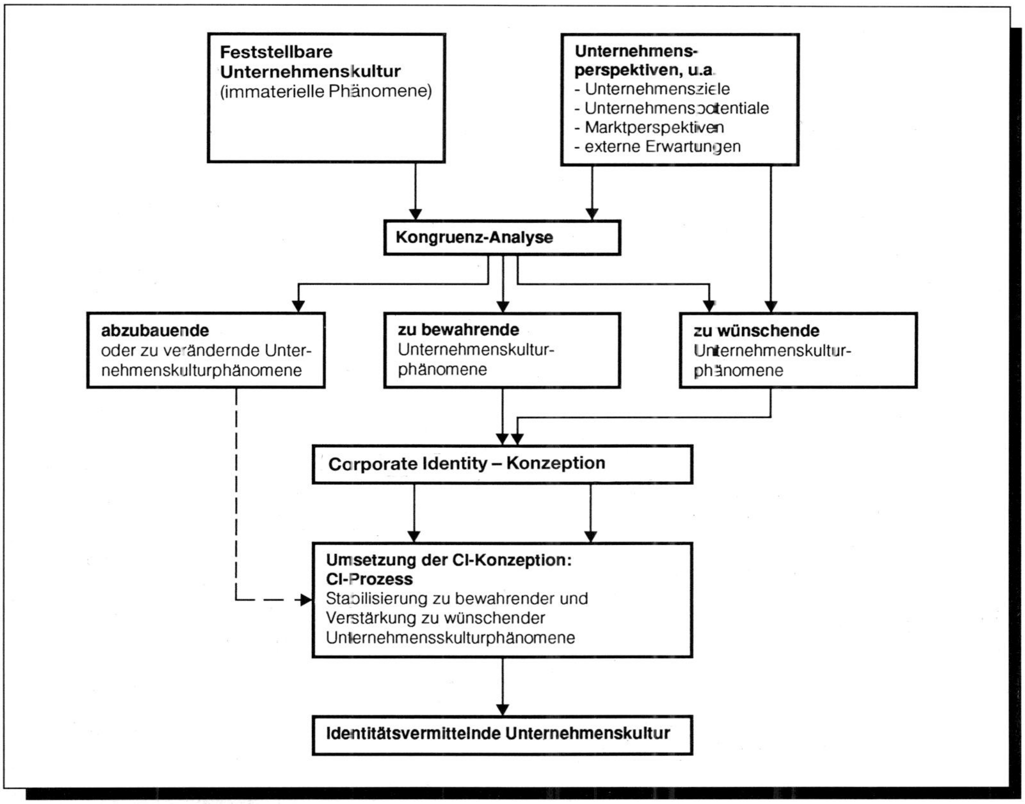


**Abb. 2:** *Corporate Identity – Konzeption und Unternehmenskultur*

- Corporate Identity ist ein Ansatz, der sich um die Erhaltung des elementar Gleichen in den verschiedenen materiellen Erscheinungsformen einer Unternehmung sowie um die Förderung des Typischen gegenüber vergleichbaren Unternehmen bemüht. Mit einem Corporate Identity-Prozeß wird versucht, die materiellen Erscheinungsformen einer Unternehmenskultur mit dem Kulturkern zu einer identitätsvermittelnden Ganzheit zu verschmelzen. Das Ziel dieser Bemühungen ist es, in Abstimmung mit der Unternehmenskultur zu einer Übereinstimmung von Denken, Handeln und Aussehen zu gelangen.
- Abbildung 2 zeigt den Zusammenhang zwischen Corporate Identity und Unternehmenskultur aus einer langfristigen Unternehmensentwicklungs-Perspektive. Die Kultur einer Unternehmung muß auch in einem dynamischen Kontext analysiert werden – sie unterliegt einem langfristigen Anpassungsprozeß an Anforderungen der Außenwelt sowie betriebsinternen Wandlungen. Ergeben sich zwischen der feststellbaren Unternehmenskultur und den Zukunftsperspektiven einer Unternehmung gewichtige Abweichungen, drängt sich eine kritische Überprüfung der bestehenden Kultur im Hinblick auf ihre Eignung, die zukünftige Unternehmensentwicklung zu tragen, auf. Es stellt sich die Frage, welche unternehmenskulturellen Phänomene abzubauen, zu bewahren oder zu verstärken sind. Für eine eventuell notwendige, langfristige Entwicklung einer Unternehmenskultur bietet die Corporate Identity-Konzeption ein ganzheitliches und methodisches Vorgehen an. Durch die identitätsorientierte Perspektive der Corporate Identity-Konzeption erfährt die Weiterentwicklung einer Unternehmenskultur eine erfolgsentscheidende Zentrierung. Das Durchlaufen eines Corporate Identity-Prozesses bietet die Chance der Herausbildung einer identitätsvermittelnden Unternehmenskultur, welche langfristig die notwendige Harmonisierung zwischen internen und externen Anforderungen gewährleisten kann.

## Zur Durchführung von Corporate Identity-Programmen

Im Laufe der Jahre hat sich eine *dreistufige Programmstruktur* als notwendig und sinnvoll herausgestellt:

*1. Stufe* Bestandsaufnahme
*2. Stufe* Entwicklung der konzeptionellen Grundlagen
*3. Stufe* Umsetzungs- und Integrationsprozesse.

Aus Gründen, die noch auszuführen sind, werden die ersten beiden Programmstufen eng ineinander verzahnt, weil nur so Management wie Mitarbeiter rechtzeitig ein Prozeßverständnis entwickeln und die erforderlichen Erfahrungen und Erkenntnisse selbst sammeln, um den späteren Veränderungsprozessen gegenüber aufgeschlossen zu sein und sich dafür engagieren zu können.

Beginnen sollte jedes Corporate Identity-Programm mit einer sorgfältig durchgeführten Beschlußphase. Sie wird von vielen externen Beratern, aber auch von den Unternehmensleitungen in ihrer Bedeutung für die inhaltliche Qualität und den Verlauf der Identitäts-Entwicklung, folglich auch für den gesamten Aufwand, deutlich unterschätzt.

## Die Beschlußphase

Sie sollte weder unter Zeitdruck stehen, noch von der »Wetterlage« in der Führungsetage allein abhängen. Schon deshalb, weil ein gleiches Verständnis von Corporate Identity und dem, was man von ihr erwarten darf, zumindest unter den oberen Führungskräften bestehen muß, bevor eine realistische Aufgabenstellung (Startbriefing) ausgearbeitet werden kann. Danach erst wird für alle wichtigen Entscheider im Unternehmen klar sein können, worauf sie sich bei einer Corporate Identity-Entwicklung einlassen. Und sie werden eine erste Vorstellung davon haben, was von ihnen selbst während des Prozesses erwartet werden wird.

Wir empfehlen für die unternehmensinterne Abklärung folgendes Vorgehen als eine Art »roten Faden«:

- Der Initiator eines möglichen CI-Projekts findet heraus, ob der Kreis der oberen Führungskräfte dem Gedanken einer Unternehmensidentität grundsätzlich positiv und offen gegenübersteht.

- Alle oberen Führungskräfte werden mit dem theoretischen Konzept einer Corporate Identity vertraut gemacht. Beispiele anderer Unternehmen zu einzelnen Aspekten sind hilfreich. Besonders dann, wenn sie den Unterschied zwischen Corporate Identity, Corporate Image, Corporate Culture und visuellen bzw. firmenspezifischen Erscheinungsbildern verständlich machen (2). In manchen Fällen wird es sinnvoll sein, diese Informationsarbeit als Einzelauftrag einem Corporate Identity-Berater zu übertragen.

- Mit der Kenntnis dieses vorläufigen internen Meinungsbildes zu Corporate Identity wird es leichter fallen, den richtigen Partner für die Identity-Arbeit zu finden und dazu notwendige Auswahlgespräche gezielt zu führen. Dabei sollte klar werden, welches grundsätzliche Corporate Identity-Verständnis die Agentur vertritt und welche Zusammenhänge sie zwischen CI- und Unternehmenskultur, Marketing, betriebswirtschaftlichen Themen und strategischem Management sieht. Sehr sorgfältig sollte außerdem abgewogen werden, ob für die sich abzeichnende Entwicklungsaufgabe die Kenntnisse einer Werbe- oder PR-Agentur überhaupt ausreichen oder die spezifische Erfahrung einer Corporate Identity-Agentur erforderlich ist. Das wird in der Regel dann der Fall sein *müssen*, wenn von einem Corporate Identity-Programm Wirkungen auf das Verhalten des einzelnen Mitarbeiters erwartet werden.

- Um konkrete Aussagen über das Ausmaß eines Identity-Programmes machen zu können, empfehlen sich Abklärungen durch den Identity-Berater in Einzelgesprächen mit Führungskräften. Das hat den pragmatischen Vorteil, daß a) ohne voreilige »Selbstzensur« der Befragten alle Bedürfnisse durch einen Spezialisten zu einem Briefing zusammengestellt werden können. Und b) kann dadurch das Unternehmen annehmen, daß durch die zusammengetragenen Vorkenntnisse die Agentur schon von Anfang an das Programm realistischer auslegen kann und die von ihr vorgeschlagenen Arbeiten auch nachvollziehbar begründen wird. Nicht zu unterschätzen sind auch die Chancen, noch vorhandene individuelle Mißverständnisse berichtigen zu können und das (berechtigte) Gefühl zu vermitteln, daß ein Corporate Identity-Programm – wie immer es auch ausfallen wird – nicht die ausschließliche Angelegenheit dieser oder jener Abteilung ist und erst recht keine »einsame« Entscheidung.

- Je nach Gesamteindruck aus den klärenden Gesprächen wird der sorgfältige Identity-Berater sich für die Abfassung des Startbriefings zusätzlich wünschen, vorhandene Marktforschungsunterlagen sowie relevantes internes Informationsmaterial grob durchzusehen.

Weil in den meisten Fällen konkrete Aufgaben, denen sich das Unternehmen stellen muß, auslösende Faktoren für die Beschäftigung mit Corporate Identity sind, sollte die Beschlußphase im Unternehmen schließlich noch zu folgenden Einstellungen gegenüber Corporate Identity führen.

- Die Entwicklung einer Unternehmensidentität kann kein Crash-Programm sein: Häufig wird es darauf ankommen, besonders »verinnerlichte« Teile der Unternehmenskultur zu verändern und zu lernen, neue sinnvoll zu praktizieren. Deshalb sind Corporate Identity-Programme nur dann im Sinne des Unternehmens ausgelegt, wenn sie von seiner maximalen *Beteiligung an der Grundlagenentwicklung* der eigenen (!) Identität ausgehen. Das aber verlangt Zeit von Management und Mitarbeitern, die oft nicht sofort verfügbar ist. Und außerdem wird es aus wirtschaftlichen und psychologischen Gründen auch kaum möglich sein, bisherige materiale Arbeitsergebnisse von einem auf den anderen Tag auf ein neues Identity-Konzept umzustellen.

- Die Entwicklung einer Unternehmensidentität ist ein Investitionsprogramm für die Unternehmenszukunft:

  Obwohl, finanztechnisch gesehen, Honorare und Drittkosten immer noch unter Aufwand zu verbuchen sein werden, betreibt das Unternehmen mit der Corporate Identity-Entwicklung in Wirklichkeit ein Langfristprogramm, das eher mit der Arbeit des F+E-Bereichs, mit der Entwicklung von Marktpotentialen oder auch mit langfristig angelegten Management-Development-Projekten verglichen werden kann als z.B. mit Maßnahmen der Werbung oder PR für eine Imagekorrektur. So gesehen fallen Corporate Identity-Kosten in die Kategorie von *Investitionen*, die das Unternehmen für seine erfolgreiche Weiterentwicklung und strategisch richtig angelegtes Wachstum vornehmen muß.

- Die Entwicklung einer Unternehmensidentität ist eine zentrale unternehmensstrategische Aufgabe: Ihrer Bedeutung nach gehört sie in den Aufgabenbereich des *Vorstands*. Es ist darum nur sinnvoll, daß der Vorstandsvorsitzende selbst oder ein von ihm eingesetztes *Steuerungsgremium* der 2. (allenfalls bei großen Unternehmen der 3.) Führungsebene engsten Kontakt mit dem Programm hat. Regelmäßige Fortschrittsbesprechungen und persönlicher Einsatz bei einzelnen Projekten sowie für die programmbegleitende interne Kommunikation muß von diesen Managern sowie den Vorstandsmitgliedern erwartet werden. Außerdem braucht es bei umfangreichen Programmen durchschnittlich die volle Kapazität eines kompetenten und angesehenen Mitarbeiters für die Bearbeitung zahlloser Einzelheiten, die während der Programmlaufzeit auf seiten der Agentur sowie innerbetrieblicher Instanzen aufkommen.

Die Beschlußphase nicht sorgfältig durchzuführen, nicht genügend Klarheit über den *Prozeß*, über *Ziele* und über *denkbare Konsequenzen* zu erreichen, kann nach unseren Erfahrungen für das Unternehmen teuer werden. Denn nicht geplante Arbeiten, häufig zum falschen Zeitpunkt bemerkt, ergeben Mehraufwand und Wartezeiten, und nicht selten provozieren sie Skepsis oder sogar Kritik am gesamten Programm. So manches Projekt von größter Bedeutung für das Unternehmen ist schon, wie wir alle wissen, auf diese Weise in die »Schublade« gewandert. Die Zweifel an den Fähigkeiten der Verantwortlichen und Enttäuschungen bei den Mitarbeitern, die solch ein Fehlschlag verursachen kann, sitzen tief und verlieren sich nur langsam.

## Die Programmplanung

Jedes sorgfältige Corporate Identity-Programm ist als solches bereits ein Ausdruck vorhandener und gesuchter Identität. Keines gleicht einem anderen: Branchengegebenheiten, Größe, Organisationsstruktur und Nationalität des Unternehmens sind Einflußfaktoren. Interne oder marktbezogene Zielsetzungen müssen berücksichtigt werden. Ein Identity-Berater kann deshalb in der Planungs- und Beschlußphase nur eng zusammen mit dem Unternehmen ein »maßgeschneidertes« CI-Programm ausarbeiten. Solche Planungen sowie die Beratungstätigkeit während der Beschlußphase sind jeweils Inhalt des Vorprojekts.

Alle unsere Planungsüberlegungen gehen von dem Verständnis aus, daß ein Corporate Identity-Programm als ein offenes, dynamisches System (Abb. 3) aufgefaßt werden muß,

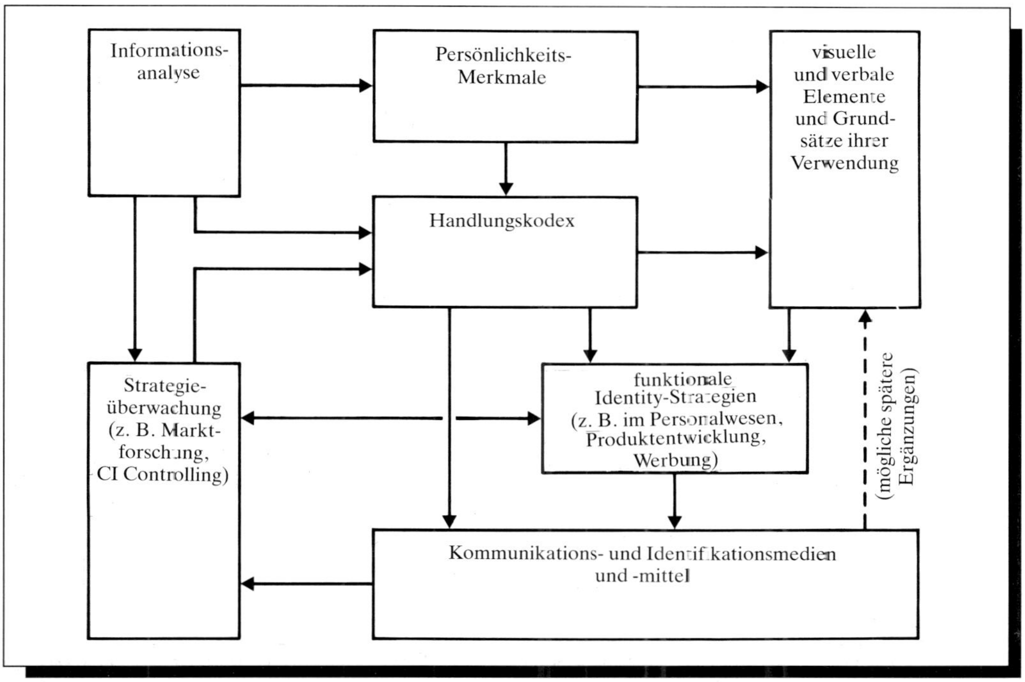


**Abb. 3:** *Funktionsmodell der Corporate Identity*

dessen Systemteile unterschiedlichen Fristen für eine Überprüfung und Weiterentwicklung unterliegen. Die Persönlichkeitsmerkmale sind zweifellos als langfristiges Zentrum des Systems zu betrachten. Wir verstehen sie als konkrete, präzise und charakteristische Festlegungen der immateriellen Phänomene einer Unternehmung. Die Persönlichkeitsmerkmale bilden den »Kern grundlegender Eigenschaften, durch den (das) Unternehmen seine unverwechselbare Identität erhält«. (4) Damit im direkten Zusammenhang stehen als handlungsmäßige Interpretationen die Handlungsgrundsätze des *Handlungs-Kodex*.

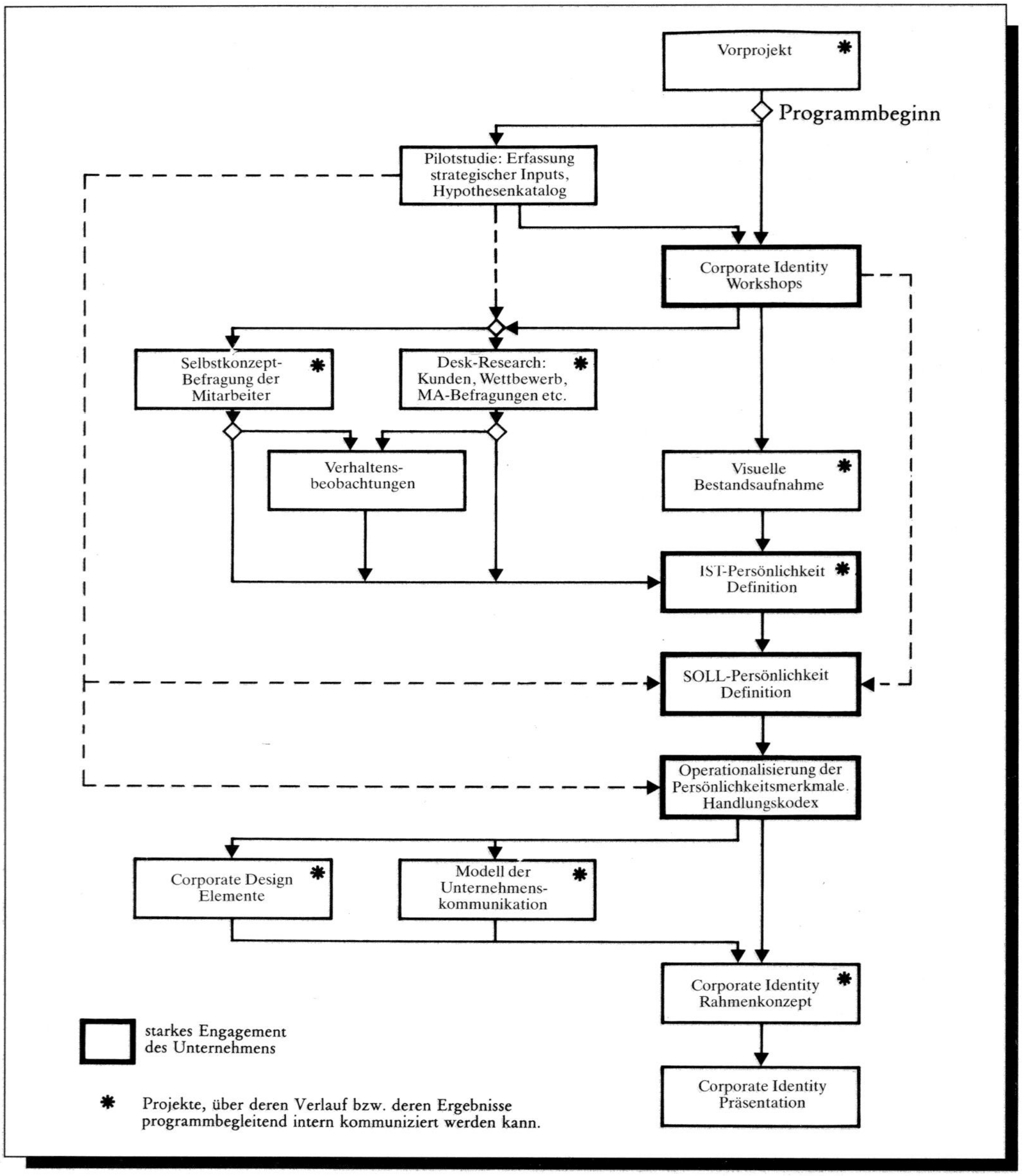


**Abb. 4:** *Grundstruktur für die ersten beiden Stufen eines Corporate Identity-Prozesses*

Sie haben die Funktion eines »Interface« für alle funktionalen Identity-Strategien und natürlich für die Prinzipien, nach denen die visuellen und verbalen Identity-Elemente zum Einsatz kommen. (5) Handlungsgrundsätze und Identity-Elemente bilden zusammen mit den entsprechenden Inputs aus Unternehmenspolitik, -situation und dem Markt die Grundlagen der einzelnen Unternehmensstrategien, die dadurch ebenfalls zur Ausdrucksdimension der Identität werden. So können am Schluß mit geeigneten Instrumenten zur Informationsanalyse und Strategieüberwachung die Ergebnisse der Strategien im Feld überprüft und gegebenenfalls Korrekturen auf den entsprechenden Konkretheitsstufen des Systems vorgenommen werden.

Die Vorstellung von *Corporate Identity als Regelkreis* hat zu einer Grundstruktur von CI-Programmen geführt, wie sie in Abbildung 4 chronologisch und vereinfacht abgebildet ist. Sie stellt für uns das Modell dar, nach dem jeweils eine individuelle Planung ausgearbeitet wird. Mit der größten Variabilität ist in der Regel bei den Programmschritten *Corporate Identity-Workshops, Selbstkonzept-Befragung, Desk-Research, Verhaltensbeobachtungen* und *visuelle Bestandsaufnahme* zu rechnen. Die Zahl der Workshops richtet sich nach der Größe des Unternehmens, seiner Aufbauorganisation, seiner Vertriebsstruktur. Auch das Untersuchungsdesign der Selbstkonzept-Befragung ist davon abhängig. Für den Desk-Research fehlen häufig wichtige Befragungen oder ihre Ergebnisse sind veraltet. Die Verhaltensbeobachtungen haben bei Dienstleistungsunternehmen naturgemäß eine größere Bedeutung als z.B. für Markenartikelhersteller. Andererseits muß eine visuelle Bestandsaufnahme z.B. für einen Automobilhersteller aufgrund seiner Handelsorganisation umfangreicher und differenzierter ausfallen als für eine Rückversicherungs-Gesellschaft. Schon diese wenigen Hinweise lassen vermuten, daß bei einer individuellen Planung einzelne Projekte und ganze Programmschritte parallel verlaufen und miteinander verzahnt werden müssen, damit die gesamte Entwicklungsarbeit in einem akzeptablen Zeitraum geleistet werden kann. Hauptkriterium für die Arbeitsfolge bleibt aber, sie so festzulegen, daß die jeweiligen Teilergebnisse beziehungsweise -erkenntnisse einen eingrenzenden, präzisierenden Effekt auf die noch ausstehenden Arbeiten haben. Teure »Datenfriedhöfe« können so vermieden werden. Unsere Status quo-Erfassung hat nicht nur den selbstverständlichen Zweck, die solide Datenbasis für die Entwicklungsarbeit zu schaffen, sondern liefert auch eine Fülle an Informationen und Anregungen für den internen Meinungsbildungsprozeß und für eine interne programmbegleitende Kommunikationsarbeit zur Corporate Identity. Sie verhilft der Unternehmensidentität zum richtigen Stellenwert im Unternehmen, Führungskräfte und Mitarbeiter können sich auf Veränderungen rechtzeitig einstellen und werden zur aktiven Mitarbeit motiviert.

## Die Entwicklung der Persönlichkeitsmerkmale

Als Persönlichkeitsmerkmale wird das, was wir als Unternehmenskultur verstehen, in präziser und unternehmensspezifischer Form charakterisiert. Ihre Gesamtheit ist erst dann richtig und vollständig, wenn sie

- gegenwärtige *und* wünschenswerte Merkmale enthält,
- die Weiterentwicklung des Unternehmens als sozio-ökonomische Organisation fördert,

- dem Unternehmen in seinem sozio-ökonomischen Umfeld zu Attraktivität und Unverwechselbarkeit verhilft.

Das bedeutet, nach Merkmalen zu suchen, die grundsätzlicher Art sind und das Unternehmen gegenwärtig beziehungsweise zukünftig auf der ganzen Breite des Denkens, Handelns und Aussehens wesentlich beeinflussen können. Etwas populär ausgedrückt: Es müssen Eigenschaften sein, mit denen das Unternehmen als Persönlichkeit ein erfolgreiches »Leben« führen kann. Wie finden wir sie?

Wir gehen von der Analogie »Unternehmen gleich Individualpersönlichkeit« aus, weil Corporate Identity erst vollständig »in den Köpfen der Leute« (6) entsteht, wie R. W. Schirm formulierte, und weil es sich herausgestellt hat, daß es eine grundsätzliche Tendenz des menschlichen Organismus ist, seine unbelebte Umwelt belebt wahrzunehmen und sie zu personifizieren oder mit Persönlichkeitsmerkmalen zu attribuieren. Vor einigen Jahren fanden dies Mitarbeiter einer Werbeagentur durch Passanten bestätigt, die sie wahllos auf der Straße fragten: »Was ist ein Unternehmen?« Die Antworten demonstrieren anschaulich, wie weit Unternehmen zu individuellen Persönlichkeiten stilisiert werden können.

- Die Chase Manhattan Bank z.B. trägt immer eine Weste: »Ich glaube, er (das Unternehmen) trägt einen Schlafanzug mit Weste . . . und schläft gleich in der Bank, um in der Nähe seines Geldes zu sein«, vermutete ein Mann.
- »Campbell ist so lieb wie eine Großmutter. Ganz sicher würde ich ihre Einladung zum Sonntagsessen annehmen.«
- Exxon Corporation dagegen ist nicht so nett: »Plump und nicht sonderlich charmant.« (7)

Was nun unter einer »Persönlichkeit« zu verstehen ist, dafür bietet die Forschung verschiedene Theorien an. Wir folgen Cattell, für den Persönlichkeit alles dasjenige ist, was eine Voraussage darüber erlaubt, wie sich jemand in einer gegebenen Situation verhalten wird (8).

Persönlichkeit ist demnach eine für ein Individuum charakteristische *Anpassungsweise* an seine soziale Umwelt. Sie ist dasjenige, was ein Individuum von einem anderen *unterscheidet*, und sie ist, wie wir mit Guilford hinzufügen können, eine »einzigartige *Struktur* von *Wesenszügen*« (9). Für das von Cattel postulierte Kriterium der Voraussagbarkeit sowie für die Wiedererkennbarkeit einer Persönlichkeit müssen diese Wesenszüge relativ konstant sein, und sie müssen eine bestimmte Verhaltenswahrscheinlichkeit aufweisen.

Zweifellos ist das wichtigste Mittel zur Beschreibung einer Persönlichkeit die Sprache. Allein im anglo-amerikanischen Sprachgebrauch haben Allport und Odbert rund viereinhalbtausend unterschiedliche Eigenschaftsnamen zusammengestellt (10). Aus dieser lexikalischen Vielfalt fand später Guilford mittels Faktorenanalyse den kleinsten gemeinsamen Bedeutungsnenner in sieben Persönlichkeitsdimensionen. Miteinander in Beziehung gesetzt, bilden sie eine Grundstruktur beziehungsweise das Grundmuster einer Persönlichkeit, vor der sich alle unterschiedlichen, individuellen Wesenszüge beschreiben lassen. Wir haben für unsere Zwecke das Guilfordsche Modell (11) in zwei seiner Dimensionen abgewandelt und so zu einer »Bauformel« gefunden, die allen unseren Merkmalskonstruktionen für Corporate Identity-Konzepte *zugrunde liegt* (Abb. 5). In einem Bewertungs-

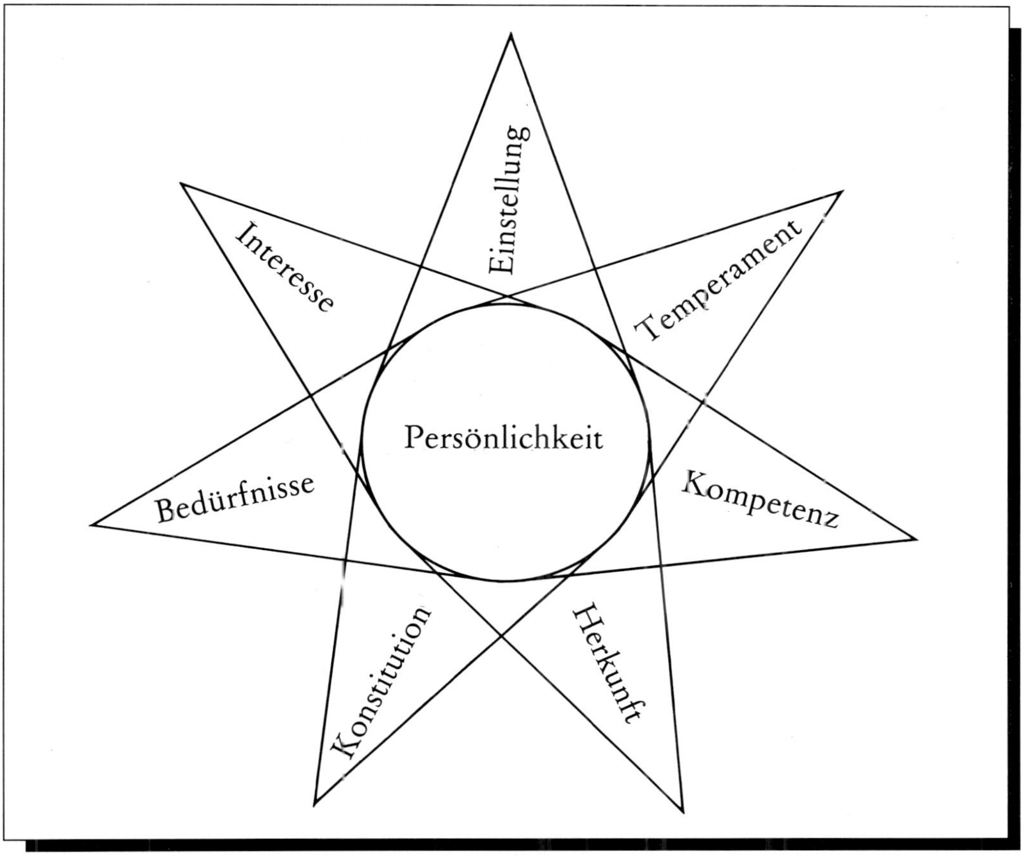


**Abb. 5:** *Die Merkmalsdimensionen einer Unternehmens-Persönlichkeit*

prozeß am Schluß der Corporate Identity-Workshops werden die heraus- beziehungsweise die neu gefundenen Merkmale diesen Merkmalsdimensionen zugeordnet (mindestens ein Merkmal pro Dimension). Dafür haben wir die hier gekürzten Definitionen für die Merkmalsdimensionen festgelegt:

- **Bedürfnisse.** Sie sind die zentralen Aspekte der Unternehmenspersönlichkeit. Sie sind existentiell notwendig für das Überleben eines Unternehmens. Wachstum kann ebenso ein Bedürfnis sein wie Sicherheit und ein gesundes Arbeitsklima. Bedürfnisse bewirken, daß das Unternehmen *überhaupt* aktiv wird; sie sind die Grundlage der Motivation unternehmerischen Handelns.

- **Kompetenz.** Sie beinhalten die besonderen Fertigkeiten und Fähigkeiten, die ein Unternehmen vorzuweisen hat, die Leistungsvorteile, die es als seine spezifischen ansieht. Normen, die es für seine Leistungen gelten läßt und das Anspruchsniveau, dem es sich verpflichtet hat.

- **Einstellung.** Sie bildet den philosophischen und politischen Hintergrund eines Unternehmens. In dieser Dimension ist festgelegt, wie das Unternehmen über sich und die

Umwelt *denkt*. Es handelt sich dabei um ein Meinungs- und Urteilsreservoir, das geprägt ist durch Erfahrungen, die in der Vergangenheit gemacht worden sind.

- **Konstitution.** Diese Persönlichkeitsdimension beinhaltet den physischen, strukturellen, organisatorischen und den juristischen Aktionsraum einer Unternehmenspersönlichkeit. Dazu gehören Gebäude, Besitzverhältnisse, Standorte, Organisationsformen und -strukturen – also äußerliche und formale Aspekte und solche, die ein Unternehmen von der äußeren Erscheinungsform her typisieren: z.B. Filialkette, Branchenriese etc.

- **Temperament.** Es umfaßt Charakterisierungen, die mit der Art und Weise zu tun haben, wie ein Unternehmen etwas vollbringt (oder auch sein läßt). Es bestimmt Stärke, Intensität, Geschwindigkeit und Emotionalität von Unternehmenshandeln. Ob ein Unternehmen eher aktionistisch ist oder im Gegenteil eher unbeweglich, phlegmatisch wird, ist bedingt durch sein Temperament.

- **Herkunft.** Diese Dimension stellt einen Bezug her zwischen der gegenwärtigen Unternehmenspersönlichkeit und ihrer vergangenen Praxis. Ihr sind Merkmale zugeordnet, die für die Vergangenheit des Unternehmens prägend waren, und die – soweit sie positiv einzuschätzen sind – als Hauptmerkmal geschichtlicher Kontinuität aufzufassen sind.

- **Interessen.** Ziele und Interessen beinhalten die konkreten mittel- bis langfristigen Absichten eines Unternehmens. Die Dimension beschreibt, was das Unternehmen in Zukunft *tun will*.

Nachdem für alle Dimensionen Merkmale gefunden worden sind, werden sie auf Zusammenhänge, Abhängigkeiten und Kompatibilität geprüft und »verknüpft« nach Regeln, die wir im Laufe der Zeit aus unserer Praxis ableiten konnten und zu dem abgebildeten ontogenetischen Grundmodell eines Netzes (Abb. 6) geführt haben. Um jedoch zum einzelnen individuellen Netz der Merkmalsbeziehungen zu gelangen, für das wir in Abbildung 7 ein Anschauungsbeispiel zeigen, bleibt nach wie vor ein intensiver Klärungsprozeß erforderlich. Formulierung, Abstraktionsniveau, Gewichtung und firmen- beziehungsweise branchenspezifische Auslegungen der einzelnen Merkmale müssen das Ergebnis eines sehr sorgfältigen Abstimmungs- und zuweilen auch Kreationsprozesses sein, der zwischen Agentur und Unternehmen in einem speziellen Gremium stattfindet. Seitens des Unternehmens nehmen daran mehrheitlich Teilnehmer aus den vorangegangenen Corporate Identity-Workshops teil. Nur so läßt sich realistisch erklären, wo Assoziationsgrenzen verlaufen und welche Bedeutungsfelder den lexikalischen Kern eines Persönlichkeitsmerkmals umlagern. Würde das nicht geschehen, könnte beispielsweise das Merkmal »fortschrittsorientiert« bedeuten, daß ein Unternehmen wahllos alle neuen, z.B. technologischen Ideen aufgreift und umsetzt, ohne zu prüfen, ob diese auch zu seiner Unternehmenstradition passen. Es würde Gefahr laufen, kritiklos Wertvorstellungen über Bord zu werfen, nur weil sie sich als traditionell oder althergebracht erweisen – und sich schließlich seiner eigenen Substanz berauben.

Es empfiehlt sich in der Regel, die Persönlichkeitsmerkmale und die dazugehörenden Definitionen nur dem Kreis von Führungskräften und Mitarbeitern zugänglich zu machen,

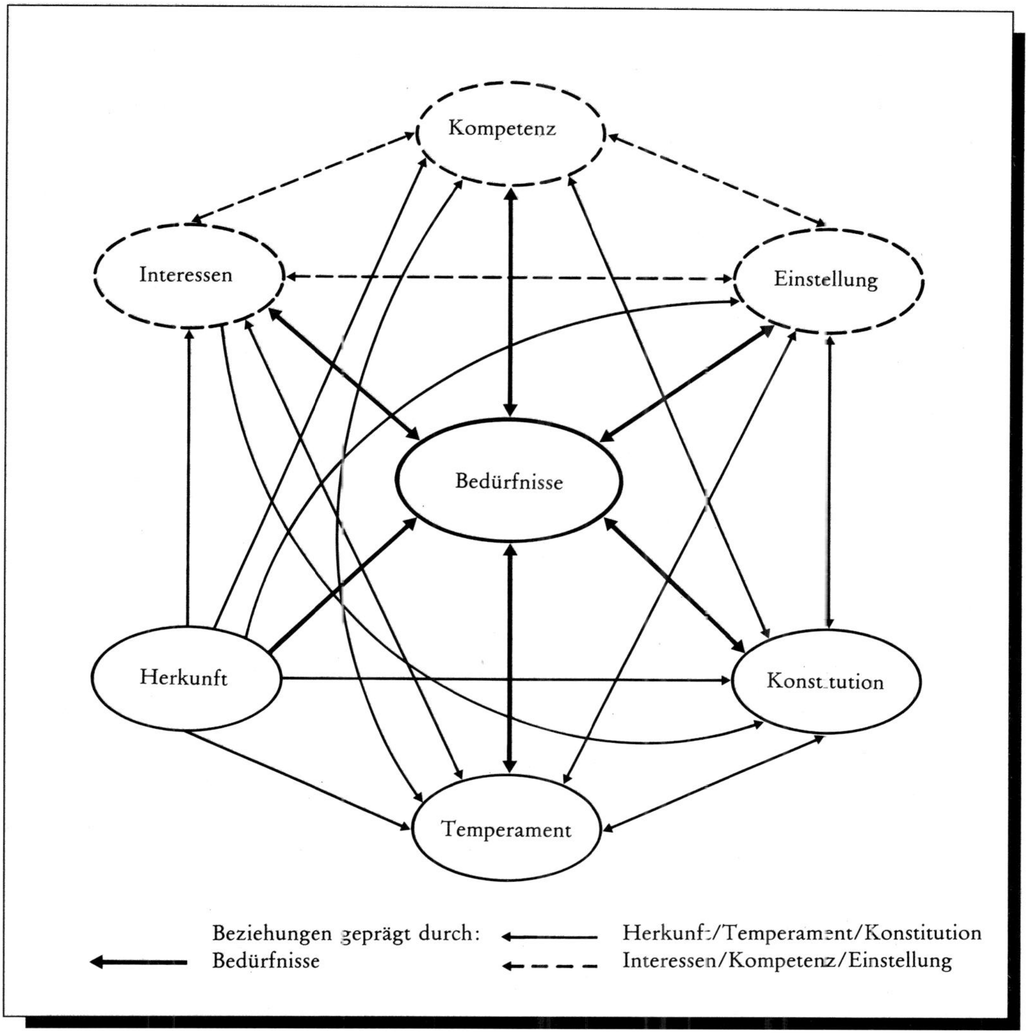


**Abb. 6:** *Ontogenetisches Netz der Merkmalsdimensionen*

die verantwortlich sind für die Planung, Umsetzung und Kontrolle der zentralen Unternehmenspolitik sowie deren Kommunikation nach innen und außen. Für die große interne »Öffentlichkeit« hingegen sind Handlungsgrundsätze vorgesehen, die als Operationalisierungen der Persönlichkeitsmerkmale für eine praktische Arbeit im Sinne der Corporate Identity besser geeignet sind.

## Die Entwicklung des zentralen Handlungskodex

Eine Corporate Identity ist erst erreicht, wenn die Persönlichkeitsmerkmale als eine Menge von Werthaltungen dem Handeln von Management und Mitarbeitern zugrundeliegen, so daß über einen langen Zeitraum hinweg die Gesamtheit geplanten und situativen Verhaltens und dessen Resultate für die Persönlichkeit des Unternehmens bezeichnend wird. Da nun ein Corporate Identity-Konzept nicht nur bestimmte Merkmale bewahrt, sondern auch zur Verinnerlichung neuer führen soll, ist es erforderlich, aus den Persönlichkeitsmerkmalen verhaltensorientierte Vorgaben zu entwickeln, die

- dem Wunsch nach *schlüssigen* Verhaltensformen entgegenkommen und
- dem Bedürfnis nach *Integration*
  1. des Individuums in seiner Rolle als Mitarbeiter beziehungsweise als Führungskraft,
  2. von neuen Komponenten unternehmerischen Verhaltens in das bestehende Repertoire entsprechen.

Es hat sich schnell herausgestellt, daß die Formulierung von Handlungsweisen für eine spezifische Unternehmens-Persönlichkeit nicht möglich ist, ohne sich konkrete Situationen vorzustellen, in denen dieses Verhalten sich äußern soll. Außerdem ist es äußerst schwierig und komplex, allgemeines Verhalten beschreiben zu wollen, wenn man nicht weiß, *wer* im Unternehmen der jeweils Handelnde beziehungsweise der Handlungsrepräsentant ist. Die Anzahl aller nur denkbaren Handlungskontexte und der in ihnen Handelnden wäre unübersehbar. Es war darum unerläßlich – und auch rationeller –, Typisierungen oder Kategorisierungen zu suchen, die eine Menge von Handlungsgrundsätzen noch überschaubar halten, dennoch aber die gesamte Breite unternehmerischen Handelns (grundsätzlich) erfassen.

Wir haben darum das Instrument »Handlungskodex« zweistufig entwickelt. Die Basis wird vom Zentralen Handlungskodex gelegt. Davon abgeleitet werden Spezialkodizes, die auf bestimmte Ziel- oder Mitarbeitergruppen abgestimmt sind. *Zentraler Handlungskodex* und *spezielle Kodizes* unterscheiden sich also nur hinsichtlich ihres Abstraktionsgrads, nicht aber in ihrer Struktur: Alle Handlungskodizes weisen die acht Dimensionen auf, in denen sich unternehmerisches Handeln äußert. Es sind die folgenden Dimensionen:

- **Die ökonomische:** Diese Dimension stellt, analog zur Dimension »physiologisch« im Zusammenhang mit dem Menschen, die existentielle Grundlage eines Unternehmens dar. Jeder Handlungsgrundsatz muß vor dem Hintergrund dieser Maxime überprüft und begründet werden. Die ökonomische Dimension umfaßt das wirtschaftliche, marktorientierte Handeln eines Unternehmens und bezieht sich häufig auf den direkten Unternehmenszweck.

- **Die räumliche:** Wie jeder Mensch, so verhält sich auch ein Unternehmen in Raum und Zeit. Diese Dimension umfaßt sowohl die geografischen und marktgeografischen wie auch die unmittelbar raumgestaltenden, z.B. architektonischen Maßnahmen eines Unternehmens. Auch Expansions- und Diversifikationsbestrebungen (Zweigstellenerrichtungen etc.) können in der Dimension »räumlich« gesehen werden.

- **Die zeitliche:** Beinhaltet die zeitgebundenen Aspekte unternehmerischer Tätigkeit, sowohl im Hinblick auf die Zukunft als auch auf die Vergangenheit. Hier können Zeitangaben für Realisierung von Vorhaben und Planungen eingetragen werden.

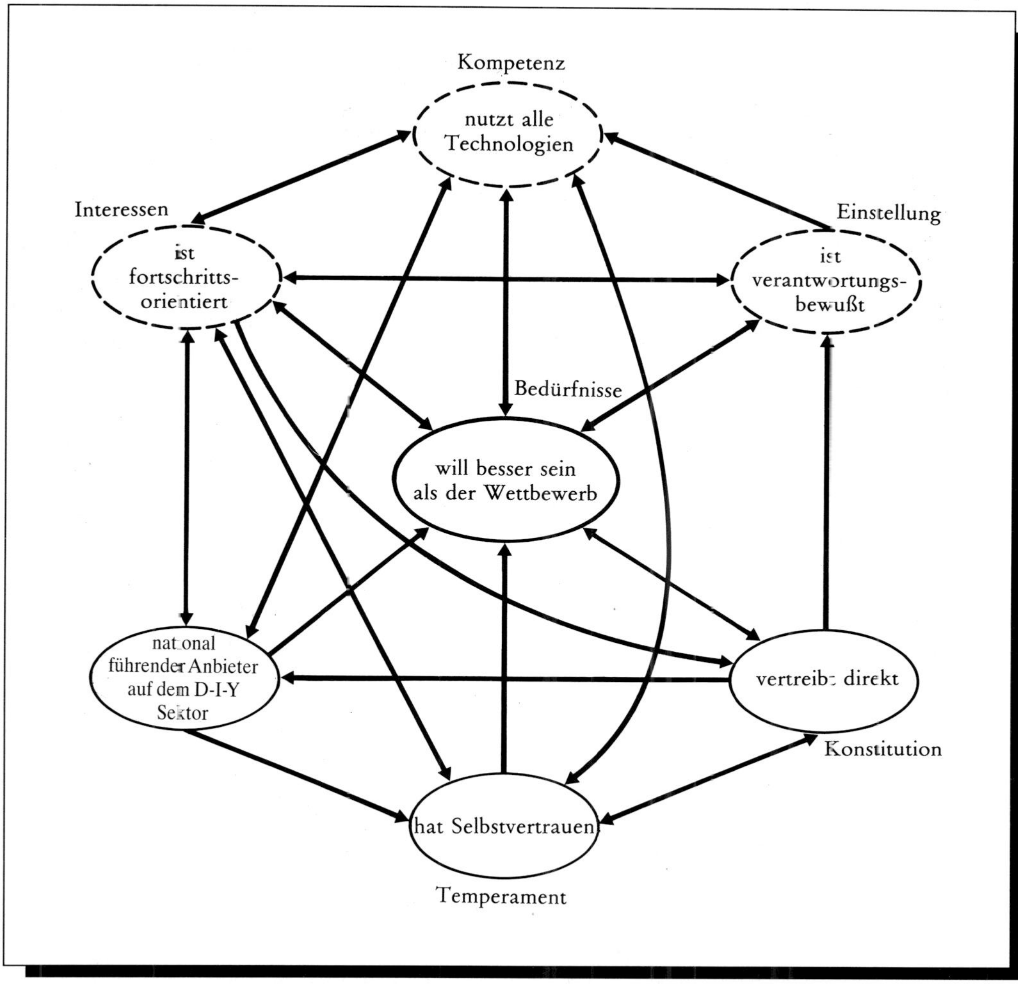


**Abb. 7:** *Konstruiertes Beispiel eines Merkmalsnetzes für einen Hersteller von D-I-Y-Artikeln*

- **Die soziale:** Wie jedes menschliche Verhalten äußert sich auch das Handeln eines Unternehmens in einem sozialen Kontext, d.h. das Unternehmen ist Teil der menschlichen Gesellschaft, durch die es mitgeprägt ist und auf die es mit seinen Handlungen zurückwirkt. Maßnahmen, die sich auf die Gestaltung von Sozialleistungen beziehen (Innenaspekt) wie auch Aussagen, die die Unternehmensmoral, ethische Einstellung etc. kennzeichnen, gehören in diese Dimension.

- **Die qualitative:** Diese Dimension sagt etwas aus über die Beschaffenheit und die Substanz unternehmerischen Tuns, ungeachtet, ob es sich dabei z.B. um Leistungen in der Produktion oder in der Verwaltung handelt. Die qualitative Dimension umfaßt das gesamte Leistungsspektrum eines Unternehmens. Hier werden Wertaussagen (Qualitätsaussagen, Kompetenzaussagen) zugeordnet, die die Selbstsicht des Unternehmens und seiner Leistungen spiegeln.

- **Die quantitative:** Beschreibt das Verhalten in mengenmäßiger, zahlenmäßiger wie auch finanzieller (monetärer) Hinsicht. Gesamthaft gesehen bewirken unternehmerische Tätigkeiten immer eine Veränderung eines bestehenden Zustands in Richtung Zu- oder Abnahme seiner ursprünglichen Elemente. Jedes Handeln läßt sich also auch in Relation des Mehr oder Weniger beschreiben. Die Dimension Quantitativ umfaßt in der Regel die mengenmäßigen Wachstumsaspekte eines Unternehmens.

- **Die emotionale:** Die gefühlsmäßigen Implikationen von Handlungen spiegeln sich in dieser Dimension. Wir fassen hierunter die Temperaments- oder Gefühlsaspekte unternehmerischen Tuns zusammen. Emotional umfaßt häufig das »Wie« von Handlungen und entscheidet wesentlich über Sympathie oder Antipathie, die einem Unternehmen entgegengebracht werden.

- **Die rationale:** Subsumiert das Denken des Unternehmens und beinhaltet das Erkennen, das Argumentieren, die Logik und das Wissen. Die Dimension speichert die Erfahrungen eines Unternehmens und das, was es in Zukunft noch lernen will. Aussagen zum Know-how, zur Technologie, zur Haltung gegenüber diversen Aufgaben finden ebenso hier ihren Platz wie die Beurteilungen, die das Unternehmen sich gibt und seiner Umwelt entgegenbringt.

Diese Struktur ist keineswegs willkürlich. Ihre minimale Anzahl an bedeutungsunterscheidenden Dimensionen geht zurück auf Ergebnisse des Psychologen Charles Osgood. Angesichts der großen Varietät an Worten zur Beschreibung von Gefühlen hatte er sich gefragt, ob es irgendwelche Bedeutungsaspekte dieser Begriffe gäbe, in denen sie sich gleichen. Durch eine Faktorenanalyse fand er grundsätzlich sieben Dimensionen, die jedem der Begriffe zugrunde liegen. Diese stellen die gemeinsamen Bedeutungsbestandteile dar, die allen Begriffen zur Beschreibung von menschlichen Gefühlen und Verhaltensweisen unterliegen.

Wir adaptierten die Grunddimensionen für das Gerüst des Handlungskodex und ergänzten sie durch eine zusätzliche unternehmensspezifische Dimension (ökonomische).

Bei der inhaltlichen Erarbeitung des Handlungskodex werden alle Persönlichkeitsmerkmale in Beziehung zu allen acht Dimensionen gesetzt. Die unterschiedlichen Bedeutungskontexte – aus denen dann die Handlungsgrundsätze abgeleitet werden – lassen sich feststellen, indem man immer wieder nach Nebenbedeutungen (Konnotationen) fragt, die im Sinne der Handlungsdimension die allgemeine Bedeutung oder den Bedeutungskern eines Persönlichkeitsmerkmals spezifizieren. D.h., die Handlungsdimensionen modifizieren die Bedeutung der Persönlichkeitsmerkmale. Sie sind wie Filter zu verstehen, durch die hindurch betrachtet, nur bestimmte Bedeutungsaspekte eines Merkmals hervortreten. Das Merkmal »tatkräftig« wird z.B. in einem rationalen Kontext die Konnotation »willensstark«, »entschlossen« oder »entschieden« annehmen. In emotionaler Hinsicht aber kann es z.B. »mutig« heißen.

Die nachstehende Tabelle soll zentrale Handlungsgrundsätze für das Persönlichkeitsmerkmal »kommunikativ« eines hypothetischen Unternehmens veranschaulichen.

| | |
|---|---|
| *ökonomisch:* | Wir suchen und fördern die Information und Kommunikation mit unseren Partnern. Dies gilt besonders für unternehmensrelevante Ereignisse. |
| *räumlich:* | Wir verringern die Distanz zu unseren Zielgruppen durch offenes Kommunikationsverhalten. |
| *zeitlich:* | Wir kommunizieren rechtzeitig und regelmäßig. |
| *sozial:* | Wir betrachten Kommunizieren als eine soziale Aufgabe. |
| *qualitativ:* | Wir bemühen uns darum, unsere Zielgruppen zu verstehen. Wir kommunizieren für unsere Zielgruppen verständlich. |
| *quantitativ:* | Wir halten für unsere Kommunikation die erforderlichen Mittel bereit. |
| *emotional:* | Kommunikation verschafft uns Sympathie und bildet Vertrauen. |
| *rational:* | Wir begründen unser eigenes Kommunikationsverhalten. |

Die Einfachheit der Aussagen und auch die Formulierungen könnten den Verdacht aufkommen lassen, ein solcher Handlungskodex sei schnell erstellt und bewirke beim Mitarbeiter allenfalls eine elementare Sicherheit in der jedermann sowieso geläufigen Ausdeutung der Merkmale. Tatsächlich hat der Handlungskodex Rückversicherungsfunktionen – aber keineswegs solche, auf die verzichtet werden könnte. Wenn wir z.B. an den langjährigen Mitarbeiter denken, so dürfte der Handlungskodex ihn einmal mit neuen, offiziell anzustrebenden Unternehmensmerkmalen bekanntmachen. Er lernt, in welchen Bedeutungen diese Merkmale allgemeinen oder seinen subjektiven Auslegungen folgen und worin sie anders, d.h. unternehmensspezifisch sind. Er wird ihm bekannte Eigenschaften des Unternehmens bestätigt bekommen – andere aber auch als nicht mehr erwünscht erkennen. Vor allem aber wird er sich in der Regel mit Neudefinitionen auseinandersetzen müssen, die nicht nur der beständig stattfindende Wertewandel dem Unternehmen auferlegt, sondern auch tradierte Einstellungen zu Handlungsweisen aktualisieren – oder gar richtigstellen. Dazu ein Beispiel: Wir haben festgestellt, daß ein häufiger Grund für eine Corporate Identity die Notwendigkeit ist, das Denken im Unternehmen von der Produktionsorientierung zur Marketingorientierung überzuleiten. Der Rolle des Verkäufers muß damit eine zentrale Funktion zugewiesen werden, die sie heute trotz hochentwickelter Marktwirtschaft in vielen Unternehmen noch nicht innehat. Aufgrund einer Untersuchung über das Verkäuferverhalten kommt Carlheinz Naumann zur Schlußfolgerung: »Alle dialektischen und gesprächstechnischen Maßnahmen und Informationen im Verkaufstraining müssen ohne Wirkung bleiben, wenn dieser Grundprozeß der Identifikation mit dem verkäuferischen Handeln, diese Gewinnung des verkäuferischen *Selbstbewußtseins* (Hervorhebung d. Autors) in der Position als nützlicher Partner gegenüber dem Kunden nicht massiv verinnerlicht wird.« (12) Was hier Naumann für das Verkaufstraining an längst überfälliger Neubesinnung fordert, kann ein Corporate Identity-Konzept entweder durch den Ersatz eines vorhandenen Merkmals, z.B. von »vertriebsorientiert« durch »kundenorientiert« oder durch die Umdefinitionen des (vorhandenen) Merkmals »verkaufsorientiert« im Handlungskodex auf grundlegend richtige Weise, d.h. auf die Gesamtheit des Unternehmens bezogen, einleiten und sicherstellen.

Aber nicht nur die langjährigen Mitarbeiter profitieren von der Operationalisierung der Persönlichkeitsmerkmale. Auch neu gewonnenes Personal wird den Handlungskodex als wichtige Hilfestellung für das Einleben in die Unternehmenskultur zu schätzen wissen. Sind es doch häufig gerade diejenigen, die »etwas bewegen« sollen und wollen. Ihnen von vornherein die Sicherheit zu geben, daß ihre Anstrengungen in die richtige Richtung zielen, fördert Selbstwertgefühl und Selbstbewußtsein. Und verkürzt obendrein noch die teure Einarbeitungszeit.

Aus diesen Zusammenhängen folgt, daß ein Handlungskodex sorgfältig, mit großer Umsicht und nur in enger Zusammenarbeit zwischen Agentur und allen Bereichen des Unternehmens entstehen kann.

Alle Beteiligten lernen in dem intensiven Diskussionsverlauf, wie sich die Grundsätze gegenseitig ergänzen, präzisieren und abgrenzen. Am Schluß des Prozesses liegt ein Extrakt von Grundsätzen vor, der unternehmerisches Handeln für die wichtigsten Anforderungen glaubwürdig und authentisch nachbildet und sogar im Sinne der Mehrdimensionalität zwischenmenschlicher Kommunikation (13) eine Leitlinie darstellt.

## Der Gebrauch des Handlungskodex

Durch die gemeinsame Arbeit am Handlungskodex werden die Führungsverantwortlichen aus den einzelnen Unternehmensbereichen zu kompetenten Vertretern des neuen Identitäts-orientierten Denkens im Unternehmen. Sie werden verantwortlich dafür, daß die Handlungsgrundsätze Eingang finden in das unternehmenspolitische Denken und Handeln zunächst ihrer eigenen, engsten Mitarbeiter, dann von deren Mitarbeitern usw., und auf diese Weise in Planungen, Konzepte und Realisierungen. Eine entschiedene, persönliche und engagierte Einstellung der »Väter des Handlungskodex«, ihre Fähigkeiten, die Unternehmensidentität den Mitarbeitern diskursiv zu erschließen und ihnen Zeit zum Aufgeben so mancher bequemen Ansicht zu geben, können entscheidend dafür sein, ob der »Kulturwandel« gelingt und sich der Umgang mit den Handlungsgrundsätzen richtig einspielt: Denn trotz aller nach wie vor notwendigen sorgfältigen Einführung sind für die praxisgerechte Aus-deutung und Anwendung der Grundsätze die Erfahrungen und Erkenntnisse aus der zurückliegenden Phase der Corporate Identity-Entwicklung durch nichts zu ersetzen.

Jedes Briefing, jede Zielsetzung, jedes Programm, jede Veranstaltung, auch jedes Interview und sogar jede wichtigere Mitteilung – nach außen wie nach innen – werden so mit der Zeit Bestandteile haben, die eine bewußte Orientierung an den Handlungsgrundsätzen erkennen lassen. Nur durch solches gemeinsames, permanentes Bemühen, die Grundsätze zu subjektiven Werthaltungen und Einstellungen möglichst vieler im Unternehmen gegenüber allen und jedem zu machen, wird zu dem Grad von gemeinsamer »Verinnerlichung« führen, der als kohärente, zielbezogene Unternehmenskultur (Corporate Identity) zum strategischen Vorteil vieler erfolgreicher Unternehmen wird.

Dazu braucht es nicht nur die Handlungsgrundsätze als verbindliche unternehmenspolitische Vorgabe für *alle* Instanzen und Bereiche eines Unternehmens, – es erfordert auch einen effizienten Erfahrungsaustausch für alle.

In großen Unternehmen wird solcher Feedback aus der Praxis nicht allein von Erfahrungsgruppen und Einzelgesprächen geleistet werden können. Auch eine interne, professionelle Kommunikationsarbeit wird erforderlich sein, die mit der markt- und öffentlichkeitsbezogenen Kommunikation Teil eines gesamthaften Kommunikationssystems ist. Dieser Gedanke liegt nahe, wenn man Widersprüchlichkeiten über Unternehmensverhalten und -intentionen vermeiden will und die eigenen Mitarbeiter frühzeitig informiert sein sollen.

Schon vor einigen Jahren hat eine empirische Fallstudie in einem bekannten bundesdeutschen Großkonzern der chemischen Industrie erneut verdeutlicht, daß »die firmeninterne Nachrichtenverbreitung bei besonderen Ereignissen nur zum Teil über die hauseigenen Mitarbeiter-Informationsdienste verläuft, während neben informeller Gesprächsweitergabe besonders öffentlichen Medien eine große Bedeutung für die Unterrichtung der Unternehmensangehörigen zukommt« (14). Außerdem ist bekannt, wie intensiv gerade Corporate Image- und Personal-Anzeigen von Firmenangehörigen gelesen werden. Das Modell für eine ganzheitliche Unternehmenskommunikation gehört darum ebenfalls zu den Instrumenten, die im Rahmen eines Corporate Identity-Programms entwickelt werden müssen.

## Zusammenfassung

Um zwischen relevanten Theorieansätzen zur Corporate Identity und der methodischen Praxis ihrer Entwicklung eine Brücke zu schlagen, haben wir über wesentliche Teile der Arbeitsmethodik in unserer Agentur berichtet.

Schon in der Beschlußphase sollten aus unserer Sicht die Anfänge eines Bewußtseinsprozesses liegen, der im Verlauf der sich anschließenden Phasen zum Erkennen und Definieren der Eigenschaften von Corporate Identity aus der Wertschätzung der Unternehmensvergangenheit und -gegenwart und mit Berücksichtigung der Zukunft führt. Identitätsentwicklung bedeutet aus unserer Sicht somit keine verordnete Therapie, sondern eine Selbstdiagnose des Unternehmens unter Anleitung des Corporate Identity-Beraters. Nur so wird man erwarten können, daß eine Identität nicht als Uniformität mißverstanden oder als Zwang begriffen wird. – Identität beginnt für uns erst dort, wo der Zwang zur Identifikation aufhört.

## LITERATUR


1) Vgl. den Überblick bei *Kreutzer, R./Jugel, S./Wiedemann, K.-P.*: Unternehmensphilosophie und Corporate Identity. Empirische Bestandsaufnahme und Leitfaden zur Implementierung einer Corporate Identity-Strategie, Arbeitspapier des Instituts für Marketing, Universität Mannheim, 1986, S. 17-25. Vgl. dazu auch *Merkle, W./Treis, B.*: Corporate Identity als Konzept der Unternehmensprofilierung in sozialen Marktwirtschaften, in: Wirtschaftswissenschaften 1990/7, S. 1040-1048.
2) Vgl. *Schnyder, A. B.*: Unternehmungskultur – Die Entwicklung eines Unternehmungskultur-Modells unter Berücksichtigung ethnologischer Erkenntnisse und dessen Anwendung auf die Innovations-Thematik. Diss. Freiburg 1989, S. 46 ff.
3) Vgl. für einen Überblick *Scholz, C.*: Zwischen Schein und Wirklichkeit, in: Zeitschrift für betriebswirtschaftliche Forschung 1988/3, S. 243-263.
4) *Kirsch, W.*: Unternehmenspolitik und strategische Unternehmensführung, München 1990, S. 292. Vgl. auch *Kirsch, W.*, a.a.O., S. 292-296.
5) Vgl. hierzu *Lux, P. G. C.*, Corporate Identity hat Methode, in PR-Revue (Schweizerische Zeitschrift für Public Relations), Nr. 109, Dez. 1981.
6) Vgl. hierzu den Beitrag von *Schirm, R. W.*, in dieser Ausgabe.
7) »Do companies have personalities?«, Industry Week, 12. Mai 1980.
8) *Cattell, P. B.*: Personality: a systematic, theoretical and factual study, New York 1950. Vgl. für einen Überblick zu Persönlichkeitstheorien *Pervin, L. A.*: Persönlichkeitstheorien, Basel 1987.
9) *Guilford, J. P.*: Persönlichkeit, Weinheim 1954, S. 6.
10) *Allport, G. W./Odberg, H. S.*: Traitnames: a psychological study in: Psycholog. Monogr. 47/1, 1936.
11) Vgl. *Guilford, J. P.*, a.a.O.
12) *Naumann, C.*: Die Identifikation mit der Aufgabe, in: FAZ, Blick durch die Wirtschaft, 5. März 1984.
13) Vgl. *Schulz v. Thun, F.*: Miteinander Reden. Störungen und Klärungen, Hamburg 1991.
14) *Braehmer, U./Haller, K.*: Die »heile Welt« in Werkzeitschriften, in: FAZ, Blick durch die Wirtschaft, 23. Nov. 1984.


Als allgemeine Literatur zu Corporate Identity sowie Unternehmenskultur in Theorie und Praxis verweisen wir auf folgende Veröffentlichungen:


*Achterholt, G.*: Corporate Identity. In zehn Arbeitsschritten die eigene Identität finden und umsetzen, Wiesbaden 1988.

*Dülfer, E.* (Hrsg.): Organisationskultur: Phänomen – Philosophie – Technologie, Stuttgart 1988.

*Heinen, S.* (Hrsg.): Unternehmungskultur: Perspektiven für Wissenschaft und Praxis, München 1987.

*Kobi, J.-M./Wüthrich, H. A.*: Unternehmenskultur verstehen, erfassen und gestalten, Landsberg/Lech 1986.

*Kolb, D.*: Kulturelle Transformation als Problem der Unternehmensberatung. Diss. München 1988.

*Lattmann C.* (Hrsg.): Die Unternehmenskultur. Ihre Grundlagen und ihre Bedeutung für die Führung der Unternehmung, Heidelberg 1990.

*Olins, W.*: Corporate Identity: Strategie und Gestaltung, Frankfurt/New York 1990.

*Smircich, L.*: Concepts of Culture and Organizational Analysis, in: Administrative Science Quarterly 1983/9, S. 339-358.

*Weber, J.*: Unternehmensidentität und unternehmenspolitische Rahmenplanung. Diss. München 1985.

*Wever, U. A.*: Unternehmenskultur in der Praxis. Erfahrungen eines Insiders bei zwei Spitzenunternehmen, Frankfurt/New York 1989.

# Teil VI

# Verzeichnisse

## Autorenverzeichnis

*Albrecht, Birgit,* Presse- und Öffentlichkeitsarbeit IKEA Deutschland Verkaufs-GmbH & Co.

*Bartels, Dr. Gerhard, Dipl.-Kfm.,* Partner der TASA Consulting GmbH, München.

*Bieger, Fridolin,* Marketing-Leiter der ofa Orell Füssli Werbe AG, Generaldirektion Zürich.

*Birkigt, Dr. rer. pol. Klaus, Dipl.-Kfm.,* gest. 1983, ehem. geschäftsführender Gesellschafter des „Corporate-Identity-Centers" CIC, Dr. Klaus Birkigt GmbH, Grünwald.

*Boehm, Dr. Hubertus, Dipl.-Wirtschafts-Ing.,* Geschäftsführer der Syncon Gesellschaft für Marketing + Kooperation mbH, München.

*Disch, Wolfgang K.A.,* Chefredakteur MARKETING JOURNAL, Hamburg.

*Duschek, Karl,* Diplom-Grafik-Designer, Stuttgart.

*Erke, Prof. Dr. phil. Heiner,* Leiter der Abteilung für angewandte Psychologie an der TU Braunschweig.

*Funck, Hans-Joachim,* Geschäftsführender Gesellschafter von OFFICE F Marktpolitik und Kommunikations GmbH.

*Greiner, Peter,* Geschäftsführer der ABB Kommunikation GmbH, Mannheim.

*Gutjahr, Prof. Gerd, Dipl.-Psychologe,* Gesellschafter und Geschäftsführer des IFM MANNHEIM, Institut für Marktpsychologie, Mannheim.

*Hullmann, Klaus,* Direktor Generalsekretariat Werbung der Dresdner Bank.

*Keller, Dr. Ingrid G.,* Hauptabteilungsleiterin Marketing/Kommunikation bei der Deutschen Aerospace, München.

*Köster, Dr. Jürgen, Dipl.-Wirtschafts-Ing.,* geschäftsführender Partner Controlling Institut Dr. Köster und Partner, Unternehmensberatung, Management Center Schloß Elbroich, Düsseldorf.

*Lux, Peter G. C.,* Partner und Mitglied der Geschäftsleitung der Zintzmeyer & Lux AG, Corporate Identity Agentur, Zürich.

*Maier, Hans Dieter, Techn. Dipl.-Volkswirt,* selbständiger Marketing-Berater und Management-Trainer in München, Direktor der Bayerischen Akademie der Werbung (BAW).

*Mayr-Keber, Gert M.,* Freier Architekt in Wien.

*Merz, Gertrud, Dipl.-Volkswirt,* Leiterin Marketing-Services der König-Brauerei, Duisburg.

*Mielke, Roland, Dipl.-Kfm.,* Geschäftsführer Aral Austria.

*Neu, Günter,* Prokurist und Leiter der Abteilung Verkaufsförderung und Werbung im Dienstleistungsbereich Versicherungen der Deutschen Krankenversicherung AG in Köln.

*Rossbroich, Dr. Joachim,* Forschung und Beratung für Marketing und Kommunikation, Haniel, Bad Homburg.

*Rudolph, Hans Christoph,* Prokurist und Leiter Marketing der Firma ERCO Leuchten in Lüdenscheid.

*Sandler, Dr. Guido,* Persönlich haftender Gesellschafter der KG in Dr. August Oetker.

*Sarasin, Wolfgang,* Generalbevollmächtigter der Rosenthal AG, Verantwortlicher Area Manager für Mitteleuropa.

*Schirm, Rolf W.,* Beratender Anthropologe.

*Schmittel, Prof. Wolfgang,* Unternehmensberatung, Corporate Identity-Gestaltung, Kronberg/Ts.

*Stadler, Dr. Marinus M.,* Mitinhaber der Firma „Stadler & Kemmnitz Marketing Promotion".

*Stankowski, Prof. Anton,* Diplom-Grafik-Designer, Stuttgart.

*Trux, Dr. h.c. rer. pol. Walter Rudolf,* Vorsitzender des Aufsichtsrates Deutsche Bundespost POSTDIENST.

*Weber, Wolfgang, Dipl.-Kfm.,* Marketingleiter der C. Josef Lamy GmbH.

# Stichwortverzeichnis

**N**



**O**



**P**



**Q**



**R**



**S**



**T**



**U**

**V**



**W**



**Z**

mi Video
präsentiert
Hrsg.: mi-Autorenteam
CORPORATE IDENTITY
Der Weg zur Unternehmens-persönlichkeit
Süddeutsche Zeitung
mi Video
Das komplette Handlungs-muster für den Aufbau einer erfolg-reichen CI.
Fragen Sie Ihren Fachbuchhändler danach!
60 Min. Laufzeit
VHS
248,– DM (incl. MwSt.)
– unverb. Preisempfehlung –
mi verlag moderne industrie